U0581261

深圳综研软科学发展基金资助项目

《中国模式与中国制度》课题组

课 题 指 导: 陈锦华

课题组成员: 唐惠建　谭 刚　冯苏宝　张玉阁

THE CHINA
MODEL & SYSTEM

中国模式
与
中国制度

任何一种发展模式都离不开对应的社会政治制度，两者应运而生、
因国而异、应时而变，世界因此而丰富多彩、生生不息。
中国的实践证明，没有中国特色社会主义制度，
根本不可能产生中国的成功发展模式。

陈锦华 等著

人民出版社

序　言

2011 年 4 月,胡锦涛主席在博鳌亚洲论坛 2011 年年会开幕式上的主旨演讲中指出,"历史和现实都证明,实现经济社会发展,必须找到符合自身实际的发展道路。亚洲人民深知,世界上没有放之四海而皆准的发展模式,也没有一成不变的发展道路。"这个论述,深刻揭示了各国根据国情选择本国发展道路的必然性。中国对发展模式的探索与选择,正是遵循了人类社会发展的这个客观规律。中华人民共和国成立以来的 60 多年,就是破除对"放之四海而皆准"发展模式迷信的 60 多年,是"找到符合自身实际"发展道路的 60 多年。特别是 1978 年以来实行改革开放的 30 多年,中国的年经济总量由 3645 亿元发展到 2010 年的 397900 亿元,增长了 109 倍①,创造了世界发展史上前所未有的长时间、高增长纪录。在世界各国经济总量排位中,中国从 1978 年的第十位跃升为 2010 年的第二位。2011 年 5 月,全球语言监测机构公布的 21 世纪十大新闻中,中国崛起高居榜首。在这段时期内,亚洲曾发生了 1997 年金融危机,中国坚持人民币不贬值,为稳定亚洲金融市场、战胜危机提供了强有力的支持。2008 年发端于美国的国际金融危机,是 1929 年大萧条以来的全球性经济灾难,发达经济体、新兴经济体和广大的发展中国家相继陷入严重困境。中国及时实施积极的财政政策和适度宽松的货币

---

①　按照国家统计局 2011 年 9 月 7 日发布的初步核实数据,2010 年中国国内生产总值现价总量为 401202 亿元人民币,据此计算,2010 年比 1978 年增长 110 倍。

政策,从消费、生产和建设等诸多领域扩大内需,运用各种有效形式扩大对外贸易,增加进口,坚持"互利共赢"的合作宗旨,决不乘人之危、决不损人利己,与各国和地区通力合作,共渡难关,并最早实现经济回升向好,对全球经济走出困境作出了重大贡献。

对于中国和平崛起与持续、快速发展的做法和经验,有人称为"中国模式",或叫"中国发展模式"。美国前国务卿亨利·基辛格于2011 年 6 月在接受中国《参考消息》记者采访时指出:"中国的发展模式,无论对中国自己还是对世界其他国家都具有重要的意义。"但也有人不同意"中国模式",或者认为不存在"中国模式";更多的人则把"中国模式"与中国实行的制度分割开来,认为中国经济发展是成功的,但对中国实行的社会政治制度则质疑不绝。其实,任何一种发展模式都离不开对应的社会政治制度,一个失败的制度不可能产生成功的发展模式,世界史上的这类国家比比皆是。制度的设计和实施与模式的形成和发展如同土壤与植物的依存关系:制度造就的环境滋生了发展模式,模式的成长又丰富和完善了制度,它们相辅相成、相得益彰。考察世界各国的发展史都可发现,不同历史时期出现了形式有别、作用不同的经济发展模式和与之对应的社会政治制度。它们应运而生、因国而异、应时而变,为各国发展和人类文明进步担当了不同的角色、发挥了各自的作用。世界也因此丰富多彩,生生不息。

模式是客观存在,是社会物质生产和精神生活的综合展现,是基本成型又不固化的发展路径,国家发展的模式必定是拥有经济、政治、文化等制度内涵的社会经济结构。检验模式成功与否的客观标准,是能否促进生产力发展、人民物质文化生活改善和社会进步。模式是呈现在公众面前的真实形象,不需要刻意打扮,也不应任意涂抹。

中国是一个拥有 13 亿多人口的发展中大国,地域辽阔,自然资源禀赋差异悬殊,经济基础落后又发展极不平衡,实现长期、快速、持续发展,绝不是一时、一地的偶发现象,或仅仅得益于若干权宜性举措,而是具有更深层次的原因,核心是作为内生动力的制度因素。中国的实践证明,没有中国特色社会主义制度,根本不可能产生中国的成功发展模式。把中国的和平崛起、快速发展、人民生活改善、国力增强、政局稳定和社会进步称为"中国模式"，是一种科学概括，不存在谦虚不谦虚的问题。现在要探讨的是中国模式与中国制度的关系，把两者作为一个整体来分析、来探讨，研究它们之间的对应关系和相互作用，研究它们的成功和不足所在。在一个占有全世界1/5人口的大国，这种探索和实践是人类社会的伟大创新。这不论从什么意义上讲，都是一件具有极为重要意义的大事。

中国模式和中国制度的有效融合，使得中国在处理公平与效率、长远与当前、全局与局部的关系上可以站得更高、看得更远、做得更好。中国制度在中国模式形成中发挥的整体优势、系统功能和综合作用，突出表现在以下几个方面：

一、坚持马克思主义的基本原理，坚持实事求是的思想路线，科学分析和正确把握中国国情。在长期的革命、建设和改革实践中，历经挫折，坚持推动马克思主义中国化，形成并不断完善中国特色社会主义理论。根据中国实际，明确中国正处于并将长期处于社会主义初级阶段，提出以经济建设为中心，坚持四项基本原则，坚持改革开放，实行以公有制为主体、多种所有制经济共同发展的基本经济制度。生产力的快速发展，国家日益强盛，社会全面进步，人民享受越来越好的物质文化生活，都成为社会主义制度日益巩固的强大基础。

二、中国共产党的领导核心作用，特别是党的中央领导集体的崇高理想、雄才大略和为国为民的济世精神，国家机器的有效运行，既民主又集中的领导体制和运作机制，可以最为广泛地调动、组织和协调各种资源，全力以赴地建设社会主义现代化国家。这个领导核心在全民中享有崇高声望，成为中国模式和中国制度在各个领域推进的核心力量。

三、坚持解放思想、实事求是、与时俱进，不断激发社会活力和人民的进取精神。对于模式形成和制度完善中出现的种种问题，特别是体制缺陷和机制弊端，对于外来的正面和负面的影响，能够运用改革开放的力量，运用社会主义市场经济的配置作用，不断进行调整，确保模式与制度不僵化、不停滞，确保人民群众的积极性、主动性、创造性得到充分发挥。

四、稳步推进符合中国国情的民主法制建设,坚持中国共产党领导、人民当家做主和依法治国的有机统一,坚持和完善人民代表大会制度、中国共产党领导的多党合作和政治协商制度、民族区域自治制度以及基层群众自治制度。引导舆论和社会力量,尊重民意,依法监督,妥善处理各类矛盾,创造和谐发展氛围,营造稳定的国内环境,确保国家发展进程不致中断和被破坏。

五、坚持和平、发展、合作理念,奉行独立自主的和平外交政策,坚持走和平发展道路。坚持互利共赢的开放战略,积极参与全球经济合作与竞争,推动建立世界经济新秩序,与各国一道建设和谐世界,构造有利于中国发展的外部和平环境。

六、根据中华人民共和国宪法,制定国家的现代化目标。这个目标植根于中国的历史文化,植根于人民大众的理想和追求。新中国成立前,推翻帝国主义、封建主义和官僚资本主义的统治,实现民族解放、国家独立,成为建立新模式、新制度的政治前提。新中国成立后提出的温饱生活、小康社会、基本实现现代化,都是继往开来、相互衔接的阶段性目标。从第一个五年计划到第十二个五年规划,以举国体制解决国家现代化进程中的重大经济、政治、文化、社会问题,兴建跨越多个五年计划的长江三峡、南水北调、青藏铁路等世纪性工程;组织发达地区对欠发达和遭受重大灾害的地区实行对口支援,充分发挥社会主义制度的集中优势,为中华民族伟大复兴奠定强大的物质技术基础。中国的执政党、人民代表大会、政府、政治协商会议、各民主党派都依法按时实行换届,而中国实施社会主义现代化的发展蓝图从未中断,重大政策连续、稳定,政府、社会、企业直至个人都从长期发展中获得多种利益,中国共产党执政的合法性得到最广泛的认同。

以上这些,既是"中国模式"的重要内容,也是中国制度显示作用的突出表现。它们之间互为条件、相辅相成。把中国模式与中国制度割裂开来,既不符合中国发展的实际情况,也不可能正确解释中国发展的成功原因。纵观中国历史特别是18世纪中叶到20世纪上半叶的历史可以发现,中国之所以长期停滞、没有发展,根本原因是反动、落后的封建制度,是帝国主义国家侵略压迫下的半殖民地、半封建政治社会制度,是这个制度导致了中国不断遭受外部侵略和内部压迫,社会长期动乱,民不聊生,国家停滞不前。新中国成立以来特别是改革开放以来的发展,证明了消除这些基本因素是中国模式获得成功的首要选择,是制度变革和制度建设的出发点与落脚点。

马克思在《〈政治经济学批判〉序言》中指出:"人们在自己生活的社会生产中发生一定的、必然的、不以他们的意志为转移的关系,即同他们的物质生产力的一定发展阶段相适合的生产关系。这些生产关系的总和构成社会的经济结构,即有法律的和政治的上层建筑竖立其上并有一定的社会意识形式与之相适应的现实基础。"中国模式与中国制度的相辅相成、相得益彰,体现了人们的物质生产活动与上层建筑之间的相适合关系,是马克思主义发展观的重大创新。

各国的发展模式都有显著的本国特色,同时也有向外部世界的学习、借鉴。凡是成功的模式,都必定具有开放包容的理念,重视吸取人类不同文明的成果。中国模式既是中国人民智慧的结晶,也是对外开放带来的各种文明成果的融合。中国决不拒绝学习外部世界的成功经验,也从不把自己的模式与制度强加于人。中国模式与中国制度并不是尽善尽美的,而是像其他任何一种模式和制度一样存在缺点和不足,需要面对各种内外挑战。这是成长中的不足、是历史进程中的问题。重要的是中国社会有必需的动力和机制,中国共产党、中国政府和人民能够正视问题,坚持推进改革,在发展中解决问题,在解决问题中发展。建设和谐世界,呼唤各国按照本国国情完善发展模式与制度,通过相互学习、交流,取长补短,把本国的事情办好,共同推进人类进步事业。

(本序言以《中国模式与中国制度》为题发表于 2011 年 7 月 5日《人民日报》)

目　　录

1

专栏目录

图表目录

一、图目录

二、表目录

第一章

导　论

新中国成立以后特别是改革开放以来，伴随中国经济社会的快速发展与和平崛起，越来越多的海内外学者开始关注并讨论中国发展模式问题。通过对现有研究成果的初步分析与梳理，可以发现这些研究大多注意到中国经济快速发展的客观事实，基本上没有从中国制度的角度来探讨中国发展模式，即使有一些讨论涉及中国制度方面，也几乎都是从贬损角度或者改善角度出发展开分析，从模式与制度互动角度来正面讨论中国模式的则少之又少。实际上，一个国家的发展模式必然包含有制度的内生动力，制度不但是模式中的重要因素，而且还在其间发挥着决定性作用。中国模式取得巨大成就的关键在于其制度因素，没有中国特色的社会主义制度，很难说会有取得巨大成功并推动中国和平崛起的中国模式。因此，只有结合中国制度，才有可能把有关中国模式的分析研究提升到应有高度，从而真正认识到中国模式的巨大理论价值和实践指导意义。

> 中国模式取得巨大成就的关键在于其制度因素，没有中国特色的社会主义制度，很难说会有取得巨大成功并推动中国和平崛起的中国模式。※

第一节　中国崛起与中国模式

2004 年，美国《时代周刊》前编辑乔舒亚·库珀·雷默（Joshua Cooper Ramo）提出了"北京共识"概念，认为中国通过艰苦努力、主动创新和大胆实践，摸索出了一种适合本国国情而有别于西方的发展模式。自此之后，"中国模式"逐渐成为国内外媒体和学术界的热门话题。而这个问题引起世界关注的真正原因,是新中国成立60多年来所取得的发展与进步,特别是改革开放以来出现的史上罕见的"中国奇迹"和不同于世界强国轨迹的"和平崛起"。这一现象令世界惊奇,人们在思考:究竟是什么驱动了中国的经济增长,"中国模式"的独特性到底在哪里?

一、中国崛起引发中国模式讨论

【中国奇迹】新中国成立后特别是改革开放以来,中国经济社会发展取得巨大成就,在经济、政治、文化、社会、国际地位等各个领域发生了翻天覆地的变化。

60多年来,中国不但实现了从半殖民地半封建社会到民族独立、人民当家做主的历史性转变,从新民主主义革命到社会主义革命和建设的历史性转变,而且还初步实现了从贫困落后到繁荣发展、从

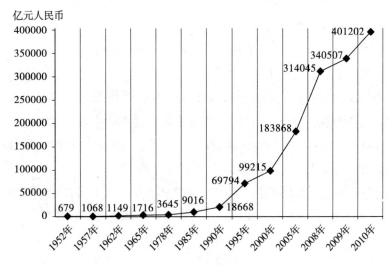

经过60多年特别是改革开放以来30多年间的快速跨越,中国走完了西方发达国家历经上百年的发展路程,不但经济取得长时期、高强度的持续增长,而且社会长期保持稳定。※

图1-1:1952—2010年中国国内生产总值增长情况①

———————

① 资料来源:国家统计局历年统计公报,其中2005年及以前各年为最终核实数据,2008—2010年为初步核实数据。2003年以后我国年度GDP核算按初步核算、初步核实和最终核实三步进行,因数据来源及便于比较,如无说明,以后各章2010年GDP数据均为初步核算数据。

农业大国到工业大国、从计划经济到市场经济、从封闭孤立到全球交往的历史性跨越。

图 1-1 反映了新中国成立以来经济总量规模变动趋势,从图中可以看到,经过 60 多年特别是改革开放以来 30 多年间的快速跨越,中国走完了西方发达国家历经上百年的发展路程,不但经济取得长时期、高强度的持续增长,而且社会长期保持稳定,成功应对地区性和全球性金融危机,从满目疮痍、积贫积弱的国家一跃成为 21 世纪最具活力和潜力的世界第二大经济体。与此同时,改革开放以来中国经历了社会结构的深刻变化,4 亿贫困人口脱贫,整个社会分享到经济增长的成果,中国已是一个开放的、与时俱进的工业社会、商业社会,并几乎和世界同时进入信息社会。这些巨大成就,被国际社会广泛赞誉为"中国奇迹",呈现出具有中国特色的大国崛起特点。从长期历史发展来看,新中国成立以来特别是改革开放所取得的经济成就,表现出作为东方文明古国在民族复兴道路上的巨大跨越(参见表 1-1)。

表 1-1:中国与美国在世界经济中的地位(1700—2015 年)①

	1700 年	1820 年	1900 年	1950 年	2001 年	2015 年
人口(百万)						
中国	138	381	400	547	1275	1387
美国	1	10	76	152	285	323
世界	603	1042	1564	2521	6149	7145
中国占世界比重(%)	2.3	37	26	22	21	19
GDP(10 亿 1900 年国际元)						
中国	83	229	218	240	4570	11463
美国	0.5	13	312	1456	7966	11426
世界	371	696	1973	5326	37148	57947

① 资料来源:(英)安格斯·麦迪森:《世界经济千年史》"中文版前言",伍晓鹰等译,北京大学出版社 2003 年版。

续表

	1700 年	1820 年	1900 年	1950 年	2001 年	2015 年
中国占世界比重(%)	22	33	11	5	12	20
人均 GDP(1900 年国际元)						
中国	600	600	545	439	3583	8265
美国	527	1257	4091	9561	27948	35420
世界	615	668	1262	2110	6041	7154
中国/世界(世界=1)	0.98	0.90	0.43	0.21	0.59	1.16

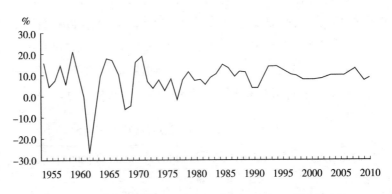

图1-2:中国经济增长速度变动趋势(1955—2010 年)①

中国经济奇迹突出表现为持续快速的经济增长速度。从图1-2
所反映的中国增长速度来看,60 多年来的快速发展彻底改写了此前
百余年中华民族的屈辱史,民族伟大复兴逐步由梦想化作现实。

新中国成立以来,经济总量从 1952 年的 679 亿元增长到 1978
年的 3645 亿元,在长约三分之一世纪里增长了 5 倍多;改革开放以
来,从 1978 年到 2010 年的 33 年间,中国经济总量从 3645 亿元增长
到 401202 亿元,增长了 110 倍,创造了各国发展史上前所未有的长
周期、高增长纪录,在全球各国经济总量排位中,从 1978 年的第十位

---

① 资料来源:根据国家统计局网站数据制作。

跃升为 2010 年的第二位①（参见图 1-3）。

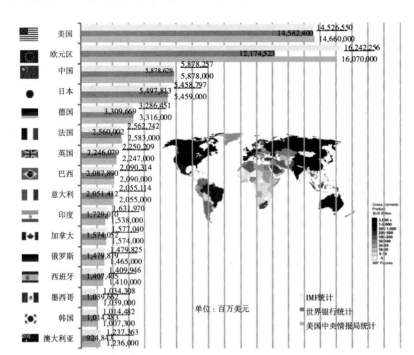

图 1-3：2010 年中国经济总量与世界主要国家的对比

在此过程中,中国不少城市实现了快速成长(参见表 1-2)。其中,深圳的经济总量从 1979 年的不足 2 亿元,增长到 2010 年的 9510亿元,30 余年间整整增长了 4852 倍,同期人均 GDP 从 606 元提升到1.46 万美元,工业增加值从 2128 万元增加到 4050 亿元,进出口从1676 万美元增加到 3467 亿美元,"迅速从一个边陲小镇发展成为一座现代化大城市,创造了世界工业化、现代化、城市化发展史上的奇迹"②。

---

① 据《21 世纪经济报道》2009 年 8 月 1 日报道,英国著名经济历史学家安格斯·麦迪森采用购买力平价法测算后认为,中国经济总量早在 1992 年就超过日本位居世界第二,2009 年则超过了包括德国、英国、法国在内的欧洲 12 个老牌工业国家的总和,并预计到 2015 年超过美国。

② 胡锦涛:《在庆祝深圳经济特区成立 30 周年大会上的讲话》,2010 年 9 月 6日。

表1-2：中国部分城市1978—2010年GDP增长情况①

城市	1978 年	1985 年	1990 年	1995 年	2000 年	2010 年	倍数
上海	272.81	466.75	781.86	2499.43	4771.17	16872.42	61.85
北京	108.84	257.12	500.82	1507.69	3161.00	13777.9	126.9
天津	82.65	175.71	310.95	931.96	1701.88	9108.83	110.1
重庆	67.32	151.96	299.82	1016.25	1603.16	7894.24	117.26
广州	43.09	124.36	319.60	1259.20	2492.74	10604.48	246.10
苏州	31.95	91.91	202.14	903.11	1540.68	9168.9	286.98
深圳	1.96	39.02	171.67	842.48	2187.45	9510.91	4852.51

根据世界银行和联合国开发计划署提供的数据,自从1978年以来,中国是世界上增长最快,人类发展指数提高幅度最大的经济体。※

从经济增长的国际对比来看,有资料表明,第二次世界大战以后世界上只有13个国家保持了7%以上的增长超过25年,在历史上只有8个国家保持7%的经济增长超过40年,而中国都居其间。特别是改革开放30多年来,中国经济总量年均增长9.8%,是同期世界经济年均增速的3倍多。根据世界银行和联合国开发计划署提供的数据,在1978年至2008年期间,中国是世界上增长最快,人类发展指数提高幅度最大的经济体。

表1-3反映了1981年以来中国与美国、日本和印度经济增长的对比情况,中国经济总量从1981年的1941亿美元增长到2010年的58786亿美元,这一增长速度远远高于其他国家,反映出中国快速崛起的增长趋势。

表1-3：1981—2010年中国GDP增长同美国、日本、印度的比较②

（单位：亿美元）

	中国	印度	日本	美国
1981 年	1941	1905	11838	31038
1982 年	2032	1977	11004	32277

---

① 资料来源:根据各城市数据整理。

② 数据来源:World Bank national accounts data,and OECD National Accounts data files,http://data.worldbank.org/indicator/NY.GDP.MKTP.CD。

	中国	印度	日本	美国
1983 年	2285	2152	12002	35069
1984 年	2574	2097	12756	39004
1985 年	3067	2299	13642	41848
1986 年	2978	2464	20209	44250
1987 年	2704	2760	24487	46989
1988 年	3095	2931	29710	50619
1989 年	3440	2929	29727	54397
1990 年	3569	3175	30580	57508
1991 年	3795	2675	34848	59307
1992 年	4227	2456	37961	62618
1993 年	4405	2760	43500	65829
1994 年	5592	3235	47790	69933
1995 年	7280	3563	52644	73384
1996 年	8561	3883	46425	77511
1997 年	9527	4109	42618	82565
1998 年	10195	4163	38570	87410
1999 年	10833	4505	43687	93010
2000 年	11985	4602	46674	98988
2001 年	13248	4778	40955	102339
2002 年	14538	5072	39183	105902
2003 年	16410	5995	42291	110892
2004 年	19316	7216	46059	118123
2005 年	22569	8340	45522	125797
2006 年	27130	9513	43626	133362
2007 年	34941	12424	43779	139950
2008 年	45218	12138	48799	142969
2009 年	49913	13806	50330	140439
2010 年	58786	17290	54978	145824

表1-4 为 IMF 对未来几年中国、美国、日本、印度等国经济增长

率的预测,而表 1-5 为若干机构对未来中国经济增长预测,表 1-6 是以通过购买力平价法测算的 1990 年国际元为依据,测算了 1990 年以来中国与美国、日本、俄罗斯等国经济增长对比,同样反映了上述变动趋势。

表 1-4:经济增长率的国际比较①　　　　　　　　　　（%）

	2011 年	2012 年	2016 年
美国	2.8	2.9	2.7
日本	1.4	2.1	1.2
印度	8.2	7.8	8.1
中国	9.6	9.5	9.5

表 1-5:有关国际机构对中国经济增长的预测②　　　　　（%）

	IMF	世界银行	高盛
2011 年	9.6	8.5	–
2012 年	9.5	8.2	–
2013 年	9.5	8.0	–
2014 年	9.5	7.9	–
2015 年	9.5	7.9	–
2016 年	9.5	–	–
2011—2020 年	–	–	7.9
2021—2030 年	–	–	5.7
2031—2040 年	–	–	4.4
2041—2050 年	–	–	3.6

---

①　资料来源:IMF, WORLD ECONOMIC OUTLOOK, April 2011,引自 http://www.imf.org/external/pubs/ft/weo/2011/01/pdf/text.pdf.

②　根据相关国际机构报告整理。

表1-6：1990—2030 年中国、俄罗斯、日本、印度、美国 GDP 增长表现①

	GDP 水平（十亿 1990 年 PPP $）					中国相当于下列国家水平百分比（%）			
	俄罗斯	日本	中国	美国	印度	俄罗斯	日本	美国	印度
1990 年	1151	2321	2124	5803	1098	185	92	37	199
1991 年	1093	2399	2264	5792	1112	207	94	39	204
1992 年	935	2422	2484	5985	1169	266	103	42	212
1993 年	854	2428	2724	6146	1238	319	112	44	220
1994 年	745	2455	2997	6396	1328	402	112	47	226
1995 年	715	2504	3450	6558	1426	483	138	53	242
1996 年	689	2590	3512	6804	1537	511	136	52	229
1997 年	699	2636	3707	7110	1611	530	141	52	230
1998 年	662	2609	3717	7407	1716	561	142	50	217
1999 年	704	2605	3961	7736	1820	563	152	51	218
2000 年	774	2667	4319	8019	1900	558	162	54	227
2001 年	814	2673	4781	8079	2009	587	179	59	238
2002 年	852	2664	5374	8209	2080	631	202	65	258
2003 年	914	2699	6188	8431	2267	677	229	73	273
2015 年	1300	3116	12271	11467	4665	944	394	107	263
2030 年	2017	3488	22983	16662	10074	1139	659	138	228

持续快速发展所带来的深刻变化同样成为中国经济奇迹的重要表现。对内而言，中国经济奇迹使得中国快速进入工业化中期，经济实力和综合国力显著增强，人民生活明显改变，为实现社会主义现代化积蓄了雄厚实力。新中国成立后短短 30 年间，中国建立起比较完整的工业、科技、国防和国民经济体系，令世界刮目相看。1978 年开始的改革开放，使一个十几亿人口的发展中大国走上了摆脱贫困、加快现代化、巩固和发展社会主义之路，跨越了一个又一个里程碑：中

---

① 资料来源：（英）安格斯·麦迪森：《中国经济的长期表现》，伍晓鹰等译，上海人民出版社 2008 年版，第 99 页。

国已成为世界第一大外汇储备国、第一大能源消费国、全球最大的汽车市场、全球最大的出口国、全球领先的制造大国,2008年国际金融危机爆发后率先走出阴影。在世界各国抢占新一轮国际竞争发展制高点的时候,中国以信息、航空航天、生物医药、新材料为代表的高新技术产业规模跃居世界第三位,为未来的发展提供了强劲动力。

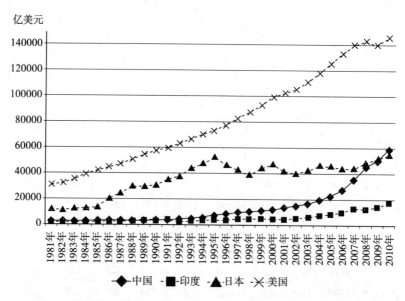

图1-4:1981—2010年中国GDP增长与美国、日本、印度的比较

中国已经成为世界第一大外汇储备国、第一大能源消费国、全球最大的汽车市场、全球最大的出口国、全球领先的制造大国。中国成功应对了亚洲和全球金融危机,对于世界经济复苏发挥了"稳定器"的作用。※

对外而言,中国在全球经济的地位显著增强,综合国际地位大幅提升,对全球经济增长的贡献和影响力明显提高。1949年,中国在世界经济中所占的比重微乎其微;2010年,中国对世界经济增长的贡献率超过50%。根据国际货币基金组织(IMF)2011年4月号《世界经济展望》提供的数据,按照购买力平价理论(PPP)测算,2010年中国占世界实际GDP的比重达到13.6%,接近整个欧元区所占比重(14.6%);到2016年,中国经济总量将从现在的11.2万亿美元提升至19万亿美元,在世界经济总量中的占比将达到18%,而美国经济总量将从现在的15.2万亿美元增至18.8万亿美元,占世界经济的份额滑落至17.7%。也就是说,按照IMF的预测,到2016年中国经济总量将首次超过美国位居全球首位。当然,这是一种预测,中国并

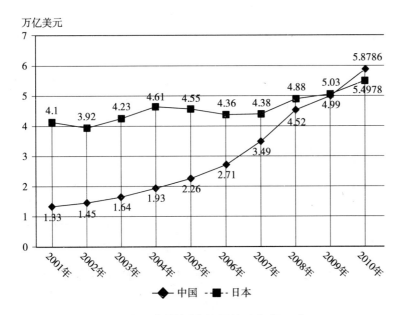

万亿美元

图1-5：中国经济总量快速赶超日本

不以此自满,而且承认中国同发达经济体的种种差距。另外,面对2008 年以来席卷全球的金融危机冲击,中国在全球经济复苏过程中起到了火车头作用,开始更多地在国际舞台上发出自己的声音。无论是 G20 峰会还是金砖国家峰会,中国所发挥的作用越来越明显。例如,2009 年春天伦敦在举办二十国集团领导人金融峰会时,其新闻中心的时间显示墙上只悬挂着 3 个时钟,依次为"华盛顿时间"、"伦敦时间"和"北京时间"。为此有媒体指出,世界通过"北京时间"感受"中国奇迹"①。

更为重要的是,经过新中国成立以来特别是改革开放后的不断探索,中国逐渐形成中国特色社会主义的基本理论、基本路线、基本纲领和方针政策。正如胡锦涛在庆祝中国共产党成立 90 周年大会

---

① 参见《人民日报》2009 年 9 月 27 日《世界通过北京时间感受中国奇迹》。

上所指出的那样①,"开辟了中国特色社会主义道路,形成了中国特色社会主义理论体系,确立了中国特色社会主义制度"。正是在改革开放中开辟的中国特色社会主义道路,为经济高速增长和改善人民生活提供了根本的制度保障,并在历史性的社会转型中成功避免了许多国家出现的发展中断、社会混乱和经济滑坡,坚持走可持续发展之路。

当然,我们在看到中国经济奇迹的同时,必须正视中国所面临的各种困难和挑战,必须看到中国经济奇迹背后所存在的各种问题②,必须认识到延续和升级中国经济奇迹还需要迈出新的征程。在黄金发展期和矛盾凸显期,如何实现发展方式转变、促进国民经济又好又快发展,如何坚定不移地发展社会主义民主政治、全面落实依法治国基本方略,如何通过发展保障社会公平公正、不断促进社会和谐,这一系列挑战仍然需要我们在前进过程中不断应对和克服。

【中国崛起】新中国成立后特别是改革开放以来不断探索前行并取得显著成就,体现出一个具有悠久历史的文明大国的民族复兴与崛起。从内外对比来看,中国崛起呈现出显著特点。

从国际对比来看,中国崛起是和平崛起与和平发展。从近代以来大国争霸的历史来看,由于大国的崛起往往依靠发动侵略战争、实行对外扩张,因而一个大国的崛起通常导致国际格局和世界秩序的急剧变动,甚至引发大战,结果总是以失败告终。与这种侵略式崛起不同,中华民族的复兴则是和平崛起,即不使用过去殖民主义强国或者帝国主义列强那种掠夺别人、欺负别人、剥削别人的办法,而是和平发展,维护世界和平、积极参与平等互利合作、促进共同发展。可以说,中国在走向繁荣富强的道路上形成的"和平崛起",不仅是中华民族的需求,也是中华民族对世界的贡献(参见专栏1—1)。

---

① 胡锦涛:《在庆祝中国共产党成立90周年大会上的讲话》,人民出版社2011年7月。

② 《华尔街日报》曾刊载专栏文章《中国经济奇迹的三大矛盾》,专门对中国经济奇迹所面临的问题进行了专题讨论和分析(参见 http://www.cjs.com.cn/article/news-498683.html)。

中国制度为经济高速增长和改善人民生活提供了根本的保障,中国能够在历史性的社会转型中成功避免许多国家出现的发展中断、社会混乱和经济滑坡,坚持走可持续发展之路,都是制度之功。※

在近现代世界史中,大国崛起往往依靠发动侵略战争、实行对外扩张,通常导致国际格局和世界秩序的急剧变动,甚至引发大战,但中国走的是和平崛起的道路,它不仅是中华民族自身的需求,也是这个古老民族对世界作出的新贡献。※

[专栏 1-1]   中国和平崛起

2003 年 11 月,中共中央党校原常务副校长、中国改革开放论坛理事长郑必坚在参加博鳌亚洲论坛时,发表题为《中国和平崛起新道路和亚洲的未来》的演讲,提出"中国实行改革开放 25 年来,已经开创出一条适合中国国情又适合时代特征的战略道路。这就是在同经济全球化相联系而不是相脱离的进程中,独立自主地建设中国特色社会主义这样一条和平崛起新道路"。郑必坚强调,"围绕这条道路,最重要的战略方针有三条:一是毫不动摇地锐意推进以社会主义市场经济和社会主义民主政治为基本内涵的经济和政治体制改革,以形成实现和平崛起的制度保证;二是大胆借鉴吸收人类文明成果而又坚持弘扬中华文明,以形成实现和平崛起的精神支柱;三是周到细致地统筹兼顾各种利益关系,包括统筹城乡发展、统筹区域发展、统筹经济社会发展、统筹人与自然和谐发展、统筹国内发展和对外开放,以形成实现和平崛起的社会环境"。

2011 年 5 月 16 日,郑必坚在《北京日报》发表《再论中国和平崛起》,进一步论述说:"中国和平崛起发展道路的本质,是在同经济全球化相联系而不是相脱离的进程中独立自主地建设中国特色社会主义。中国和平崛起带来的是机遇和市场,是互利和共赢","如果说 21 世纪第一个十年,中国依靠和平崛起的发展道路成为世界发展的重要组成部分,中国和世界形成了共同利益的扎实基础,那么 21 世纪第二个十年,中国将更依靠和平崛起的发展道路,而成为世界发展更重要的一部分。中国同世界也将形成更加系统和更可持续发展的共同利益,这也就从根本上决定了中国同世界的关系在今后十年乃至更长时间的发展走向"。"扩大和深化同各方利益的会合点,全方位从不同国家和地区建立和发展不同领域、不同层次的利益共同体","是中国和平崛起道路具体化的一个重要趋向","解决中国和平崛起面临的矛盾和问题,只能是坚定不移地通过改革开放来解放和发展生产力"。

2003 年 12 月 26 日在纪念毛泽东诞辰 110 周年座谈会上,胡锦涛强调指出,要坚持和平崛起的发展道路和独立自主的和平外交政策。他重申,中国"要坚持走和平崛起的发展道路,坚持在和平共处五项原则的基础上同各国友好相处,在平等互利的基础上积极开展同各国的交流和合作,为人类和平与发展的崇高事业作出贡献"①。在此之前,温家宝总理于 2003 年 12 月 10 日出访美国时到哈佛大学发表演讲,明确地把中国选择的发展道路称作"和平崛起的发展道路",首次全面阐述了"中国和平崛起"的思想。2004 年 3 月,温家宝总理在十届人大二次会议记者会上,重申了"中国和平崛起",并将其要点概括为五个方面(参见专栏 1–2)。

[专栏 1–2]　　　温家宝论"中国和平崛起"

2003 年 12 月 10 日,温家宝总理在美国哈佛大学发表题为"把目光投向中国"的演讲。温总理指出,"今天的中国,是一个改革开放与和平崛起的大国","从 1978 年开始改革开放,我们终于找到了一条发展自己的正确道路。这就是中国人民独立自主地建设中国特色的社会主义"。"中国是个发展中的大国,我们的发展,不应当也不可能依赖外国,必须也只能把事情放在自己的力量的基点上。这就是说,我们要在扩大对外开放的同时,更加充分和自觉地依靠自身的体制创新,依靠开发越来越大的国内市场,依靠把庞大的居民储蓄转化为投资,依靠国民素质的提高和科技进步来解决资源和环境问题。中国和平崛起发展道路的要义就在于此"。

2004 年 3 月,温家宝总理在十届人大二次会议记者会上,重申了"中国和平崛起",将其要点概括为五个方面:第一,中国的崛起就是要充分利用世界和平的大好时机,努力发展和壮大自己。同时又以自己的发展,维护世界和平。第二,中国的崛起应把基点主要放在自己的力量上,独立自主、自力更生,依靠广阔的国内市场、充足的劳动力资源和雄厚的资金积累,以及改革带来的机

---

① 胡锦涛:《在纪念毛泽东同志诞辰 110 周年座谈会上的讲话》,2003 年 12 月 26 日。

制创新。第三,中国的崛起离不开世界。中国必须坚持对外开放
的政策,在平等互利的基础上,同世界一切友好国家发展经贸关
系。第四,中国的崛起需要很长的时间,恐怕要多少代人的努力
奋斗。第五,中国的崛起不会妨碍任何人,也不会威胁任何人。

2005 年和 2011 年中国政府发表白皮书,阐述了中国和平发展
的国家理念(参见专栏 1-3)。

[专栏 1-3]　　中国政府"和平发展"白皮书

　　2005 年 12 月和 2011 年 9 月,国务院新闻办公室分别发表
《中国的和平发展道路》、《中国的和平发展》白皮书,全面系统阐
述了中国的和平发展道路。

　　《中国的和平发展道路》首次全面系统阐述了中国走和平发
展之路的必然性和坚定决心,以及为实现这一目标而采取的战略
方针和政策措施。白皮书指出,"中国的和平发展道路是人类追
求文明进步的一条全新道路,是中国现代化建设的必由之路,是
中国政府和中国人民的郑重选择和庄严承诺","中国的发展离不
开世界,同样世界的繁荣需要中国"。白皮书指出,"中国认为,和
谐世界应该是民主的世界,和睦的世界,公正的世界,包容的世
界","多年来,中国坚持和平、发展、合作的政策主张,坚持独立自
主的和平外交政策,本着民主、和睦、公正、包容的精神,发挥建设
性作用,努力同各国一道实践建立和谐世界的崇高目标"。白皮
书强调,"走和平发展道路符合中国人民的根本利益,也符合人类
社会发展进步的客观要求。中国今天要走和平发展道路,将来强
大了也要走和平发展道路。中国政府和中国人民走和平发展道
路的决心是坚定不移的"。

　　《中国的和平发展》从世界历史视野,把"和平发展道路"定
义为:"既通过维护世界和平发展自己,又通过自身发展维护世界
和平;在强调依靠自身力量和改革创新实现发展的同时,坚持对

外开放,学习借鉴别国长处;顺应经济全球化发展潮流,寻求与各国互利共赢和共同发展;同国际社会一道努力,推动建设持久和平、共同繁荣的和谐世界。这条道路最鲜明的特征是科学发展、自主发展、开放发展、和平发展、合作发展、共同发展"。白皮书提出,中国和平发展的总体目标是"实现国家现代化和人民共同富裕",中长期目标是"全面建成惠及十几亿人口的更高水平的小康社会",近期目标是"实现'十二五'规划"。白皮书提出"中国坚决维护国家核心利益",包括"国家主权,国家安全,领土完整,国家统一,中国宪法确立的国家政治制度和社会大局稳定,经济社会可持续发展的基本保障"。白皮书指出,"走和平发展道路是中国政府和人民继承中华文化的优秀传统、根据时代发展潮流和中国根本利益作出的战略抉择,是中国发展的内在需要",中国和平发展打破了"国强必霸"的大国崛起传统模式。白皮书认为,"在世界发生翻天覆地变化的今天,无论什么主义、什么制度、什么模式、什么道路,都在经历时代和实践的检验。各国国情千差万别,世界上不存在最好的、万能的、一成不变的发展模式,只有最适合本国国情的发展道路。中国的发展道路形成于、立足于本国国情。中国深刻认识到走和平发展道路的重要性和长期性,认识到国内外环境变化的深刻性和复杂性,将更加注意总结和运用自身的成功经验,更加注意学习借鉴其他国家的有益经验,更加注意研究前进道路上的新问题、新挑战,为和平发展开辟更为广阔的前景"。

中国和平发展的崛起,是一种不同于西方国家模式的崛起,而是一个五千年文明与现代国家重叠的超大规模"文明型国家"的崛起,并且是一种独立政治话语及其政治价值观念的崛起。※

从历史角度来看,中国崛起是文明大国的现代崛起。从长期历史发展来看,中国的崛起不同于普通国家的崛起,而是一个连绵不断的伟大文明的复兴,是一个五千年文明与现代国家重叠的超大规模"文明型国家"的崛起。由此出发,中国崛起具有显著的自身特征。正如张维为在《中国震撼:一个"文明型国家"的崛起》一书中所说的那样①,作为

① 参见张维为《中国震撼:一个"文明型国家"的崛起》,世纪出版集团上海人民出版社 2011 年 1 月版。

不同于任何其他国家的崛起的文明型国家崛起,当代中国的崛起,不但是一种和平发展的崛起,也是一种不同于西方国家的新的发展模式的崛起,并且还是一种独立政治话语即政治价值观念的崛起①。

［专栏1-4］"中国震撼"是一种什么样的震撼

张晓林认为,阅读张维为的《中国震撼:一个"文明型国家"的崛起》之后,对"中国震撼"形成三点感悟:

一是和平发展崛起的震撼。在一个有着几千年文明史、13亿人口、幅员辽阔、经济文化落后的东方大国实现现代化、实现振兴和崛起,无疑是一个时代前沿的大课题。中国作为文明型国家的崛起是一种和平发展的崛起。回顾世界历史,西方崛起的过程几乎就是一部动荡与战争的历史。美国、英国、法国、意大利、日本等国家的崛起,哪一个不是充满侵略、战争、屠杀、征服、奴役,是不光彩的、血与火崛起的历史。中国的发展和崛起则完全不同。中国的改革开放和现代化建设、中华民族的振兴和复兴走的是和平发展的道路,对外是推动和谐世界建设,对内是倾力建设和谐社会,这不就是当代文明的最重要内涵和标志!和平发展的道路是文明发展的道路,这取决于中国的国策方针、取决于中国的社会主义制度、取决于当今以和平发展为主题的国际环境,但也取决于中国几千年热爱和平的文明历史传统。显而易见,中国作为文明型国家的崛起是和平发展的崛起,是一种发展文明的崛起。所以,"中国震撼"首先是和平发展崛起的震撼。

二是发展模式崛起的震撼。正如《中国震撼》一书所说,"一个'文明型国家'的崛起",也是一种"发展模式的崛起","中国崛起的背后是自己独特的发展模式"。经过新时期改革开放和现代化建设30多年的发展,我们已经找到和形成了一条中国特色社会主义现代化道路,积累和凝聚了丰富的成功经验,创立和形成

---

① 参见张晓林《中国震撼是一种什么样的震撼》,《人民日报》2011年4月11日。

了中国特色社会主义理论体系。这既是中国现代化发展历史的科学凝练的总结,也是中国与其他国家现代化发展历史的鲜明显著的区别。由此可见,"中国震撼"又是中国发展模式崛起的震撼。

三是政治价值观念崛起的震撼。中国的崛起,不单单是经济的发展,也是民主政治的发展,是民主政治价值观念的发展。民主政治制度及其民主政治价值观念的建设始终是中国社会主义现代化奋斗的目标,我们也矢志不渝地为之而奋斗。只要不是无知,只要不抱偏见,就会看到随着中国经济社会的发展,中国的民主政治、平等自由、公平正义、人权保障等事业都取得了巨大进步和长足发展,形成了中国特色社会主义民主观、人权观、自由平等观,这是不能否认的、也是难以抹杀的。显而易见,"中国震撼"同时还是中国政治价值观念崛起的震撼。

中国的崛起意味着其历史、文化、语言、价值、机制和企业精神会逐渐影响全世界,从而将西方置于历史的边缘并改变人们对现代性内涵的理解。※

英国《卫报》专栏作家、伦敦经济学院访问学者马丁·雅克(Martin Jacques)于 2009 年出版《当中国统治世界:西方世界的衰落与中国的崛起》(*When China Rules the World:The End of the Western World and the Birth of a New Global Order*)一书,认为中国作为一个文明国家正在崛起并将成为世界上实力最强大的国家,中国的崛起将意味着其历史、文化、语言、价值、机制和企业精神会逐渐影响全世界,从而将西方置于历史的边缘并改变人们对现代性内涵的理解。

[专栏 1-5]　　　　　　　　当中国统治世界

英国《卫报》专栏作家、伦敦经济学院访问学者马丁·雅克(Martin Jacques),在他的新著《当中国统治世界》一书中声称,中国不仅会取代美国的超级大国地位,它还会将西方置于历史的边缘,颠倒我们对现代性内涵的理解。

许多关于中国的新闻以及畅销书都把这个国家的崛起视为

一个经济现象：一个发展中国家(尽管它是最大的)向西方敞开大门，容许西方式市场经济繁荣发展，并向富裕国家消费者出口产品。确实如此。但雅克认为，只关注这个故事的经济方面，已经让西方产生了一种虚幻的安全感。"西方的主流态度是，就本质而言，世界并不会因中国的崛起而产生多大变化"，他写道。恰恰相反，"中国的崛起将深刻地改变这个世界"。不同于在过去200年不同时期的英国、美国和德国，中国并不是以一个新的、强大的民族国家的形象崛起于世界舞台的。正如一位中国作家所说，中国正重新获得"丧失的国际地位"，成为第一个重新崛起、重新获取世界主导地位的古老文明国家。

雅克指出，在18世纪晚期之前，中国一直是世界上最富裕、领土最完整、技术最先进的文明国家。伴随大约200年前工业革命在欧洲的兴起，中国丧失了这一地位。许多学者曾经认为，中国在社会、文化以及政治方面有许多极具破坏性的缺陷，这些缺陷恰恰凸显出西方的优越性，但鉴于中国这些年发展的速度和势头，这些缺陷开始显得更像是反常情况。雅克写道，最终成为偶发事件的，并不是中国的委靡期，而是西方这段统治期。

雅克认为，中国的文化内核更像古代的中国，而不是现代的欧洲或美国。中国积聚财富的速度，远胜过它吸收外国思想的速度。结果就是，中国几乎注定会成为一个自成体系的强国，而不会像华盛顿的许多决策者希望并预期的那样，成为一个接受西方准则和制度，愿意保持"现状"的大国，雅克这样写道。

雅克认为，由于中国在经济方面已经找到了自己的发展路径，它不可能向西方寻求政治建议。执政党试图复兴儒家思想，将自身定位成为维持中国团结统一的保护者(这也是中国政府的传统角色)。许多中国人认为这一使命是非常神圣的。雅克声称，无论是否实施民主化改革，只要中国变得越来越强大，大多数中国人将继续支持他们的领导人。

——摘自《纽约时报》书评

在过去300年的历史中，只有三个历史事件的重要性可与中国崛起相比拟：一是法国大革命，二是共产主义十月革命，三是美国的崛起，而中国崛起的历史意义"绝对有过之而无不及"。※

台湾大学教授朱云汉提出，全球秩序引导中国模式演进，中国模式带动全球秩序重组。他认为,在过去 300 年的近代历史中,只有三个历史事件的重要性可与中国崛起相比拟。一是法国大革命,二是共产主义十月革命,三是美国的崛起。与这三件历史分水岭事件相比,中国崛起的历史意义"绝对有过之而无不及","中国崛起是撼动当前全球秩序的最重要转型力量之一,也将是引导 21 世纪全球秩序重组的最重要力量之一。在这层意义上,中国的发展模式影响全球秩序的重组,中国发展道路的选择影响人类社会的未来"。①

【国内外对中国模式展开广泛讨论】从国际比较来看,中国奇迹尤其弥足珍贵。与改革开放以来中国的巨大发展相比,西方社会的矛盾交织,特别是 2008 年以来以美国为发源地、席卷全球的金融危机,动摇了全球对资本主义体系的信心。BBC 在 27 国对 2.9 万人所做的调查表明,仅有 11% 的人认为资本主义在正常运行,有 23% 的受访者认为资本主义存在着致命弱点,世界需要新的经济制度,另有51% 的受访者认为自由市场经济的资本主义系统需要规范和改革。最悲观的是法国人,有 43% 表示对资本主义经济制度完全失去信心,认为需要彻底抛弃。在这样的历史条件下,中国的成功吸引了全球的目光。

新中国成立后特别是改革开放以来所取得的巨大成就得到举世公认。与中国社会经济发展以及人民物质生活改善相伴随,国际社会在不断校正对于中国的认识和评价,其中既有敌视中国的"黄祸论"、"威胁论"②,唱衰中国的"崩溃论"③,也有看高中国的"机遇

国际社会在不断校正过去对于中国的认识和评价,包括敌视中国的"黄祸论"、"威胁论",唱衰中国的"崩溃论",看高中国的"机遇论"和金融危机时期的"救世论",开始围绕"中国模式"展开史上最激烈的讨论。※

---

① 朱云汉:《中国模式与全球秩序重组》,载潘维主编《中国模式——解读人民共和国的 60 年》,中央编译出版社 2009 年版,第 603—604 页。

② 20 世纪 90 年代美国伯恩斯坦和芒罗撰写的《即将到来的美中冲突》集中代表了这类观点。

③ 例如,1984 年美国世界经济研究所布朗提出"谁来养活中国?"一说,继而引起全球性的争论。2001 年以来,针对中国经济的新的论调又在国外盛行,如诺贝尔经济学奖得主、有"国际经济乌鸦"之称的克鲁格曼教授提出疑问说,中国这个亚洲奇迹中的最大奇迹,是否会成为下一个崩塌的神话。美国华裔律师章家敦(Gordon G. Chang)提出,"与其说 21 世纪是中国的世纪,还不如说中国正在崩溃"。

论"和金融危机时期的"救世论"①。

对于中国的快速崛起,经济持续快速增长,社会稳定,人民生活改善,以及从 20 世纪 90 年代以来成功应对外部环境巨变的严峻挑战,国内外不少学者提出了有关中国发展模式的多种观点和概念,进而引发了广泛的议论。

在国内方面,伴随中国改革开放的不断深化,不少经济学家从渐进改革与经济发展方面探讨中国发展模式问题。20 世纪 80 年代中期,中国经济学界关注经济体制改革并取得了许多重要成果。如刘国光、戴园晨、张卓元等提出体制模式与发展模式"双模式转换"的模式论和企业改革与价格改革协同并行的"双向协同"改革战略;厉以宁等提出企业改革主线论和股份制作为企业改革主要形式;吴敬琏、周小川等提出以价格改革为中心的进行综合配套改革;华生等提出双轨制价格改革论;董辅礽提出社会主义经济是混合经济的观点;卫兴华、洪银兴和魏杰提出"计划调节市场,市场调节企业"的经济运行模式。林毅夫等在 1994 年出版的《中国的奇迹:发展战略与经济改革》一书中,从中国发展和转型的经验视角探讨了中国发展模式,认为中国发展的秘诀,是放弃了 20 世纪 50 年代的赶超发达国家战略,转而重点发展劳动密集型产业,促进出口,发展乡镇企业和市场经济,从而一步一步提升资本积累和资源禀赋结构,再逐渐转变到资本密集型、信息密集型产业上来,从而形成"比较优势战略"。

当国际社会开始重视讨论中国发展模式后,国内学者出版了不少分析中国模式的著述,对中国模式的分析研究不断深化。例如,2008 年 12 月在北京大学举办的"人民共和国 60 年与中国模式"学术研讨会,来自海内外的 52 位学者围绕"中国模式",从中国社会模式、经济模式、政治模式、思想方法及其有机联系五个方面进行了热烈的讨论,与会专家从纵向把握人民共和国 60 年的有关史实,从横

中国学者对发展问题的研究,随着国外学者对"中国模式"的讨论又向纵深开展起来,形成一个个观点。※

---

① 不论是美国彼得森国际经济研究所所长弗雷德·伯格斯腾首次提出构建的 G2 模式,还是美国哈佛大学教授尼尔·弗格森(Niall Ferguson)和柏林自由大学石里克教授共同构造的中美国(Chimerica)新词,客观上都强调了中美之间依靠紧密的经济联系而进入到共生时代并对世界发展产生重要影响。

向比较发达国家和其他发展中国家的道路,论述了所探讨的具体领域与抽象的中国模式之间的联系①。

在国际方面,为了概括和分析中国崛起特别是发展模式的深刻内涵,自 2004 年以来,国际社会提出了从"北京共识"到"中国模式"、"中国道路"、"中国经验"等一系列论断。正在崛起的中国的发展道路,给西方学者带来新的思考问题:制度和西方完全不同的中国是否创造了另一种发展模式? 中国模式是否可以被其他国家如印度等复制? 对此类问题,提出"软实力"概念的美国学者约瑟夫·奈在 2008 年 2 月指出,"中国的经济增长不仅让发展中国家获益巨大,中国特殊的发展模式和道路也被一些国家视为可效仿的榜样……更重要的是将来,中国倡导的政治价值观、社会发展模式和对外政策做法,会进一步在世界公众中产生共鸣和影响力"。实际上,正是在2008 年中国成功应对自然灾害、成功举办北京奥运会和成功应对国际金融危机冲击以来,有关中国发展模式的研究与讨论渐入高潮,国外不少学术刊物陆续刊发了一系列文章,从不同角度和层面研究和探讨中国模式。

美国学者约瑟夫·奈指出:中国的经济增长不仅让发展中国家获益巨大,中国特殊的发展模式和道路也被一些国家视为可效仿的榜样,更重要的是在将来,中国倡导的政治价值观、社会发展模式和对外政策的做法,会进一步在世界公众中产生共鸣和影响力。※

二、海外学者眼中的"中国模式"

【研究概况及文献综述】中国改革开放的重大探索及其所取得的显著成就,引发了国外学者对中国模式的广泛关注和深入研究。在比较与"华盛顿共识"、"后华盛顿共识"的差异后,国外学者逐渐把中国转型模式提炼为"北京共识"、"中国模式"、"中国道路"、"中国经验",明显不同于此前曾流行的"中国威胁论"、"中国崩溃论"。在全球应对国际金融危机的背景下,随着中国取得明显成效以及在国际事务中发挥日益明显的作用,国外学者对中国模式的研究与报道进一步增加。

海外学者广泛关注和研究中国发展模式始于 2004 年美国学者

---

① 支振锋:《正在浮现的"中国模式"》,《"人民共和国 60 年与中国模式"学术研讨会综述》,《开放时代》2009 年第 4 期。

乔舒亚·库珀·雷默发表《北京共识》一文。雷默在文中认为,中国所采取的发展模式是一种适合中国国情和社会需要、寻求公正和高质量增长的发展途径。他把这种发展途径称为"北京共识"。

[专栏1-6] "华盛顿共识"与"北京共识"

"华盛顿共识"得名于彼得森国际经济研究院经济学家约翰·威廉姆森在1989年一篇关于拉丁美洲经济改革政策处方的文章。威廉姆森认为,这些政策是每一个华盛顿决策者多少都同意的,包括财政纪律、降低官方补助、税改、市场决定利率、竞争性的汇率、贸易自由化、外国直接投资的自由流动、国有企业的私有化、去管制化和财产权的法律保护共10项。后来,这些与强调市场优先性和限制政府作用的新自由主义理论密切相连的政策被称为"华盛顿共识",成为适用于所有面对经济危机的拉美国家和其他发展中国家的自由化政策,并扩大到包括自由民主政治领域。由于实行"华盛顿共识"政策的国家经济表现并不特别良好,而且这些政策本身也存在不少失误,以至于威廉姆森在2002年提出"华盛顿共识是否已一败涂地"的疑问。2005年,哥伦比亚大学经济学教授约瑟夫·E.斯蒂格利茨发表题为"后华盛顿共识"的文章,指出华盛顿共识已经被证明对于成功的发展既非必要条件亦非充分条件,任何未来的共识都不能只由华盛顿决定,任何新的架构都必须灵活适应有关国家的具体条件。从此,"后华盛顿共识"成为许多学术著作中的热门词汇。

与之相对应,美国学者乔舒亚·库珀·雷默在2004年发表的《北京共识》一文中,把中国所采取的适合中国国情和社会需要、寻求公正和高质量增长的发展途径定义为"北京共识",并归纳概括了主要特点:艰苦努力、主动创新和大胆实验;坚决捍卫国家主权和利益;循序渐进、积聚能量。雷默认为,北京共识的灵魂是创新和实验;它的准则是既务实,又理想,解决问题灵活应对,因事而异,不强求划一;它不仅关注经济发展,也同样注重社会变化,通过发展经济与完善管理改善社会。雷默指出:北京共识正

雷默认为,"北京共识"的模式不仅关注经济发展,而且注重社会变化,也涉及政治、生活质量和全球力量平衡等诸多方面,体现了一种寻求公正与高质量增长的发展思路。※

取代人们已广泛不信任的"华盛顿共识"。

在雷默看来,中国的崛起正在通过向世界展示新的发展和力量原理重塑国际秩序,中国发生的事情正在改变国际发展、经济、社会以及政治的整个图景。雷默指出,"北京共识"是中国通过艰苦努力、主动创新和大胆实践,摸索出的一个适合本国国情的发展模式,具有艰苦努力、主动创新和大胆实验(如设立经济特区),坚决捍卫国家主权和利益,以及循序渐进(如"摸着石头过河")等特点。

雷默强调认为,"北京共识"的模式不仅关注经济发展,而且注重社会变化,也涉及政治、生活质量和全球力量平衡等诸多方面,体现了一种寻求公正与高质量增长的发展思路。因此,建立在"北京共识"基础上的中国经验具有普世价值,有不少可供其他发展中国家参考,可算是一些落后国家寻求经济增长和改善人民生活的模式。

也有人不同意中国模式的概念,认为中国发展还谈不上真正形成了独特的模式;还有人认为中国模式正在冲击西方价值观,对西方模式构成巨大挑战。※

自从雷默发表《北京共识》一文之后,一些著名学者参与研讨,有关中国模式的报道开始成为西方主流媒体的重要话题。例如著名作家托马斯·弗里德曼、投资大师罗杰斯、《大趋势》作者约翰·奈斯比特、诺贝尔经济学奖得主迈克尔·斯宾塞、美国前国务卿基辛格、德国前总理施密特都曾经撰文或接受媒体采访,对中国模式发表意见,可谓各持己见。美国制度经济学大师、诺贝尔经济学奖获得者罗纳德·科斯(Ronald Coase)在 2008 年 7 月 14—18 日芝加哥大学"中国改革 30 年研讨会"的开幕词中说,中国所发生的一切完全令人感到惊奇,召开这次研讨会的目的正是想了解中国变化的模式、速度和特点。从总体上看,既有充分肯定者,认为中国模式对所有发展中国家具有无法抗拒的诱惑力,因为这种模式引发了世界经济史上前所未有的一轮增长;也有人不同意中国模式的概念,认为中国发展还谈不上真正形成了独特的模式;还有人带有几分敌意、不屑甚至恐惧,认为中国模式正在冲击西方价值观,对西方模式构成巨大挑战。

"北京共识"及其所代表的"中国模式"被视为当代经济发展的

成功模式,中国转型发展被赋予了世界意义。其代表性文献主要包括:乔舒亚·库珀·雷默的《北京共识》(载黄平等主编的《中国与全球化:华盛顿共识还是北京共识》,社会科学文献出版社 2005 年版);托马斯·赫伯的《中国是否可视为一种发展模式?》(载俞可平等主编的《中国模式与"北京共识"》,社会科学文献出版社 2006 年版);约翰·奈斯比特等的《中国大趋势》(吉林出版集团 2009 年版);郑永年的《中国模式:经验与困局》(浙江出版联合集团 2010 年版),等等。从总体上看,这些海外学者的研究成果得到国内学者的关注和重视①。

【西方国家提出和重视中国模式的背景】一般来说,随着人类进入全球化时代,全球化呈现出多样性特征,各国发展往往会选择具有本国特色的发展道路,全球化并非属于某一种道路或单一模式。正是世界各国的多样化发展道路构成了世界的和谐。中国模式丰富和发展了世界发展模式,也必将为人类文明不断地走向繁荣与发展作出自己的贡献。

第一,从根本上说,以"北京共识"为内核的"中国奇迹",明显不同于"华盛顿共识"下的东欧、拉美和亚洲重灾区,尤其是在国际金融危机冲击下形成不同应对效果,使得人们更加关注"中国模式"。20 世纪后期,拉美经济危机、东亚金融危机和俄罗斯"休克疗法"的失败,都与新自由主义经济政策直接相关,而新自由主义正是"华盛顿共识"的基础,它们表明了建立在"华盛顿共识"上的"拉美模式"、"东亚模式"的局限。与此形成鲜明对照的是,中国奉行自己独特的现代化战略和改革开放政策,创造了经济高速增长的奇迹。正是由

拉美经济危机、东亚金融危机和俄罗斯"休克疗法"的失败,都与新自由主义经济政策直接相关,而新自由主义正是"华盛顿共识"的基础,中国的成功使人们置疑这种理论的正义性和正确性,转而关注中国模式。※

---

① 国内学者所作的文献综述可参见庄俊举、张西立《近期有关"中国模式"研究观点综述》(《红旗文稿》2009 年第 1 期);徐崇温:《国际社会关于中国改革和中国模式的讨论述要》(http://news. xinhuanet. com/theory/2009 - 11/16/content _ 12468793. htm);杨金海、吕增奎:《国外学者眼中的中国改革开放》(《上海党史与党建》2009 年 1 月号);轩传树:《如何看待西方学者关于中国模式的争论》(《人民日报内部参阅》2010 年 12 月);胡键:《争论中的中国模式:内涵、特点和意义》,《社会科学》2011 年 3 月;马立诚:《有关"中国模式"的 21 本书》(《中国经济时报》2011 年 3 月 14 日)。

正是由于中国模式具有不同于西方国家的鲜明特点，引发了西方各界的强烈关注，而中国作为一个大国的强大和稳步崛起，又令世界各国希望从中找到适合自己的东西。※

于两者的鲜明对比，使得人们开始关注中国模式，从理论上进行概括、归纳和总结。另外，在改革开放以来经济、社会取得全面快速发展的同时，中国在面临亚洲金融危机冲击时所受影响不大，特别是在2008年爆发国际金融危机时所受冲击要比欧美国家小，这也在客观上导致对中国模式的研究热重新热烈起来。

第二，中国发展模式呈现出不同于西方国家的鲜明特点并且取得了显著成就。正是由于中国模式带有不同于西方主要国家的鲜明特点，从而客观上引发了西方学者关注并参与讨论中国发展模式问题。英国《卫报》曾经报道说："中国成功，是100年自由民主所面临的最严重挑战。"这是西方热衷于参与、并将长期持续这场讨论的重要原因之一。例如，2008年中国在应对大规模自然灾害时，在中国共产党领导下集中力量办大事的"举国体制"及其所产生的明显成效，让全球对中国政治体制刮目相看。英国《新左派评论》杂志发表《中国变化的颜色》一文，指出中国走的是一条独特的东亚道路，其特点是强大的国家、活跃的家庭劳动经济和主要由小企业组成的私有经济与小规模资本主义经济。

第三，苏东剧变后，西方国家对中国发展战略和发展模式更为关注。西方国家对中国发展道路或"中国模式"的关注早已有之，为何近几年加大了关注力度？苏东剧变后，西方国家对中国的发展态势先后抛出"中国威胁论"和"中国崩溃论"，2001年以来，针对中国经济的新的论调又在国外盛行。然而，中国历经1998年亚洲金融危机和2008年以来的全球经济危机之后，依然能保持比较稳定和快速的发展趋势，使得这些言论不攻自破，也使得西方国家不得不重新审视中国的发展战略和发展模式，乃至美国和欧洲在金融危机下对金融市场的干预都被认为是在学习中国。在全球化背景下实现现代化，对于广大发展中国家来说是一个新课题，它们都在努力探索新的发展模式。中国作为一个大国的强大和崛起，势必会对全球政治经济格局甚至对世界历史发展进程产生深刻影响，因而也必然会引起西方发达国家的深切关注，使得人们加倍关注中国的成功经验，希望从中找到适合自己的东西。

［专栏1-7］　　　　"中国模式"的吸引力

　　美国丹佛大学国际关系学院教授赵穗生在《中国模式探索：能否取代西方的现代化模式?》一文中认为，作为一个非意识形态的、务实的、试验性质的改革道路以及强调经济成长和政治稳定的政策，中国模式的吸引力主要体现在三个方面：

　　一是共产党领导下中国经济的成功。将经济成长当做中国的首要目标，并强调经济发展的成功有赖于政治稳定，中国在过去30年成为世界最快速成长的经济体。更为重要的是，中国令人震惊的经济成功是在没有显著的社会与政治失序这样的民主化副产品的条件下取得的，因而成为迈向经济成长快速道路的成功模式。

　　二是相对于中国近年来的成功，美国经济、政治和外交的失败所造成的西方现代化模式吸引力的衰落。遵循美国模式，"拉丁美洲出现了不止一个'失落的十年'；在环太平洋区，美国模式将(1997年亚洲金融危机所造成的)衰退转变成一个名副其实的大萧条；而在俄罗斯，尽管它将苏联共产党官员转变为全球性的资本家，但它更将俄罗斯的老百姓推向了贫困。"2008年席卷全球的金融危机不仅对以新古典经济学为基础的发展政策的一些重要方面提出了根本性的质疑，同时也是对中国模式的一些方面的重要肯定，尽管这个模式挑战了西方国家以及它们所控制的国际金融机构所倡导的传统的现代化模式。

　　三是中国对许多发展中国家"价值中立"的外交政策。与西方不同，中国的外交主要基于经济和战略利益，而非任何意识形态的诉求或是道德原则。因此，由于中国的崛起的大国地位，这些国家的领导人可能利用与北京的关系抗衡美国强权。结果，许多第三世界国家的政治领袖欢迎中国发展模式以及其价值中立的外交政策。

　　正是因为上述三大发展变化——中国快速的经济成长；美国在一些第三世界国家兜售其发展模式的失败；中国价值中立的外交政策——使得中国模式对许多发展中国家的吸引力日益增长。

在福山宣布西方模式胜利的"历史终结论"不到20年的时间,越来越多的观察家现在开始谈论一个"后美国的世界"。在这个世界中,不但许多寻求维持政治稳定和经济成长的发展中国家的政治领袖已经逐渐视中国的非西方模式为一个成功的发展模式,而且拉丁美洲和非洲的民主发展中国家,也对中国走向改革的务实道路刮目相看。

由于一些人对中国模式的看法过于政治化、道德化,使"中国模式"成为"有没有","要不要"的命题。※

【海外学者对中国模式的主要观点】从国内外对中国模式的讨论来看,不同的价值取向导致国外学者对中国模式的评价很不相同,因而人们对中国模式尚未产生共识。正如新加坡学者郑永年所说,由于人们对中国模式的争论过于政治化、道德化,使得所讨论的对象并不在于客观存在的"中国模式",而是变成了要不要、该不该有"中国模式"的问题①。大体来看,国外学者对中国模式主要有三种观点:

持肯定意见的学者认为,"中国模式"导致的中国崛起,是一个具有世界历史意义的重大事件,它深刻改变了国际政治格局,甚至在某种程度上改变着世界历史进程。实际上,早在20世纪六七十年代开始,国外学者已经开始关注中国发展道路问题,这其中包含了对"中国模式"的初步探讨。例如,美国普林斯顿大学社会学教授吉尔伯特·罗兹曼在20世纪70年代末编著的《中国的现代化》一书中,就集中分析、探讨了中国现代化进程中的有利因素及障碍。以色列学者艾森斯塔德则在《现代化:抗拒与变迁》、《对多重样现代性的反思:欧洲的、中国的和其他的诠释》等著作中,从传统社会文化的秩序特征以及中国社会变迁两个方面分析了中国发展的路向②。进入21世纪以后,西方学者对中国发展模式的研究更为认真和深化。作

---

① 郑永年:《为什么要提中国模式?》http://www.chinareviewnews.com 2010-05-04 15:57:41。

② 庄俊举、张西立:《近期有关"中国模式"研究观点综述》,《红旗文稿》2009年第1期。

为西方学者的雷默第一次公开用"北京共识"来归纳涉及经济、政治、社会、国际关系等多个领域的新的中国发展模式,因而通常被认为是"中国模式"的另一提法。

[专栏1-8] 郑永年、丁学良眼中的"中国模式"

新加坡国立大学东亚研究所所长郑永年认为,中国模式是一种混合模式,既不是苏联模式,也不是西方模式的延伸;既否定了苏联的完全公有化模式,也破除了西方的极端私有化模式。它整合了各个方面的动力机制,因此成为中国高速发展的基础。中国模式是国际最优经验和中国本身实践结合的产物,既有世界性,也有中国性。因此,在讨论中国模式时,光强调国际性或者光强调地方性(中国特色)都不是很科学的。

香港科技大学丁学良教授在 2011 年 1 月出版的《辩论"中国模式"》一书中指出,"中国模式"是指过去改革开放 30 多年不断摸索逐步形成的轨迹,这个轨迹至今仍在持续演变。"中国模式"既取得了显著绩效(一是保持了中国共产党的执政;二是促进了中国经济高速发展),但也付出了巨大成本(一是弱势地区和弱势群体受歧视;二是空气污染、水污染和土地污染异常严重;三是公共部门的腐败现象;四是公共政策还缺乏透明度,政策创新的血管趋于硬化)。

丁学良教授把"中国模式"理解为三个相互交织的子系统。支点之一是"核心的列宁主义"的权力架构,即一党领导的威权体制;支点之二是"一切思维和工作都必须以维护稳定为出发点和归宿"的社会控制体制;支点之三是"政府管治的市场经济"。他认为,尽管近年来出口拉动乏力、投资效率低和居民消费不足,"中国模式"受到挑战。但如果"中国模式"能够成功完成创新和转型(从小部分人占有巨大财富的小众市场经济,转型为大众共享财富的大众市场经济),那么 21 世纪将是所有中国人的盛世。

不少人对中国模式充满期待,希望中国模式能够演进成为一个与西方不同的模式,甚至将来取代西方模式,但他们更多看到的是中国取得的成就,不太注意或看不到这些成就背后的负面因素和制约因素,对此,我们应当保持清醒。※

有必要指出的是,不少学者对中国模式充满期待,希望中国能够发展形成一个和西方不同的模式,这一方面是由于这些学者对西方模式已经失去了信心,也不认为西方模式一直可以持续下去。另一方面高度肯定中国改革开放以来的高速发展,往往只看到中国所取得的成就,甚至不太注意或者看不到这些成就背后的代价和未来发展的制约因素,认为中国所实行的发展模式带来新的希望,由此使得对"中国模式"大加赞扬,希望"中国模式"能够可持续发展,一些学者甚至认为"中国模式"不久就要取代西方模式。但对这些溢美之词,我们应当保持清醒。

有人认为:中国的经济成功实际上是资本主义的成功,因为最近几十年中国一直在向西方学习,"中国特色社会主义市场经济"的探索,实际上是一种"试错法"的练习,基本还是资本主义那套做法。※

持保留意见的学者认为,"中国模式"还在形成过程之中,其本身还需要完善。西方很多人并不承认"中国模式"的存在,这些人大多看到中国的发展所包含的种种问题和制约因素,不认为中国已经形成了一种可以称之为"模式"的东西,也不相信中国的发展模式可以持续。他们中间,有一些是比较了解中国发展的,能够从比较深的层次来看待中国问题,看到中国体制内部的种种弊端。在这些人看来,中国的发展还不能称为形成了一种模式,甚至也有人认为中国还不配产生一个模式。例如,2010 年 6 月 8 日美国《福布斯》杂志网站上发表了一篇《中国还不是超级大国》的文章,其中虽然对中国的经济成就予以正面评价,认为过去 30 年一直维持着将近两位数的增长让人印象深刻,但也提到中国经济增长的起点很低,增长主要得益于对基础设施的大量投资,而且 2009 年中国人均 GDP 仅为 3600 美元,远远低于美国人均 GDP 为 4.6 万美元的水平。文章还提到,中国的经济成功实际上是资本主义的成功,因为最近几十年中国一直在向西方学习,这种"中国特色社会主义市场经济"的探索,实际上是一种"试错法"的练习,所实行的基本上是资本主义的做法。从这一点来看,中国还没有建立起一个事实证明可以经历长期考验的经济模式。

［专栏1-9］三位英美学者对"中国模式"的看法

英国学者马丁·雅克认为,中国是否会成为一种"模式",取决于字面意思的诠释,因而对普遍争论中的"中国模式"这一概念持怀疑态度。他指出,由于中国的经验非常特别,因而所谓的"中国模式"至少可以放在三个层面上来进行解释。一是实际上的中国经验,即中国实际上的经历是什么,中国发生了什么;二是"中国样板",涉及将有可能从中国学到什么,经验和教训是什么;三是"中国范式",这将完全是属于中国的独特性,而且是不可以为其他国家借鉴、模仿和吸收的特有方面。雅克认为,中国的确提供了一种新的发展模式,即一国不能闭关自守,而是应该参与到国际贸易中来并保持开放,政府非常重要,而且特别要强调基础设施方面的发展。

美国学者乔纳森·安德森长期关注中国宏观问题,2006年出版中文版《走出神话:中国不会改变世界的七个理由》,就"中国的崛起及其对世界的挑战"这一全球性话题展开讨论。安德森认为,摆脱了计划经济束缚、市场经济改革已经获得了胜利的中国经济,只是"亚洲奇迹"的普通一员,中国的经济增长模式与亚洲国家经济增长的典型特征其实别无二致,都是"投入大量的资本,然后把剩余劳动力送到新的工厂",中国在全球经济的影响上也只是"亚洲奇迹"的翻版,证明了华盛顿共识(全球化、市场化、私有化)的有效性,"中国模式"是东亚模式的一种,并将沿着东亚地区的既定模式发展,在未来20年逐渐成为亚洲经济"领头羊"。安德森指出,有七个中国不会改变世界的理由:中国不会重新改写世界经济的增长史;中国不会吞噬全球的制造业;中国不会买光世界的金融资产;人民币不会成为下一个世界货币;中国不会成为世界市场上通货紧缩的输出源头;中国不会导致其他发展中国家陷入停滞;中国不会破坏"华盛顿共识"。

美国耶鲁大学教授陈志武在2010年出版的《陈志武说中国经济》一书提出,中国经济之所以取得成就,是因为把老百姓手脚放开了,等在中国门口数十年的全球化力量进入中国,让中国分享工业革命和全球贸易的好处。中国的成就,证明了自由促进发展。政府管制放松得越多,私人空间越多,经济活力越大。人的自由、私有产权,加上市场经济和法治,这是人类的模式,跟人种、肤色、传统无关。这是人类共有的模式,不是什么"中国模式"。

有人认为,中国的市场权威模式比美国的市场民主模式对第三世界政权更有吸引力,不仅对西方价值构成了竞争,并且正在逼使西方后退。※

西方学者对于中国模式具体特点的看法主要包括:一是经济高速发展,二是采取了以比较优势为取向的综合发展战略,三是积极稳妥的渐进策略,四是广泛交往与双赢合作的国际经贸活动,五是探索了不同于苏联为代表传统模式的社会发展模式和政治制度。※

持批评、带有敌意和不屑、产生不安甚至恐惧倾向的学者认为,中国模式正在冲击西方价值观,对西方模式构成巨大挑战。一些学者不仅看到了"中国模式"的存在,更看到了"中国模式"对西方的长远影响。这些人看到中国经过了数十年的改革开放所取得的成就,但同时发现中国的发展并没有根据西方的逻辑,向西方人所希望的方向发展,而是已经形成了自己的发展模式,并且这个模式已经颇具竞争力。他们相信,尤其在发展中国家,"中国模式"已经对西方模式构成了很大压力。其中也有一些人则是在意识形态上敌视中国,希望中国解体和崩溃。"威胁派"中一些人,更是把"中国模式"提高到价值论的高度,认为"中国模式"所表达的就是一种和西方不同的价值,不仅对西方价值构成竞争,且说不定会取代西方价值,"中国模式"在"迫使西方后退",对西方价值已构成威胁。剑桥大学太平洋研究项目主任、尼克松研究中心著名研究员哈尔珀提出,中国的市场权威模式比美国的市场民主模式对第三世界政权更有吸引力。到目前为止我们没有认清或明确中国所构成的观念挑战。他主张设立一个专门针对中国的中央政策部门,并改组国家安全委员会来处理重大威胁,A级和B级的威胁,中国是A级威胁。

【国外学者对"中国模式"的归纳】概括起来看,西方学者所讨论的中国模式,主要是指改革开放30年来,中国在经济社会发展过程中,实行改革开放,发展社会生产力,推进现代化,实现由计划经济到社会主义市场经济的转型,逐渐由贫致富、由弱变强时所采取的方式;在时间上,特指1978年十一届三中全会以来的30年;在内容上,有的是泛指改革开放的方式,有的是指这个发展历程中某一项发展具体项目的方式,如实现现代化的方式、实现社会转型的方式等。

具体来看,西方学者对于中国模式的具体特点有不同认识,大体包括如下主要特点:一是经济高速发展,二是以比较优势为特点的综合发展战略,三是积极稳妥的渐进策略,四是广泛交往与双赢合作的国际经贸活动,五是不同于苏联为代表的传统社会主义模式的社会发展模式和政治制度。有些学者还指出,正在形成的中国特色社会主义道路,是与时代潮流相随、与世界文明相伴、与全球发展既相联系而又独立自主的发展道路,中国模式的实质是中国在经济全球化背景下为实现社会现代化所作出的一系列自主选择。

[专栏 1-10]
国外部分学者、官员对中国模式的评论

　　美国《国际先驱论坛报》2006 年 11 月 2 日载文提出中国模式的特点:第一,以人为本。中国奉行了一种高度务实的现代化战略,集中精力满足人民最迫切的需求,所有改革都必须考虑地方的具体情况,并给人民带来实惠。第二,不断试验。所有的变革都首先在小范围内进行试点,成功了再推广到其他地方。第三,渐进改革。中国拒绝了"休克疗法",利用现有不完善的体制来运作,并在这个过程中逐步改革这个体制本身,使之不断完善,为现代化服务。第四,一个致力于发展的政府。中国的变革是由一个强有力的、致力于发展的政府所领导的。这个政府有能力凝聚全民对于实现现代化的共识,保证政治和宏观经济的稳定,并在这种环境中推进大规模的国内改革。第五,有选择地学习。中国捍卫了制定自己政策的空间,由自己来决定何时、何地以何种方式采用外国的思想。第六,正确的优先顺序。先易后难;先农村改革,后城市改革;先沿海后内地;先经济后政治。其好处是,第一阶段的经验为第二阶段的改革创造了条件。

　　新加坡国立大学公共政策学院院长马凯硕在评论"中国模式"时说:中国的发展经历了两个关键阶段,第一个阶段是从 1949 年到 1978 年,拥有了一个既稳定又坚不可摧的政治团体,主要成果是巩固的政治团结和稳定。第二个阶段是从 1979 年至 2009 年

这三十年,中国成为世界上增长最快的经济体,超过4亿人摆脱了贫困。"中国模式"的独特之处就是其政治稳定与经济改革的特殊结合,或者换句话说,就是政治上的保守主义与经济的自由化。理解"中国模式"的最佳途径就是把它与失败的"戈尔巴乔夫模式"相比较。

美国霍普金斯大学日裔学者福山认为,中国发展模式的价值内核,源于延续几千年的政治传统。可概括为"负责任的权威体制",一是强大的中央集权国家,国家机器和军队由中央政府掌握;二是高度的行政官僚体制,官员由考试制度选拔,而非西方或中东那样由世袭或门第操纵;三是政治对人民负责,强调当政者对人民有道义责任,而不是像西方那样在特殊阶层内部进行权力分配。在印度"民主"模式与中国"权威"模式之间,更多国家钟情中国,前者代表分散与拖沓,后者代表集中和高效。

西班牙驻华使馆前商务参赞、西中企业家委员会主席恩里克·凡胡尔认为,中国模式首先是"国家资本主义",是一种国家政府对经济具有决定性影响力的经济体制,市场具有中心地位,国家扮演的是"领导者"角色,确定经济优先发展方向和目标,引导经济向符合市场需求的方向发展;第二,改革的循序渐进,先进行试验,再全面实施;第三,是一种对外国以及国际贸易和外资开放的模式;第四,中国共产党政权依然存在,并将在很长时间内处于无可争议的统治地位;最后,极强的灵活性和适应能力,这已经成为中国经济取得成功的关键。由于中国的政治制度非常具有中国特色,这就导致中国模式很难出口。

国内学者对于中国模式的认识主要包括:中国模式是新中国成立60年来、尤其是改革开放30年来,逐渐发展起来的一整套战略和治理模式,是中国特色社会主义具体实践的代名词,其主要特征:一是在共产党强有力领导之下的政治稳定,二是稳中求变,循序渐进式的改革,三是从国家的实际情况出发,四是将发展经济当做头等大事。※

三、国内学者解读"中国模式"

【研究概况与主要文献】国内学者对中国特色社会主义道路的实证分析和理论解释,可以广义地视为对中国模式的研究范畴,在长期持续研究中涉及大量问题且取得了众多成果,其中包括一批冠以"中国模式"的著作。这些研究认为,中国模式是新中国成立60年来、尤其是改革开放30年来,逐渐发展起来的一整套战略和治理模式,是中国特色社会主义具体实践的代名词。其主要特征,一是强有力的领导之下的政治稳定;二是稳中求变、循序渐进式的改革;三是在改革开放中考虑到国家的实际情况;四是将发展经济当做头等大事,等等。

对于全球应对国际金融危机以来,西方主流国家对"中国模式"的研究及宣传有所放大的现象,中国的主流社会保持了清醒状态,不为外界舆论所左右。在学术界,对于中国模式实际存在三种不同意见。一种意见认同有关"中国模式";另一种则认为应当慎提"中国模式"等提法,有些学者主张用中国特色、中国案例、中国经验等来代替;还有一种观点不同意"中国模式"的提法。

国内相关学术论著主要包括:黄平等主编的《中国与全球化:华盛顿共识还是北京共识》(社会科学文献出版社 2005 年版);俞可平等主编的《中国模式与"北京共识"》(社会科学文献出版社 2006 年版);江金权的《"中国模式"研究——中国经济发展道路解析》(人民出版社 2007 年版);韩保江的《中国奇迹与中国发展模式》(四川出版集团 2008 年版);徐贵相的《大国策:通向大国之路的中国模式》(人民出版社 2009 年版);邹东涛主编的《中国道路与中国模式(1949—2009)》(社会科学文献出版社 2009 年版);潘维主编的《中国模式:解读人民共和国的 60 年》(中央编译出版社 2009 年版);张维为的《中国震撼:一个"文明型国家"的崛起》(世纪出版集团、上海人民出版社 2011 年版)。除这些专著外,还有大批探讨性文章与报道。

【三种不同观点】在全球应对国际金融危机背景下,随着中国取得明显成效以及在国际事务中发挥日益明显的作用,西方主流国家对"中国模式"、"中国经验"、"中国道路"的研究及宣传有所放大,甚至出现 G2 或"中美国"主导世界事务的言论。对此,中央领导人则要求保持清醒头脑。

与国外学者对中国模式存在三种不同意见相类似,中国学术界对于中国模式也有三种不同意见。

一种观点认同有关"中国模式"的提法。持这种观点的学者认

不少学者认为:中国模式是中国人民基于对自己和世界历史现实的清醒认识,在革命与建设实践中,吸收人类一切先进的文明成果,结合自身实际而选择的一条新型人类社会发展模式。※

为,中国模式是中国人民基于对自己和世界历史现实的清醒认识,在伟大的革命建设实践中,吸收人类一切先进的文明成果,结合自身实际而选择的一条新型人类社会发展模式。在具体分析解释中国模式时,则存在不同的理解。例如,有学者提出用"中华体制"概念来构建"中国模式"的框架体系①。

[专栏 1-11]　　潘维对"中国模式"的分析

在对中国模式基本内涵的分析时,潘维在其主编的《中国模式——解读人民共和国的60年》一书中,提出了一个"中华体制"的概念。潘维认为,"中国模式"由经济模式(即国民经济)、政治模式(即民本政治)和社会模式(即社稷体制)这三个子模式组合而成,"三位一体"组建成当代中华体制。其中,三个子模式又分别各有四根支柱,国民经济的四大支柱为国家对土地的控制权,国有金融和大型国企,自由的劳动力市场,自由的商品和资本市场;民本政治的四大支柱为现代民本主义的民主理念,强调功过的官员选拔机制,先进无私团结的执政集团,政府分工制衡纠错机制;社稷体制的四大支柱为家庭构成社会基本单元,社会和单位构成社会网格,社会网格与行政网格重合构成立体网格,家庭伦理渗透社会组织构成管理逻辑。

也有学者从文明型国家复兴与崛起的角度探讨"中国模式"②。此外,还有学者提出要建立"中国模式学派",主张中国要加强发挥

有学者认为:当前"中国模式论"有着特定含义和价值取向,不是一般意义上的"中国特色"或"中国元素",而是表现出以民族主义与阶级属性拒绝和解构普世价值及人类文明。※

---

①　参见潘维《当代中华体制——中国模式的经济、政治、社会解析》,载潘维主编《中国模式——解读人民共和国的60年》,中央编译出版社2009年版。

②　参见张维为《中国震撼:一个"文明型国家"的崛起》,世纪出版集团上海人民出版社2011年版。

在全球事务中的作用①。

另一种意见不承认存在"中国模式"。有学者指出,任何一个国家的"发展模式",即实现现代化转型的道路和方式都具有自身的特色和元素,但当前"中国模式论"有着特定含义和价值取向,不是一般意义上的"中国特色"或"中国元素",表现出以民族主义与阶级属性拒绝和解构普世价值及人类文明。如果把目前的做法变成长期的制度,如果把现在走的路固定下来,说这就是"中国模式"则值得商榷②。一些学者以西方为标准来衡量中国的发展和进步,认为中国的发展是否成功取决于中国是否能够发展出西方式的政治、经济和社会制度。持这种观点的学者认为,在现有体制不改变的情况下,"中国模式"难以成立,或许根本就不需要"中国模式"。

还有一种观点认为应当慎提"中国模式"等提法。这种观点承认中国已经形成了一种独特的发展模式,但又认为还处于发展过程之中,存在着很多问题,现在提"中国模式"还为时过早,当前既要防止西方国家的捧杀,也要防止因沾沾自喜而停滞不前。因此,中国自己不宜宣扬"中国模式",避免造成不好的国际影响。

有人坚持以西方标准来衡量中国的发展和进步,认为中国的发展是否成功取决于中国是否能够发展出西方式的政治、经济和社会制度。※

[专栏1-12]
《学习时报》有关"中国模式"的讨论文章

李君如在《慎提"中国模式"》文章中提出,邓小平曾经希望我们到2020年,中国各方面体制能够定型。但中国改革开放到今天,我们的体制还没有完全定型,还在继续探索。讲"模式",有定型之嫌。这既不符合事实,也很危险。一会自我满足,盲目乐

---

① 参见余轩子《中国模式的正名与中国模式学派的建立》,http://www.wyzxsx.com 2009-7-6。

② 《秦晓对谈李泽厚:中国模式论大大膨胀令人担忧》,《财经》2010年11月24日。另可参见秦晖《中国要崛起,中国模式不应崛起》,《财经》杂志2010年9月26日。

有学者认为：应当慎提"中国模式"，中国虽然形成了独特的发展模式，但还处于发展过程之中，存在着很多问题，现在提"中国模式"还为时尚早，当前既要防止被西方国家捧杀，更要防止国人因沾沾自喜而停滞不前。※

观；二会转移改革的方向，在旧体制还没有完全变革、新体制还没有完善定型的情况下，说我们已经形成了"中国模式"，以后就有可能把这个"模式"视为改革的对象。因此，还是慎提"中国模式"为好，主张提"中国特色"。因为"中国特色"指的是在社会主义发展过程中形成具有中国自己特点的体制机制，其中包含了不断探索的含义和要求。

施雪华在《提"中国模式"为时尚早》的文章中提出，就目前的情况来看，关于中国特色发展经验和道路，简称"中国经验"、"中国道路"比提"中国模式"更加科学、合理，也给未来"中国经验"、"中国道路"有可能上升为"中国模式"留下余地和空间。这是因为，目前中国改革开放的成功经验或道路有中国特色，但不具有独特的类概念特征，还不能构成一种模式。将来如果有一天，中国改革开放成功的经验和道路更显整体性，"中国模式"如被其他国家所成功模仿、形成了类概念时，再提"中国模式"可能更显科学合理。

赵启正在《中国无意输出"模式"》的文章中指出，"模式"一词含有示范、样本的含义，但是中国并无此示范之意，可以用"中国案例"来替代"中国模式"。"中国案例"是新中国成立60年以来，尤其是实行改革开放30多年以来，关于中国社会发展的理念、政策、实践、成果和存在的问题的概括。这个案例处于现在进行时，还在发展中。有的发展中国家愿意参考中国改革开放的某些做法，正如中国愿意参考他国的经济社会发展的某些做法一样。在全球化的浪潮下，这是自然而然的事情。"中国模式"没有普适性，正像已经高度发达的国家的模式也没有普适性一样，中国没有输出"中国模式"的任何打算。

邱耕田在《当务之急是注重科学发展》的文章中认为，基于中国以往发展的高代价性及其"中国模式"的历史动态性而言，还是不要忙着人云亦云地谈论"中国模式"，而是应该将关注的重点转移到我国目前及今后的科学发展上来。科学发展也是一种"中国模式"，只有这样的发展模式或发展道路才真正符合中国的国情和当今世界发展的主导潮流。作为一种发展模式的科学发展，它与人们特别是西方学者热议的"中国模式"具有明显的不同。

——摘自 2009 年 12 月 7 日《学习时报》

还有学者主张用"中国特色"、"中国案例"、"中国经验"等来替代"中国模式"的提法①。

［专栏1-13］　国内学者对"中国模式"的概括

俞可平在《关于中国模式的思考》(《红旗文稿》2005 年 19期)一文中,从五个方面概括了"中国模式"的特征:一是在全球化时代,国内改革与对外开放同步推进;二是根据自己的国情,主动积极地参与全球化进程,同时始终保持自己的特色和自主性;三是正确处理改革、发展与稳定的关系;四是坚持市场导向的经济改革,同时辅之以强有力的政府调控;五是在推进经济体制改革和政治体制改革时,必须从总量上增加大多数人的经济和政治利益,使多数人从改革中得到好处。

张维为在《中国震撼:一个"文明型国家"的崛起》一书中,从文明型国家复兴与崛起的角度探讨"中国模式",并将其概括为 8 个主要特征:实践理性(一切从实际出发,不断总结和汲取自己和别人的经验教训,推动大胆而慎重的体制改革和创新)、强势政府(通过比较中性的、强势的和有为的政府,制定和执行符合民族长远利益的战略和政策)、稳定优先(合理处理稳定、改革与发展的关系,稳定压倒一切)、民生为大(把消除贫困、改善民生作为头等大事和核心人权来推动)、渐进改革(改革不求十全十美,但求持续渐进,不断纠错,积累完成)、顺序差异(先易后难,增量推进)、混合经济(市场力量与政府力量混合,市场经济学

① 如《学习时报》2009 年 12 月 7 日发表李君如、赵启正等 4 篇署名文章,明确提出谈"中国模式"为时过早,认为慎提"中国模式",主张用"中国特色"、"中国道路"、"中国案例"等来代替。赵启正在与奈斯比特合著的《对话中国模式》(2010 年 4月出版)一书中,采用"中国案例"这一概念来讲述中国发展。

与人本经济学混合)、对外开放(全方位对外开放,有选择地学习别国经验)。

第二节　发展模式与社会制度

任何一种发展模式都离不开对应的社会制度,包括政治经济社会在内的广义社会制度,不但是发展模式中的重要因素,而且还在其间发挥着决定性作用,不同的制度环境滋生出各具特色的发展模式;另一方面,发展模式的形成、成长和成熟,又反过来丰富和完善社会制度,推动由政治经济社会所构成的制度体系不断进步。发展模式与社会制度相辅相成,协同作用,为各国发展和人类文明进步发挥重要作用。

一、模式与制度概念及内涵分析

【中外语境中的"模式"概念】中国古代文献所用的"模式"一词,通常是指事物的标准样式。如《魏书·源子恭传》:"故尚书令、任城王臣澄按故司空臣冲所造明堂样,并连表诏答、两京模式,奏求营起。"宋张邦基《墨庄漫录》卷八:"闻先生之艺久矣,愿见笔法,以为模式。"清薛福成《代李伯相重镌浨滨遗书序》:"王君、夏君表章前哲,以为邦人士模式,可谓能勤其职矣。"从这些文献可以看到,模式原指在纸型上浇铸的铅版,利用它可以印制出与原版完全一样的文字和图案。模式等同于制造器物的模型。

与此相类似,西方语言中与中文"模式"相当的单词有 Pattern、design、mode,大多是指解决某一类问题的方法论。通常有两个含义:(1)模式,事物的标准样式;(2)模型,人或事物的本来形态。由此引申出模式即解决某一类问题的方法论,也就是说把解决某类问题的方法总结归纳到理论高度,便形成了模式。例如,世界著名建筑学家 Christopher Alexander 开发出一种"模式语言"用于在任何尺度上设计所需建筑,他对"模式"的理解与运用曾引发软件模式运动。在他看来①,每个模式都是一个由三部分组成的规则,它表达的是某一环境、一个问题以及解决问题的方案之间的关系。作为世界中的元素,每一个模式都是这三者之间的关系:某一环境、此环境中反复出现的某个因素以及使这些因素能够自我协调的某种空间配置。作为语言的元素,模式就是一条指令,表明如何反复使用这个空间配置来解决给定的因素系统。简而言之,模式是存在于世界中的事物,同时也是告诉我们如何创造这个事物,以及何时必须创造它的规则。它既是过程,又是事物;既描述了有活力的事物,又描述了产生事物的过程。由此可见,每个模式都描述了一个在不同环境中不断出现的问题,同样也描述了解决这类问题的成功方案。

【模式的一般理解】从本质上看,模式一般是指从生产经验和生活经验中经过抽象和升华提炼出来的核心知识体系,通过揭示事物之间隐藏的内在关系,从而构成解决某一类问题的方法论。模式所揭示的事物内在关系,既可用图像、图案等来表现,也可以用数字、抽象的关系,甚至思维的方式等来表达。

侧重于不同角度或重点,人们对模式的认识存在不同的表述:

❖ 模式是指理论的一种简化形式。即对现实事件的内在机制和事件之间关系的直观、简洁的描述;能够向人们表明事物结构或过程的主要组成部分及其相互关系。广义的模式包括文字叙述、图像描述、数学公式等;狭义的模式指词语同图像的结合。不同的文化有不同的类型、不同的模式。

❖ 模式是以记号、画面(如图表、曲线)、方程或描绘为手段建立起来的合乎历史研究对象特征的表象。如表示 14 至 18 世纪法国人口增长变化的曲线便是一个人口演变的"模式"。事实上,正是由于西米昂、拉布鲁斯等人的努力,将危机、周期等概念引进经济史领域,

模式是存在于世界中的客观事物,同时也是告诉我们如何创造这个事物以及为什么必须创造它的规则。它既是事物本身,也是创造过程。※

模式也是一种方法论,它重视世界的多样性,需要不断对古今中外积累的经验进行吸纳、取舍,从而事半功倍地解决现实问题,迅速提升自己的行动质量。※

① 引自科瑞夫斯盖《重构与模式》第三章第一节"何谓模式",杨光、刘基诚译,人民邮电出版社 2006 年版。http://wenku.baidu.com/view/8ee0b05abe23482 fb4da4c3d.html。

才使得模式概念具有操作意义。

❖ 文学领域中的"模式"是指原样重复或复制的,缺少个性特征的事物。现在这个术语多用于指公认的、过于简单化的精神图像,或者对一个人、一个种族、一个问题、一种艺术的过于简单化的,已成陈规的判断。

❖ 又称"范型",一般指可以当做模范、榜样加以仿效的范本、模本。马克思主义认为,人类历史发展存在着普遍规律,但这些规律决不会表现为"纯粹的一般",而是表现在特殊之中。列宁主张:"一切民族都将走向社会主义,这是不可避免的,但是一切民族的走法却不会完全一样,每个民族都会有自己的特点。"在社会领域所使用的模式概念,大多具有这一内涵。

【模式的多样性与可参照性】作为解决问题的方法论,模式具有两个鲜明特征:一方面不同领域存在不同的模式,因而模式具有多样性。建筑领域有建筑模式,软件设计领域也有设计模式,社会发展也存在发展模式。这是因为,当一个领域逐渐成熟的时候,自然会出现很多具有参照性指导方略特征和性质的模式。自然会出现很多模式。只要不断对前人积累的经验进行抽象和升华,从不断重复出现的事件中发现和抽象出规律,把解决某一领域某类问题的方法总结归纳到理论高度,从不断重复出现的事件中发现和抽象出规律,找出解决问题的经验性归纳总结,由此就会形成特指的模式。

另一方面,模式具有可参照性,能够用以指导分析相似事物及运动的性质与运动。由于模式揭示了不断重复出现的事件之间隐藏的规律关系,同时也反映了解决同类问题的经验和方法。因此,模式对同类事物或事件具有参照性与指导作用,有助于按照既定思路快速做出设计方案,找到解决问题的最佳办法,从而事半功倍地高效完成任务。这就构成了模式的可参照性。

【制度的含义】检索古今中外有关制度的文献资料,虽然中西各种流派的表述不同,但都含有一个共同的理念,即制度是指约束和规范个人行为的各种规则或方式。这些规则或方式包括在一定历史条件下形成的法令、礼俗等规范或一定的规格,因其蕴涵了一定时期社

制度蕴涵了一国在一定时期社会的价值及其社会成员共同遵守的办事规程或行动准则,是一个国家和社会赖以有效运转的体制和机制。※

会的价值而成为社会成员共同遵守的办事规程或行动准则,其运行表彰着一个社会的秩序。广义上的制度是指在一定条件下形成的政治、经济、文化等方面的体系或体制,如政治制度、经济制度、社会主义制度、资本主义制度等。狭义上的制度则是指一个系统或单位制定的要求下属全体成员共同遵守的办事规程或行动准则,如工作制度、财务制度、作息制度、教学制度等。

综合起来看,汉语中"制"有节制、限制的意思,"度"有尺度、标准的意思,这两个字结合起来,表明制度是节制人们行为的尺度,如《商君书》中就曾有过这样的叙述,"凡将立国,制度不可不察也","制度时,则国俗可化而民从制"。《辞海》解释的制度第一含义便是指要求成员共同遵守的、按一定程序办事的规程。

[专栏1-14] 中国古代思想史中的"制度"含义

"制度"一词,在中国思想史上久已有之,大体上包括以下几种含义:

一定历史条件下形成的法令、礼俗等规范。如《易·节》:"天地节,而四时成。节以制度,不伤财,不害民。"孔颖达疏:"王者以制度为节,使用之有道,役之有时,则不伤财,不害民也。"

制定法规。如《左传·襄公二十八年》:"且夫富,如布帛之有幅焉,为之制度,使无迁也。"

规定。如《续资治通鉴·宋孝宗隆兴元年》:"尚书省奏:'永固自执政为真定尹,其缴盖当用何制度?'金主曰:'用执政制度。'"

规定品级的服饰。丝弦戏《空印盒》第十场:"与他去了制度!"

制作。如元王实甫《西厢记》第三本第四折:"桂花性温,当归活血,怎生制度?"

制作方法。如宋朱彧《萍洲可谈》卷二:"东坡在黄州,手作菜羹,号为东坡羹,自叙其制度。"

规模,样式,规制形状。如《史记·孝武本纪》:"上欲治明堂奉高旁,未晓其制度。济南人公玉带上黄时明堂图。"清韩泰华《无事为福斋随笔》卷上:"此铃金质坚炼,制度浑朴。"

规格或法令礼俗。如清李渔《怜香伴·欢聚》:"你们只管掌灯随我老爷走,汉家自有制度。"

西方学术界对"制度"也有不同的理解。在霍布斯的《利维坦》中,"君主制"被视为约束个人的自利行为、防止社会落入自然状态的重要手段。

亚当·斯密在《国富论》中,通过考察中世纪欧洲土地和王位的"长男继承法"以及"限嗣继承法"的起因,认为"主要是出于安全考虑,为避免强邻的侵蚀吞并,不便于将地产和国土分割继承。"他还在对农奴制、分佃农制和长期租地权保护法的考察中指出,这些制度"所起的促进英格兰伟大光荣的作用,也许比为商业而订立的所有各种条例所起的作用还要大得多。"

马克斯·韦伯在《新教伦理与资本主义精神》中通过对西欧中世纪社会结构变化(政教分离、分封体制以及城邦制度兴起)的考察指出,精神因素尤其是价值观念对制度演化具有巨大的作用。他强调了新教伦理对资本主义经济制度的形成、发展的重要意义。韦伯认为,既定的社会习俗、惯例和制度对于此后的制度演化方向具有决定意义;而在后续时间上继起的演化过程中,精神因素对于社会发展、制度演化并不是毫无作用的,相反,它可能是个先导作用,并可能是制度演化的重要动力。

制度经济学代表人物诺思认为,制度"是一系列被制定出来的规则、守法程序和行为的道德伦理规范,它旨在约束追求主体福利或效用最大化利益的个人行为"。在政治学、社会学中,制度被理解为"组织中的行为规则、常规和全部程序"。

历史学家汤因比认为,"制度是人和人之间的表示非个人关系的一种手段"。政治学家罗尔斯将"制度理解为一种公开的规范体系,这一体系确定职务和地位及它们的权利、义务、权力、豁免等等"。

亚当·斯密认为,"一些国家的基本制度所起的促进英格兰伟大光荣的作用,也许比为商业而订立的所有各种条例所起的作用还要大的多。"※

马克斯·韦伯认为,人的精神因素对于社会发展、制度演化并不是毫无作用的,相反,它可能是个先导作用,并可能是制度演化重要动力。※

［专栏1-15］ 制度经济学家眼中的制度

在新旧制度经济学家看来,制度无非是约束和规范个人行为的各种规则和约束。凡勃伦认为:"制度实质上就是个人或社会对有关某些关系或某些作用的一般思想习惯"。康芒斯认为:"如果我们要找出一种普遍的规则,适用于一切所谓属于'制度'的行为,我们可以把制度解释为集体行为控制个体行为……大家所共有的原则或多或少是个体行动受集体行动的控制。"艾尔森纳把制度定义为一种决策或行为规则,后者控制着多次博弈中的个人选择活动,进而为与决策有关的预期提供了基础。舒尔茨在1968年指出,"我将一种制度定义为一种行为规则,这些规则涉及社会、政治及经济行为。"诺思在《制度、制度变迁与经济绩效》等书中都对制度有所界定,尽管文字表述有所不同,实质都是把制度理解为"规范个人行为的规则"。

新制度经济学家把制度分为正式制度和非正式制度。前者是指人们有意识创造出来并通过国家等组织正式确立的成文规则,包括宪法、成文法、正式合约等,具有强制性、间断性特点,可以在"一夜之间"完成变迁;后者则是指人们在长期的社会交往中逐步形成、并得到社会认可的一系列约束性规则,包括价值信念、伦理道德、文化传统、风俗习惯、意识形态等。在生活中,正式制度只占整个社会约束的小部分,大部分空间由非正式制度来约束。

以加尔布雷斯和缪尔达尔为代表的后制度主义者,提出一种替代新古典"经济人"假设的"规则人"假设。他们认为,经济主体的行为动机并非要追求理性最大,相反,其行为多数按照既定的规则和制度行事。他们强调了社会知识存量的增长才是制度变迁的根本动力,而这一动力的作用机理是:知识存量的增长与现行制度体系内的价值观念结构之间的冲突、协调、兼容等关系决定了制度变迁的不同方式和方向。

哈耶克认为制度提供了人类在世界上行为的基础,没有这个基础,世界将充满无知和不确定性。米契尔指出,制度使行为达到一定程度的标准化和可预见性。博弈论经济学家们进一步指出,制度能够有效解决人类行为中经常出现的各类协调问题,以及囚徒困境或其他类似的问题。博弈论制度分析有效而直观地解释了人类社会中作为博弈结果和规则的制度,对于维系道德体系的功能和作用。

基于新古典传统的经济学家,通常强调制度减少交易成本、提高经济效率的功能。例如:威廉姆森主张,如果组织内部的等级制度利于节约交易费用,那么它将成为取代市场的重要替代方式;诺斯认为,意识形态的作用更像是一台交易费用的"节约装置";波斯纳强调,习惯法代表获取经济效率的最初尝试;而德姆塞茨则认为,产权的主要功能就在于"对外部性的内部化"。米契尔和黑纳则强调制度能使行为达到一定程度的标准化和可预见性。

马克思从历史唯物主义角度对于制度变迁提出了一系列的思想。

[专栏1-16] 马克思关于制度变迁的思想

马克思认为,制度既是特定时期生产关系的社会结构性框架,也是特定生产力水平下人们经济行为的基本规则,而推动制度演化的根本动力来自于生产力发展。※

马克思认为,制度既是特定时期生产关系的社会结构性框架,也是特定生产力水平下人们经济行为的基本规则,而推动制度演化的根本动力来自于生产力的发展,制度演化过程的主体是阶级,而制度演化的主要手段则是阶级斗争。

马克思在《德意志意识形态》中指出:"制度只不过是个人之间迄今所存在的交往的产物。"从"制度是个人交往的产物"出发,马克思把唯物史观引入到经济制度变迁的历史分析之中,把经济制度变迁纳入到社会、历史以及人的存在与发展的方式中加以考察,通过生产方式和交换方式的相互作用,阐释人类社会发展的经济制度和社会制度的基本特征。

在马克思看来,人类社会经济制度的变迁史既是人类社会制度变迁史的"原生形态",又是经济制度变迁史的逻辑前提。在《1857—1858 年经济学手稿》中,马克思考察了资本主义以前(亚细亚、古代、日耳曼三种所有制形式)以及早期资本主义经济——社会制度的变迁史。通过对资本主义以前以及早期资本主义制度变迁的历史考察,马克思揭示了人类社会三种所有制度的存在形式:原始个人所有制——异己劳动所有制——社会个人所有制。概括起来看,马克思制度变迁的基本思想可以概括为三个方面,即生产力要素的变迁、生产关系要素的变迁以及以生产方式为基础的社会形态的变迁。马克思对这三个方面制度变迁的唯物史观的考察中,是以所有制的历史形式为主线进行动态分析的,重建"社会个人所有制"是这一历史考察的理论成果。

【制度的主要功能】综合起来看,制度具有多种功能,主要体现在以下方面:

制度的社会协调和整合作用——作为社会规范的一种重要而有力的手段,制度对于社会秩序是至关重要的。

制度界定权利边界和行为空间——由于人类行为的复杂特征,不同制度指向需要对各种可能的具有负的外部性的机会主义行为提供约束,从而降低交易中的不确定性和不可预见性。

制度具有促进经济效率和实现资源分配的作用——根据本文所分析的制度演化过程来看,制度的产生和形成本身是社会环境引发的竞争压力的产物,因此,如果一项制度无法改善人们的经济条件和资源收益,那么它就不会被人们认可。

制度提供的物质资源和精神价值的保障——前者如生命安全、财产安全等,后者则指自由、平等、民主和权利以及尊严等个人价值和社会价值。

制度会给定特定的信息空间——有利于人们在存在不确定性和风险的环境下,形成稳定的预期和特定的认知模式,从而有利于指导个人和组织行为。

特定制度所包含的社会价值具有伦理教化作用——制度所预设

的伦理、价值观念,直接规定着该社会的整体伦理状况或精神文明发展的方向及其可能性空间。

制度应当具有一种激励作用——制度设置支配着所有社会成员的行为,规范着他们行为方式的选择,影响着他们的利益分配、社会各种资源配置的效率和人力资源的发展。因此制度的激励作用在不同领域的表现都应当符合社会价值的公共导向。

制度是社会系统的基本架构——它必须在开放性和封闭性之间找到适度的平衡。在封闭性空间上,它应当有利于促进共同体内部知识增长和认知的提升,并为共同体的存续和发展提供必要的凝聚力;从开放性角度看,即使一个封闭的制度系统也无法避免来自系统外部的竞争压力(制度竞争),因此,制度系统必须保持开放性来降低系统熵值,以防止内部的低水平自我复制,并从外部吸收能促进增长和进化的动力。

二、发展模式与社会制度

模式多种多样,本书所分析和研究的模式,主要是发展模式,具体来说是研究新中国成立后特别是改革开放以来所逐渐形成的当代中国特色社会主义发展模式。同样,制度也涉及各个方面,既有宏观层面的也有中观及微观层面的,既有政治、经济也有社会、文化等多个领域。本书所研究的制度主要是社会制度,具体来说是集中体现中国特色社会主义特点和优势,包括经济、政治、文化以及社会各个领域所形成的综合性社会制度体系。

【发展模式与社会制度相辅相成】一般来说,一个国家探索和选择的发展模式,不但与该国的历史传统文化、政治经济制度的逻辑发展等因素息息相关,而且也与所处的全球发展趋势、技术变革与创新等因素紧密相连。正是在这些因素的共同作用下,才形成了不同的发展模式与发展道路。反过来看,随着发展模式的形成与不断演进,各种制度、体制、机制等也会逐渐发生变革,以适应不断变动的发展模式。因此我们可以肯定,任何一种发展模式都离不开对应的社会政治制度,制度造就的环境滋生了发展模式,模式的成长又丰富和完

一国探索和选择的发展模式,不但与该国的历史传统文化、政治经济制度的逻辑发展等因素息息相关,而且也与所处的全球发展趋势、技术变革与创新等因素紧密相连。随着发展模式的形成与不断演进,各种制度、体制、机制等也需要变革,以适应模式发展之所需。※

善了制度,它们相辅相成,协同作用,为各国发展和人类文明进步发挥了重要作用。

首先,发展模式包含社会制度。在一个国家的发展模式中,除了在政治、经济等各个方面的具体做法以外,还包含与之相关的大社会制度,这些社会制度构成发展模式的重要内容。从静态看,模式是客观存在,是社会物质生产和精神生活的综合展现,是基本成型又不固化的发展路径,国家发展的模式必定是拥有经济、政治、文化等制度内涵的社会经济结构。从动态变化过程来看,一个国家所选择的发展模式,往往决定了相应的社会制度,发展模式的成长与演进丰富和完善了社会制度的内涵与外延。检验模式成功与否的客观标准,是能否促进生产力发展、人民物质文化生活改善和社会进步。

考察世界各国的发展史,可以发现不同时期出现形式有别、作用不同的发展模式和对应制度,成为一国盛衰的道路选择。

［专栏 1–17］
美国在大国成长道路上的制度治理

郭宇立在《美国的大国成长道路》一书中,沿着保罗·肯尼迪在《大国的兴衰》采用的分析思路,提出大国成长的核心要素包括制度治理与战略选择两大内容,并以此为基础构建出大国成长的理论分析框架(第 44 页)。在美国崛起成为世界大国的进程中,制度治理主要在五个方面发挥出显著作用:

1. 用条约等"新文明"和体面方式(而非传统的战争方式)增加国土面积,在短短 64 年间快速成为世界领土大国,从而为日后大国发展道路提供了充足的发展空间(第 127 页)。

2. 自建国之初就抛弃欧洲传统的专制制度,按照保护人权的精神和目的建立起全新的制度体系,从而吸引世界各地人员来到美国,人类历史上首次出现一个国家的主要人口不是本国出生居民而是外来移居人口的现象,美国快速成长为人口大国(第 133—134 页)。

3. 美国与众不同的制度创新和制度治理,形成了美国独有的教育发展模式,使美国很快成长为教育大国,其核心因素就在于既以制度和法律为基石又以制度和法律为手段(第142—143页),主要是形成了三大原则:一是通过制度治理确立了"学校自治,不受政府干预"的原则;二是通过立法发展教育并保障教育经费依法得到持续供给;三是通过制度治理保证教育机会对每个公民的平等与公正(第158页)。

4. 创新的政治制度推演出了全新的经济体制,其重点是发挥市场的作用,对政府的作用加以限定,由此形成私人的自由竞争的资本主义市场经济体制,从而确保美国成为世界经济大国(第160—170页)。

5. 通过制度创新实现对政府权力的行之有效的制衡和监管,确保政治权利和平有序地交接,保障"民有、民治、民享",让人民始终握有最后的权力,防止"人治"和政府滥用权力,从而通过这种制度治理即"良治",保证国家长治久安(第176—192页)。

在充分肯定制度治理模式对美国大国成长作用的同时,《美国的大国成长道路》一书对其存在的问题也进行了分析,主要表现为制度治理失灵和体制内自我纠错能力失调,这表明完善和改革制度治理模式成为一个新课题(第230—232页)。

——郭宇立:《美国的大国成长道路》,北京大学出版社2011年版

从世界发展历史来看,导致一个国家发展、崛起进而引导世界潮流的发展模式,其中必然包含一个成熟有效的制度基础,二者的有机结合和高度融合,必然引导国家走向强盛。※

从世界发展历史来看,导致一个国家发展、崛起进而引导世界潮流的发展模式,其中必然包含一个成熟有效的制度基础,两者的有机结合,必然引导国家走向强盛;相反,一个落后、低效、失败的制度体系,注定导致发展模式落后于世界潮流,从而导致国家走向衰落。从上一节国内外学者对中国模式若干特点的归纳来看,虽然大多并未从制度角度来分析研究中国模式,但在具体讨论中国模式的构成与特点时,都不约而同地把不少属于制度领域的内容纳入到模式之中来分析。

其次,在构成一个国家的发展模式中,社会制度是其中最为重要的决定性因素,或者说发展模式的形成与确立有赖于社会制度基础,

社会制度的变迁在一定条件下将决定发展模式的重新调整和选择，不同的社会制度影响甚至决定了对发展模式的不同选择。社会结构和社会关系是决定社会生产力快速发展的重要条件，而社会结构及其依附其上的社会关系则有依赖于制度设计与制度安排。从这个角度来看，发展模式选择有赖于制度基础，不同的社会制度影响并决定了对发展模式不同选择。

再次，当模式与制度不能有机统一时，要么进行体制内的制度变革，要么出现以暴力为特征的强制性变革。通过这两种路径的变化，发展模式与社会制度达到新的统一。

[专栏 1–18]

马克思从制度变迁角度对资本主义模式的分析

马克思指出，第一，从资本所有制度和雇佣制度的产生来看，既是生产方式创新的历史结果，又适应创新的生产方式的要求所建构的一系列经济管理制度，从而加速了封建生产方式向资本主义生产方式的转变。如在资本生产方式打破"农村封建制度和城市行会制度的阻碍"过程中，同时还有一系列的"殖民制度、国债制度、现代税收制度、现代保护关税制度——都是利用国家权力，也就是利用集中的有组织的社会暴力，来大力促进封建生产方式向资本主义生产方式的转变过程，缩短过渡时间"，这一系列制度都强化了资本原始积累。第二，以资本主义生产方式为基础的经济和社会制度摧毁了封建制度下的土地所有制度、宗法制度、行会制度，代之以资本主义的产权制度、雇佣制度、货币交换制度、贸易制度以及工厂制度。在生产者和生产条件分离的条件下，发展了社会生产力，发展了分工协作，并把科技纳入到生产过程。第三，超越资本主义劳动者与资本对立的社会历史前提，就是重建以现代生产条件为基础的、社会化产权制度下的劳动者与资本的统一。"从资本主义生产方式产生的资本主义占有方式，从而资本主义的私有制，是对个人的、以自己劳动为基础的私有制的第一个否定。但资本主义生产由于自然的过程必然性，造成了对自身的否定。这种否定不是重新建立私有制,只是通过它的所有制改造为非孤立的单个人的所有制,也就是改造为联合起来的社会个人的所有制,才能被消灭"。

一个国家的先进与落后,必然体现为制度的相互竞争结果。从世界历史发展进程看,制度对决定国家竞争力的核心作用不仅是不容置疑的,而且越来越重要。※

【制度是国家发展的核心因素】制度,是一个国家的根本和基础。一个国家的先进与落后,也必然体现在制度竞争的结果之上。从世界历史发展进程来看,决定国家竞争力的核心因素大致经历了三个阶段,制度在其间的作用日益显现①。

在全球各大文明处于孤立状态、全球化尚未开始之时,由于交通不发达,世界各大洲之间的交往和了解很少。在这一时期几乎不会直接涉及国家竞争力问题,因为没有交往就很难说是否存在或有无国家竞争力问题。如果说有,这一时期大概能和竞争力扯上关系、最能影响国家竞争力的决定因素就是军事力量。

在农业社会和早期的工业社会时期,在人们的基本温饱问题还没解决时,自然资源的多少,土地、黄金、白银储藏量的大小,成了衡量和判断国家竞争力的主要指标。在这一历史时期,实物资产决定了国家竞争力。这就如同传统经济学所认识到的那样,每个国家都具备土地、劳工、自然资源等生产要素,能够利用这些要素,就可以在国际上取得优势。

在全球化快速发展时期,随着土地、资源、劳动力等生产要素基本可以自由流动,自然资源与土地已不再是国家竞争力的最具决定性的因素,社会制度逐渐成为决定国家竞争力的最重要因素。在这一时期,哪个国家能提供最有利于市场交易发生的完善制度,能降低交易成本,保护个人产权,有公正的司法和有效的契约执行架构,它就会在国家间的竞争中脱颖而出,哪个国家就更能从事高利润的经济活动,不用靠卖苦力。一个有效的法治制度可以让个人之间经济交换的代价大大降低,使交易的内容更加深化,超出简单的实物交

---

① 本部分引自陈志武《陈志武说中国经济》,山西经济出版社 2010 年版,第58—59 页。

易。正是存在制度性保障,在外贸总额占全球 GDP 近 80% 的情况下,没有铁矿石的日本和韩国,以及没有多少铁矿石的中国,最后都能变成世界最大的钢铁出口国,成为世界工厂、全球车间等。

[专栏 1-19] 制度是国家竞争力的核心

从历史上国家兴衰的历程看,经济上成功的往往不是那些地大物博、资源丰富的国家(或地区),而是拥有各种各样能激励创新突破的制度的国家(或地区)——从产权保护制度到合约执行机制。而那些在经济上不那么成功的国家(或地区),则缺少这些制度。换言之,一个国家(或地区)的制度质量从根本上决定了其配置资源的能力和效率,因而决定其竞争力的高低。而且,如果这种制度安排十分有利的话,还可以克服自然资源和社会资源的不足。早期的荷兰、英国,以及后来的中国香港地区,还有新加坡就是最好的范例,尽管当初几乎没有什么资源优势可言,但通过利用海港城市的优势,通过私有制和市场经济体系,给人们提供了有利于市场交易的发生,从而有利于竞争力提升的优质制度环境。

——《陈志武说中国经济》,山西经济出版社 2010 年版

【制度变迁影响国家兴衰】从历史上看,制度变迁对于一个国家的兴衰显示出了举足轻重的作用。专栏 1-18 反映了制度治理在美国成为世界大国过程中的决定性作用,而本书第 2 章则将详细讨论中国传统制度与传统社会发展演进之间的关系。从这些事例可以看到,不论中外,制度变迁均影响甚至决定着国家的盛衰兴亡。这里仅以发生在古代中国和当代中国的正反两个事例加以说明。众所周知,中国古代以四大发明著称于世,然而四大发明既没有推动中国科学技术快速发展,也没能使中国古代社会跳出停滞不前和周期变动的长期趋势。其间的深刻原因就在于,中国从古代到近代既没有建立起促进科学技术发展的传统制度,也没有建立起促进科学技术在

生产领域广泛应用的社会制度。与此相反,四大发明传到西方却引起西方科学技术特别是社会的重大变革,这与西方社会先进的科技制度有着密切的关系①。改革开放初期,中国开始在农村推行以家庭联产承包责任制为主的体制改革,地还是那些地,人还是那些人,也几乎没有增加任何新技术和新投资,正是"联产承包责任制"这一制度的推行,在很短的时间内结束了农业生产长期停滞不前的局面。这就是制度创新的结果,充分显示出制度转化为生产力的重要作用。

从宏观层面来看,制度所具有的突出功能决定了制度对于国家盛衰的决定性作用。对此我们可以从经济和政治两个角度进行分析。

经济增长的关键函数有三个:从长期看是技术,从中期看是制度,从短期看是政策。人类历史的时间之河中那些星光闪耀的篇章,无不是英雄式和里程碑式人物在政策调整、制度变革以及技术进步方面有所作为,并能使之相互作用创下的伟绩。※

在经济上,制度变迁决定国家经济增长及其在全球经济格局中的地位与作用。一般来说,经济增长的关键函数有三个②:从长期看是技术,从中期看是制度,从短期看是政策。人类历史的时间之河中那些星光闪耀的篇章,无不是领袖人物的政策调整、制度变革以及技术进步相互作用的结果。领导者改变观念,准许人们以先前严禁的方式生产和生活,就能迸发出巨大的能量。从实证角度来看,国际投资与国际资本流动往往会优先选择拥有制度保障的国家,也就是说在一定程度上一个国家拥有的国际资本流入与跨国大公司的进入成为对本国制度模式的国际检验标志。由此可见,中国作为世界第二大吸引外资国,实际使用外商直接投资仅次于美国,全球五百强绝大多数都在中国投资设厂,全球用资本对美国和中国的制度投了赞成票。相反,中国明代中叶科学技术和生产力水平基本上达到西方资产阶级革命前的水平,"洋务运动"学习西欧科学技术,出现了近代

① 对于工业革命人们往往首先想到的是技术上的革新,如1762年发明的珍妮纺纱机和1787年问世的瓦特蒸汽机,却总是忽略在其之前或伴随其中的制度变迁。其实,瓦特发明蒸汽机并被积极应用于生产领域,其背后还是产权制度在起决定作用,例如1624年英国诞生了第一部专利法《独占法》,并在此基础上逐渐形成了一套鼓励技术创新、提高私人创新收益率且使之接近社会收益率的系统激励机制。

② 王南:《在更广阔的背景中看"中国奇迹"》,《中国经济时报》2011年1月4日。

机器设备。但是近代中国并没有发展起商品经济,落后的根源在于制度,近代以来的历史充分证明,实行了一千多年的封建专制制度已经无法适应新的时代发展需要,正是制度之败导致近代中国在世界范围的落后和挨打。

在政治上,制度对政治的决定性作用更是无可置疑。正如邓小平在《党和国家领导制度的改革》所说①,"我们过去发生的各种错误,固然与某些领导人的思想、作风有关,但是组织制度、工作制度方面的问题更重要。这些方面的制度好可以使坏人无法任意横行,制度不好可以使好人无法充分做好事,甚至会走向反面。即使像毛泽东这样伟大的人物,也受到一些不好的制度的严重影响,以致对党对国家对他个人都造成了很大的不幸。我们今天再不健全社会主义制度,人们就会说,为什么资本主义制度所能解决的一些问题,社会主义制度反而不能解决呢? 这种比较方法虽然不全面,但是我们不能因此而不加以重视。斯大林严重破坏社会主义法制,毛泽东就说过,这样的事件在英、法、美这样的西方国家不可能发生。他虽然认识到这一点,但是由于没有在实际上解决领导制度问题以及其他一些原因,仍然导致了'文化大革命'的十年浩劫。这个教训是极其深刻的。不是说个人没有责任,而是说领导制度、组织制度问题更带有根本性、全局性、稳定性和长期性"。"改革并完善党和国家各方面的制度是一项艰巨的长期的任务,改革并完善党和国家的领导制度,是实现这个任务的关键"。

邓小平指出,我们过去有过各种错误,固然与某些领导人的思想、作风有关,但是组织制度、工作制度方面的问题更重要。这些方面的制度好可以使坏人无法任意横行,制度不好可以使好人无法充分做好事,甚至会走向反面。※

第三节　本书的研究主题

针对中国崛起所引发的中国模式讨论,按照对模式与制度、发展模式与社会制度两组概念内涵及辩证关系的分析,本节从三个方面简要归纳本书的研究主题:一是针对否定、轻视或害怕提中国模式的观点,本书认同中国模式的提法,指出中国模式是对当代中国发展道

---

① 《邓小平文选》第2卷,人民出版社1994年版,第333、342页。

路的客观概括;二是针对把中国模式与中国制度割裂开来分析研究的倾向,本书认为有必要从中国制度的角度来深化对中国模式的研究,中国模式的鲜明特点是其制度基础,中国制度成为中国模式的核心因素;三是按照从中国制度分析中国模式的逻辑思路,进一步总结提炼中国模式与中国制度的相互融合关系。

一、中国模式是一种客观存在

【中国模式是对中国发展道路的客观概括】人民网曾经专门围绕有没有中国模式、什么是中国模式等问题做过一个网络调查。调查显示①,74.55%的受调查者认可"中国模式",其中 60.25% 的受调查者认为"中国模式"还是在探索中的一种发展模式;民众认可的"中国模式"的六大关键词:改革、发展、渐进、开放、试验、稳定;对于"中国模式"的主要特点,调查显示排在前三位的分别是:强有力的政府主导(占 57.46%)、以渐进式改革为主的发展战略(占 47.74%)、对内改革与对外开放同时进行(占 44.82%);此外,74.56% 的受调查者认为,金融危机是对"中国模式"的一次检验,也是一次转型的机会。

我们赞成"中国模式"的提法。模式是一种客观存在,是社会物质生产和精神生活的综合展现。从理论上看,人类社会发展的一般规律和特殊规律决定了社会发展模式的多样性,多样化的社会发展模式成为人类社会发展普遍性与特殊性的有机统一。从实践来分析,在人类的历史长河中,相继出现过各种各样的发展模式,一旦一国或一个地区经济发展取得显著成就或具有突出特点,就会有相应的模式提出,它们应运而生,因国而异,应时而变,为各国发展和人类的文明进步分别担当过不同的角色,发挥过各异的功能,完成过各自的使命。例如,世界上曾经出现过"莱茵模式"、"盎格鲁—撒克逊模式"、"东亚模式"等资本主义国家或地区的发展模式,也产生过"南斯拉夫模式"、"苏联模式"等社会主义国家的发展模式。

调查显示:74.6% 的受调查者认同"中国模式";民众认可的"中国模式"的六大关键词是:改革、发展、渐进、开放、试验、稳定;对于"中国模式"的主要特点,调查显示排在前三位的分别是:一是强有力的政府主导、二是以渐进式改革为主的发展战略、三是对内改革与对外开放同时进行。※

---

① 《"中国模式"小调查》,http://theory. people. com. cn/GB/11941457. html。

我们可以看看欧洲学者对"欧洲社会模式"的研究。在《欧洲模式：全球欧洲，社会欧洲》一书中，针对欧洲社会模式存在多种不同定义的事实，论著者认为，"欧洲社会模式并不是一个单一的概念，它是一系列价值、成就和抱负的组合，在欧洲各个国家之间，它从实现形式到实现程度都不尽相同"，构成欧洲社会模式的价值观包含："控制可能会危及社会团结的不平等因素；通过积极的社会干预来保护易受侵害的人群；在产业领域培育协商而非对抗的氛围；为全体人民在社会和经济方面的公民权利提供一个良好的架构"①。具体来看，欧洲社会模式可以划分为以下五种②：斯堪的纳维亚模式（北欧模式）、欧洲大陆模式（莱茵模式或组合主义模式）、自由主义模式（盎格鲁—撒克逊模式）、地中海模式（南欧国家）、赶超型模式（前社会主义国家）。

世界各国的发展模式大都借鉴了人类社会已有的文明成果，反映了特定阶段人类社会发展的某些共同因素，体现了人类社会发展一般规律的共同作用。"中国模式"是经济全球化背景下一种积极回应和参与全球发展的社会发展模式，是坚持社会主义、强调民族特色，同时又倡导不同社会制度和意识形态"共处竞争、对话合作"的社会发展模式。"中国模式"的出现，丰富和发展了世界发展模式，为全球的发展注入了强劲、健康、鲜活的因素，必将为人类文明不断走向繁荣与发展作出自己的贡献。

邓小平、江泽民、胡锦涛都有过关于"模式"或"中国模式"的论述。邓小平在 1988 年接见外宾时就曾经指出③："世界上的问题不可能都用一个模式解决。中国有中国自己的模式，莫桑比克也应该有莫桑比克自己的模式。"他认为，"在革命成功后，各国必须根据自己的条件建设社会主义。固定的模式是没有的，也不可能有"。"中

邓小平指出：世界上的问题不可能都用一个模式解决，中国有中国自己的模式。在革命成功后，各国必须根据自己的条件建设社会主义。固定的模式是没有的，也不可能有。※

---

① 安东尼·吉登斯等著：《欧洲模式：全球欧洲，社会欧洲》，沈晓雷译，社会科学文献出版社 2010 年版，第 13 页。
② 安东尼·吉登斯等著：《欧洲模式：全球欧洲，社会欧洲》，沈晓雷译，社会科学文献出版社 2010 年版，第 113 页。
③ 《邓小平文选》第 3 卷，人民出版社 1993 年版，第 261、292、229 页。

国有自己的特点,所以我们只能按中国的实际办事,别人的经验可以借鉴,但不能照搬"。江泽民指出①:"历史经验特别是近百年来的历史经验一再告诫人们,强求一种模式的后果是严重的。"世界各国情况千差万别告诉我们,实现社会主义的道路和模式可以是多种多样的。胡锦涛指出②:"各国的国情不同,实现发展的道路也必然不同,不可能有一个适用于一切国家、一切时代的固定不变的模式。"在博鳌亚洲论坛2008年年会开幕式上,胡锦涛进一步指出,"世界上没有放之四海而皆准的发展道路和发展模式,也没有一成不变的发展道路和发展模式",任何成功的发展道路和发展模式都是"必须适应国内外形势的新变化、顺应人民过上更好生活的新期待,结合自身实际、结合时代条件变化不断探索和完善适合本国情况的发展道路和发展模式"③。2011年4月,胡锦涛在博鳌亚洲论坛2011年年会开幕式上的主旨演讲中指出④,"历史和现实都证明,实现经济社会发展,必须找到符合自身实际的发展道路。亚洲人民深知,世界上没有放之四海而皆准的发展模式,也没有一成不变的发展道路"。这个论述,深刻揭示了各国根据国情选择本国发展道路的必然性。中国对发展模式的探索与选择,正是遵循了人类社会发展的这个客观规律。

【概括中国发展模式,既无须自谦也不必害怕】有必要指出的是,有些人不承认或者贬低"中国模式",是因为他们把模式看做一个非常理想的东西;有些人则因为害怕成为"中国威胁论"的依据,而不敢用中国的话语来概括自己的经验和发展道路。对于前者,我们有必要指出的是,任何一个发展模式都有其优势也有其不足的地

国内有些人不承认甚至自贬"中国模式",是因为他们把模式看做一个非常理想的东西;有些人则担心这样提会成为"中国威胁论"的依据,而不敢用中国的话语来概括自己的成功经验和发展道路。※

---

① 《江泽民文选》第1卷,人民出版社2006年版,第331页。

② 胡锦涛:《在纪念毛泽东同志诞辰110周年座谈会上的讲话》,新华网2003年12月26日。

③ 胡锦涛:《坚持改革开放 推进合作共赢——在博鳌亚洲论坛2008年年会开幕式上的演讲》,《人民日报》2008年4月13日。

④ 胡锦涛:《推动共同发展 共建和谐亚洲——在博鳌亚洲论坛2011年年会开幕式上的演讲》,《人民日报》2011年4月16日。

方,根本就不存在一个百分之百的理想模式,任何发展模式都具有历史性。西方模式也是一样,不但西方的民主模式走了很长的路,从早期的贵族民主,到工业化时代的商业精英民主,到现在的大众民主,经历过很大的变化。而且西方的市场经济模式也一样,从早期马克思主义所说的原始资本主义,到现在的福利资本主义模式,都有一个演变的过程、改善的过程和进步的过程。例如前面所引述的欧洲学者在定义欧洲社会模式时,就明确指出这种模式在实现形式到实现程度上都不尽相同,从其所概括的五种具体模式来看,确实都可以看到欧洲社会模式本身也在不断演进和完善之中,特别是其中的赶超型模式更是如此,但并不因此而无视其作为不同于美国、日本之外的欧洲模式的客观存在,也并不因为处于发展之中就否定将其概括为社会发展模式。从这个角度看,我们不能因为中国模式还不尽成熟、还在发展完善过程之中就否认、漠视或者看不到中国发展模式的客观存在。既然任何模式都不是一成不变的,需要在不同的历史阶段进行改革创新,那么我们就应当承认中国发展模式的客观事实。

对于后者,我们更有必要强调指出,中国今天所取得的成功不是照抄照搬西方模式的结果,而是基于中国在发展模式上的伟大创举。在国际上,自《北京共识》指出中国的经济发展模式不仅适合中国而且也是发展中国家效仿榜样以来,引发国际主流媒体纷纷参与讨论中国模式,《北京共识》及其所代表的中国模式被普遍认为是当代经济发展的成功模式,中国转型发展被赋予了世界意义,中国的崛起被认为为其他国家提供了除西方发展模式之外的另一个理智选择。在举世瞩目的巨大成就面前,我们一方面当然应当保持清醒,不要因西方国家的吹捧、忽悠、捧杀而陶醉其间,忘乎所以,另一方面同样没有丝毫理由因为害怕成为"中国威胁论"的依据而不敢总结、归纳自己的经验和发展道路。

事实上,不承认或不敢于承认"中国模式"的存在,只能导致对这个模式所包含的缺陷的忽视或者漠视。只有承认了"中国模式"的客观存在,才能对这个模式加以认真研究,找到其不足的地方,不断加以改进和完善。事实上,如何完善和提升"中国模式",正是我

不承认或不敢于承认"中国模式",不仅是对自己的发展道路信心不足的表现,还会导致对这个模式所包含的缺陷的忽视或者漠视;只有珍视"中国模式"的客观存在,才会对它加以认真研究,找到不足的地方,使之不断改进与完善。※

们当前需要积极推进的重要任务。从这个意义上说,"模式是呈现在公众面前的真实形象,不需刻意打扮,也不应任意涂抹","把中国的和平崛起、快速发展、人民生活改善和社会进步称为'中国模式',是一种科学概括,不存在谦虚不谦虚的问题"①。

二、分析中国模式必须结合中国制度

从国内外学者对中国模式的研究来看,绝大多数都是从不同角度来解读中国模式,分析中国模式的基本特征,相比而言,结合中国制度来深入解剖中国模式的则少之又少。即使国外一些学者在把中国模式与制度结合起来展开分析时,也基本上是承认中国经济发展取得了成功,但对中国实行的社会政治制度则质疑不绝,从而使得这些研究或多或少成为带有意识形态和价值取向的争论,缺失了对中国模式的清醒客观合理的判断与分析。

当前对中国模式的研究中,结合中国制度来深入解剖的少之又少,即使国外一些学者把中国模式与中国制度相提并论,也基本上是承认中国经济发展取得了成功,而对中国实行的社会政治制度质疑不绝。※

[专栏1-20]

讨论模式重点在于分析其构成方式

香港中文大学王绍光教授认为,模式不是说它是由什么东西组成的,而是它是怎么组成的;与模式有什么内容相比,我们更应该关注模式形成的原则,特别是决策原则和政策原则。在中西问题上,有学者提出了在中西这两种发展道路中找出一种不是西方的或东方的,而是具有融合性的模式,使大家都相互能接受的模式,也就是中国人讲的和谐世界的观点。这个观点最根本的观点就是共存,在不同的政治制度之间、不同的意识形态之间的共存,而非以一种模式取代另一种模式。而一旦我们认为可能存在中国模式,那么就要去为这个模式总结出精练的关键词,找出中国模式致胜的秘诀。

① 陈锦华:《中国模式与中国制度》,《人民日报》2011年7月5日。

我们认为,较之单纯解读或分析"中国模式"更为重要的任务,是探索和考察它背后的制度因素。研究中国模式有必要结合中国制度来展开,其原因在于:

第一,模式和制度密不可分。制度造就的环境滋养了发展模式,而模式的成长又丰富和完善了制度,两者相辅相成,协同发展。"任何一种发展模式都离不开对应的社会政治制度,一个失败的制度不可能产生成功的发展模式,世界史上的这类国家比比皆是。制度的设计和实施与模式的形成和发展如同土壤与植物的依存关系:制度造就的环境滋生了发展模式,模式的成长又丰富和完善了制度,它们相辅相成、相得益彰。考察世界各国的发展史都可发现,不同历史时期出现了形式有别、作用不同的经济发展模式和与之对应的社会政治制度。它们应运而生、因国而异、应时而变,为各国发展和人类文明进步担当了不同的角色、发挥了各自的作用。世界也因此丰富多彩,生生不息"①。

第二,中国模式的核心在于中国制度。没有中国特色社会主义制度,根本不可能有中国成功的发展模式。"中国是一个拥有 13 亿多人口的发展中大国,地域辽阔,自然资源禀赋差异悬殊,经济基础落后又发展极不平衡,实现长期、快速、持续发展,决不是一时、一地的偶发现象,或仅仅得益于若干权宜性举措,而是具有更深层次的原因,核心是作为内生动力的制度因素。中国的实践证明,没有中国特色社会主义制度,根本不可能产生中国的成功发展模式"②。从模式与制度的关联角度,目前国内外学术界对中国模式的分析研究,不论是正面肯定还是负面评述,大多缺少从制度角度对中国模式的研究,而中国模式的核心恰恰在于中国特色的制度因素。只有结合制度因素来分析研究中国模式,才有可能把中国模式研究推进到应有高度,从而对中国模式作出合理、准确、深刻的判断和分析。

第三,研究中国模式需要结合中国制度来展开。既需要从传统

---

① 陈锦华:《中国模式与中国制度》,《人民日报》2011 年 7 月 5 日。
② 陈锦华:《中国模式与中国制度》,《人民日报》2011 年 7 月 5 日。

中国是一个拥有 13 亿多人口的发展中大国,地域辽阔,自然资源禀赋差异悬殊,经济基础落后又发展极不平衡,实现长期、快速、持续发展,绝不是一时、一地的偶发现象,或仅仅得益于若干权宜性举措,而是具有更深层次的原因,核心是作为内生动力的制度因素。中国的实践证明,没有中国特色社会主义制度,根本不可能产生中国的成功发展模式。※

只有把模式与制度作为一个整体来分析,来探索,只有引入历史演进与制度变迁的视角和方法,研究它们之间的对应关系和相互作用,探讨它们的成功与不足,才可能对中国模式形成更为合理和客观的清晰认识,才能找出有价值的规律和真谛。※

模式的演进来梳理当代中国模式形成的历史背景,更需要通过对传统模式中的制度传承与变革来理解当代中国模式的制度基因。只有把模式与制度作为一个整体来分析,来探索,只有引入历史演进与制度变迁的视角和方法,研究它们之间的对应关系和相互作用,探讨它们的成功与不足,才有可能对中国模式形成更为合理和客观的清晰认识,才有可能找出有价值的真谛。

三、中国模式与中国制度高度融合

【中国崛起的制度因素】自20世纪七八十年代以来,国际学术界就开始寻找决定一个国家发展并富强起来的原因,归纳起来有5种流行假说:幸运论、地理论、文化论、外向型国家贸易与国际经济融合论和制度安排论,其中制度安排的解释最为流行(参见专栏1-21)。中国奇迹与中国崛起发生在社会主义条件下,中国模式的形成和完善也产生于当代中国制度基础及其完善之上。因此,不论是分析崛起还是讨论中国模式,都必须结合中国制度这一决定性因素。

[专栏1-21]　　　　　　关于发展与转型

怎样让一个国家发展和富强起来,是现代经济学产生的根源。从文献看,最早找到的原因,是人均资本高,后又提出人力资本多、技术水平高。20世纪七八十年代后,学界开始寻找决定一国生存发展的更根本原因,归纳起来有5个流行假说:1. 幸运论。有的国家处在好的均衡点,有的则处在坏的均衡点。2. 地理论。发达国家都在温带,热带人均资源虽丰富,但易产生疾病,人的生命预期短,就不愿积累人力资本;或者热带矿产资源多,生活容易,人就懒惰,经济就发展不起来。3. 文化论。有些文化强调信用,有些文化使其政府的效率较高,这都会让经济发展起来。4. 外向型国家贸易与国际经济融合,对外贸易可使一国获得新的知识、技术和组织方式,经济容易发展。5. 制度安排。一国的制度安排决定其激励结构,制度安排好的国家,大家积极工作、提高

教育水平及技术创新,经济就发展较快。其中制度安排的解释目前最为流行。

在发展中国家,政府是最重要的制度安排,政府的政策决定了经济中其他政策安排的质量。政府是由政治领导人来管理和运作的,领导人的目标主要是稳定执政、在历史上有地位、使国家富强繁荣。如何实现这个目标?按照当时的社会思潮来作决策可能是其最佳选择,依照社会思潮决策,可以得到老百姓的支持。

从工业革命后的历史看,如果发展中国家善于引进技术,就会很好地利用后发优势,赶上发达国家。但这取决于政府追求的发展道路及其制度安排。如果目标不正确,形成的制度安排便无效率,导致后来的发展绩效差,危机不断。那些发展比较好的经济,都是从劳动密集型产业起步,在积累了资金、人力和资本后,再逐渐向资本密集型产业升级。这样的产业发展按部就班,符合比较优势,企业有自生能力,市场能发挥作用。

中国的改革对其他转型国家有以下借鉴意义:1. 政府应采取措施,实施多劳多得制,提高微观主体积极性;2. 在条件未改变前,不能减少对无自生能力企业的保护和补贴,但要放开原来受抑制的部门,因此要在资源配置、价格上实施双轨制;3. 微观主体效率提高后,当双轨制中政府配置比重越来越低时,双轨向市场单轨的转变时机便成熟,在此过程中,法律制度等方面需不断完善。

——林毅夫:《发展与转型的思潮、战略和自生能力》,引自北京大学网站

胡锦涛在2011年7月1日纪念中国共产党成立90周年大会上指出,"经过90年的奋斗、创造、积累,党和人民必须倍加珍惜、长期坚持、不断发展的成就是:开辟了中国特色社会主义道路,形成了中国特色社会主义理论体系,确立了中国特色社会主义制度"。在这里,实际上提出了中国模式与中国制度的关系问题,当代中国特色社会主义制度既是中国特色社会主义道路的重要组成部分,同时又是中国和平崛起、快速发展的重要力量和决定性因素。

胡锦涛指出:经过九十年的奋斗、创造、积累,党和人民必须倍加珍惜、长期坚持、不断发展的成就是开辟了中国特色社会主义道路,形成了中国特色社会主义理论体系,确立了中国特色社会主义制度。※

国际社会广泛关注并高度评价中国道路、中国奇迹和中国影响。据有关报道①,美国前国务卿基辛格说:"中国已为世界作出了巨大贡献,中国发展模式无论对中国还是世界其他国家都具有重要意义。"西班牙《呼声报》载文指出,短短30年内取得的经济腾飞使中国摆脱饥饿,并跃升世界第二大经济体,不仅使中国共产党保持了执政合法性,也使创造了经济奇迹的这一模式进入其他国家的路线图。法国《焦点》周刊出版的特刊文章指出,中国已成为世界第二大经济强国,如今浮现的是一个全新的中国,中国在怀揣新的梦想,让人着迷。原苏联驻中国外交官库达舍夫认为,"中国的全球性地位得到加强。从全球角度看,中国的发展使世界力量对比发生了很大变化。中国在金砖国家机制、二十国集团中发挥的作用越来越大。"俄罗斯共产党中央委员会委员库普佐夫说,中国在建设社会主义的进程中,吸取了苏联在建设方面的经验教训,沿着自己的道路前进。"中国领导人选择了一条更加符合中国国情的发展道路,取得了前所未有、难以估量的成就"。德国政治学家、社民党"基本价值委员会"副主席迈尔教授说,中国共产党30多年来实行了开放政策,在经济建设等领域取得了很大成就。中国人物质生活不断改善,基本消除了贫困,这对中国具有特别意义,在多极化的全球政治和经济秩序中,中国的作用正在迅速增长。

中国制度对于中国快速崛起的作用得到世界上的广泛重视和肯定。新加坡《联合早报》载文指出,"制度的成功决定了中国再度复兴",认为正是"制度的成功,才创造了中国的复兴这一人类历史上唯一一个文明衰落后再度复兴的奇迹",相比之下,西方制度则存在"两个难以解决的困境","一是西方的政策受制于普通的选民——这是道德正确色彩浓厚但却弊端丛生","二是西方的政治受制于财团","由于政治力量对资本力量的臣服,从而使得资本处于无监管

与中国制度相比,西方制度则存在两个难以解决的困境:一是西方的政策受制于普通的选民,这是道德正确色彩浓厚但却弊端丛生;二是西方的政治受制于财团,由于政治力量对资本力量的臣服,使资本处于无监管状态,如果不出问题,仍然可以保持繁荣,而一出问题就会是全局性的、崩溃性的。※

① 《中国道路、中国奇迹和中国影响——国际社会盛赞中国共产党成立90年取得巨大成功》,新华社2011年6月3日,http://news.sina.com.cn/ w/2011-06-03/073622580834.shtml。

状态,不出问题,仍然可以保持繁荣,一出问题就是全局性的、崩溃性的"①。

中国共产党的卓越领导和中国的体制优势成为国际社会解读"中国奇迹"的"金钥匙"②。例如,曾经认为苏联解体预示着"历史的终结,也就是人类意识形态进化的终点",西式政体"将普及为人类政府的最终形式"的美国学者弗朗西斯·福山,在看到"历史"非但没有"终结",社会主义的中国成为全球第二大经济体之后写下新的判断:"中国政治体制优点明显。"国际社会的普遍看法是:这种体制的优势在于"可以制订国家长远的发展规划和保持政策的稳定性,而不受立场不同、意识形态相异政党更替的影响";其优势还在于"高效率,对出现的挑战和机遇能够做出及时有效的反应"。用福山的话说,这一体制"最重要的优点就是能够迅速做出众多复杂的决定","有效加以执行"并取得良好效果。

福山认为,中国经济令人惊异的快速发展体现了"中国模式"的有效性。随着中国崛起,所谓"历史终结论"有待进一步推敲和完善。人类思想宝库需为中国传统留有一席之地。※

【中国制度对中国模式的决定性作用】中国模式的成就,充分显示出中国特色社会主义制度的优越性和有效功能,中国奇迹与和平崛起实际上是中国制度在世界舞台上的成功展示。从模式与制度的联动关系出发,中国制度在中国模式形成中的作用既是"中国模式"的重要组成部分,也是中国制度显示作用的突出表现。③

[专栏1-22]　　　　中国模式的体制特征

1. 中国模式在经济建设上形成了"四主型经济制度"特征:公有主体型的多种类产权制度,即在公有制为主体的前提下发展中外私有制经济;劳动主体型的多要素分配制度,即按劳分配为主

① 宋鲁郑:《制度成功创造中国奇迹》,http://www.zaobao.com/forum/pages1/forum_us091005a.shtml。

② 《"中国奇迹"有把"金钥匙"》,http://book.ifeng.com/gundong/detail_2011_06/09/6901440_0.shtml。

③ 见陈锦华《中国模式与中国制度》,《人民日报》2011年7月5日。关于这方面内容,本书第四章将进行系统论述。

体多要素所有者凭产权参与分配,经济公平与经济效率呈现交互同向和并重关系;国家主导型的多结构市场制度,即多结构地发展市场体系,发挥市场的基础性配置资源的作用;自立主导型的多方位开放制度,即处理好引进国外技术和资本同自力更生地发展自主知识产权和高效利用本国资本的关系,实行内需为主并与外需相结合的经济交往关系。

2. 中国模式在政治建设上形成了"三者统一、四层制度"的架构。即坚持党的领导、人民当家做主、依法治国有机统一,坚持和完善人民代表大会制度、中国共产党领导的多党合作和政治协商制度、民族区域自治制度以及基层群众自治制度,不断推进社会主义政治制度自我完善和发展。

3. 中国模式在文化建设上形成了"一个体系、两个主体"的格局。社会主义先进文化体现在构建和弘扬社会主义核心价值体系,文化发展始终坚持改革创新和科技进步,大力破除制约发展的体制性障碍,不断解放和发展文化生产力;在此基础上文化建设形成了"公有制为主体、民族文化为主体"的两主体格局。

4. 中国模式在社会建设上形成了"一个格局、三个互动、四个机制"的体制。即构建和谐社会要求"健全党委领导、政府负责、社会协同、公众参与的社会管理格局";社会管理体制方面,积极推动建立政府调控机制同社会协调机制互联、政府行政功能同社会自治功能互补、政府管理力量同社会调节力量互动的社会管理网络,形成科学有效的利益协调、诉求表达、矛盾调处和权益保障等机制。

——引自程恩富等:《关于中国模式研究的若干难点问题探析》,
《河北经贸大学学报》2011年第1期

从模式与制度联动关系看,中国制度既是中国模式的重要组成部分,亦是中国制度显示作用的突出表现。※

【**中国模式与中国制度融合的基本特点**】对于由历史发展所形成的当代中国模式与中国制度融合方面,我们认为有如下基本特点:

在经济基础与上层建筑的基本制度方面,有中国共产党领导为核心作用,政府有效行政的上层建筑以及既集中又民主的领导体制和运作机制;在制度的设计与实施上,重视和把握中国国情,坚持一

切从实际出发;在经济、社会的模式取向和制度内涵上,有凝聚人心、
广泛调动人民积极性的发展目标;在模式与制度的发展上,有与时俱
进的改革文化;在政治制度发展上,稳步推进符合中国国情的民主法
制建设,实行共产党领导、人民当家做主和依法治国的有机结合,坚
持人民代表大会、多党合作和政治协商、民族区域自治以及基层群众
自治制度;在中国模式同世界各国的关系上,坚持和平、发展、合作理
念,奉行独立自主的和平外交政策,坚持走和平发展道路,坚持互利
共赢的开放战略,与各国一道建设和谐世界。

上述特点,既是构成"中国模式"的主要内容,也是推进中国模
式的制度动力。有关这方面内容,我们将在第四章展开详细分析和
深入讨论。

第二章

中国模式的历史传承与嬗变

当代中国模式及其制度根植于拥有悠久历史传统的文明大国，不论是中国模式的形成与演进，还是中国制度的特征与运行，客观上必然带有中国传统社会的历史烙印。因此，在深入研究当代中国模式与制度时，有必要讨论作为当代中国模式与中国制度历史渊源的传统社会模式与传统制度因素。

本章首先分析曾经高度发达但后来长期停滞的中国传统社会发展模式，探讨隐藏在背后的制度因素；进而揭示制度的双重效应导致传统社会发展形成高起点运行与长时期停滞现象，提出中国传统社会发展与制度之间形成一种超稳定组合；最后，分析近代以来传统模式与制度的超稳定结构在外部势力强烈冲击下被迫解体，由此演变出近现代以来有关中国命运的各种社会文化思潮与实践尝试，最终通过中国共产党人马克思主义本土化的成功探索，形成中国特色社会主义，并由此衍生出当代中国发展模式和中国制度。

第一节　中国传统社会的发展
演进及其制度特征

当代中国模式的形成与发展，毫无疑问立足于中国国情之上。在构成中国国情的诸多因素中，中国传统社会所形成的传统发展模式及其制度变迁是一个重要的组成部分。也就是说，分析当代中国

研究发展中国家的经济起飞和发展问题，必须从社会经济发展的历史角度探根溯源。
※

69

模式与中国制度的形成与完善,有必要探讨中国传统社会的兴衰成败与制度演进更迭,以便于从历史演进角度看到当代中国制度的历史背景和渊源。正如张培刚教授在 20 世纪 80 年代末 90 年代初倡导创立"新型发展经济学"时所指出的那样,"必须从社会经济发展的历史角度探根溯源","研究发展中国家的经济起飞和发展问题,不能只就经济变经济,而应当联系历史、社会、政治、文化、教育等方面,综合地进行探讨。只有这样,才能从方法论上加强分析深度"①。与此相类似,在探讨中国当代模式与制度时,有必要从中国传统发展模式与制度出发,探寻其历史根基与传统根源。从一定意义上说,中国传统社会的发展模式与制度体系,构成了当代中国模式形成与制度演进的历史渊源与成长基因。

中国传统社会的发展模式与制度体系,构成了当代中国模式的历史渊源与成长基因。※

一、中国传统社会高度成熟与长期停滞的发展模式

宏观审视从秦汉到清末两千多年的长期历史演进过程,可以清晰地看到,中国传统社会在经济、政治和社会形态上呈现出十分显著的特征,经济上的高位运行与长期缓慢爬行、政治上的王朝更迭与周期循环、社会形态上的宗法社会与家国同构,共同构成了中国传统社会高度成熟与长期停滞的独特发展现象。

【经济高位运行与长期缓慢发展】中国传统社会在漫长的历史进程中,经济发展呈现出在高起点上运行与长期延续、停滞不前的特有现象。一方面,从秦汉到清王朝的两千多年间,中国经济总量长期雄踞世界前列,整个社会呈现出高度发达态势,传统中国呈现出绵延接续、灿烂辉煌的高起点运行特点。另一方面,虽然经济发展水平在规模总量上不断扩展,占世界经济的总量也稳步提升,但人均增长水平长期保持缓慢发展水平,结合国家政治形态、社会结构与思想文化发展情况,整个社会呈现出长期延续与停滞不前的现象。

先来观察中国传统社会经济发展上的高位运行特点。在中华古代文明取得灿烂成果的基础上,秦汉时期在经由秦始皇、汉武帝两位

---

① 张培刚主编:《新发展经济学》"序言",河南人民出版社 1999 年版,第4—5页。

"百代之帝王"的经营下,小农经济取得长足发展,社会经济继续保持高度发展趋势,综合国力进一步增强,形成中国传统社会的第一个高峰时期①,对外则与同一时期的罗马帝国相抗衡,呈现出欧亚大陆东方"超级大国"的繁荣景象。在两汉繁荣时期,国家控制的在籍小农数量接近或达到高峰,如据《汉书》卷二十八下《地理志》统计,至平帝元始二年(公元2年)时全国共计1223万余户,人口达到5959万余人。随后,自6世纪隋朝建立到16世纪西方人从海上入侵前的1000年时间里,中国进入政治、经济、社会和文化发展的空前稳定时期,成为"世界上最富饶、人口最多、在许多方面文化最先进的国家",由此构成中国传统社会中另一个"伟大的黄金时代","整整1000年,中国文明以其顽强的生命力和对人类遗产的巨大贡献,始终居世界领先地位"。② 其中,唐王朝时期先后出现"贞观之治"和"开元盛世",雄据东方,引领世界潮流,标志着中国统一的多民族国家步入繁荣盛世,既是当时东亚文明圈的绚丽核心,又是当时全球范围内最为富强的国家,被公认为是中国古代最辉煌的朝代③。据《通典》卷七《食货》统计,唐时在籍户口数,以天宝十四年(755年)为最高,约891万余户、5291万余人,成为当时国力强盛的主要标志。中国传统社会进入明清时期,中国虽然仍然保持经济总量上的规模优势,并且还出现了清初康乾盛世,但实际上在15—18世纪之间,"中国的经济领先地位让给了欧洲","欧洲才在人均收入、技术和科学

---

① 司马迁在《史记》卷三十《平准书》中记载了汉武盛世的动人景象:"至今上(武帝)即位数岁,汉兴七十余年之间,国家无事,非遇水旱之灾,民则人给家足,都鄙廪庾皆满,而府库余货财,京师之钱累巨万,贯朽而不可校,太仓之粟陈陈相因,充溢露积于外,至腐败不可食。"

② [美]斯塔夫里阿诺斯:《全球通史——从史前史到21世纪》上卷,吴象婴等译,北京大学出版社2008年10月第7版,第211页。

③ 诗圣杜甫在《忆昔》一诗中称赞了开元盛世的景象:"忆昔开元全盛日,小邑犹藏万家室。稻米流脂粟米白,公私仓廪俱丰实。九州道路无豺虎,远行不劳吉日出。齐纨鲁缟车班班,男耕女织不相失。"《资治通鉴》中也有天宝年间"海内久承平,百姓累世不识兵革"等记载,虽然不无夸张,但也相当真实和充满诗意地描绘了当时仓廪富实、国泰民安的盛世之象。

能力上逐渐超过了中国。到了 19 世纪和 20 世纪上半叶,当世界经济明显加速增长后,中国却衰退了"。① 自此,中国传统社会在世界经济中长期领先、高位运行的历史被迫中断,传统大国越来越面临西方列强入侵的严峻考验和挑战。

早在公元元年,中国经济总量在世界中的占比就高达 26.2%,此后 1800 余年间一直保持相似比重,到 1700 年之前一直高于西欧诸国。※

中国传统社会中的经济发展历程,可以从表 2-1 所提供的中外长期数据对比得到更加清晰的观察。从经济总量在世界中的占比来看,中国早在公元元年就高达 26.2%,不但此后在 1800 余年间长期保持大致相似的比重,而且到 1700 年之前一直长期高于西欧诸国,反映出中国传统社会经济发展长期领先、高位运行的显著特点。不过,自进入 19 世纪中后期以后,中国传统社会经济在世界中的比重明显下降,到 1870 年西欧各国提升到 33.6% 时,中国则下降到17.2%,到清王朝被辛亥革命推翻后的 1913 年,中国经济在世界中的比重进一步急剧下降到 8.9%,经济实力和综合国力显著衰退。与之相比,西欧各国则继续保持在 33.5% 的高位水平。

在经历了秦汉时期中国传统社会的高位发展之后,从 6—16 世纪的 1000 年间,中国文明以其顽强的生命力和对人类遗产的巨大贡献,始终居领先地位。※

表 2-1:中国传统社会时期的经济总量变动及其比较②

		GDP(1990 年国际元)		
		总额 (百万)	占世界比重 (%)	GDP 年均复合增长率 (%)
世界	公元元年	102536	100	—
	1000 年	116790	100	0.01(元年—1000 年)
	1500 年	247116	100	0.15(1000—1500 年)
	1600 年	329417	100	0.32(1500—1820 年)
	1700 年	371369	100	
	1820 年	694442	100	
	1870 年	1101369	100	0.93(1820—1870 年)
	1913 年	2704782	100	2.11(1870—1913 年)

① [英]安格斯·麦迪森:《中国经济的长期表现》,伍晓鹰、马德斌译,王小鲁校,上海人民出版社 2008 年版,第 3 页。

② 资料来源:根据[英]安格斯·麦迪森《世界经济千年史》附录数据整理。伍晓鹰等译,北京大学出版社 2003 年版。

续表

| | | GDP(1990 年国际元) | | |
		总额 (百万)	占世界比重 (%)	GDP 年均复合增长率 (%)
西欧	公元元年	11115	10.8	—
	1000 年	10165	8.7	-0.01(元年—1000 年)
	1500 年	44345	17.9	0.30(1000—1500 年)
	1600 年	65955	19.9	0.41(1500—1820 年)
	1700 年	83395	22.5	
	1820 年	163722	23.6	
	1870 年	370223	33.6	1.65(1820—1870 年)
	1913 年	906374	33.5	2.10(1870—1913 年)
中国	公元元年	26820	26.2	—
	1000 年	26550	22.7	0.00(元年—1000 年)
	1500 年	61800	25.0	0.17(1000—1500 年)
	1600 年	96000	29.2	0.41(1501—1820 年)
	1700 年	82800	22.3	
	1820 年	228600	32.9	
	1870 年	189740	17.2	-0.37(1820—1870 年)
	1913 年	241344	8.9	0.56(1870—1913 年)

　　表 2-1 数据实际上还反映出中国传统社会经济发展中的另一个显著特征,即在长期领先、高位运行基础上整体经济呈现出长期停滞现象。如表 2-1 所示,在公元纪年的第一个千年间,中国经济总额保持为零增长水平(实际上经济总量还略有下降),虽然比西欧各国的负增长(-0.01%)略好,但却低于同期世界平均增长率(0.01%);在随后的 500 年间(1000—1500 年),中国经济出现 0.17% 的年均增长率,虽然比世界平均增长率(0.15%)略高,但却明显低于同期西欧各国水平(0.30%)。随后,中国虽然在 1500—1820 年的 300 多年间,年均经济增长率保持与西欧各国同等水平

中国传统社会经济发展具有在高位上长期运行的特点,同时存在着长期停滞现象。※

（0.41%），并高于同期世界平均水平（0.32%），但从 1820 年开始中国经济增长速度不但明显低于经过工业革命的西欧诸国，而且还开始落后于世界平均增长水平，长期停滞后的快速衰落现象日益显现。

进入近代以来，中国人均 GDP 出现负增长，不但被西欧各国远远抛离，而且与世界平均水平相比也相差甚大，呈现出经济长期停滞后的大国衰败之势。※

中国传统社会经济上长期高位领先与长期停滞两大特点，可以从人均增长指标看得更为清楚。从表 2-2 可知，第一，从公元元年到 1000 年，按 1990 年国际元测算的中国人均 GDP 保持在 450 元水平，不但在绝对量上而且在稳定性上，均好于同期的世界平均水平（从期初的 444 元降至期末的 435 元）、西欧各国水平（从期初的 450 元降至期末的 400 元），这表明中国传统社会经济发展具有在高位上长期领先的特点，同时也呈现出在高位上长期停滞的特点。第二，从 1000 年到 1820 年，中国人均 GDP 增至 600 元并在 800 多年间长期保持这一水平，更是凸显了中国经济发展高位运行与长期停滞特点，特别是与世界水平和西欧诸国相比，长期停滞及其体现出的衰退特点更为明显。例如，世界平均水平自 1600 年达到 593 元后，到 1700 年就已经超越并不断拉大对中国的增长优势，至于西欧各国更是如此，自 1500 年人均 GDP 达到 774 元起就日益拉大对中国的领先优势，到 1820 年已经达到中国平均水平的 2 倍多。第三，自中国进入近代以来，中国人均 GDP 出现负增长，由 1820 年的 600 元降至 1870 年的 530 元和民国初年的 552 元（1913 年），不但被加速增长的西欧各国远远抛离（从 1820 年的 1232 元增至 1870 年的 1974 元和 1913 年的 3473 元），而且与世界平均水平相比也相去甚远（同期从 1820 年的 667 元增至 1870 年的 867 元和 1913 年的 1510 元），经济长期停滞后的大国衰败之势显得更加明显。

表 2-2：中国传统社会时期的人均经济变动及其比较①

		人均GDP （1990年国际元）	人均GDP年均复合增长率 （％）
世界	公元元年	444	—
	1000年	435	0.00（元年—1000年）
	1500年	565	0.05（1000—1500年）
	1600年	593	0.05（1500—1820年）
	1700年	615	
	1820年	667	
	1870年	867	0.53（1820—1870年）
	1913年	1510	1.30（1870—1913年）
西欧	公元元年	450	—
	1000年	400	-0.01（元年—1000年）
	1500年	774	0.13（1000—1500年）
	1600年	894	0.15（1500—1820年）
	1700年	1024	
	1820年	1232	
	1870年	1974	0.95（1820—1870年）
	1913年	3473	1.32（1870—1913年）
中国	公元元年	450	—
	1000年	450	0.00（元年—1000年）
	1500年	600	0.06（1000—1500年）
	1600年	600	0.00（1500—1820年）
	1700年	600	
	1820年	600	
	1870年	530	-0.25（1820—1870年）
	1913年	552	0.10（1870—1913年）

总之，根据中国与同期世界和西欧各国的中外比较，不论是

---

① 资料来源：根据［英］安格斯·麦迪森《世界经济千年史》附录数据整理，伍晓鹰等译，北京大学出版社2003年版。

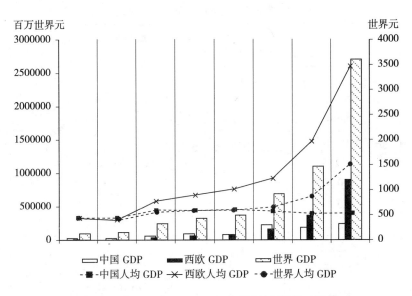

图2-1：公元元年—1913年中外经济增长对比①

GDP 总额还是人均 GDP 水平，都反映出中国传统社会在高起点上高位运行以及随后长期停滞的经济发展特点（参见图2-1）。

中国传统社会在政治上发展演进的显著特点是以皇朝更迭表现出来的一种周期性循环。※

【皇朝更迭与周期循环】中国传统社会在政治上发展演进的显著特点是以皇朝更迭与周期循环表现出来的周期性。这种周期性政治演进可以从微观与宏观两个层面来观察。

从各个朝代自身变化过程的微观角度来看，每个朝代大致上都可以划分为初期、中期和晚期的周期性发展阶段。在皇朝初期，开国皇帝大多开明执政，休养生息，政治清明，于是国家逐渐从战争和动乱的废墟中走出来，经济开始复苏，人民安居乐业，人口恢复增长。到皇朝中期，农业劳动生产率和土地产出率同时提高，农业经济规模增大，工商业日渐繁荣，人口增长迅猛，城市非农业人口聚集；与此同时，农业生产达到饱和后开始难以支撑快速增长的人口总量，土地兼并不断增加，田产在人头间的分配会越来越不平均，官僚机器膨胀，官僚和宫廷开始规模腐化，国家财政支出猛增，各种税收也大幅度上

---

① 资料来源：根据表2-1、表2-2数据制作。

升,游民或拥向城市或落草为寇。到皇朝后期,上述现象进一步恶化,贫富分化和社会矛盾更趋严重,局部战争和动乱向全国蔓延,要么出现更大规模的农民起义和豪强割据,要么引发异族入侵,最后直至旧皇朝毁灭,新皇朝诞生。

[专栏 2-1]　　　　中国封建王朝的更迭

　　中国有史以来经历到的,仅仅是局限于传统框架的皇朝的兴亡更替,而非大规模的碎裂和新的开始。

　　这种周期性的改朝换代,可以用中国历史中反复出现的某些特点来解释。每个新王朝开始时,通常都能有效地治理国家,开创一个比较和平、繁荣的时期。新王朝促进了思想和文化生活,并通过派遣远征军对付游牧民和扩展帝国疆域,保护了国家。但渐渐地,王朝由于个别统治者本人的腐化堕落和派别活动,暗暗破坏了中央权力,助长了官僚机构的腐败。腐败加之宫廷生活愈来愈奢侈,意味着最终靠生产劳动供养整个帝国组织的农民所负担的赋税更繁重了。赋税趋于增长,还因为对外战争耗资巨大,而皇帝又采取了准许多数贵族、佛寺和庙宇免税的做法。于是,随着政府越来越懈怠,农业所必需的灌溉系统和其他公共工程往往被忽视。

　　因此越来越陷入穷困的农民不得不承担起日益加重的税收负担。当农作物歉收和饥荒也不可避免地到来时,爆炸点降临:反抗政府税吏和地主收租代理人的起义爆发了。总有一天,这些局部的起义会扩大为普遍的暴动。这些普遍的暴动转而又招来游牧民族的入侵,尤其是因为帝国军队本身到这一阶段已沦于勉强维持的境地。内部的造反和外来侵略相结合,通常预示着新循环的开始——旧王朝濒临灭亡,新王朝日渐来临。

　　　　　　——斯塔夫里阿诺斯:《全球通史》下卷,第 361—362 页,

　　　　吴象婴等译,北京大学出版社 2005 年版

历史上中国共出现12个主要朝代、其平均寿命为 200—300 年。从封建王朝盛衰变迁过程看,表现出一种周期波动特点的超稳定趋势。※

由历代皇朝从复苏到繁荣到最后毁灭的微观周期更迭相加,组合成中国传统社会历史循环的宏观周期特征。据统计,从夏朝算起,到辛亥革命为止,其间经历数百次大大小小的战争,中华帝国共出现12个主要朝代、31 个割据性的王朝(国家),其间出现好几百个大大小小的皇帝,主要朝代平均寿命为 200—300 年。几乎约 200 年有一次天下大乱,诸侯割据,每次分裂的割据时间最长 200 年(西晋至隋朝),最短也有数十年至近百年。俯视中国漫长封建社会的整体发展可以发现,几乎每隔两三百年便会发生一次激烈的大动荡,经此冲击,旧王朝覆灭,新王朝建立,重新踏上从建立、发展并迈向鼎盛、然后再到危机与动荡最后崩溃的道路,从而呈现出社会发展模式周期性瓦解与重建的现象,构成中国传统社会的宏观周期变动特点。

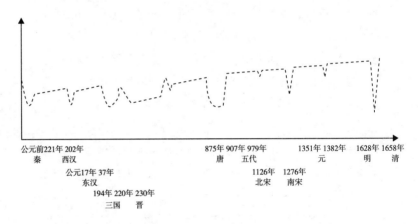

图 2-2:中国封建王朝盛衰变迁的近似曲线①

金观涛、刘青峰曾采用数学方法,对中国封建王朝盛衰变迁过程得出了如图 2-2 所示的曲线,表现出明显周期波动特点的超稳定趋势。

【以宗法制为核心的社会结构】宗法社会萌芽于原始社会父系氏族社会家族成员之间的亲族血缘联系,到西周时期基本确立并日

---

① 资料来源:金观涛、刘青峰:《兴盛与危机:论中国社会超稳定结构》,法律出版社 2011 年版,第 220 页。

益完善,其主要特点是以血缘和地缘关系为基础而形成家国同构、礼法并举的社会形态,如《左传》所谓,"天子建国,诸侯立家",《孟子》也有"天下之本在国,国之本在家"的记载。尽管西周末年随着诸侯间的兼并、货币经济的出现、土地制度的变革,典型的"封建制度"伴随西周王朝的覆灭而崩溃,但儒家学说把宗法制家庭与封建国家高度整合起来,宗法制度借助于"礼制"的庇护而在意识形态领域保留下来。秦汉以后,政权体系逐渐脱离了与血缘关系的扭结,政权与族权进一步分离。东汉到魏晋南北朝时期,宗法性豪强势力崛起,逐渐形成了宗法性门阀世族。隋唐两代以庶族地主为统治基础,采取了一系列打击、排挤豪强门阀的政治措施,宗法性豪强势力迅速衰落,唐末黄巢起义军的扫荡最终使宗法性豪强势力销声匿迹。自北宋开始重建的宗族组织,是民间自发组织的、以男系血统为中心的宗族共同体。在宗族共同体内,逐渐形成以族长权力为核心,以家谱、族规、祠堂、族田为手段的宗族制度。宋明以后,宗族制度下的家族组织同构作用日益完善和强化,由此形成与国家社会组织形态相似的家族结构,从而以其家国一体同构的特点而在社会生活中发挥出越来越重要的作用(参见图2-3),不但成为中国传统社会的主要社会形态,同时也成为统治者统治民众的工具。

家国同构,天下一家的特点,不但是中国传统社会的主要社会形态,也成为封建王朝统治民众的政治工具。※

这样一来,家庭或家族既可以作为独立的生产经营单位而具有经济组织功能,又能够履行对社会或朝廷的各种义务,以家长(族长)的方式管理家庭成员,从而成为带有政治性的社会组织。正如费正清所说,"中国的家庭像一个小宇宙,像袖珍型的国家,父亲是专制者",在家庭中俨然像一个"君主",也具有"至高无上的权力",如统领全家的生计,安排儿女包括婚姻在内的重大生活,秉承家法处置甚至处死不听话的儿女,等等①。

中国传统宗法社会在长期演变过程中大致经历了如下三个方面的较大变化:一是在推行步骤和实施范围上,从西周时期由上而下推

① 费正清:《论中国》,薛绚译,台北正中书局1994年版,第14页。引自袁绪程《中国传统社会制度研究》,http://economy.guoxue.com/article.php/1903。

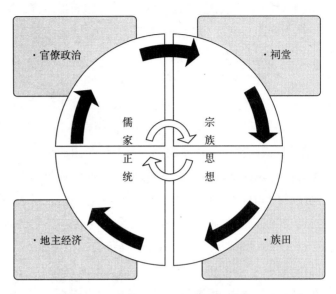

图 2-3：中国传统社会中的家国同构现象

行转变为宋代率先发自民间重建,推行范围也从西周时期仅限于天子大宗及至诸侯小宗而扩大到宋时的整个社会。二是在功能上,从西周时维护王室秩序转变为宋代以后的统治民众工具,统治者在施政过程中日益倚重家族的力量,注意培养宗法家族的力量。三是在宗法组织的性质上,从西周时宗族组织作为政权组织细胞,是政权与族权合一、全族同居共财的政治经济共同体,转变为宋以后族权与政权已完全分离,宗族组织蜕变成具有相对独立性的社会群体,其运行并不完全依赖于封建政权的力量。经此转变,宗族组织成为士绅地主以血缘伦理关系约束族众的社会组织,祠堂、宗谱、公产等均是为族权系统服务的组织设施。涣散的血缘关系被宗族组织所强化,并加以伦理化,成为维护尊卑长幼之序的血缘伦理制度,以实现农业宗法社会晚期社会经济与专制王权对宗族组织的功能要求。

中国传统社会中演变形成的宗法社会形态具有如下典型特点:一是家国同构的治理模式。西周是中国历史上典型的宗法制国家政权,建立之初就依照宗法关系实行封邦建国,"封建亲戚,以藩屏周",形成家国一体的治理模式。秦汉以后形成中央集权的君主专制制度,虽然突破了宗法血缘关系的纽带,国家成为阶级统治的政治形式,但却并没有根本否定宗法制度,而是把宗法制度与君主专制制度结合起来,从而使得宗法制最终成为秦汉以后国家政治文化的精神内核。二是礼法合流的法律体系。宗法精神既是国家法律的指导原则,又是家法族规的制定依据,这就使得一方面中华社会充满人治色彩,人们在日常生活中不是简单拘泥于法律形式,而更注重去遵守正式制度中所蕴涵的礼教原则,另一方面国家法律体系认可家法族规,从而使家法族规在形式、内容和效力上成为对国法的实际补充。三是注重宗法血缘关系的社会交往体系,以自己为中心,按照一定亲缘关系向外推,区别出亲疏远近,从而形成涟漪一般的层层向外的关系网。四是重义轻利的经济体系。宗法社会注重以等级名分制为原则指导经济分配活动,引导人们合法合理地谋位取财,避免经济利益对封建等级秩序的冲击和危害;用长幼尊卑的道德关系调节社会经济关系,有效地掩盖和调和了社会经济制度内部不同阶级之间的经济利益冲突,避免由此引发社会纷争,防范经济活动带来损害社会公共利益、破坏社会整体关系和谐的不利后果。

中国传统宗法社会形态共形成了四套体系:一是家国同构的政权治理模式,二是礼法合流的法律体系,三是注重宗法血缘关系的社会交往体系,四是重义轻利的经济体系。※

二、高度成熟与长期停滞中的传统制度因素

与中国传统社会在政治经济社会演进中呈现出来的高度繁荣与长期停滞趋势相适应,自秦汉以来中国传统社会构建起以帝国制度为核心的制度体系。其中,皇权专制、国家垄断与小农经济、家国一体治理模式以及以儒家文化为核心的传统文化,共同构建起中国传统社会下的核心制度因素和相应特点。从其实施效果来看,中国传统社会所形成的包括政治经济社会诸领域的早熟型制度体系,不但为形成长期领先、高位运行的发展模式提供了重要保障,从而使得农业文明基础上的中国传统社会得以超越同时代其他各国超前发展,而且还同时引导出传统社会在王朝更迭、周期循环基础上的长期停滞现象,从而使得中国传统社会最终难以超越自身约束而未能进入工业社会。

皇权专制、国家垄断与小农经济、家国一体治理模式以及以儒家文化为核心的传统文化,共同构成了中国传统社会的核心制度因素和相应特点。※

【皇权专制】秦王朝在中国古代王权制度基础上发展形成系统

在中国漫长的历史演进中,以皇权为中心的大一统中央集权制度,成为中国传统社会的根本制度基石。※

的君主专制体制,同时结合郡县制在全国推行,君主集权达到空前的高度,从而建立起以皇权为中心、天下一统的高度集权政治架构。秦王朝所确立起来的这种高度集权的君主专制制度,因其植根于传统社会经济基础之上,具有比较坚实的经济和阶级基础,大体符合占统治地位的地主制经济和小农经济生产结构,因而虽然历经朝代频繁更迭冲击,但仍能保持基本框架和核心内容不变,在中国前后沿袭两千余年,成为影响中国历史进程的重要制度传统,而高于一切权力的皇权专制,无疑也成为中国传统政治制度的最为明显的特点。

通常来说,专制一般是指个人或集团对政治权力的垄断,在中国传统社会这种专制通常覆盖政治、经济、文化以及意识形态等方面,一旦个人或集团对全社会各个领域各个方面拥有绝对垄断那么就形成极端专制现象。作为专制君主的皇帝①成为国家的最高权威与绝对权力的拥有者,集天子、道德、法律、君父于一体,通过有效的行政手段实际掌控着从中央到地方的一切政务决策权,成为军事、政治、经济、文化、宗教等权力的最高主宰者,其权力超越一切社会政治法律制度,既无任何权力可与皇权相抗衡,也无任何法律对皇帝的权力有所限制。这样一来,在中国漫长的传统社会中,皇权专制便成为对全社会无所不包的绝对垄断体制。与至高无上、无所不及的皇权专制相对应,普通百姓则被前后相循的什伍、乡里、保甲等户籍管理制度严格限制、附着在一定的土地范围之上,从而构成国家对基层社会的人身控制方式和基层组织形式。这不仅保证了社会秩序的稳定,也使帝国王朝的赋税、徭役、兵役政策落到了实处。

由此可见,随着秦汉以后君主专制制度日益成熟与完善,以皇权为中心的大一统中央集权制度,给传统中国社会打下了全面而深刻

---

① 秦王嬴政在兼并六国、一统天下之后,为树立统治权威和标榜功业成就,以"功高三皇,德迈五帝"之故而将三皇五帝的尊称合并,从而形成"皇帝"的称呼("皇帝,至尊之称。皇者,煌也。盛德煌煌,无所不照;帝者,前也。能行天道,事天审谛,故称'皇帝'"),天子则自称为"朕",而皇帝的命令称为"制"或"诏"。通过这种特殊礼制规定,君主的威严得以在礼仪层面上强化。自此以后,这套称谓系统便承袭沿用到后来的各个王朝。

的烙印,无所不在、无所不及的皇权专制成为影响中国传统社会发展演进的重要政治性制度因素。

【国家治理模式】概括起来分析,中国传统社会所实行的国家治理模式,大体包括四个层面:

第一,宗法制与君主专制相结合,中国传统社会呈现出"家国同构,天下一家"的显著特点,不但使得家族制度具有政治化趋势,而且国家政治制度也带有家族化特色,从而使得国家治理在宏观形态上带有"家国一体"特色。作为传统社会政治理想的"齐家治国平天下",把"齐家"与"治国"并称,齐家术可以轻易转换为治国策,客观上表明家国一体的变换互通性质。一方面,"家天下"专制政权模式长期延续,从秦始皇创立大一统帝国到晚清帝制结束,王朝更迭往往是新旧家族的代兴与衰亡。秦王嬴政自命为"始皇帝",所说"朕为始皇帝,后世以计数,二世三世至于万世"一语,实际上道尽了这种家天下的政权特色。另一方面,家国一体法则成为王朝兴亡更代的基本规则。当王朝出现危机之时,宗室贵族大多自觉担当起匡扶社稷、复兴王朝的政治使命,以便确保家天下的王权政治模式得以继续传承;当新王朝建立时,同样自然选择将家天下的王权政治视作天经地义的统治模式,从而使得家天下的王朝政治模式并不因统治者变换而发生改变。

第二,在中央机构层面上,秦汉时期使用一套以三公、九卿为主要官员的中央官吏系统,并配以一大批属官具体承办事务,由此形成中央层面的官制。隋唐以后,中央官制调整为三省六部制,中央集权管理体制更为成熟。三省(中书省、门下省、尚书省)同为国家最高政务机构,分别负责决策、审议、执行等政务;隶属于尚书省的六部(吏部、户部、礼部、兵部、刑部、工部),具体分别承担相应行政事务的职能管理;同时,组织完整、职责明确的三省六部,共同听命于皇帝。明清时期中央集权更加集中,中书省被废除,相权被取消,六部地位提升并直接对皇帝负责,同时皇帝另设内阁(明代)和军机处(清代)作为私人办事机构。

第三,在地方机构层面上,自秦始皇推行郡县制度后,虽然郡县制到隋朝时调整为州县制,元朝时再变为省府县制,但其基本框架一直沿袭到清代。例如,西汉时有 1577 个县,到清代时调整为 1305 个县,客观上反映了郡县制行政区划的稳定性①。与此同时,不论是郡(州)县还是省府县,都作为地方行政机构而直属于中央,其长官由皇帝直接任免。从此,以郡县为全国地方行政区划和管制单元、地方受控于中央政府、中央集权于君王的官僚政治体制在中国传统社会基本确立并长期沿袭下来。

第四,与皇权专制制度相配合,作为国家最高统治者的皇帝,通过庞大的专职官僚办事机构,实现从中央到地方、从政治到经济再到社会的全方位控制,这套官僚办事机构实际上也成为皇权专制下的国家行政管理体系和管理队伍。为了能够为这套官僚体制提供人才资源保障,传统中国还发展形成了独特的科举制度,在皇帝主持下以分科考试形式录用人才,创造了具有中国特色并长期沿用的取士制度和士人文化,对中国传统社会发展产生了巨大而深远的影响。

> **传**统中国还形成了以分科考试形式录用人才的科举制度,创造了具有中国特色并长期沿用的取士制度和士人文化,对中国社会发展产生了巨大而深远的影响。※

表 2-3:几个主要朝代官僚数量②

朝代	官员数	人口数	占比(%)
西汉	132805	59594987(2 年)	0.22
东汉	152986	56486856(157 年)	0.27
隋	195937	46019956(609 年)	0.42
唐	368668	52919309(755 年)	0.70
宋	24000	51206872(1064 年)	0.05
元	16425	59848964(1291 年)	0.03
明	24683(洪武)	59873305(1381 年)	0.04
	80000(宪宗)	61852810(1474 年)	0.13
清	22000	292924451(1796 年)	少于 0.01

---

① 金观涛、刘青峰:《兴盛与危机:论中国社会超稳定结构》,法律出版社 2011年版,第 34 页。

② 金观涛、刘青峰:《开放中的变迁:再论中国社会超稳定结构》,法律出版社2011 年版,第 27 页。

【国家垄断、土地制度与小农经济】中国传统的经济制度可以从宏观、中观和微观三个层面展开分析。从宏观格局来看，与西欧各国经济制度变动导致政治制度变化的情况不同，古代中国皇权专制制度成为王朝基石，于是政治力量凌驾于经济活力之上，使得在中国传统社会里经济制度受制于政治制度。因此，随着政治上皇权专制制度和家国一体治理模式的确立，拥有最高权力的皇帝当然拥有对各种资源的所有权、支配权和处置权，一切经济活动均受制于国家权力，同时还有权配置国家资源，并在社会财富分配上始终处于中心地位。从这个角度来看，把中国传统社会的经济制度概括为"家天下制"①也未尝不可。如此一来，便形成中国传统社会里由皇权所代表的国家对经济的垄断，成为中央集权下的经济垄断干预。

大体来看，国家控制经济资源进行财富分配体现在以下三个层面②：一是通过所有权的变动和田赋及徭役的榨取来控制小农经济，不论是自耕田还是租用官田和其他民田，农民都必须缴纳被称之为皇粮的"田赋"以及提供徭役。一旦出现横征暴敛尤其是无休止的徭役，或者逼迫农民走投无路，或者引发农民抗争起义，轻则导致全国性动乱，重则导致王朝更迭。二是开办多种类型的国有经济，主要包括：以各级财政支出和民工无偿征用而建设的公路、水路、水利等基础设施；皇室官府必需品和奢侈品的生产，包括衣、食、住、行等；军需品的生产和采购；造币、矿产资源的开采和某些重要生活资料如盐铁的专营和生产；没收和收归"国有"的私有财产而形成的产业。三

在中国传统社会中，经济制度受制于政治制度，一切经济活动均受制于国家权力，政府不仅有权配置国家资源，并在社会财富分配上始终处于中心地位。※

----

①　台湾学者侯家驹所撰《中国经济史》（上、下两卷）一书，从丰富而又庞杂的史料中勾画出两千余年中国经济历史演进轨迹，并运用现代经济学理论分析中国经济史的功能与范围。书中着力分析了政治权力对中国古代经济的影响，将中国古代经济制度概括为"家天下制"，认为左右经济发展情况的主要因素，是政府对经济事务干预的有无与多寡，如果政府干预较少（多），则经济发展情况较优（劣）。其原因在于，中国古代政府对经济的干预具有强权掠夺的性质，根本目的是最大限度地控制国家经济，从中获取巨额财富，以满足统治集团的无限需要（以上据黄敏兰《政府干预下的中国古代经济》，《中华读书报》2008年9月17日）。

②　参见袁绪程《中国传统社会制度研究》，http://economy.guoxue.com/article.php/1903。

是限制和管制民营工商经济。由于民营工商业膨胀起来后,所获利润转化为土地兼并之资,而土地兼并给王朝带来直接威胁,因此"抑制商业"自然成为世代相传的"古训",从而也导致中国传统民营工商经济不得不挣扎在自然经济和政府经济的夹缝中,不得不只能成为小农经济的补充而无法上升为主体。当然,如果皇朝对社会的剥削和掠夺大大超出人民的承受能力,便会造成经济崩溃和社会动乱,人民被迫起义造反,皇朝也随之灭亡。

在中观层面上,中国传统社会逐渐发展形成了若干具体经济制度,这里以土地制度及土地兼并为例加以说明。中国古代传统社会中的土地所有制,可以分为国家土地所有制(如均田制等)、地主土地所有制、农民土地所有制等三类。其中,国家土地所有制源自皇权专制制度,地主土地所有制占主要地位,是封建生产关系的基础,如东汉时的豪强地主的田庄、各封建王朝时的田庄和土地兼并,都是封建地主土地所有制的集中体现。农民土地所有制虽不占支配地位,但却广泛而分散,是专制主义中央集权制度建立和长期存在的基础。这种形式往往是国家在经历战乱和社会动荡之后控制了大量无主土地后,通常通过均田制(始于北魏,流行于隋唐)、更名田(康熙时期)等方式授田给农民,从而缓和阶级矛盾并促进经济增长。在封建王朝的中后期,往往出现日益严重的土地兼并现象,如西汉末年、唐朝中后期、北宋中期、明朝中后期,结果导致农民与地主、国家与地主之间的矛盾不断尖锐。为此,封建政府不得不采取抑制措施缓解兼并现象,如北宋中期王安石为抑制兼并而采取"方田均税法";明朝中后期张居正则采取"一条鞭法";唐朝杨炎实行"两税法"也有限制土地兼并的用意。当土地兼并进一步加重,往往引发农民战争,唐末、北宋中期、明末农民战争。

从微观基础来看,中国传统社会中的小农经济是以农民家庭为基础构成社会的基本经济单位,通过"精耕细作"、"男耕女织",开创了中国农业以开发自身劳动力资源,用辛苦劳动投入实现较高总产出的传统发展道路,同时还在一定程度上参与、兼容了社会分工,为传统社会经济发展作出了积极贡献。从总体上分析,小农经济首先

传统中国的土地所有制,可以分为国家土地所有制、地主土地所有制、农民土地所有制三类。其中,地主土地所有制占主要地位,是封建生产关系的基础。※

小农经济是传统中国的一种经济组织形式,农民是经济活动的主体,拥有自主经济决策、配置经济资源、利用家庭劳动力开展生产、占有租税负担之外的劳动成果、家庭成员共同开展消费等基本经济权力。※

是一种经济组织形式,以农业耕作为主要生产活动,有时还兼做一些副业,共同构成历史上农民经济的主体,拥有自主经济决策、配置经济资源、利用家庭劳动力开展生产、占有租税负担之外的劳动成果、家庭成员共同开展消费等基本经济职能。同时小农经济也是传统社会经济内容的一部分,存在于一定的自然与人文环境中,受人地关系、地权分配、生产力水平等因素的影响,反映着周围的社会经济内容。进一步来看,由于自秦汉以来小农经济在中国农村中长期占据优势,其作用实际上已经超出经济范畴,在一定程度上决定着中国政治结构演变与历史发展方向。

【传统文化】中国传统文化是指中国传统社会中华民族的整体生活方式和价值系统,包括从中国历史上沿袭和保存下来的思想意识、宗教信仰、道德、艺术、价值观念、风俗习惯、生活方式与社会心态等众多内容,其思想基础是以儒学为主,佛、道为辅,兼及法、墨、阴阳之学。儒家学说源于春秋时代的孔孟,经过历代御用文人的取舍提炼,至宋代的程朱理学而达到专制文化的顶峰,古代中国人从孩提时代起就接受儒家的"启蒙"和教育,忠君尊父,"三纲五常"已成为约束中国人行为操守的"规范",儒家学说在中国取得的地位和影响力是其他学说所无法比拟的。由此一来,传统社会形成以儒家伦理典范为基调并规范人们行为的伦理规则。

中国传统文化在数千年的深厚沉积过程中形成了中国人调和折中的处世方法、温良和顺与吃苦耐劳的人格特征、重安定忌变革的社会心态,这些精神文化层面的因素对于社会起到了聚合力强、稳定性大的作用。※

作为一种历史悠久、内蕴深厚、聚合力强、扩散性大的传统型文化模式,中国传统文化在数千年历史的沉积过程中逐步形成了相对稳定的特征。主要包括如下几点:

第一,"不偏不倚,无过无不及"的中庸思想渗透于中国传统社会的政治、文化和社会生活以及人格塑造和价值取向等各个层面,形成中国人调和折中的处世方法、温良和顺和吃苦耐劳的人格特征、重安定忌变革的社会心态。

第二,以家族为本位、建立在"三纲五常"基础上的"家国一体"社会结构,使得家族(或宗族)成为社会关系的基本单位,而国家治理不过成为家族关系和家族原则的外延,由此形成祖先崇拜意识与以孝道治理天下的社会政治意识相统一,家长意识和君主意识相统

87

一,社会关系从亲情关系、地缘关系延伸到政治关系,强调个体在群体中的义务和责任而忽略个人在社会中的权利。

第三,伦理至上,重视在个人修养基础上处理人际关系或社会关系的准则与行为规范,由此形成一整套尊卑分明、等级有序的身份取向制,重礼制、重人治、轻法治的社会格局,以及重义轻利、重道轻器的价值取向和社会习俗。在此格局下,强调群体认同,重视个人道德修养,追求"内圣外王"的理想人格,强调以人为本和人道主义倾向(如孔子的仁学、孟子的仁政、墨子的兼爱、佛家的慈悲之心)。

第四,作为具有悠久传统农业文明的大国,中国人普遍具有务实、求稳心态,不但在思辨方式上重经验、重感性认识而轻视科技,而且在社会心态上安土重迁、安定自保与知足守成并生,在价值取向上重农轻商、崇本抑末,同时普遍具有不患寡而患不均的平均主义思想。

第五,在农耕经济、儒法学说、宗法制度(家族制度)基础上形成君权至上的政治观念和社会意识,由此派生出缺乏民主精神、官本位至上、奴性意识以及君权、族权、神权三位一体等专制文化特点。

第六,中国古代思想家大多对宗教持一种理性(如"敬鬼神而远之","子不语怪、力、乱、神","未能事人,焉能事鬼")和实用(为现实政治服务)相结合的态度,同时民众所信奉的宗教(以佛、道为主)基本上都是多神教性质的宗教,这就使得宗教在政治和社会生活中的影响相对有限,与中世纪基督教在欧洲独断及伊斯兰教在阿拉伯世界拥有至高无上的地位形成明显对比。

[专栏2-2]　　　　中国传统文化的特质

对于中国传统文化的特质,刘梦溪在"百年中国文化传统的流失与重建"的专题演讲中(http://www. neworiental. org/publish/portal0/tab1124/info128745_page1. htm),从13个方面进行了归纳:

1. 历史悠久。中国文化是世界最古老的古文明之一。

2. 中国传统文化是在一不间断的同时也是在较少变化的传统社会型态框架内生长的文化系统。但这不妨碍不同历史段落的文化有不同的特色,不同历史阶段都有不同类型的高峰期。

3. 中国传统文化是一个多元文化型态。就其发生来说,是多元的。过去说中国文化是黄河文化。现在学术界的看法,长江文化是与黄河文化不同的一源。就其族群的构成来说,华夏文化为主体、同时包括众多民族的文化。就文化思想来说,儒、释、道三家主要思想学说,呈多元互补之势。

4. 中国文化是富有包容性的文化。同化功能很强。

5. 就生活形态来说,中国传统社会主要是一个农耕社会,所以其文化精神,正面说有吃苦耐劳、生生不息的特点;负面说常常表现为自给自足的心理、缺少冒险精神、重农轻商等。

6. 中国传统社会属于宗法社会的性质,以家族为本位、家国一体,是传统社会形态和文化形态的重要特征。家不仅是生活单位,而且是生产单位。在中国传统社会:社稷+江山＝国家社稷+苍生＝天下。

7. 儒家思想是中国传统社会的主流意识形态,国家的政治结构和家庭网络主要靠儒家学说编织而成,因此儒家思想是中国传统文化的核心价值。

8. 中国人的自然观、对自然的态度,主张"天人合一",相信"人与天地万物为一体"。

9. 中国传统社会有最完整的文官制度,这在世界文明史上绝无仅有。

10. 关于中国文化背景下的宗教信仰问题,总的看中国人对宗教的态度比较马虎。

11. 中国传统社会有发达的民间社会,朝野、官府和民间界限分明。中国传统社会因此有较大的思想空间和活动空间。

12. 中国传统社会的不同历史时期,都有不同风格的艺术与文学。

13. 中国传统社会还有一些比较特异的社会现象和文化现象。

第二节　中国传统发展模式与
制度的"超稳定组合"

　　从全球历史发展角度来看,沿袭数千年的中国封建社会总体上呈现出一种超稳定结构形态。进一步来分析,在这种超稳定结构中,包括经济社会及政治诸领域在内的传统社会演进发展,与同一时期的传统制度体系之间也形成了一种超稳定组合。在这种社会演进与制度体系的超稳定组合下,一方面传统制度支撑了传统社会在上升阶段的高起点运行,从而使传统中国的政治经济社会一开始便形成高于其他国家的发达状态,形成制度性上升和发达;另一方面也导致传统中国在中后期下降阶段的长期停滞,特别是与开始转型的西方国家相比呈现出明显衰退之势,迟迟难以从传统社会转型为工业社会,形成制度性停滞和下沉。王朝周期循环所呈现出的"江山易改,制度难移"同样从微观层面上反映了传统社会演进与制度之间的超稳定组合关系。总之,中国传统社会所形成的这种超稳定组合,客观上表明制度因素在社会发展进程中的双重效应。

一、传统社会演进与传统制度形成"超稳定组合"

　　对于沿袭数千年的中国传统封建社会,曾有学者使用"超稳定结构"一词来概括其总体特征,用以说明周期性动乱和长期存在的深刻原因,并对其进行了系统严密的理论分析。为了加以区别,我们用"超稳定组合"一词,来概括中国传统社会演进模式与制度体系之间的关系。"超稳定组合"与"超稳定结构"既有联系又有区别,"超稳定结构"是"从社会宏观组织方式出发,来分析中国传统社会结构,揭示周期性动乱和封建社会长期延续的内在联系"①;而"超稳定组合"则用

我们用"超稳定组合"一词,来概括具有超稳定结构的中国传统社会发展模式与制度体系之间的稳定关系,用以说明传统制度对于传统社会演进所产生的或促进或阻碍作用。※

---

　　① 金观涛、刘青峰:《开放中的变迁:再论中国社会超稳定结构》,法律出版社2011年版,第6页。

来概括具有超稳定结构特征的中国传统社会的演进发展模式与制度体系之间的稳定关系,目的在于说明作为演进发展模式核心因素的传统制度,对于传统社会发展演进所产生的促进或阻碍作用。

【中国传统社会的超稳定结构】针对中国传统封建社会长期存在、周期循环的特有历史现象,中外学者从不同方面、采用不同方法进行了大量分析研究,形成了不少观点,也取得了不少研究成果。其中,还有学者借鉴系统论、控制论,构建起中国传统社会"超稳定结构"理论,并用这种理论框架对中国传统社会和近代社会进行了一体化的解剖分析[①]。

[专栏 2-3]
对中国封建社会长期停滞的多维度解读[②]

对于中国封建社会长期停滞现象,中外历史学家从经济、政治、文化以及地理等不同角度进行了多维度解读。

一种观点把中国封建社会长期停滞归因于商品经济没有能够获得充足发展,自给自足的小农经济长期得不到必要提升。不过这种观点所不能解释的是,中国封建社会在很早之时就已有较为发达的商品经济形态,而资本主义却最先在自给自足程度明显高于中国的欧洲封建庄园和规模不大的城镇中产生,至于城市和商品经济相对发达的中国封建社会里却并未产生和发展出资本主义经济。

另一种观点着重从中国封建剥削关系来分析,认为这种剥削制度一次又一次把农民推向死亡线上,最后由于农民战争迫使生产发展和积累一次又一次地被迫中断,从而造成中国封建社会长期延续及停滞发展。农民战争与封建王朝的长期存在确实存在明显的相互联系,但这种观点所不能解释的是,中西方各国历史

---

①　金观涛、刘青峰:《兴盛与危机:论中国社会超稳定结构》,法律出版社 2011 年版;《开放中的变迁:再论中国社会超稳定结构》,法律出版社 2011 年版。
②　根据金观涛、刘青峰《兴盛与危机:论中国社会超稳定结构》整理。

上的超经济强制都存在对农民的残酷剥削现象,因此用这种存在于各国封建剥削制度的普遍性特点,很难对中国封建社会特有的长期停滞现象作出准确解释和说明。

还有学者从中国封建王朝的中央集权等特点来分析,认为专制主义国家构建起强大的官僚系统,依靠政权力量推行重农抑商、闭关自守、垄断官办等经济政策,依靠独尊儒术对思想文化严密控制,从而延续了封建专制制度,遏制了资本主义萌芽的出现和发展。结合中国传统王朝存在的专制制度,通过上层建筑对经济的反作用,来分析封建社会的长期延续与停滞,当然有其说服力,但中国传统社会长期停滞涉及政治、经济、社会、文化等各个方面,需要从更为综合宽广的角度进行分析。不少学者还从地理环境、人口—土地关系等角度,探讨中国封建社会长期停滞问题。

传统社会由经济、政治和文化三个子系统组成,三者能够相互耦合、同步调节以达成某种稳态;其中,政治系统与文化系统又相互交叉互渗,形成具有脆性和强控制特征的一体化力量。※

从理论上看,"超稳定结构"理论认为,传统社会由经济、政治和文化三个子系统组成,三者能够相互耦合、同步调节以达成某种稳态;其中,政治系统与文化系统又相互交叉互渗,形成具有脆性和强控制特征的一体化力量;除社会的子系统之间存在平衡外,每个子系统内部又自有相互制衡的次级结构。这样一来,处于超稳定结构中的三个子系统在维系自身稳定的调节过程时,会释放出瓦解原有结构的"无组织力量",使得大系统不得不采取周期性振荡的机制来调整,以保证本社会的自我延续。周期性振荡的后果便是"超稳定结构"每隔一段时间就需全部推倒重建,然后在废墟上复制出原先的结构出来,使传统社会呈现出有规律的循环运动。

在中国历史上,几乎每次农民战争或改朝换代之后,宗法家庭结构、儒家国家学说都成为"超稳定结构"自我修复的两块很有效用的模板。※

"超稳定结构"理论认为,由经济、政治和文化三个子系统构成的"超稳定结构",在中国具体历史演进过程中具体表现为地主经济、大一统官僚政治和儒家意识形态。其中,一体化力量主要来自官绅一体的士大夫群体,并通过文化系统中起主导作用的儒家思想而把原本分散的小农相互联系;同时,儒家学说因其哲学观、社会观和价值观最为切合"超稳定结构"中的另两个子系统,因而成为中国封建社会的意识形态并发挥出明显作用,至于汉晋时期的道家与唐以后的佛教只能成为儒家思想的补充结构而存在。当官僚结构出现膨胀与腐败、农村土地兼并加剧以及社会思想出现混乱之后,意味着这种"超稳定结构"释放出无组织力量。在经历农民战争或改朝换代之后,宗法家庭结构、儒家国家学说成为"超稳定结构"自我修复的两块模板;而作为一体化力量自救方式的"变法",其效果会呈现一种递减的规律,即随王朝的延续而日渐失效,甚至是会好心办坏事。这样一来,在"超稳定结构"框架下,中国传统社会在经历产生和发展的四个阶段之后(参见专栏2-4),总体上呈现为周期性变动与长期化延续的统一体。

[专栏 2-4]

中国封建社会超稳定结构形成和发展的四个阶段

第一阶段是秦汉,这是超稳定系统建立、形成时期。秦始皇统一中国,建立了中央集权政府和郡县行政管理制度,书同文,车同轨,标志着封建大国的建立。一直到汉武帝时,一体化完成了,封建大国才趋于稳定。

第二阶段是封建一体化结构受冲击并实行大融合的阶段。这一阶段主要形成于魏晋南北朝时期。

第三阶段是封建大国的鼎盛和成熟,这就是隋、唐、宋、元时期。这时,地主经济非常发达,科举制的建立表现了官僚政治的成熟。唐代文学艺术呈现了群星灿烂的局面,宋元的城市和手工业非常发达,科学技术发明也出现高峰。从汉以来形成的士族大姓,魏晋南北朝时横行数百年,隋唐时仍有相当的势力。士族大姓从经济上和政治上都是对中央集权政府的一种巨大的冲击力量。宋以后,中原士族"十室九空","旧时王谢堂前燕,飞入寻常百姓家"。这表明宋以后,封建大国完全成熟了:经济上,庄园制绝迹;政治上,封建割据势力基本剪除,中央集权程度很高;意识形态上出现了新儒教——程朱理学。

第四阶段,明清是超稳定系统僵化阶段。宗法一体化结构在这一时期,由于与理学的结合,宗法制度大为强化。政治结构中君权无限膨胀，相权衰落，科举制也变为八股取士了。理学则以封建礼教的卫道士的可憎面目出现，扼杀了创造精神，成为沉重的精神枷锁。隋唐时期对外的开明风度也丧失了。它像一个老态龙钟的巨人，依靠多穿衣服来适应外来气候的变化。中国封建社会超稳定系统，已经不可挽回地衰落了。

——引自金观涛、刘青峰著《兴盛与危机：论中国社会超稳定结构》

一般认为，"超稳定结构"利用系统论、控制论等方法建构形成较为完善的理论体系，对秦汉至明清的历史演变作出了有益的解读，较好地解答了中国封建社会长期延续与停滞问题。不过，正如有评论者所指出的那样①，学界对"超稳定结构"的批评主要集中在研究方法上，认为其科学主义过浓；同时，"超稳定结构"理论几乎完全建基于中国经验，用以具体化说明此结构运作的例证完全来自中国的历史经验，从而大大削弱了其欲推及他国的雄心；此外该理论没有能够明确回答"超稳定结构"下的中国为何始终追求"大一统"的国家形式。

【中国传统社会演进与制度体系形成"超稳定组合"】 对处于超稳定结构的中国封建历史时期来说，传统社会长期发展过程中所形成的高位运行与长期停滞特点，与由皇权专制、宗法制与家国治理模式、国家垄断与小农经济等组成的传统制度之间，存在着相互依存、相互促进的紧密联系，也就是在发展演进模式与传统制度之间形成了超稳定组合关系。这种超稳定组合，可用图2-4来概括。

传统发展模式与制度之间的超稳定组合关系，包括王朝内的微观稳定组合与王朝之间的宏观超稳定组合两种情况。微观上的稳定组合，表现为王朝内社会发展演进与制度体系之间的稳定组合关系。不论是持续几百年的王朝，还是存在只有数十年的短命王朝，总体上

中国历朝历代的制度变动过程，既有对前朝传统制度的偏离、修复与回归，也有适应本朝演进的局部制度变革与创新，但到王朝中后期，制度变革往往被守旧及腐败代替。※

---

① 肖春平：《一种对历史的解说》，《新京报》2011年3月19日。

呈现出"江山易变、制度难移"的现象。

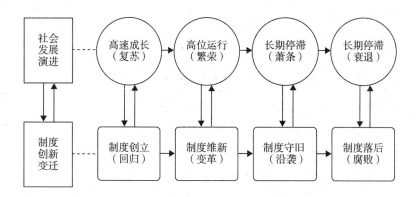

图2-4：传统发展模式与传统制度的超稳定组合示意图

一方面，在时间进程上呈现出王朝周期更迭现象，历代王朝大都经历从初期、中期到晚期的兴亡周期与循环过程，形成从复苏到繁荣再到萧条最终衰落的规律性发展历程。另一方面，与之相对，在制度变动过程中，既有对前朝传统制度的偏离、修复与回归，也有适应本朝演进的局部制度变革与创新，但到王朝中后期，制度变革往往被守旧及腐败所代替。上述过程，在图2-4中用括号内的文字所反映和说明的是王朝内发展演进与制度之间微观型稳定组合关系。

宏观上的超稳定组合，反映在王朝之间即沿袭数千年的传统社会内发展模式与制度体系之间形成的稳定结构。一方面，经过一轮又一轮的制度偏离与修复回归、制度变革与创新、制度守旧及腐败，出现一个又一个王朝从复苏、繁荣到萧条、衰退的历史循环，使得王朝内的微观稳定组合关系扩展成为王朝之间的超稳定组合结构。另一方面，站在传统社会的整体角度来审视，其发展模式与制度体系之间所形成的组合关系和演进过程在每个王朝之间并无本质差异，同样表现为相似的组合机理：首先是传统制度的创立与集成为传统社会搭建起高速发展平台；接着是传统制度的创新变革促成传统社会在高起点上高位运行；然后是传统制度创新衰减导致传统社会长期停滞；当制度体系因不断衰减而转变为落后型制度或腐朽型制度，传统社会便在外部冲击和内部变动双重打击下趋于衰败直至被迫向现

在中国传统社会中，发展模式与制度体系之间所形成的组合关系和演进过程在每个王朝之间并无本质差异：先是传统制度的创立与集成为传统社会搭建起高速发展平台，接着是传统制度的创新变革促成传统社会在高起点上高位运行，然后是传统制度创新衰减导致传统社会长期停滞，接下来就是改朝换代。※

代社会转型。显然,立足于传统社会来观察的社会发展模式与制度体系之间同样形成了王朝内的稳定组合关系,只不过考虑到传统社会数千年时间尺度,完全有理由将其称为超稳定组合。

总之,从上述两个层面的分析可以看到,伴随发展模式与制度体系之间的同步性周期变动,不但传统制度体系总体上得以长期沿袭和传承,而且社会发展演进模式也得以长期重复推进,由此形成传统社会发展演进与制度体系之间的超稳定组合现象。

【传统社会模式与制度超稳定结构的若干特点】对于中国传统社会发展模式与制度体系的超稳定组合,有三大特点值得我们高度关注:

第一个特点是以小农经济为代表的传统生产方式。中国特有的民族性和自然地理环境、农耕的生产方式和弹性的所有制、家庭式的交往方式和习惯等因素相互促动,生化反应,最终催生了中国传统社会模式中的制度形态与发展框架。

在中国传统社会里逐渐形成的小农经济,通常是以家庭为单位,按照日出而作、日落而息规律,具有自给自足的明显特点。即使在人口增长压力不断增强的情况下,传统的自然经济生产方式也没有发生根本性变化,反而演化出精耕细作的劳动行为。在此生产方式下,广大农民习惯于接受传统制度的安排,接受和尊崇儒家忠孝伦理思想,只要还有一口饭吃,大多不会走上造反道路,只反贪官不反皇帝成为普遍心态,整体上缺乏改变现有制度的动机和愿望,对于创新的认知和动力也明显不足。正如马克思指出,农民是旧社会最顽固的堡垒。因此,从总体上看,除了皇朝末期的战乱或农民战争,大多数时期传统中国社会几乎总能保持自然、和谐、秩序井然的景象,自给自足的小农经济与专制的政治制度和以儒家经典为中心的意识形态相互适应和相互补充,占社会人口绝大多数的农民构成了社会和制度稳定的基石。

以小农经济为代表的传统生产方式,催生了中国传统社会模式中的制度形成与发展框架。※

[专栏2-5]　　　马克思论亚细亚生产方式

按照马克思的研究,亚细亚生产方式是有别于欧洲古代生产方式的亚洲特有的社会经济形态。其主要特点包括:一是国家是最高的地主,个人或私有财产在法律上尚未成熟。二是专制君主凌驾于社会和法律之上,社会没有像欧洲那样分化为不同的等级,国家政治表现为君主个人的独断专行。三是专制政府通常既是全社会的统治者,同时又是诸如水利灌溉等社会大规模经济活动的组织者。四是亚细亚生产方式是以自然血缘联系脐带为基础的简单生产方式。五是闭关自守与外界隔绝是保存亚细亚生产方式(或经济形态)的首要条件。

根据马克思的论述,中国皇权专制制度实际上是发展到极端的而又完善的亚细亚社会经济形态,带有家长或宗法色彩这一中国特色。例如,马克思在《对华贸易》、《中国革命和欧洲革命》等文中多次提到中国专制制度带有的家长或宗法色彩,如"中国的皇帝通常被尊为全国的君父","官僚被看做这种父权的代表",这种"家长制的权力"是"这个广大的国家机器的各部分间的唯一的精神联系"。

第二个特点是以儒家思想为核心的传统价值取向。以儒家思想为导向,中国传统社会形成具有鲜明东方大国特色的文化宗教意识和价值取向,由此构成为传统社会发展模式与制度体系之间超稳定组合结构的决定性因素之一。对于这种统一性意识形态和价值取向的效力,可以结合传统社会的政治经济特性来展开分析。

从政治结构来看,传统制度通过伦理教育等意识形态的灌输,为家国同构的国家治理模式提供了意识形态粘连剂。这就在皇权专制、宗法制社会结构的框架基础上,大大节省了大量行政费用和维护社会安全的治安成本以及其他支出,在一定程度上提高了传统社会运行的有效性。

从经济结构来看,由于自耕农经济制度下的农户生产方式总体

以儒家思想为核心的文化宗教意识和价值取向,成为传统发展模式与制度体系超稳定组合的决定性因素。※

上呈现为以一盘散沙的状态存在的小农经济模式,即使在主流的儒家意识形态指导下开展自给自足式生产,仍然会伴生形成"一哄而起"、"一盘散沙"的习俗文化,给传统社会发展产生正反两个方面的扰动影响。以农民阶级在社会发展中的表现为例来看,小农经济的分散性决定了农民阶级在社会演进中"一盘散沙"与"一哄而起"的双重特性。在和平时期,由于农民生活在什伍、里甲制度的严格控制之下,自耕农阶级呈现为"一盘散沙",不但力量弱小而且各自分散,无法形成统一力量去集体抵抗各级权势阶层的巧取豪夺,无法形成对官僚集团的政治制衡。在王朝晚期,往往到走投无路时不得不揭竿而起,"一哄而起"的特点把平时一盘散沙的农民紧密连接起来,形成强大的对抗力量,最终导致王朝秩序的崩溃和新王朝的建立。

第三个特点是以儒家治国理念和科举选拔为特点的精英治国机制。儒家思想的核心是宣传内圣外王之道,推行以德服人的王道,排斥以力服人的霸道,其治国方略是经世济民,威德并施,礼法并重,选贤任能,治国目标是建立稳定强盛的社会。这种儒家治国理念和许多至理名言,配合唐代以来逐渐完善成型的科举选拔制度,形成成熟的精英治国机制,在不同时期的经济政治模式和对应的制度上留下了深刻的烙印,不但激发了社会活力和持久生命力,而且还不断推动传统社会模式与制度的变革创新,由此形成传统模式与制度体系超稳定结构的主要动力。直在今天,这一传统文化的精华仍可发挥作用,在经过与现代化进程有机结合之后,将有助于引导当代中国发展模式与中国制度的开拓创新。

二、传统制度体系促成王朝兴盛与长期领先

在传统社会发展演进模式与传统制度的超稳定组合下,传统制度既是发展模式的核心要素,同时又对发展演进模式发挥着巨大的促进作用。传统制度的这种促进效应,主要是通过王朝初期对制度的修复回归以及变革、传统社会时期的制度创立集成以及维新等途径来完成的,其效应主要表现为王朝的复苏、中兴乃至盛世繁荣,为传统社会搭建起高速发展平台并促成其在高起点上高位运行。

包含儒家治国理念和科举选拔等特点的精英治国机制,成为中国传统模式与制度体系超稳定组合的主要动力。※

【传统制度的回归与修复促进王朝走上复苏和兴盛之路】在中国传统社会周期循环演进过程之中,随着一个又一个王朝交替更迭,传统制度的核心体系得以传承、复制与延续下去,由此形成"江山易改、制度难移"的基本趋向。对单个王朝来说,虽然总体上沿用、承袭前一王朝的制度框架体系,但制度的选择与微调却存在时间上的推进过程,而制度的执行同样也在不同时段呈现出一定的差异。就制度的变迁过程来说,王朝建立之初,大多沿用或回归传统制度,同时根据王朝需要适时调整、变革、修复个别或部分制度与政策;到王朝中后期,为解决社会经济政治等方面积存的问题,有所作为的皇帝会选择支持权臣进行体制内的变法活动,对实行已久的制度体系进行局部修订调整,但通常这种变革会不了了之;到王朝末期,社会经济政治矛盾不断增大,同时制度变革基本停止,最终社会动荡进一步加剧,农民大规模起义,豪强和儒生起兵造反,旧王朝被新王朝取代。

与之相类似,社会对传统制度的执行,也体现为回归制度—偏离制度—背离制度—重新回归制度的过程:在王朝初期,与制度回归相适应,社会上大多数人基本上能够贴近制度规则开展相关活动;在王朝中期,随着经济发展、人口增多,各种社会矛盾和问题开始积累,宫廷和官员的腐败开始扩散,人们的不满情绪上升,执行制度时普遍出现偏离现象并不断放大;到王朝晚期,随着民不聊生、宫廷腐败现象加剧,社会矛盾急剧放大,对制度的偏离急剧陡升以致开始爆裂,最后随着新旧王朝更替,重新开始制度执行的回归与偏离过程。

在上述过程中,制度回归与制度修复分别通过发挥制度好的效应、革除制度中不好的影响,从而对王朝政治、经济和社会走上复苏与兴盛无疑具有一定的作用。这里以制度变革为例略作说明。大体上看,中国传统社会在特定条件下出现的制度变革行为,大致形成了以下三种推进路径:

第一种是体制内自上而下的变法活动,其目标在于试图保留传统制度好的一面,去掉传统制度中坏的一面,王莽改制、王安石变法、张居正改革可谓其典型代表。由于缺少外部推动力量,同时也缺乏外部制度的学习借鉴和参考,仅仅在封闭系统内借助于统治集团上

在中国传统社会发展模式与制度体系的超稳定组合下,制度既是发展模式的核心要素,同时又对发展演进模式发挥着巨大的促进作用。※

中国历史上的制度变革,大体形成了三种路径:一是体制内自上而下的变法活动,二是引入不同于传统制度体系的新的制度因素,三是暴力路径。这三种制度变革路径,实际上是在传统社会模式与制度不能有机融合时所采取的不同解决方案,方式不同,力度有别,代价不等,其最终成效也存在明显差异。※

层自上而下推进,加之官僚豪强因变法导致利益格局受损而强烈抵抗,结果变法改革要么背离初衷,要么寿终正寝,最终难以取得成功。王莽变法的核心是"收天下田为王田",通过土地国有化和国家控制资源分配,实现"天下田天下共耕"、"均贫富"的农民乌托邦理想社会,达到农民式的"社会主义",最后以失败告终。王安石变法内容丰富,如建立预算制度和政府粮食储备制度,推行"青苗法",设立具有金融职能又能平抑物价的"市易务"等等,带有明显的国家控制或垄断的资本主义取向,同样以失败而告终。张居正改革的重点是整顿吏治,强化管理,纠正征税征役方面的混乱现象,实行"一条鞭法"等等,虽然取得了一定的成效,但最终仍然出现"十年新政,毁于一旦"的结局。

第二种也是体制内自上而下的改革,但其目标是通过引入不同于传统制度体系的新的制度因素,以便适应客观形势继续维护王朝统治。这种改革的典型代表是清末的戊戌变法与清末新政。前者是维新派推动、光绪皇帝倡导的变法维新运动,虽然未能也不可能彻底触及封建统治基础,但变法所涉及的内容较为全面,举措也较为激进,代表了新兴资产阶级的利益,从文教、经济、军事、政治等方面对传统社会都产生了巨大冲击。虽然最终在封建顽固势力扼杀下不可避免地宣告失败,但作为不同于传统社会其他变法活动,不但在更大程度上开启了社会思想解放运动和参与国家大政的风气,激发了更多民众推翻腐朽封建专制运动,而且还直接推动了随后不久的清末新政。后者是为挽救封建统治、修补国家机器而实行的体制内改革,不但覆盖戊戌变法时期所提出的变革范围,而且还引进西方国家的新型制度因素,推行立宪及行政机构在内的政治制度改革。从总体上看,清末新政在改革力度、深度和时间进程上大大超出戊戌变法,在中国现代化进程中迈出了重要一步,对于加快民族资本主义发展、提升现代教育事业、促进国防军队建设以及推进国家体制转型具有积极作用,同时客观上加速了清王朝的覆灭。

第三种是暴力路径。在上述两种自上而下的体制内变革难以取得彻底成功,积累的社会矛盾不能通过制度的和平变革和协商来解决时,最终便出现以农民起义、异族入侵等暴力方式来完成和解决制度变革的客观要求,从而在新的历史起点上促成模式与制度的暂时统一。

[专栏2-6]　　　　　农民战争与王朝更迭

从农民战争与封建王朝的延续来看,中国历史循环大体存在如下特点:第一,分裂割据由兼并战争获得统一(分久必合);第二,兼并王朝很快发生"社会起义"进而建立大一统的长寿王朝;第三,长寿王朝后期发生"贫民起义"导致分裂割据(合久必分)。

例如,西汉、东汉、唐、明、清这五个延续了两百多年的"长寿王朝",都是在农民大起义之后建立,同时在长寿王朝后期往往暴发"贫民起义"。与"长寿王朝"不同,由兼并战争或内部篡位建立的王朝如秦、新莽、隋、元等,都属于"短命王朝"(其中秦15年、新莽10年、隋38年而亡,元朝虽然延续了90年,但比起长寿王朝却要短得多),其后期往往爆发"社会起义"。

概括起来看,上述三种制度变革路径,实际上成为当传统社会模式与制度不能有机融合时而形成的传统解决方式。当然,这三种变革路径,对于中国传统社会模式缓慢转型的影响和作用显然是有所区别的,前两种大多从制度层面引发传统模式的改进与提升,后一种虽然有可能为新王朝诞生扫平基础,但其社会代价巨大,导致一定程度和一定时段的倒退。

【早慧型制度体系的创立与完善,为传统社会搭建起快速起步通道和高位运行平台】对传统社会整体而非单个王朝的观察可以发现,在经过先秦时期的长期发育成长之后,中国传统社会自秦汉时期以来,包括政治、经济、社会和文化在内的制度框架体系迅速达到较为系统且相对成熟的程度,形成明显高于同期其他国家的早慧型制度结构,从而为传统社会发展搭建起快速起步的通道。与此同时,随着这套早慧型制度体系在随后的王朝更替过程中不断重复、创新和

自秦汉以来,中国包括政治、经济、社会和文化在内的制度框架体系已达到比较成熟的程度,形成一种早慧型的制度结构,到唐宋时期已相对完善,一直保持世界领先水平。※

完善,于是中国传统社会形成长期高位运行的发展趋势,政治经济社会文化等领域在相当长的时间内保持世界领先水平。

大致来说,中国传统制度体系形成并初步成熟于秦汉时期,到唐宋之际达到相对完善的高度。一方面,在秦汉之际,不但秦王朝一开始就在政治上建立起以皇权为中心的中央集权制度,通过郡县制建立从地方到中央的国家行政管理机构,并在改造先秦时期的宗法制后将其与皇权专制相结合而形成"家国一体"的国家治理模式,而且在经济上以家庭式自给自足小农经济、国家垄断型官僚经济为主要形式的经济制度,再加上汉代在承袭秦制基础上增加以独尊儒术为标志的传统价值体系构建,可以说在秦汉之际中国传统社会从一开始便建立起高度早熟的制度体系,从而为中国传统社会提供了快速起飞通道。另一方面,在秦汉早慧型制度框架基础上,随后经过以隋唐创设科举制度、监察制度和完善中央政权机构等为代表的制度创新和完善(参见专栏2-7),原本高度早熟的传统制度体系更趋成熟,从而使得中国传统社会模式与制度之间形成高度适应的超稳定组合,支撑了中国在漫长历史时期创造高度繁荣的文明成就,并确保中国能够在较高起点上保持长期领先于欧洲等其他国家的超前发展。

[专栏2-7]　秦汉—隋唐时期的政治制度创新

秦始皇建立起大一统封建集权国家之后,主要进行了两项政治制度创新。一是创建皇帝制度,使之成为中国封建社会最基本的政治制度。二是建立起以皇权为中心的中央集权国家,既有以三公九卿为主体的中央官僚机构,又有覆盖全国的郡县制地方行政机构。

两汉时期总体上沿袭秦朝政治制度,但也不乏对政治制度的创新。一是完善官僚体制,如对作为中央官僚机构的"九卿"按专业化方向发展,设置针对中央和地方官僚机构的监察系统。二是在原有外朝之外设立中朝(尚书台),皇帝权力更为集中,此后中、外朝之分成为后来历代君王官制改革的基本思路和基本做法。
三是汉武帝采纳董仲舒"罢黜百家,独尊儒术"的建议,以儒家思
想作为治国的指导思想,形成全社会在思想上对封建等级秩序的
认同。

隋唐时期对传统政治制度的创新主要包括:一是从隋开始确
立以三省六部作为政务管理、另设九寺五监承担事务管理的中央
政权机构。这一制度经唐宋进一步完善后,成为此后中国封建社
会中央政府的基本政治结构。二是形成以御史监察为主要形式、
专职监察与流动监察相结合、权力相互制衡的监察体制。三是变
革过去重血缘、重门第的选官制,创立开科取士的科举制,从此科
举制成为封建社会主要的选官制。

具体而言,传统制度体系对社会发展演进所产生的上述两大作
用,主要是通过举国体制与思想文化认同等途径来实现的。汉代的
《盐铁论》,在论述国家为什么要垄断关键商业活动时,其所举理由
都主要与国家动员有关,主要包括国防军事、应对危机、基础设施建
设和"平准市场",这表明当时已经具有这种"举国体制"的观念,并
且已经在事实上实行了举国体制。一般来说,中国传统社会时期出
现的举国体制,是在皇权专制、家国同构治理、宗法社会以及思想文
化认同等制度环境下形成的,通过国家行政强力、迅速组织和动员全
社会资源,举全国之力进行大规模项目建设(如兴建大型水利设
施),从事大型对外交往活动(如开辟丝绸之路、开展大型航海活动、
维护国家安全),开展大规模经济活动。在举国体制之下,通常能够
弥补自然经济条件下小农经济的不足,有助于满足社会对公共设施
和某些公共产品的需求,因此这种模式往往能够取得一定成效。此
外,举国体制通过对资源的垄断和对经济活动的控制,还能够带来不
同程度的"平均分配"效果,有助于国土开发和建设,减少贫富悬殊
和不稳定因素,增进社会福利均等化等。当然,依赖于专制基础和家
国治理模式的举国体制也存在着众多不足,这一点在讨论传统制度
的阻碍作用时再作分析。

汉代的《盐铁论》已
有了"举国体制"的观
念,并开始实施举国体
制。※

中国传统制度体系对
社会发展的推动作用
主要是通过举国体制
与思想文化认同等途
径来实现的。※

三、传统制度与中国社会进程的长期停滞

对传统社会的发展模式来说,传统制度的作用不但表现为对社会上升阶段的支撑与促进,而且还表现为对下降阶段的阻碍与制约。换言之,如果说王朝兴盛与传统社会长期领先发展背后体现出制度性支撑保障,那么在王朝衰亡与传统社会长期停滞背后则存在着制度性瓶颈制约。不论是短命王朝,还是较长王朝的衰亡破败阶段,尽管其应对历史事件所采取的政策举措各不相同,但都体现出制度因素对王朝衰败的瓶颈性制约作用。传统制度的这种阻碍效应,主要表现为王朝的萧条与衰退,以及传统社会时期的长期停滞与衰败。一直到近代以来,在面临外国列强的经济军事侵略和政治文化的双重冲击之后,中国传统社会模式与制度的超稳定组合才逐渐被迫解体,中国传统社会开始艰难的现代转型,不断重新寻找适应世界发展形势的新型模式与相应制度。

传统制度对社会发展及王朝兴盛的阻碍效应,可以用传统制度体系的双重性来展开分析。正如钱穆在《中国历代政治得失》的前言所说①,"任何一个制度,决不会绝对有利而无弊,也不会绝对有弊而无利","我们讨论一项制度,固然应该重视其时代性,同时又该重视其地域性。推扩而言,我们该重视其国别性。在这一国家,这一地区,该项制度获得成立而推行有利,但在另一国家与另一地区,则未必尽然。"大体而言,传统制度的二重性表现在制度功能、制度运行环境(如制度与潜规则并行)、制度执行以及制度实施效果等多个方面。正是在这些方面的共同影响下,传统制度对社会发展及王朝演进产生阻碍作用。下面从几个不同方面举例加以说明。

【皇权专制的缺陷与举国体制的弊病】中国传统专制制度存在自身难以克服的缺陷和弊病。在政治上,大一统的中央集权把主要权力集中于皇帝一人之手,与此同时这种家国同构治理模式下却缺乏监督制衡的权力。这样一来,皇权专制不但导致决策机制失灵,而

钱穆在《中国历代政治得失》的前言中说,"任何一个制度,决不会绝对有利而无弊,也不会绝对有弊而无利","我们讨论一项制度,固然应该重视其时代性,同时又该重视其地域性。推扩而言,我们该重视其国别性。在这一国家,这一地区,该项制度获得成立而推行有利,但在另一国家与另一地区,则未必尽然。"※

---

① 钱穆:《中国历代政治得失》,生活·读书·新知三联书店2001年版,第5、7页。

且还经常放大个人利益的冲突以及对社会整体利益的偏离,最终导致控制目标不断偏离直至整个帝国和社会生活的崩溃。中国传统社会经常出现的皇朝治乱周期,正是这种皇权专制缺陷在政治上的生动表现(参见专栏2-8)。在经济上,重本抑商导致政府对资源的垄断和对经济活动的控制,与民争利,阻碍了民间工商业的独立发展,限制了市场经济的发育。

[专栏2-8]　　　中国历史上的治乱周期

在中国历史周期循环过程中,历代皇朝存在明显的治乱兴亡周期现象。各封建王朝不论是"其兴也勃焉",还是"其亡也忽焉",治久生乱,乱久有治,尤其是在王朝成立之初的几十年内,其治乱变化对王朝兴衰走向具有决定性影响作用,既可以是朝代兴亡的转化,也可以是兴衰的转化,决定着王朝"兴勃"或"亡忽"的发展走向。这就是历史学家们所关注的王朝治乱"周期率"。

从中国古代的短命朝代看,三国时期60年,北魏45年,西晋50年,南北朝宋齐梁陈四国,两个不超60年,两个30年左右,隋朝37年,五代53年,要么不超过60年,要么30年左右。从中国超过百年的长命朝代看,大多为30年、60年、90年的倍数。从这个角度来看,"三十年河东、三十年河西",成为决定封建王朝治乱兴衰交替的重要时间节点。

历史治乱周期是人们普遍关心的问题,任何执政党都要遇到并加以有效解决。毛泽东和黄炎培曾就这个问题进行过著名对话。1945年7月,黄炎培在访问延安与毛泽东交谈时提出,中国历史上的封建王朝都未能逃脱"其兴也勃焉,其亡也忽焉"这一历史周期律的支配,希望中共能找出一条新路来跳出这个周期律。毛泽东回答说已找到了,新路就是民主,让人民来监督政府,政府才不敢松懈,人人起来负责,才不会人亡政息。对此,黄炎培深表赞同。

据薄一波《若干重大决策与事件的回顾》上册第157页所述,1949年解放军接管北平时,傅作义也提出类似的问题。傅作义认

为,国民党执政 20 年就腐化了,结果被人民打倒,共产党执政后,
30 年、40 年后会不会也腐化?

中国传统社会的举国
体制本质上是通过国
家暴力强行控制社会
经济、政治等各个领
域。※

举国体制下的郑和远
航,一方面率先揭开了
世界大航海的时代序
幕,取得了不少重大历
史功绩;另一方面又对
民间航海活动产生挤
出效应,最终陷入长期
封闭自守的轨道而错
失开放先机。这一结
果,充分反映出举国体
制的双重性。※

中国传统社会的举国体制本质上是通过国家暴力强行控制社会
经济、政治等各个领域,从控制论的角度看,这正是一种极不稳定的、
不断放大控制目标的偏离甚至导致控制目标系统崩溃的正反馈控制
机制。由此不但形成举国体制的缺陷,同时也暴露出专制制度难以
克服的弊病。主要表现为①:一是决策机制的失灵,由于独断的自上
而下的决策在执行过程中的层层加码的放大而偏离决策者的初始目
标,造成决策的失误或失败。二是自上而下或自下而上的信息传递
的层层放大或层层缩小使信息不同程度的耗损和失真,从而误导决
策者。三是专制制度忽视人们的利益差别,以外在的伦理道德灌输
和暴力胁迫进行强控制,其结果不断放大个人利益的冲突以及对社
会整体利益的偏离,不断扩大失控空间以致陷入不能回归稳定的恶
性循环,最后演变为以暴易暴,彻底偏离控制目标直至整个帝国和社
会生活的崩溃。

郑和下西洋可以清晰地反映这种举国体制的双重性②。毫无疑
问,作为中央王权组织的官方出使海外活动的承担者,从事远洋航海
的郑和船队实际上是一支庞大的皇家舰队和海外远征军,其组织实
施只能采取举国体制,举全国之力来具体经办。从历史角度来看,这
种举国体制实际上存在双重效应。一方面,与世界大航海时代西方
各国的航海探险活动相比,郑和航海率先揭开了世界大航海的时代
序幕并站上相对制高点,不论在航海时间上还是在规模大小、航行组
织及航线距离等方面,都取得了巨大历史功绩。同时在重新确立海
外册封制度、恢复洪武初年诸蕃朝贡盛况、满足封建帝王"君主天

① 引自袁绪程《中国传统社会制度研究》,http://economy.guoxue.com/article.
php/1903。
② 参见陈锦华等著《开放与国家盛衰》,人民出版社 2010 年版,第 179—180
页。

下"、"御临万方"的虚荣心、解决安南的归顺以及确保南洋海道畅通等方面,也产生了正面影响。另一方面,郑和下西洋成为耗费大量国家财富的王朝盛世装扮行动,这种以举国体制进行的远洋航海活动,在中央集权稳固、国家财力足以承受之际,当然完全有可能尽力组织和不断展开,甚至还可能因不计成本的举国之力而显现出某种效率。但一旦出现国家财政无力承担或中央集权削弱,耗费国库巨大而无实际商业收益的航海活动便难以为继,最终只能随支持者去世、国家财政下降而宣告终止。同时,考虑到明朝初年严格执行的海禁政策,在举国体制下进行的郑和航海,实际上对民间航海活动产生"挤出"效应,不但严格打压和限制了宋元时期那种繁忙兴旺的民间海外贸易,而且还导致明朝在面临全球统一化发展历史机遇时,未能通过率先开始的郑和远航而把中国经济带入新的全球化发展阶段,反而在郑和远洋航海停止后长期陷入封闭自守的轨道而失去开放的先机。

【重农抑商的双重效果】自商鞅变法提出"重农抑商"、"重本抑末"思想,实施重视农业和限制打击工商业的政策之后,历代封建王朝大体沿用承袭了这种经济思想和政策。就其目的而言,当然在于保护农业生产和小农经济,确保赋役的征派和地租的征收,从根本上说则是维护专制主义国家政权的经济基础,安定人心,巩固封建统治。从实施条件来看,由于中国古代社会的经济基础是自给自足的自然经济,农业又是古代最具决定性的生产部门,直接关系国家兴衰和人民生计,在此基础上推行重农抑商政策,自然成为自给自足的自然经济的必然产物。在政策措施上,一方面强调重农,注意奖励农耕,劝课农桑,同时配合实施轻徭薄赋、奖励垦荒以及兴修水利等组合性政策举措。另一方面突出抑商,如实行专卖制度以限制民营商业范围,不断加征商税以限制民营商业发展,组建庞大的官营手工业以压制民营手工业的发展,从身份上贬低、歧视商人的社会地位,禁止民间对外贸易等等。

与举国体制相类似,传统社会所推行的重农抑商也存在双重政策效应。虽然在上升阶段发挥了积极作用,但在进入停滞阶段后则加剧了中国传统社会从领先世界到停滞乃至滞后时代潮流的下沉过程。※

对于传统社会实施重农抑商的政策效果,可以从两个方面和两个时期来分析。一方面,在传统社会上升时期,重农抑商不但在经济上有利于稳定农业人口,推动农业生产及与之相伴的手工业活动持续发展,这就使得建立在农业和手工业之上的自然经济得以保持长期增长趋势,从而有助于巩固和强化传统社会的自然经济基础;而且在政治上达到了安定人心和对农民的有效控制,从而在一定程度上对于保障国家安全、维护封建国家政治稳定发挥了积极作用。另一方面,在传统社会进入长期停滞时期之后,重农抑商对工商业发展的阻碍作用日益显现,因而在强化农业和手工业、确保自然经济迟迟难以瓦解的同时,政府一系列对资源的垄断和对经济活动的控制的政策,阻碍了民间工商业的独立发展,限制了市场经济的发育,使得以新经济增长因素和资本主义萌芽一直难以在传统社会中顺利成长壮大。其结果势必导致传统社会始终未能依靠自身力量完成从传统社会向工业社会的转型,始终未能实现从自然经济向资本主义经济的过渡,这就在一定程度上加剧了中国传统社会从领先世界到停滞发展再到滞后时代潮流的下沉过程,最终到 19 世纪中叶走入落后挨打、任人欺凌的困境。

【传统文化与转型困境】从总体上看,一方面中国传统文化博大精深,分为多个层次、多个流派,如儒家文化、法家文化、道家文化、墨家文化和佛教文化等,内容十分丰富。大致来看可以把这些传统文化分为三个层次:一是与特定社会制度紧密相连并为之辩护的文化,即意识形态文化;二是与特定生产方式相连并构成不同民族的生产方式与交往方式的文化(这里所用的生产方式是专指人对自然的生产方式,不涉及生产过程中人与人的关系);三是与特定民族生活方式相连并构成不同民族的生活方式与独特精神追求的文化。这些文化共同组成一个民族的传统文化,并影响着该民族的思维方式、价值观念与精神追求。另一方面,与中国传统发展模式和制度环境相得益彰的传统文化同时又有所不足,特别是缺乏新知识的冲击与补充,尤其无法接纳与新制度相联系的有关科技、法律、商业和人文方面的知识。这就使得中国几千年积累的知识存量不足以单独发动对中国传统制度的创新,因而也就无力成为有别于传统社会模式和传统制度的新模式、新制度的思想源头。

中国传统文化虽然博大精深,但很难内生性地创造近现代科技、法律、商业和人文方面的新知识、新技术和新制度。其知识存量不足以单独发动对中国传统制度的创新,更无能力成为社会发展新模式、新制度的思想源头。※

［专栏2-9］　陈寅恪对中国传统文化的论述①

中国文化可分为制度层面和非制度层面。"自晋至今,言中国之思想,可以儒释道三教代表之……故两千年来华夏民族所受儒家学说之影响最深最巨者,实在制度法律公私生活之方面;而关于学说思想之方面,或转有不如佛道两教者。"

以儒学三纲六纪为代表的中国文化已经具体化为社会制度。"吾中国文化之定义,具于《白虎通》三纲六纪之说,其意义为抽象理想最高之境……其所依托以表现者,实为有形之社会制度,而经济制度尤其最要者。"

中国文化即使吸收外来文化也坚持固有框架,在吸收改造外来学说融为一家之说后,即显现排外的本质。"是以佛教学说能于吾国思想史上发生久长之影响者,皆经国人吸收改造之过程。其忠实输入不改本来面目者,若玄奘唯识之学,而卒归于消沉歇绝。"而吸收外来思想经过改造后存活下来的思想,"则坚持夷夏之论,以排斥外来之教义。"

中国的制度文化已经不可救疗。"故所依托者不变易,则依托者亦得因以保存。自道光之季,迄乎今日,社会经济之制度,以外族之侵迫,致剧疾之变迁,纲纪之说,无所凭依,不待外来学说之掊击,而已消沉沦丧于不知觉之间,虽有人焉,强聒而力持,亦终归于不可救疗之局。"

因此,这就需要在对传统文化批判继承的基础上进行综合创新,从而真正实现在社会结构、制度、思想、观念乃至人的本身等诸多方面由传统社会转型到现代社会。一方面坚持洋为中用,既要接受先进的外国文化素质,又要拒斥外来文化的糟粕性文化素质;另一方面坚持古为今用,既要保留优秀的传统文化素质(如民族认同观念、爱

① 转引自袁伟时《中西文化论争终结的内涵和意义》,http://www.aisixiang.com/data/5834.html。

国主义意识、价值观念的优秀成分、制度中的借鉴部分等），又要扬弃过时的传统文化素质（如专制政治和官本位、保守主义、平均主义、重农轻商意识、重人治轻法治思想等）。

【科举制度的双重效应】从中国传统社会的整体发展来观察，隋唐时期形成、成熟起来的科举制度，同样呈现出在前后时间段上效果有别的现象。一方面，在中国传统社会开创形成的科举制度，不但在人类制度史上首创文官体制，从而在世界文明史上产生了广泛影响；而且通过面向社会公开考试的方式选拔读书人进入仕途，还为封建王朝选拔产生了大批官僚机构成员，造就了大批优秀的文化人才；同时还形成将儒家思想全面推进到社会各层面的社会机制，使其成为中国传统文化的精神核心。

科举制曾经是中国传统社会产生的先进选官制度，既为社会发展发挥了重要贡献，但同时也隐含着制约力与局限性。当近代欧美国家纷纷效仿这一制度时，中国有识之士却在为废除这一做法而奔走努力。※

另一方面，科举制也对中国传统文化产生一定的制约与局限，尤其是越到后期这种局限性越强，明清时期日益僵化的科举制已经成为文化发展的桎梏。随着科举为一般读书人开辟了读书、应试、做官的道路，其结果不仅耗费了大量时间沉溺其中，同时也限制了知识阶层的眼界，特别是跟社会民生紧密相关的艺术与科技门类的知识文化遭冷遇，艺术思维与科学思维的薄弱造成民族文化长期停留在经验与实用的层面之上，民族文化缺乏健康发展的动力与活力。与此同时，科举制成为维护极端专制王权的重要工具，不但通过科举考试选拔而来的大小官僚因其地位与权力来自皇上的恩赐而更加依附于皇权，而且封建皇帝也利用科举来强化君王绝对权力和裁抑贵族势力，注重对知识阶层的思想控制，在极端专制的明清时代表现得尤为明显。

总之，科举制在中国古代曾经是一先进的选官制度，它为中国文官体制的建立与维持作出了重要贡献，科举考试的平等原则扩大了政权的社会基础，从而保证了统一帝国的长期稳定。同时科举制从其诞生之日起，就是为专制王权服务的制度，科举制的发展过程，即是人才选拔权力向帝王手中集中的过程。知识阶层在科举制的牢笼之下，缺乏主体意识与创造性思维。明清之后，在专制王权的高压下，科举制已蜕变为扼杀人才的工具。因此，当近代欧美国家纷纷颂扬、仿效中国文官制度的时候,中国的有识之士却在为废除科举制度而奔走努力。清末新政时期,清廷于 1905 年 9 月宣布停止科举考试,在中国历史上前后延续了 1300 多年的科举制度至此结束。

第三节　近代以来重构发展模式与制度体系的探索

自西方列强通过鸦片战争入侵而导致中国出现三千年未有之变局以来,中国传统社会模式与制度之间高度相适而形成的"超稳定组合"不断受到挑战、冲击直至最终被迫解体。与此同时,一代又一代仁人志士分别从改良主义、保守主义、激进主义、理想主义和自由主义立场,相继掀起洋务运动、戊戌变法、辛亥革命、"五四"运动等一系列运动,对中国发展道路、发展模式进行了不同选择和多方探索,从而开启了重建中国发展模式及其相应制度框架体系的历史序幕。

中国传统发展模式与制度的"超稳定组合"解体后,在中国传统文化与西方先进文化之间寻求合理组合,便自然成为重建中国模式与制度新型结构的总体取向。※

由于中国传统模式与制度的超稳定结构终止于西方列强的入侵冲击,因此在中国传统文化与西方先进文化之间寻求合理组合,便自然成为重建中国模式与制度新型结构的总体取向。正是在这一总体取向上,知识精英与开明官员对于学习西方存在着器物、制度与思想文化等认识差异与取向,因而对于中国命运、发展方向与实现路径出现不同选择,由此形成洋务运动、戊戌变法与清末新政、五四新文化运动等不同实践与探索。

从总体上看,这些在三千年未有之变局下对中国模式及制度重建的探索和尝试,都发挥了程度不同的积极作用,但却都未能合理解决学习西方与扬弃传统的相互关系,因而没有能够真正完成重建中国发展模式与制度的历史重任。相比之下,中国共产党人在九十多年的革命和实践中,历经曲折,使马列主义与中国实际相结合,推行马克思主义本土化,建立和完善中国特色社会主义理论,正确回答了模式与制度问题,选择了特定的中国模式和中国制度,并最终走向了成功。

一、"中学为体,西学为用"的探索与失败

【三千年未有之大变局对传统社会与制度超稳定组合的冲击与解构】从 19 世纪中叶开始,当经过科学革命、工业革命和资产阶级革命之后的西方列强大规模、持续性地入侵中国,中华民族文化传统和固有社会结构遇到前所未有的挑战,已经延续几千年的中国传统发展模式和制度体系已经开始感受到很难继续在原有轨道上维持下去。

随着外国列强通过军事上侵略干涉、政治上操纵控制、经济上大肆掠夺、文化上逐步渗透等多种方式,推动古老大国一步一步沦为半殖民地半封建社会,迫使东方文明古国不得不面临西方文明的全新挑战,越来越多的有识之士纷纷提出中国进入历史大变局的观点。担任直隶总督、北洋大臣的李鸿章提出:"合地球东西男溯九万里之遥,胥聚于中国,此三千余年一大变局也。"又说:"今则东南海疆万余里,各国通商传教,往来自如,麇集京师及各省腹地,阳托和好之名,阴怀吞噬之计,一国生事,诸国构煽,实为数千年来未有之变局。"

概括起来说,19 世纪中期以来中国政治、经济、社会、思想文化等各个领域所形成的三千年未有之大变局,主要表现在以下几个方面[①]:随着大量政治、经济和文化等方面主权丧失而成为世界殖民体系的组成部分,由此出现给中国社会带来巨大灾难的被动挨打局面,当然也迫使中国从封闭自守转入屈辱被动的开放状态,并在被动开放进程中使得原有的政治制度、经济形态、社会形态和传统文化逐渐产生和增加资本主义因素,由此出现在一定程度上代表中国时代前进发展的特征和趋势。具体来看,国家形态从传统封建国家逐渐沦落为半殖民地半封建社会,从独立自主的世界大国沦落为屡战屡败、任人宰割的东方弱国,国际地位急剧下降;经济结构由传统自然经济为主转变为半封建与半资本主义并存,经济结构逐渐多元化;国际关

---

① 陈锦华等:《开放与国家盛衰》,人民出版社 2010 年版,第 264 页。

系方面则被迫从原来闭关自守逐步走向世界,由夷夏之防逐步转变为中外平等交往,国防观念也从重陆轻海到海陆并举;思想文化则由"天朝上国"和"世界中心"转变为向西方学习,传统文化逐步向早期现代化转型。此外,在社会结构上,西方资本主义的扩张客观上导致中国社会微观结构发生变化,引发了近代以来一系列的社会变革,从而使得中国历史开始摆脱王朝盛衰兴亡和国家分合交替的周期循环,被迫从传统社会向现代社会艰难转型。

伴随中国进入三千年未有之大变局时代,已经世代沿袭两千多年并发挥出治理效应的传统社会与制度之间的超稳定结构面临从未有过的冲击和挑战。为了救亡图存和民族复兴,一代又一代有识之士提出多种社会发展模式与国家制度的观点与命题,特别是通过以洋务运动、戊戌变法与清末政治变革、五四运动、辛亥革命等为代表,先后进行了多路径实践与多样本探索。由于种种原因,这些探索和实践最后都先后被历史所淘汰,并未能够重构起适应世界发展趋势与国情的新型模式与制度。但有必要指出的是,这些探索实践对传统中国社会发展模式与制度的解构以及对两者新型结构的建构都是十分有益的,为中国共产党构建起当代中国模式与中国制度的新型结构提供了历史借鉴。

1921年中国共产党成立以来,在新民主主义革命、社会主义建设特别是改革开放时期成功推动马克思主义中国化,从而完成了中国传统社会发展模式与制度结构的重建,最终探索形成了当代中国发展模式与中国制度的新型结构,为国家富强和民族复兴找到了行之有效并不断完善的成功道路。

【"中体西用"成为时代思潮】自西学东渐以来,中华知识阶层与统治精英逐渐睁眼看世界,开始了学习西方之路。19世纪中叶之后,随着西方列强入侵之势不断加深,为着师夷长技以制夷,在器物层面上学习西方的进程猛然提速,其中形成于洋务运动初期的"中学为体,西学为用"思想,在经过张之洞系统总结和提炼之后成为时代思潮,不但事实上成为洋务运动与早期改良派探索救亡图存、强国富民之路的纲领性口号,而且这种实质体现为"以中国伦常名教为

为了救亡图存和中华民族复兴,一代又一代的有识之士提出多种社会发展模式与国家制度的观点与命题,先后进行了多路径实践与多样本探索,这些探索和实践因有违国情而被历史淘汰,但为中国共产党构建起当代中国模式与中国制度的新型结构提供了历史借鉴。※

原本,辅以诸国富强之术"的"中体西用"思想,还成为近代以来在学习西方与扬弃传统基础上重组模式与制度新型结构的首个重要理论,并对其后中国思想文化与社会发展演进产生了深远影响。

早在洋务运动初期,冯桂芬于1861年在《校邠庐抗议·采西学义》中提出,"以中国之伦常名教为原本,辅以诸国富强之术",虽然没有正式用"体"、"用"概念来区分中学与西学,但其实质主张却已显而易见。1892年,郑观应在《盛世危言·礼政·西学》中提出,"中学其本也,西学其末也。主以中学,辅以西学"。1895年4月,时值中日甲午战争结束,中华帝国败于蕞尔小国日本,朝野无不为之震惊,国人纷纷献计献策,提出应变方针。时任《万国公报》主笔兼上海中西书院总教习的沈寿康发表《匡时策》一文,提出"夫中西学问,本自互有得失。为华人计,宜以中学为体,西学为用"的救国主张,首次正式提出"中学为体,西学为用"。随后,这一说法得到广泛响应和推广,如1896年8月官书局大臣孙家鼐在《议复开办京师大学堂折》中,提出"今中国京师创立大学堂,自应以中学为主,西学为辅;中学为体,西学为用;中学有未备者,以西学补之,中学其失传者,以西学还之。以中学包罗西学,不能以西学凌驾中学,此是立学宗旨"。两年后,张之洞在1898年刊发后来产生广泛影响的《劝学篇》,虽然采用"旧学为体,新学为用"提法,但实际上对"中体西用"观点进行了系统解释和论证。同时,他于同年5月5日就两湖、经心两书院改照学堂的奏折中,提出其宗旨应当"皆以中学为体,西学为用。既免迂陋无用之讥,亦杜离经叛道之弊"。光绪皇帝在1898年6月的"诏定国是"中,要求"以圣贤之学植其根本,博采西学之切时务者",从政治上肯定了这一时代呼声。

由此可见,自19世纪中后期洋务运动开始以来,不但洋务派在事实上实践着"中体西用"的理念,而且知识精英与开明官员逐渐接受并经常采用类似表达,到19世纪末期,"中体西学"已成为社会精英广泛认同的意见,逐渐成为中国人面对西方文化冲击和内部顽固守旧派而形成的较为系统成熟的时代思潮。诚如梁启超在《清代学术概论》中所说,"甲午丧师,举国震动。年少气盛之士,疾首扼腕言

"**中**学为体",就是维护中华帝国传统的经史之学、典章制度和伦理道德;"西学为用",就是从实用角度学习和引进包括西方教育、赋税、军事、法律等制度和科学技术在内的"教养富强之实政"。
※

'惟新变法'。而疆吏李鸿章、张之洞辈,亦稍稍和之。而其流行语,则有所谓'中学为体,西学为用'者,张之洞最乐道之,举国以为至言"。

按照张之洞的观点,所谓"中学为体",就是维护中华帝国传统的经史之学、典章制度和伦理道德,就是不能放弃和削弱中华文明的根基与基本国情,从根本上说,就是要维护传统封建统治的根本制度框架。例如,张之洞强调作为封建伦理道德核心的"三纲"的地位,他认为君为臣纲、父为子纲、夫为妻纲是"五伦之要,百行之源,相传数千年更无异议。圣人之所以为圣人,中国之所以为中国,实在于此",以此坚决反对西方资产阶级推崇民权和男女平等之说。至于"西学为用",就是承认西方列强"西政"(包括"学校、地理、度支、赋税、武备、律历、劝工、通商"等西方各类具体的制度和行政管理措施)和"西艺"("算、绘、矿、医、声、光、化、电"等西方各类科学技术)的实用性与有效性,主张把这些"西学"内容作为"教养富强之实政"加以学习、引进,反对守旧派一概将其贬斥为奇技淫巧、异端邪行。当然,张之洞提出引进西学的原则界限,就是"果其有益于中国,无损于圣教者",即不能触犯封建王朝的根本利益,不但诸如推崇自由、平等、博爱等"泰西哲学"必须坚决抵制,而且如维新派参照资产阶级政体、实行君主立宪制的主张也坚决不能接受。

【"中体西用"的探索与失败】"中体西用"思想的标志性探索和实践是以自强求富为目标的洋务运动①。19 世纪 60 年代以来,由中央实权派和地方实力派官员构成的有识之士,抓住内忧外患冲击之后出现的相对有利时机,在国防军事、社会经济及新式教育等领域,积极学习借鉴西方强国的做法,引进西方机器设备、重要项目和先进

---

① 虽然戊戌变法提出不少体制性变革内容,但从根本上说维新变法仍未触及中国传统制度和发展模式,因而在一定意义上说维新变法仍然没有脱离"中学为体,西学为用"的框架,同样体现出"中体西用"的特色。从这个角度来看,戊戌变法也可以称得上是"中体西用"下的探索与实践。此后,20 世纪 30 年代中国文化大争论中的"本位文化论",主张立足于中国文化传统推进现代化,被作为反方的"全盘西化"论者评价为"中体西用"的"最新化装"。

洋务运动是中国人在西方列强入侵条件下探索救亡图存和现代化发展的初步尝试,在国防军事、社会经济及新式教育等领域,积极学习借鉴西方强国的做法,引进西方机器设备、重要项目和先进理念,为中国早期工业化奠定了一定基础。※

理念,开启了在外国列强入侵条件下探索救亡图存和现代化发展的有益尝试,为中国早期工业化奠定了一定基础,从而奏响了近代以来中国现代化第一乐章的四部曲。

[专栏 2-10]

洋务运动奏响中国近代发展第一乐章的四部曲

一是启动外交改良,先后设立总理衙门、通商大臣(包括北洋大臣和南洋大臣),专事办理外交事务并主持开展新式学堂、西洋科技、工业和交通等现代化项目,不但改变了中国传统社会只有藩务(封贡)、商务(海关及行商)而无负责外交事务专门机构的状况,而且开始有意识地尝试利用所掌握的国际法知识在西方列强之间周旋,以期为国家自强营造相对有利的和平环境。

二是大力开展军事现代化,先后创办江南制造总局、金陵机器局等一大批军事工业,从国外引进较为先进的机器设备和技术,聘用外国技术人员,生产普通军火(如洋枪、洋炮)及机器设备、船只等,购买大吨位军舰组建北洋、南洋广东与福建等水师,开办水师学堂和武备学堂,定向培养海军人才和军事人才。

三是自 19 世纪 70 年代,从军事上的"自强"转向社会经济领域的"求富",重点关注轮船、铁路、开矿和电报等国家急需的时务问题,以官办、官督商办、官商合办等方式,先后开办了一批交通通讯设施(如汽车、火车、轮船、电报电话等)、轻工业(如纺织、面粉、造纸、火柴等)和重工业项目(如采矿业、炼铁炼钢等),由此开启了中国早期工业化进程。

四是积极兴办教育文化事业,在创办同文馆的基础上,先后兴办百余所专门学校、技术学校等新式学堂,开设一大批新式课程,教学内容从传统四书五经改为自然科学和社会科学知识,同时翻译出版数理化、文史经济等西方最新学术成果,并陆续派遣大批学生出国留学,从而奠定了中国现代教育的基础,培养了包括容闳、詹天佑等在内的大批人才,为中国的现代化作出了贡献。

综合起来看,洋务运动在引进先进科学技术和先进生产力、在社

会各领域推进现代化运动、在文化观念意识上冲击传统封建价值
观念等方面取得积极成效,正是从洋务运动开始,传统而古老的
中国终于从"中体西用"指导下的洋务运动开始,向现代化迈出了
最初的脚步,开始了对新型社会发展与制度结构的探索步伐。

——引自陈锦华等著《开放与国家盛衰》

　　如果说洋务运动以上述四部曲奏响了中国早期现代化的第一乐
章,在推动国家工业化现代化方面迈出了第一步并取得了重要成就,
那么在国家自强方面则经历了一场预考及两次考试,最终以军事上
的失败标志着洋务运动失败。在由俄国 1871 年入侵伊犁而引发的
新疆问题预考中,先是早期洋务派大将左宗棠以军事手段于 1877 年
顺利收复除伊犁以外的新疆,接着是曾纪泽以务实灵活的外交手段
迫使俄国于 1881 年签订条约,从而取得收复伊犁的外交成功,左、曾
两人在这一次预考中得以用令人满意的成绩通过考试,巩固和维护
了国家和民族的统一。但在接下来的中法战争、中日甲午战争两场
真正考试中,前一战的失利表明,作为洋务自强运动重要成果的海军
力量,在西方老牌强国面前毫无还手之力,从此说明已推进 20 多年
的洋务运动,远未能够令国家实力强大到足以抵御西方列强的程度;
后一战完败于几乎同时开始现代化的日本,不但由洋务派精心打造
的北洋水师全军覆灭,而且在陆军方面拥有巨大人数优势的清军也
土崩瓦解,国家主权和各项权益经战后所签订的《马关条约》进一步
丧失,随后出现的列强割地狂潮更是把中国进一步推进半殖民地
深渊。

　　中法战争与中日甲午战争的相继失利,不但表明洋务运动最终
陷于失败,而且同时也宣告了这一时期"中学为体,西学为用"思潮
的破产。导致中国在甲午战争失败固然存在多种多样的主客观原
因,但从中日两国大致同步开始现代化的角度来观察,尽管战前清朝
已推进洋务自强运动,但社会发展仍沿袭传统模式,制度框架并未发
展变化;而日本在经过明治维新之后,在"富国强兵"、"殖产兴业"和

洋务运动的四部曲标
志着中国近代化发展
可喜地迈出了第一步,
但随着在军事上的一
场预考及两次考试却
先后败北,结果最终陷
于失败,同时也宣告
"中体西用"思潮破
产。※

"文明开化"等指导下,虽然在政治、经济和意识形态等各方面仍然保留着封建残余,但现代化进程明显增强,社会发展模式与制度构建已从传统国家转变为现代国家。从表 2-4 中日两国经济发展水平及其与世界平均水平的对比可以看到,日本自明治维新以来不论是GDP 还是人均 GDP 增速,均完成对世界平均增速的追赶,进而实现从落后国家向现代强国的转型和提升。相对于日本明治维新前后的明显提升和成功转型而言,同期中国显著低于世界平均水平,所占世界比重则从 1820 年的 32.9% 降为 1870 年的 17.2% 和 1913 年的8.9%[①],表明洋务运动及清末新政确实只能视为失败。

表 2-4 1820—1913 年中、日与世界部分经济指标比较[②]

		GDP(1990 年国际元)			年均复合增长率(%)	
		总额(百万)	占世界比(%)	人均GDP	GDP	人均 GDP
世界	1820 年	694442	100	667	0.93 (1820—1870 年)	0.53 (1820—1870 年)
	1870 年	1101369	100	867	—	—
	1913 年	2704782	100	1510	2.11 (1870—1913 年)	1.30 (1870—1913 年)
日本	1820 年	20739	3.0	669	0.41 (1820—1870 年)	0.19 (1820—1870 年)
	1870 年	25393	2.3	737	—	—
	1913 年	71653	2.6	1387	2.44 (1870—1913 年)	1.48 (1870—1913 年)
中国	1820 年	228600	32.9	600	-0.37 (1820—1870 年)	-0.25 (1820—1870 年)
	1870 年	189740	17.2	530	—	—
	1913 年	241344	8.9	552	0.56 (1870—1913 年)	0.10 (1870—1913 年)

---

① 引自陈锦华等著《开放与国家盛衰》,人民出版社 2010 年版,第 309 页。
② 根据[英]安格斯·麦迪森《世界经济千年史》附录数据整理。

进一步来看,甲午战争通过中国的失败和日本的胜利两个不同结局,实际上还更为客观地宣告"中体西用"探索的失败。由于以"中体西用"为指导的洋务自强运动固守中国传统文化本位,并未尝试从制度创新角度建立保障现代化运行的政治体制与运行机制,再加上洋务派成员对西方科学技术的认识存在严重缺失,同时受到传统社会机制与制度对科学技术的阻碍,结果以中法战争特别是中日甲午战争为标志,洋务运动在实现自强目标上可以说收效甚微,将其称为失败或破产也未尝不可。这表明,以"中体西用"为导向的洋务运动不可能真正实现自强求富的目标,单纯重视引进现代化项目而忽视甚至没有看到在制度层面上进行突破,最终使得洋务自强运动归于失败。可以说,正是制度上的缺失与局限决定了洋务运动最终只能失败,同时也宣告"中体西用"的破产。

从方法论角度来看,"中体西用"思想把"体""用"对立起来,一方面突出强调在维护封建统治根本利益、坚持封建专制及伦理纲常的前提下,适当引进西方科学技术及某些社会管理制度措施,这就有助于解决学习西学、引进西方近代科学技术和制度措施的认同障碍,使其政策主张容易得到统治当局及社会政界和思想界多数人士的认同,从而利用西学之用,效仿西方国家在教育、赋税、军事、法律等方面的一些具体措施,解除外忧内患,实现国家自强,进而巩固中学之体。另一方面体用分离必然给实践操作带来误导,只注意到西方物质层面的先进而忽视制度层面、精神层面的先进,最终只能出现"中学之体"无法开出"西学之花"的结果。正如维新派思想家严复在批评张之洞所阐述的"中体西用"思想时所说,"中学有中学之体用,西学有西学之体用,分之则两立,合之则两止",只有"体用一致",才能真正取得实效,例如马和牛,有马之体则有马之用,有牛之体则有牛之用,一旦体用分离,马体如何能够结出牛用。同样,既要注意学习西方船坚炮利之"用",更要学习借鉴西方教育、政治体制等之"体",只有体用合一,才能真正发挥作用。否则,学习了船坚炮利之用而未推行其体,最终仍然不能达到预期目标。诚如中日甲午海战,尽管中国北洋水师的规模、装备水平并不亚于日本海军,但最后仍不免一败

中体西用将"体"与"用"对立起来,不能做到"体用一致",而"中学有中学之体用,西学有西学之体用,分之则两立,合之则两止",对于中国发展和制度建构来说,是一条错误的思想和政治路线。※

涂地。

从模式与制度的结构关系来说,"中体西用"思想强调,要坚持维护纲常名教为本的旧法律、坚持宽猛相济、刚柔结合,用量变而非质变的方法整顿旧法律。在此"中体"框架下,作为近代西方先进科技的"西学",只能为以孔孟之道为核心、维护三纲五常的儒家学说之"中体"服务;至于西方的君主立宪、民主共和、三权分立、天赋人权等制度框架,因为都与"中体"相违而必须予以摒弃。显然,"中体西用"这种基于抱残守缺立场的保守主义和改良主义思想,被历史证明并不适合中国的国情和发展实际。

应该说,无论是作为洋务运动指导思想的"中体西用",还是五四运动之后出现的"西体中用"或"全盘西化"思潮,都是人为地把中与西、体与用对立起来,只注意到其间的区别与相异,而忽略其间的共通与相融,因而在其指导下的探索与实践,最后都必然导致失败。从这个角度来看,中国共产党成立以来,正是经过不断探索找到了把中与西、体与用有机融合的道路,通过不断推动和实践马克思主义中国化,成功地把马克思主义与中国革命与建设有机结合起来,不但顺利完成中国特色社会主义革命,而且取得了中国特色社会主义建设的成功,开创出中国特色社会主义的伟大道路。

二、孙中山的治国理念

作为中国民主革命的先行者,孙中山既是一位伟大的政治家和革命家,先是高举彻底反封建旗帜,"起共和而终帝制",后来又为民主共和制进行了多次艰苦卓绝的奋争;同时又是一位伟大的思想家,运用中国人特有的思维方式,从最初崇拜西方文明,到后来结合中国国情吸收和引进西方国家的治国理念、注重中西融合去思考中国问题,创立了以"三民主义"为主干的民主革命思想体系,形成了内容丰富并不断发展的治国方略。

孙中山一生勤于学习、善于思考、不断探索实践,既注意立足于国情又注意把握判断世情,围绕建设一个什么样的国家和怎么样建设好这个国家两个方面,总结和创立了一系列充满理想主义色彩的

无论是作为洋务运动指导思想的"中体西用",还是五四运动之后出现的"西体中用"或"全盘西化"思潮,都是人为地把中与西、体与用对立起来,只注意到其间的区别与相异,而忽略其间的共通与相融,因而在其指导下的探索与实践,最后都必然导致失败。※

孙中山围绕建设一个什么样的国家和如何建设好这个国家两个方面,从谋略、方式和途径方面进行了一系列思考,总结和创立了一套充满理想主义色彩的治国理念。※

治国理念,形成了有关治理国家的谋略、方式和途径的一整套思考。正如他在 1923 年发表的《中国革命史》所说,"余之谋中国革命,其所持主义,有因袭吾国固有之思想者,有规抚欧洲之学说事迹者,有吾所独见而所创获者"。在民权方面,倡导"人民有权,政府有能",主张"权能区分"、"五权宪法"和"九权制衡";在民生方面,规划国家开发建设方案,倡导实业计划,主张平均地权,积极推动经济社会发展;在政治现代化建设上,提出渐进主义的军政、训政、宪政三阶段革命程序论,晚年关注以党救国、以党建国和以党治国的党国理论。虽然孙中山的民主共和理想与治国方略并没有能够真正成为现实,但他对中国发展模式和政治经济社会制度的不懈思考与积极探索,不仅在当时产生了巨大影响,如当时出现的"谈兴中国者,不可脱离孙逸仙三字"之说就是明证,而且也为当代中国模式与制度的形成和发展提供了有益经验。

[专栏 2-11]
孙中山的"三民主义"与林肯"民有民治民享"思想

　　孙中山提出的三民主义思想,既深受近代西方政治文明的影响,又与当时中国的现实国情直接相关,同时又随着革命形势变化和政治实践而不断地修正与发展。在中华民国成立后,孙中山便提出"建设一世界上最富强最快乐之国家,为民所有,为民所治,为民所享"。由此可见,由民族、民权和民生构成的三民主义,不但成为孙中山民主革命思想和治国理念的核心内容,而且还是孙中山建党立国民主革命实践的思想武器,并成为后来中华民国的理论基础。

　　在孙中山提出的三民主义中,民族主义要求中国民族解放,各民族平等,反对帝国主义的殖民政策;民权主义要求主权在民,建立法制国家,人民拥有政权,政府只拥有治权,实行立法、司法、行政、考试、监察五权分立;民生主义要求平均地权,耕者有其田,节制资本。

对于"三民主义"的来源,孙中山在多次演讲中均明确表明其源于美国总统林肯著名演说中的经典用语。1921 年 6 月,孙中山在《三民主义之具体办法》演讲中提到,"兄弟所主张的三民主义,实在是集合古今中外底学说,顺应世界底潮流,在政治上所得的一个结晶。这个结晶的意思,和美国大总统林肯所说底 of the people,by the people,and for the people 的话是相通的。这句话的中文意思,没有适当的译文,兄弟就把它译作'民有、民治、民享'。of the people 就是民有,by the people 就是民治,for the people 就是民享。林肯所主张的这民有、民治和民享主义,就是兄弟所主张的民族、民权和民生主义"。1923 年 12 月,在《国民党奋斗之法宜兼注重宣传不宜专注重军事》的演说中,孙中山指出,三民主义简单地说便是"民有、民治、民享";详细地说便是"民族主义、民权主义和民生主义"。此外,孙中山在其后的多次演说中,均提到"民族、民权和民生"的三民主义与美国总统林肯所说的"民有、民治与民享"的思想相通。

【民生发展与实业计划】面对当时中国亘古未有之变局,孙中山认为中国存亡的关键就在于发展实业。因此三民主义重视民生思想,强调发展经济,解决人民的经济生活问题,其宗旨就是"富国"和"养民",实现人尽其才,地尽其利,物尽其用,货畅其流。孙中山指出,"民生就是人民的生活——社会的生存、国民的生计、群众的生命便是"。在解决民生问题方面,孙中山根据当时的中国国情,主张应采取自由竞争和国家干预相结合,这比美国强调国家干预的"罗斯福新政"早了十来年,反映了孙中山的超前眼光。1919 年孙中山用英文发表《实业计划》,前瞻性地详细描绘了国家建设与都市规划的若干重要设想,成为国家建设与发展的重要参考书。《实业计划》中提到的若干建设项目,如青藏铁路、东海洋山深水港、三峡工程、西南铁路系统等,目前已经陆续建成,客观上证明孙中山关于国家建设和都市规划的前瞻意识。

孙中山提出,解决民生问题的关键措施在于"平均地权"和"节

在解决民生问题方面,孙中山根据当时的中国国情,主张应采取自由竞争和国家干预相结合,这比美国强调国家干预的"罗斯福新政"早了十来年。※

制资本"。他在《国民党一大宣言》中提出,"国民党之民生主义,其最要之原则不外二者:一曰平均地权;二曰节制资本"。在《民生主义》演讲中,孙中山又进一步阐述了有关节制资本和平均地权的思想。

在节制资本方面,主张既要通过征收直接税节制私人资本,即采用累进税率多征资本家的所得税和遗产税,从而改变国家财源主要取之于农民和商人的旧税法;又大力倡导发展国家资本,积极发展和振兴实业,主张轻税促商,促进货畅其流,从而实现财源自足。

在平均地权方面,孙中山提出征收地价税和照地价收买,其具体做法是在革命政权建立后,令地主自报地价,国家向其抽1%的地价税,"并于必要时报价收买之",以后土地增值部分则全部收归国有。这样一来,既可减轻人民的赋税负担,又可以实现"私人永远不纳税,但收租一项,已成为地球最富之国",从而"把几千年捐输的弊政永远断绝"。在中国共产党的帮助下,他对农民在民主革命中的地位有了新的认识,于晚年提出了"耕者有其田"的口号。

孙中山在中国共产党的帮助下,对农民在民主革命中的地位有了深入的认识,于晚年提出了"耕者有其田"的口号。※

【**民主共和与权能分治、五权宪法思想**】针对20世纪初期改良派与革命派对中国发展道路是选择君主立宪制还是民主共和制的论战,孙中山明确主张推翻满清政府,废除君主专制,实现民主共和,建立中华民国。孙中山的民主共和思想主要体现在三民主义的民权观念,既与西方共和主义的传统存在一定联系,同时又受到中国传统儒家思想的影响,强调"天下为公"和"道德建设"。虽然孙中山对共和国的制度设计存在缺陷与不足(如权力分治后的制衡功能不够,表现出"先知先觉"的贤人政治意识等),但从根本上看,孙中山主张把国家视为不同阶层和利益集团的公共载体而非专属于个别利益集团或个人,强调国家谋求社会整体利益而非个别利益集团或政党的特殊利益,这对于在长期推行封建专制统治的中国接受民主共和观念的洗礼无疑具有开创性作用,对中国民主政治运动及其国家现代化也将产生深远影响。在孙中山的影响和主持下,1911年辛亥革命后建立了当时亚洲第一个共和国,不仅推翻了满清封建专制统治,而且使民主共和的理念真正得以付诸实施。

权能区分是孙中山民主宪政思想的重要内容,既注意强化政府力量以改变政府无能和国家一盘散沙现状,又注意到人民如何管理和控制国家政权的问题。※

按照孙中山的构思,"政治权力"分解为"政权"和"治权"。其中,"政权"由人民行使,人民掌握"政权"主要通过国民大会和地方自治来行使。这一构想在共产党的领导下才得到真正实施。※

民主共和的根基在于建立以宪法为核心的法律保障体系。中华民国成立后,孙中山推动制定《中华民国临时约法》。尽管这一约法由于受到种种因素影响而没有能够完全体现孙中山的宪政思想,但足以说明孙中山对宪法的高度重视,同时也表现了宪法作为国家根本大法在民主共和国中的重要性。1924年,孙中山在三民主义演讲中提出"人民有权,政府有能"的"权能区分"理论。按照孙中山的构思,"政治权力"分解为"政权"和"治权"。其中,"政权"由人民行使,人民掌握"政权"主要通过国民大会和地方自治来行使,这种权力具体划分为创制权、复决权、选举权和罢免权四项直接民权,以此来控制政府的"权";"治权"则由政府(专家或贤人)行使,从"万能政府"出发,孙中山提出政府享有立法权、司法权、行政权、考试权和监察权五项权力,为避免出现"政府无能"现象,人民不能限制有本领的专家管理公共事务。实行"权""能"分治后,人民享有之四权与政府享有之五权要形成"九权制衡"机制,以便既能够保障政府之"能",又能够确保人民控制政府之"权"。从总体上看,"权能区分"理论作为孙中山民主宪政思想的重要内容,既注意通过强化政府力量改变当时"政府无能"和"一盘散沙"的现状,又注意到人民如何管理和控制国家政权的问题,不失为极其难能可贵的探索。当然,这一理论也存在缺陷与不足,如限定人民行使"政权"的条件、带有儒家传统"贤人政治"思维方式等,正如钱穆在《中国历史精神》所评论的那样①,"权在民众,能在政府,把民众比做刘阿斗,把政府比做诸葛亮,叫人民把一切的权都交给政府,这是中国历史传下的选贤与能的政治思想之新修正"。

与"权能区分"理论相关,孙中山还提出"五权宪法"思想。孙中山在考察西方政治体制后认识到,中国古时所形成的君权,不但包括西方国家所推行的行政、立法、司法三权,而且还包括其没有的考试和监察二权。以此为基础,孙中山提出中华民国宪法要创造一种

---

① 引自李昌庚《浅议孙中山的民主宪政思想对当代中国民主政治与国家现代化的启示》,《兰州学刊》2007年第8期。

"五权分立"的"破天荒的政体",从而避免西方三权分立模式在考试、监察方面的缺失,从而"破天荒地在地球上造成一个新世界"。显然,孙中山所创立的五权宪法思想,既借鉴孟德斯鸠"三权分立、互相制衡"的理论并参照美国联邦制度运行模式,同时又学习并借鉴中国历史上特有的科举考试制度和监察制度,从而成为孙中山民权主义中的核心内容,构成其制宪思想的一大鲜明特色。从内容上看,五权宪法思想实际上是"权能区分"理论的延伸,是对受制于"政权"的五项"治权"分工与独立运作的扩展。从后来推行实施的客观效果来看,由于缺乏相互制衡机制,加之权力配置不合理,结果难免出现集权、独裁与人治的色彩。

不可否认的是,孙中山的民主共和思想以及"权能区分"、五权宪法理论,是根据中国当时特定的国情并结合西方政治文明而提出的,虽然存在这样那样的缺陷与不足,但却足以反映出孙中山作为中国民主革命先行者的不懈追求与可贵探索,成为以孙中山为代表的有识之士为中国民主政治道路发展留下的宝贵精神财富。

【革命程序论与"党治"模式】1905年8月同盟会成立后,孙中山在编定"同盟会革命方略"时首次提出把革命后的进程分为三个阶段,由此形成三阶段革命程序论,到1906年这一思想基本成型。第一时期为"军法之治"时期,重点是"军政府督率国民扫除旧污",时间为三年;第二时期为"约法之治"时期,重点是"军政府授地方自治权于人民而自总揽国事",时间为六年;第三时期为"宪法之治"时期,重点是"军政府解除权柄,宪法上国家机关分掌国事"。1923年,孙中山在《中国革命史》一文总结了中国民主革命的经验教训,把民国初年的失败归因于,"由军政时期一蹴而至宪政时期,绝不予革命政府以训练人民之时间,又绝不予人民以养成自治能力之时间,于是第一流弊,在旧污未由荡涤,新治未由进行。第二流弊,在粉饰旧污,以为新治。第三流弊,在发扬旧污,压抑新治。更端言之,第一为民治不能实现。第二为假民治之名,行专制之实。第三则并民治之名而去之也"。为此,孙中山提出了新的三阶段革命程序论:第一时期为"军政时期",第二时期为"训政时期",第三时期为"宪政时期"。

孙中山的民主共和思想以及"权能区分"、五权宪法理论,是根据中国当时特定的国情并结合西方政治文明而提出的,虽然存在这样那样的缺陷与不足,却是以孙中山为代表的有识之士为中国民主政治道路发展留下的宝贵精神财富。※

孙中山总结提出了两个三阶段革命程序论：一是在 1905—1906 年形成的"军法之治"、"约法之治"、"宪法之治"；二是 1923—1924 年形成的"军政时期"、"训政时期"、"宪政时期"。※

1924 年,孙中山起草"国民政府建国大纲",详细规定了军政、训政、宪政三时期中央政府、地方政府及国民的权利、义务与互动关系。

与三阶段革命程序论相适应,孙中山在风云变幻的民初革命运动中,接连在革命党和议会政党之间来回转型变换,痛感辛亥革命虽然推翻了清王朝并建立起中华民国,但中国仍未摆脱一盘散沙、任人宰割的悲惨境地,进一步认识到只能通过组织政党,发动革命,才能真正建设民族国家、实现救亡图存和现代化建设。1921 年 12 月在桂林大本营会晤共产国际代表马林之后,孙中山逐渐从之前多注重英美西方国家执政党政治,转而"以俄为鉴"、"效法俄人",强调学习苏俄革命党政治,由此形成孙中山的党国治理观念,其基本内容体现在 1924 年孙中山起草并提交国民党第一次代表大会审议的"国民政府建国大纲"之中,即:军政时期"以党建国",训政时期"以党治国",宪政时期"还政于民"。

概括起来分析①,第一,孙中山的以党救国思想,大体包括三大内容:一是唤醒民众,开化人民;二是捍卫疆土完整,保护资源财富;三是提倡"主权在民",结束君权政治。其重点任务,既包括辛亥革命之前的"驱除鞑虏,恢复中华,创立合众政府",也包括民国建立后从专制复辟逆流中挽救中华民国,扫除专制政治,建设完全民国,此外还包括反对帝国主义剥削和掠夺行为。第二,孙中山的以党建国思想,经过了把外国政体形式运用到党内组织机制的设计,又把党内的组织机制运用到本国民权政府的组织体制的建构的过程,其目标在于"吾人立党,即为未来国家之雏形",其思维逻辑和时间顺序是:学外国,建我党;以我党,建我国。如此一来,党国同构,先党后国,以党建国,政党成为所追求的国家雏形或模型,而国家则是扩大了的政党。第三,孙中山的"以党治国"思想是"立党救国"、"以党建国"的自然延伸,涉及革命党与政权、革命党与人民两大关系。对于前一关系,在中华革命党时期曾形成孙中山个人的党、政、军三位一体的高

① 参见杨德山《孙中山"党国"理论分析》,http://www.aisixiang.com/data/25028.html。

度集权体制,后来在"国民政府建国大纲"中强调实行"三民主义"、推行地方自治、创制五权宪法;对于后一关系,孙中山提出以"人民之心力"作为党的基础,把强迫人民革命转变为教化式的"主义宣传"方法,也就是最终使人民成为中国国民党领导下的"党民"。

孙中山提出的党国治理观念,建立在反省辛亥革命让位弃权失败教训之后所确立的革命党独掌政权的信念之上,同时也兼受西方议会执政党特别是苏俄布尔什维克革命党的双重影响。作为孙中山对民国初年历次革命运动反复提炼而形成的政治结晶,党国治理模式反映了 20 世纪初期民主革命运动对中国发展道路与制度体系的历史抉择,客观上代表着当时民族资产阶级普遍萌发的以资产阶级政权取代军阀政权的阶级意愿,其提出和推行对中国民主政治进程产生了正反两个方面的巨大影响。客观来看,"军政时期"的"以党建国",创立共和政权与民主制度,当然裨益于国家;"训政时期"的"以党治国",不但要负责一切军国庶政,而且还训练和督导人民逐步行使民主权利,即使是基于分权制衡构想而设立的行政、立法、司法、考试、监察五权之治,也要置于党治之下,势必于党于国于民产生成败不一的结果,这就导致人们对党国政制臧否纷纭;至于在"宪政时期"如何把党治交还给民权,从而使国民真正享有平等自由的权利,实行完全的民主政治,"革命党"在"宪政时期"如何及时转化为政府功能型的执政党等等,孙中山则论述不多。此外,孙中山党国治理观念在理论上的不完善,特别是阻碍民主政治发展的消极因素①以及国民党推行后对于中国民主政治的恶劣影响,值得后人加以警惕和努力纠正。对于后来国民党所执行的这种"以党治国"做法,邓小平在抗日战争时期曾经提出过批评②,他指出,"假如说西欧共产

孙中山提出的党国治理理念反映了 20 世纪初期民主革命运动对中国发展道路与制度体系的历史抉择,客观上代表着当时民族资产阶级普遍萌发的以资产阶级政权取代军阀政权的阶级意愿。
※

---

①　这方面的分析评论可参见潘惠祥《晚年孙中山》(原载《二十一世纪》网络版第 12 期,引自 http://www.cuhk.edu.hk/ics/21c/supplem/essay/0210025g.htm);莫世祥《党国政制的肇基——民初革命运动的历史抉择》(原载《广东社会科学》2003 年第 5 期,引自 http://news.ifeng.com/history/special/daoluxuanze2/200909/0915_8061_1350391.shtml)。

②　《邓小平文选》第 1 卷,人民出版社 1994 年版,第 10—14 页。

邓小平指出:"把党的领导解释为'党权高于一切',这实在是最大的蠢笨!""'以党治国'的国民党遗毒,是麻痹党、腐化党、破坏党、使党脱离群众的最有效的办法。我们反对国民党以党治国的一党专政,尤要反对国民党遗毒传播到我们党内来。"※

党带有若干社会民主党的不良传统,则中国党或多或少带有一些国民党的不良传统。某些同志的'以党治国'的观念,就是国民党恶劣传统反映到我们党内的具体表现。"他进而指出,"这些同志误解了党的领导,把党的领导解释为'党权高于一切'……这实在是最大的蠢笨!"因此,"'以党治国'的国民党遗毒,是麻痹党、腐化党、破坏党、使党脱离群众的最有效的办法。我们反对国民党以党治国的一党专政,我们尤要反对国民党的遗毒传播到我们党内来。"

三、"全盘西化"思潮走入歧途

【"全盘西化"论的形成与演变】在重建发展模式与制度新型结构的道路上,与"中体西用"论试图在中国之体上开出西用之花的思路相反,"全盘西化"论走上另一极端,提出通过完全西方化或充分世界化,从而实现国家的现代化。

"全盘西化"思想最早萌芽于戊戌变法时期,如维新志士樊锥要求改革,提出从繁礼细故到大政鸿法"唯泰西是效"的观点。辛亥革命时期,邹容在设计资产阶级民主共和国的政治方案时,提出"悉准美国办理"的观点。五四新文化运动时期,不少人开始认识到,以往寻求救国出路的努力之所以都归于失败,就在于那些救国主张和措施并未触及封建传统文化,因而主张既学习西方先进的科技、制度、文化,输入西方的民主与科学精神,又必须发动针对封建传统文化全面讨伐的批判运动,从而用新的伦理道德取代旧的伦理道德,用新文化取代旧文化。当然,这一时期所提出的西化思想,不论是在内容、范围上,还是在形式、程度上,与后来出现的全盘西化思想有着明显区别。

20世纪30年代,在中国文化出路大讨论中,胡适、陈序经等人系统提出、论证了"全盘西化"思想。

[专栏2-12] 20世纪30年代的全盘西化思潮

　　"全盘西化"概念最早由陈序经于1933年底在广州中山大学所作"中国文化之出路"演讲中提出,其系统论述见于其1934年

出版的《中国文化的出路》一书和 1935 年发表的《全盘西化论的辩护》等文。胡适虽然把其全盘西化的观点修订为"充分世界化",但一般被视为全盘西化思想的主帅,其主要观点载于《中国文化的冲突》(1929 年)、1935 年 3 月和 6 月在《独立评论》发表的《试评所谓中国本位的文化建设》(1935 年)、《充分世界化与全盘西化》(1935 年)等文。

据何爱国在《"全盘西化" Vs "中国本位"——试论 1930 年代中国关于文化建设路向的论战》一文(载《二十一世纪》网络版,2005 年 1 月号)考证,同一时期持类似观点的主要还有:吕学海("察见中国全部的文化已不及全部西洋文化"、预期"中国全盘西化是可能的事")、梁实秋(主张"更深刻更广泛地西洋化")、张佛泉(主张"从基础上从根本上从实质上西化")、严既澄(主张"尽量西化")、张奚若(主张"大部分西化"或"现代化")、熊梦飞(提出"西学为体,中学为用")等人。这一派别中除陈序经、吕学海等极少数人坚持使用"全盘西化"一词外,其余大多采用"充分西化"、"大部分西化"、"根本上西化"和"西体中用"等提法,在本质上都是要绝大部分、最大可能地用西方文化来改造中国文化,因而与"全盘西化"并无本质区别。

针对由于多种文化冲突而引发的中国现实问题,胡适提出了三种解决方案:一是"抗拒"即"拒绝承认这个新文明并且抵制它的侵入",二是"全盘接受"即"一心一意地接受这个新文明",三是"有选择性的采纳"即"可以摘取某些可取的成分而摒弃她认为非本质的或要不得的东西"。由于胡适反对"选择性现代化"而主张"接受性现代化",因而提倡"全盘接受现代西方文明"。后来,胡适"为免除许多无谓的文字上或名词上的争论",而将"全盘西化"修订为"充分世界化"。其中的"充分"两字,既体现在数量上"尽量",又表现为精神上"用全力";至于"世界化"一词,实际上仍是"西方化",只不过因为意识到单提"西方化"有损"民族文化认同",才不得不将其调整而已。陈序经认为,一方面西洋近代文化的确比我们进步得多,它的思想也比中国的思想来得高;另一方面,西洋文化经不断创新和发展而成为现代化和世界化的趋势,中国和非西洋国家都无一而非渐趋于西洋化。因此,解决中

"中国文化本位论"与"全盘西化"论的论战,在一定程度上反映了多元现代性思想在中国的萌现,论战后对现代化概念的多元化认识,表明中国学术界对现代化理论的贡献。※

国问题的出路"唯有努力去跑彻底西化的途径"。在与"文化本位派"论战时,陈序经坚持"全盘西化论",既反对"主张保存中国固有文化的复古派",也反对"提出调和办法中西合璧的折中派",自称是"主张全盘接受西洋文化的西洋派"。

与之对立的则是"中国文化本位论",双方展开了激烈的论战。通过讨论,"全盘西化"派与"本位文化"派都对各自的理论缺陷进行了修订,通过交锋双方还达成了一定的共识,"那就是中国社会亟须要的是现代化,包括科学化、工业化和民主化",至于"西化"或"中国化"都可以归结为"现代化",这在一定程度上"反映了多元现代性思想在中国的萌现"。这一成果,比西方主流学术界自20世纪70年代才开始承认"现代化"并不等同于"西方化"或"美国化"早了若干年,客观上表明"中国学术界对现代化理论的贡献非同一般"①。后来,随着国民党政权推行"党治"运动,全盘西化与中国文化本位两派的论战不了了之,全盘西化论也因中日间民族矛盾上升为社会矛盾而逐渐势弱。

[专栏2-13]
20世纪30年代"本位文化建设"思潮

与"全盘西化派"对立的"中国本位文化建设派",其倡议者为王新命、何炳松等十位教授。其主要观点见于1935年1月及5月分别在《文化建设》第1卷第4期和第8期发表的《中国本位的文化建设宣言》、《我们的总答复》两文,前一文提出了主要主张,后一文对主张进行了补充并对批评者做出了回应。

本位文化派认为,自五四新文化运动以来,中国不但在文化领域里消失了,而且政治形态、社会组织、思想内容与形式也失去

---

① 何爱国:《"全盘西化"Vs"中国本位"——试论1930年代中国关于文化建设路向的论战》,《二十一世纪》网络版,2005年1月号。

了固有特征。要使中国能在文化领域抬头,要使中国的政治、社会和思想具有中国特征,必须从事于中国本位的文化建设。为此,文化本位论提出,必须用批评的态度、科学的方法,检阅过去的中国,把握现在的中国,建设将来的中国。既要有自我认识,也要有世界眼光;既要有不闭关自守的度量,也要有不盲目模仿的决心。中国文化建设的总体思路是,"(针对传统)不守旧;(针对西学)不盲从;根据中国本位,采取批评态度,应用科学方法来检讨过去,把握现在,创造将来"。

据何爱国的研究成果,赞同和支持中国文化本位论的声援者包括:穆超(主张"中西调和"),张东荪(主张催动中国旧文化的"老根"再发"新芽"),吴景超(主张既要"保存"和"采纳"中国与西洋"优美文化"、"还要创造新文化"),陈石泉(主张"民族本位"),陈立夫(主张"三民主义即中国本位之文化建设纲领"),常燕生(赞同"中国本位"的文化建设、反对"中国文化本位"的文化建设),太虚法师(强调要有一种"国民性之道德"精神),刘絜敖(认为"建设中国本位意识"是"建设中国本位文化"之"前提"),丁遥思(主张"破中求立"的"中国本位的文化建设"),张申府(赞成"中国化"的"新启蒙运动"),李麦麦(主张"一切物质文化建设采用最新的发明,一切精神文化建设非有批评态度不可")等。

20世纪60年代,李敖等人在台湾再次提出"全盘西化"口号,主张全面移植西方文化,全盘否定传统文化,并与陈立夫等复古主义者展开论战。在中国大陆,自推行改革开放以来逐渐出现否定传统文化、提出全盘西化的主张,不仅包括文化领域,而且还扩展到社会制度、社会发展道路等各个方面,其实质是要在中国推行资产阶级自由化,否定社会主义发展模式与制度体系,实行西方资本主义国家的"民主"和"自由",推行资本主义道路。到20世纪80年代末期,这一思潮在中国大陆达到顶点。

［专栏2-14］
黄仁宇关于"本位文化论"的评论

在"如何确定新时代的历史观——西学为体,中学为用"一文中,黄仁宇赞同张岱年等在《中国文化与文化论争》一书中关于"中国本位文化"论者的思路"基本上还是中体西用,但内涵稍有变化,能够切实中国历史和当时实际状况"的判断。同时认为,"中国本位文化"论与国民党当时发动的"尊孔读经"和"新生活运动"相呼应,说明国民党的文化政策也有中体西用的色彩。

黄仁宇在此文中还提出,"中国文化本位论"之后又演变出现代新儒家,如梁漱溟认为中国文化要"向东走",即要维护中国的精神文化,走民族自救的中国道路;冯友兰在40年代也流露出一种中体西用的思想,认为中国宁可在现代化的道路上走得慢一些,也要维护传统的立国精神。到20世纪50年代,牟宗三等人联名发表被视为现代新儒家形成宣言的《为中国文化敬告世界人士宣言》,在文化发展路向上仍是中体西用的深化和拓展,这与60年代台湾当局发起"中国文化复兴运动"一样,仍是从"中国本位"出发。

全盘西化思潮是近代以来中国思想界救亡图存、学习西方进程中产生的一种激进主义思潮,它在中国产生和演变有其深刻背景和原因,与全球范围内现代化浪潮、西方中心主义思潮和文化扩张有着密切联系。※

【全盘西化产生与演变的背景】全盘西化思潮是近代以来中国思想界救亡图存、学习西方进程中产生的一种激进主义思潮,是西化思想的极端化表现。虽然这种思想并未在思想领域占据主导地位,也从未得到大多数人赞同,但不仅在20世纪30年代作为一种重要思潮曾经影响到中国发展道路的走向,而且还对后来中国台湾及大陆地区经济社会发展产生一定影响。这种现象表明,"全盘西化"思潮在中国的产生和演变有其深刻背景和原因,与全球范围内现代化浪潮、西方中心主义思潮和西方文化扩张有着密切联系①。

---

① 郑丽平:《"全盘西化"思潮:一种现代化视角的解析》,《中国特色社会主义研究》2008年第1期。

从"全盘西化"思想的产生来看,由于近代以来西方国家首先开始进入现代社会,不但开创了明显高于传统社会的社会生产力,而且还通过殖民入侵等极端手段推动着人类从分散走向整体,正如马克思在《共产党宣言》所指出的那样,这就"使未开化和半开化的国家从属于文明的国家,使农民的民族从属于资产阶级的民族,使东方从属于西方","迫使一切民族——如果它们不想灭亡的话——采用资产阶级的生产方式"。也就是说,伴随西方国家在经济、政治、科技、军事方面显示出的强势地位,包括中国在内的非西方国家不得不学习作为榜样的西方几个资本主义国家,向西方学习的实质实际上等同于现代化过程,而学习的形式自然成为"西化"、"欧化"或"美化"。

进一步来看,"全盘西化"思潮在中国的进一步传播,与西方文化扩张有着紧密联系。文化扩张和入侵是近代以来西方国家对外扩张的重要内容。冷战时期,东西方文化之间的斗争从未停止过。西方国家借助其强大的军事、经济实力,进行和平演变和文化渗透。冷战结束后,以美国为代表的西方国家继续以多种方式和多种途径,加大对包括社会主义国家在内的非西方国家的文化渗透,企图通过文化霸权主义建立由美国等西方国家的文化、价值观和政治哲学主导的世界政治经济"新秩序",利用西方的"精神和文化价值观"影响和动摇包括社会主义国家在内的非西方国家民众的信念,从而逐渐侵蚀社会主义的基础。苏东剧变后,西方反华势力加大了针对中国的文化入侵,通过鼓吹和引导中国全盘西化,从而干扰中国的社会主义现代化进程,力图将中国引导到走西方资本主义道路上来。正是在这一背景下,20世纪80年代"全盘西化"思潮得以再次泛滥。

【全盘西化误入歧途】产生于20世纪30年代的全盘西化思潮,着力于介绍西方文明和科学、民主、自由思想,着力于冲击国粹主义和批评中国文化本位立场,客观上具有反对封建愚昧、反对独裁专制的进步作用。但是,无论从理论上还是从方法论上来说,全盘西化论都存在明显错误和不足,不符合中国国情,不可能解决中国现代化发展问题,也不可能重构中国发展模式与制度体系的新型结构。外国再好的东西也必须与本民族的实际情况相结合,经过消化吸收,有所创新,才能实现,才有生命力。中国现代化发展当然需要认真学习和充分借鉴西方发达国家的文明成果,但如果完全不考虑中国国情、社会性质和发展阶段,试图通过全盘西化来解决中国的现代化进程和问题,不但在理论上存在困境,而且在实践上也必然误入歧途。

作为一种极端化的激进主义思潮,"全盘西化"虽然持续产生一些影响,自提出后并未在思想领域占据主导地位,也从未得到大多数人赞同,不但受到来自"本位文化"论的批评,而且还受到同一思想派系的批评。

全盘西化最大的问题是完全不考虑中国国情、社会性质和发展阶段,因此不可能解决中国现代化发展问题,也不可能重构中国发展模式与制度体系的新型结构。※

[专栏 2-15]
20 世纪 30 年代对"全盘西化论"的批评

据何爱国在《"全盘西化"Vs"中国本位"——试论 1930 年代中国关于文化建设路向的论战》一文所述,20 世纪 30 年代对"全盘西化"的批评主要来自四个方面:

一是"文化本位派"的批评:第一,"全盘西化"完全抹杀和唾弃中国文化,全盘接受和照搬西洋文化,不加以分析,这是不成话的主张。第二,"全盘西化"蔑视中国国情,达不到适于国情且合于所需文化的相互调和效果。第三,推行"全盘西化"将失去对社会的整合,导致思想陷于失去中心并酿成社会混乱。第四,实行"全盘西化"不能把西洋文化消化成自己的东西。

二是"左翼文化"阵营的批评:虽然"现代化"免不了要借径西洋,但"全盘西化"只能使中国依附于西洋,届时中国也将不成其为中国了,这正是中国社会半殖民地性的反映。为着克服"全盘西化论"的依附性、半殖民地性和机械性,为着使中国现代化运动更加深化、醇化和净化,中华民族的新文化决不是完全抄袭外国文化的所谓"全盘西化"。

三是赞同"西化"但不主张提"全盘西化"者的批评:如主张"从根上西化"的张佛泉,从作为现代化的理想、目标和文化社会学的视觉对"全盘西化论"者进行了批评。主张"大部分西化"的张奚若,分析了"全盘西化论"在理论上和实践上存在的两个极不妥当之处。主张"更深刻更广泛地西化"的梁实秋指出,"全盘西化"一词太过笼统,没有看到中国文化值得保存、优于西洋之处。

四是其他反对者的批评:如贺麟反对"被动"地"西化"或"全盘西化"之说,主张既"张扬民族文化精神"又"得西洋文化体用之全"的"化西"工作。叶青对"全盘西化论"给予了最猛烈的抨击,认为"全盘西化论"是"思想界投降帝国主义论,是文化的殖民地化论",从而全然否定"全盘西化论"。

从理论角度来看,"全盘西化"思想存在以下三个方面的错误①:

第一,全盘西化思想把传统与现代决然对立起来,没有看到两者相融合、相承接的一面。作为时间尺度,传统是联系过去与现实的桥梁,传统与现代实际上前后相继;作为价值尺度,传统存在优秀与糟粕之分,传统与现代可谓优劣共融。在推进现代化过程中,我们当然不能一味固守传统,抱残守缺,不思进取,否则将不能跟上社会历史发展进步的大潮,最终必将为历史所抛弃;我们当然也不能反过来,全盘抛弃传统而没有任何继承,全盘沿用西方而没有任何扬弃,这种失去国情和传统支撑的现代化最终只能走入死胡同,或者任由别人摆布而失去自我,或者随波逐流,一败涂地。对于后发展国家或民族来说,其现代化进程不但存在着新文化取代旧文化的过程,同时也存在着旧文化接纳新文化和新文化改造、融合旧文化的过程。因此合理的态度只能是结合国情和民族历史文化传统,既积极学习、引进、借鉴先发国家的先进文化和经验,又积极挖掘本国或本民族传统中的积极因素、合理成分来推动现代化进程。

第二,全盘西化思想把西化等同于现代化,没有看到现代化模式和道路的多样性。迄今为止,虽然现代化起始于西方国家并在西方国家发展得最为成熟,但西方国家的现代化仅仅只是世界现代化的

---

① 郑丽平:《"全盘西化"思潮:一种现代化视角的解析》,《中国特色社会主义研究》2008 年第 1 期。

一部分。从世界各国现代化实践来看,现代化不但存在十分深刻的思想内涵,而且也表现出丰富多彩的多种形式与路径。因此,现代化绝不是简单向欧美国家学习、认同过程,而是要求各个国家根据各自历史文化传统进行不同价值取向和模式选择。从这个角度来分析,全盘西化论实质是认为全球只有西方发达国家所采用的发展模式,只有西方发达国家所走过的发展道路,只有西方发达国家所实行的制度体系。姑且不论西方国家资本主义现代化模式存在的诸多弊端,也不讨论关于传统与现代的辩证关系,单就世界和国家现代化的多样性而言,全盘西化论存在明显的以部分替代整体的以偏赅全错误,不能不说是与现代化的世界历史进程背道而驰。实践证明,后现代化国家在走向现代化的过程中,不应该完全照搬西方,重蹈西方的覆辙,而应该寻求符合本国国情的现代化道路。正如邓小平所说①,"我们的现代化建设,必须从中国的实际出发。无论是革命还是建设,都要注意学习和借鉴外国经验。但是,照抄照搬别国经验、别国模式,从来不能得到成功。这方面我们有过不少教训。把马克思主义普遍真理同中国的具体实际结合起来,走自己的道路,建设有中国特色的社会主义,这就是我们总结长期历史经验得出的基本结论"。

第三,全盘西化思想主张以西方文化取代东方文化,没有看到世界文化的民族性和多样性。人类文化随着多民族交往而不断丰富和发展,世界文化呈现出多样化特点,人类文明成果的表现形式和实现途径也因不同国家、不同历史进程而表现出多样化模式,正是这种多样文化的并存、交汇和融合,促进了人类的进步。承认世界文化的多样性,对于不同文化就应当相互尊重、相互学习、取长补短,而不应该歧视、敌视、排斥。对此,江泽民在中国共产党的十六大报告中强调,"我们主张维护世界多样性,提倡国际关系民主化和发展模式多样化。世界是丰富多彩的。世界上的各种文明、不同的社会制度和发展道路应彼此尊重,在竞争比较中取长补短,在求同存异中共同发

---

① 《邓小平文选》第 3 卷,人民出版社 1993 年版,第 3 页。

展。各国的事情应由各国人民自己决定,世界上的事情应由各国平等协商"①。从这一点来分析,"全盘西化"思潮将西方文化与其他文化对立起来,片面强调西方文化的优越性,夸大其他非西方文化的劣根性,完全没有看到其他文化和其他发展道路存在的合理性,其实质是走资本主义发展道路。

中国近代以来的历史表明,走"全盘西化"道路行不通,走资本主义道路同样行不通,只有在马克思主义中国化基础上发展起来的中国特色社会主义才能真正推动中国现代化发展。正如邓小平所说:"中国十亿人口,现在还处于落后状态,如果走资本主义道路,可能在某些局部地区少数人更快地富起来,形成一个新的资产阶级,产生一批百万富翁,但顶多也不会达到人口的百分之一,而大量的人仍然摆脱不了贫穷,甚至连温饱问题都不可能解决。只有社会主义制度才能从根本上解决摆脱贫穷的问题。"②"中国要解决十亿人的贫困问题,十亿人的发展问题。如果搞资本主义,可能有少数人富裕起来,但大量的人会长期处于贫困状态,中国就会发生闹革命的问题。中国搞现代化,只能靠社会主义,不能靠资本主义。历史上有人想在中国搞资本主义,总是行不通。我们搞社会主义虽然犯过错误,但总的说来改变了中国的面貌。"③

四、马克思主义中国化

1921 年 7 月中国共产党成立以后,通过艰苦卓绝的不懈奋斗和伟大实践,探索形成把马克思主义的基本原理与中国革命和建设的实际情况相结合的成功路径,不但成功走出一条适合中国国情的社会主义革命道路,而且开拓形成一条具有中国特色的社会主义建设道路,在中华民族伟大复兴的道路上取得了一个又一个胜利。可以说,在马克思主义中国化基础上不断探索形成的中国特色社会主义,

邓小平指出,中国十亿人口,现在还处于落后状态,如果走资本主义道路,可能在某些局部地区少数人更快地富起来,形成一个新的资产阶级,产生一批百万富翁,但顶多也不会达到人口的百分之一,而大量的人仍然摆脱不了贫穷,甚至连温饱问题都不可能解决,中国就会发生闹革命的问题。中国搞现代化,只能靠社会主义。※

中国近代以来的发展历程表明,马克思主义本土化是形成当代中国模式并获得成功的重要保障,是确立和完善当代中国制度的牢固基础。※

---

① 江泽民:《全面建设小康社会,开创中国特色社会主义事业新局面——在中国共产党第十六次全国代表大会上的报告》,2002 年 11 月 8 日。

② 《邓小平文选》第 3 卷,第 207—208 页。

③ 《邓小平文选》第 3 卷,第 229 页。

标志着当代中国已经基本确立起适合中国国情、具有中国特色的发展模式与制度体系。从历史纵深角度来看，自近代以来中国传统社会模式与传统制度超稳定结构解体之后，在一代又一代仁人志士进行不同选择和多方探索的基础之上，最终由中国共产党找到了学习西方与扬弃传统的成功通道，通过马克思主义中国化这一成功路径，带领全体中国人民探索形成中国特色社会主义革命和建设道路，从而成功构建起中国新型发展道路、发展模式和制度体系。中国近代以来的历史演进与发展历程表明，马克思主义本土化是形成当代中国模式并获得成功的重要保障，是确立和完善当代中国制度的牢固基础。

【马克思主义中国化开拓出构建中国发展模式与制度体系的实现路径】从 1921 年中国共产党成立以来，分别在新民主主义革命时期和社会主义建设时期，先后出现马克思主义中国化的两次历史性飞跃，从而为构建中国道路、发展模式和制度体系探索形成了一条成功路径。

早在建党初期，党内领导人就开始逐渐意识到在中国具体国情条件下应用马克思主义的特殊性，如李大钊提出必须研究怎样将社会主义的理想尽量应用于现实环境，社会主义力量因各地、各时之情形不同务求其适合者行之，发生共性与特性结合的一种制度。在 1938 年中共六届六中全会上，毛泽东在《论新阶段》报告中明确提出"马克思主义中国化"这一命题："离开中国特点来谈马克思主义，只是抽象的空洞的马克思主义。因此，马克思主义的中国化，使之在每一表现中带着必须有的中国的特性，即是说，按照中国的特点去应用它，成为全党亟待了解并亟待解决的问题。"张闻天在会议上所作组织报告中，也提出"马列主义中国化"问题，而在本次会议召开之前，艾思奇发表《哲学现状和任务》，从哲学的角度首先提出了马克思主义中国化问题①。

旁注：马克思主义中国化出现过两次历史性飞跃，一是在中共六届六中全会上，毛泽东明确提出这一思想路线和政治路线，并贯穿在新民主主义革命的指导思想中，二是邓小平在十二大报告中明确提出，"把马克思主义普遍真理同我国的具体实际结合起来，走自己的道路，建设有中国特色的社会主义"。※

---

① 周小琦：《近年来马克思主义中国化研究综述》，http://www.studa.net/Marxism/100316/14522434.htm。

新中国成立后特别是进入改革开放时期以来,在探索社会主义建设和发展过程中,中国共产党在新民主主义时期成功实现马克思主义中国化历史性飞跃的基础上,再次提出要把马克思主义和中国社会主义实际相结合①。如 1962 年毛泽东要求把马克思主义普遍真理同中国建设的具体实际尽可能好地结合起来,为建设时期的马克思主义中国化积累了宝贵经验和教训②。十一届三中全会以后,邓小平在十二大报告中明确提出,"把马克思主义普遍真理同我国的具体实际结合起来,走自己的道路,建设有中国特色的社会主义"③,从而开启了在和平与发展主题下马克思主义中国化的第二次历史性飞跃。2001 年江泽民在庆祝中国共产党成立 80 周年的讲话中,采用"中国化了的马克思主义"一词,用以说明毛泽东思想、邓小平理论在马克思主义发展史上的地位。胡锦涛在十七大报告中指出,过去五年所取得的成绩归根结底就是"开创了马克思主义中国化的新境界",中国特色社会主义理论体系是"马克思主义中国化最新成果",要求"不断推进马克思主义中国化","坚持不懈地用马克

---

①　有资料表明,新中国成立前夕,为避免"马克思主义中国化"的提法被共产国际误解为民族主义倾向,中共领导人提出以不提"马克思主义中国化"为宜,后来多采用"把马克思主义普遍真理与中国革命具体实践相结合"等提法。进入 21 世纪之初,开始重新使用"马克思主义中国化"和"中国化马克思主义"等提法。党的十六大以后,"马克思主义中国化"一词成为党内文件和讲话经常使用的提法。(以上内容参见李君如《马克思主义中国化若干问题研究》,《中共中央党校学报》2008 年第 7 期,引自 http://theory. people. com. cn/GB/49157/49164/7592215. html。)

②　据"马克思主义中国化历史进程和基本经验课题组"的研究成果,这种经验和教训主要体现为五点:一是新中国的建立与巩固为建设社会主义中国道路提供了坚强政治保障;二是建立起比较完整的工业体系和国民经济体系;三是探索的偏离和"文化大革命"的迷误及灾难客观上促进广大人民群众反省和觉悟;四是提出了许多重要理论观点、政策思想,积累了深刻的实践经验,为后来继续进行中国特色社会主义道路探索提供了丰富历史参照;五是培养和积累了干部资源,为改革开放以后实现马克思主义中国化第二次历史性飞跃提供了重要领导力量和组织基础。以上参见石仲泉《马克思主义中国化的基本历程》,http://theory. people. com. cn/GB/40557/66449/66451/4484301. html。

③　《邓小平文选》第 3 卷,人民出版社 1993 年版,第 3 页。

思主义中国化最新成果武装全党、教育人民"。①

实现两次历史性飞跃的马克思主义中国化,本质上都是将马克思主义的基本原理和中国革命与建设的实际情况相结合,从而形成一条适合中国国情并取得成功的新民主主义革命模式,走出一条具有中国特色并取得举世瞩目成就的社会主义建设和发展道路。从实现路径的角度来看,马克思主义中国化的探索实践与创新性推进,不但为真正完成近代以来救亡图存的民族使命和反帝反封建的历史任务寻找到一条不断迈向胜利的成功通道,而且也为构建适应国际趋势与本国国情的新型发展模式与制度保障体系提供了一条切实可行的推进路径。

对于这一基本判断,我们可以从马克思主义中国化的实现方式和推进路径来分析。第一,马克思主义中国化首先要求运用马克思主义基本原理和立场、观点、方法,用以作为指导革命和建设实践的行动指南。这就一方面确立了以马克思主义作为指导中国人民进行反帝反封建活动的先进理论,另一方面确立了中国共产党作为领导中国社会变革的坚强领导力量。正是这种先进理论与坚强领导力量的有机结合,中国革命明确了前进方向和强大动力,从而能够在近代以来一代又一代仁人志士艰难探索、相继失败之后,最终完成救亡图存的民族使命和反帝反封建的历史任务,进而推动民族复兴与和平崛起。第二,马克思主义中国化要求在运用马克思主义这一先进理论时,必须结合中国具体国情,从中国实际情况出发,在中国革命和建设的具体环境之中创造性地应用。这不但是马克思主义理论自身的本质要求和题中之义,马克思主义正是通过理论联系实际这一科学品质,才当之无愧地成为无产阶级的理论思想和行动纲领;而且正是在成功地将马克思主义的基本原理与本国实际相结合之后,中国共产党才真正成为成熟的无产阶级先锋队,带领人民取得了救亡图存和民族复兴的不断胜利,并通过新的实践、新的内容、新的语言来

马克思主义中国化的本质,是要求将马克思主义的基本原理和中国革命与建设的实际情况结合起来,形成适合中国国情的社会主义制度,走出一条具有中国特色社会主义建设和发展道路。※

马克思主义中国化首先要求运用马克思主义基本原理和立场、观点、方法指导中国革命与建设的实践,二是要求从中国实际情况出发,创造性地应用马克思主义,三是在总结中国革命和建设的成功经验的基础上发展马克思主义,四是将中国传统优秀文化遗产同马克思主义相结合,创造具有中国特色、中国气派、中国风格新的文化。※

① 胡锦涛:《高举中国特色社会主义伟大旗帜 为夺取全面建设小康社会新胜利而奋斗——在中国共产党第十七次全国代表大会上的报告》,2007年10月15日。

丰富和发展马克思主义。第三,马克思主义中国化要求认真总结中国革命和建设的实践经验,把中国革命与中国发展建设的实践经验马克思主义化,在重视和不断总结经验中实现马克思主义中国化。中国共产党成立以后,对于如何学习实践马克思主义,一种是教条主义态度,即将马克思主义经典著作当做语录,将立足于欧洲民族土壤滋生和发展起来的具体结论,生搬硬套地运用到经济文化比较落后的中国社会,不但在本质上抛弃了马克思主义具体问题具体分析这一活的灵魂,而且也很容易给社会主义革命和建设带来严重损失甚至挫败。另一种是实事求是态度,即用马列主义这根"矢"去射中国革命实践这个"的",理论科学,目标明确,有的放矢,从而一帆风顺,无往而不胜。第四,马克思主义中国化需要批判性地合理吸收中国传统社会治理模式、制度框架、优秀传统思想成果等优秀文化遗产。一方面,马克思主义作为人类文明的结晶,与中国传统思想文化中的进步要素具有价值契合和学理上的相似性,这就使得马克思主义中国化具有文化基础和可行性;另一方面,在合理吸收中国传统优秀文化遗产之后,马克思主义中国化还能够具有中国特色、中国气派、中国风格的理论成果与实践形态,从而更好地指导社会主义革命与建设,在中华民族复兴和中国和平崛起的道路上阔步前行。

【马克思主义中国化所形成的理论体系与实践成果为当代中国发展模式提供了制度保障】从中国共产党成立90年的发展历程来分析,马克思主义中国化形成了两大实践成果和两大理论成果。

在实践成果方面,一是中国特色社会主义道路,二是中国特色社会主义制度;在理论成果方面,一是毛泽东思想,二是中国特色社会主义理论体系。显然,通过马克思主义原理与中国革命与建设相结合,马克思主义中国化实现了马克思主义的中国化道路与中国化的马克思主义理论成果和实践形态有机统一,从而用一个又一个中国化的马克思主义理论成果与实践方式,谱写出马克思主义中国化的光辉篇章,标志着当代中国发展模式与制度体系成功构建并不断完善。

从两大实践成果来分析,一方面,中国特色社会主义道路是在新

马克思主义中国化为中国发展模式的形成提供了根本的政治前提,在此基础上形成的基本制度成为"当代中国发展进步的根本制度保障"。※

民主主义革命取得成功并转入社会主义时期之后逐渐探索创立起来的,不但是实现社会主义现代化和创造人民美好生活的必由之路,而且还从发展方向、基本内容和主要特征等各个方面确立了中国发展模式的基本内涵,中国发展模式不过是中国特色社会主义道路的实现方式和推进路径,因而中国发展模式应当遵循中国特色社会主义道路的基本要点,"在中国共产党领导下,立足基本国情,以经济建设为中心,坚持四项基本原则,坚持改革开放,解放和发展社会生产力,巩固和完善社会主义制度,建设社会主义市场经济、社会主义民主政治、社会主义先进文化、社会主义和谐社会,建设富强民主文明和谐的社会主义现代化国家"。① 另一方面,中国特色社会主义制度是在创造性地推进从新民主主义到社会主义的转变之后逐渐形成并不断完善的,包括在经济、政治、文化、社会等各个领域所形成的一整套相互衔接、相互联系的制度体系,这样的制度体系符合中国国情,顺应时代潮流,集中体现了中国特色社会主义的特点和优势,从而成为"当代中国发展进步的根本制度保障"②,为中国发展模式的形成提供了根本的政治保障。

从两大理论成果来分析,一方面,毛泽东思想"系统回答了在一个半殖民地半封建的东方大国,如何实现新民主主义革命和社会主义革命的问题,并对建设什么样的社会主义、怎样建设社会主义进行了艰辛探索,以创造性的内容为马克思主义宝库增添了新的财富"。另一方面,由邓小平理论、"三个代表"重要思想以及科学发展观等重大战略思想构成的中国特色社会主义理论体系,"系统回答了在中国这样一个十几亿人口的发展中大国建设什么样的社会主义、怎样建设社会主义,建设什么样的党、怎样建设党,实现什么样的发展、

---

① 胡锦涛:《在庆祝中国共产党成立 90 周年大会上的讲话》,人民出版社 2011 年版。

② 胡锦涛:《在庆祝中国共产党成立 90 周年大会上的讲话》,人民出版社 2011 年版。

怎样发展等一系列重大问题,是对毛泽东思想的继承和发展"。① 十分明显,在马克思主义中国化进程中产生的上述两大理论成果,作为"指导党和人民沿着中国特色社会主义道路并实现中华民族伟大复兴的正确理论",既为中国特色社会主义建设和发展树立起面向未来、引领发展的旗帜,又为深入探索和把握社会主义发展规律提供了根本指导方针,还为全国人民团结奋斗、为中国发展进步和实现民族伟大复兴提供了强大思想武器,因而也为构建和完善中国发展模式与制度体系提供了强大理论支撑。

---

① 胡锦涛:《在庆祝中国共产党成立 90 周年大会上的讲话》,人民出版社 2011年版。

第三章

中国模式与中国制度演进的历史背景

在第二章里,我们论述了中国模式的历史传承和嬗变,重点分析了中国传统社会和制度存在的超稳定结构,以及这一超稳定结构在近代遭遇外部冲击之后的解构①。"稳定"意味着历史传承,表明中国传统(模式)"是现在进行时,不是过去完成时"②。"解构"意味着历史嬗变,在外部冲击下,中国出现了"三千年未有之变局"。

在中国历史上,来自外部的冲击并不少见,如果说过去的冲击主要是落后文明(游牧文明)对先进文明(农耕文明)的冲击,并为后者所化解;那么始于1840年鸦片战争的西方列强对中国的冲击,则是先进文明(工业文明)对落后文明(农耕文明)的冲击。在这一冲击下,中国传统社会和制度的超稳定结构即便没有彻底解构,也不可避免地出现巨大的断裂和扭曲,内部传统力量和外部异质力量,共同推动中国新的历史演进。

1840年以后,无论是中国传统的"创造性转化"(林毓生)或"转

在外来冲击下,中国传统社会和制度的超稳定结构即便没有彻底解构,也不可避免地出现巨大的断裂和扭曲,内部传统力量和外部异质力量,共同推动中国新的历史演进。※

---

① 当然,有学者并不认为这是超稳定结构的解构。金观涛和刘青峰指出:"在西方工业文明冲击下中国传统社会不得不开放,传统一体化结构再也不能保持不变了,但系统却呈现出一种新的行为模式;它用意识形态更替来建立新的意识形态结构以适应工业文明冲击下的新环境。"参见《开放中的变迁:再论中国社会超稳定结构》,法律出版社2011年1月第1版,第25页。

② 刘再复接受《时代周报》记者李怀宇采访时如此说,参见 http://blog.sina.com.cn/s/blog_4cd081e901017qp5.html。

化性创造"(李泽厚)①,还是西方传统和理念(君主立宪、民主共和、社会主义)在中国的实践和成败,乃至中国传统与西方传统的相互进入和融合,均在一种特殊的历史背景之下展开。我们所重点探讨的中国模式和中国制度,充分体现了这种来自于古今中外的模式要素和制度因素,以及二者的独具中国特色的创新和融合。从这个角度看,近代中国巨变构成了中国模式和中国制度演进的历史背景,深入分析外部因素对中国传统社会的冲击后中国政治经济的延续发展,是研究中国模式和中国制度的逻辑起点。

深入分析中国传统社会受到外部因素的冲击后政治经济制度的延续发展,是研究中国模式和中国制度的逻辑起点。※

研究中国模式和中国制度的发展,需要建立两个维度:一是中国维度,即时间维度,需要分析中国近代以来的历史。二是世界维度,即空间维度,需要分析中国在世界范围内所受到的冲击和产生的影响。

第一节　近代中国发展和制度选择的影响因素

18 世纪末,英国率先实现工业革命,成为西方第一强国。1793年,大英帝国以给乾隆皇帝祝寿为名,向中国派出了由马嘎尔尼率领的庞大使团,意欲改善中英贸易,建立经常的外交关系。而当时的清王朝,对"中央帝国"以外的世界一无所知,中央帝国与异邦只能是宗主国和藩属国的关系,与英国所秉持的平等的"民族国家"关系殊为不合。因此这场"世界上最强大的国家"(英国)和"天下唯一的文明国家"(中国)的接触,注定是一场"聋子的对话"。不仅埋下了40

① 林毓生所说的"创造性转化","是把一些中国文化传统中的符号与价值系统加以改造,使经过创造地转化的符号和价值系统,变成有利于变迁的种子,同时在变迁过程中,继续保持文化的认同"(《中国传统的创造性转化》,第291页);李泽厚所说的"转化性创造","是一种改良性的创造,不必很急切地破坏、革命,而是逐步地学习和改良来创造出新的东西,不仅在经济上而且在文化上"(http://finance. sina. cn/hy/20051212/11012190846. html)。刘再复对此分析比较的结论是:"转化性创造"是创造自式,"创造性转化"是转向他式(http://blog. sina. cn/s/blog_4cd081e901017id2. html)。

多年后中英鸦片战争的隐患和导火索,也开启了中国近代"三千年一大变局"。①

1793 年,乾隆皇帝复信英国国王,拒绝了英国的一切要求:"天朝德威远被,万国亲王,种种贵重之物,梯航毕集,无所不有。尔之正使等所亲见。然从不贵奇巧,并无更需尔国制办物件。"②中国这扇大门并没有被贸易打开。

[专栏 3-1] 乾隆皇帝敕谕嘆咭唎国王书(节选)

奉天承运皇帝敕谕嘆咭唎国王知悉,咨尔国王远在重洋,倾心向化,特遣使恭赍表章,航海来廷,叩祝万寿,并备进方物,用将忱悃……至尔国王表内恳请派一尔国之人住居天朝,照管尔国买卖一节,此则与天朝体制不合,断不可行。向来西洋各国有愿来天朝当差之人,原准其来京,但既来之后,即遵用天朝服色,安置堂内,永远不准复回本国,此系天朝定制,想尔国王亦所知悉。……设天朝欲差人常驻尔国,亦岂尔国所能遵行? 况西洋诸国甚多,非止尔一国。若俱似尔国王恳请派人留京,岂能一一听许? 是此事断断难行。岂能因尔国王一人之请,以至更张天朝百余年法度。……天朝抚有四海,惟励精图治,办理政务,奇珍异宝,并无贵重。……尔国王此次赍进各物,念其诚心远献,特谕该管衙门收纳。其实天朝德威远被,万国来王,种种贵重之物,梯航毕集,无所不有。尔之正使等所亲见。然从不贵奇巧,并无更需尔国制办物件。是尔国王所请派人留京一事,于天朝体制既属不合,而于尔国亦殊觉无益。

——摘自《停滞的帝国——两个世界的撞击》第 327—329 页

但在短短的 40 多年后,中国的大门被枪炮打开,从此开始了苦难

---

① 李鸿章在同治十一年五月复议制造轮船未可裁撤折中语。

② 引自阿兰·佩雷菲特著《停滞的帝国:两个世界的撞击》,生活·读书·新知三联书店 1993 年 5 月第 1 版,第 329 页。

而深重的近代历史。1901 年,清政府与西方列强签署《辛丑条约》,光绪皇帝发布《罪己诏》,对列强的"宽大"处理表示感激:"事后追思,惭愤交集。"并表示要"量中华之物力,结与国之欢心"。这份《罪己诏》虽以光绪皇帝的名义发布,实际上却是慈禧太后的"检讨书"。

[专栏3-2]　　光绪皇帝的《罪己诏》(节选)

本年夏间,拳匪构乱,开衅友邦,朕奉慈驾西巡,京师云扰。迭命庆亲王奕劻,大学士李鸿章,作为全权大臣,便宜行事,与各国使臣止兵议和。昨据奕劻等电呈各国和议十二款,大纲业已照允,仍电饬该全权大臣将详细节目悉心酌核,量中华之物力,结与国之欢心。既有悔祸之机,宜颁自责之诏,朝廷一切委屈难言之苦衷,不能不为尔天下臣民明谕之。此次拳教之祸,不知者咸疑国家纵庇匪徒,激成大变,殊不知五六月间屡诏剿拳保教,而乱民悍族,迫人于无可如保,既苦禁谕之俱穷,复愤存亡之莫保。

我皇太后垂帘训政,将及四十年,朕躬仰承慈诲,夙昔睦邻保教,何等怀柔? 而况天下断无杀人放火之义民,国家岂有倚匪败盟之政体?

今兹议约不侵我主权,不割我土地,念列邦之见谅,疾愚暴之无知,事后追思,惭愤交集。惟各国既定和局,自不致强人以所难。

各大国信义为重,当视我力之所能及,以期其议之必可行。

总之,臣民有罪,罪在朕躬。朕为此言,并非追既往之愆尤,实欲儆将来之玩泄。近二十年来,每有一次衅端,必有一番诰诫,卧薪尝胆,徒托空言。理财自强,几成习套。事过以后,徇情面如故,用私人如故,敷衍公事如故,欺朝廷如故。大小臣工,清夜自思,即无拳匪之变,我中国能自强耶? 夫无事且难支拄,今又构此奇变,益贫益弱,不待智者而后知。

所以谆谆诰谕者,则以振作之与因循,为兴衰所由判,切实之与敷衍,即强弱所由分。固邦交,保疆土,举贤才,开言路,已屡次剀切申谕。

从不贵奇巧,不需"制办物件",到拱手奉上"中华之物力",如此前倨后恭,判若天渊,乃是中国近代历史的真实写照。

一、"半殖民地"使国家主权部分丧失

1840年鸦片战争后,中国的社会性质由原来单一的封建社会,转变为半殖民地半封建社会。所谓"半殖民地",是指一个国家形式上独立,实际上在政治、经济、军事等方面却受帝国主义国家不同程度的控制。近代中国就是这样的国家。中国之所以并未成为某一宗主国的殖民地①,不是侥幸,而是因为帝国主义国家之间对中国领土、资源和主权控制的争夺中存在着尖锐的矛盾。

沦为"半殖民地",中国社会的性质因此而被改变。在中国近代历史中,西方列强日益成为统治中国、阻碍中国社会发展和进步的决定性因素。徐中约指出:"西方文明在其他地方显得极有创造力且生机勃勃,但在与中国的直接对抗时,却表现出破坏性大于创造性。"②事实的确如此,先进文明带给近代中国的不是文明,而是灾难。西方列强通过不断发动侵略战争,操纵了中国的财政、经济、军事、文化,使本来已经落后的中国经济文化更加落后,严重阻碍了近代中国的独立发展。西方列强的侵略,是近代中国一切灾难和祸害的总根源。

近代中国沦为"半殖民地"的主要表现,是国家主权的部分丧失,主要体现为一系列不平等条约的签订。《中外旧约章汇编》收录了1182个文件。这些文件并非全是条约,即使是条约也并非全为不平等性质。有学者经过逐个梳理,确定其中的343个为不平等条约③。即便如此,这些不平等条约的数量也已经足够多了。清政府

在100年间,从不贵奇巧,不需"制办物件",到拱手奉上"中华之物力",如此前倨后恭,判若天渊,乃是中国近代历史的真实写照。※

西方文明在其他地方显得颇有创造力且生机勃勃,但在与中国直接对抗时,却表现出破坏性大于创造性。※

---

① 毛泽东在1939年撰写的《中国革命和中国共产党》中认为,"从一九三一年'九一八'以后,日本帝国主义的大举进攻,更使已经变成半殖民地的中国的一大块土地沦为日本的殖民地"。

② 徐中约:《中国近代史:1600—2000,中国的奋斗》,世界图书出版公司北京公司2008年1月第1版,第6页。

③ 侯中军:《近代中国不平等条约的标准与数目》,载人民网。

不仅和当时已经强大起来的欧美列强悉数签约,而且和"后起之秀"的日本和近邻俄国签订了不平等条约,而后者对近代中国的威胁更大。

近代中国沦为"半殖民地"的主要表现,是国家主权的部分丧失,主要体现为一系列不平等条约的签订。中国同"后起之秀"的日本和近邻俄国签订的不平等条约对近代中国的影响更大。※

表 3-1:1842—1915 年中国与西方列强签订的部分不平等条约①

序号	缔约时间	条约名称	缔约国
1	1842 年	南京条约	英国
2	1843 年	五口通商章程和虎门条约	英国
3	1844 年	望厦条约	美国
4	1844 年	黄埔条约	法国
5	1851 年	伊犁塔尔巴哈台通商章程	俄国
6	1854 年	上海租界租地章程	英法美
7	1858 年	瑷珲条约	俄国
8	1858 年	天津条约	俄美英法
9	1860 年	北京条约	俄法英
10	1861 年	通商条约	德国
11	1864 年	勘分西北界约记	俄国
12	1874 年	北京专条	日本
13	1876 年	烟台条约	英国
14	1881 年	伊犁(圣彼得堡)条约	俄国
15	1893 年	中英会议藏印条款	英国
16	1895 年	马关条约	日本
17	1896 年	通商行船条约	日本
18	1896 年	中俄密约	俄国
19	1898 年	胶澳租界条约	德国
20	1898 年	旅大租地条约	俄国
21	1898 年	订租威海卫专条	英国
22	1898 年	展拓香港界址专条	英国

---

① 资料来源:根据有关历史资料综合整理。

续表

序号	缔约时间	条约名称	缔约国
23	1901 年	辛丑条约	英/美/日/俄/法/德/意/奥匈/比利时/西班牙/荷兰
24	1911 年	满洲里界约	俄国
25	1905 年	中日会议东三省事宜正约	日本
26	1906 年	续订藏印条约	英国
27	1915 年	民四条约(二十一条)	日本
28	1915 年	中俄蒙协约	俄国

至于条约的具体内容,更是对中国主权造成了巨大的伤害,主要表现在口岸通商、割地和租借、关税、司法管理权、宗教等诸多方面主权的部分丧失。

表3-2:从不平等条约看近代中国部分主权的丧失①

条约	主权丧失
南京条约(英国)1842 年	1. 通商。"自今以后,大皇帝恩准英国人民,带回所属家眷,寄居沿海之广州、福州、厦门、宁波、上海等五处港口,贸易通商无碍。英国君主派设领事、管事等官,住该五处城邑,专理商贾事宜。" 2. 割地。"大皇帝准将香港一岛,给予英国君主暨嗣后世袭主位者,常远主掌,任便立法治理。" 3. 关税。"英国货物,自在某港按例纳税后,即准由中国商人,遍运天下,而路所经过,税关不得加重税例,只可照估价则例若干,每两加税不过某分。" 4. 废除公行制度,准许英商与华商自由贸易。"凡英国商民,在粤省贸易,向例全归额设商行亦称公行者承办,今大皇帝准其嗣后不必仍照向例,凡有英商等赴各该口贸易者,勿论与何商交易,均听其便。"

① 资料来源:根据有关条约整理。

条约	主权丧失
虎门条约 （英国） 1843 年	1. 片面最惠国待遇。"将来大皇帝有新恩施及各国,亦应准英人一体均沾,用示平允。" 2. 司法审判权。"倘遇有交涉词讼,管事官不能劝息,又不能将就,即移请华官公同查明其事,既得实情,即为秉公定断,免滋讼端。其英人如何科罪,由英国议定章程、法律发给管事官照办。" 3. 关税自主权。"凡系进口、出口货物,均按新定则例,五口一律纳税,此外各项规费丝毫不能加增。" 4. 英舰进泊通商口岸。"凡通商五港口,必有英国官船一只在彼湾泊,以便将各货船上水手严行约束,该管事官亦即借以约束英商及属国商人。" 5. 租界权。"允准英人携眷赴广州、福州、厦门、宁波、上海五港口居住,不相欺侮,不加拘制。"
天津条约 （俄美英法） 1858 年	1. 通商。增开牛庄(后改营口)、登州(后改烟台)、台湾(后定为台南)、淡水、潮州(后改汕头)、琼州、汉口、九江、南京、镇江为通商口岸。外人得往内地游历、通商。外国商船可在长江各口岸往来。 2. 宗教。外籍传教士得入内地自由传教。 3. 关税。修改税则,减轻商船吨税。
北京条约 （俄法英） 1860 年	1. 通商。开天津为商埠。 2. 华工招募。准许英法招募华工出国。 3. 割地。割让九龙司给英国。 4. 宗教。归还以前没收的天主教资产。法方还擅自在中文约本上增加:"并任法国传教士在各省租买田地,建造自便。"
马关条约 （日本） 1895 年	1. "朝鲜独立"。中国从朝鲜半岛撤军并承认朝鲜的"自主独立";中国不再是朝鲜之宗主国。 2. 割地。中国割让台湾岛及所有附属各岛屿、澎湖列岛和辽东半岛给日本。 3. 通商。开放沙市、重庆、苏州、杭州为商埠。允许日本人在中国通商口岸设立领事馆和工厂及输入各种机器。 4. 司法管辖权。中国不得逮捕为日本军队服务的人员。 5. 台湾澎湖内中国居民,两年之内任便变卖产业搬出界外,逾期未迁者,将被视为日本臣民。
辛丑条约 （英美日俄法德意奥匈比利时西班牙荷兰） 1901 年	1. 划定使馆区。将北京东交民巷划定为使馆区,成为"国中之国"。在区内中国人不得居住,各国可派兵驻守。 2. 拆炮台、驻军队。拆除大沽及有碍北京至海通道的所有炮台,各国可在自山海关至北京沿铁路的 12 个地方驻扎军队。 3. 胁迫清政府。永远禁止中国人民成立或加入任何"与诸国仇敌"的组织,违者处死。各省官员必须保证外国人的安全,否则立予革职,永不录用。凡发生反帝斗争的地方,停止文武各等考试 5 年。 4. 对德日"谢罪"。清政府分派亲王、大臣赴德、日两国表示"惋惜之意",在德国公使克林德被杀之处建立牌坊。 5. 惩治附和过义和团的官员。

续表

条约	主权丧失
二十一条 （日本） 1915 年	1. 承认日本继承德国在山东的一切权益,山东省不得让与或租借他国。 2. 承认日本人有在南满和内蒙古东部居住、往来、经营工商业及开矿等项特权。旅顺、大连的租借期限并南满、安奉两铁路管理期限,均延展至 99 年为限。 3. 汉冶萍公司改为中日合办,附近矿山不准公司以外的人开采。 4. 所有中国沿海港湾、岛屿概不租借或让给他国。 5. 中国政府聘用日本人为政治、军事、财政等顾问。中日合办警政和兵工厂。武昌至南昌、南昌至杭州、南昌至潮州之间各铁路建筑权让与日本。日本在福建省有开矿、建筑海港和船厂及筑路的优先权。

　　横向来看,这些不平等条约的内容处处体现了西方列强的蛮横无理和居高临下,一副战胜国的姿态。条款中充斥着中国"不得如何"的字样,清政府毫无尊严可言。所谓的"利益均沾"更是臭名昭著,相当于清政府只要和一个国家签订了条约,实际上就等于和诸多国家签订了条约。更有甚者,1901 年《辛丑条约》第十款规定:"各省抚督文武大吏暨有司各官,于所属境内均有保平安之责,如复滋伤害诸国人民之事,或再有违约之行,必须立时弹压惩办,否则该管之员,即行革职,永不叙用,亦不得开脱别给奖叙。"这一条款相当于将清政府变成了"洋人的朝廷",清政府已经沦为西方列强侵略瓜分中国的工具。纵向上看,从《南京条约》到《二十一条》,中国主权丧失的范围越来越大,主权丧失的程度越来越深,整个国家陷于四分五裂的状态。

　　不仅如此,一些不平等条约还有赔款的条款,更加剧了近代中国经济的危机、崩溃以及人民的深重负担和苦难。以中日《马关条约》为例,根据安格斯·麦迪森[①]的统计,1895 年中国人口为 3.9 亿,2亿两白银相当于每个人要负担大约 0.5 两,日本人口为 4177.5 万,

不平等条约的内容处处体现了西方列强的蛮横无理和居高临下,条款中充斥着中国"不得如何"的字样,所谓的"利益均沾",相当于清政府只要和一个国家签订了条约,实际上就等于和诸多国家签订了条约。※

---

　　① 相关数据引自安格斯·麦迪森著《世界经济千年统计》,北京大学出版社2009 年 1 月第 1 版。

相当于每一个日本人获得中国的赔款接近 5 两。1890 年,中国的
GDP 大约是日本的 5 倍,可以想见,2 亿两白银对日本来说可谓天文
数字,中日两个国家实力的逆转也就在所难免。1895 年,清政府岁
入大约为 8900 万两白银①,不及对日赔款的一半,只好向其他西方
列强借款,加重了对西方列强的依赖,而这种依赖实际上以主权的进
一步丧失为代价,陷入恶性循环。

再以 1901 年《辛丑条约》为例,中国对各国列强赔款 4.5 亿两
白银,意味着每个中国人承担一两,"这笔赔款在四十年内分年还
清,加上利息和地方赔款,相当于当时清政府至少十二年财政总收
入,使清政府的财政更加陷入绝境"②。中国背负巨大屈辱和负担进
入 20 世纪。

表 3-3:1842—1906 年中国对西方的部分赔款③

条约	签订时间	赔款数额
中英《南京条约》	1842 年	2100 万银元
中英、中法《北京条约》	1860 年	1600 万银元
中日《北京专条》	1874 年	50 万两库平银
中英《烟台条约》	1876 年	20 万两关平银
中俄《伊犁条约》	1881 年	900 万银卢布
中日《马关条约》	1895 年	2 亿两库平银
《辛丑各国条约》	1901 年	4.5 亿两关平银
中英《续订藏印条约》	1906 年	750 万银卢比

今天看这些条约,"不平等"是显而易见的。但是为什么造成了
"不平等",除了西方列强的外在因素,我们自身是否也是原因的一
部分? 法国学者阿兰·佩雷菲特指出,中国的落后"主要来自于他

① 徐中约:《中国近代史:1600—2000,中国的奋斗》,世界图书出版公司北京公司 2008 年 1 月第 1 版,第 276 页。
② 金冲及:《二十世纪中国史纲》(第 1 卷),社会科学文献出版社 2009 年 9 月第 1 版,第 37 页。
③ 资料来源:根据有关条约整理。

们的优越感":"所有国家都有自以为天下第一的倾向。所有民族都有本民族中心主义的影响。巴西中部印第安人中的格族人在人种学家库尔特·安凯尔离开他们时痛哭流涕,因为他们无法想象人在离开他们这个唯一生活还有意思的民族后还能生存下去,但很少有一个民族能像中国人那样把这种怪癖发展到如此程度,他们今日的落后主要来自他们的优越感。"①

这种近乎于盲目的优越感,给中国带来了"不平等",优越感首先导致中国与其他国家的"不平等",而其他国家则通过"不平等"要与中国"平起平坐"。在评论马嘎尔尼使团觐见乾隆皇帝这件事情时,阿兰·佩雷菲特以嘲讽的口吻描述了这种"不平等"的转换。

近代中国陷入屈辱困境,除了西方列强外在因素外,自认为"天下第一"而在发展上和制度上不思进取,更是重要原因。※

[专栏 3-3]　　　　　"平等"与"不平等"

阿兰·佩雷菲特指出:在马嘎尔尼提出要求后只用了 67 年时间,他们(指中国——引者注)就同意了遵守国际惯例。西方人不再是"纳贡的夷人",并将派外交使团到为此而设立的中国外务省。这样从一开始就支配外交关系的不平等就取消了。那么为什么中国人把这些用武力强加的条约称为"不平等"条约呢? 在西方人的思想里,条约消除了力量上的不平等而用一种持久的合理状态来替代,它制止了引起力量悬殊的战斗的破坏性逻辑而回复到建立平等关系的和平逻辑。相反,在中国人看来,中国与附庸之间不平等是天经地义的事。他们感到的不平等就是人家把平等强加给他们。命定的附庸同合法的君主平起平坐,这是多么令人气愤的事!

——摘自《停滞的帝国——两个国家的撞击》第 600—601 页

---

① 阿兰·佩雷菲特:《停滞的帝国——两个世界的撞击》,生活·读书·新知三联书店 1993 年 5 月第 1 版,第 627 页。

二、"半封建"导致中国发展积重难返

近代中国是"殖民"侵占和切割"封建",所谓"半殖民半封建"并非二者平分天下,而是资本主义在内因和外因的推动下在中国有了一定的发展,但在根基上仍然延续着封建制度。※

与"半殖民地"相伴而生的,是"半封建"。近代中国由"封建"到"半封建"的改变是被动发生的,没有"半殖民地"就没有"半封建",二者是一对孪生兄弟。

毛泽东分析了中国封建时代经济和政治制度的主要特点:一是自给自足的自然经济占主要地位;二是封建的统治阶级——地主、贵族和皇帝,拥有最大部分的土地,而农民只有很少土地,或者完全没有土地;三是不但地主、贵族和皇室依靠剥削农民的地租过活,而且地主阶级的国家又强迫农民缴纳贡税,并强迫农民从事无偿的劳役,去养活一大群的国家官吏和主要是为了镇压农民之用的军队。四是保护这种封建剥削制度的权力机关,是地主阶级的封建国家[1]。农业是中国国民经济的基础,而农业经济中,土地所有制又是决定性的因素。因此中国封建制度社会形态的基本经济规律,表现为"用主要通过买卖兼并土地的办法,用剥削依附佃农的办法,来保证地主占有地租和满足其经常增长的寄生性消费"[2]。这个问题,一直贯穿于中国近现代社会形态的变化与发展。

[专栏3-4]　　　　　　中国封建社会形态

胡如雷认为:与世界各民族的封建社会相同,在中国历史上农业同样是国民经济的基础,对工商业居于支配地位。手工业和商业的发展必然以农村为出发点,在很大程度上受农业经济的制约,甚至工商业组织也是模仿农村的类似组织而来。因此,首先解剖农业生产,尤其是农业中的生产关系,是全面了解封建社会的钥匙,也是确定中国封建社会形态基本经济规律的基础……在

---

① 毛泽东:《中国革命和中国共产党》,参见人民网 http://cpc. people. com. cn/GB/69112/70190/70197/70352/4950666. html。

② 胡如雷:《中国封建社会形态研究》,生活·读书·新知三联书店 1979 年 7 月第 1 版,第 422—423 页。

农业经济中,土地所有制又是决定性的因素。它是决定人与人之间的关系的物质基础,是地租产生的根据,也是决定农民经济地位及分配形式的关键。中国封建社会形态的各方面的一切特征,最终来源于地主土地所有制所具有的土地买卖、土地兼并这一特点。

————摘自《中国封建社会形态研究》第 422 页

这一社会形态,在遭受帝国主义侵略后发生了重大的改变,在原有封建制度遭到破坏的同时,资本主义在内因和外因的推动下有了一定的发展,但总体上仍然保持着封建制度。这就是所谓的"半封建"社会:既保存了封建制度,又有资本主义的发展。

西方资本主义的侵略,的确在一定程度上促进了中国资本主义的发展。毛泽东指出:"中国封建社会内的商品经济的发展,已经孕育着资本主义的萌芽,如果没有外国资本主义的影响,中国也将缓慢地发展到资本主义社会。外国资本主义的侵入,促进了这种发展。外国资本主义对于中国的社会经济起了很大的分解作用,一方面,破坏了中国自给自足的自然经济的基础,破坏了城市的手工业和农民的家庭手工业;又一方面,则促进了中国城乡商品经济的发展。"[1]

相对于封建社会,资本主义社会是一种更为先进的文明。而由封建社会发展到资本主义社会,资产阶级尤其是民族资产阶级作为一种主导力量必须得到充分的发展。但实际上,传统封建制度和外来侵略冲击,构成了中国民族资产阶级发展的环境和基础。由于中国民族资产阶级同帝国主义和封建主义并未完全断绝经济上的联系,注定在经济上和政治上表现出软弱性,没有彻底的反帝反封建的勇气,因此很难发展成为独立的主导力量,难以同封建制度抗衡,更难以承担起变革中国社会的历史责任。因此,在资本主义和资产阶级发育不足的近代中国,封建制度以"半封建"的方式得以继续,成

毛泽东说,中国封建社会内的商品经济的发展,已经孕育着资本主义的萌芽,如果没有外国资本主义的影响,中国也将缓慢地发展到资本主义社会。外国资本主义的侵入,促进了这种发展。※

由于中国民族资产阶级同帝国主义和封建主义存在着千丝万缕的联系,注定没有彻底的反帝反封建的勇气,因此很难发展成为独立的主导力量,难以同封建制度抗衡,更难以承担起变革中国社会的历史责任。※

---

① 毛泽东:《中国革命和中国共产党》,参见人民网 http://cpc. people. com. cn/GB/69112/70190/70197/70352/4950666. html。

封建制度作为探索中国发展道路的一种根深蒂固的障碍,主要表现是封建官僚制度、以士绅阶层为基础的精英统治和"东方专制主义"。这种制度残余至今犹存。※

为探索中国发展道路的一种障碍,使得近代中国更加积重难返。

封建制度作为探索中国发展道路的一种根深蒂固的障碍,主要表现是封建官僚制度、以士绅阶层为基础的精英统治和"东方专制主义"。"满清国家的确是一个专制独裁政权,官场之内的官僚和官场之外的士绅,主宰着政治和社会的各个领域;同样,农民向政府交纳了最大部分的赋税、向地主缴纳了最高的地租和向高利贷者交纳了最不可思议的利息。"①胡绳指出:"封建主义的专制政权用它所拥有的一切手段——行政的、强制的手段和文化的、意识形态的手段,维护个体小农业和家庭手工业相结合的经济基础,极力打击和扼杀任何足以动摇这种经济基础的新因素,因为,以吸吮千百万农民的血汗来喂养自己的全部封建主义上层建筑,只能是建立在这种经济基础上面。"②

这种阻碍作用,在近代中国没有发生较大的改变。沿袭这种封建制度长达200多年的清政府不仅根本不想改变,而且成为封建制度的顽固的维护者。美国历史学家罗兹·墨菲在分析1862—1875年所谓的"同治中兴"时指出:"满清政府已经进入它的最后半个世纪,他几乎完全丧失了推动改革的意志和能力,而作为一个外来民族建立的王朝,他自感有义务在所有事务上维护传统中国制度。同大多数中国人一样,清政府根本不信任甚或厌恶任何外国东西和任何形式的变革,它唯一关心的是把儒教传统修饰得漂漂亮亮,而这也正是同治中兴的主要目标所在。"③这一结论,不仅适用于"同治中兴",也适用于整个近代中国。

---

① 徐中约:《中国近代史:1600—2000,中国的奋斗》,世界图书出版公司北京公司2008年1月第1版,第55页。
② 胡绳:《从鸦片战争到五四运动》(上册),人民出版社1981年6月第1版,第11—12页。
③ 罗兹·墨菲:《亚洲史》,海南出版社、三环出版社2004年10月第1版,第476页。

［专栏3—5］
各次改革尝试大都是对传统问题的传统式解答

　　罗兹·墨菲指出：各次改革的尝试，包括同治中兴的"自强"运动，多半是对传统问题的传统式解答。除条约口岸大多属于外国人的工业外，没有出现值得重视的工业化；很少有人愿意放弃那些越来越无力处理现代问题的规章制度。中国依然是那个中央王国，它在过去太长的时间里取得了太大的成功，以致无法理解改革的必要或向野蛮人学习的必要。对于在采纳外国技术和规章制度的同时如何保存中国精髓这个两难问题，未能得出有说服力的答案。然而以身为中国人而骄傲的自豪感从未丧失；即使革命经过多次错误发动、受挫和背信之后从头再起，这种自豪也依然如故。中国长期形成的共同文化成员意识中首次增加了一种新的民族主义意识，这种民族主义意识在中华帝国统治着"天下"而较小民族统治着"国家"的过去时代是没有意义的。

——摘自《亚洲史》第 483 页

　　与此同时，在内忧（如太平天国起义）外患（如西方列强的侵略）此伏彼起，在帝国主义和中华民族的矛盾，封建主义和人民大众的矛盾空前尖锐的挑战面前，满清政府自身反而又进一步激化了满汉民族矛盾。面对外来冲击，中国封建制度不仅没有整合成为一支一致对外的力量与之抗衡，反而促成满清王朝对政权的合法性、种族利益的高度戒备和维护，中国封建制度内部，已经没有自我提升、自我复制、自我整合的强大动力。而一旦不能扮演这样一个角色，就只能成为新动力形成的阻碍，没有中间道路可走。而封建制度在近代中国的角色是后者。

[专栏 3-6]　　　　维新失败的重大影响

　　　　徐中约指出:1898 年维新失败所造成的影响是众多而深远的。首先,它证明从上而下的进步改革是不可能的。其次,在皇太后和重返政坛的顽固保守派的控制下,宫廷根本不具备领导能力。他怂恿排外主义和鼓励义和团事件,导致了 1900 年八国联军占领北京。它遵循反汉的政策来迫害改革者,因而扩大了满汉之间的分裂。反动的军机大臣刚毅说:"改革者汉人之利也,而满人之害也。设吾有为,宁赠友邦,勿与家奴。"第三,越来越多的汉人感到,他们的前途在于彻底地推翻满人的王朝,这样的事也无法通过和平的变革实现,只有来自下层的流血革命才有可能实现。

　　　　　　　　——摘自《中国近代史:1600—2000,中国的奋斗》第 305 页

三、中华民族在命运多舛中顽强前行

　　鸦片战争前的中国和英国实行两种不同的社会政治经济制度。马克思对中英两国的状况进行了比较,认为当时的英国是"最现代的社会的代表",而中国却是"陈腐世界的代表"。在 1858 年 8 月 31 日撰写的《鸦片贸易史》中,马克思指出:"一个人口几乎占人类三分之一的幅员广大的帝国,不顾时势,仍然安于现状,由于被强力排斥于世界联系之外而孤立无依,因此竭力以天朝尽善尽美的幻想来欺骗自己。这样一个帝国终于要在这样一场殊死的决斗中死去,在这场决斗中,陈腐世界的代表是激于道义原则,而最现代的社会的代表却是为了获得贱买贵卖的特权——这的确是一种悲剧,甚至诗人的幻想也永远不敢创造出这种离奇的悲剧题材。"①清王朝统治下的中国,政治落后,经济落后,军事落后,自然摆脱不了遭受侵略和失败的

———————————

　　①　参见人民网 http://cpc.people.com.cn/GB/10878134.html。

命运。

正如马克思所预言的那样,近代中国的确充斥着一系列的耻辱和失败。但是我们今天回顾这段历史,仅仅只看到耻辱和失败是不够的,还需要看到众多仁人志士,为了国家强盛和民族振兴所作出的种种努力和可贵探索。鸦片战争前后,中国一批政治眼光比较敏锐的官员和知识分子,以传统经学为依托,以匡时救世为己任,对内主张整饬吏治,改革弊政;对外提倡学习西技,抵抗侵略,从而逐渐形成一股经世致用的社会思潮。如战前的龚自珍主张严禁鸦片,抵抗英国侵略者,主张和外国作有益的通商,严格禁止奢侈品的输入。战时的林则徐则以实际行动主导了鸦片战争。战后的魏源提出"以夷攻夷"、"以夷款夷"和"师夷之长技以制夷"的观点。尽管这些近代改良思想的先驱主要关注的还是中国在技术和器物层面上的落后,并未对中国制度落后这一更深层次的原因有深刻的认识,但他们已经难能可贵地开始"睁开眼睛看世界",不再沉醉于"中央之国"的幻想之中。

"西方工业文明是一种崭新的文明,其经济生产能力、军事科技和政治组织结合在一起所具有的巨大扩张性,对中国构成了史无前例的挑战。"①而要应对这种挑战,必须"睁开眼睛看世界"。这一进程,开始于鸦片战争之后。根据钟叔河的研究,1840 年后,"第一批由清政府派遣赴泰西'游历',也就是第一批亲自去接触和了解西方文化的代表,当是同治五年(1866 年)由斌椿父子率领的同文馆学生一行五人"②,此后,出国漫游或考察的中国人开始增多。

鸦片战争前后,中国一批政治眼光比较敏锐的官员和知识分子,以传统经学为依托,以匡时救世为己任,对内主张整饬吏治,改革弊政;对外提倡学习西技,抵抗侵略,逐渐形成一波又一波经世致用的社会思潮。※

鸦片战争后,中国当局的优越感顿失,从"中央之国""天下第一"的美梦中醒来。开始"睁开眼睛看世界"。※

---

① 金观涛、刘青峰:《开放中的变迁:再论中国社会超稳定结构》,法律出版社 2011 年 1 月第 1 版,第 419 页。

② 钟叔河:《走向世界:近代知识分子考察西方的历史》,中华书局 1985 年 5 月第 1 版,第 60 页。

表 3-4：近代中国考察西方的历史（1866—1909 年）①

事件和人物	时间	游历	著作
斌椿游历欧洲	1866 年	欧洲十一国	《乘槎笔记》和诗稿
志刚出使泰西	1868—1870 年	美英法普俄	《出使泰西记》
张德彝航海述奇	1866—1907 年	八次出访欧美	《闻见录》八部
容闳与西学东渐	1847 年	美国留学	《西学东渐记》
王韬海外漫游	1867 年，1879 年	欧洲、日本	《漫游随录》、《扶桑游记》
李圭环游地球	1876 年	参加美国世界博览会	《环游地球新录》
郭嵩焘出使英国	1877—1879 年	出使英国	《使西纪程》
刘锡鸿"用夏变夷"	1877—1878 年	出使英德	《英轺私记》
黎庶昌西洋风土记述	1877—1881 年	出使英德法日西班牙	《西洋杂志》
外交人才曾纪泽	1878—1886 年	出使英法俄	《使西日记》
技术专家徐建寅	1879 年	考察欧洲工厂	《欧游杂录》
薛福成的洋务思想	1890—1894 年	欧洲	《出使英法义比四国日记》
甲午以前的日本观（何如璋、李筱圃、傅云龙、黄庆澄）	1877—1893 年	日本	《使东述略》、《日本纪游》、《游历日本图经·徐记》、《东游日记》
黄遵宪的日本研究	1877—1882 年	日本	《日本国志》、《日本杂事诗》
康有为欧洲游记	1904 年后	欧洲十一国	《欧洲十一国游记》（未完成）
启蒙思想家梁启超	1899 年后	日本、北美、澳大利亚	大量文章和《新大陆游记》

　　这些著述正如李侃所说，"不论他们的社会政治地位有高下之分，思想有开明守旧之别，一当他们跨出国门，踏上陌生的异国土地，接触到资本主义国家的种种事物，相比之下，就感到中国的经济文化

---

　　①　根据钟叔河《走向世界：近代知识分子考察西方的历史》一书整理。

和科学技术的相形见绌了"。因此,"后来的人们固然可以对他们的是非功过做出种种评判,但是对他们在中国认识世界、走向世界的艰辛历程中所留下的足迹和声音却是不应该遗忘的"。①

更令人敬重的,是那些"向西方寻求真理"的人物,"自从1840年鸦片战争失败那时起,先进的中国人,经过千辛万苦,向西方国家寻找真理。洪秀全、康有为、严复和孙中山,代表了在中国共产党出世以前向西方寻找真理的一派人物。"②其实这个人物名单,还可以更长。如奕䜣、曾国藩、李鸿章、张之洞、左宗棠等"洋务派"推动的洋务运动虽然以失败终结于中日甲午战争,但也在一定意义上以"试错"的方式证明了"中学为体、西学为用"的改革不彻底和不可行;如"义和团运动",虽然"严重地沾染上了封建主义落后性和排外主义的毒素"③,并以失败告终,但却使西方列强和满清政府看到了中国社会底层所蕴积的巨大反抗力量和气节,这种"民气"④一旦被正确引导和校正,就会成为民族复兴和国家独立的主导力量。因此,近现代中国100多年的历史,"绝非一连串的失败,过去的世纪颇为壮丽地体现出中华文化顽强的生命力和伟大的创造能力"⑤。

在"半封建半殖民地"双重负面因素的影响下,一代又一代的仁人志士,矢志探索中国革命、中国模式和中国制度的变革和发展之路,从而使得中华民族即便在命运多舛中,仍然顽强前行。

洪秀全、康有为、严复和孙中山,代表了在中国共产党出世以前向西方寻找真理的一派人物,他们在为探索中国的发展道路和中国制度"试错";义和团运动体现出中国社会底层所蕴积的具有巨大力量和民族气节的"民气",这些都证明中国最需要的是正确的政治方向和强有力的领导核心。※

---

① 李侃:《走向世界:近代知识分子考察西方的历史》"序言",中华书局1985年5月第1版。

② 毛泽东:《论人民民主专政》,见中国共产党新闻网 http://cpc. people. com. cn/GB/69112/70190/70197/70354/4768598. html。

③ 胡绳:《从鸦片战争到五四运动》(下册),人民出版社1981年6月第1版,第645页。

④ 容闳1901年曾对人说:"现在就拿有人称义和团为'乱民'来说吧,这些人就没有看到这里面积聚着一股可贵的'中国之民气'。""真要让这样的'民气'化为足以使列强感到胆寒的炸药包,则必须做到'纳民气于正轨'。"参见陆其国《随笔二题》,《书屋》2011年第5期。

⑤ 金观涛、刘青峰:《开放中的变迁:再论中国社会超稳定结构》,法律出版社2011年1月第1版,第420页。

第二节　资本主义制度在中国的历史命运

鸦片战争之后，大多数的中国人，把国家富强和民族复兴的希望寄托于实行和发展资本主义，他们向西方寻求真理，试图依照西方资本主义制度来改造中国。"要救国，只有维新，要维新，只有学外国。那时的外国只有西方资本主义国家是进步的，它们成功地建设了资产阶级的现代国家"①。从太平天国、洋务运动、戊戌变法、辛亥革命，到国民党建立的南京国民政府，构成资本主义在中国发展的主线。循着这条主线，有必要从资本主义制度建设的角度，进行一番考察。

一、资本主义制度在中国的探索和发展

太平天国运动提出了中国第一套具有发展资本主义意愿的政治纲领，主张向西方学习，建立一个实行资本主义制度的社会，但其目标是建立一个自给自足的农村社会，没有给城市和商品经济留下发展空间。※

【太平天国（1851—1864 年）：建立资本主义制度的主张】太平天国运动是近代中国的一次农民起义，但因为这次起义是在中国对外（被动）开放的背景下发生的，因此不同于以往历次农民起义。洪秀全所提出的"上帝面前人人平等"的口号，具有浓厚的西方基督教色彩。基于"平等"的理念，太平天国主张平分土地。1853 年定都南京后，太平天国颁布了《天朝田亩制度》，根据"凡天下田，天下人同耕"的原则，把每亩土地按每年产量的多少，分为上中下三级九等，好田坏田互相搭配，好坏各一半，按人口平均分配。其所主张的土地平分，实际上"是为资本主义的发展扫清道路"②，这一纲领具有高度的革命彻底性。但由于其目标是建立一个自给自足的农村社会，没有给城市和商品经济任何发展空间，而太平天国对商品经济既无法消灭，又无法控制，因此这一制度注定是一个不能实现的空想。到

① 毛泽东：《论人民民主专政》，载《毛泽东选集》第 4 卷，见中国共产党新闻网 http://cpc.people.com.cn/GB/69112/70190/70197/70354/4768598.html。

② 胡绳：《从鸦片战争到五四运动》（上册），人民出版社 1981 年 6 月第 1 版，第 200 页。

了 1859 年,洪仁玕写作并经洪秀全批准公布《资政新编》,这是中国第一套具有发展资本主义意愿的政治纲领,主张向西方学习,建设一个新的国家,建立一个实行资本主义制度的社会。由于军事局势的影响,这一纲领根本不能实行。就此而言,太平天国对于资本主义制度的探索,可谓纸上谈兵,但"它在思想史上的意义是重大的"。

[专栏 3-7]　　《资政新篇》的资本主义主题

李泽厚指出,《资政新篇》的主题是大规模地倡导和发展资本主义:迅速兴办近代交通运输业,提倡机器生产,开矿,立厂,办银行,积极采用近代西方科学技术,鼓励创造发明,实行专利制度,保护和奖励私人资本。如:"兴车马之利,以利便轻捷为妙。倘有能造如外邦火轮车,一日夜能行七八千里者,准自专其利,限满准他人仿造","兴舟楫之利,以坚固轻便捷巧为妙,或用火用气用力用风,任乎智者自创","兴器皿技艺","兴宝藏。凡金银铜铁锡煤盐琥珀、蚌壳、琉璃、美石等货,有民探出者准其禀报,爵为总额,准其招民来取",等等。洪仁玕把资本家和封建地主开始作了某种初步区分(《钦定军次实录》),实际上是要求用资本主义来替代封建剥削。与此相适应的是上层建筑的一系列改造或建设,立法制,去酷刑,办医院,兴邮政,开学校,设新闻官以舆论来监督行政(尽管洪秀全敏锐看出在当时阶级斗争异常紧张形势下,不应实行,但并未从原则上否定它),如此等等。如果说,《天朝田亩制度》的重点在于打破封建地主土地所有制的生产关系,那么《资政新篇》的重点就在于建立和发展一种新的资本主义的生产力和生产关系,不再是"五母鸡二母彘"之类的农业小生产的狭隘眼界,而是建立近代工业、全面开发资源的宏大计划。也只有这样,才能真正克服前者的封建性、落后性和空想性。

——摘自《中国近代思想史论》第24—25 页

太平天国提出的理念直接影响了孙中山"三民主义"的思考和主张;太平天国运动为寻求国家出路的斗争则为中国共产党的诞生提供了经验,创造了条件。※

"正是由于《资政新篇》,太平天国才具有指向'中华共和国——自由、平等、博爱'(马克思)的近代民主主义气息。"①

孙中山的"三民主义"一定程度上来自于太平天国理念的直接影响。"孙中山认为洪秀全之失败,是因为他懂得民族独立但不懂民众主权,懂得君主制度但不懂民主。为纠正这些意识形态的缺陷,孙中山倡导了洪秀全的前两项'民族'和'民权'原则,而第三项'民生'主义则包含了'平均地权'和'节制资本'的思想,这部分是受太平天国土地制度和财产公有制的启发,因此太平军未能实现的社会革命,在孙中山及其信徒身上得到了部分推行"。② 从中,可以看出资本主义在中国发展的代际传承关系。

【洋务运动(1861—1894年):王朝体制内探索资本主义的有限尝试】洋务运动兴起于太平天国后期,虽然所谓的"洋务"包括了"一切与外洋来的事物有关的事情"③,但通常所说的"洋务运动"指的是通过发展工业(尤其是军事工业)实现中国的"防卫现代化"④。这是中国历史上没有的内容,需要学习西方,因此归于对外关系的范畴。

洋务运动的代表人物曾国藩指出:"卫鞅治秦,以耕战二字为国;泰西诸洋,以商战二字为国。"这说明他已经认识到中西社会的不同,即"中国经济以农为主,西方经济以商为主"。"曾国藩也知道西方议会制度,在议会中作为资本家的商人可以控制政权,使君主听他指挥,但这正是曾国藩所要避免的"。因此在发展军事工业的时候,曾国藩主张"以政带工,而不许以商带工"。而"以政带工"的结果是"以官带商",官商成为官僚资本家,这样,"代表封建的官僚资

---

① 李泽厚:《中国近代思想史论》,生活·读书·新知三联书店2008年6月第1版,第24页。

② 徐中约:《中国近代史:1600—2000,中国的奋斗》,世界图书出版公司北京公司2008年1月第1版,第198—199页。

③ 胡绳:《从鸦片战争到五四运动》(上册),人民出版社1981年6月第1版,第309页。

④ 金观涛、刘青峰:《开放中的变迁:再论中国社会超稳定结构》,法律出版社2011年1月第1版,第58页。

本家和代表帝国主义的买办资本家狼狈为奸,使中国更深地陷入半封建半殖民地的地位"。① 洋务派的另一个代表人物张之洞,在甲午战后洋务运动破产维新运动高涨之时,撰写《劝学篇》,提出了"旧学为体,新学为用"的主张,与曾国藩可谓一脉相承。这一主张的中心思想是:"封建纲常不能动摇,封建制度不能改革,中国的'圣教'是根本,是不可变的;西方资本主义国家的工艺、器械,只能'补吾缺'。"②(关于"中体西用"思想的探索和实践,我们在第二章作了详细分析,这里从略。)

洋务运动给近代中国带来了现代银行体系、现代邮政体系、新式教育、新式军队、新的思想、铁路、重工业等影响后世的成果,对西方思想和科技的引进,不仅刺激了中国民族资本主义的发展,也开启了中国现代化之门。但是洋务运动是在满清王朝封建体制内的资本主义尝试,这种先天不足决定了这种尝试注定是有限的、变味的,"这种外交、军事与技术上的有限现代化的努力,缺乏相应的体制与思想变革,无法振兴国家,并使之成为一个现代政权"③。封建制度和封建王朝不可能为资本主义的发展提供丰厚的土壤和资源、制度基础,资本主义也就不可能在体制内得到全面充分的发展。

洋务运动是在满清王朝封建体制内的资本主义尝试,其有限的现代化努力,更因缺乏相应的体制与思想变革,所以无法振兴国家,更不能成为一个现代政权。※

【**戊戌变法**(1898年6—9月):**被保守派残酷镇压的资产阶级改良运动**】中日甲午战争的失败对中国人的思想观念造成的巨大冲击,在近代中国可谓无出其右。这场失败不仅宣告了洋务运动的破产,而且随着日本"明治维新"后的迅速崛起,迫使中国人开始进行国家政治社会制度的反思。

"中国和日本差不多同时开始防卫现代化,有近乎相同的起点,不同的是中国坚持只在器物上向西方学习,坚守儒家理想社会模式,

---

① 参见冯友兰《中国哲学史新编》(第六册),人民出版社1989年1月第1版,第86—90页。

② 汤志钧:《近代经学与政治》,中华书局1989年8月第1版,第223页。

③ 徐中约:《中国近代史:1600—2000,中国的奋斗》,世界图书出版公司北京公司2008年1月第1版,第274页。

认为中国社会政治制度高于西方。而日本却进行了全面制度改革。"①戊戌变法,无疑是甲午战败强烈刺激下的产物。

戊戌变法是一次自上而下的、激进的资产阶级改良运动,主张学习西方,兴民权,推行资产阶级政治改革,发展资本主义经济,扩大资产阶级的权力,传播资产阶级思想,提倡科学文化和革新教育制度,开放新闻自由等。较之于洋务运动,其进步是触及了中国变革的制度层面。※

戊戌变法是一次自上而下的、激进的资产阶级改良运动,是力图以资本主义的方式变革中国政治社会制度的一种尝试。维新派主张学习西方,兴民权,推行资产阶级政治改革,发展资本主义经济,扩大资产阶级的权力,传播资产阶级思想,提倡科学文化和革新教育制度,开放新闻自由等。较之于洋务运动,戊戌变法的重大进步是触及了中国变革的制度层面。与洋务派主张的"旧学为体,中学为用"和"重农抑商"不同,戊戌变法主张"立宪法,开国会",注重发展商业。康有为在一份替内阁大学士起草的奏稿中说:"伏乞上师尧舜三代,外采东西列强,立行宪法,大开国会,以庶政与国民共之,行三权鼎立之制,则中国之治强,可计日待也。"②这在一定程度上是主张中国实行"君主立宪制",是制度层面的重大改革。康有为"把君主立宪解释为'君民共治'。他所谓君,是封建统治势力的代表,他所谓民,则在实际上主要是指资产阶级,资产阶级这时自命为全体人民的代表。"③冯友兰指出,君主立宪的实质是君主把统治权全部交给内阁,而自己居于一个有名无实的虚位。但是,康有为从光绪皇帝的立场出发,虽然主张下放政权,但不主张全部下放政权,因此,"他所理解的君主立宪并不是、或不全部是在当时西方所已实行的君主立宪。"④

---

① 金观涛、刘青峰:《开放中的变迁:再论中国社会超稳定结构》,法律出版社2011年1月第1版,第68页。

② 引自冯友兰《中国哲学史新编》(第六册),人民出版社1989年1月第1版,第102页。

③ 胡绳:《从鸦片战争到五四运动》(下册),人民出版社1981年6月第1版,第535页。

④ 冯友兰:《中国哲学史新编》(第六册),人民出版社1989年1月第1版,第104页。

表3-5：戊戌变法的主要内容①

类别	内容
教育	❖ 举办京师大学堂 ❖ 所有书院、祠庙、义学、社学一律改为兼习中西学的学堂 ❖ 各省会设高等学堂，郡城设中等学堂，州县设小学 ❖ 鼓励私人开办学堂 ❖ 设立翻译、医学、农务、商学、路、矿、茶务、蚕桑速成学堂 ❖ 派皇族宗室出国游历，挑选学生到日本游学 ❖ 废八股、乡会试及生童岁、科考试，改考历史、政治、时务及四书五经，以及定期举行经济特科 ❖ 设译书局 ❖ 颁发著书及发明给奖章程，保荐格致人才
经济	❖ 设铁路矿务总局、农工商总局，并在各省设分局 ❖ 广泛开设农会，刊印农报，购买农具，订立奖励学艺、农业程序，编译外国农学书籍，采用中西各法切实开垦 ❖ 颁发制器及振兴工艺给奖章程 ❖ 在各地设立工厂 ❖ 在各省设商务局、商会，保护商务，推广口岸商埠 ❖ 开放八旗经商的禁令，许其学习士农工商自谋生计 ❖ 倡办实业，促进生产
军事	❖ 改用西洋军事训练 ❖ 遣散老弱残兵，削减军饷须支，实行团练，裁减绿营，举办民兵 ❖ 颁发兴造枪炮特赏章程 ❖ 筹设武备大学堂 ❖ 武科停试弓箭骑剑，改试枪炮
政治	❖ 裁减冗员 ❖ 设置京卿学士，以集思广益 ❖ 准许地方官与士民上书 ❖ 改上海《时务报》为官报，创设京师报馆 ❖ 开放新闻自由 ❖ 按月分类列名每年收支

根据徐中约的统计，"从1898年6月11日到9月20日的103天里，教育、行政管理、工业和国际文化交流领域的约40到55项变法法令很快陆续颁发"②。但是这些自上而下的激进改革计划，在"帝党"和"后党"的权力斗争中，遭遇大多数中央和省级地方官员的

---

① 根据有关资料整理。

② 徐中约：《中国近代史：1600—2000，中国的奋斗》，世界图书出版公司北京公司2008年1月第1版，第299页。

普遍抵制和强烈反对,不仅大多数法令没有执行,而且维新派遭到保守派的残酷镇压,戊戌变法以流血的方式而失败。康有为曾经说:"如果不改革,皇帝将来很可能连做一个平民的机会都没有,而且会像明代的最后一个上吊自杀的皇帝那样凄惨地结束自己的生命。"①戊戌变法的失败与不改革其实没有两样,康有为的判断,不幸被10多年后爆发的辛亥革命所验证。

【辛亥革命(1911 年):既成功又失败的资产阶级革命】从1840年到辛亥革命这几十年里,中国一方面变革图强,一方面防止"改朝换代"的革命的发生,但是革命还是发生了。即便是在1906年清政府宣布实行"预备立宪",变革的尺度和力度均大于戊戌变法的背景下,也未能挽救满清王朝灭亡的命运。从这个角度看,辛亥革命具有重要的历史意义。

辛亥革命是近代中国比较完全意义上的资产阶级革命,它结束了中国两千多年的封建君主专制制度,建立起资产阶级民主共和制度,建立了亚洲第一个民主共和国——中华民国。在此之前的中国的历次起义都是以一个朝代代替另一个朝代而结束,但辛亥革命却彻底推翻帝制。尽管辛亥革命以后,出现了"袁世凯称帝"(1915年)、"张勋复辟"(1917年)的倒退,出现了军阀割据、战乱频仍,中国相当时期内陷入分裂混乱之中,但历史已经不可逆转,仍然按着自身的轨迹向前发展。就此而言,辛亥革命无疑是成功的。辛亥革命的成功,除了革命党人的不懈努力外,更是因为满清王朝的腐朽没落,表明满清王朝的统治已经不堪一击。以区区几千人的兵力,却以"摧枯拉朽的形势逼得清廷交出了政权。一个也算庞然大物的专制帝国,竟这样轻易地土崩瓦解了"②。而这种不堪一击的统治正是政治、经济、社会、文化、制度等全面腐朽落后的集中表现。辛亥革命是压死满清王朝这匹骆驼的最后一根稻草。

辛亥革命是近代中国比较完全意义上的资产阶级革命,较之中国历史上的王朝更迭,它是彻底推翻帝制,所以是成功的,但反帝反封建的革命任务并没有完成,又是失败的。辛亥革命带给中国人的其实是制度的困扰和变革的焦虑。※

---

① 徐中约:《中国近代史:1600—2000,中国的奋斗》,世界图书出版公司北京公司2008年1月第1版,第295页。

② 雷池月:《回首百年:一场未完成的革命》,《书屋》2011年第1期。

辛亥革命后,孙中山在南京建立资产阶级革命政府。1912年3月,颁布了具有宪法效力的《中华民国临时约法》,提出按照西方资本主义国家"三权分立"和"代议政治"的原则来构建中华民国的国家制度。规定"中华民国之主权属于国民全体","中华民国人民一律平等",并享有人身、居住、言论、出版、集会、结社、通信、信仰等自由和选举及被选举等权利。这些规定反映了资产阶级革命派的民主精神,体现了辛亥革命的积极成果,成为民主共和的象征和旗帜,标志着资本主义国家制度在中国诞生。

但是,被称作"资产阶级革命"的辛亥革命的发生,当时并没有一个强大的资产阶级作为支撑。参与革命者并非以资产阶级为主,革命的成功也未直接促成资产阶级的进一步发展。在传统社会的改变上,辛亥革命只打倒了社会顶层的满人权贵,但中国传统地方社会中居领导地位的各省士绅及汉人旧官僚,也大多在辛亥革命中转而投向革命,地位反而更加巩固。辛亥革命并没有像西方资产阶级革命那样,重新建构社会结构。参加辛亥革命的更多的是军人、旧式官僚、各地士绅,这些人在辛亥革命后仍然掌握权力。更重要的是,在中国这样一个农耕社会,农民的缺位无疑是革命的致命伤,"迄今没有任何资料可以说明革命党人当时曾经在农村尝试过发动农民的工作"[①]。中国贫穷的平民阶层没有参加,使得辛亥革命缺乏广泛而深厚的革命基础。辛亥革命后,中国平民尤其是农民的生存条件没有发生根本性的改变,中国人口剧增,清末的土地兼并以及西方列强对中国的压迫和经济侵略等问题,在辛亥革命之后也没有根本上改观。就此而言,辛亥革命是失败的,至少不是完全彻底的成功。

1930年,国民党要员何应钦对辛亥革命作了一个比较简洁的评价:"辛亥革命懵懂算是挂上了一个民国的空招牌,并没有建设民国的实际,由推翻满清一点而论,固然算是成功,由全部革命的目的而论,究不能不谓为失败。革命的目的不只在推翻满清,不只在获得中

---

① 雷池月:《回首百年:一场未完成的革命》,《书屋》2011年第1期。

华民国的虚名,而在造成一个三民主义自由平等的新中国。"①毛泽东在 1939 年指出:"从孙先生开始的革命,有它胜利的地方,也有它失败的地方。你们看,辛亥革命把皇帝赶跑,这不是胜利了吗?说它失败,是说辛亥革命只把一个皇帝赶跑,中国仍旧在帝国主义和封建主义的压迫之下,反帝反封建的革命任务并没有完成。"②国共两党对辛亥革命大体一致的评价,反映了辛亥革命既成功又失败的双重属性。

这种双重属性,使得"辛亥革命带给中国和中国人的,其实是制度的困扰和变革的焦虑。"③

[专栏 3-8]　　民国共和制度的"消化不良"

张鸣认为:革命给了国人一个世界上最先进的制度,但却没法像魔棒一样,给中国带来立竿见影的变化。中国不仅没有因此而走向富强,反而更加混乱。很多人都明白,一个有两千年帝制传统的国度,骤然实行共和,而且学的是世界上最先进的美国,其实难免消化不良。但是,人们不情愿看着刚刚确立的进化论历史观在自己身上破产,不愿意承认自己跟西方人其实不一样,没法原封不动地移植一个"最好的制度",因为这样,似乎就等于承认自己种族的劣质。于是,只能把混乱归咎于变革的不彻底,革命的不彻底,因此只好在前进方向上做更激进的动作,革命,再革命,从制度变革走向文化和伦理革命,再则阶级革命,把中国社会翻过来,将传统的结构彻底打碎,建设一个人们谁也难弄明白的新世界。

——摘自《辛亥:摇晃的中国》第 16 页

---

① 引自何广《历史上对辛亥革命的纪念和解读》,《北京日报》2011 年 2 月 21 日。
② 毛泽东:《青年运动的方向》。
③ 张鸣:《辛亥:摇晃的中国》,广西师范大学出版社 2011 年 1 月第 1 版,第 16 页。

【**南京国民政府**(1927—1949 年①)：**高度垄断的资本主义制度和腐败的资产阶级政权**】南京国民政府是以蒋介石为核心中国国民党建立的资产阶级政府。1927 年"四一二政变"后，蒋介石在南京召开会议，决定改组国民党，否认武汉国民政府，定都南京。南京国民政府成立后，抛弃孙中山"联俄、联共、扶助农工"三大政策，通缉中共首要，成为一个代表大地主大资产阶级利益的政府。1928 年 9 月，国民党二届五中全会在南京召开，宣称全国进入训政时期，并决定以五院制组成国民政府。10 月，南京国民政府公布《中华民国国民政府组织法》，规定国民政府总揽中华民国之治权，行政院、立法院、司法院、考试院、监察院正式组建。南京国民政府建立后，名义上为统一的中央政府，实际上直至它溃败出大陆，始终难以在全国推行政令、军令。

1928 年到 1937 年全面抗战爆发，是南京国民政府的第一个 10 年。在这 10 年里，南京国民政府在金融改革、交通建设、关税自主、收回外国租界、工业发展、教育发展、新生活运动等方面，取得了一定的成就。但社会和经济改革却被严重忽视。南京国民政府忽视了地主土地所有制问题和农民的困苦，不仅不接近土地和农民，认识不到土地问题的严峻，甚至部分国民党将领和官员本身也与土地利益联结在一起，而国民政府赖以支撑的正是这些人——军阀、将领、官员、商人和高利贷者，孙中山"耕者有其田"的理想从未实现。

作为国民党政权，南京国民政府是高度垄断的国家资本主义。南京国民政府建立初期致全力于财政，在英国和美国的帮助下推进关税改革，财政总收入在前 10 年增大了 10 倍②，其中一半以上是关税收入。然后于 1935 年攫取中国银行、交通银行等五家银行，完成金融垄断体制，同时通过币制改革，国家银行独占白银储备和货币发

---

① 1927 年 4 月 18 日在南京举行成立典礼，北伐胜利后，1928 年 6 月 15 日宣告完成统一大业，1948 年 5 月 20 日"行宪"后改称总统府，1949 年 4 月 23 日中国人民解放军占领南京，而彻底覆灭。

② 许涤新、吴承明主编：《中国资本主义发展史》(第 3 卷)，人民出版社 2003 年 6 月第 1 版，第 13 页。

行权而实现金融垄断。工业垄断的实现,则是在抗日战争结束后国民党政府接受了巨额的敌伪产业,辅以日本赔偿和归还的物资完成的。"国民党的国家垄断资本,不是像欧美国家那样以通过财政——金融手段干预和调节国民经济为主,而是继承官僚资本的老传统,采取国、公营企业的形式(也有少数以私营面貌出现的豪门资本企业)。这种形式具有直接的排他性,因而,它实际上堵塞了民间资本即通称为民族资本发展的道路。"[1]1936年,金融业资本和产业资本中的官僚资本分别为59.02%和22.27%,表明南京国民政府大体上完成了金融垄断而未完成产业垄断;到了1947/1948年,金融业资本和产业资本中的官僚资本分别为88.85%和64.13%,表明南京国民政府大体上完成了金融垄断和产业垄断。

表3-6:南京国民政府时期金融业资本和产业资本的比重[2]　(%)

领域	类别	1936年(包括东北)	1947/1948年
金融业资本	外国资本	19.45	5.91
	本国资本	80.55	94.09
	其中:官僚资本	59.02	88.85
	民族资本	21.53	5.24
产业资本	外国资本	57.23	11.21
	本国资本	42.77	88.79
	其中:官僚资本	22.27	64.13
	民族资本	20.50	24.66

到了抗日战争后期,国家银行几乎垄断了整个银行业。在各项存款和工商业贷款总额中,国家银行所占比重从1937年的66.3%和66.3%,逐年迅速增加到1945年的98%和90.3%,民族金融资本

---

[1]　许涤新、吴承明主编:《中国资本主义发展史》(第3卷),人民出版社2003年6月第1版,第14页。

[2]　资料来源:许涤新、吴承明主编:《中国资本主义发展史》(第3卷),第741、752页。

的发展空间被挤压到很低水平。

表3-7:抗战时期南京国民政府国家银行在银行存贷款中的比重①

（％）

年份	各项存款		工商业贷款	
	国家银行	省银行、商业银行	国家银行	省银行、商业银行
1937 年	66.3	33.7	66.3	33.7
1938 年	71.9	28.1	66.6	33.4
1939 年	76.3	23.7	71.8	28.2
1940 年	76.1	23.9	71.8	28.2
1941 年	79.1	20.9	60.4	39.6
1942 年	86.2	13.8	71.0	29.0
1943 年	87.0	13.0	75.6	24.4
1944 年	90.7	9.3	78.2	21.8
1945 年	98.0	2.0	90.3	9.7

　　在这种高度国家垄断之下,民族产业的发展空间也被大大压缩。从民族资本工矿企业的设立和投资情况看,在1928年出现高峰之后,除了1933年出现微小反弹外,从1928年到1934年,民族工矿企业不论是新设立数量还是投资规模,几乎呈现直线下降的趋势。尽管这种情况的出现有很多内外部因素的影响,但是主要的问题是,南京国民政府未能给民族资本主义提供一个良好的发展环境和较大的发展空间,未能顾及从事实业的民族资本家的利益。

---

　　①　资料来源:许涤新、吴承明主编:《中国资本主义发展史》(第3卷),第500页。

表 3-8:1928—1934 年中国民族资本工矿企业设立情况及其投资①

年份	新设企业(家)	资本额(当年币值,万元)
1928 年	250	11784
1929 年	180	6402
1930 年	119	4495
1931 年	117	2769
1932 年	87	1459
1933 年	153	2440
1934 年	82	1781

南京国民政府实行的是国家权力和财产私人所有制相结合的官僚资本主义经济形态,代表的是大地主大资产阶级的利益。这一政权性质的局限性决定了它不可能带领广大人民进行制度创新,使国家走向繁荣富强。而在推行资本主义制度方面,高度垄断最终导致了彻底腐败。※

毫无疑问,国民党政权在 1949 年的失败,除了厌恶内战的民心向背之外,还是多种复杂因素综合作用导致的。第一,国民党并没有在政治上真正统一中国,当时中国仍处于分裂战乱之中,只是形式上而不是实质上的统一,南京国民政府全盛时期,也只能收到五个省的税收,因此不可能建立统一的国内市场,从而为建立资本主义(尤其是自由资本主义即民族资本主义)开辟道路。第二,国民党统治时期经济社会发展仍然停滞不前,特别在后期,百业萧条,民生凋敝,工商衰退,农村经济破产,物价飞涨,失业严重。这虽然与战争有关,但是却彰显了国民党国家治理上的无能。第三,社会生活缺乏民主法制,官场腐败,社会秩序混乱。

失败的根本原因,正如以上所分析的那样,南京国民政府实行的是国家权力和财产私人所有制相结合的官僚资本主义经济制度,代表的是大地主、大资产阶级的利益。这一政权性质决定了它不仅不会消灭封建地主阶级土地所有制,并且还要加以维护。冯友兰认为中国的资产阶级可以分为民族、买办和官僚资产阶级三种,买办资产阶级靠的是外国势力,官僚资产阶级靠的是手中的权力,只有民族资

---

① 资料来源:许涤新、吴承明主编:《中国资本主义发展史》(第 3 卷),第 120 页。

产阶级是靠自己的经营,因此民族资产阶级才是"真正的中国资产阶级"①。而在国民党统治时期畸形发展起来的、起主导作用的是官僚资产阶级,而官僚资产阶级脱胎于近代的各种政治势力,与外国资本主义和中国封建势力有着千丝万缕的联系。以四大家族为例,宋家有美国背景,而蒋陈则起家于上海,与有浓厚封建色彩的江浙财阀以及封建政治势力"青红帮"有紧密联系。民族资产阶级在买办资产阶级和官僚资产阶级的双重夹击下,只能艰难地挣扎,不可能成为政治社会的主导力量。官僚资产阶级只能建立国家垄断资本主义,而"国家垄断资本主义是社会主义的最充分的物质准备,是社会主义的前阶,是历史阶梯上的一级,在这一级和叫做社会主义的那一级之间,没有任何中间级"②。因此"1949 年中国革命的胜利,完全证实了列宁的这个判断"③。国家垄断资本主义特有的权力和资本的结合所导致的国民党政权的腐败,必然导致失败。

二、资本主义制度在中国的受挫和失败

中国的传统封建制度能不能自发产生资本主义,其中是否存在着资本主义的萌芽? 国内的大部分学者对此持肯定态度。但是一些国外学者有不同的看法。法国年鉴派历史学家布罗代尔指出,市场经济并不等于资本主义,"中国拥有牢固的市场经济",但是国家及其严密的官僚机构构成了中国发展资本主义的障碍,在中国传统制度下,唯有国家和国家机器才有可能进行财富积累。因此"除了由国家撑腰、监督和控制的特定商人集团(如 13 世纪的盐商或广州的'公行')外,中国没有资本主义"。④ 美籍华裔历史学家黄仁宇指出,"中国之商业长期在西方两个极端(即封建制度下的极端封闭和

---

① 冯友兰:《中国现代哲学史》,广东人民出版社 1999 年 8 月第 1 版,第 2—3页。

② 列宁:《大难临头,出路何在?》。见中国共产党新闻网。

③ 许涤新、吴承明主编:《中国资本主义发展史》(第 3 卷),人民出版社 2003年 6 月第 1 版,第 15 页。

④ 参见布罗代尔《15 至 18 世纪的物质文明、经济和资本主义》第 2 卷,生活·读书·新知三联书店 1993 年 1 月第 1 版,第 653—655 页。

中国资本主义革命狭隘的代表性,反封建的不彻底性,主要采取自上而下的方式,以及西方列强对中国资本主义发展既推动又压制的双重属性,等等,使中国的资产阶级不可能成为一支独立的、能量巨大的革命力量,因此也就不可能在中国建立和发展真正的资本主义制度。但它是"中国全面革命前的序幕"。※

资本主义下之极端展开)之间。如果说商业以远距离之姿态行之,批发商能干预零售及制造即能算资本主义,则中国有许多这样的例子"。可是这种不上不下的情形却只赢得了一个"资本主义萌芽"的名目,因此黄仁宇发问:"世界上竟有何种名花异卉,会'萌芽'达三四百年,还不曾开花结果?"①

其实,无论中国有没有"资本主义萌芽",外部因素的推动都是中国资本主义发展的一支重要力量。不论中国资本主义从"萌芽"到"开花结果",还是从无到有的发展,毫无疑问都推动了中国社会政治经济结构的重大变化,从"大历史"的角度看,这是很大的进步,"每一种失败的事业总有某种善的内核"②。因此所谓"资本主义在中国的失败",并不是对资本主义在中国实践的完全否定。资本主义在中国的实践,是在"外事之刺激"和"中国的反应"之间展开的。从鸦片战争到五四运动,资本主义在中国的实践逐步从"器物"层面向"制度"层面不断推进,并进而对传统文化、思维方式和封建意识形态进行清算。正如黄仁宇所言,中国需要一次"长期的革命","以中国幅员之大,人口之众,过去社会组织之根深蒂固,犹如一个走兽不能令之立即变为飞禽"③。而从《南京条约》到五四运动的资本主义实践,是中国希冀从"走兽"变为"飞禽"的不懈努力,构成了"中国全面革命前的序幕",是中国的一笔可贵的精神遗产。

因此,所谓"资本主义在中国的失败"的判断,主要是基于中国资本主义在中国实践的最终结果。反封建的不彻底性,西方列强对中国资本主义发展既推动又压制的双重属性,中国资本主义革命主要是采取自上而下的方式等等,使得中国的资产阶级不可能成为一

---

① 参见黄仁宇《资本主义与二十一世纪》,生活·读书·新知三联书店1997年5月北京第1版,第12—13页。

② 金观涛、刘青峰:《开放中的变迁:再论中国社会超稳定结构》,法律出版社2011年1月第1版,第49页。

③ 参见黄仁宇《资本主义与二十一世纪》,生活·读书·新知三联书店1997年5月第1版,第469—470页。

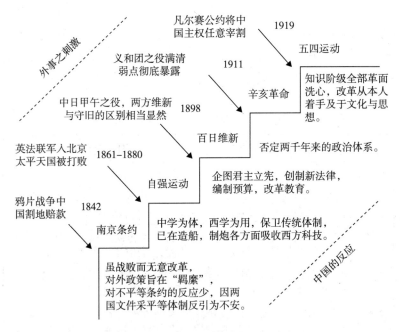

图3-1：中国全面革命前的序幕①

支独立的、能量巨大的革命力量，因此也就不可能在中国建立和发展真正的资本主义制度。正如前面所分析的那样，太平天国实质上仍然是一场农民运动，没有先进阶级的领导，对资本主义的认识只停留在一知半解的泛泛空论上，没有任何实质性的实践；洋务运动只求"器物"等技术层面的引进和学习，而不注重也不可能进行制度尤其是政治制度层面的改革，通过中国洋务运动与日本明治维新的比较（见表3-9），其格局和视野的狭窄就已经立见高下；戊戌变法把希望寄托在一个羸弱的皇帝身上，在势力强大的反对派的重重包围中，激进的变革只能是变革思想的传播而无变革实践的成功；辛亥革命的浅尝辄止，注定是一场尚未完成、难以进行到底的革命，其革命成果被篡夺是必然的结果；国民党政权对孙中山革命纲领的抛弃，直接导致了对官僚资产阶级的过度依赖和对民族资产阶级的过度打压，

① 资料来源：黄仁宇：《资本主义与二十一世纪》，第470页。

社会和经济改革动力的缺失以及对农民疾苦的漠不关心,使其政权失去了广泛的社会基础,高度的国家垄断资本主义,将资本主义固有的、以贪婪和腐败为主要特征的负面因素和效果发挥到了极致,并最终导致国民党政权在大陆的丧失。

表3-9:中国洋务运动与日本明治维新的比较①

类别	中国洋务运动	日本明治维新
时间	1861—1894 年	1867—1890 年
目标	"自强"、"求富",学习西方先进技术以达到富国强兵的目的	在政治、军事、文化各方面以西方为榜样进行全面改革
立场	代表人物为满清政府的封建官僚,维护并强化封建制度	代表人物谋求彻底推翻封建制度,实行君主立宪制
方式	技术上依赖外国。主要通过洋人和官僚资本筹办企业	在人才技术引进上既大量引进,又大力培养本国人才
重点	注重军事工业和防卫现代化,没有大力发展工业或改革政治制度和传统文化	从西方引进经济、政治、军事、文化教育等制度,全面推进富国强兵、殖产兴业、文明开化
环境	没有获得大多数人的支持,王朝中许多重要官员是保守派,对洋务运动采取反对和仇视的态度	获得国家最高领导层的支持,并有一支以资本家、商人、新兴地主等组成的强大势力支撑

　　总之,资本主义在中国的失败,是历史发展客观规律的体现,是中国历史演进的必然结果。

三、资本主义制度在中国失败的历史教训

　　总结资本主义在中国失败的教训,国民党政权的失败教训最为典型。作为中国集中体现资本主义特征的国民党政权,1927 年第一次国共合作的破裂是一个最大的转折点。这次破裂不仅使中国共产党成为其主要对手和敌人,更为关键的是,它导致国民党政权不得已形成了"倒金字塔"的政治结构。这种政治结构的致命弱点,是不能

---

① 根据有关资料整理。

深入农村基层。而中国是一个悠久的农业社会,农民问题是中国革命的中心问题,农民也是中国革命的主力军。不能解决农村基层问题和农民问题,革命不会成功,政权不会稳固。

资本主义制度在中国失败的根本原因是没有代表广大民众,特别是农民的利益。※

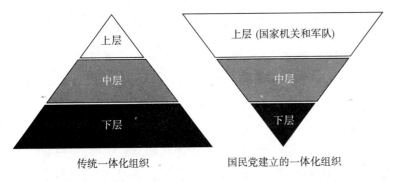

图 3-2:国民党新一体化结构与传统结构比较①

　　要解决这个问题,政权组织"必须具备强势意识形态,有更坚强和紧密的党组织,它的组织也不能只集中在社会上层,还必须深入到农村基层,形成一个基层干部远远大于中层和上层的巨型金字塔系统"。而"国民党宣布反共,镇压人民革命,虽然维护了军官和党员的利益,保持了反军阀之统一战线,但他却不得不面对清共和镇压工农运动所造成的巨大反作用,这就是三民主义对社会动员力的丧失"。因此,"如果说,三民主义组织力的减弱使上层组织不能紧密整合,那么,镇压工农运动则带来另一个后果,这就是国民党一直缺乏中下层社会组织者"。这就使国民党成了一个"泥足巨人"②。

　　历史经验证明,革命的群众基础从来都是决定成败的第一要素。近代以来中国变法图强的一系列实践充分表明,不充分考虑广大民众的利益,不获得民众的支持,无论是革命还是变革,要么失败,要么

---

　　① 金观涛、刘青峰:《开放中的变迁:再论中国社会超稳定结构》,法律出版社2011 年 1 月第 1 版,第 284 页。

　　② 参见金观涛、刘青峰:《开放中的变迁:再论中国社会超稳定结构》,法律出版社 2011 年 1 月第 1 版,第 276—300 页。

不彻底,不可能取得最后的成功。

<h2 style="text-align:center">第三节 社会主义制度在中国的
扎根与发展</h2>

社会主义作为一种全新的政治理念和制度体系,为什么能够在中国开花结果,是了解"中国模式"的关键所在。※

如果说资本主义在中国历史上尚有一定的经济基础,那么社会主义对中国传统来说则是一种全新的意识形态和思想体系;如果说中国在鸦片战争之后就开始逐步了解西方资本主义,那么中国对社会主义的关注和了解则与1917年苏联"十月革命"的胜利有着密切的关系。就是这样一个全新的政治理念和制度体系,很快被引入中国,并最终在1949年成为中国的国家制度,并孕育、促进和保障了改革开放之后所形成的"中国模式"。探究社会主义制度和"中国模式"的内在逻辑关系,是了解"中国模式"的关键。

一、社会主义作为一种理念被中国接受

20世纪20年代,发生了中国革命历史上两个重大事件,一是前面提到的国民党的改组,随后建立了国民党政权,这个政权于1949年在大陆退出了历史舞台。二是1921年中国共产党的成立。这两大事件,均与1919年发生的五四运动有关。

作为中国新民主主义革命开端的五四运动,既是一场中国人民反帝反封建的爱国运动,也是一场探究近代中国衰落的根本原因,进而对中国传统进行历史清算的思想文化运动,更是对近代以来历次政治变革失败的反思和自省,力求以"社会革命"推动"政治革命"的社会运动。"'五四'运动的爆发从广义上说就是对民主政治改革深陷危机的一个回应,巴黎和会损害中国主权不过是内部政治变革连遭挫折的一个折射反映。民初政治改革的失败诱发了知识分子对民族国家建设由憧憬到绝望厌弃的悲观情绪。"因此,五四运动之后中国一段时期盛行无政府主义,主张"社会革命"。"'社会革命'和'政治革命'不仅是目的上的差别,而且是方法上的差别;政治革命是少数政党精英操控下的行动,'社会革命'则是大多数人的革命即

平民革命。"①中国共产党的早期领导人难免受到这一观点的影响，而对于社会(平民)革命的深刻认识，无疑是探索中国革命发展道路的重大进步。

如果说五四运动是中国共产党成立的内部因素，那么1917年俄国十月革命的爆发，则是中国共产党成立的外部因素，也是社会主义进入中国的核心来源。在1919年到1920年，中国先进知识分子陆续接触到马克思主义和社会主义，为中国共产党的建立作了必要的准备。

早期盛行的政治革命与社会革命两个理念之间，存在着本质上的差异，"政治革命"是少数政党精英操控下的行动，"社会革命"则是大多数人的革命即平民革命，中国共产党的早期领导人受后一观点的影响，从这里起步，开始探索中国革命发展道路。※

[专栏3-9]　　马克思主义在中国的传播

　　胡绳认为:1914年爆发的帝国主义战争使中国人民中的先进分子对资本主义制度发生了进一步的怀疑。1917年俄国十月社会主义革命的胜利在中国人民中引起了巨大的激动，尤其是先进分子由此开拓了眼界，看到决定人类命运的已不是资产阶级，而是无产阶级，已不是资本主义，而是社会主义。辛亥革命究竟为什么失败? 爱国志士们的救中国的目的究竟为什么达不到? 为这些问题苦恼的先进分子开始从马克思主义中寻求解答。《新青年》的主要撰稿人之一的李大钊在1918年到1919年间开始发表文章宣传马克思主义。许多先进的青年知识分子包括毛泽东、周恩来、蔡和森、邓中夏、恽代英……在1918年到1920年间接触到和接受了马克思主义，并在各地成立了研究和宣传马克思主义的团体。陈独秀是五四新文化运动中的主将，他在1920年的文章中表示接受马克思主义思想。

　　　　　　　　　　　——摘自《从鸦片战争到五四运动》第957页

社会主义作为一种理念被中国接受，是两大因素致成的:一是对

---

① 参见杨念群《"五四"九十周年祭——一个"问题史"的回溯与反思》，世界图书出版公司北京公司2009年5月第1版，第16—21页。

西方资本主义的失望，"第一次世界大战突然爆发，本来被奉为学习榜样的西方国家内部出现严重的劳资纠纷与贫富分化现象，使得中国知识分子对西方民主国家的崇拜心理发生动摇，与上层'国家'改造相对峙的'社会'变革概念日益渗透进知识界并迅速扩大其影响力"①；二是苏联"十月革命"的胜利。"十月革命"是人类历史上第一次胜利的社会主义革命，建立了第一个社会主义国家，它消灭了剥削、压迫和不平等，并尝试建设公平正义、共同富裕的社会。这一胜利不仅震动了西方，也震动了中国。不仅中国共产党接受了社会主义学说，孙中山领导的国民党也开始了向苏联的学习。

1919 年，中国共产党的先驱李大钊在《新青年》上发表《我的马克思主义观》，重点介绍了马克思的经济学说，并对资本主义和无产阶级的前途命运作了概括分析，为中国共产党的成立作了思想理论准备。

李大钊是中国第一个敏锐认识到俄国十月革命将对 20 世纪世界历史进程产生划时代影响的知识分子，他从中看到中华民族争取独立和中国人民求解放的希望。※

［专栏 3-10］ 无产阶级是资本主义的"敌兵"

资本主义是这样发长的，也是这样灭亡的。他的脚下伏下了很多的敌兵，有加无已，就是那无产阶级。这无产阶级本来是资本主义下的产物，到后来灭资本主义的也就是他。现今各国经济的形势，大概都向这一方面走。大规模的产业组织的扩张，就是大规模的无产阶级的制造。过度生产又足以缩小市场，市场缩小，就是工人超过需要，渐渐成了产业上的预备军，惟资本家之命是听，呼之来便来，挥之去便去。因为小产主的消灭与牧业代替农业的结果，农村的人口也渐集中于都市，这也是助长无产阶级增长的一个原因。无产阶级愈增愈多，资本愈集中，资本家的人数愈少。从前资本家夺取小手工小产业的生产工具，现在工人要夺取资本家的生产工具了。从前的资本家收用手工和小产业的

---

① 杨念群:《"五四"九十周年祭——一个"问题史"的回溯与反思》,世界图书出版公司北京公司 2009 年 5 月第 1 版,第 16 页。

生产工具,是以少数吸收多数压倒多数,现在工人收用资本家的生产工具,是以多数驱逐少数,比从前更容易了。因为无产阶级的贫困,资本家在资本主义下已失救济的能力,阶级的竞争因而益烈。竞争的结果,把这集中的资本收归公有,又是很简单的事情。"善泅者死于水,善战者死于兵"。凡物发达之极,他的发展的境界,就是他的灭亡的途径。资本主义趋于自灭,也是自然之势,也是不可免之数了。从前个人自有生产工具,所以个人生产的货品当归私有,现在生产的形式已经变为社会的,这分配的方法,也该随着改变应归公有了。资本主义的破坏,就是私有财产制的破坏。因为这种财产,不是由自己的劳工得来的,是用资本主义神秘的方法掠夺他人的辛苦得来的,应该令他消灭于集产制度之下,在资本主义未行以前,个人所有的财产,的确是依个人的劳工而得的。现在只能以社会的形式令这种制度的精神复活,不能返于古昔个人的形式了。因为在这大规模的分工的生产之下,再复古制是绝对不可能。只能把生产工具由资本家的手中夺来,仍以还给工人,但是集合的,不是个人的,使直接从事生产的人得和他劳工相等的份就是了。到了那时,余工余值都随着资本主义自然消灭了。

——摘自《李大钊全集》(下卷)第 84—85 页

1921 年,中国共产党成立,明确提出四条纲领:一是以无产阶级革命军队推翻资产阶级,由劳动阶级重建国家,直至消灭阶级差别;二是采用无产阶级专政,以达到阶级斗争的目的——消灭阶级;三是废除资本私有制,没收一切生产资料,如机器、土地、厂房、半成品等,归社会所有;四是联合第三国际。[①] 这一纲领已经体现了社会主义性质。

1922 年,《中国共产党第二次全国代表大会宣言》进一步分析了

---

① 参见《中国共产党纲领(英文译稿)》,中国共产党新闻网 http://cpc.people. com.cn/GB/64162/64168/64553/4427946.html。

国际形势和中国社会半殖民地半封建的性质,阐明了中国革命的性质、动力和对象,指出当前中国革命性质是民主主义革命;革命的动力是无产阶级、农民和其他小资产阶级,民族资产阶级也是革命的力量之一;革命的对象是帝国主义和封建军阀;革命的前途是向社会主义革命转变。这样,"组织无产阶级,用阶级斗争的手段,建立劳农专政的政治,铲除私有财产制度,渐次达到一个共产主义社会"就成了中国共产党的最高纲领;而消除内乱,打倒军阀,建设国内和平,推翻国际帝国主义的压迫,达到中华民族完全独立,统一中国为真正的民主共和国①则成为中国共产党的最低纲领,即在现阶段,进行新民主主义革命。

[专栏 3-11] 中国共产党的任务及其奋斗目标

无产阶级去帮助民主主义革命,不是无产阶级降服资产阶级的意义,这是不使封建制度延长生命和养成无产阶级真实力量的必要步骤。

我们无产阶级有我们自己阶级的利益,民主主义革命成功了,无产阶级不过得着一些自由与权利,还是不能完全解放。而且民主主义成功,幼稚的资产阶级便会迅速发展,与无产阶级处于对抗地位。因此无产阶级便须对付资产阶级,实行"与贫苦农民联合的无产阶级专政"的第二步奋斗。如果无产阶级的组织力和战斗力强固,这第二步奋斗是能跟着民主主义革命胜利以后即刻成功的。

中国共产党是中国无产阶级政党。他的目的是要组织无产阶级,用阶级斗争的手段,建立劳农专政的政治,铲除私有财产制度,渐次达到一个共产主义的社会。中国共产党为工人和贫农的目前利益计,引导工人们帮助民主主义的革命运动,使工人和贫

---

① 《中国共产党第二次全国代表大会宣言》,中国共产党新闻网 http://cpc. people. com. cn/GB/64162/64168/64554/4428164. html。

农与小资产阶级建立民主主义的联合战线。

——摘自《中国共产党第二次全国代表大会宣言》

中国共产党成立之后，首先排除的思想障碍就是无政府主义。对此，金冲及指出："反对无政府主义的斗争是建党过程中的一件大事，没有这样一场斗争，要建立起一个真正具有战斗力的党是不可能的。"[①]

包括毛泽东在内的中共早期领导人都信奉过无政府主义，马克思主义原理使他们心悦诚服，毅然走上了无产阶级革命的道路。※

［专栏3-12］ 无政府主义对集体的涣散作用

　　金冲及认为：在当时的进步思想界中，无政府主义曾经一度占有优势。这并不奇怪。中国是一个小资产阶级数量众多的国家。人们最初接受社会主义思潮时，对社会主义大多缺乏科学而明晰的了解。无政府主义者往往也打着"社会主义"甚至"共产主义"的旗号。他们提出的那些"绝对平等"、"绝对自由"、"反对任何权威"等主张都是以个人为中心的，很适合当时一些对黑暗现实极端不满、急于改变个人处境而又缺乏实际社会经验的知识青年的口味，因而有很广泛的市场。她在初期对冲击各种旧思想（特别是封建专制思想）对人们的束缚起过某些积极作用，但是要取消对个人的任何约束在现实社会生活中却是不切实际的空想，并且对集体起着严重的涣散作用。

——摘自《二十世纪中国史纲》（第 1 卷）第 185 页

随着共产党的建立和民主主义（社会主义）实践的展开，社会主义的学说和理念得到广泛的传播，不仅吸引了一大批共产主义者为党的纲领和目标而奋斗，社会其他阶层也逐渐对社会主义的学说和

---

　　①　金冲及：《二十世纪中国史纲》（第 1 卷），社会科学文献出版社 2009 年 9 月第 1 版，第 187 页。

理念有所理解并认同。"1933 年,《申报日刊》就中国现代化问题向社会各方面知名人士征文。在收到的 26 篇短论和专论中,绝大多数人主张走'受节制的资本主义'或非资本主义道路。大体统计,主张走自由资本主义道路的仅 1 篇,倾向于社会主义方式的有 5 篇,主张采取资本主义和社会主义两者之长,即混合方式的有 9 篇,其余未正面或明确回答。"①

从世界范围来看,社会主义理想在相当程度上是人们对资本主义社会中贫富悬殊、以强凌弱等现象强烈不满的产物。它的产生并非凭空而来,有着深刻的社会背景和客观的必然性。※

金冲及指出,"从世界范围来看,社会主义理想在相当程度上是人们对资本主义社会中贫富悬殊、以强凌弱等现象强烈不满的产物。它的产生并非凭空而来,有着深刻的社会背景和客观的必然性"②。中国共产党基于对中国政治、经济、社会现实的科学分析,以及对世界发展潮流的研究和把握,接受了马克思关于社会主义的学说,认同苏联的实践,确立了在中国建立社会主义制度的核心理念。而中国共产党的成功,取决于社会主义学说的巨大吸引力,"中国人在一百多年中尝够了贫穷、社会不平等和外来压迫等苦涩滋味,强烈地期待看到一个没有人压迫人、人剥削人的社会。以共同富裕为目标的社会主义理想,自然很容易对有过这种痛苦经历的中国人产生巨大的吸引力。"③社会主义作为一种理念,至关重要的与其说是被中国共产党所接受,不如说是被广大的中国人民所接受。如果没有人民的接受,那么社会主义的理念就不会在中国立足,社会主义的实践也不会在中国成功。

二、社会主义制度的局部试验

在 1949 年前,社会主义作为一种制度已经在中央苏区尤其是陕甘宁边区进行了局部试验。这一实验的核心思想是中国共产党的最

---

① 引自武力《试论新中国经济发展模式的三个重大问题》,载赵建英、吴波主编《论中国模式》(下),中国社会科学出版社 2010 年 9 月第 1 版,第 640 页。

② 金冲及:《二十世纪中国史纲》(第 4 卷),社会科学文献出版社 2009 年 9 月第 1 版,第 1364 页。

③ 金冲及:《二十世纪中国史纲》(第 4 卷),社会科学文献出版社 2009 年 9 月第 1 版,第 1364 页。

低纲领,即新民主主义革命,目的是建立新民主主义的政治、经济和文化。1940 年,毛泽东发表《新民主主义论》,集中体现了中国共产党探索建立社会主义制度的目标和方向。

在《新民主主义论》中,毛泽东指出:"中国革命的历史特点是分为民主主义和社会主义两个步骤,而其第一步现在已不是一般的民主主义,而是中国式的、特殊的、新式的民主主义,而是新民主主义。""这种殖民地半殖民地革命的第一阶段,第一步,虽然按其社会性质,基本上依然还是资产阶级民主主义的,它的客观要求,是为资本主义的发展扫清道路;然而这种革命,已经不是旧的、被资产阶级领导的、以建立资本主义的社会和资产阶级专政的国家为目的的革命,而是新的、被无产阶级领导的、以在第一阶段上建立新民主主义的社会和建立各个革命阶级联合专政的国家为目的的革命。因此,这种革命又恰是为社会主义的发展扫清更广大的道路。"

关于新民主主义的政治,毛泽东指出:"中国无产阶级、农民、知识分子和其他小资产阶级,乃是决定国家命运的基本势力。这些阶级,或者已经觉悟,或者正在觉悟起来,他们必然要成为中华民主共和国的国家构成和政权构成的基本部分,而无产阶级则是领导的力量。现在所要建立的中华民主共和国,只能是在无产阶级领导下的一切反帝反封建的人们联合专政的民主共和国,这就是新民主主义的共和国,也就是真正革命的三大政策的新三民主义共和国。""国体——各革命阶级联合专政。政体——民主集中制。这就是新民主主义的政治,这就是新民主主义的共和国,这就是抗日统一战线的共和国,这就是三大政策的新三民主义的共和国,这就是名副其实的中华民国。"

关于新民主主义的经济,毛泽东指出,"大银行、大工业、大商业,归这个共和国的国家所有","在无产阶级领导下的新民主主义共和国的国营经济是社会主义的性质,是整个国民经济的领导力量,但这个共和国并不没收其他资本主义的私有财产,并不禁止'不能操纵国民生计'的资本主义生产的发展,这是因为中国经济还十分落后的缘故"。"这个共和国将采取某种必要的方法,没收地主的土

毛泽东在《新民主主义论》中描绘了新民主主义社会的蓝图,标志着毛泽东思想的成熟,代表着中国共产党的建国大纲和政治纲领。他提出的"实行民主政治",绝不让"少数人所得而私"以及建立新民主主义文化的目标和要求,在今天仍然没有过时。※

189

地,分配给无地和少地的农民,实行中山先生'耕者有其田'的口号,扫除农村中的封建关系,把土地变为农民的私产。农村的富农经济,也是容许其存在的。这就是'平均地权'的方针"。"中国的经济,一定要走'节制资本'和'平均地权'的路,决不能是'少数人所得而私',决不能让少数资本家少数地主'操纵国民生计',决不能建立欧美式的资本主义社会,也决不能还是旧的半封建社会。"

关于新民主主义的文化,毛泽东归纳为"民族的科学的大众的文化":"这种新民主主义的文化是民族的。它是反对帝国主义压迫,主张中华民族的尊严和独立的。它是我们这个民族的,带有我们民族的特性。""这种新民主主义的文化是科学的。它是反对一切封建思想和迷信思想,主张实事求是,主张客观真理,主张理论和实践一致的。""这种新民主主义的文化是大众的,因而即是民主的。它应为全民族中百分之九十以上的工农劳苦民众服务,并逐渐成为他们的文化。"①

冯友兰认为,《新民主主义论》"这篇文章虽然是以个人名义发表的,但是,其意义和影响是代表中国共产党发表了它的'建国大纲'和政治纲领"。②

1927年第一次国共合作破裂后,革命重点由城市转向农村,在中央苏区和其他革命根据地,新民主主义革命的试验主要体现在三个方面:一是建设革命政权。随着根据地的扩大,各地相继成立工农民主政权。1931年在江西瑞金成立中华苏维埃共和国。苏维埃政权对人民实行民主、对敌人实行专政、实行代表会议制度。二是开展土地革命。1931年春,毛泽东总结土地革命的经验,提出并实行依靠贫农、雇农,联合中农,限制富农,保护中小工商业者,消灭地主阶级,变封建半封建的土地所有制为农民的土地所有制的土地改革政

---

① 参见毛泽东《新民主主义论》,中国共产党新闻网 http://cpc. people. com. cn/GB/64184/64185/66616/4488916. html。

② 冯友兰:《中国现代哲学史》,广东人民出版社1999年8月第1版,第143页。

策。三是发动群众参与革命。为了发动农民起来革命,毛泽东在秋收起义前就拟定了一个土地纲领:没收一切土地,包括小地主(实际是富农)和自耕农的土地在内,然后分配给无地和少地的贫雇农耕种。后来把"没收一切土地"改为"没收一切公共土地及地主阶级的土地",以缩小打击面,团结争取中农,从而调动革命因素,减少革命阻力。

抗战期间,新民主主义政治和经济在陕甘宁边区的局部试验,可以视为新中国建立社会主义制度的预演。作为中国共产党仅有的一个从未失去的革命根据地,陕甘宁边区的政权经历了三个时期,一是苏维埃政权时期(1928年5月—1937年9月),二是抗日民主政权时期(1937年9月—1946年11月),三是人民民主政权时期(1946年11月—1950年1月)①。其中第二个时期所进行的新民主主义的实践,可谓"新民主主义国家的微缩景观"(李智勇语),被称誉为"民主共和国的标本。"②

【陕甘宁边区在政治尤其是政权建设上的探索实践,主要的特点是"两权半"的政权结构、"三三制"的政权构成和中国共产党的"一元化"领导】所谓"两权半"的政权结构,即立法、行政的独立和司法的"半独立"。这一模式既不同于西方资本主义制度的"三权鼎立"(立法、司法、行政独立),也不同于国民政府的"五权宪法"(立法、行政、司法、监察、考试五权分立),是一种独特的模式,这在当时是相当民主的,也是基本适应当时边区实际的。它体现了"革命的任务决定革命的性质"。

陕甘宁边区的局部试验,可以视为新中国建立社会主义制度的预演,其试验模式和经济体制模式直接影响了改革开放后一系列的制度建构举措,其政治模式对于今后中国政治制度的改革仍然具有借鉴意义。※

---

① 李智勇:《陕甘宁边区政权形态与社会发展(1937—1945)》,华东师范大学历史研究所博士学位论文(答辩日期为2001年4月)。本节关于陕甘宁边区的有关论述,参考并使用了该论文的有关资料和分析,特此说明并致谢。

② 笑蜀:《民主共和国的标本——陕甘宁边区十年变革记略》,《炎黄春秋》2006年第1期。

表3-10：陕甘宁边区政权的独特结构①

机构	性质	特点
参议会	权力机关 立法机关 民意机关	分边区、县、乡三级，行使选举产生各级政府、监察、弹劾各级政府工作人员，创制和复决重大事项、创制边区单行法规之权。
政府	行政机关	隶属于参议会，其机构设置、编制由参议会决定，政府组成人员由参议会选举。
法院	司法机关	边区高等法院负责一切有关的司法工作。法院在行使司法职能时是独立的，而在政治上、行政上要受政府的领导。司法"半独立"。

所谓"三三制"的政权构成，是指边区政权的"席位"分配上，共产党员占三分之一，非党左派进步分子占三分之一，不左不右的中间派占三分之一。"三三制"从1940年开始施行，从第二届和第三届的选举情况看，参议会常驻会议员和政府委员中执行得较好。"三三制"容纳了社会各界精英，使边区各级政权具有广泛的代表性，政权决策的民主性和科学性大大加强。作为一种民主的政权形态，在中国政权史上是一个没有先例的创举。所谓中国共产党的"一元化"领导，有两个含义：一是在同级党政民各组织的相互关系上，党的组织领导一切，党的各级组织是各地区的最高领导机关。二是党内的上下级关系上，要"个人服从组织，下级服从上级，全党服从中央"。

表3-11：边区参议会议员、常驻会议员和边区政府委员党派关系统计②

类别	届次	共产党员		党外人士		人数合计
		人数	比例	人数	比例	
参议会议员	第二届	123	56.2%	96	43.8%	219
	第三届	61	35.9%	109	64.1%	170

① 资料来源：根据李智勇著《陕甘宁边区政权形态与社会发展(1937—1945)》整理。
② 同上。

续表

类别	届次	共产党员		党外人士		人数合计
		人数	比例	人数	比例	
参议会常驻会议员	第二届	3	33.3%	6	66.7%	9
	第三届	4	33.3%	8	66.7%	12
政府委员	第二届	6	33.3%	12	66.7%	18
	第三届	6	31.6%	13	68.4%	19

"一元化"领导主要有政治和组织两个途径:政治上,一是努力使所制定的政策符合全体人民和各党派的共同利益,符合实际,以政策的正确赢得党外人士的信服。二是以共产党人的模范作用影响党外人士,使之自觉接受中共的领导。在组织上,一是建立健全各级党的组织,形成与政权系统并行的又一领导系统。二是党的组织向各级"三三制"政权选派最优秀的党员干部。三是边区司法实行隶属于政府,审判、检察和司法行政三位一体的组织体制。这种"一元化"领导与国民党的"一元化"领导的本质不同,是民主和独裁的区别。就领导主体而言,中共党的各级组织实行集体领导而不是个人专断;就决策程序而言,中共内部决定重大问题实行民主集中制;就体制而言,边区政权结构是共产党领导的几个革命阶级的联合专政。而国民党的"一元化"领导则是"一个主义、一个政党、一个领袖",不可同日而语。

【陕甘宁边区的政治结构和性质决定了经济结构和性质,边区存在五种经济方式,实行持平、均衡、中立的政策,形成均衡的和混合的经济体制】根据边区政权结构的性质和特点,边区实行兼顾各抗日阶级利益的新政策。在经济构成上,在发展公营经济的同时,促进多种经济共同发展。边区实际上存在着五种经济方式。在阶级关系上,边区政府代表和维护各抗日阶级的利益,在一定意义上扮演着"中介人"或"仲裁人"的角色。

所谓持平、均衡、中立的政策,就是"在工人和资本家之间,在农民与地主之间,政府必须持平、均衡、中立"。1942 年 1 月 28 日,《中共中央关于抗日根据地土地政策的决定》正式发布。该决定强调"于保障农民的人权、政权、地权、财权之后，又须保障地主的人权、政权、地权、财权"，"在适当改善工人生活条件之下，同时奖励资本主义与联合资产阶级，奖励富农生产与联合富农"。就此而言，新民主主义实际上是"一种均衡的、混合的社会体制。它不是偏于一方，人为地制造对抗和冲突；不是利益独占，你死我活。而是包容，妥协，兼顾。它是理性的，务实的，是切合人的通常心态和中国社会的实际需求的，因而有着强大的生命力"。而新民主主义的经济体制，也是一种均衡的和混合的经济体制，公营企业、私有企业和个体劳动多元并存，各得其所。①

表 3-12：陕甘宁边区的五种经济②

类型	主要范围	在边区经济中的比重
个体经济	包括中农、贫农经济和个体手工业经济。主要是农业和手工业	第一位
资本主义经济	包括私营工商业经济和富农经济。保护其发展	第二位
公营经济	包括政府经营和机关、学校、部队经营两部分	第三位
合作经济	私有制基础上的集体经济。包括农业、手工业、商业、运输业等	第四位
地主经济	未经土地改革仍拥有大量土地的地主经济	第五位

陕甘宁边区在政治和经济上的社会主义（新民主主义）实践，是中国共产党建立民主的社会主义国家的一次初步试验，在1949年以后的一段时期内，这种政权结构和经济体制得以延续，并为过渡到社会主义制度奠定了基础。

---

① 本段论述参见笑蜀《民主共和国的标本——陕甘宁边区十年变革记略》，《炎黄春秋》2006年第1期。
② 资料来源：根据李智勇著《陕甘宁边区政权形态与社会发展（1937—1945）》整理。

三、社会主义制度在中国取得成功的根本原因

关于社会主义制度在中国成功的根本原因,需要强调的有两个方面。

第一,立足于人民群众的根本利益,激发人民群众的革命热情,依靠人民群众推进革命的进程,是社会主义制度在中国成功的根本基础。

社会主义制度在中国成功的根本原因,是革命的中坚力量的确立,以及与其他革命力量的联合。毛泽东指出:"人民民主专政的基础是工人阶级、农民阶级和城市小资产阶级的联盟,而主要是工人和农民的联盟,因为这两个阶级占了中国人口的百分之八十到九十。推翻帝国主义和国民党反动派,主要是这两个阶级的力量。由新民主主义到社会主义,主要依靠这两个阶级的联盟。"①无产阶级是中国革命的中坚力量,中国共产党是中国无产阶级的先锋队。以此为核心形成的革命联盟,决定了中国共产党能够坚定地立足于人民群众的根本利益,极大地激发人民群众的革命热情,始终不渝地依靠人民群众推进革命的进程。

中国共产党之所以是中国无产阶级的先锋队,取决于它的先进性。金冲及指出,"中国共产党的领导人都是知识分子","确定什么人是哪个阶级的政治代表,并不取决于它的出身或本人成分,而是取决于它代表着哪个阶级的根本利益,是用哪个阶级的思想来观察和处理周围的一切"。中共领导人的"思想是代表先进社会生产力的工人阶级的思想,有着远大的眼光和很强的组织力,而不是农民意识。他们要求用工人阶级思想来改造农民,反对各种非无产阶级意识。这是同旧式农民战争区别的根本所在,也是它最终能取得胜利的关键所在"。②

确定什么人是哪个阶级的政治代表,并不取决于它的出身或本人成分,而是取决于它代表着哪个阶级的根本利益,是用哪个阶级的思想来观察和处理周围的一切。※

中国共产党的先进性和"工农联盟"的结合,类似于"狮子领导绵羊"的结合,是一种"如虎添翼"的结合,从而确保了社会主义在中

---

① 毛泽东:《论人民民主专政》,见中国共产党新闻网 http://cpc.people.com.cn/GB/69112/70190/70197/70354/4768598.html。

② 金冲及:《二十世纪中国史纲》(第1卷),社会科学文献出版社2009年9月第1版,第180—181页。

国的胜利。对此,冯友兰从哲学的角度进行了分析和评价。

[专栏 3-13]　　　　　工农联盟如虎添翼

　　冯友兰认为:中国无产阶级是比较少的,而农民群众则占全国人口百分之八十以上。毛泽东提出"工农联盟"的主张,共产党下乡组织农民武装起义,先占领农村,由农村包围城市,一反西方共产党的办法,领导中国革命,得到最后成功。这个战略符合中国当时的社会情况。中国历史上有一个农民起义的传统,但农民并不代表新的生产关系。一次农民起义虽然成功了,也只是改朝换代,建立一个新的王朝,没有也不可能改变封建制度。有了无产阶级和共产党的领导,情况就大不相同了。无产阶级虽然不代表比资本主义更高一级的生产关系,但确实代表着比封建主义更高的生产关系。工农联盟,无论就哪一方面说,都是如虎添翼。

　　　　　　　　　　　　——摘自《中国现代哲学史》第 144 页

　　第二,立足于中国半殖民地半封建社会的现实,将马列主义与中国的实际相结合,是社会主义制度在中国成功的正确而又科学的方法论。

　　在《新民主主义论》中,毛泽东指出,全世界多种多样的国家体制,按政权的阶级性质来划分,不外乎三种:第一种是资产阶级专政的共和国,即旧民主主义的国家;第二种是无产阶级专政的共和国,即苏联这样的国家;第三种是几个革命阶级联合专政的共和国,即殖民地半殖民地国家的革命所采取的过渡的国家形式。"各个殖民地半殖民地国家的革命必然会有某些不同特点,但这是大同中的小异。只要是殖民地或半殖民地的革命,其国家构成和政权构成,基本上必然相同,即几个反对帝国主义的阶级联合起来共同专政的新民主主义的国家。"[1]中国属于第三种,是既不同于欧美,也不同于苏联的国

---

　　① 毛泽东:《新民主主义论》,中国共产党新闻网 http://cpc.people.com.cn/GB/64184/64185/66616/4488916.html。

家模式,是一种崭新的创造。但无论如何,这种新民主主义国家(包括资本主义国家和社会主义国家)对于中国传统来说,都是一种外来的舶来品,需要在这种新制度与中国的历史传统和现实之间进行成功的嫁接。而要实现这一目标,必须有正确的指导思想,并以此为核心形成科学的方法论。

社会主义制度在中国成功的正确而又科学的方法论,就是将马列主义与中国的实际相结合。毛泽东指出:"中国应该大量吸收外国的进步文化,作为自己文化食粮的原料,这种工作过去还做得很不够。这不但是当前的社会主义文化和新民主主义文化,还有外国的古代文化,例如各资本主义国家启蒙时代的文化,凡属我们今天用得着的东西,都应该吸收。但是一切外国的东西,如同我们对于食物一样,必须经过自己的口腔咀嚼和胃肠运动,送进唾液胃液肠液,把它分解为精华和糟粕两部分,然后排泄其糟粕,吸收其精华,才能对我们的身体有益,决不能生吞活剥地毫无批判地吸收。所谓'全盘西化'的主张,乃是一种错误的观点。形式主义地吸收外国的东西,在中国过去是吃过大亏的。中国共产主义者对于马克思主义在中国的应用也是这样,必须将马克思主义的普遍真理和中国革命的具体实践完全地恰当地统一起来,就是说,和民族的特点相结合,经过一定的民族形式,才有用处,决不能主观地公式地应用它。公式的马克思主义者,只是对于马克思主义和中国革命开玩笑,在中国革命队伍中是没有他们的位置的。"

毛泽东形象地将马列主义和中国实际比喻为"箭"与"靶"的关系:"马克思列宁主义理论和中国革命实际,怎样互相联系呢? 拿一句通俗的话来讲,就是'有的放矢'。'矢'就是箭,'的'就是靶,放箭要对准靶。马克思列宁主义和中国革命的关系,就是箭和靶的关系……马克思列宁主义之箭,必须用了去射中国革命之的。"①冯友兰对此作了如下解释:"射箭以'的'为主,以箭对着'的',不是以

毛泽东说,中国应该大量吸收外国的进步文化,作为自己文化食粮的原料,这种工作过去还做得很不够。这不但是当前的社会主义文化和新民主主义文化,还有外国的古代文化,例如各资本主义国家启蒙时代的文化,凡属我们今天用得着的东西,都应该吸收。※

---

① 毛泽东:《整顿党的作风》,中国共产党新闻网 http://cpc.people.com.cn/GB/64184/64185/66617/4488967.html。

'的'对着箭。好像医生看病,是以病为主,不是以药为主;只可对症下药,不可叫病人对药害病。革命也是如此,只能以革命的任务决定革命的性质,不能以革命的性质决定革命的任务。前者是对症下药,后者是对药害病。"①

第四节 中国模式和中国制度 初步探索的历史经验

从 1840 年到 1949 年这 100 多年,中国近现代历史,构成了探索中国模式和中国制度的宏观背景。100 多年的大部分时间,中国探索的重点都是如何从一个封建半封建、殖民地半殖民地社会,变身为一个资本主义社会,只是在苏联"十月革命"成功和五四运动爆发、中国共产党成立之后,才开始进行以社会主义为核心理念的探索和实践。而恰恰是社会主义,结束了中国封建半封建、殖民地半殖民地社会的历史,个中的历史经验,值得深入总结和全面反思。

【民族解放和国家独立是中国模式和中国制度发展的最基本的政治前提】传统中国是一个文明国家(基于共同的历史传统、共同的信仰之上的文化主义),不是伴随资本主义发展而形成的西方民族国家(基于现代民族国家概念之上的民族主义),而"现代民族国家是民族主权与人民主权两种主权互动的过程"。中国接受民族国家这一概念,经历了艰难的过程。近代帝国主义的入侵,造成了两种主权的分离:"民族主义逐渐占据最主要地位,而人民主权变成了国家主权,民族主义(democracy)变成了国家主义(statism)。一个强有力的国家而非民主成为中国现代性的必要条件"。"只有在国家的组织下,人民个体的力量才能聚集成为集体的力量;只有集体的力量,

---

① 冯友兰:《中国现代哲学史》,广东人民出版社 1999 年 8 月第 1 版,第 146 页。

才能求得民族的生存权"。① 所谓民族主权,就是民族解放;所谓国家主权,就是国家独立。而民族解放和国家独立,正是近现代中国所要实现的最大的目标。

[专栏 3-14] 中国首要的是建立一个民族国家

郑永年指出:因为面临恶劣的国际环境,(中国)政治精英所面临的重要问题是民族的生存,国家的力量就变得重要起来。没有国家的力量,民族存在就会受到威胁。不仅如此,因为传统中国社会盛行的是文化主义,人民认同的是文化,这个因素更强化了政治精英的权力角色,他们不仅要为民族主权而斗争,而且要创造一个民族国家,创造人民的国家认同感。在这个过程中,国家的力量超越了人民的力量。所以我们说,人民主权的位置被国家主权所取代,就是说,集体的权力超越了人民个体的政治权力。因为只有在国家的组织下,人民个体的力量才能聚集成为集体的力量;只有集体的力量,才能求得民族的生存权。因为人民是由国家来组织的,国家自然高居于社会之上。

这样,人民主权因此演变成国家主义,人民主权居于次要地位。但很显然,把人民主权(或民主)和民族主义对立起来的观点忽视了两者之间关系的复杂性。在西方,民族国家是人民主权的外化,而在中国,无法用人民主权的原则来创造一个新的民族国家。所以,如果说西方民族国家和民主政治的发展是统一的过程,那么在中国,它们两者的发展就有个时间上先后的问题。就是说,先用政治方法建立一个民族国家,再来调整国家和人民主权的关系。至于国家是如何改革自身来体现人民主权,则是另外一个需要讨论的问题。

——摘自《中国模式——经验与困局》第 24—25 页

---

① 参见郑永年《中国模式——经验与困局》,浙江人民出版社 2010 年 1 月第 1 版,第 18—25 页。

在实现民族解放和国家独立之前,不可能形成中国模式,建立中国制度。换句话说,民族解放和国家独立是中国模式选择和中国制度建设的最基本的政治前提。在半殖民地半封建社会,不可能形成中国模式和中国制度。帝国主义的入侵,虽然破坏了封建的自给自足的自然经济基础,但封建剥削制度的根基不但依然存在,而且同买办资本和官僚资本结合在一起,并在中国的社会经济生活中占据着显著的优势。正是中国封建势力和帝国主义侵略势力的相互勾结,才形成了近代中国最反动、最腐朽的力量,奠定了封建主义和帝国主义统治和奴役中国的社会基础。在这样的历史背景下,中国不是遭遇外部侵略,就是出现内部动乱,在丧失国家主权和民族独立性的情况下,根本不可能进行中国模式与中国制度的选择,更谈不上真正的发展。

【理论交锋和路线辩论推动中国模式和中国制度的发展】关于中国模式选择和中国制度建设的理论交锋和路线争论,在近现代中国一直没有停止过。近代中国的仁人志士,在外来势力的侵略和欺压之下,不断在政治、经济、社会、文化制度等诸多领域,探索中国的生存和发展问题。无论是保皇派还是改良派、激进派还是革命派,均基于各自的利益,从不同的角度提出了自己的理论和见解。从太平天国的资本主义空想,洋务运动的"师夷长技以制夷"、"中学为体,西学为用",戊戌变法和晚清新政的寻求以"君主立宪"的全面制度变革,辛亥革命的民主共和体制的初步建立,五四运动对民主与科学大旗的高扬以及对传统思想文化的清算,资本主义、社会主义、无政府主义等持续的论战与交锋,围绕中国道路的走向、围绕中国模式和中国制度发展的理论交锋和路线辩论一直伴随着中国现代化进程的实践。

可以说,西方几百年历时性积累起来的文化成果,均共时性地涌入中国。中国历史上,从来没有出现过近代中国这么多的理论和学说,以及不同理论和学说的论战甚至混战。如果拉开历史距离,从"大历史"的角度看,这些论战与交锋,恰恰使得中国模式和中国制度的发展之路越来越清晰,越来越明确。

因此,百多年来关于中国发展进步和制度选择的理论交锋和路线辩论,虽然导致在局部实践中的曲折与倒退,但总体上则是促进了中国政治社会的前进和发展。理论交锋和路线辩论无论其观点如何,所产生的效果是正面的还是负面的,都是中国模式和中国制度发展的内在组成部分。正是这种交锋与辩论,不断地试错和试对,不断地证实和证伪,推动了中国模式和中国制度的发展。

【实践是中国模式和中国制度发展的动力与检验标准】黑格尔所说的"存在的就是合理的"这句名言,一定程度上可以理解为是"历史规律不可抗拒"的另一种表述。人类总以为自己在创造历史,改变历史,实际上人类的活动,不论是过程还是结果,都是历史规律的体现。中国模式和中国制度的发展,离不开实践。实践不仅是中国模式和中国制度发展的核心动力,而且是对其真伪、对错的检验标准。

五四运动之后,中国模式和中国制度的发展,主要体现为共产党的社会主义和国民党的三民主义。抛开两个主义的不同,对于建设现代民族国家,两党均主张孙中山的"以党建国"和"以党治国"的思想。即首要的任务是组织各种政治力量,或将政治力量制度化,然后以政治力量改造或重建民族国家。国共两党的主要区别在于方法和策略的不同。国民党使用的是精英策略,依靠的是地方精英而不是民众,因此国民党政权看似高度集权,其实极其脆弱。而共产党主要依靠民众,即通过干部下乡的办法,把共产党的宗旨、纲领和奋斗目标以及建国思想成功地传达给广大的民众尤其是占人口绝对大比例的农民①。这种路径选择的不同,决定了国共两党在中国命运的不同,也体现了中国模式和中国制度演进的历史必然。

虽然不能单纯地以成败而论,但是成败的不同结局,乃是历史发展规律即实践的公正裁决。

百年来关于中国发展进步和制度选择的理论交锋和路线辩论,无论其观点如何,所产生的效果是正面的还是负面的,都是有益的,正是这种思想路线上的不断地试错与证伪,为中国模式和中国制度的正确选择提供了宽阔的视野。※

---

① 参见郑永年《中国模式——经验与困局》,浙江人民出版社 2010 年 1 月第 1 版,第 23—24 页。

第四章

中国模式和中国制度的全面探索

如果说新中国成立前中国共产党对中国社会主义制度的探索是局部的、初步的和试验性质的，那么1949年新中国成立，实现了民族解放和国家独立之后，中国社会主义制度的探索就获得了充分必要的前提和基础，中国模式的探索步入了"康庄大道"。

从今天来看，这种实践探索无论是过程，还是最后结果，在人类历史上都具有重大的意义和价值。在传统和文化仍然存活于当下、西方的文明和智慧被引进和移植、东西方文明共同交织的当代中国，这种探索从一开始就因基础和前提的不同而具有不同的特点。

英国历史学家阿诺德·汤因比对此似乎早有预见。他在1972年出版的《历史研究》中指出："中国似乎在探索一条中间道路，想把前工业社会的传统生活方式和近代以来已经在西方和西方化国家生根的工业方式这二者的优点结合起来，而又避免二者的缺点……如果共产党中国能够在社会和经济的战略选择方面开辟出一条新路，那么它也会证明自己有能力给全世界提供中国和世界都需要的礼物。"①汤因比笔下的"中国"或"共产党中国"，指的是1949年成立的中华人民共和国，所谓的"中间道路"或"新路"，实质上是"共产党

阿诺德·汤因比说：中国似乎在探索一条中间道路，想把前工业社会的传统生活方式和近代以来已经在西方和西方化国家生根的工业方式这二者的优点结合起来，而又避免二者的缺点。如果共产党中国能够在社会和经济的战略选择方面开辟出一条新路，那么它也会证明自己有能力给全世界提供中国和世界都需要的礼物。※

---

① 阿诺德·汤因比：《历史研究》，上海人民出版社2005年4月第1版，第394页。

中国"对中国模式和中国制度的探索。几乎在该书出版的同一时间（1972年5月和1973年5月），汤因比在与日本著名学者池田大作的对话中，认为中国和东亚在"人类统一"中，可能发挥主导作用。他说："就中国人来说，几千年来，比世界上任何民族都成功地把几亿民众，从政治文化上团结起来。他们显示出这种在政治、文化上统一的本领，具有无与伦比的成功经验。"①作为一位严肃的历史学家，汤因比对中国的期望是一种发自内心的真诚。而中国模式和中国制度的当代实践，在一定程度上正在验证汤因比当年的预言。

中国模式和中国制度的探索之路并不平坦。新中国的60年，大体上以1978年改革开放为界，划分为前后30年。

前30年大体上分为三个阶段，即基本完成社会主义改造的七年（1950—1956）、开始全面建设社会主义的十年（1956—1966）和"文化大革命"的十年（1966—1976）。国际"冷战"和国内政权初创的大背景，决定了这30年中国实际上处于一种"准战争状态"——"从头至尾不是打仗就是准备打仗"②。

"准战争年代"在一定程度上左右（甚或干扰）了中国模式和中国制度的探索，造成极左思潮盛行，因此才有了1978年的所谓"拨乱反正"。因此对于新中国前30年的评价，要用历史的和辩证的观点予以客观分析。正如《关于建国以来党的若干历史问题的决议》所强调的："中国共产党在中华人民共和国成立以后的历史，总的说来，是我们党在马克思列宁主义、毛泽东思想指导下，领导全国各族人民进行社会主义革命和社会主义建设并取得巨大成就的历史。社会主义制度的建立，是我国历史上最深刻最伟大的社会变革，是我国今后一切进步和发展的基础。"③

新中国成立以来60多年中，前30年同后30年对于中国模式和中国制度的实践探索同样重要。前者不仅立定了社会主义基本制度，打下了发展基础，更因为进行"纯净化"的努力，通过"左"的禁锢，积聚了巨大的能量；后30年主要通过解除禁锢，使能量裂变般地释放出来。※

---

① 《展望二十一世纪——汤因比与池田大作对话录》，国际文化出版公司1985年10月第1版，第294页。

② 参见黎阳《如何看毛泽东年代》，乌有之乡网站 http://www.wyzxsx.com/Article/Class16/200712/29412.html。

③ 《关于建国以来党的若干历史问题的决议》，新华网 http://news.xinhuanet.com/ziliao/2002-03/04/content_2543544.htm。

1978 年召开的中共十一届三中全会,标志着中国模式和中国制度的探索进入一个新阶段。而这一新阶段,是在全面总结和汲取前 30 年积累的经验和教训的基础上展开的。因此,新中国的历史不能人为地割裂开来。就探索中国模式和中国制度而言,新中国的 60 多年是一个整体,前后 30 年具有内在逻辑关系。而未来中国模式和中国制度的探索仍在进行之中,中国模式和中国制度完善还有一个相当长的时期。

第一节　中国模式和中国制度的艰难探索

在新中国成立到改革开放前的 30 年里,中国模式和中国制度的实践,主要体现为国家政治和经济模式与制度的探索与建立。

一、以社会主义为核心的国家政治制度初步建立

1945 年,毛泽东在《论联合政府》中提出了建立新民主主义政权的理论,主张"废除国民党一党专政,建立民主的联合政府";将"建立一个以全国绝大多数人民为基础而在工人阶级领导之下的统一战线的民主联盟的国家制度"当做"一般纲领",而把"建立民主的联合政府"当做"具体纲领"。

新中国成立的最初三年,中国新民主主义社会建设是在中共中央和各民主党派制定的《中国人民政治协商会议共同纲领》的框架下进行的。遵照共同纲领的要求,新中国成立了由各阶级、各民主党派参加的联合政府——中央人民政府及各级人民政府。

1954 年 9 月,第一届全国人民代表大会第一次会议通过了《中华人民共和国宪法》。在序言中,明确指出"我国人民在建立中华人民共和国的伟大斗争中已经结成以中国共产党为领导的各民主阶级、各民主党派、各人民团体的广泛的人民民主统一战线。今后在动员和团结全国人民完成国家过渡时期总任务和反对内外敌人的斗争中,我国的人民民主统一战线将继续发挥它的作用"。在总纲中,明确中华人民共和国是工人阶级领导的、以工农联盟为基础的人民民

主国家,国家的一切权力属于人民,人民行使权力的机关是全国人民代表大会和地方各级人民代表大会,国家机关一律实行民主集中制。明确中华人民共和国是统一的多民族的国家,各民族一律平等,各少数民族聚居的地方实行区域自治。明确国家机构主要由全国人民代表大会、中华人民共和国主席、国务院、地方各级人民代表大会和地方各级人民委员会、民族自治地方的自治机关、人民法院和人民检察院构成①。同年 12 月,中国人民政治协商会议第二届全国委员会第一次会议通过了《中国人民政治协商会议章程》,指出"中国人民政治协商会议全体会议代行全国人民代表大会职权的任务已经结束。但是中国人民政治协商会议,作为团结全国各民族、各民主阶级、各民主党派、各人民团体、国外华侨和其他爱国民主人士的人民民主统一战线的组织,仍然需要存在"。"中国人民政治协商会议全国委员会根据中国人民政治协商会议章程的总纲,就有关国家政治生活和人民民主统一战线的重要事项,进行协商和工作"。②

至此,人民代表大会制度、中国共产党领导的多党合作和政治协商制度、民族区域自治制度等国家根本政治制度和基本政治制度,在 1954 年底基本确立。即使是在后来发生的"文革"这样大规模内乱中,这些政治制度也在一定程度上得到了坚持:"我们党没有被摧毁并且还能维持统一,国务院和人民解放军还能进行许多必要的工作,有各族各界代表人物出席的第四届全国人民代表大会还能召开并且确定了以周恩来、邓小平为领导核心的国务院人选,我国社会主义制度的根基仍然保存着,社会主义经济建设还在进行,我们的国家仍然保持统一并且在国际上发挥重要影响。"③

在新中国的 60 多年中,《中华人民共和国宪法》虽经多次修改,

新中国成立初期确立的根本政治制度和基本政治制度虽然历经"左"倾盛行、"文革"动乱以及后来在市场经济选择过程中的与时俱进调整,但其核心内容没有根本改变。这种稳定的政治制度,成为中国模式初步形成的重要的制度基础。※

---

① 参见《中华人民共和国宪法》(1954 年),中国人大网 http://www.npc.gov.cn/wxzl/wxzl/2000-12/26/content_4264.htm。

② 参见《中国人民政治协商会议章程》,中国人民政治协商会议广州市委员会网站 http://www.gzzx.gov.cn/gongzuo/content.aspx?id=633371360406093750457。

③ 《关于建国以来党的若干历史问题的决议》,新华网 http://news.xinhuanet.com/ziliao/2002-03/04/content_2543544.htm。

但其核心内容没有根本改变。这种稳定的政治制度,成为中国模式初步形成的重要的制度基础。

二、以社会主义公有制为主体的国家经济模式艰难探索

1954 年《中华人民共和国宪法》规定:"中华人民共和国依靠国家机关和社会力量,通过社会主义工业化和社会主义改造,保证逐步消灭剥削制度,建立社会主义社会。""中华人民共和国的生产资料所有制现在主要有下列各种:国家所有制,即全民所有制;合作社所有制,即劳动群众集体所有制;个体劳动者所有制;资本家所有制。"①

中国特殊的社会现实,决定了建立社会主义社会是一个长期的过程,而多种生产资料所有制形式也将在一定时期内长期存在。但在这一时期,政治理想不仅超越了经济现实,而且对经济现实产生了强烈的冲击,事实上进行的是以社会主义公有制为主体的国家经济模式探索。从 1950 年到 1976 年,中国经济模式的发展大体上分为三个时期,各时期的重要事件和主要内容如下:

表 4-1:中国经济模式的初步发展(1950—1976)②

时期	事件
新民主主义向社会主义转变时期 (1949—1956 年)	确立国营经济的领导地位(1950 年) 民族资本主义工商业的调整(1950 年) 新解放区土地改革(1950 年) 过渡时期的总路线(1953 年) 计划经济体制确立(1954 年) 社会主义工业化目标(1953 年)

① 参见《中华人民共和国宪法》(1954 年),中国人大网 http://www.npc.gov.cn/wxzl/wxzl/2000-12/26/content_4264.htm。

② 资料来源:根据董辅礽主编《中华人民共和国经济史》(上卷)有关内容整理。

续表

时期	事件
开始全面社会主义建设时期 （1956—1966 年）	社会主义建设总路线（1958 年） "大跃进"运动（1958 年） 人民公社化运动（1958 年） 国民经济的调整（1960 年）
"文化大革命"时期 （1966—1976 年）	国民经济全面衰退（1967 年） 经济管理体制的变化和调整（1970 年） "农业学大寨"运动（1967 年） "三线"建设（1966 年） "上山下乡"运动（1968 年）

前 30 年的中国经济，是在政治理念不断演进和调整之下发展的，中国发展所面临的最大问题是长期追求一个独特的发展战略并由此产生的计划质量和管理低效造成的。※

总体而言，这一时期的中国经济，是在政治理念不断演进和调整之下发展的。其突出的问题：

一是指导思想越来越"左"，力求以改变生产关系推动生产力的发展，生产关系的调整大大超前于生产力的发展，因此受到客观发展规律的惩罚，到"文革"达到顶峰。"新中国成立后的 30 年，主要是'左'的指导思想的影响，领导人不尊重客观规律和缺乏实事求是的精神，造成了反反冒进的失误，'大跃进'的失败，直至'文化大革命'的 10 年破坏。"[1]

二是发展轨迹如"过山车"一样忽左忽右，忽上忽下。初期的顺利发展导致盲目乐观，于是加快发展速度，而发展速度的加快，又导致出现新的问题，新的问题刚刚解决又出现新的发展方向的扭转，如此循环往复。新中国成立以来，曾多次发生经济大起大落的波折现象。1953 年到 1996 年的 44 年间，大的波动有 5 次，且全部发生在这一时期，其中两位数波动有 4 次，1958 年至 1962 年最高年和最低年相差高达 51.7 个百分点。

---

① 陈锦华：《国事忆述》，中共党史出版社 2005 年 7 月第 1 版，第 261 页。

表4-2:中国经济增长率历次波动的峰谷落差①

波动起止年份	最高与最低年份峰谷落差(%)	波动起止年份	最高与最低年份峰谷落差(%)
1953—1957 年	9.6*	1977—1981 年	6.5
1958—1962 年	51.7*	1982—1986 年	6.4
1963—1968 年	24.2*	1987—1990 年	7.8
1969—1972 年	20.4*	1992—1996 年	4.6
1973—1976 年	11.0*		

　　三是追求纯而又纯的公有制,追求一切都纳入计划之内,进行高度集中的管理,不考虑现实基础和国民经济均衡发展的实际,片面追求工业化尤其是重工业的单兵突进。统计数据显示,"文革"对经济造成的混乱效应远低于"大跃进"的破坏作用,严格来说,混乱状况仅限于1967—1969年三年,工业和运输业只在1967年和1968年两年出现了困难。但到了1969年,作为"文革"基地的上海,率先在工业方面恢复到历史最高水平,1970年全国工农业生产无论在产值还是在产量上都超过了"文革"前的最高水平。在"十年动乱"期间,中国的GDP保持了6%以上的增长。应该说,在前30年,中国发展所面临的最大问题是长期追求一个独特的发展战略并由此产生的计划质量和管理低效造成的。

　　那么在这一时期,中国经济决策者追求和遵循的是怎样一种发展战略呢? 它的核心思想很简单,那就是由苏联和印度的经济学家各自独立发展出来的被称为费尔德曼—马哈拉诺比斯模式。这个模式关键基于这样一种信念:计划制定者面临的最重要的抉择是,对生产资料进行投资,还是对消费品进行投资;其设定条件是:资本—产量的比率是一定的,即一定的投资量将会产生同样的产量增长;研判结论是:生产资料投资额越大,经济增长就越快。由此结论产生出对

---

　　① 资料来源:陈锦华《国事忆述》,第261页。表中带 * 者为国民收入增长的峰谷落差,不带 * 者为国民生产总值增长率的峰谷落差。

苏联和中国经济最具杀伤力的两条推论：

对生产资料投资要是提高了,消费一般会在短期内遭受损失,但从长远看,消费也将增长得更快,并最终会超过先向消费投入更多资本所能达到的水平。就是说,消费可以暂时忽略不计。

对外贸易同经济规模和总投资之间关系应该很小,因为如果关系甚大,那么计划制定者就会对消费工业进行投资,然后再出口这些产品,换取生产资料,那样的话,这个国家将失去生产新设备和发展新工厂的实力;如果对外贸易与投资关系甚小,那么生产资料就必须在国内制造。

在这套战略的基本理念的影响下,中国选择了优先发展重工业的目标,并制定了最大限度减少国家对外贸依赖的政策,从而形成了一种畸形的发展结构和增长模式。这种结构和模式历经近30年的演进与循环,到改革开放时,已不可持续。

三、为中国模式和中国制度的深入实践和探索积累了经验和教训,打下了政治经济的基础

这一时期,的确发生了严重错误,发展之路也充满艰难曲折,同时,由于在所有制、计划经济管理体制、工业化发展等方面的探索,客观上形成了一定的经济基础。无论是正面效果还是负面因素,都为下一时期中国模式和中国制度的继续探索和初步形成提供了宝贵的经验和教训。

【社会主义公有制由比例大体相当的国家所有和集体所有两部分组成,而不是单一的国家所有制】1952年,个体经济是中国经济的主要形式,资本主义经济的比重不到7%,集体经济只有2.2%。

在完成了社会主义改造之后的1957年,资本主义经济彻底消失,个体经济大幅下降,国有经济和集体经济所占比重达到97.2%,而其中集体经济的比重超过国有经济30多个百分点。1978年,国有经济的比重最高,同时集体经济的比重则超过四成。因此,社会主义公有制不等于国家所有制,集体所有制在其中长期占有重要的地位。与此同时,非公有制经济(主要是个体经济)尽管比例很小,但

并没有消失。

表4-3:中国各种经济成分比重变化表①　　　　　　(％)

年份	公有经济			非公有经济	
	国有经济	集体经济		资本主义经济	个体经济
		合作经济	公私合营		
1952 年	19.1	1.5	0.7	6.9	71.8
1957 年	33.2	56.4	7.6	0.0	2.8
1978 年	56.2	42.9	0.9		

这一特点无论是在做法上,还是在结果上,都与苏联有很大的不同。苏联资本主义经济改造的方式是强制的剥夺,中国则是和平的赎买;对于资本家,苏联试图在肉体上消灭,中国则是保障其基本的财产和工作权利②;苏联的农业集体化是强制性的推进,中国则保持一定的渐进性和弹性;苏联宣布土地国有,中国则允许一定比例的土地集体所有;在苏联宣布建立社会主义的第二年即1937年,国家所有制已占到全部工业成分的99.97%,国营农业在农业固定基金中所占的比重也高达79.2%,而中国国有企业即使在1978年,在国民经济中的比重也才刚刚过半。③

在所有制的探索上,中国不仅与苏联不同,而且还注重"以苏为鉴"。毛泽东于1956年在中央政治局扩大会议上作了《论十大关系》的讲话,随后在中共第八次全国代表大会上,陈云在大会发言中讲了"三个主体,三个补充"的政策,即在工商业经营方面,国家经营

苏联解体后,俄罗斯为什么不能像中国那样进行有效的市场经济改革,是因为不同所有制在70多年前已经消灭,人们根本不知道商品经济是什么,而中国在所有制方面的非单一性和"不纯粹性",尤其是集体经济和个体工商户的长期存在,恰恰成为改革开放时期的活力因素。※

---

① 资料来源:王绍光:《坚守方向,探索道路:中国社会主义实践六十年》。

② 陈云指出,公私合营以后,没有完全废除私人的财产所有权,资本家在一定时期内仍然得到一定的利息。同时,民族资产阶级包括它的知识分子是中国文化比较高的一个阶级,给予他们像全国人民一样的政治权利,是符合工人阶级利益的。参见《陈云文选》(一卷本),人民出版社、三联书店(香港)有限公司1996年7月香港第1版,第175—176页。

③ 参见王绍光《坚守方向,探索道路:中国社会主义实践六十年》,见赵建英、吴波主编《论中国模式》(上卷),中国社会科学出版社2010年9月第1版,第97页。

和集体经营是工商业的主体,附有一定数量的个体经营;在生产的计划性方面,计划生产是工农业生产的主体,按照市场变化而在国家计划许可范围内的自由生产作为补充;在社会主义的统一市场里,国家市场是主体,附有一定范围国家领导的自由市场作为补充。陈云所讲,"体现了毛泽东'以苏为鉴'的精神,是走适合中国情况的道路、少走弯路的重要政策"。① 实际上,这一政策在一定程度上贯穿于这一时期,甚至在"大跃进"和"文革"后期,还大力扶植"社队企业"即后来的乡镇企业的发展。

这种所有制方面的非单一性和"不纯粹性",尤其是集体经济和个体工商户,恰恰成为改革开放的活力因素,正是这些所有制形式,在改革开放之后率先冲破了高度计划经济体制的牢笼。"尽管中国经济长期受到'左'的干扰,'文化大革命'时期更是极左思想泛滥,到处'割资本主义的尾巴',但中国的广大农村和中小城市,仍然保留了相当数量的个体工商户,保留了遍及全国、联系城乡工农业生产和交换的集市贸易,并允许他们发挥补充作用。正是这些个体工商户,在改革开放以后,迅速地'春风吹又生',成为活跃和发展城乡市场的酵母"。②

中国所有制形式的这些特点,构成了中国模式和中国制度初步形成的重要基础。

【中国的计划经济体制不同于苏联,对苏联中央计划体制并非完全的认同,使中国计划经济体制规避了僵化和死板】中国对苏联模式的学习借鉴,是一个不争的事实。新中国成立以后,以苏联为首的东欧社会主义国家的经济援助对中国的经济恢复和建设起到了很大的作用,在缺乏管理全国国民经济经验的情况下,苏联的经济管理体制自然就成为中国学习的模式。所谓苏联模式,即排斥市场机制的中央计划经济体制模式。苏联模式基本特征有五个方面:

① 陈锦华:《国事忆述》,中共党史出版社 2005 年 7 月第 1 版,第 221 页。
② 陈锦华:《国事忆述》,中共党史出版社 2005 年 7 月第 1 版,第 221 页。

表4-4：苏联模式的基本特征①

特征	内容
一、所有制结构上力求单一化	生产资料几乎全部归国家所有。私营工商业全部被消灭,集体农庄实际上是准国有制。
二、经济决策高度集中化	否定个人对物质利益的追求是经济活动的根本动因,集体农庄也和国有企业一样按指令性计划生产。
三、限制商品经济发展,排斥市场机制	否定市场机制在资源配置方面的基础作用,视市场机制为资本主义的异己物。
四、经济运行日益行政化	建立排斥市场机制的按指令性计划签订合同的物资调拨制,原来的商业组织辛迪加变为行政机构。国家依靠各级行政组织用行政手段来管理企业和组织、协调各种经济活动。
五、对外封闭或半封闭	国内市场和国际市场基本隔绝,缺乏国际市场竞争的压力和动力,难以及时得到世界科技进步和市场供求方面的信息。

　　新中国成立以来,中国计划经济体制大体经历了四个阶段:第一阶段是1949年到1953年,是建立计划经济体制创造条件的时期;第二阶段是1953年到1957年,计划管理基本覆盖了全社会的生活资料和生产资料市场,指令性计划成为国民经济管理与控制的主要手段,指导性计划仅用于农村经济;第三阶段是1957年到1978年,计划经济占据绝对主体地位,计划经济体制在调整、变动中不断强化与巩固;第四阶段是1979年以后,计划经济体制逐渐向市场经济体制转变②。

　　尽管从特征上看,中国计划经济体制与苏联模式大体相同,但实

① 资料来源:根据陈锦华、江春泽等著《论社会主义与市场经济兼容》有关内容整理。

② 参见陈锦华、江春泽等著《论社会主义与市场经济兼容》,人民出版社2005年12月第1版,第160—164页。

质上则有很大的差别,主要表现在两个方面:

一是中国计划经济体制不是苏联模式的翻版。"在编制和实施第一个五年计划前后,中国在经济方面学习苏联的重点是工业部门和企业,主要是学习和借鉴苏联的计划经济模式。以苏联援建的156个成套设备项目为代表,集中体现了计划经济的基本方法,并取得了重大成就。但是,就中国经济的整体情况来说,并没有完全照搬苏联的模式,而是实行带有中国自己特色的政策。"①1954年颁布的《中华人民共和国宪法》规定:"国家依照法律保护资本家的生产资料所有权和其他资本所有权。国家对资本主义工商业采取利用、限制和改造的政策。国家通过国家行政机关的管理、国营经济的领导和工人群众的监督,利用资本主义工商业的有利于国计民生的积极作用,限制它们的不利于国计民生的消极作用,鼓励和指导它们转变为各种不同形式的国家资本主义经济,逐步以全民所有制代替资本家所有制。"这与苏联不同,而且是很大的不同。

二是苏联中央计划体制并没有在中国真正实现。"毛泽东从来不喜欢苏式的中央计划体制,这主要是因为他从骨子里厌恶官僚体制。"②1953年毛泽东反对地方企业上缴利润太多,认为这不利于发挥地方的积极性;1956年在《论十大关系》中强调中央和地方两个积极性都很重要。"此后,只要一有机会,他就会极力推行权力下放"。"一旦经济好转,他决心再一次打碎苏式的中央计划体制"。因此,"中国计划体制与苏联更大的不同是其分权的程度"。"到'文革'结束时,中国已经是一个相当分权化的国家,与苏式高度中央集权的计划经济体制迥然不同。这种不同的一个重要表现是国家集中统一分配的物资远远比苏联少得多"。③

---

① 陈锦华:《国事忆述》,中共党史出版社2005年7月第1版,第221页。
② 王绍光:《坚守方向,探索道路:中国社会主义实践六十年》。见赵建英、吴波主编《论中国模式》(上卷),中国社会科学出版社2010年9月第1版,第100页。
③ 参见王绍光《坚守方向,探索道路:中国社会主义实践六十年》,见赵建英、吴波主编《论中国模式》(上卷),中国社会科学出版社2010年9月第1版,第100—102页。

人们所说的中国过去受"计划经济"所牢笼,是一个大致的说法,那是指 20 世纪 50 年代制定的基本的工业战略,它确实带有浓重的苏联计划经济色彩,其方针在整个 60 年代以及到 70 年代后期都没有发生过重大变化,但在中国的实践中,从计划制订,到执行、控制、再到管理,都算不上严格意义上的计划经济管理模式。特别是在 60 年代后期直至 70 年代末,在经济生活中几乎没有什么计划存在,基本是中下层经济管理人员维持了经济的运转。而真正对中国经济生活发生重大影响作用的是"计划经济"这套战略的基本理念及其增长模式。

正是中国计划经济体制"苏联化"的不彻底性,以及在某种程度上主动或者被动的"中国自己特色"的保留,使得中国模式和中国制度的探索获得了发展的空间和撬动传统经济管理体制的杠杆,并通过渐进改革的策略,在保留计划经济体制合理成分的基础上,形成了中国特色的社会主义市场经济体制。

【始于第一个五年计划的中国工业化发展之路,使中国从一个农业国转变为一个工业国,并为改革开放后的快速发展奠定了基础】在国民经济恢复时期,中国首先强调的是发展农业和轻工业,从第一个五年计划开始,重工业的发展成为中心环节,中国工业化的重心是重工业。因为没有重工业的发展,"就没有中国经济的独立自主可言,也没有巩固的国防可言,更没有现代化可言,甚至会受制于人。这是关系国家生死存亡的问题"。①

1955 年,在第一届全国人民代表大会第二次会议上,时任国务院副总理兼国家计划委员会主任李富春作了《关于发展国民经济的第一个五年计划的报告》,指出:"只有建立起强大的重工业,即建立起现代化的钢铁工业、机器制造工业、电力工业、燃料工业、有色金属工业、基本化学工业等等,我们才可能制造现代化的各种工业设备,使重工业本身和轻工业得到技术的改造;我们才可能供给农业以拖

---

① 金冲及:《二十世纪中国史纲》(第 3 卷),社会科学文献出版社 2009 年 9 月第 1 版,第 779 页。

人们所说的中国过去受"计划经济"所束缚,是一个大致的说法,那是指 20 世纪 50 年代制定的基本工业战略,它确实带有浓重的苏联计划经济色彩,但在中国的实践中,从计划制订,到执行、控制,再到管理,都算不上严格意义上的计划经济管理模式。特别是在 60 年代后期直至 70 年代末,在经济生活中几乎没有什么计划存在,基本是中下层经济管理人员维持了经济运转。而真正对中国经济生活产生重大影响的是"计划经济"这套战略的基本理念及其增长模式。※

拉机和其他现代化的农业机械,供给农业以足够的肥料,使农业得到技术的改造;我们才可能生产现代化的交通工具,如火车头、汽车、轮船、飞机等等,使运输业得到技术的改造;我们也才可能制造现代化的武器,来装备保卫祖国的战士,使国防更加巩固。同时,只有在发展重工业的基础上,我们才能够显著地提高生产技术,提高劳动生产率,能够不断地增加农业和消费品工业的生产,保证人民的生活水平的不断提高。"①由此可见,重工业的发展已经上升到十分重要的地位。

尽管新中国前 30 年的实践充满崎岖坎坷,歧路重重,但仍然为中国模式和中国制度的发展和形成奠定了基础。有学者认为"邓小平改革能够成功的秘密恰恰在于毛泽东时代,特别是毛泽东决定性地改变了新中国成立后想建立中央计划经济的努力"。这是有一定道理的。※

"一五"计划期间,中国工业建设的基本任务是:集中主要力量进行以苏联帮助中国设计的 156 个建设项目为中心,由限额以上的694 个建设项目组成的工业建设,建立中国社会主义工业化的初步基础,对重工业和轻工业进行技术改造;用现代化的生产技术装备农业;生产现代化的武器,加强国防建设;不断增加农业和工业消费品的生产,保证人民生活水平的不断提高。围绕这一基本任务,中国工业化建设的主要任务,包括如下几个方面:

表 4-5:中国社会主义工业化建设的主要内容②

领域	类别	项目
原材料能源工业	钢铁工业	限额以上建设单位 15 个,限额以下建设单位 23 个
	有色金属工业	重点建设抚顺铝厂等 13 项工程,继续建设新疆有色金属公司
	电力工业	限额以上建设单位 107 个
	煤矿工业	限额以上建设单位 194 个
	石油工业	石油资源的勘查、计划建设单位 13 个
	化工工业	氮肥厂、橡胶厂、塑料厂等共 19 个

---

① 引自金冲及《二十世纪中国史纲》(第 3 卷),社会科学文献出版社 2009 年 9 月第 1 版,第 779—780 页。

② 资料来源:根据董辅礽主编《中华人民共和国经济史》(上卷)有关内容整理。

续表

领域	类别	项目
机器制造业	冶金采矿工业	重型机器制造、矿山机械等共5个
	电力工业	锅炉厂、汽轮机厂、发电机厂等共13个
	运输业	包括汽车制造厂、汽车附件厂等共12个
	农业	洛阳第一拖拉机厂
	化学工业	机床厂、滚珠轴承厂、量具刃具厂10个
交通运输业	铁路建设	主要是加强和改造现有铁路、修筑新铁路两大任务
	公路建设	中央投资修建公路2万公里以上，新增通车里程3500公里以上
	水运建设	重点是港口建设
轻工业	纺织、食品医药和造纸业	限额以上建设单位共108个
城市建设	重要工业城市	重点建设包头、太原、兰州、西安、武汉、洛阳、成都等工业城市

　　"一五"期间,中国国民经济全面高速增长。"一五"计划提前完成,其中工业生产高速发展。"一五"计划规定工业总产值平均每年增长14.7%,到了1957年,实际工业总产值达783.9亿元,比1952年的343.2亿元增长128.6%,平均每年增长18%,增长速度比计划规定的速度快了3.3%,在工农业总产值中,工业总产值所占的比重由1952年的43.1%提高到56.7%。① 从三次产业的构成看,从1952年到1977年,第二产业在国内生产总值中的比重总体上呈现逐步上升的趋势,在整个1970年代的改革开放前夕,其比重一直超过第一产业并保持在40%以上。

　　① 数据来自董辅礽主编《中华人民共和国经济史》(上卷),三联书店(香港)有限公司2001年5月香港第1版,第273页。

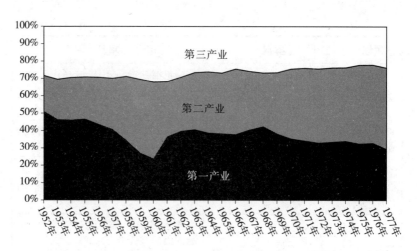

图 4-1：1952—1977 年中国国内生产总值构成图示

表 4-6：1952—1977 年中国国内生产总值构成①

年份	国内生产总值构成（%）			年份	国内生产总值构成（%）		
	第一产业	第二产业	第三产业		第一产业	第二产业	第三产业
1952 年	51.0	20.9	28.2	1965 年	38.3	35.1	26.7
1953 年	46.3	23.4	30.4	1966 年	37.8	37.9	24.3
1954 年	46.0	24.6	29.3	1967 年	40.5	33.9	25.7
1955 年	46.6	24.4	29.0	1968 年	42.4	31.1	26.6
1956 年	43.5	27.3	29.2	1969 年	38.2	35.4	26.4
1957 年	40.6	29.6	29.8	1970 年	35.4	40.3	24.3
1958 年	34.4	37.0	28.7	1971 年	34.2	42.0	23.8
1959 年	26.9	42.7	30.4	1972 年	33.0	42.8	24.2
1960 年	23.6	44.5	31.9	1973 年	33.5	42.9	23.6
1961 年	36.5	31.9	31.7	1974 年	34.0	42.5	23.5
1962 年	39.7	31.2	29.1	1975 年	32.5	45.5	22.0
1963 年	40.6	33.0	26.4	1976 年	32.9	45.2	21.9
1964 年	38.7	35.3	26.0	1977 年	29.5	46.9	23.6

① 资料来源：国家统计局国民经济综合统计司编：《新中国六十年统计资料汇编》第 10 页。本表按当年价格计算。

　　虽然总体上中国工业的质量和效率还有待于提高,工业内部的比例还有待于进一步均衡和协调,但是经过近30年的发展,基本形成了较好的工业基础。

　　在重工业中,发展钢铁工业是新中国第一代领导人尤其是毛泽东十分重视的问题,被封为“钢铁元帅”,在重工业发展中具有举足轻重的地位。根据收录毛泽东1958年文稿的《建国以来毛泽东文稿》第7册和薄一波《若干重大决策与事件的回顾》下册,1958年“毛泽东有关15年赶上和超过英国,并由此涉及钢产量指标的报告、讲话、批示、信件,合计达28次之多”。“这可能还不是一个完整的数字,实际情况比这个数字还要大”。“毛泽东在一年的时间内,对一个工业部门,对一种重要工业产品,倾注了这么大的心血,这在共和国的历史上是绝无仅有的。如果没有伟大的战略抱负,没有对国家摆脱贫困落后的急迫心情,绝不可能做到这一点”。即便在晚年病有不测的情况下,也没有忘记钢铁和粮食。但是“毛泽东并不熟悉钢铁工业,更不了解钢铁生产的客观规律,他完全是按照他所熟悉的革命群众运动的方法来领导和指挥加快钢铁工业的发展步伐,动员和组织了6000万人上山,最多的时候有9000万人,大搞群众运动,大力推行‘小土群’、‘小洋群’”。“大炼钢铁的群众运动,应当讲是失败的”。[1] 中国人的钢铁大国梦想,是在改革开放后实现的。

　　尽管新中国前30年的实践充满崎岖坎坷,歧路重重,但仍然为中国模式和中国制度的发展和形成奠定了基础。“邓小平改革能够成功的秘密恰恰在于毛泽东时代,特别是毛泽东决定性地改变了新中国成立后想建立中央计划经济的努力。”[2]就此而言,“不可忘记毛泽东”。香港经济学家郭益耀系统论述了毛泽东在中国经济和平崛

---

　　①　参见陈锦华《国事忆述》,中共党史出版社2005年7月第1版,第142—143页。

　　②　甘阳:《中国道路:三十年与六十年》。见赵建英、吴波主编《论中国模式》(上卷),中国社会科学出版社2010年9月第1版,第124页。

起中的历史作用,概括起来,有如下几个方面:

表4-7:毛泽东的经济思想遗产在中国和平崛起中产生的作用①

类别	内容
重工业	毛时代优先集中投资于重工业,尤其是钢铁与机械工业的建设。有了这两门基础工业,以及其他配套部门,才能发展出自己的轻工业。
工业化基础	毛时代的工业化基础为邓的改革开放政策提供了强有力的物质条件。1979年后可以逐步转向轻工业的发展,满足人民的物质需求。
农业和农民	毛时代耕地因为人口不断增加,用地不断被挤占而持续递减;但是全国粮食产量却由1952年的164亿公吨增长到1978年的305亿公吨。
水利工程	农业方面的成就,主要是因为毛时代通过不断地搞大小规模的、近乎无偿的劳力动员所慢慢建设起来的水利工程。
农村家庭承包制	毛时代的后期中国农业已经具备了一定的基础,可以进入以个别农民家庭精耕细作,或集约化的经营方式,实行家庭联产承包经营责任制。
工业经济管理体制改革	1978年后工业经济管理体制改革源于类似农业的物质背景,实质是从粗放式经营转向集约式经营。
"剪刀差"	在毛时代基本上"以农立国",国家除此以外几乎没有其他可以大量积累资本的办法。在此政策框架下,城镇工人的收入及消费也同样遭到严苛的压抑。
储蓄(投资)率	大陆第一个五年计划期间投资(资本形成)比例达到25%左右,"文革"时经常每年保持在30%以上,这是"剪刀差"的效应。
工业回馈农业	这是毛时代几十年政策的后果,积重难返。胡温政权提出了大规模及系统化解决"三农问题"的办法。
对外开放	邓的对外开放,一般被看成是对毛的"闭关锁国"及"自力更生"做法的绝对否定,但是中国几次转折性的、高姿态地对西方展示友善的态度,都是毛亲自启动的。

---

① 资料来源:根据郭益耀《不可忘记毛泽东——一位香港经济学家的另类看法》有关内容整理。

续表

类别	内容
"一边倒"	20世纪50年代向苏联一面倒以及采取斯大林式的中央计划经济,是西方国家长期围堵的结果。毛自1956年就一直寻求摆脱苏联模式,自力更生,走自己经济建设的道路。
"四小龙"	认为中国早一点开放,如亚洲四小龙一般,则今日就不致于如此落后,这虽然不完全是"愚儒之说",但却掩盖了"仰人鼻息"的基本事实。
工业企业	开放后中国工业制品出口的加速增长,受惠于毛时代的基础。港资在内地的协作合资厂家,大都是毛时代社队企业基础上发展起来的中小型工业企业。

第二节　中国模式和中国制度的初步形成

1978年中共十一届三中全会的召开,是中国模式和中国制度初步形成的开始。"一九七八年十二月召开的十一届三中全会,是建国以来我党历史上具有深远意义的伟大转折",全会"果断地停止使用'以阶级斗争为纲'这个不适用于社会主义社会的口号,作出了把工作重点转移到社会主义现代化建设上来的战略决策","标志着党重新确立了马克思主义的思想路线、政治路线和组织路线。从此,党掌握了拨乱反正的主动权,有步骤地解决了建国以来的许多历史遗留问题和实际生活中出现的新问题,展开了有效的改革和社会主义建设,使中国在经济上和政治上都出现了前所未有的有利形势。"① 所谓的"伟大转折",即"拨乱反正":"拨乱者,即拨极左思潮之乱;反正者,即反新民主主义之正。"②

"拨乱反正"背后更深层次的逻辑,是对前30年社会主义实践

"**拨**乱反正"背后更深层次的逻辑,是对前30年社会主义实践的客观评价以及合理的继承和延续。这一逻辑,决定了中国改革开放以来,率先在经济领域突破和创新,并选择渐进式改革战略的思想路线。※

---

① 《关于建国以来党的若干历史问题的决议》,新华网 http://news. xinhuanet. com/ziliao/2002-03/04/content_2543544. htm。

② 冯友兰:《中国现代哲学史》,广东人民出版社1999年8月第1版,第10页。

的客观评价以及合理的继承和延续。所谓"拨乱",是对前 30 年发生的错误的清算;所谓"反正",是回归前 30 年尤其是建国初的发展正道①。因此,改革开放不是对前 30 年"休克式"的彻底否定,而是坚持前 30 年已经形成的正确的做法和经验,继承前 30 年已有的基础和条件,并根据中国的特殊现实,纠正前 30 年的错误思路和做法,从而使国家转向正确的发展轨道。这一逻辑,决定了中国改革开放以来,率先在经济领域突破和创新,并选择渐进式改革战略的思想路线,同时也决定了中国模式和中国制度探索的初步成功。

从经济体制改革的角度,从 1976 年到 1999 年,大体上可以分为三个阶段,各阶段的主题和主要事件与进程如下:

表 4-8:中国经济体制改革的进程(1976—1999 年)②

时期	事件/进程
经济体制改革的探索阶段 (1976—1984 年)	❖ 国民经济的恢复和"洋跃进"(1977) ❖ 反对"两个凡是"(1977)和真理标准问题的讨论(1978),十一届三中全会的召开(1978) ❖ 国民经济的调整和再调整(1979 和 1980),经济发展战略的转变(1981) ❖ 农村政策全面调整(1978),家庭经营制度确立(1982),人民公社退场(1984) ❖ 工业生产秩序的恢复与企业改革思路的形成、放权让利的企业改革、企业横向联合的初步尝试(1979 年以后) ❖ 对外开放的初步尝试,创办经济特区,开放沿海城市,外贸体制改革和政策调整,扩大对外经济合作(1980 年以后)

---

① 需要指出的是,由于世易时移,"反正"并非如冯友兰先生所说的单纯回到新民主主义阶段,而是根据实际情况有所发展和创新,是一种发展理念的回归,而不是简单的实践做法的回归。

② 资料来源:根据董辅礽主编《中华人民共和国经济史》(下卷)有关内容整理。

续表

时期	事件/进程
经济体制改革全面推进阶段（1984—1992年）	❖ 以国民经济发展为重点转向以经济体制改革为重心，以农村改革为重点转向以城市改革为重点（1984） ❖ 社会主义初级阶段理论的提出和确立（1980—1987） ❖ 社会主义有计划的商品经济理论的确立（1984） ❖ 企业改革全面展开与深化，包括国家与企业分配关系的调整，两权分离改革，企业兼并与破产起步（1984年以后） ❖ 农村经济发展，包括乡镇企业的异军突起，农业劳动力转移与人口城镇化，农村改革的深化（1984年以后） ❖ 制度开放成为对外开放的重点，推进浦东及内陆的沿江沿边及省会城市开放，外贸体制改革（1985年以后） ❖ 提出建立"国家调节市场，市场引导企业"的间接管理为主的宏观调控体系（1987） ❖ 治理经济环境和整顿经济秩序（1988）
建立社会主义市场经济体制阶段（1992—1999年）	❖ 邓小平南方讲话（1992） ❖ 确定建立社会主义市场经济体制目标（1992） ❖ 确立社会主义初级阶段的基本纲领（1997） ❖ 建立现代企业制度（1992年以后） ❖ 非公有制经济的兴起和发展（1992年以后） ❖ 市场体系培育和发展，包括商品、金融、房地产、劳动力、技术市场（1992年以后） ❖ 初步建立现代宏观调控体系（1990年代末） ❖ 建立和完善社会保障体系（1990年代） ❖ 经济"软着陆"（1993）并进入发展新阶段

　　中国经济体制改革的核心是计划与市场的关系，因此经济领域的改革，实际上主要是围绕推进市场化进行的改革，从改革开放后的实践以及未来发展方向上看，中国市场化改革大体上分为三个阶段。

表 4-9：中国市场化改革的三个阶段①

阶段	内容	特点
市场化改革发动与初始阶段（1979—1991 年）	1979 年到 1984 年开始引入市场机制；1984 年突破了把计划经济同商品经济对立的传统观念；1989 年到 1991 年改革出现回潮与反复。	中国的市场化改革经历了发动、试验、逐步展开和有所反复的过程，虽然没有从根本上改变僵化的计划经济体制，但计划经济体制根基开始动摇。
建立社会主义市场经济体制阶段（1992—2000 年）	以邓小平视察南方讲话为发端，中国市场化改革进程开始了一个新的重大转折。1993 年确定了社会主义市场经济体制的基本框架。	新的市场经济体制逐渐取代传统的计划经济体制并在国民经济中起主导作用，市场机制开始在资源配置中发挥基础性作用，社会主义市场经济体制初步建立。
完善社会主义市场经济体制阶段（2001—2020 年）	初步建立起来的社会主义市场经济体制还很不完善，生产力发展仍面临着诸多体制性障碍，不少深层次的问题有待通过深化改革、完善新体制来解决。因此 2003 年中共十六届三中全会决定，到 2020 年完成完善社会主义市场经济体制的任务。	主要任务是：完善公有制为主体、多种所有制经济共同发展的基本经济制度；建立有利于逐步改变城乡二元经济结构的体制；形成促进区域经济协调发展的机制；建设统一开放竞争有序的现代市场体系；完善宏观调控体系、行政管理体制和经济法律制度；健全就业、收入分配和社会保障制度；建立促进可持续发展的机制。

两种划分，其实大同小异。重要的是，二者均将 1992 年邓小平的南方讲话视为一个重要的节点和标志性事件。在此之前的种种关于计划与市场的争论，到此画上了一个句号，而在此之后的实践和理论探讨，已经不再是计划和市场孰是孰非的问题，而是二者建立怎样的和谐关系的问题。

为什么应该这样划分，为什么改革开放的首要任务要围绕计划

---

① 资料来源：根据陈锦华、江春泽等著《论社会主义与市场经济兼容》有关内容整理。

与市场的关系展开，是因为在相当长的一个时期里，市场经济都是作为社会主义、公有制经济的对立面而存在的。"无论是马克思主义的教条主义者，还是西方经济学的教条主义者，都认为社会主义与市场经济不能兼容，公有制与市场经济不能兼容。这种教条长期禁锢着人们的头脑。在理论界或者在从事实际工作的干部当中，都有不少人把计划经济看做是社会主义制度的根本特征，把市场经济看做是资本主义所特有的，认为市场经济与生产资料私有制相联系，与社会主义公有制是对立的。"①在1990年前后，报刊上发表了一些批判"市场取向改革"和"市场经济论"的文章。这些文章的共同点，是把计划与市场同社会主义基本制度联系起来："认为要'坚持社会主义制度就是要坚持计划经济'，如果改革不问姓'资'姓'社'，就会把改革开放引向'资本主义的邪路'。有人还把市场经济与计划经济之争提到'路线斗争'的高度，说改革的方向与目标的争论是'两条道路的斗争'，等等。"②

但从实践看，将计划与市场对立起来是不符合中国国情的。早在1979年3月，陈云就已经意识到单一计划体制的弊端。他指出，无论是苏联还是中国，计划工作制度中出现的主要缺点是只有"有计划按比例"这一条，没有在社会主义制度下还必须有市场调节这一条。所谓市场调节，就是按价值规律调节，也就是经济生活中的某些方面可以用"无政府"，"盲目"生产的办法来加以调节。现在的计划太死，包括的东西太多，结果必然出现缺少市场自动调节的部分。因此整个社会主义时期必须有两种经济：计划经济部分（有计划按比例的部分）；市场调节部分（即不作计划，让它根据市场供求的变化进行生产，即带有"盲目"调节的部分）③。同年11月，邓小平指出，"说市场经济只存在于资本主义社会，只有资本主义的市场经

后30年在经济制度方面的重要改革是建立社会主义市场经济体制，其中经济机制的转变是关键，既要发挥政府规划、组织、管理、政策调控和运用经济杠杆的作用，又要充分利用市场调节的功能，既要尊重客观经济规律，又要从国情出发恰如其分地处理社会经济各个组成部分的相互平衡、相互制约关系。※

① 陈锦华：《国事忆述》中共党史出版社2005年7月第1版，第213页。
② 陈锦华：《国事忆述》，中共党史出版社2005年7月第1版，第213页。
③ 参见《陈云文选》（一卷本），人民出版社、三联书店（香港）有限公司1996年7月香港第1版，第378页。

济,这肯定是不正确的。社会主义为什么不可以搞市场经济,这个不能说是资本主义。我们是计划经济为主,也结合市场经济,但这是社会主义的市场经济。虽然方法上基本上和资本主义社会的相似,但也有不同,是全民所有制之间的关系,当然也有同集体所有制之间的关系,也有同外国资本主义的关系,但是归根到底是社会主义的,是社会主义社会的。市场经济不能说只是资本主义的。市场经济,在封建社会时期就有了萌芽。社会主义也可以搞市场经济。同样地,学习资本主义国家的某些好东西,包括经营管理方法,也不等于实行资本主义。这是社会主义利用这种方法来发展社会生产力。把这当做方法,不会影响整个社会主义,不会重新回到资本主义。"①

将"市场"与"计划"之间关系从政治意识形态中加以剥离,使之回归到实践的层面,解决了改革开放的方向、目标问题。意义十分重大。※

邓小平南方讲话真正使"计划"与"市场"回归到实践的层面,成功实现了将它与政治和意识形态的剥离。"计划多一点还是市场多一点,不是社会主义与资本主义的本质区别。计划经济不等于社会主义,资本主义也有计划;市场经济不等于资本主义,社会主义也有市场。计划和市场都是经济手段。"②此后中国实践证明,这一剥离意义十分重大。

中国改革开放的事业以经济为核心展开,是从计划经济向市场经济的转变过程。这个过程的关键,是经济机制的转换。1992 年,美国前国务卿亨利·基辛格对此提出了三点看法,一是"目前有关经济体制转换的讨论中大都将'纯粹的市场制度'与'纯粹的计划经济'相对比,但在现实生活中并不存在这种极端的模式。美国无疑是所谓最开放的市场经济,但政府仍在一系列部门中(如石油、天然气、电信等部门)发挥着重要作用,反过来说,即使最僵硬的统制经济中也存在一些私人经济活动,经济本来就是'混合的'。"二是"相对集中的经济向更多地以市场为基础的经济结构的转变在中、东欧和其他苏联国家中快速地进行着,在发展中国家中这种转变不那么剧烈,然而其意义更加深远。"三是"任何国家都不能不考虑其独有的历史和文化背景。一个改革方案在某个国家运转很好,但到另一

---

① 《邓小平文选》第二卷,人民出版社 1994 年版,第 236 页。
② 《邓小平文选》第三卷,人民出版社 1993 年版,第 373 页。

个国家则可能行不通,道理很简单,没有两个一样的国家。"基辛格的结论是:"我们正处在一个变革的时代,我们周围的经济生活在发生着重大的变化。变化的趋势错综复杂,但中心是朝向市场经济。似乎可以说,世界各地的领导人们不约而同地得出这样一个结论:总的来说,市场为持续经济发展提供了较好的基础。向市场转变的目标被广泛接受,但实现这一目标的方式同试图改革的国家一样多,显然,没有一个'通用'的办法。改革过程必须与各个国家的经济、社会、文化环境相一致。"①

[专栏4-1]　中国市场经济变革过程的分析

陈锦华从五个方面对中国市场经济变革过程进行了分析和总结:

第一,市场经济是一种有利于解放生产力、发展生产力的经济发展模式。市场可以提供及时、广泛的信息,可以推动竞争,激发经济活力,可以引导资源进行最佳化配置,可以促进企业改善管理,不断提高经济效益。同这种作用相反,计划经济的最大缺陷,就是缺乏竞争,缺乏活力,工作效率与经济效益低,缺乏市场导向,资源配置不合理。

第二,市场经济同所有制有一定的关系,但不是绝对的,不同的所有制都可以利用市场,都可以把市场经济作为一种方法来发展和壮大各自的所有制。市场经济可以为不同的所有制服务,为公有制服务就是公有制的市场经济。当然,不同的所有制在管理体制和运作机制上互有差异,但这同样不是绝对的,而是完全可以改革,可以按市场经济规律进行改革、调整和完善的。

第三,市场经济是充满活力的经济,它在形成和发展的过程中充满变数,加上人们的认识不一致,特别是从计划经济向市场经济的转变的复杂过程中,有各种理论问题需要研究、探讨和创

---

① 参见亨利·基辛格《经济发展和政治稳定》,载《中国改革》1992 年第 5 期;另见陈锦华《国事忆述》,中共党史出版社 2005 年 7 月第 1 版,第 210 页。

新,更有大量实践中提出的问题需要探索、解决。改革举措的实施需要避免社会过大的震动,降低改革成本,要考虑群众的承受能力。这一切,都是在没有经验、没有先例的情况下进行的,这就决定了我国以市场为取向的改革必须"摸着石头过河",必须采用渐进的方式。实践证明,这种选择是正确的。

第四,市场经济有盲目性,有只重视追求个人或本单位利益的片面性,有对社会公益事业的失缺作用。我国政府对这些缺陷和负面效应都有全面、清醒的认识,在重视市场积极作用的同时,针对它的缺陷和失缺作用,制定了相应的方针、政策,重要的如坚持四项基本原则,加强社会主义精神文明建设,实施对经济的宏观调控,加强民主法制建设,建立以人为本的全面、协调、可持续的科学发展观等等。这些重大措施,可以纠正和弥补市场的失缺作用,促进市场健康发育。

第五,市场经济必须同各国的政治、经济、文化相结合。市场经济作为一种手段,完全可以用来为实现我国的社会主义理想和价值观,为国家强盛、社会公平、人民幸福服务。市场经济重视效率,但往往欠缺公平。中国政府认为,应当效率优先,兼顾公平。在改革与发展中,全面推进物质文明、精神文明、政治文明建设,重视发扬中国优秀文化传统中的精华,进行伦理、道德教育,推崇勤劳致富、诚信经营,反对一切损害社会和公众利益的不法行为。这些探索和实践,都是对市场经济合理内涵的重要补充和完善。

——摘自陈锦华《国事忆述》第 250—253 页

以改革开放为标志,新中国实际上发生了发展战略上的全方位多层次的转变。这些转变有的是对前 30 年的彻底否定,有的则是对前 30 年极端做法的矫正。这些转变突出体现在如下几个方面:

【从"以阶级斗争为纲"到"以经济建设为中心"的转变】尽管前 30 年中国已经是一个独立自主的、统一的民族国家,但是在极左思想指导下,仍然充满各种各样的政治运动。"千万不要忘记阶级斗争"成为衡量各个领域的实践正确与否的首要标准乃至于唯一标准,直至发生"文化大革命"这样的持续十年的内乱。而实际上,"在社会主义条件下进行所谓'一个阶级推翻一个阶级'的政治大革命，既没有经济基础，也没有政治基础。"①"以阶级斗争为纲"必然导致政治第一，"政治挂帅"所要解决的主要问题是阶级矛盾。而"以经济建设为中心"重点关注的是建设问题、发展问题，是要以民为本，造福民生。因此改革开放以后，率先反思的就是"以阶级斗争为纲"的治国策略，从而确立"以经济建设为中心"的工作重点。因此改革开放以后，尽管前进的道路并不平坦，但是经济建设这个中心从来没有出现较大的、长时间的偏离，经济领域的改革与发展始终是各项改革的核心和引领，成为带动政治、社会、文化等诸多领域改革的动力和引擎，并为其他领域的改革创造了条件，奠定了基础，从而确保了中国渐进式改革的稳健发展和成功。

【从"破坏"到"建设"的转变】前30年发生的"文化大革命"，其理论基础是："党内走资本主义道路的当权派在中央形成了一个资产阶级司令部，它有一条修正主义的政治路线和组织路线，在各省、市、自治区和中央各部门都有代理人。过去的各种斗争都不能解决问题，只有实行文化大革命，公开地、全面地、自下而上地发动广大群众来揭发上述的黑暗面，才能把被走资派篡夺的权力重新夺回来。这实质上是一个阶级推翻一个阶级的政治大革命，以后还要进行多次。"因此导致"党的各级组织普遍受到冲击并陷于瘫痪、半瘫痪状态，党的各级领导干部普遍受到批判和斗争，广大党员被停止了组织生活，党长期依靠的许多积极分子和基本群众受到排斥。"②这实际上是一种极大的破坏力量，使得一个国家长期处于无政府和动乱状态，人民群众的正常生活受到严重干扰，政治、经济、文化事业遭受严重损失。因此改革开放以后中国发展的主基调，就是从"破坏"向"建设"转型，从动乱向稳定转型，从管理混乱到管理有序转型。在这一转型过程中，中国共产党也顺利实现了从革命党向执政党的转

改革开放以来，尽管前进的道路并不平坦，但是经济建设这个中心基本没有出现过较大的、长时间的偏离，经济领域的改革与发展始终是各项改革的核心，成为带动政治、社会、文化等诸多领域改革的动力和引擎。※

---

① 《关于建国以来党的若干历史问题的决议》，新华网 http://news. xinhuanet. com/ziliao/2002–03/04/content_2543544. htm。

② 同上。

型,国家治理策略实现了从建国方式向治国方式的转型。从而实现了在稳定前提下的高速发展。

【从注重"生产关系"到注重"生产力"的转变】中国共产党作为执政党,必须正确处理社会主义条件下生产力与生产关系、经济基础与上层建筑这一社会的基本矛盾,集中力量发展生产力。因为没有经济的发展,没有在生产力发展基础上形成的雄厚的物质基础,国家就不能实现繁荣富强,人民的物质文化生活就不能得到改善和提高,社会主义制度的优越性就不能充分显现出来。但是新中国前30年,主要是在变革生产关系上做文章。这在1956年社会主义改造完成之时就已经埋下隐患。《中国共产党的七十年》一书提出了几个大的问题:"一个是社会主义公有制经济已经居于绝对统治地位,但是有没有必要使它成为唯一的经济成分,有没有必要有限度地保留一部分有益于国计民生的个体经济和私营经济? 一个是高度集中的计划经济体制随着对资本主义和个体经济改造的完成而扩大到全部经济生活,市场调节的作用是否还需要发挥,如何发挥? 还有一个是国营经济如何发挥中央、地方各级和企业的主动性和积极性,集体经济的所有权和经营权需不需要划分层次,根据不同情况发挥不同层次的积极性? 还是公有范围越大、经营越集中越好? 这些问题在改造过程中大都或多或少有所觉察,可是,来不及反复研究和慎重决策,就在高潮中被掩盖起来。"①而在随后的社会主义建设全面展开的10年中,这些问题逐渐暴露出来,比较突出的问题是实行人民公社制度和城市过快地向各种形式的公有制过渡。《中国共产党历史》一书指出:"在社会主义生产关系的变动问题上,适当调整不适应生产力发展要求的部分,以求在新的生产关系下面保护和发展生产力,是必需的。但超过这个界限,片面夸大生产关系对生产力的反作用,追求脱离生产力发展水平的'一大二公',特别是在所有制问题上过

社会主义生产关系的实现形式并不存在一套固定的模式,要根据中国生产力发展的水平和要求,通过变革,在每一个阶段上创造出与之相适应的生产关系的具体实现形式。※

---

① 胡绳主编,中共中央党史研究室:《中国共产党的七十年》,中共党史出版社1991年8月第1版,第428—429页。

于求纯、急于过渡,那就是错误的,并且造成严重损失。"①到"文化大革命"时期,这一尚未彻底解决的问题愈演愈烈,形成和逐渐扩大了一系列过激过"左"的政策,将社会主义条件下有利于生产力发展的一些认识和做法,当做"资本主义"和"修正主义"加以反对和批判。生产关系不仅没有促进,反而严重破坏了生产力发展。改革开放以后,中国共产党总结经验教训,提出"贫穷不是社会主义,社会主义的根本任务是发展生产力",并明确"社会主义生产关系的变革和完善必须适应于生产力的状况,有利于生产力的发展。社会主义生产关系的实现形式并不存在一套固定的模式,要根据中国生产力发展的水平和要求,通过变革,在每一个阶段上创造出与之相适应的生产关系的具体实现形式。"②这是意义重大的转型。

【从"有限开放"到"全面开放"的转变】前30年中国是"有限开放",即有选择的和部分的开放,主要是对苏联和东欧国家以及对第三世界部分国家的开放。在社会主义和资本主义两个阵营"冷战"的国际背景下,这一时期的开放具有浓厚的意识形态色彩,更多地着眼于政治的考虑。开放的方式较为单一,集中表现为外贸进出口以及主要与苏联和东欧等社会主义国家之间的贸易往来,具有明显的"拾遗补缺"的特点,严格说起来还称不上真正的开放。改革开放以后,中国经历了由渐进开放到全面开放的过程。所谓渐进开放,是由点及面、由浅入深、由单一领域扩展到多个领域的开放。与东欧国家的"休克疗法",即一次性完成体制机制的转型从而引起国民经济的巨大动荡相比,渐进开放使得中国在经济社会基本稳定的前提下实现了有序开放和稳定发展,并为全面开放奠定了良好坚实的基础。所谓全面开放,是在经济全球化和区域经济一体化背景下,遵循国际惯例和基本原则,是世界融入中国和中国融入世界的全方位、多层次、宽领域的开放。1978年到2000年是渐进开放,2001年加入

如果说1978年到2000年是一个渐进的开放过程,那么2001年加入WTO后,中国进入了全面开放的时代。※

---

① 中共中央党史研究室:《中国共产党历史》(第2卷·下册),中共党史出版社2011年1月第1版,第743页。

② 中共中央党史研究室:《中国共产党历史》(第2卷·下册),中共党史出版社2011年1月第1版,第1066页。

WTO,则标志着中国进入全面开放的新阶段。对内改革和对外开放,成为推动中国高速发展和快步走向世界的两个巨大的轮子。

【从"集中"到"放权"的转变】在"文革"末期即改革开放前夕,中国的政治体制是权力高度集中的体制。一方面是政治权力的高度集中,各级政府通常采用单一制的组织方式,每级政府都是上一级政府的代理人,执行上级的法令和政策。另一方面是国家对社会和经济的完全控制。社会生活的几乎所有方面都由政府规范。改革开放以后,中国开始从"集中"向放权转变。既有中央向地方政府的放权,也有政府向民间社会的放权,中国的改革开放基本上是在这两个方面推进。在政治维度上,中央政府将相当部分的决策权力下放给各级地方政府,使地方政府享有一定的自主性,从而形成一个类似于联邦制的框架。在经济与社会的维度上,大批国有企业被改制,市场经济成为经济活动的主体。政府开始容许甚至鼓励一些社会组织和民间团体的发展,公民社会力量日益壮大。这其中,政府间的分权,使各地方政府具有了相当的自主权,对经济的高速增长作出了巨大贡献,成为经济高速发展的重要制度原因①。

按照社会主义生产关系和依据国情,正确处理"集中"和"放权"的关系是中国模式的独特性之一,既能有效调动地方政府和企业的积极性,又保证了中央政府的权威和权力(举国体制)的制度性优势。※

表4-10:中国改革开放期间两种放权②

类别	政府间放权	国家向社会间放权
政治	中央向地方	国家向社会
结果	地方或基层民主	民主化
	"事实上的联邦制"	人民主权与个人权利
	有限的个人权利	政治参与
	政府控制的非政府组织	非政府组织、公民社会等
经济	中央向地方	国家向企业

---

① 参见郑永年《中国模式——经验与困局》,浙江人民出版社2010年1月第1版,第138—139页。

② 同上。

续表

类别	政府间放权	国家向社会间放权
结果	地方政府产权	私有产权
	地区间竞争	私有化
	有限的市场化	市场化
	地方政府干预	企业自由竞争,政府干预少
	地方保护主义	

这种从"集中"到"放权"的转变,有效形成了既能调动地方政府积极性,又保证了中央政府的权威和权力(举国体制)的制度性优势。这种制度性优势,保证了三峡工程和南水北调等重大工程的建设,尤其是使得数十万、上百万大规模移民的顺利完成;保证了汶川大地震的灾后重建及其他重大灾害的救援,以及对新疆、西藏等地区对口援建工程的建设等。

【从"经济增长"到"科学发展"的转变】2003年,中共中央总书记胡锦涛明确使用了"科学发展观"概念,提出"要牢固树立协调发展、全面发展、可持续发展的科学发展观",此后他在不同场合,对科学发展观作了进一步的阐发。2007年,在中共十七大报告中,胡锦涛系统阐述了科学发展观的科学内涵和精神实质:"科学发展观,第一要义是发展,核心是以人为本,基本要求是全面协调可持续,根本方法是统筹兼顾。"[1]科学发展观的提出,标志着中国发展的实践和转型进入了一个新的历史阶段。如果说新中国成立后的30年是以政治为中心,重点是改革生产关系;改革开放后是以经济建设为中心,重点是发展生产力;那么中国未来30年则是在发展生产力的同时,全面推进科学发展。

---

① 胡锦涛:《在中国共产党第十七次全国代表大会上的报告》,中国共产党新闻网 http://cpc.people.com.cn/GB/64093/67507/6429844.html。

表 4-11：中国不同时期的追赶战略①

	传统追赶战略	转轨期追赶战略	新的追赶战略
发展目标	❖ 追求高速度 ❖ 超英赶美 ❖ 实现"四化"	❖ 以物为本 ❖ 追求高增长 ❖ 2000 年 GDP 翻两番	❖ 以人为本 ❖ 促进人类发展，实现持续增长
积累与消费的关系	❖ 高积累、低消费 ❖ 强调生产性投资	❖ 较高积累、刺激消费 ❖ 强调硬件投资	❖ 强调软件投资 ❖ 强调人力资本投资
产业发展结构	❖ 优先发展重工业 ❖ 优先发展军事工业	❖ 利用比较优势 ❖ 重视产业结构调整 ❖ 科教兴国战略	❖ 充分利用比较优势推进结构变革 ❖ 实施信息发展战略
工业化技术路线	❖ 自主开发技术 ❖ 资本密集技术路线	❖ 开发与引进相结合 ❖ 重视劳动密集路线	❖ 多要素密集技术路线 ❖ 开发和利用人力资源
国内国际市场关系	❖ 自给自足，进口替代 ❖ 主要依赖国内资源和市场 ❖ 高度国内保护主义	❖ 对外开放 ❖ 出口导向增长 ❖ 利用两种资源、两个市场 ❖ 逐步贸易、投资自由化	❖ 参与世界经济一体化 ❖ 提高国际竞争力 ❖ 利用国际资源、市场、资本和技术，实现贸易投资自由化
人与自然的关系	❖ 大力开发资源，破坏 ❖ 资源和生态发展	❖ 先污染，后治理，生态赤字扩大，黑色发展	❖ 可持续发展，生态建设，绿色发展
收入分配关系	❖ 平均主义	❖ "先富论"	❖ "共同富裕论"
城乡关系	❖ 城市优先发展论 ❖ 城乡分割	❖ 城市优先发展论 ❖ 城乡差距拉大	❖ 城乡协调发展论 ❖ 缩小城乡差距
地区关系	❖ 内陆优先发展 ❖ 地区差距拉大	❖ 沿海地区优先发展 ❖ 地区差距先缩小后扩大	❖ 东、中、西部协调发展

---

① 资料来源：胡鞍钢：《对中国之路的初步认识》，见黄平、崔之元主编《中国与全球化：华盛顿共识还是北京共识》，第 154—155 页，社会科学文献出版社 2005 年版。

续表

	传统追赶战略	转轨期追赶战略	新的追赶战略
经济社会发展	❖ 注重社会发展	❖ 经济发展优先论	❖ 经济与社会协调发展
公平与效率	❖ 公平优先	❖ 效率优先,兼顾公平	❖ 市场机制要讲效率 ❖ 重视再分配、公共服务 ❖ 公平优先,社会和谐优先
政府与社会	❖ 政府控制社会	❖ 政府主导社会、领导与被领导关系	❖ 政府与社会合作、伙伴关系
经济体制	❖ 中央计划经济	❖ 引入市场机制,建立市场经济	❖ 建立现代市场经济体制

"科学发展观"是对中共三代中央领导集体关于发展的重要思想的继承和发展,科学发展观的根本目标,是实现中华民族的伟大复兴。正如有学者分析的那样,中国目前有三种传统,一是改革开放以来形成的传统,这个传统基本上是以"市场"为中心延伸出来的;二是毛泽东时代所形成的传统,是一个追求平等和正义的传统;三是中国文明数千年形成的文明传统,即通常所谓的中国传统文化或儒家传统①。"科学发展观"科学有效地整合了这三大传统。

第三节　中国发展进步及中国
模式的巨大成就

经过改革开放 30 多年的发展,中国的经济总量在 2010 年接近 40 万亿元人民币,即 58786 亿美元,是 1978 年的 109 倍。其中第二产业和第三产业获得了较大的发展,二者合计占国内生产总值的比

---

① 参见甘阳《中国道路:三十年与六十年》,见赵建英、吴波主编《论中国模式》(上卷),中国社会科学出版社 2010 年 9 月第 1 版,第 121 页。

重已经接近 90%,农业大约只占十分之一,中国实现了由农业国家
向工业国家的转型,同时后工业国家的特征也初见苗头。人均国内
生产总值接近 3 万元人民币,即 4283 美元,大约是 1978 年 78 倍。
从 1950 年到 2008 年,中国国家财政收入增长 985 倍,2010 年,实现
收入 83080 亿元。

表 4-12:中国国内生产总值的增长(1978—2010 年)[1]

年份	国内生产总值 (亿元人民币)	国内生产总值构成(%)			人均国内 生产总值 (元人民币/人)
		第一产业	第二产业	第三产业	
1978 年	3645.2	28.2	47.9	23.9	381
1979 年	4062.6	31.3	47.1	21.6	419
1980 年	4545.6	30.2	48.2	21.6	463
1981 年	4891.6	31.9	46.1	22.0	492
1982 年	5323.4	33.4	44.8	21.8	528
1983 年	5962.7	33.2	44.4	22.4	583
1984 年	7208.1	32.1	43.1	24.8	695
1985 年	9016.0	28.4	42.9	28.7	858
1986 年	10275.2	27.2	43.7	29.1	963
1987 年	12058.6	26.8	43.6	29.6	1112
1988 年	15042.8	25.7	43.8	30.5	1366
1989 年	16992.3	25.1	42.8	32.1	1519
1990 年	18667.8	27.1	41.3	31.6	1644
1991 年	21781.5	24.5	41.8	33.7	1893
1992 年	26923.5	21.8	43.4	34.8	2311
1993 年	35333.9	19.7	46.6	33.7	2998
1994 年	48197.9	19.8	46.6	33.6	4044
1995 年	60793.7	19.9	47.2	32.9	5046
1996 年	71176.6	19.7	47.5	32.8	5846
1997 年	78973.0	18.3	47.5	34.2	6420

---

[1] 资料来源:《2010 中国统计年鉴》。其中 2010 年数据来自国家统计局《中华
人民共和国 2010 年国民经济和社会发展统计公报》;数据按当年价格计算。

续表

年份	国内生产总值（亿元人民币）	国内生产总值构成（%）			人均国内生产总值（元人民币/人）
		第一产业	第二产业	第三产业	
1998 年	84402.3	17.6	46.2	36.2	6796
1999 年	89677.1	16.5	45.8	37.7	7159
2000 年	99214.6	15.1	45.9	39.0	7858
2001 年	109655.2	14.4	45.1	40.5	8622
2002 年	120332.7	13.7	44.8	41.5	9398
2003 年	135822.8	12.8	46.0	41.2	10542
2004 年	159878.3	13.4	46.2	40.4	12336
2005 年	184937.4	12.1	47.4	40.5	14185
2006 年	216314.4	11.2	47.9	40.9	16500
2007 年	265810.3	10.8	47.3	41.9	20169
2008 年	314045.4	10.7	47.5	41.8	23708
2009 年	340506.9	10.3	46.3	43.4	25575
2010 年	397983.0	10.2	46.8	43.0	29678

中国是近现代以来世界上 GDP 高速增长持续时间最长的大国。※

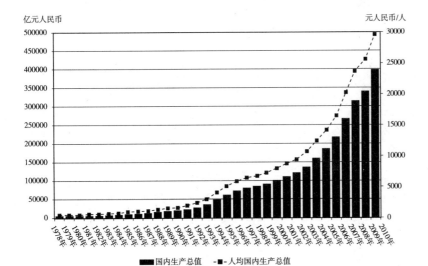

图 4-2：1978—2010 年中国国内生产总值和
人均国内生产总值的增长情况

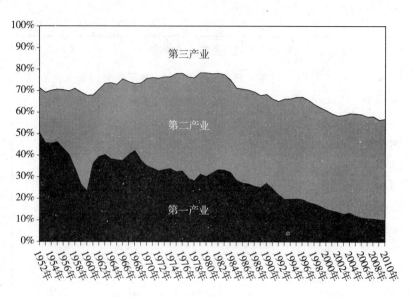

第二产业比重 20 多年来稳定在40%以上,第三产业比重处于逐步扩大的趋势。中国的三次产业结构同发达国家存在着差异。全球金融危机后,人们认为这种差异是中国能够保持稳定发展的内在因素之一。※

图 4-3:1952—2010 年中国三次产业变化趋势

1950 年,中国进出口贸易总额仅为 11.3 亿美元,1973 年突破百亿美元,1978 年为 206.4 亿美元。1988 年突破了千亿美元,之后贸易总额增长不断加快。

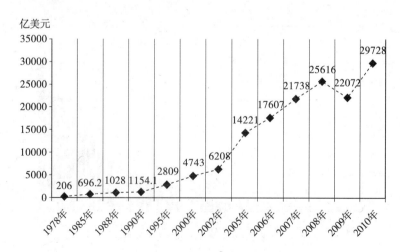

图 4-4:1978—2010 年中国外贸进出口增长情况①

---

① 数据来源:中国国家统计局网站。

特别是 2001 年加入世界贸易组织之后,随着中国参与国际经济的深度和广度不断扩大,对外贸易增长迅速,连上新台阶,这一阶段成为我国对外贸易发展最快的时期。2001 年中国对外贸易总额突破 5000 亿美元,2004 年突破 1 万亿美元,2007 年又一举突破 2 万亿美元。2010 年,中国进出口贸易总额达到 29728 亿美元,比 1978 年增长 143 倍。其中,出口总额从 1978 年的 97.5 亿美元增长到 15779 亿美元,增长 161 倍;进口总额从 108.9 亿美元增长到 13948 亿美元,增长 127 倍。1978—2010 年,进出口贸易年均增长 16.7%,其中出口年均增长 19.1%,进口年均增长 17.2%。

[专栏 4-2]

中国加入 WTO 后对外经济发生的巨变

2001 年 12 月 11 日,中国经过了一场"黑发人熬成白发人"式的谈判,怀着兴奋与焦虑的复杂心态,正式成为世界贸易组织的成员。到 2011 年 12 月,中国入世已有十年。

回首这 10 年,数据是亮丽的,中国的出口规模和进口规模分别增长了 4.9 倍和 4.7 倍,成为全球第一大货物贸易国、第一大货物出口国和第三大进口国;吸引外资超过 7000 亿美元,占世界制造业产值的 17%,超过了美国的 16%,成为世界第一制造业大国。

"入世",得益于进口原材料成本降低和出口量增加,给我国大多数行业,特别是劳动密集型和垄断服务型行业带来了前所未有的发展。比如,纺织服装业的出口额,2002 年为 617.69 亿美元,2010 年达 2065.30 亿美元,增长了 3.34 倍。电信行业,2001 年新经济泡沫破灭之后,世界电信的发展速度趋于缓慢,大约保持每年 3% 的增长速度,而中国的电信收入增长一直维持两位数的高速增长,在全球一枝独秀。会展行业,2001 年,我国举办的各类会展在 1000 个左右,2007 年跃升至 9500 个,2011 年,各类展览会会突破 15000 个,十年间增长了 15 倍,我国跻身世界会展大国,会展质量也得到了提升,2010 年还举办了世界博览会。2001—

2009 年,中国计算机和信息服务出口从 4.61 亿美元增长到 65 亿美元。咨询服务出口从 8.89 亿美元增长到 186 亿美元。

——摘自叶雷《加入 WTO 十年后的今天与明天》

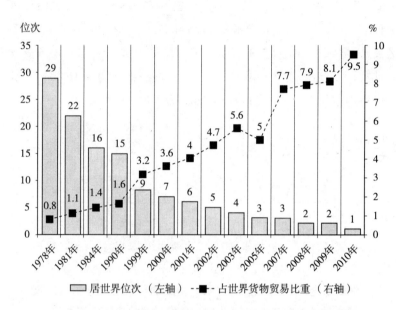

图 4-5:1978—2010 年中国货物贸易占世界比重及位次变化①

中国目前已成为全球第一大货物贸易国、第一大货物出口国、第三大进口国和第一外汇储备大国;吸引外资超过 1 万亿美元,占世界制造业产值 17%,超过美国的 16%,成为世界第一制造业大国。※

从 1952 年到 2008 年,中国外汇储备增加近 14000 倍,由长期以来的外汇短缺国一跃而成为世界第一外汇储备大国,2010 年,中国外汇储备达到 28473 亿美元,比 2008 年增加了 9013 亿美元。

随着经济总量的持续增长,中国在全球经济体系中的地位和作用也稳步上升。2000 年中国 GDP 在世界的位次为第六位,2005 年和 2006 年为第四位,2007 年和 2008 年上升到第三位,2009 年和 2010 年位列第二位,成为仅次于美国的另一个巨大的经济体。中国事实上是用了数十年的时间,走完了西方国家数百年所走过的发展阶段,这堪称是一个世界奇迹。

① 数据来源:国家统计局网站。

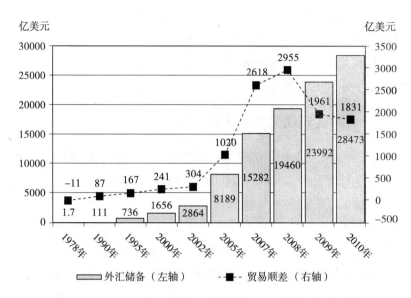

图4-6:1978—2010年中国外汇储备和贸易顺差发展情况

表4-13:2000—2010年中国 GDP 总量在世界的排位①

排位	2000 年	2005 年	2006 年	2007 年	2008 年	2009 年	2010 年
1	美国	美国	美国	美国	美国	美国	美国
2	日本	日本	日本	日本	日本	中国	中国
3	德国	德国	德国	中国	中国	日本	日本
4	英国	中国	中国	德国	德国	德国	德国
5	法国	英国	英国	英国	法国	法国	法国
6	中国	法国	法国	法国	英国	英国	英国
7	意大利	意大利	意大利	意大利	意大利	意大利	意大利
8	加拿大	加拿大	西班牙	西班牙	俄罗斯	巴西	俄罗斯
9	巴西	西班牙	加拿大	加拿大	西班牙	西班牙	加拿大
10	墨西哥	印度	印度	俄罗斯	巴西	加拿大	巴西

---

① 综合有关资料整理。

这种经济高速增长、国家地位逐步上升、全球影响力逐步扩大的发展与进步，成为人们所称道的"中国模式"。而它的具体体现，是中国现代化进程的迅速推进，城市化进程的加快和人民的生活水平向逐步小康水平全面迈进。

一、中国现代化进程迅速推进①

【工业现代化】60 多年来，中国主要工业产品产量成倍增长。随着工业基础建设的加强，生产能力的不断扩张，中国已经由一个只能制造初级工业产品的国家发展成为世界制造业大国。根据联合国工发组织资料，按照 2000 年不变价计算，中国制造业增加值占世界的份额由 1995 年的 5.1% 上升到 2010 年的 17%，超过美国的 16%，成为世界第一制造业大国。按照国际标准工业分类，在 22 个大类中，中国制造业占世界比重在 7 个大类中名列第一，其中，烟草类占比49.8%，纺织品类占比29.2%，衣服、皮毛类占比24.7%，皮革、皮革制品、鞋类占比 33.4%，碱性金属占比 23.8%，电力装备占比28.2%，其他交通工具占比34.1%；有 15 个大类名列前三；除机动车、拖车、半拖车一个大类外，其他 21 个大类所占份额均名列世界前六位。而在发展中国家中，除机动车、拖车、半拖车一个大类名列第十一位外，其他 21 个大类所占份额均名列第一位。与此同时，中国工业结构实现了从门类简单到齐全，从以轻工业为主到轻、重工业共同发展，从以劳动密集型工业为主导，向劳动、资本和技术密集型共同发展的转变。钢铁、有色、电力、机械、轻纺、食品等工业部门逐步发展壮大，一些新兴的工业部门如航空航天工业、汽车工业、电子工业等迅速发展。目前已拥有 39 个工业大类、191 个中类、525 个小类，联合国产业分类中所列的全部工业门类中国均有。

---

① 本节和下一节资料和数据除注明外，均来自国家统计局《新中国成立 60 周年经济社会发展成就回顾系列报告》之一到十八。参见国家统计局网站。该系列报告数据的截止年份为 2008 年，2009—2010 年数据来源于国家统计局 2010 年国民经济和社会发展统计公报。

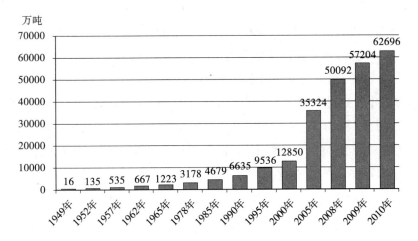

图 4-7:1949—2010 年中国粗钢产量增长情况

表 4-14:1949—2007 年中国主要工业产品产量世界位次①

（单位:万吨）

工业产品	1949 年		1978 年		2007 年	
	产量	位次	产量	位次	产量	位次
钢	16	26	3178	5	48928	1
煤	3200	9	61800	3	252600	1
原油	20	27	10405	8	18632	5
发电量	43	25	2566	7	32816	2
水泥	66		6524	4	136117	1
化肥	0.6		869	3	5825	1
布	19		110	1	675	1
电视机			0.4	8	8478	1

改革开放尤其是进入 21 世纪后,随着工业化进程的加快,以机械电子工业、石油化学工业、汽车制造业、航空航天工业等为主体的

---

① 发电量单位为亿千瓦/小时,布单位为亿米,电视机单位为万台。

重化工业加快发展,工业内部结构向更高层次演进。2008 年,轻、重工业比重分别为 28.9% 和 71.1%,重工业占比大幅上升,高技术产业、大企业、企业集团不断强化,企业组织结构明显改善,资本密集型、技术密集型企业得到迅速发展壮大。

【**农业现代化**】1949 年中国粮食产量只有 11318 万吨,2008 年达到 52871 万吨,与 1949 年相比,粮食产量增长 3.7 倍。2010 年粮食产量达到 54641 万吨,比 2008 年增加了 1770 万吨。60 多年来,中国农产品供给能力不断提高,有效解决了占世界五分之一人口的吃饭问题。

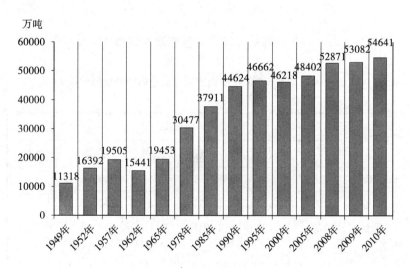

图 4-8:1949—2010 年中国粮食产量增长情况

新中国成立初期,中国没有一种农产品产量达到世界第一,而 2009 年,在主要农产品中,中国的谷物、肉类、棉花、花生、油菜子、茶叶、水果等产品产量居世界第一位,甘蔗、大豆分别居第三、四位。

表 4-15:1949—2007 年中国主要农业产品产量居世界位次①

(单位:万吨)

农业产品	1949 年		1978 年		2009 年	
	产量	位次	产量	位次	产量	位次
谷物	—	—	27304	2	48156.3	1
肉类	—	—	1109	3	7649.7	1
棉花	44	4	217	2	762②	1
大豆	509	2	757	3	1930	4
花生	127	2	238	2	1470	2
油菜子	73	2	187	2	1365.7	1
甘蔗	264	—	2112	7	11558.7	3
茶叶	4.1	3	27	2	135.9	1
水果	120	—	657	9	20395.5	1

　　中国农产品供给能力的提高,依赖于农业生产条件的不断改善。60 多年来,中国高度重视兴建农田水利基础设施,在 20 世纪 80 年代初,基本形成了遍布全国多数农村的以中小型水库、机井(水塘)以及灌溉渠网为主的水利基础设施体系,到 2008 年,全国共有大中型水库 3710 座,有效灌溉面积由 1952 年的 1996 万公顷扩大到 2008 年的 58472 万公顷。农业机械总动力由 1952 年的 18 万千瓦增加到 2008 年的 82190 万千瓦。

　　【国防现代化】60 多年来,中国军队的现代化建设取得巨大成就,已由过去单一军种发展成为诸军兵种合成、具有一定现代化水平并开始向信息化迈进的强大军队。新中国成立后,确立了建设优良的现代化革命军队的总方针总任务。改革开放后,中国军队的现代化建设走上中国特色精兵之路。军队建设指导思想实行从临战状态向和平时期建设的战略性转变,在服从和服务于国家建设大局的前

① 水果不包括瓜类。资料来源:粮农组织数据库。
② 此数据为 2007 年产量,此后由于天气灾害等原因,全国棉花种植面积和总产量在减少,2009 年产量为 637.7 万吨。

提下,有计划有步骤地推进以现代化为中心的军队建设。按照精兵、合成、高效的原则进行重大调整改革,减少数量,提高质量,增强军队在现代战争条件下的自卫能力。实施科技强军战略,逐步实现由数量规模型向质量效能型、由人力密集型向科技密集型转变。制定"三步走"发展战略,走以机械化为基础、以信息化为主导的跨越式发展道路。以军事斗争准备牵引现代化建设,提高信息化条件下的防卫作战能力。面对国家安全需求的新发展新变化,在更高的起点上推进现代化。适应打赢信息化条件下局部战争要求,加强新型作战力量建设,加强以信息化为主导的机械化信息化复合发展,提高基于信息系统的体系作战能力①。

根据 2009 年中国社会科学院发布的《全球政治与安全报告(2010)》,中国在军事实力上排名世界第二,主要原因是中国军队人数多,装备数量大,且军费开支排在中上游。从整体上看,中国军事装备(特别是常规武器)的现代化程度落后于西方发达国家,与美国更是相距甚远。尽管如此,中国的国防现代化建设仍然获得了很大的进步。

【科学技术现代化】新中国成立之后尤其是改革开放以来,中国科技投入不断增加,2008 年,全社会研究与试验发展经费支出 4570 亿元,占国内生产总值的 1.52%,比 1991 年增加 0.87 个百分点;2010 年全社会研究与试验发展经费支出 6980 亿元,比 2009 年增长 20.3%,占国内生产总值的 1.75%。目前,中国研发人员总量仅次于美国,居世界第二位。对科技的重视和科技投入的增加使科技成果大量涌现。新中国成立初期到 1978 年,中国科技人员成功爆破了原子弹和氢弹,成功发射了人造卫星,在世界上第一次人工合成牛胰岛素结晶等一批举世瞩目的尖端技术。改革开放以来,建成了正负电子对撞机等重大科学工程,秦山、大亚湾核电站并网发电成功,银河系列巨型计算机不断升级并全部研制成功。中国科学家与世界其

① 参见中华人民共和国国务院新闻办公室:《2010 年中国的国防》,人民网 http://military.people.cn/GB/1076/52984/14286638.html。

他国家科学家一道完成了人类基因组计划的1%基因绘制图,在世界上首次构建成功水稻基因组物理全图。当今世界最大的水利枢纽工程——长江三峡水利枢纽工程许多指标都突破了世界水利工程的纪录。中国自主研发的"嫦娥"一号绕月飞行成功,"神舟"系列航天飞船成功发射,"神舟"五号、六号、七号飞船载人航天飞行圆满成功。神舟七号载人航天飞行的圆满成功标志着中国成为世界上第三个独立掌握空间出舱技术的国家。高性能计算机曙光5000A跻身世界超级计算机前十位,首款64位高性能通用CPU芯片问世。超级杂交水稻不断取得重大突破。

【基础设施建设对现代化进程的支撑能力】60多年来,中国交通运输建设成效显著,以铁路为骨干,公路、水运、民用航空和管道组成的综合运输网基本形成,不仅满足了持续快速增长的经济发展的需要,也方便了人民群众的生活。

2010年底,全国公路总里程突破400万公里,达400.82万公里,中国公路通车总里程60年增长45倍,全国公路密度为41.75公里/百平方公里,其中,"十一五"期间增长尤其迅速。

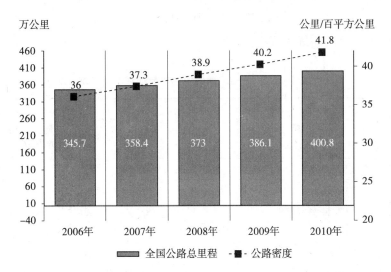

图4-9:"十一五"期间中国公路总里程和公路密度

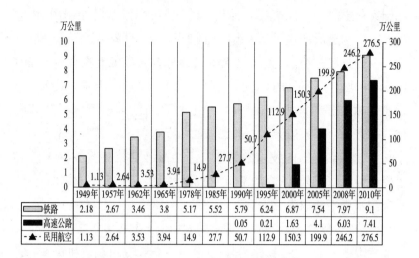

图 4-10：1949—2010 年中国铁路、高速公路和
民用航空总里程发展情况

铁路营业里程由 1949 年的 2.18 万公里增加到 2010 年的 9.1 万公里，增长 3 倍多。高速公路从无到有，迅速发展，2010 年总长度达到 7.41 万公里，位居世界第二。

截至"十一五"末，中国民用航空共开通 1880 条航线，按不重复距离计算的航线里程达到 276.5 万公里。

表 4-16："十一五"期间中国民航航线发展情况

指标	单位	数量	"十一五"期间增加	"十一五"期间年均增幅（％）
航线条数	条	1880	623	8.4
国内航线		1578	554	9.0
其中:港澳台航线		85	42	14.6
国际航线		302	69	5.3
按重复距离计算的航线里程	万公里	398.1	125.6	7.9
国内航线		271.4	109.1	10.8
其中:港澳台航线		12.4	6.1	14.4
国际航线		126.6	16.5	2.8

续表

指标	单位	数量	"十一五"期间增加	"十一五"期间年均增幅(%)
按不重复距离计算的航线里程:	万公里	276.5	76.7	6.7
国内航线		169.5	55.2	8.2
其中:港澳台航线		12.1	6.0	14.7
国际航线		107.0	21.4	4.6

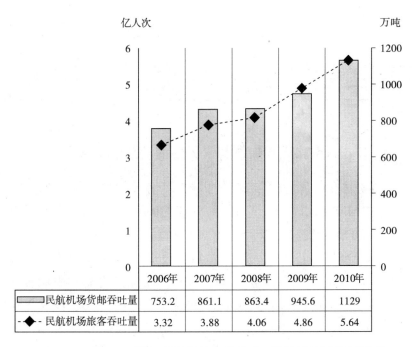

	2006年	2007年	2008年	2009年	2010年
民航机场货邮吞吐量	753.2	861.1	863.4	945.6	1129
民航机场旅客吞吐量	3.32	3.88	4.06	4.86	5.64

图4-11:"十一五"期间中国民航机场旅客、货邮吞吐量发展情况

　　2010年全国运输机场完成货邮吞吐量1129.0万吨,"十一五"期间全国运输机场货邮吞吐量年平均增长率12.3%;全国民航运输机场完成旅客吞吐量5.64亿人次,比上年增长16.1%。"十一五"期间全国运输机场旅客吞吐量年平均增长率14.7%。

　　2010年,在中国的固定资产投资中,基础设施建设仍占较大的比重,基础设施建设对现代化进程中的支撑作用持续得到强化。

表4-17:2010年中国固定资产投资新增主要生产能力①

指标	单位	数量
新增发电机组容量	万千瓦	9118
新增22万伏及以上变电设备	万千伏安	25816
新建铁路投产里程	公里	4986
其中:高速铁路	公里	1554
增建铁路复线投产里程	公里	3747
电气化铁路投产里程	公里	5948
新建公路	公里	104457
其中:高速公路	公里	8258
港口万吨级码头泊位新增吞吐能力	万吨	27202
新增光缆线路长度	万公里	166
新增数字蜂窝移动电话交换机容量	万户	6433

二、城市化进程加快和人民生活向全面小康迈进

中国2010年城市化率已达到49.68%,自2000年以来十年间,城镇人口增加了13.46个百分点。虽然低于国际上55%的平均水平,但城市化进程已相当可观。※

【城市化进程】60多年来,中国城市化水平大幅提高,城市个数由新中国成立前的132个增加到2008年的655个,城市化水平由1949年的7.3%提高到2008年的45.68%。城市化进程经历了城市化起步阶段(1949—1957年)、城市化波动较大阶段(1958—1965年)、城市化停滞发展阶段(1966—1978年)、城市化快速发展阶段(1979—1991年)和城市化稳定发展阶段(1992年至今)。1979年到1991年的12年间,全国共新增加城市286个,相当于前30年增加数的4.7倍,平均每年新增15个城市。到1991年末,城镇人口增加到31203万人,比1978年增长80.9%,平均每年增长5.8%。城市化率达到26.9%,比1978年提高9个百分点。到2008年底,全国城市总数达到655个,比1991年增加176个,增长36.7%,平均年增加11个。城镇人口比1991年增加90.3%,平均每年增长5.6%。城市化

---

① 资料来源:国家统计局网站《中华人民共和国2010年国民经济和社会发展统计公报》。

率提高到 45.7%。

60 多年来,城市规模不断扩大,2010 年全国城镇人口达 6.65 亿人,655 个城市中,市区总人口 100 万以上人口城市达 122 个。城市地域分布不断改善,东中西部地区城市个数比例为 1∶0.9∶0.4,城市人口的比例为 1∶0.51∶0.27。城市群发展迅速,除原有的长江三角洲、珠江三角洲、京津冀、厦泉漳闽南三角地带外,山东半岛城市群、辽中南城市群、中原城市群、长江中游城市群、海峡西岸城市群、川渝城市群和关中城市群初露端倪。城市在国民经济发展中的地位日益提高,2008 年,全国地级及以上城市(不包括市辖县)地区生产总值 186279.5 亿元,占全国 GDP 的比重 62%,地级及以上城市(不包括市辖县)地区生产总值超过 1000 亿元的城市 43 个,其中 20 个城市超过 2000 亿元。城市功能日渐完善,道路交通四通八达,邮电通信迅速便捷,城市环境优美。城市居民生活水平明显改善,收入水平增长,居住条件改善,生活质量提高,社会保障体系日趋完善。

【人民生活向全面小康迈进】经过改革开放 30 年的发展,人民生活由温饱不足走向小康,到 2000 年总体上实现小康,并逐步向实现全面小康转变。中国城镇居民人均可支配收入由 1949 年的不足100 元提高到 2008 年的 15781 元,扣除价格因素,增长 18.5 倍,年均增长 5.2%,其中 1979—2008 年年均增长 7.2%,2010 年提高到19109 元。

农村居民人均纯收入由 1949 年的 44 元提高到 2008 年的 4761元,其中 1949—1978 年年均名义增长 3.9%,1979—2008 年年均实际增长 7.1%,2010 年提高到 5919 元。收入增加使城乡居民拥有的财富呈现快速增长趋势。2008 年底城乡居民人民币储蓄存款余额达 21.8 万亿元,比 1952 年底的 8.6 亿元增加 2.5 万倍,人均由 1.6元增加到 16407 元。

三、中国已经出现了"准发达国家"板块

中国参照系应该是世界发达国家,而与它们相比较,中国在某些方面还有较长的路要走,但在某些方面则与发达国家十分接近;与新

元人民币

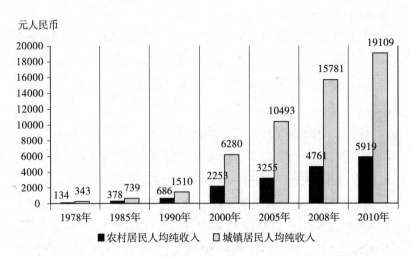

图 4-12：1978—2010 年中国城乡居民人均纯收入增长情况

亿元人民币

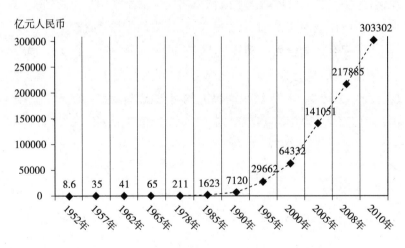

图 4-13：1952—2010 年中国城乡居民人民币储蓄存款余额

兴经济体相比,中国在某些方面已经与有关新兴经济体拉开了很大的距离,但在某些方面仍落后于它们。通过金砖国家的比较,中国的这一综合特征十分明显。

表4-18：金砖国家国民经济核算概况①

类别	中国	巴西	印度	俄罗斯	南非
GDP(现价,亿美元)	58790	20898	12930	14651	3630
人均GDP(现价,美元)	4284	10814	1115	8614	7264
GDP增长率(不变价,%)	10.3	7.5	4.5	4.0	2.8
第一产业占GDP比重(%)	10.2	5.8	20.3	4.0	2.5
第二产业占GDP比重(%)	46.8	26.8	24.5	36.8	28.0
第三产业占GDP比重(%)	43.0	67.4	55.2	59.2	69.5

在金砖国家中,中国的GDP是排名第二位的巴西的2.8倍,GDP增长率高出第二位的巴西近3个百分点。但人均GDP仅高于印度,不及最高的巴西的一半。中国第一产业占GDP的比重仅低于印度,第二产业比重最高,而第三产业最低。因此,尽管在新兴经济体中国的优势十分明显,但是中国在有关方面的差距和提升空间仍然很大。

正如中国学者张维为所指出的那样,中国可以分为"两大板块",一个是"准发达国家"板块(或"发达板块"),另一个是"新兴经济体"板块(或"新兴板块")。他认为,中国已经出现了"准发达国家"板块。

［专栏4-3］　　中国的"准发达国家"板块

张维为认为,中国"准发达国家"板块,包括整个沿海发达地区,特别是长三角都市圈、珠三角都市圈和京津唐都市圈,辽东半岛和胶东半岛的城市群,也包括一些内地城市。估计这个板块的人口至少3亿。这个板块已经成了中国经济和社会发展的领头羊。之所以称这个板块为"准发达国家"板块,是因为它已经具备

---

① 资料来源:国家统计局网站(http://www.stats.gov.cn/tjsj/qtsj/jzgj2011/),其中,印度全部为2009年数据,俄罗斯人均GDP为2009年数据。

了发达经济体的主要特征,如人均预期寿命已达到75—80岁;北京和上海的人均预期寿命高于纽约;基础设施水平高于发达国家的平均水平;商业繁华程度和生活方便程度也超过发达国家的平均水平;人均GDP,如果按着购买力平价,已经达到1.5万到2.5万美元左右;人均教育水平也达到了发达国家的平均水平;整体科技实力强于一般发达国家;住房自有率超过了发达国家,居住的住房平均面积和质量均超过日本和中国香港的水平……这个板块内大城市的总体水平超过发达国家的许多城市。之所以还保留了"准"字,是因为这个板块的某些方面尚未达到发达国家的平均水准,比方说环境指标、公民文化素质等。

——摘自《中国震撼:一个"文明型国家"的崛起》第 39 页

英国学者马丁·雅克也指出,未来数十年内中国将越来越多地表现出发达国家和发展中国家的综合特征。中国的很大一部分地区事实上将长期处于不同的历史时期。中国不可避免地会将自己定位为发达国家和发展中国家的综合体,两方面的利益都要考虑①。

经济高速增长,现代化、工业化、城市化进程不断加快,国家地位稳步上升,全球影响力逐步扩大,这就是中国模式的巨大成就。独具特色的中国模式和中国制度,将逐步扩大"准发达国家"板块,并在其引领和带动下,向成为世界上重要发达国家的最终目标不断迈进。

第四节　中国模式和中国制度的内涵与特点

中国模式是一种客观事实,并不存在"有没有"的问题。"任何一个国家的形态,任何一种结构,它都是在特定的环境下,由一切的

---

① 参见马丁·雅克《当中国统治世界:中国的崛起和西方世界的衰落》,中信出版社 2010 年 1 月第 1 版,第 339 页。

环境因素综合塑造而存在的一个塑造物"①。中国模式也不例外。

中国模式之所以广受关注,是因为中国屡屡打破西方话语体系的种种分析和预测,奇迹般地长足发展,表明西方的理论体系和逻辑框架,已经难以有效、科学、准确地分析和解读中国模式。迄今为止,有关中国"崩溃论"和中国彻底走向西方资本主义的预言,大部分乃至全部被"证伪"。与此同时,中国在自己选定的发展道路上,却创造了史无前例和令世界惊异的成就。有学者将这一成就概括为"中国①十几亿人在②近三十年的时间里,③平均以高于8%的 GDP 年增长率,并在此期间,使④全中国摆脱了绝对贫困,⑤2 亿多农村人口(就地或异地)实现了非农化,且⑥没有发生波及较大的内乱,也⑦没有导致大规模的对外移民、殖民、战争、侵略,还在发展中自我调整,⑧提出了新的发展战略,走新的全面、协调、可持续之路,以⑨构建和谐社会,或者说,一个更加民主法制、公平正义、安定有序、充满活力、人与自然和谐相处的社会。这在英国工业化以来,甚至是有史以来,可以说是前所未有的。"②中国实实在在的发展成就,实际上构成了中国模式的具体轮廓和支撑底座,从而将它"有没有"、"存不存在"的问题置于伪命题的范畴,应该认识到,真正有意义的研究乃是关于中国模式准确内涵与特点的探讨。

但应该在何种意义上使用"模式"这个词?按照一般的观点,模式有三个含义,第一个含义是指独特的东西,比如苏南模式、温州模式,都是讲不同的发展道路;第二个含义是指某种东西的奥秘,比如日本模式,即它的发展当中有什么奥秘;第三个含义是说模式是一种榜样,是一个范式,供他人效仿③。我们认同第二种含义上的"中国模式"概念。因为中国模式的独特性已经不证自明,

中国实实在在的发展成就,实际上构成了中国模式的具体轮廓和支撑底座,从而将它"有没有"、"存不存在"的问题置于伪命题的范畴,人们应该认识到,真正有意义的研究乃是关于中国模式准确内涵与特点的探讨。※

---

①　赵成根:《中国模式的乐观期许与忧患意识》,见潘维、玛雅主编《人民共和国六十年与中国模式》,生活·读书·新知三联书店 2010 年 2 月第 1 版,第 354 页。

②　黄平:《"北京共识"还是中国经验(前言)》,见黄平、崔之元主编《中国与全球化:华盛顿共识还是北京共识》,社会科学文献出版社 2005 年 8 月第 1 版,第 26—27 页。

③　王绍光:《善于学习是中国体制的活力所在》,见潘维、玛雅主编《人民共和国六十年与中国模式》,生活·读书·新知三联书店 2010 年 2 月第 1 版,第 278 页。

相对于中国模式能否成为一个榜样和范式,探索中国模式内在的奥秘更为重要。

一、中国模式和中国制度的辩证关系

我们的研究已经证明,中国模式和中国制度是一个有机的整体和系统,它们之间互为条件、相互支撑、相互作用、相互推动和相辅相成,是一种较之世界上许多事物之间更内在、更深刻和更复杂的辩证关系。※

中国模式和中国制度是一个有机的整体和系统,它们之间互为条件、相互支撑、相互作用、相互推动和相辅相成,是一种较之世界上许多事物之间更内在、更深刻和更复杂的辩证关系。如果把中国模式与中国制度割裂开来,分别对待,则既不符合中国发展的现实情况,也不可能正确解释中国发展成功的真正原因。

【中国模式和中国制度不可分割】从科学的意义上讲,模式必然包括制度,没有制度内涵,不可能成为真正的模式,更不能成为国家选择发展道路的模式。历史的经验也证明,一个低劣的制度不可能产生优良的模式。从这个角度看,模式和制度其实是不可分割的。中国模式和中国制度的关系也是如此。新中国成立60多年,它的翻天覆地的变化,特别是近30年的高速度发展,成功应对世界经济危机和国内外的种种挑战,都不可能来自没有生命力的制度。从历史的长河特别是近现代发展历史的比较中可以看出,正是中国选择的社会主义制度,孕育和推进了中国的发展模式,改变了中国的命运,走上了建设富强大国的道路。中国模式的成功验证了中国制度的适应性、匹配性和合理性,而中国制度作为一种内在机理,也证明了它同中国模式的一致性和令人信服的外化表现。

中国模式和中国制度之所以不可分割,是因为二者之间存在的这种适应性、匹配性和合理性。这是中国模式和中国制度合乎中国国情,符合人民利益,适应世界潮流,取得巨大成就的根本原因。当然,中国模式和中国制度还处在发展完善的过程当中,成功是相对的,不可能没有问题和缺陷,因此需要与时俱进,继续探索、完善。

［专栏 4-4］

中国的"制度化水平"高于西方发达国家

　　中国社会科学院政治学研究所所长房宁在《中国发展的政治模式》一文中指出:美国知名的政治学家塞缪尔·亨廷顿提出过一个"制度化水平"的概念,这是一个十分有意义的发展政治学的概念。其基本含义是:衡量一种政治制度制度化水平的高低,关键要看这个制度对于社会的适应性,越适应于社会实际、适应于社会发展的要求,制度化水平就越高。从这个意义上讲,中国的制度化水平,实际上要高于西方发达国家的制度化水平。当代西方发达国家政治制度的核心内容是限制公权力和保护私权利,其制度化特征是比较单一的。这是因为,在已经实现了工业化与现代化的、富裕而相对稳定的西方社会,政治制度只要维护现有秩序,经济和社会就会得到"自行"发展。而发展中国家,尤其是像中国这样的发展中大国,政治制度仅仅在于秩序维护是远远不够的。中国制度目标是双重的,一方面要通过权利保障,调动社会的积极性与活力,为工业化、现代化提供动力;另一方面,还要靠制度创新、体制改革,来调整社会结构与社会关系,最大限度集中资源用于跨越式发展。能够同时实现这样的双重制度目标,则说明中国具有较高的制度化水平。

　　　　　　　　　　——摘自《论中国模式》(上)第 444—445 页

中国模式的成功验证了中国制度的适应性、匹配性和合理性,而中国制度作为一种内在机理,也证明了它同中国模式的一致性和令人信服的外化表现。※

　　中国的"制度化水平"高于西方发达国家,并不是说中国制度已经尽善尽美,而是中国制度对中国国情的适应程度和匹配程度,是一种基于客观规律的现实选择。制度的合理性和有效性并不取决于制度本身,而是取决于制度相对于社会现实和发展阶段的合理性。对中国模式的肯定就是对中国制度的肯定,反之亦然。肯定中国模式而否定中国制度甚或相反,都是对中国模式和中国制度的人为切割,这如果不是意识形态的偏见,也是一种违背科学的判断。

　　【中国制度是中国模式的核心】我们的分析也得出这样的结论:

中国模式和中国制度不仅不可分割,而且中国模式的核心正是中国制度。新中国社会主义制度的建立,决定了中国模式的社会主义性质,改革开放的启动和持续发展的基本前提,就是制度层面的调整和改变。中国制度是中国模式的决定因素,也是中国模式形成和发展的初始动力源和核心动力源。更为重要的是,这种动力是内生动力,因为中国的政治体制是非常独特的。有学者指出,"中国政治体制既不同于美国的三权分立体制,也不同于英国的议会内阁制,而是多党合作和政治协商体制与全国人大代表相结合的党国体制。中国革命的成功、中国社会主义建设、特别是改革开放以来取得的巨大成就,其秘密就在于中国这种独特的政治体制。"①我们的研究结论也证明,中国模式的秘密就是中国制度。

中制度不仅是中国模式的核心组成部分,而且促进和保障了中国模式的发展。胡锦涛在庆祝中国共产党成立 90 周年大会上的讲话中,首次对中国特色社会主义制度进行了全面系统的阐述。他将中国共产党和中国人民 90 年奋斗的成就总结为"开辟了中国特色社会主义道路,形成了中国特色社会主义理论体系,确立了中国特色社会主义制度"三个方面。对此可以做如下解读:

中国政治体制既不同于美国三权分立体制,也不同于英国的议会内阁制,而是多党合作和政治协商体制与全国人大代表相结合的党国体制。中国革命的成功、中国社会主义建设、特别是改革开放以来取得的巨大成就,其秘密就在于中国这种独特政治体制。※

表 4-19:中国道路、中国模式和中国制度

中国道路	中国特色社会主义道路,是实现社会主义现代化的必由之路,是创造人民美好生活的必由之路。
中国模式	中国特色社会主义理论体系,是指导党和人民沿着中国特色社会主义道路实现中华民族伟大复兴的正确理论。
中国制度	中国特色社会主义制度,是当代中国发展进步的根本制度保障,集中体现了中国特色社会主义的特点和优势。

如果说中国道路是中国发展的目标和方向,那么中国模式就是达成目标的策略和手段,而中国制度则是策略和手段的决定因素,它

---

① 强世功:《中国宪法中的不成文法》,见潘维主编《中国模式:解读人民共和国 60 年》,中央编译出版社 2009 年 11 月第 1 版,第 453 页。

既是中国模式的特点和优势的集中体现,也是中国模式的"根本制度保障"。

【中国模式和中国制度的辩证关系】从本书关于中国模式演进过程的描述中,不难发现,中国的政治前提和制度基础发挥着"整体优势、系统功能和综合作用",这就是它们之间辩证关系的具体体现。

关于当代中国的一切发展与进步,即中国模式的成就,是全世界有目共睹、有口皆碑的不争事实。实践证明,中国模式屡创佳绩,制度因素是其根本保证。正如邓小平所强调的:"没有中国共产党,不进行新民主主义革命和社会主义革命,不建立社会主义制度,今天我们的国家还会是旧中国的样子。"①也如胡锦涛所说的,中国人民"找到了新民主主义革命的正确道路,完成了反帝反封建的任务,建立了中华人民共和国,确立了社会主义基本制度,并从中国实际出发探索社会主义建设的道路,为古老的中国赶上时代发展潮流、阔步走向繁荣昌盛创造了根本前提"②。

具有明确的、持续的、阶段性的国家现代化目标,是中国模式的主要特点之一,而持续接近乃至逐步实现这个目标,需要有政治前提和制度基础,来立定根基,广泛调动配置国内外各种资源。如果没有这样的政治前提和制度基础,没有国家机器的有效运行,这些目标是很难实现的。强有力的政府的背后,是符合国情的制度的支撑。具体而言,中国模式和中国制度有机融合的辩证关系,统一于中国的现代化目标和具体作为:以人为本的发展理念和实事求是的思想路线、目标导向的力量集合和发展连续的前赴后继、领导核心的主导作用和民主机制的充分发挥、与时俱进的创新理念和自我纠偏的矫正机制、政治稳定的基本保障和国家发展的稳步推进、独立自主的对外政策和和谐世界的积极构建,无一不是中国模式和中国制度有机融合和辩证统一的范例。这种有机融合,既造福于广大的民众,也体现了

以人为本的发展理念和实事求是的思想路线、目标导向的力量集合和发展连续的前赴后继、领导核心的主导作用和民主机制的充分发挥、与时俱进的创新理念和自我纠偏的矫正机制、政治稳定的基本保障和国家发展的稳步推进、独立自主的对外政策和和谐世界的积极构建,无一不是中国模式和中国制度有机融合和辩证统一的范例。※

---

① 《邓小平文选》第2卷,人民出版社1994年版。
② 胡锦涛在纪念毛泽东诞辰110周年座谈会上的讲话。

社会主义制度的优越性。

在中国模式与中国制度对应成长的过程中,中国制度的主导作用是非常明显的。体现为中国制度对中国模式产生的培育作用、对中国模式发展的促进作用、对中国模式完善的保障作用。反过来,中国模式的发展,也对中国制度的进一步改革、完善形成了巨大的推动力。这种相互推动、相互作用的辩证关系,使中国模式和中国制度同步成长和发展,有效保证了中国模式和中国制度的适应性、匹配性和合理性。

二、中国模式和中国制度的基本内涵

国内外各界关于"中国模式"的讨论和争议,本书在绪论中作了全面的梳理,在各章节中也有涉及,但将中国模式与中国制度结合起来阐明其内涵,在我们看来,皆语焉不详。中国共产党和中国政府官方虽然没有直接回应这场讨论,但各种场合所宣示的观点,事实上对中国模式和中国制度作了比较准确的概括和总结。

2011 年 3 月,温家宝在十一届全国人大四次会议中外记者见面会上说,我们选择了一条适合中国国情的发展道路,我们的改革和建设还在探索当中,我们从来不认为自己的发展是一种模式①。2011 年 4 月,胡锦涛在博鳌亚洲论坛 2011 年年会开幕式上的主旨演讲中指出,"历史和现实都证明,实现经济社会发展,必须找到符合自身实际的发展道路。亚洲人民深知,世界上没有放之四海而皆准的发展模式,也没有一成不变的发展道路。"②这些阐述,都是在不同语境中的特殊表达。应该说,中国模式和中国制度的初步形成是在 1978 年改革开放以后的 30 年,而以邓小平 1992 年春天发表南方谈话为标志,这 30 年又大体上划分为前后 15 年。前 15 年,大多数经济领域的改革开放问题,更多的是从政治角度进行解读,要问"姓社"还是"姓资";后 15 年,不再争论计划和市场问题,经济的发展成为最

---

① 参见《温家宝:中国的发展适合中国国情,不是一种模式》。
② 参见《胡锦涛在博鳌亚洲论坛 2011 年年会开幕式上的演讲》。

大的政治。此后,在历次中共代表大会的政治报告中,系统地阐述了
"建设有中国特色社会主义理论"。

表4-20:中国模式和中国制度的基本内涵①

主要内容	基本内涵
发展道路	走自己的路,不把书本当教条,不照搬外国模式,以马克思主义为指导,以实践作为检验真理的唯一标准,解放思想,实事求是,尊重群众的首创精神,建设有中国特色的社会主义。
发展阶段	中国还处在社会主义初级阶段,这是一个至少上百年的很长的历史阶段,制定一切方针政策都必须以这个基本国情为依据,不能脱离实际,超越阶段。
根本任务	社会主义的本质是解放生产力,发展生产力,消灭剥削,消除两极分化,最终达到共同富裕。现阶段中国社会的主要矛盾是人民日益增长的物质文化需要同落后的社会生产之间的矛盾,必须把发展生产力摆在首要位置,以经济建设为中心,推动社会全面进步。判断各方面工作的是非得失,归根结底,要以是否有利于发展社会主义社会的生产力,是否有利于增强社会主义国家的综合国力,是否有利于提高人民的生活水平为标准。科学技术是第一生产力,经济建设必须依靠科技进步和劳动者素质的提高。
发展动力	改革也是一场革命,也是解放生产力,是中国现代化的必由之路,僵化停滞是没有出路的。经济体制改革的目标,是在坚持公有制和按劳分配为主体、其他经济成分和分配方式为补充的基础上,建立和完善社会主义市场经济体制。政治体制改革的目标,是以完善人民代表大会制度、共产党领导的多党合作和政治协商制度为主要内容,发展社会主义民主政治。同经济、政治的改革和发展相适应,以"有理想、有道德、有文化、有纪律"为目标,建设社会主义精神文明。
外部条件	和平与发展是当代世界两大主题,必须坚持独立自主的和平外交政策,为中国现代化建设争取有利的国际环境。实行对外开放是改革和建设必不可少的,应当吸收和利用世界各国包括资本主义发达国家所创造的一切先进文明成果来发展社会主义,封闭只能导致落后。

① 根据中共十一届三中全会以来,历次代表大会政治报告整理。

续表

主要内容	基本内涵
政治保证	坚持社会主义道路、坚持人民民主专政、坚持中国共产党的领导、坚持马克思列宁主义毛泽东思想。这四项基本原则是立国之本，是改革开放和现代化建设健康发展的保证，又从改革开放和现代化建设获得新的时代内容。
战略步骤	基本实现现代化分三步走。在现代化建设的长期过程中要抓住时机，争取出现若干个发展速度比较快、效益又比较好的阶段，每隔几年上一个台阶。贫穷不是社会主义，同步富裕又是不可能的，必须允许和鼓励一部分地区一部分人先富起来，以带动越来越多的地区和人们逐步达到共同富裕。
领导力量和依靠力量	作为工人阶级先锋队的共产党是社会主义事业的领导核心，党必须适应改革开放和现代化建设的需要，不断改善和加强对各方面工作的领导，改善和加强自身建设。执政党的党风，党同人民群众的联系，是关系党生死存亡的问题。必须依靠广大工人、农民、知识分子，必须依靠各民族人民的团结，必须依靠全体社会主义劳动者、拥护社会主义的爱国者和拥护祖国统一的爱国者的最广泛的统一战线。党领导的人民军队是社会主义祖国的保卫者和建设社会主义的重要力量。
祖国统一	"一个国家、两种制度"。在一个中国的前提下，国家的主体坚持社会主义制度，香港、澳门、台湾保持原有的资本主义制度长期不变，按照这个原则来推进祖国和平统一大业的完成。

1992 年至今，有中国特色的社会主义理论不断发展和丰富，逐渐形成了中国特色社会主义理论体系，成为与毛泽东思想并列的、推进马克思主义中国化的两大理论成果之一。所谓"中国特色社会主义理论体系"，"是包括邓小平理论、'三个代表'重要思想以及科学发展观等重大战略思想在内的科学理论体系，系统回答了在中国这样一个十几亿人口的发展中大国建设什么样的社会主义、怎样建设社会主义，建设什么样的党、怎样建设党，实现什么样的发展、怎样发展等一系列重大问题，是对毛泽东思想的继承和发展。"①

① 《胡锦涛在庆祝中国共产党成立 90 周年大会上的讲话》，中国共产党新闻网 http://cpc.people.com.cn/GB/64093/64094/15053924.html。

郑克卿、常志等学者在《中国特色社会主义理论体系发展史》一书中，提出了构成中国特色社会主义理论体系的 16 个方面。将这 16 个方面与中国特色的社会主义理论的 9 个方面相比较就会发现，二者存在明显的对应关系。该书提出，中国特色社会主义理论体系有一个科学的逻辑结构："以人为本是这一理论体系的出发点和落脚点；实事求是论、时代主题论、社会主义初级阶段论、社会主义市场经济论是它的理论基石；中国特色社会主义经济建设理论、政治建设理论、文化建设理论、社会建设理论、生态文明建设理论和中国共产党自身建设理论共同构成这一理论体系的主体内容；主体内容在内政、外交、国防和国家统一等方面的延伸，进一步形成中国特色社会主义的军队和国防建设理论、统一战线理论、祖国统一理论、外交和国家战略理论。"[1]

2011 年 7 月 1 日，在庆祝中国共产党成立 90 周年大会上的讲话中，胡锦涛指出，中国共产党成立 90 年来，紧紧依靠人民完成和推进了三件大事。这三件大事，均与中国模式和中国制度的演进密切相关。民族独立和人民解放是中国模式和中国制度演进和初步形成的基本前提；社会主义制度构成了中国模式和中国制度的核心；有中国特色社会主义决定了中国模式和中国制度的特征。根据上述这些，我们对中国模式和中国制度基本内涵做如下定义：

中国模式由中国的社会主义制度所开创，定位于社会主义初级阶段，本质是中国特色社会主义，核心是中国共产党的领导，发展理念是马克思主义的中国化、时代化和大众化，方法论是实践理性，渐进改革。中国制度是集中体现了中国特色社会主义的特点和优势的制度，包括根本政治制度、基本政治制度、基本经济制度，以及建立在上述三大制度基础上的各项具体制度，是推进社会主义制度自我完善和发展，在经济、政治、文化、社会等各个领域形成的一整套相互衔接、相互联系的制度体系。

---

[1]　郑克卿、常志等:《中国特色社会主义理论体系发展史》，社会科学出版社 2010 年版。

三、中国模式和中国制度的核心内容

陈锦华同志根据中国模式和中国制度的有效融合,以及它们在形成过程中发挥的整体优势、系统功能和综合作用,对中国模式和中国制度作了六个方面的概括。我们认为,这六个方面的概括是对中国模式和中国制度核心内容的全面总结。在这里,我们结合前面各章的研究和分析对之进行结论性归纳和解读。

第一,坚持马克思主义的基本原理,坚持实事求是的思想路线,科学分析和正确把握中国国情。在长期的革命、建设和改革实践中,历经挫折,坚持推动马克思主义中国化,形成并不断完善中国特色社会主义理论。根据中国实际,明确中国正处于并将长期处于社会主义初级阶段,提出以经济建设为中心,坚持四项基本原则,坚持改革开放,实行以公有制为主体、多种所有制经济共同发展的基本经济制度。生产力的快速发展,国家日益强盛,社会全面进步,人民享受越来越好的物质文化生活,都成为社会主义制度日益巩固的强大基础。

这一概括和总结是指,中国人民找到了一条正确的发展道路。这就是将马克思主义基本原理同中国国情和具体实际相结合的建设有中国特色社会主义道路。这条道路有着丰富的科学内涵和强大的生命力,是自鸦片战争以来,先进的中国人,先进的中国知识分子,尤其是先进的中国共产党人以民族独立自由和国家繁荣富强为己任,在长期的实践探索中,历尽曲折,在中华民族伟大复兴和社会主义现代化建设的征途中找到的唯一正确的道路,是实现中国现代化的必由之路,也是当代中国取得一切发展进步,成就中国模式的首要条件所在。

第二,中国共产党的领导核心作用,特别是中共中央领导集体的崇高理想、雄才大略和为国为民的济世精神,国家机器的有效运行,既民主又集中的领导体制和运作机制,可以最为广泛地调动、组织和协调各种资源,全力以赴地建设社会主义现代化国家。这个领导核心在全民中享有崇高声望,成为中国模式和中国制度在各个领域推进的核心力量。

这是指中国有了一个坚强的领导核心。美国著名学者亨廷顿指出,对于致力现代化的国家,"首要的问题不是自由,而是建立一个合法的公共秩序。""一个强大的政党能够以一个制度化的公共利益来取代四分五裂的个人利益。能够为超越狭隘地方观念的效忠和认同奠定基础,成为维系各种社会力量的纽带"。在中国,始终有一个坚强有力、人民拥戴的政党——中国共产党,作为现代化的组织者、动员者和领导者。党来自人民、植根人民、服务人民,因为权为民所赋,所以权为民所用、情为民所系、利为民所谋。党也难免犯错误,但一切为了人民,就能及时发现和自觉纠正错误,始终发挥社会整合、政治动员、社会导向功能,凝聚人民意志、集中社会资源、凭借后发优势、实施跨越战略,不断化解现代化进程中的各种矛盾和冲突,使中国快速发展、稳定发展、健康发展。

中国共产党的领导,既是分析中国模式和中国制度的基本前提,也是中国模式和中国制度的重要组成部分。新中国 60 年的发展历史,就是中国共产党作为领导核心,以党的建设推进国家建设发展的历史。因此,"这 60 年是共产党领导,不管是讨论成就还是教训,都是在共产党的领导下"。"中国模式就是在中国共产党的领导下,中国实现社会主义现代化强国这个目标的道路和途径。"①有学者直截了当地指出:"能够讲清楚中国共产党,大约也就能够明白中国模式是什么。"

有学者认为:"能够讲清楚中国共产党,大约也就能够明白中国模式是什么。"这是一种不失为正确的观点。※

[专栏 4–5]
有关"中国共产党与中国模式"的看法

北京大学法学院教授强世功指出:能够讲清楚中国共产党,大约也就能够明白中国模式是什么。这其实也是谈中国模式应

---

① 清华大学国际问题研究所副教授邢悦的看法,参见潘维、玛雅主编《人民共和国六十年与中国模式》,第 29—30 页、第 358 页。生活·读书·新知三联书店 2010 年 2 月第 1 版。

该涉及的问题。第一,共产党是中国的政治主权者。在西方宪政体制中,主权体现在议会、总统等国家机器中。而在中国主权者首先体现在政党中,某种意义上中国共产党本身承担着西方的国家职能。第二,共产党是有政治理念和政治原则的。西方政党的唯一原则就是作为"利益集团"来争取集团利益的最大化。而共产党从一开始就不是利益集团,它是一个政治集团,具有特殊的政治使命——实现共产主义。共产党不是某个特殊阶级的代表,而是人民中的绝大多数的利益代表。因此,多党竞争与共产党的政治理念是相矛盾的。第三,共产党的组织体系。共产党作为列宁主义政党,本身具有国家机器的性质,因此我们很少见到如此强有力的政治组织和动员能力。

——摘自《人民共和国六十年与中国模式》第 129—131 页

共产党成为中国的领导核心,也是中国历史文化的必然产物。章百家指出:"除了各种现实因素外,中国历史文化的传统就是天无二日、一山不容二虎,这就是中国的文化背景。中国人不是没有把外国的体制搬过来,从清末到民国,君主立宪、议会制、多党制都搞过,就是搞不成。你说它好,可中国人不认。"① 章氏讲得不错,中国实行共产党长期执政不仅是中国政治传统的延续,更具有现实的基础。

[专栏4-6] 中国共产党自下而上的建国道路

新加坡国立大学东亚研究所所长郑永年指出:中国共产党也致力于以党治国。从国家结构来说,国共两党并没有多大的区别。但为什么中国共产党最终能够取代国民党而治国呢?这主要是因为国共两党使用民族主义的方法和策略不同。国民党使用的是精英策略,依靠的是地方精英,而非民众。在地方层次,地

---

① 参见潘维、玛雅主编《人民共和国六十年与中国模式》,生活·读书·新知三联书店 2010 年 2 月第 1 版,第 172 页。

方民众被国民党排斥在政权过程之外。由于地方精英没有能够改善地方人民的生活,加上官员腐化,蒋介石的政权尽管高度集权,但实际上非常脆弱。相反,中国共产党是在中国的边缘地带成长起来的,多数地方精英已经为国民党政权所吸收,共产党能动员的资源主要是民众,这使得共产党走上了一条自下而上的民族主义建国道路。

——摘自《中国模式——经验与困局》第 24 页

中国共产党是领导核心的现实,在一定程度上决定了中国共产党需要以党的建设推进国家的建设。在中共历届代表大会报告和重要的文件里,党的建设问题都被摆在突出重要的地位。其中的逻辑是:把拥有 8000 多万党员的中国共产党建设好,就能把中国建设好。党强则国盛,党弱则国衰。

第三,坚持解放思想、实事求是、与时俱进,不断激发社会活力和人民的进取精神。对于模式形成和制度完善中出现的种种问题,特别是体制缺陷和机制弊端,对于外来的正面和负面的影响,能够运用改革开放的力量,运用社会主义市场经济的配置作用,不断进行调整,确保模式与制度不僵化、不停滞,确保人民群众的积极性、主动性、创造性得到充分发挥。

这是指中国坚持了一条正确的思想路线。能够面向实际,遵循客观规律,立足于实践,敢于突破,勇于变革,勇于创新。思想解放,敢闯敢拼,就能开风气之先,就能后来居上;实事求是,就能够从实际出发,探求事物的内部联系及其发展的规律性,按实际情况办事。正是这条思想路线,使中国能够吐故纳新,纠偏就正,不断取得发展与进步。中国模式和中国制度的与众不同和创新之处,不在于是否具有某种特殊的因素,而在于以讲究实效为取向,对有利于经济发展、社会和谐、国家富强、人民幸福各种因素、方法、路径、策略兼取并纳,进行特殊组合,在中国社会,无论是按着西方的理论还是东方的理论,都能找到各自所熟悉的元素,但就中国模式和中国制度而言,它既不是东方的,也不是西方的,或者说,它既是东方的,也是西方的。

正是中国人以解放思想,实事求是这一法宝,学习世界上那些有利于发展生产力,有利于推进社会文明的先进的思想理念、先进的科学技术和先进的思想、体制机制、管理理念,为自己所用,最终走出了一条属于自己的道路。

第四,稳步推进符合中国国情的民主法制建设,坚持中国共产党领导、人民当家做主和依法治国的有机统一,坚持和完善人民代表大会制度、中国共产党领导的多党合作和政治协商制度、民族区域自治制度以及基层群众自治制度。引导舆论和社会力量,尊重民意,依法监督,妥善处理各类矛盾,创造和谐发展氛围,营造稳定的国内环境,确保国家发展进程不致中断和被破坏。

这是指中国选择和设计了符合本国国情和适情民主的政治制度。这些由根本政治制度和基本政治制度及法律制度构成的制度体系,是从中国实际出发形成的社会主义民主,是比西方资本主义更高类型的民主。在集思广益的决策程序,高度组织性的执行系统,广泛的社会动员能力,制订国家长远的发展规划和保持政策的稳定性,以及在培养和选拔人才机制等方面,较之世界各国,特别是西方国家具有明显的优越性和可持续性。依法治国已成为中国的基本方略,不断在取得进步。

[专栏4-7]　　　　　　中国政治制度的优势

宋鲁郑认为,中国的政治制度如果放到全球、两岸政治比较的视野下,用所有的硬指标来与西方民主衡量,就会发现这才是中国经济成功的真正原因。

对于出现的挑战和机遇,特别是在应对突发灾难事件时能够做出及时有效的反应。中国为迎接奥运会建造的北京三号航站楼,3年完成,这在西方连论证程序需要的时间都不够。2008年汶川地震,中国高速有效的动员能力,震撼全球。2010年发生的海地地震,第一个到达灾区的竟然是万里之遥的中国,比海地的邻国美国提前了两个小时!法国、美国等国就是应对本身发生的突发事件时,都相当混乱和低效。2003年法国发生酷暑、2005年美国遇到卡特琳娜飓风袭击,就是如此。在灾害极其严重的时刻,法国总统希拉克继续度假,直至假期结束,酷暑造成多人死亡,小布什总统则是 3 天之后才终止度假,去指挥救灾,而灾区早已成为人间地狱。这种高效率和广泛的社会动员能力是由两大基本因素决定的:一是中国政治制度可以说真正代表着全民。中国共产党成立 90 年,新中国成立 60 年以及改革开放 30 年来,所有政治决策和经济政策总体来看没有特别地倾向任何一个利益群体。就拿 30 年来中国的改革开放之路看,改革开放是从农村开始,农村最早受益。随着改革的深入,城市出现下岗群体,国家又开始建立保障体系,到后来更随着经济实力的增长,废除农业税,建立农村医疗保障制度。整体上讲,执政党保持了立党为公、执政为民的作用。这也是海内外很多研究者所公认的。中国的这一特点,如果同西方多党制以及其他施行多党制的发展中国家相比,是非常明显的。在西方多党制条件下,每个政党代表的利益群体是不同的,或者代表财团,或者代表特定阶层的民众。政治领导人上台之后,施政只能偏向支持自己的群体,政府则借转移支付的手段,对同党执政的地方大力倾斜。在许多发展中国家中,政治要么被民粹主义挟持,往往造成过量的分配,以至于损害政府长期分配的能力,要么被特定阶层的社会精英所把持,进一步加大社会的不平等。在一个不平等的社会,操纵选票和误导民众更为容易,这已被无数事实验证。二是中国政治制度的人才培养和选拔机制。中国政治人才的培养是一个漫长的过程,尤其是高端政治精英,要求经过足够的基层历练,形成了层层选拔制,有意识的人才培养体系,在此过程中,可以说能力是最主要的标准。而在西方社会中,影响选举的因素众多,如宗教信仰(如果奥巴马信伊斯兰教就肯定选不上)、性别(希拉里的败选)、种族(黑人、白人)、是否会作秀和有演讲才能、是否有足够的金钱支持以及政治裙带(布什父子总统),但最重要的能力却被边缘化。此外,由于不同政党的存在,整个国家的政治人才被政党切割成几个部分,并随政党共进退。一党获胜,哪怕原来的政务官再有能力,也统统大换血。这一方面造成人才的短缺,另一方面则又造成人才的浪费。毕竟政治精英也是稀缺资源,一个杰出政治人才的产生是多种因素合成的,而政治精英也有其自然寿命。一个政党连任8年,也就意味着另一个政党的政治精英闲置8年。

——摘自《红旗文稿》2010年第5期《中国政治制度的比较优势》

第五,坚持和平、发展、合作理念,奉行独立自主的和平外交政策,坚持走和平发展道路。坚持互利共赢的开放战略,积极参与全球经济合作与竞争,推动建立世界经济新秩序,与各国一道建设和谐世界,构造有利于中国发展的外部和平环境。

这是指中国奉行了一套与旧中国和当代西方大国截然不同的外交政策,在当今复杂多变的国际环境中,独立自主地建设有中国特色的社会主义,不断扩大对外开放,坚持走和平崛起的发展道路,全面发展同发达国家的关系,深化同周边国家睦邻友好,巩固同发展中国家的传统友谊,参与多边事务,承担相应国际义务,在国际事务中发挥重要的建设性作用,同各国一道推动和谐世界的建设,这套政策保证了中国作为一个世界大国的博弈地位,营造了有利于中国发展的外部环境,推动了和谐世界的建设。

第六,根据中华人民共和国宪法,制定国家的现代化目标。这个目标植根于中国的历史文化,植根于人民大众的理想和追求。新中国成立前,推翻帝国主义、封建主义和官僚资本主义的统治,实现民族解放、国家独立,成为建立新模式、新制度的政治前提。新中国成立后提出的温饱生活、小康社会、基本实现现代化,都是继往开来、相互衔接的阶段性目标。从第一个五年计划到第十二个五年规划,以举国体制解决国家现代化进程中的重大经济、政治、文化、社会问题,兴建跨越多个五年计划的长江三峡、南水北调、青藏铁路等世纪性工程;组织发达地区对欠发达和遭受重大灾害的地区实行对口支援,充分发挥社会主义制度的集中优势,为中华民族伟大复兴奠定强大的物质技术基础。中国的执政党、人民代表大会、政府、政治协商会议、各民主党派都依法按时实行换届,而中国实施社会主义现代化的发展蓝图从未中断,重大政策连续、稳定,政府、社会、企业直至个人都从长期发展中获得多种利益,中国共产党执政的合法性得到最广泛的认同。

　　这是指中国秉持了符合最广大人民群众利益的"以人为本,注重民享"治国理念。无论是毛泽东和邓小平的"共同富裕论",江泽民的"三个代表",胡锦涛的科学发展观和"三个为民"(权为民所用、情为民所系、利为民所谋),均是以发展作为全民的事业,是以人为本的发展观。也是新中国社会主义性质的集中体现。社会主义中国所追求的公正平等、社会进步、共同富裕的目标,与中华民族传统中所追求的"大同世界"具有内在的一致性。清华大学国情研究中心主任胡鞍钢认为,中国之路有三个因素:第一是现代化因素,世界各国不管怎么走,最终是要摆脱贫困,摆脱落后,不断实现现代化,而这确实也是我们的终极目标。第二是社会主义因素,不管是毛泽东还是邓小平,虽然邓提出先富论,但他们都是共同富裕论这一社会主义基本理念的倡导者。第三个因素是中国特色,就是中国哲学、中国文化的传统因素如何进一步现代化、如何进一步国际化①。这三个因素,都是以人为本的体现。

　　以人为本的国家发展理念,本质上是执政党的性质和人民性问题。新中国一直以来坚守的人民性,是中国共产党的核心价值观所决定的。正是中国共产党所坚持的社会主义价值,使得其不是一个特定的利益集团,而成为全体人民利益的代表。汪晖指出,如果当年共产党在夺权过程中,没有这种广泛的代表性,是不会有国家独立性的。它能够脱离一个具体的利益集团的利益,是靠它的社会主义价值。反过来说,假定这个政党没有价值,完全变成功能性的,那是很危险的,因为很快会利益集团化。②

　　以人为本的发展理念,集中体现为改革开放和经济社会发展成果的"全民共享","民享"不仅是中国模式与西方模式的最大差别,

无论是具有浓重平等思想的毛泽东,还是主张先富论的邓小平,都是共同富裕论这一社会主义基本理念的倡导者。※

---

　　①　参见潘维、玛雅主编《人民共和国六十年与中国模式》,生活·读书·新知三联书店 2010 年 2 月第 1 版,第 36 页。
　　②　参见潘维、玛雅主编《人民共和国六十年与中国模式》,生活·读书·新知三联书店 2010 年 2 月第 1 版,第 136 页。

也是中国传统国家发展理念现代性转化的必然结果,更是基于社会主义初级阶段和基本国情的必然选择。

社会主义中国所追求的公正平等、社会进步、共同富裕的目标,与中华民族传统中追求的"大同世界"具有内在的一致性。※

[专栏4-8] 中国政治体制的"民享"特征

台湾大学政治学系教授朱云汉在《中国模式与全球秩序重组》一文中指出:中国政治体制与我们熟悉的西方代议民主体制最根本的区别在于,中国的政治模式的正当性基础是建立在实质上满足"民享"的目标。"一党专政"体制,以及"一党专政"下的民主集中制、民主协商制等具体制度安排,被认为是确保政治体制不偏离"民享"理念的必要条件。无论是江泽民的"三个代表"理论,或是胡锦涛的"三个为民",其核心精神都在实践"民享"理念,在鞭策共产党的干部能真正代表"绝大多数人民的根本利益",或是能真正"为民谋利"。"一党专政"体制的假设是,"公共利益"是需要通过指导思想(意识形态)来判定和评估的;而且公共利益需要有长治久安的长程考虑,不能仅仅着眼于短期考虑;而且公共利益是超越个体利益的,也不等同于个体或局部利益的加总,必须由一个具备指导思想、内部高度统一、对于所有的社会阶级与团体都能维持一定自主性的精英执政团体,代表社会整体界定"公共利益",并负责实现"绝大多数人民的根本利益",如此才能达成"社会最佳选择"。

将"民享"放在核心的政治正当性论述,与中国传统思维一脉相承。儒家的"民本"思想也是通过"精英政治"的手段来达成"为天下苍生百姓"除弊兴利的实质目标。而且中国的传统思维也是"重结果而轻手段","程序的正当性"远远抵不上"结果的适当与合理"。统治程序只是一种手段,而手段要根据能否有效达成目标的需要来选择,要根据具体国情来调整,而且要与时俱进。所以,政治体制不能把西方的东西直接照搬,政治体制改革也应该是一个不断推进的过程。

——摘自《中国模式:解读人民共和国的60年》第625页

中国以人为本的治国理念传承了两千多年,是中华民族得以连绵承接、繁衍生息的核心基因。历朝良政奉行的"民为邦本"和"以民心向背为取舍"的执政理念,中国共产党全心全意为人民服务的执政为民宗旨,都是中国历代政治精英从政活动的指路明灯,提升了他们的人生价值和为国为民的追求。从制度设计到发展模式的探索,都以人民的愿望为愿望,以政纲和实践为准绳,而不是借选举操纵民意,为反对而反对,这是当代各国政治比较中最具有中国特色的选择。以人为本的治国理念,是中国模式选择与实践、中国制度设计与改革的不竭的力量源泉。

四、中国模式和中国制度在构造上的主要特征

从结构上看,中国模式和中国制度中的一些构成元素或要素都是既有的,它们分别来源于包括在西方产生的人类的先进思想,存在于全世界各个国家和地区的实践中,这些要素经过中国的实践与创新组合而成的形态,则呈现出一种新的、中国独有的特征。因此,中国模式和中国制度在构造上的主要特征,可以概括为"混合"包容和组合创新。

【"混合"包容】中国模式和中国制度的"混合"特征是非常明显和与众不同的。有学者指出,"从经济上看,可以把中国模式称为复合型或者混合型经济模式。这里使用'混合'这个概念和人们平常所说的不太相同。一般说来,混合经济指的是中国经济的混合所有制模式。这里使用的概念范围要比所有权广,包括很多方面,在所有权之外,混合模式也包括对外开放和内部需求之间的平衡,政府和市场两者在经济领域的作用的平衡等等。"[1]

实际上,这种混合包容的特征,不仅体现在经济领域,也体现在中国政治、经济、社会、文化的诸多领域。如传统与现代、封闭与开放、文明国家与民族国家、中国共产党的领导与多党合作和政治协

> 中国模式和中国制度中的一些构成元素或要素都是既有的,它们分别来源于包括在西方产生的人类的先进思想,存在于全世界各个国家和地区的实践中,这些要素经过中国的实践与创新组合而成的形态,则呈现出一种新的、中国独有的特征。※

---

[1]　郑永年:《国际发展格局中的中国模式》,见赵剑英、吴波主编《论中国模式》(上),中国社会科学出版社 2010 年 9 月第 1 版,第 322—323 页。

商、集权与分权、举国体制与地方积极性,战略决策的集中与民主,社会的自由与管制,文化的保守与开放等等。这种混合包容,形成了中国政治经济社会"和而不同"的特殊形态。在西方看来十分严峻的问题,并没有在中国产生十分严重的后果,而是被系统内的其他因素弱化或者中和。由于混合包容的特点,中国作为一个整体内部系统要素的异质性十分丰富,要素之间的内在联系繁富叠加,诸多要素既在系统之内,又与其他因素不同,这就是中国"和而不同"的形态。因此在很多方面,中国的问题很难用现有的理论,尤其是西方的理论解释清楚,西方理论在面对中国问题时不是隔靴搔痒,就是集体失语。因为"中国的很多东西都是混合的,都在似与不似之间。这是中国很奇妙的地方,套用西方的概念不行,逼着我们讲自己的话,讲中国特色的话。"①"不管中国有没有模式和道路,很简单,按着西方的任何理论模式,中国都是个四不像。这个四不像就是一个模式,也就是,它反正用西方理论说不通。"②

这种混合包容的形态,使"中国"成为西方世界之外的一个概念,也使中国模式和中国制度,或者说中国道路和中国经验成为不是一个简单的、可以用某种标准来加以归类的问题。

混合包容的形态,使"中国"成为西方世界之外的一个概念,也使中国模式和中国制度,或者说中国道路和中国经验成为不是一个简单的、可以用某种标准来加以归类的问题。※

[专栏4-9]　　中国道路和中国经验的特色

中国社会科学院美国研究所所长黄平指出:关于"中国"这个概念,它不只是哪一天、哪一个阶段符合不符合英、法、美那个意义上的现代国家的问题,而是说,中国既是一个民族国家,也是一种文明形态,它的内部包含了多种文化,且彼此沟通和交融。中国还是一个活着的历史,也是一整个大陆型的经济社会体。这个文明—历史并没有完全中断。另外,中国是一个13亿人口的大

---

① 北京大学教授吴志攀语,见潘维、玛雅主编《人民共和国六十年与中国模式》,生活·读书·新知三联书店2010年2月第1版,第83页。
② 香港大学亚洲研究中心专职研究员甘阳语,见潘维、玛雅主编《人民共和国六十年与中国模式》,生活·读书·新知三联书店2010年2月第1版,第255页。

陆型经济社会，从这个意义上说，比如某些模型说的，失业率达到多少、犯罪率达到多少，就会出现危机，有一道什么"警戒线"，那如果是不同大小的规模，那个所谓的警戒线应该是不一样的。所以说，中国的经济空间、社会空间、政治空间、文化空间、地理空间是重叠的，这样来看中国道路、中国经验，他确实不是一个简单的、多大程度上符合不符合西方标准的问题。

——摘自《人民共和国六十年与中国模式》第 100—101 页

中国社会混合包容的原因，是因为本应在不同历史阶段出现的历时性因素，因缘际会，变成了一种共时性的存在。这在经济领域表现得特别明显。"正如有学者所指出的，今天我们看到的是三种不同时代、不同技术的经济的共存：仍旧主要依赖人畜力的农业和农村手工业、使用无机能源的城市和城镇工业以及后工业时代的信息产业。"①另一位学者也阐述了大体相同的观点，即"中国模式最本质的特征在于它把工业化、市场化、全球化和社会主义制度的改革几种重大的社会变革浓缩在了同一个时代。"

[专栏 4-10]

中国道路的复杂性和与众不同之处

中国人民大学经济学院教授张宇在《中国模式的含义与意义：经济学的视角》一文中指出：中国模式最本质的特征在于，它把工业化、市场化、全球化和社会主义制度的改革几种重大的社会变革浓缩在了同一个时代。尤其引人注目的是，这样的历史巨变发生在具有广袤的土地、众多的人口、悠久的文化并处在发展

中国当代社会本身就具有混合包容特征，表现为将本应在不同历史阶段出现的历时性因素，因缘际会，变成了一种共时性的存在。因此，中国模式最本质的特征之一也在于它把工业化、市场化、全球化和社会主义制度的改革几种重大的社会变革浓缩在了同一个时代。※

---

① 黄宗智：《认识中国——走向从实践出发的社会科学》。文中所提到的学者系孙立平。见赵剑英、吴波主编《论中国模式》（下），中国社会科学出版社 2010 年 9 月第 1 版，第 182 页。

中的社会主义大国里,因而,中国的道路既显得无比复杂,又充满了与众不同的魅力,这是人类历史上前所未有的一次伟大的社会试验,完成这一试验绝非易事。工业化、市场化和全球化就其本质来说是一场深刻的社会革命,它要从根本上打破传统的社会结构和社会秩序。然而,后进国家所面临的复杂的国际国内环境,中国改革与发展所具有的特殊的主题、性质和目标,又要求中国走自己的路,在新的时代和新的国际国内环境达到工业化、市场化和全球化的目标,实现中华民族的伟大复兴,于是我们就陷入了令人困惑的两难境地,面临着一系列难以抉择的矛盾:集权与分权、计划与市场、自由与国家、城市与乡村、公有和私有、开放与保护、理论与实践、社会主义与市场经济,等等,能否创造性地处理这些矛盾,最终决定着中国模式的前途和命运。

——摘自《论中国模式》(下)第661页

对于中国模式的这种混合包容的特征,需要给予充分的重视和正确的认识。因为"正是这样一个多种社会类型并存的社会迫使我们抛弃简单的理念化的类型分析和结构分析,而着眼于混合体中的历史演变过程本身。'转型'一词,用于中国,不应理解为目的先导的从一个类型转成另一个类型,从封建主义转到资本主义,或社会主义转到资本主义,而应认作是一种持久的并存以及产生新颖现象的混合。"①

【组合创新】胡锦涛在纪念中共十一届三中全会召开30周年大会上的讲话中,全面系统地阐述了改革开放以来中国取得一切成绩和进步的根本原因,并将其概括为"十个结合"。

① 黄宗智:《认识中国——走向从实践出发的社会科学》,见赵剑英、吴波主编《论中国模式》(下),中国社会科学出版社2010年9月第1版,第176页。

［专栏4-11］
中国30年改革开放实践的"十个结合"

　　胡锦涛指出:改革开放以来我们取得一切成绩和进步的根本原因,归结起来就是:开辟了中国特色社会主义道路,形成了中国特色社会主义理论体系。在30年的创造性实践中,我们经过艰辛探索,积累了宝贵经验。概括起来说,就是"十个结合":(一)必须把坚持马克思主义基本原理同推进马克思主义中国化结合起来,解放思想、实事求是、与时俱进,以实践基础上的理论创新为改革开放提供理论指导。(二)必须把坚持四项基本原则同坚持改革开放结合起来,牢牢扭住经济建设这个中心,始终保持改革开放的正确方向。(三)必须把尊重人民首创精神同加强和改善党的领导结合起来,坚持执政为民、紧紧依靠人民、切实造福人民,在充分发挥人民创造历史作用中体现党的领导核心作用。(四)必须把坚持社会主义基本制度同发展市场经济结合起来,发挥社会主义制度的优越性和市场配置资源的有效性,使全社会充满改革发展的创造活力。(五)必须把推动经济基础变革同推动上层建筑改革结合起来,不断推进政治体制改革,为改革开放和社会主义现代化建设提供制度保证和法制保障。(六)必须把发展社会生产力同提高全民族文明素质结合起来,推动物质文明和精神文明协调发展,更加自觉、更加主动地推动文化大发展大繁荣。(七)必须把提高效率同促进社会公平结合起来,实现在经济发展的基础上由广大人民共享改革发展成果,推动社会主义和谐社会建设。(八)必须把坚持独立自主同参与经济全球化结合起来,统筹好国内国际两个大局,为促进人类和平与发展的崇高事业做出贡献。(九)必须把促进改革发展同保持社会稳定结合起来,坚持改革力度、发展速度和社会可承受程度的统一,确保社会安定团结、和谐稳定。(十)必须把推进中国特色社会主义伟大事业同推进党的建设新的伟大工程结合起来,加强党的执政能力建设和先进性建设,提高党的领导水平和执政水平、拒腐防变和抵御风险能力。

中国模式事实上是将集权与分权进行创新性的摆布,将高度组织化的执行系统同不断推进专业化、制度化和法制化有机结合,将计划经济同市场经济的有利元素榫接起来的一种组合创新。※

"十个结合"也是对中国模式和中国制度的概括和总结。中国模式和中国制度的与众不同和创新之处,不在于是否具有某种特殊的因素,而在于能够将有利于社会经济发展因素的组合创新起来,创造出举世罕见的"奇迹"。中国模式事实上就是将集权与分权进行创新性的摆布,将高度组织化的执行系统同不断推进专业化、制度化和法制化有机结合,将计划经济同市场经济的有利元素榫接起来的一种组合创新。

中国之所以能够实现组合创新,依赖于对自己国家历史文化的传承,以及对外开放的心态。凡是成功的模式和制度,都具有开放包容的理念,重视吸取人类不同文明的成果。中国模式和中国制度既是中国人民智慧的结晶,也是对外开放带来的各种文明成果的融合。自近代以来,中国从外部世界吸取了很多的经验。改革开放以来,更是学习、借鉴了世界很多国家成功经验和失败教训。在现代化的进程中,中国对人类文明进步的一切优秀成果,采取了开放学习、兼取和再创新的态度,体现了广泛的包容性、"以今释古"的历史传承和以我为主的"拿来主义",并形成了强大的学习能力。

中国之所以能够实现组合创新,依赖于对自己国家历史文化的传承,以及当代对外的开放的心态。※

[专栏4-12] 中国文明具有强大的学习能力

北京大学教授吴志攀指出:中国文明具有强大的学习能力。中国的传统不是一成不变的,我们一直在努力学习,我们一直在努力吸收借鉴人类文明共同的优秀文化。中国的文明和文化也不是一个纯粹、简单、封闭的体系,是一个集合了各种文明要素的体系。我们读毛泽东的书,读邓小平的书,再往前,我们还读曾国藩、左宗棠、李鸿章、康有为、梁启超、严复的书,我们可以清晰地看到他们心态的开放、胸怀的宽广、目光的远大,这是令我们今天都非常惊撼的。正是因为中国文明有这样的学习能力,我们的精英分子很快就重新站了起来,能够迅速地汲取西方近代文明、现代文明的重要营养,能够用很短的时间形成自己民族的领导核心,完成中国民族国家的建构。

——摘自《人民共和国六十年与中国模式》第2—3页

中国以开放的态度向世界文明学习的情况可以从派遣出国留学人员,开展教育合作和进行文化交流方面见出一斑。据统计,从1978年到2010年底,中国各类出国留学人员总数达190.54万人,共有63.22万留学人员学成后选择回国发展。截至2010年底,中国以留学身份出国在外的留学人员有127.32万人,其中94.64万人正在国外进行专科、本科、硕士、博士等阶段的学习以及从事博士后研究或学术访问等,他们遍布世界100多个国家和地区。目前,中国已经和世界188个国家和地区以及联合国教科文组织、世界银行等40多个国际组织建立了教育合作和交流关系,设立了18个双边教育工作磋商机制,签署并正在执行的双边和多边教育合作协议有154个。

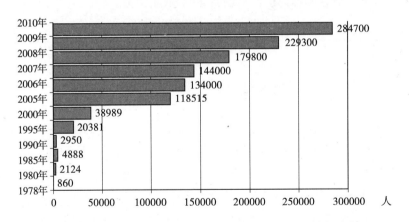

图4-14:1978—2010年中国派遣出国留学人员增长情况

中国最早向国外派遣留学生是在晚清时期,以"中华创始之举,古今未有之事"①让120名幼童赴美,这些人学成回国后对当时的洋

---

① 1871年8月5日,曾国藩和李鸿章联名向同治皇帝呈奏折,希望设立一个向西方学习的留学计划,此语是这份奏折中的一句话。

务运动和向中国引进西方文明起到了重要作用,其中包括容闳①、詹天佑等。后来的胡适、鲁迅、郭沫若、蔡元培、陈寅恪、冯友兰等文化界人士,钱三强、周光召、钱学森等科学界人士以及中共的三代大部分领导人②,都有留学经历,他们对于了解中西文化的视差,学习和引进先进的科学技术,社会发展理念、思想以及治理国家和管理经济的方法,对于中国都产生了巨大的影响。当代中国的现代化进程同堪谓世界上最大规模并日益增多的出国留学队伍和国际科学文化交流活动之间,可以说息息相关,这个当代"海归"群体像海绵一样不断为中国吸纳世界上出现的几乎所有先进的东西,并将之与中国的实践连通起来,汰旧布新,进行新的创造。

在关于"中国模式"的讨论中,学者们往往将中国实践与西方经济学理论进行对比,探究中国模式的创新之处,诠释过去 33 年中国的市场经济发展。他们发现,中国模式更多地对西方主流经济学的一些基本概念和理论进行了创新,并形成了挑战。

> **当**代中国的现代化进程同堪谓世界上最大规模并日益增多的出国留学队伍和国际科学文化交流活动之间,可以说息息相关,这个当代"海归"群体像海绵一样不断为中国吸纳世界上出现的几乎所有先进的东西,并将之与中国的实践连通起来,汰旧布新,进行新的创造。※

[专栏 4-13]

中国模式对西方主流经济学的挑战

中国改革开放后逐步探索出一条具有中国特色的社会主义发展道路,也被人们概括为"中国模式"。从大的方面看,所谓中国模式主要包括了四个方面的内容:一是从传统计划经济体制向市场经济体制转型的模式,即经济改革的模式;二是从传统的农业社会向现代工业社会以及从传统的工业社会向信息社会发展的模式,即新型工业化道路;三是从封闭半封闭向全方位开放转变的模式,即对外开放和融入全球化的模式;四是中国特色的社

---

① 被誉为"中国留学生之父",是最早系统接受西方教育并获得正式学位的东方人,归国后访查太平天国,上书建方七策,投身洋务运动,购买"制器之器",参与变法维新,促进共和革命,在开启中国近现代发展方面有着重要的地位。

② 中共第一代领导核心,毛、刘、周、朱、陈、邓,除毛泽东外,都有留学经历,第二代领导人邓小平是留学人员,第三代江泽民、李鹏、李岚清等都是留学人员。

会主义道路。

从"中国模式"构成的特征来看,"中国模式"形成了与自由市场经济模式不同的四个方面特征:在权力结构方面,"中国模式"的实质为中国共产党的一党执政、国有经济发挥主导作用和国家计划强有力的主导作用。中国共产党的执政地位决定了中国经济运行中比较充分地体现了党的意志,而由于党的基本路线调整为以经济建设为中心,因此,这种意志被赋予很明确的经济目标。在意识形态方面,"中国模式"把坚持马克思主义基本原理同推进马克思主义中国化结合起来,把坚持四项基本原则同坚持改革开放结合起来,这决定了"中国模式"仍然具有社会主义基本制度的基础。在生产资料所有制方面,公有主体型的多种类产权制度是"中国模式"的显著体制特征。在协调机制方面,"中国模式"坚持的是国家主导型的多结构市场制度,这种市场制度是指多结构地发展市场体系,发挥市场的基础性配置资源的作用,同时在廉洁、廉价、民主和高效的基础上发挥国家调节的主导型作用。

中国模式孕育的理论资源对西方主流经济学提出了一系列的挑战。其中作为西方主流经济学的核心范畴——"经济人"假定、自由市场机制或"看不见的手"、资源配置帕累托最优的制度绩效标准都受到"中国模式"的实践挑战。而孕育在"中国模式"中的"社会经济人"假定、竞争的新形式和经济制度绩效的稳定标准,向我们提出构建一种新的经济学的期待。

——摘自人民网黑龙江大学教授乔榛的同名文章

五、中国模式和中国制度的未来发展

模式和制度的合理性和有效性,并不完全取决于模式和制度本身,在更广阔的范围内,取决于这种模式和制度是否契合本国的特殊国情和特定的发展阶段,是否能够在全球化的发展中顺利融入世界,是否能够构成一个动态开放的结构,并根据实践的深化和内外部环境的变化不断发展和完善。因此,模式和制度的选择不

当代意义上的中国模式和中国制度的发展,从纵向历史看,它的形成只是刚刚开始,远未成型和完善,从横向国际比较看,各个国家不同的模式和制度,都是人类文明重要的组成部分,中国需要继续加以学习和借鉴,这都将是一个长期的过程。※

是一个完全主观的行为,不取决于执政者或者权力集团的个人喜好。这种选择既受到内外部因素的制约,也需洞察并把握历史发展规律。

尽管中国模式和中国制度不断演进,但是当代意义上的中国模式和中国制度的发展,仅仅只有 60 多年的时间。从纵向历史发展的角度看,中国模式的形成只是刚刚开始,远未成型和完善,还需要长期的大量的实践探索和经验积累。从横向国际比较的角度看,各个国家不同的模式和制度,都是人类文明重要的组成部分,中国需要以开放的心态,予以学习和借鉴,这也将是一个长期的过程。因此,在历时性和共时性两个维度同步展开,有效整合两个维度的多种要素,使之成为中国模式和中国制度发展的积极因素,是中国模式和中国制度未来发展的必然选择。

【基于特殊国情的中国模式和中国制度】人口众多,自然资源禀赋差异巨大,发展极不平衡的特殊国情,决定了中国必须选择适合自身条件的模式和制度。中国共产党和中国政府在不同的场合均多次强调,中国仍处于并将长期处于社会主义初级阶段的基本国情没有变。这就是中国的特殊性,也是中国发展的约束性条件。

[专栏4-14]　　　中国的基本国情没有变

　　我们必须清醒地看到,我国仍处于并将长期处于社会主义初级阶段的基本国情没有变,人民日益增长的物质文化需要同落后的社会生产之间的矛盾这一社会主要矛盾没有变,当前我国发展呈现出一系列新的阶段性特征。我国生产力水平总体上还不高,自主创新能力还不强,长期形成的结构性矛盾和粗放型增长方式尚未根本改变,影响发展的体制机制障碍依然存在,城乡贫困人口和低收入人口还有相当数量,农业基础薄弱、农村发展滞后的局面尚未改变,缩小城乡、区域发展差距和促进经济社会协调发展任务艰巨,社会建设和管理面临诸多新课题,党和国家工作中还存在缺点和不足,人民群众还有不少不满意的地方。在前进道

路上,我们还会遇到这样那样的困难和风险。改革发展任重
道远。

——胡锦涛在纪念中共十一届三中全会召开30周年大会上的讲话

中国的特殊国情,体现为农民占国民的绝大多数,多民族多宗教的国家,城乡、区域、阶层差别普遍存在。体现为文明国家和民族国家共时存在,古老文明与现代文化交织,工业化与城市化齐头并进,空间城市化和"农民市民化"相互交错,现代化与现代性双重演进。

中国学者张维为认为中国是"文明型国家",有八大特征。客观地说,这八个方面确实是中国的特殊性。但是,在看到这些特征的正面效应的同时,不应忽视其负面效应,人口规模和疆域国土既可以产生规模效应和形成地缘辐射,也可能会加重发展负担和加大国家治理难度;历史传统和文化积淀既可以提供丰富的历史文化资源,也可能成为国家创新的阻碍。而且,在主要由民族国家构成的世界格局中,所谓"文明型国家"的概念似乎不应过分强调,它只能作为一个国家的内部特质,是蕴涵在民族国家之中的。

中国学者张维为认为中国是"文明型国家",有八大特征。这确实是中国的特殊性。但是在看到这些特征的正面效应的同时,也不应该忽视其负面效应。※

[专栏4-15]
中国作为"文明型国家"的八大特征

1. 超大型的人口规模。中国人口占世界人口的20%,所产生的规模效应世界上无人可比。中国发展模式的一个特点就是:学习+创新+巨大人口产生的规模效应+影响中国和世界。

2. 超广阔的疆域国土。中国幅员辽阔的疆土是在漫长的历史中逐步"百国之和"而形成的。辽阔的疆土使中国获得了绝大多数国家难以比拟的地缘优势和战略纵深,具有其他国家难以企及的地缘辐射力。

3. 超悠久的历史传统。五千年绵延不断的历史使中国在人类知识的所有领域几乎都形成了自己的知识体系和实践传统。这种传统的丰富性、内源性、原创性和连续性是其他民族难以望

其项背的。

4. 超深厚的文化积淀。中国文化是一种"百国之和"的文化荟萃。在中国文化中儒道释互补,儒法墨共存,表现出多元一体的思想格局。中国文化具有海纳百川的文化包容性。

5. 独特的语言。汉语是中国源远流长的历史与文化的产物,同时也是把中国庞大的人口和辽阔的国土联系在一起的强大纽带。保持了汉语,就保持了中国文化的根。

6. 独特的政治。中国执政党本质上是中国历史上统一的儒家执政集团传统的延续。"选贤任能"的政治传统和"民心向背"的治国理念是中国模式的核心竞争力之一。

7. 独特的社会。中国与西方属于不同质的社会。中国社会的最大特点是以家庭为基础及其衍生出来的一整套关系和生活方式,而西方社会是以个人为基础而形成的一整套关系和生活方式。

8. 独特的经济。社会主义市场经济本质上是西方"市场经济学"和中国传统"人本经济学"在新的历史条件下的结合。把"市场经济学"和"人本经济学"有机地结合在一起就是今天的中国模式。

——根据张维为著《中国震撼:一个"文明型国家"国家的崛起》整理

英国学者马丁·雅克将"中国的崛起"和"西方世界的衰落"相提并论,认为存在一种此起彼伏的关系,是不对的,因为在当今多极化、全球化的世界格局中,一方的崛起并不意味着另一方的衰落。※

比较而言,英国学者马丁·雅克对中国特性的分析,似乎更中立和客观一些。但是其所提出的有些观点,如"朝贡体系"并非中国国际战略的选择,其所肯定的某些方面恰恰是中国需要进一步调整和完善之处。而且,马丁·雅克将"中国的崛起"和"西方世界的衰落"相提并论,认为存在一种此起彼伏的关系,这是不对的,因为在当今多极化、全球化的世界格局中,一方的崛起并不意味着另一方的衰落。

［专栏4-16］　马丁·雅克对中国特征的描述

1. 文明国家。今日中国的主要面貌,包括社会关系和习俗、生活方式、优越感、国家观念和对统一的执著,都是中国文化的产物,而不是近代成为民族国家后的表现。表面上似乎像民族国家,但骨子里是文明国家。

2. 朝贡体系。中国越来越有可能按朝贡体系而不是民族国家体系构想与东亚的关系。东亚本质上就是遵守以中国为中心的秩序;以不言自明的等级制度为基础,中国的支配地位得到合理认同;各国默认和接受中国优势地位。

3. 种族态度。中国对待种族和民族的态度与众不同。中国的统一具有神圣不可侵犯的性质,其支撑基础就是汉人属于同一种族的理念。非汉族中国人被视为不同民族,而不是不同种族。

4. 大洲规模。中国人所生活工作的是一块与其他民族国家大不相同的大洲规模的土地。它的特征就是巨大的多样性,某些方面实际上可以认为数个甚至很多不同“国家”组成的联合体。

5. 政体本质。中国政体的本质极具特色。政府管理社会,享有至高无上、不受挑战的地位。就效率、管辖权以及开展大型公共工程的能力而言,中国的政府机构无可匹敌。

6. 转型速度。中国的现代性和其他东亚国家一样,以国家转型速度快而著称。某种程度上与西方经历不同,中国的现代性将过去和未来同时融入当前时代。不过,由于规模庞大,中国式的现代化还应当与其他东亚国家区别开来。

7. 中共执政。1949年后中国一直由共产党执政。我们现在应当比过去更多地将共产主义视为多元化模式:中国共产党与苏联共产党大不相同,自1978年以来,它采取了完全不同的战略;它所展示的灵活性和实用主义与苏联共产党截然不同。

8. 综合特征。未来数十年内中国将越来越多地表现出发达国家和发展中国家的综合特征。中国的很大一部分地区事实上将长期处于不同的历史时期。中国不可避免地会将自己定位为发达国家和发展中国家的综合体,两方面的利益都要考虑。

——根据马丁·雅克著《当中国统治世界——中国的崛起和西方世界的衰落》整理

在未来,中国继续保持冷静头脑,对自己特殊国情的正确认识和客观判断,是中国模式和中国制度发展的关键。※

张维为和马丁·雅克均在一定程度上系统梳理了中国的特殊国情,至于对这些特殊国情的价值判断,则因人而异。对于形成中的中国模式和中国制度而言,对于中国国情的认识,应该更多看到所面临的特殊问题、危机和挑战。中国模式和中国制度远未成熟,中国自身和世界其他国家对中国模式和中国制度的发展所提供的经验和借鉴还很不够。因此,中国模式和中国制度更需要一种创新,不仅是纵向的创新,更是横向的创新。创新就难免面临风险,而对特殊国情的准确把握,决定了风险的可控性。因此,在未来,中国继续保持冷静头脑,对自己特殊国情的正确认识和客观判断,是中国模式和中国制度发展的关键。

【基于融入世界的中国模式和中国制度】在经济全球化和区域经济一体化同步发展,国家之间相互影响直接而又迅速的今天,中国模式和中国制度的发展必须在开放的环境中进行。不管我们是否已经准备好,中国已经处于一个全球化的时代,对世界的融入不是想不想、要不要的问题,而是如何融入的问题。中国的发展离不开世界,世界的发展也需要中国。

当代中国的前途命运已日益紧密地同世界的前途命运联系在一起。中国的发展离不开世界,世界的发展也需要中国。在当今世界,任何国家关起门来搞建设都是不能成功的。※

[专栏4-17]

中国的发展离不开世界,世界的发展也需要中国

当代中国的前途命运已日益紧密地同世界的前途命运联系在一起。中国的发展离不开世界,世界的发展也需要中国。在当今世界,任何国家关起门来搞建设都是不能成功的。我们全面分析判断世界多极化趋势增强、经济全球化深入发展的外部环境,

全面把握当今世界发展变化带来的机遇和挑战,既坚持独立自主,又勇敢参与经济全球化。在我们这样一个人口众多的发展中社会主义大国,任何时候都必须把独立自主、自力更生作为自己发展的根本基点,任何时候都要坚持中国人民自己选择的社会制度和发展道路,始终把国家主权和安全放在第一位,坚决维护国家主权、安全、发展利益,坚持中国的事情按照中国的情况来办、依靠中国人民自己的力量来办,坚决反对外部势力干涉我国内部事务。对于一切国际事务,都要从中国人民的根本利益和各国人民的共同利益出发、根据事情本身的是非曲直确定我们的立场和政策,按照冷静观察、沉着应对的方针和相互尊重、求同存异的精神进行处理,不屈从于任何外来压力。同时,我们在坚持和平共处五项原则的基础上同所有国家开展交流合作,积极促进世界多极化、推进国际关系民主化,尊重世界多样性,反对霸权主义和强权政治。我们不断扩大对外开放,把"引进来"和"走出去"紧密结合起来,认真学习借鉴人类社会创造的一切文明成果,坚持趋利避害,形成经济全球化条件下参与国际经济合作和竞争新优势,推动经济全球化朝着均衡、普惠、共赢方向发展,共同呵护人类赖以生存的地球家园,促进人类文明繁荣进步。我们要始终高举和平、发展、合作旗帜,既利用和平的国际环境发展自己,又通过自己的发展维护世界和平。

——胡锦涛在纪念中共十一届三中全会
召开 30 周年大会上的讲话

中国是一个发展中国家,同时也是一个其他国家眼中的发达国家。中国是一个国家实力强大的大国,同时也是一个人均财富较少的大国。中国在国际和地区事务中发挥着巨大的影响力,同时伴随这种影响力的还有巨大的责任和义务。中国在发展中需要与其他国家合作,同时也面临着国家之间的竞争。中国需要和平发展的环境,同时也面临着"中国威胁论"的困扰。因此,在解决好国内问题的同时,更需要创造一个有利的外部环境,这决定着中国模式和中国制度能够走多远。

【基于不断完善的中国模式和中国制度】中国模式和中国制度是基于中国国情和世界潮流的创新。中国模式和中国制度以及二者的有机融合,均处在动态发展变化过程之中,需要根据环境的变化和实际需要不断调整和完善。中国模式和中国制度在相当长的时期内都将是开放的、动态的、发展的。

在充分体现人类普世价值的前提下,中国模式和中国制度在发展的策略、路径、手段、方式上均应有可供选择的弹性和空间。※

[专栏4-18]

不断完善适合中国国情的发展道路和发展模式

世界上没有放之四海而皆准的发展道路和发展模式,也没有一成不变的发展道路和发展模式。我们既不能把书本上的个别论断当做束缚自己思想和手脚的教条,也不能把实践中已见成效的东西看成完美无缺的模式。我们要适应国内外形势新变化、顺应人民新期待,坚定信心,砥砺勇气,坚持不懈地把改革创新精神贯彻到治国理政各个环节,继续推进经济体制、政治体制、文化体制、社会体制改革创新,加快重要领域和关键环节改革步伐,坚决破除一切妨碍科学发展的思想观念和体制机制弊端,促进现代化建设各个环节、各个方面相协调;促进生产关系与生产力、上层建筑与经济基础相协调,不断完善适合我国国情的发展道路和发展模式。

——胡锦涛在纪念中共十一届三中全会
召开30周年大会上的讲话

中国模式和中国制度没有固化,也不能固化。从历史唯物主义和辩证唯物主义的角度看,中国模式和中国制度作为上层建筑,是受经济基础决定的。经济基础发生变化,上层建筑就要与之相适应。而且任何一种上层建筑均非尽善尽美,在充分体现人类普世价值的前提下,中国模式和中国制度在发展的策略、路径、手段、方式上均应有可供选择的弹性空间,而这正是中国模式和中国制度的生命力所在。

第五章

中国模式的经济支点与对应制度

中国模式最成功的亮点主要在经济领域。中国经济长期持续发展的活力是由三个经济制度和经济发展战略的支点支撑的,它们是社会主义市场经济体制、社会主义基本经济制度和对外开放战略。30 多年来,中国正是依靠这个三位一体的动力系统和运行机制,充分调动了各种经济主体的积极因素,推动它们的集成融合,在国内外市场上发力,以一种"杠杆平衡",形成远远超过 1+1+1＝3 的乘数效应。三大支点及其要素所化合形成的生产力与生产关系崭新形态,使中国模式得以生机勃勃。

沿着这三个支点往深处透视,我们看到的是中国制度的深厚背景。中国在经济、政治、文化、社会等各个领域所构建的一整套相互衔接、相互联系的社会主义制度体系,既是当代中国一切发展进步的政治方向,同时也是中国模式赖以形成的肥沃土壤和根本保障;中国在上层建筑和经济基础之间形成的互为条件、互相促进和制衡关系,为经济社会的长足进步提供了稳定的发展环境,为中国模式创造了发展条件。

在更宽广的视野中,文化基因也对中国模式产生了十分重要的影响,无论上述三大支点的形成,还是制度选择和制度安排,无不折射出传统文化的作用。中国人民群众的勤劳、节俭之秉性,既是中国经济的力量源泉,也是中国比世界大多数国家,特别是发达国家更能够保持平衡发展的稳定器和调节器;中国对文化传统中关于包容、双

中国经济长期持续发展的活力是由三个经济制度和经济发展战略的支点支撑的,正是依靠这个三位一体的动力系统和运行机制,充分调动了各种经济主体的积极因素,推动它们的集成融合,在国内外市场上发力,以一种"杠杆平衡",形成远远超过 1+1+1＝3 的乘数效应。※

赢、和谐等理念的传承,主导了处理社会关系、民族关系、区域发展关系和对外关系的大政方针和基本策略。

中国融入世界后,不仅在经济发展上成为全球范围内的一个重要存在,无论全球性经济危机,还是世界经济复苏和可持续发展,都有赖于中国的作为,关键是中国奉行的独立自主、和平外交和建设和谐世界的理念和政策,既保证了中国作为一个世界大国的博弈地位,也对世界和平发展产生了深远的影响。

在本章中,我们力求对构成中国模式的三大支点及其相互关系进行系统论述,并以此为主线对相关联的中国制度进行深入分析。在接下来的两章中,将分别对人民群众对于当代中国发展进步的重要作用以及中国之于世界的和谐发展进行论述。

第一节　中国模式的三个经济支点

中国经济靠什么走向辉煌,中国模式的基本结构和关键构件是什么,这架"机器"是怎样工作和为什么要这样工作,这个吸引着世界各国的为政者和国内外学者深入思考和展开探讨像谜一样的问题,是研究中国模式必须回答的问题。

我们认为,中国模式赖以形成的关键要素来自三项体制制度和国策,它们是:社会主义市场经济体制的形成,社会主义基本经济制度的建立和对外开放战略的实施。它们的支点效应是中国经济创造辉煌和保持活力的根本所在,它们的形成、发展、完善及其互动关系,乃是中国模式的秘密。

一、社会主义市场经济体制

在本书第四章第二节,我们讨论了中国社会主义市场经济体制探索建立过程,认为党的十一届三中全会以来,中国经济体制改革的核心任务是处理计划与市场之间的关系,在经济领域所采取的改革举措主要围绕市场化展开,并在变革的实践过程中逐步确立了社会主义市场经济体制,特别是中共十四大把中国经济体制改革的目标确定为社会主义市场经济,中共十六大把"完善社会主义市场经济体制"作为改革的目标,从而解决了关乎中国现代化建设全局的一个重大问题。

　　为什么这样说呢? 因为把社会主义市场经济体制确立为中国经济体制改革的目标模式,突破了传统观念中市场经济是资本主义特有的东西,计划经济是社会主义经济的基本特征的思路和模式,开辟了一条将两种体制兼而为用的新路子,能够最大限度地配置资源,或者说能够把一国配置资源的能力发挥到极致。

　　我们知道,人的需求是多种多样、永无止境的,但在一定时期和范围内,社会能够加以利用的资源总是有限的,例如用于生产某种产品的资源增加,而用于生产其他产品的资源就会减少,为了满足多方面需要,人类社会必须对有限的资源利用做出合理的安排。而计划和市场恰恰是资源配置的两种基本手段。在通常意义上,市场在资源配置中起基础性作用的经济就是市场经济,反之则是计划经济。

　　在市场经济中,生产什么,如何生产和为谁生产,是通过价格的涨落、供求行情的变化以及竞争较量,由市场来安排和调整的,市场功能和机制就像一只"看不见的手"在引导商品生产者、经营者、消费者和竞争者在全社会范围内配置资源。细分起来,市场是通过供求、价格和竞争三个要素来配置资源的,其中,供求是市场机制的基本要素,价格是其核心要素,竞争是本质要素,也是市场活动的灵魂。市场经济机制的优越性是显而易见的,即能够在瞬息万变的经济生活中,及时灵活地反映市场供求变化,传递市场供求信息,激励竞争,优化资源配置,促进企业改善管理,不断提高经济效益和劳动生产率,发挥价值规律的调节作用。但市场调节本身也存在着缺陷,包括短期性、自发性、盲目性、滞后性和不确定性,特别是在经济总量的综合平衡,经济结构的及时调整,竞争导致垄断、环境资源保护以及社会公正等方面,这些缺陷和问题单靠市场调节本身是难以解决的,需要借助宏观调控来干预、弥补和抑制市场调节的不足和危害。

　　计划经济相对于市场经济,是通过计划、规划和由政府统一调度来配置资源、从事生产以及产品消费,它最重要的优越性是能够进行

把社会主义市场经济体制确立为中国经济体制改革的目标模式,开辟了一条将两种体制兼而为用的新路子,能够最大限度地配置资源,能够把一国配置资源的能力发挥到极致。※

有效的宏观调控,对关系全局的重大经济活动实行统一集中管理,有计划地安排生产力布局,使国民经济协调发展,并能避免市场机制的盲目性、不确定性等问题给社会经济造成的危害,如重复建设、企业恶性竞争、地区经济发展不平衡、价格失灵、通货膨胀和经济危机等。我们在第四章第一节曾述及,中国在改革开放前30年,实行了高度集中的计划经济体制,这种体制对于当时经济十分落后,工业基础薄弱的中国来说,在推动经济发展方面成效是巨大的,如美国学者吉尔伯特·罗兹曼所说的那样:"一个整齐划一的中央政府建立起来之后,最直接的后果就是为经济增长动员了技术和资源","与20世纪前50年相比,中国经济发展是迅速的,重工业的增长最为迅速,而在其他制造业和农业方面,中华人民共和国终于使政策和实践正常运转起来,在近代史上首次为中国的经济发展确定了相当恒稳的步伐"[①]。但计划经济体制也存在缺陷,包括缺乏竞争,忽视经济杠杆的作用,对市场信号反应迟钝,对生产者、经营者的激励机制较弱,等等,而中国在过去实行这种体制更有甚者,政府成为经济管理的主体,企业仅仅是国家计划的执行单位,没有经营自主权,整个国民经济的运转以及各个企业的经营活动要靠国家下达指令性计划来指挥,主要按照行政隶属关系,通过行政命令和行政干预实现对经济的管理,这些特点联系在一起,造成中央集权过多,管理过严过死,逐渐不适应甚至束缚了生产力的发展。

市场体制和计划体制作为资源配置的基本手段,它们同社会制度和所有制有一定的关系,但并非绝对的,世界经济发展史证明,它们可以为不同的社会制度和所有制服务。就拿计划经济体制内涵中政府运用各种手段对国民经济进行的宏观调节与控制来说,在资本主义经济中,由于周期性危机爆发,特别是20世纪30年代大危机发生,使西方国家看到单纯依靠市场这只"看不见的手"并不能自动保证实现充分就业的均衡,因而出现了强调依靠国家对经济进行干预

市场体制和计划体制作为资源配置的基本手段,它们同社会制度和所有制有一定的关系,但并非绝对的,世界经济发展史证明,它们可以为不同的社会制度和所有制服务。※

---

① 吉尔伯特·罗兹曼主编:《中国的现代化》,江苏人民出版社1998年版,第598页。

以弥补市场自动调节缺陷的凯恩斯主义干预理论,在战后,这套理论成为西方发达国家制定经济政策的主要依据,国家对经济生活的干预随之空前加强。而在实行高度集中计划经济体制时期的中国,正是市场机制的缺失,导致企业的生产经营活动和经济发展缺乏活力,从而反证了按照市场经济规律对社会主义管理体制和运作机制进行改革、调整、完善和运用市场手段配置资源的必要性。邓小平的伟大之处就在于看明白了计划与市场的性质以及二者之间的关系,他指出,计划经济、市场经济都是发展生产的方法和调节经济的手段,这两种方法、两种手段都应该使用;计划经济的优点是可以做到全国一盘棋,集中力量,保证重点,市场经济的优点是可以搞活经济①;在调整时期,可以加强或多一点计划性,而在另一个时候,多一点市场调节,搞得更灵活一些②。

社会主义市场经济本质上是还原计划和市场这两种体制机制的方法、手段和工具性质,使社会主义基本制度与市场经济紧密结合起来,在经济体制上既保持社会主义的特征,又具有市场经济体制的共性,"在国家宏观调控下,更加重视和发挥市场在资源配置中作用"③。这种新型的经济体制,既不同于西方国家奉行自由竞争和市场自我调节的市场体制,也不同于典型的计划经济体制,而是社会主义宏观调控体系与市场经济激励竞争的机制相"兼容",计划与市场两种手段并重的混合体制。

市场机制具有完整的逻辑体系,一经引入,它会按照自身的逻辑和游戏规则展开,要求人们服从市场信号,要么生存,要么被淘汰,或取得成功,或付出巨大的代价。这一"劣汰优胜"的特性迫使人们在经济活动中必须动"真格"和"精确计算",从而在一种深度和广度上调动了人们的积极性和深层次的潜能。在计划方面,主要体现为政府在宏观调控体系中具有主导作用,但计划内容已与过去有所不同,

市场机制具有完整的逻辑体系,一经引入,它会按照自身逻辑和游戏规则展开,要求人们服从市场信号,要么生存,要么被淘汰,或取得成功,或付出巨大的代价。这一"劣汰优胜"的特性迫使人们必须动"真格"和"精确计算",从而在一种深度和广度上调动了人们的积极性和深层次的潜能。※

---

① 《邓小平文选》第 3 卷,人民出版社 1993 年版,第 364 页。
② 同上书,第 306 页。
③ 《江泽民文选》第 1 卷,人民出版社 2006 年版,第 198 页。

主要是科学地制定经济发展的战略目标、战略重点、战略途径,并根据经济发展战略的要求,制定中长期经济、科技和社会发展总规划以及产业或区域发展规划和制定以产业政策和区域政策为主导的政策体系,推进经济体制改革,搞好经济监测,为国民经济发展提供依据。在这种新型体制下,市场与计划之间功能互补关系,市场在国家宏观调控下运行,而国家的经济政策则建立在市场机制的基础之上,调控手段主要定位在宏观层次,其目的是引领和促进经济协调发展,即通过政府的有效干预,使微观经济运行在合理的基础上,从而实现那些市场调节实现不了的宏观目标,在微观领域则主要利用市场的作用,发挥企业的积极性和主动性,使企业充满活力。总之,中国建立社会主义市场经济体制就在于利用市场机制解决传统体制下经济发展动力不足问题,同时又以宏观经济管理与调控机制去弥补市场调节的不足,即把"看不见的手"与看得见的手结合起来,扬长避短,趋利避害,二者相得益彰,各自发挥应有的作用。

社会主义市场经济的目标模式确立之后,特别是 21 世纪以来,市场意识逐步深入到中国人的生活之中,极大地激发了各个经济主体参与市场竞争的活力,尤其是推动了民营企业裂变式的发展。数百倍于欧美企业数量且富有创业精神和尊重市场规则的中国企业,充分利用劳动力成本低,机制灵活等比较优势,抓住和承接了全球中低端产业从高工资发达国家向低工资发展中国家转移的机会,创造了中国制造,使中国成为世界工厂,这又拉动了对能源、电力、交通运输的需求,从而为大型国有企业的发展提供了空间,注入了活力。如此良性循环,市场机制功莫大焉,可以说,没有引入市场机制,中国经济不可能释放出这么大的能量,也不可能有这么快的增长和发展。

表 5-1:中国经济市场化测度①

序号	指标名称	2004 年	2005 年	2006 年
1	企业所得税平均税率	16. 3	17. 56	17. 75
2	政府投资占 GDP 的比重	5. 15	4. 93	5. 01
3	政府转移支付和政府补贴占 GDP 的比重	7. 14	6. 9	9. 29
4	政府人员占城镇从业人员的比重	13. 91	13. 51	13. 57
5	非国有经济固定资产投资占全社会固定资产投资的比重	51. 63	56. 43	59. 25
6	城镇非国有单位从业人员占城镇从业人员比重	74. 66	76. 26	77. 29
7	规模以上非国有工业增加值占规模以上工业增加值的比重	57. 64	62. 35	64. 22
8	非国有经济税收占全社会税收的比重	73. 08	75. 74	78. 58
9	非国有经济进出口总额占全部进出口总额比重	71. 42	74. 26	76. 34
10	财政对国有企业的亏损补贴占 GDP 比重	0. 14	0. 11	0. 09
11	国有大型企业经营者自主选择比率	86. 26	86. 43	86. 81
12	国有大型企业自主经营决策比率	89. 91	90. 95	92. 35
13	分地区常住人口与户籍人口数之间的变动率	1. 16	2. 47	2. 72
14	行业间职工人数变动率	2. 27	4. 13	3. 42
15	大型企业中实行劳动合同制度的比率	95	95. 7	96. 7
16	人民币对美元汇率与境外无本金交割远期汇率月平均绝对差的变异系数	0. 79	0. 19	0. 13
17	全社会固定资产投资资金来源中外资、自筹和其他资金所占比重	77. 14	78. 36	79. 6
18	外方注册资金占外商投资企业总注册资金的比重	76. 6	77. 8	78. 3
19	城镇土地使用权的招标、拍卖和挂牌面积占土地使用权出让面积的比例	28. 88	34. 56	30. 53

① 根据北京师范大学经济与资源管理研究院发布的《2008 年中国市场经济发展报告》整理。该报告测算出 2004—2006 年中国经济市场化指数分别为 73. 3%、78. 3% 和 77. 7% 。

续表

序号	指标名称	2004 年	2005 年	2006 年
20	社会消费品零售总额中市场定价的比重	95.3	95.6	95.3
21	农副产品收购总额中市场定价比重	97.8	97.7	97.1
22	生产资料销售总额中市场定价比重	87.8	91.9	92.1
23	平均关税税率	10.4	10	9.9
24	从国际贸易中获得的税额与进出口额的比率	1.09	0.91	0.81
25	违反不正当竞争法规的案件立案查处率	88.62	91.8	95
26	知识产权案件中立案查处率	86.3	91.8	92.2
27	非国有银行资产占全部银行资产比重	31.2	31.76	32.87
28	非国有金融机构存款占全部金融机构存款的比重	36.4	36.93	40.45
29	三资乡镇个体私营企业短期贷款占金融机构全部短期贷款的比重	14.22	13.79	10.88
30	最近五年通货膨胀率的平均值	1.08	1.36	1.52
31	各种金融机构一年期贷款利率全距系数	60	60	60
32	资本项下非管制的项目占项目总数的比例	46.5	55	55

在市场化水平逐步提高的同时,中国政府的宏观调控能力也在改善和加强,特别是强化了传统中具有广泛动员能力和强大组织能力的"举国体制",能够发挥国家集中人力、物力、财力办大事的优势。※

在市场化水平逐步提高的同时,中国政府的宏观调控能力也在改善和加强,这不仅体现在政府能够有目标有意识地运用经济杠杆和国家掌握的政策工具,改变市场环境,间接地对经济活动进行引导、控制,处理好当前利益与长远利益、局部利益与整体利益的关系,体现为国家战略规划、产业政策、财政政策、金融政策和行政手段之间能够协调配合、目标一致地进行强有力的宏观调控,还体现为政府的权威和强势得到提升,特别是强化了传统中具有广泛动员能力和强大组织能力的"举国体制",能够发挥国家集中人力、物力、财力办大事的优势。

中国自从提出社会主义市场经济的目标模式以来,随着经济的高速增长,几乎每隔几年都会出现一次投资增长过快、高货币投放、通货膨胀以及金融秩序混乱、生产资料市场秩序混乱等现象,中国政府依靠宏观调控,特别是从起初倚重行政手段越来越转为更多利用财政政策、金融政策等经济杠杆,避免了经济大起大落对国民经济造成的伤害,保持了经济平稳较快的发展。三峡水利、青藏铁路、南水北调、西电东送、载人航天等国家重大工程的顺利建设,奥运会、世博会的成功举办也无不彰显"举国体制"的伟力。

[专栏5-1]　　　　中国的"强势政府"

张维为指出:中国有一个比较中性的、强势的、有为的政府,它有明确的现代化导向,能够制定和执行符合自己民族长远利益的战略和政策。

在过去三十多年的改革开放中,中国历史中形成的政府权威,长期革命和建设中形成的政党权威都被用来推动中国的现代化事业,用来组织落实各种改革措施,用来对改革中出现的各种矛盾进行协调。

在过去三十年中,中国完成了人类历史上最大规模的工业革命和社会革命,但这个过程自然也是矛盾和冲突增加的过程,一个比较中性的、强势的、有为的政府使我们成功地防止了不少国家变革中出现的那种社会失控和国家解体减少了改革中不同利益的矛盾与冲突。中国通过政府动员和劝导,大大降低了解决复杂矛盾的代价。中国今天具有世界上最强大的行政组织能力,这从举办奥运会、世博会,应对金融海啸的过程中可见一斑。这种能力对于中国最终成为一流的发达国家至关重要。

——摘自《中国震撼:一个"文明型国家"的崛起》第103页

一部世界近现代史反复告诉人们,世界性经济危机是一国经济制度最好的试金石。在中国崛起的过程中,经历了国际贸易的跌宕起伏和数十次大大小小全球性、区域性经济危机,其中最大的两次是1997年的亚洲金融危机和2008年的全球金融海啸。在亚洲金融危机期间,中国面对出口增长下降、国内需求不振、失业增多和遭遇特

世界性经济危机是一国经济制度最好的试金石。在中国崛起的过程中,经历了国际贸易的跌宕起伏和数十次大大小小全球性、区域性经济危机,中国政府把市场优势和宏观调控优势结合起来,及时调整宏观经济政策取向,成功应对了危机。※

大洪涝灾害的局面,坚持人民币不贬值,努力扩大内需,刺激经济增长,同时依靠国内各经济活动主体的勃勃生机,保持了经济健康稳定的增长,对稳定全球经济形势,带动亚洲经济复苏发挥了重要作用。2008年发生在美国的次贷危机,迅速波及世界金融市场和实体经济,并转化为一场席卷全球的金融危机,把世界经济拉入自20世纪30年代大萧条以来最困难的境地。这场危机暴露了资本主义制度的深刻矛盾和国际金融体系的严重弊端。在应对这场危机的冲击中,中国政府把市场优势和宏观调控优势结合起来,及时调整宏观经济政策取向,做出了"扩内需、保增长、调结构、促改革、惠民生"的战略部署,及时出台一揽子投资计划以及十大重点产业调整振兴规划,使中国经济最早摆脱了危机,实现止跌回升,为世界经济复苏做出了积极的贡献。

中国市场强劲的生命力和巨大的吞噬消化能力,中国政府在加强和改善宏观调控,及时纠正市场扭曲,弥补市场失灵,防止经济出现大的起落冷热的一系列表现,使许多国外政要和学者们看到了社会主义市场经济的优越性,认为它"凸显了中国制度的优势"。

二、社会主义基本经济制度

以公有制为主体,多种所有制共同发展是具有中国特色的社会主义基本经济制度,这项制度也是中国模式的内核之一,它保证了包括国有经济、集体、私营、个体、外资和合资合作在内的各种所有制经济各得其所,各擅其能,不断做大做强,共同推动中国经济的增长和发展。正如本书第四章第一节所述,中国确立这项基本经济制度经历了艰辛曲折的认识过程和探索过程。

生产资料所有制是社会经济制度的基础,是决定社会基本性质和发展方向的根本因素。建立公有制是马克思主义提出的科学社会主义理念。《共产党宣言》明确提出:"共产主义革命就是同传统的所有制关系实行最彻底的决裂。"①恩格斯在《反杜林论》中指出:

---

① 《马克思恩格斯选集》第1卷,人民出版社1995年版,第293页。

"无产阶级将取得国家政权,并且首先把生产资料变为国家财产"。①
新中国成立后,中国政府通过没收官僚资本以及对农业、手工业和城
市工商业进行社会主义改造的基础上,建立了生产资料公有制,形成
了强大的国营经济,掌握了国家经济命脉。而生产资料公有制的建
立,奠定了社会主义社会的经济基础,由此建立起与之相适应的经济
体制、政治体制,确立了社会主义基本制度。这是中国历史上最深
刻、最伟大的社会变革,它为中国社会的全面发展和进步,为当即展
开的社会主义工业化建设打下了坚实的基础。

　　旧中国是以私有制为基础的,但并没有带来国强民富,而是使中
国成为一盘散沙。截至 1949 年,中国工农业总产值中超过 80% 来
自农业和手工业,近代工业产值仅有 17%②。正是公有制经济,特别
是国营经济掌握了生产资料,承担起工业化的主要任务,在很短的时
间,迅速改变了中国社会的落后面貌,建立起独立的、比较完整的工
业体系和国民经济体系,成为世界上第一个实现由农业国向工业国
转变的发展中国家。但从 20 世纪 50 年代中期到改革开放前 20 多
年时间里,中国在所有制结构上不仅把私营经济视作"资本主义的
尾巴"势在割除,排斥和削弱劳动者个体经济,并不断强调集体经济
向全民所有制过渡,形成了由全民所有制经济和集体所有制经济组
成的单一公有制格局。这种所有制结构脱离了生产力发展的水平,
制约了各种生产要素的充分利用,束缚了城乡劳动者的积极性,影响
了社会主义经济的发展。改革开放后,中国共产党总结以往在所有
制问题上的经验教训,对社会主义基本经济关系进行完善,对制约生
产力的经济体制进行改革,通过探索创新、调整、变革,逐步确立了公
有制为主体、多种所有制经济共同发展的社会主义初级阶段的基本
经济制度。

旧中国是以私有制为
基础的,但并没有带来
国强民富,新中国正是
公有制经济,特别是国
营经济掌握了生产资
料,承担起工业化的主
要任务,在很短的时
间,迅速改变了中国社
会的落后面貌,建立起
独立的、比较完整的工
业体系和国民经济体
系,成为世界上第一个
实现由农业国向工业
国转变的发展中国家。
※

---

　　① 《马克思恩格斯选集》第 3 卷,人民出版社 1995 年版,第 630 页。
　　② 引自程恩富、侯为民《准确认识社会主义初级阶段基本经济制度》,《光明日
报》2011 年 9 月 28 日。

[专栏5-2] 社会主义基本经济制度的确立过程

1982年,第五届全国人大五次会议通过的《中华人民共和国宪法》规定:"在法律规定范围内的城乡劳动者个体经济,是社会主义公有经济的补充。国家保护个体经济合法的权利和利益。""公有制为主体,多种所有制经济共同发展,是我国初级阶段的一项基本经济制度"。

1987年中共十三大报告中进一步提出私营经济是"公有制经济的必要的和有益的补充",私营企业的部分非劳动收入"只要是合法的,就应当允许"。中外合资企业、合作经营企业和外商独资企业,"也是我国社会主义经济必要和有益的补充"。

1992年中共十四大报告提出了社会主义初级阶段多种经济共同发展的方针。

1997年中共十五大报告中正式提出:"公有制为主体,多种所有制共同发展是我国社会主义初级阶段的一项基本经济制度。""非公有制经济是我国社会主义市场经济的重要组成部分"。

1999年九届人大二次会议通过的《中华人民共和国宪法修正案》,明确非公有制经济是我国社会主义市场经济的重要组成部分,肯定了"大大促进了社会生产力的发展"的作用。

2002年中共十六大报告中进一步阐明了为什么要坚持和完善社会主义基本经济制度方向问题,主要观点是:坚持公有制为主体,促进非公有制经济发展,统一于社会主义现代化建设的进程中,不能把两者对立起来;各种所有制经济在市场竞争中发挥各自优势,相互促进,共同发展,提出"毫不动摇地巩固和发展公有制经济","毫不动摇地鼓励、支持、引导非公有制经济发展"。

2003年十六届三中全会公报指出:"要大力发展和积极引导非公有制经济,允许非公有资本进入法律法规未禁入的基础设施、公用事业及行业和领域。"非公有制企业在投融资、税收、土地使用和对外贸易等方面,与其他企业享受同等待遇。并提出建立健全现代产权制度,大力发展混合所有制经济,推行公有制的多种有效实现形式。

2004 年宪法修正案中把"私有财产不受侵犯"写进《宪法》。

2005 年国务院正式下发《关于鼓励支持和引导个体私营等非公有制经济发展的若干意见》，即著名的非公经济 36 条。

2007 年十届全国人大五次会议通过了《物权法》和《企业所得税法》，中共十七大报告提出"坚持平等保护物权，形成各种所有制经济平等竞争，相互促进新格局"。

——摘自《当代中国发展进步的政治前提和制度基础》第 103 页

从专栏 5-2 关于社会主义基本经济制度的确立过程可以看出，中国对于非公有制经济的地位和作用在认识上是不断深化的，在改革开放初期，仅将非公有制经济当做"社会主义公有经济的补充"来对待，到中共十五大时已经认识到，个体、私营等各种形式的非公有制经济是"社会主义市场经济的重要组成部分"。当发展障碍逐步拆除，制度和政策环境得到改善以及提高地位后，非公有制经济在中国出现了爆发性增长，从无到有，从小到大地迅速崛起，并一直保持旺盛的发展活力。先是私营企业遍地开花，后来向股份公司发展，到 20 世纪 90 年代中后期又迎来了三资企业蓬勃发展，此后，随着国有经济布局的调整，国有资产管理体制改革的推进，国有企业改革的深化，财政体制向公共财政体系转轨，以及社会主义市场经济体制的不断完善和对外开放的不断扩大，非公有制经济的作用显得越来越重要。

实践证明，非公有制经济对中国经济发展和高速增长发挥了重大作用，已成为中国社会生产力发展的重要力量，成为国家增长的强劲稳定动力来源之一。1980 年，个体、私营等非公有经济的工业产值仅为 2.5 亿元，占全国工业总产值 0.49%，社会消费零售额 84 亿元，占 4.68%，到 2007 年，私营企业的销售收入已相当于国有企业的 2/3，实现利润相当于国有企业的 87.4%。目前，在全国范围内正式注册的包括个体、私营、有限责任、股份公司和"三资"企业在内的非公有制企业总数已超过 800 多万家，占全国各类企业总数近 80%，是中国最大的企业群体，除国有及国有控股经济以外的非公有

非公有制经济对中国经济发展和高速增长发挥了重大作用，已成为中国社会生产力发展的重要力量，成为国家增长的强劲稳定动力来源之一。※

制经济已占 GDP 的 65% 以上,其中个体私营经济已占到 40%,占据了大半壁江山。有资料显示,21 世纪以来,中国经济发展增量部分的 70%—80% 来自非公有制企业,全国 53% 的国家级高新区当中,非公有制科技企业占总数的 70% 以上①。改革开放 30 多年来,非公有制经济的平均增长率远远超过国有经济和集体经济的增长率,已成为中国经济最具活力的部分,尤其是在 1997 年的亚洲金融危机、2008 年的全球金融危机和国内加快转型升级的关键时期,非公有制经济对于国民经济发展的推动作用是十分明显的,它们一方面千方百计稳定生产,一方面创造条件促进就业,为中国经济企稳回升与社会和谐稳定提供了重要保障。非公有制经济还是国民经济发展的重要增长点,生产了大量的物质产品和劳务产品,在满足人民多样化需求方面发挥着日益重要的作用;它们促进了产业结构的调整和升级,加快了第三产业的发展,是创造就业的最大来源,据统计,非公有制经济就业人员比重从 1978 年的 0.2% 增长到 2008 年的 74.8%,近 20 年来,全国新增的就业人员中,85% 是在非公有制企业。此外,非公有制经济已成为越来越重要的税源,尽管国有经济目前在整体上仍然是政府最大的税收来源,但非公有经济在增加社会资本,直接和间接创造的税收,特别在增量部分占有越来越大的比重。

[专栏 5-3]

中国民营企业②在“十一五”期间的经济表现

民营企业是非公有制企业另一称谓,主要包括个体、私营、有限责任和股份公司等企业。在中华人民共和国法律上没有这一概念,“民营企业”是中国经济体制改革过程中产生和约定俗成的

---

① 引自十一届全国政协副主席李金华在 2010 年 3 月人大会议上的发言。

② 民营企业是非公有制企业另一称谓,主要包括个体、私营、有限责任和股份公司等企业。在中华人民共和国法律上没有这一概念,“民营企业”是中国经济体制改革过程中产生和约定俗成的特定说法。

特定说法。

2010年,中国民营企业出口总额超过4800亿美元,超过国有企业出口总额1倍以上,占全社会出口总额的30%以上,较5年前增长220%以上,已成为中国对外贸易的重要主体。

从税收贡献来看,2010年全年个体私营企业完成税收总额11173亿元,五年年均增速22.2%,增速分别高于全国和国有企业平均水平2和12.7个百分点。在不少地方,民营经济的税收占地方财政的比重达到了70%以上。

中国个体私营企业从业人员总数超过1.8亿人,较5年前增加6000万人。"十一五"期间,登记注册的私营企业数量年均增速高达14.3%,2010年已超过840万户,占全国实有企业总数的74%,注册资金年均增速为20.1%,总额超过19万亿;个体工商户超过3400万户,注册资金达到1.3万亿。

2010年底,民营经济在城镇固定资产投资总额超过12万亿,在全部19个行业中的9个行业投资占比超过30%。

中国民营企业的发展情况从2010年500强评选情况可见一斑:民营企业500强营业收入总额为47361.75亿元,户均94.73亿元,资产总额共计38981.73亿元,户均77.97亿元,固定资产总额为17308.56亿元,户均34.62亿元。营业收入超过200亿元的有49家,超过100亿元的有123家,资产总额超过200亿元的有51家,超过100亿元的有77家。江苏沙钢、苏宁电器和联想集团分别以1463.13亿元、1170.03亿元、1063.75亿元的营业收入名列前三名。该评选是针对2009年的企业表现,即全球金融危机爆发的第二年,是中国国民经济发展最为困难的一年,但民营企业的经济规模和经济效益保持了较快增长。

——引自中国全国工商联公布的2010—2011年度
民营经济发展分析报告

非公有制经济是中国社会主义市场经济体制的直接参与者和积极推动者。相对于国有企业来说,在市场经济中非公有制企业更具有普适性,它们最先进入市场,也最先并容易受益于国家的开放政策和市场化政策,它们以自己的实践探索,促进了公有制经济的改革,加快了社会主义市场经济体制的建立。

随着非公有制经济迅速崛起,以国有经济为主的公有制经济比重在相对减少。在世纪之交,非国有经济的工业总产值占全国的比重以及创造的增加值占 GDP 的比重超过50%,目前,在全国27个主要工业行业中,国有经济比重超过50%的只剩下6个行业(石油天然气开采、石油加工、电力供应、煤炭采选和水供应),其余21个行业以非公有制经济为主,在建筑行业、房地产行业和第三产业,国有经济比重早已低于20%①(见表5-2和表5-3)。

表5-2:1984年至2009年工业总产值中各类经济成分比重的变化情况②

	1984年	1992年	1999年	2005年	2007年	2009年
国有	69.1	51.5	49	33.3	29.8	26.7
集体	29.7	35.1	35.4	3.4	2.5	1.8
私营	—	—	17.7	19	23.4	29.6
三资	—	—	15.6	31.7	31.8	27.8
其他	1.2	13.4	7.8	12.6	12.5	6.9

表5-3:规模以上工业企业不同类型主要指标1998年同2009年对比情况③

	企业数(万个)	工业产值(万亿元)	资产总额(万亿元)	所有者权益(万亿元)	利润总额(万亿元)	从业人员(万人)
国有及国有控股工业企业						
1998年	6.47	3.36	7.49	2.68	0.05	3747.78
2009年	2.05	14.66	21.57	8.52	0.93	1803.37
增长倍数	-3.2	4.36	2.88	3.18	18.60	0.48

---

① 参见宗寒《国有企业如何进一步发展壮大》,《求实》2011年第4期。
② 资料来源:2000—2010年《中国统计年鉴》,2010年《中国工业经济统计年鉴》。
③ 资料来源:2007年、2010年《中国统计年鉴》。

续表

	企业数（万个）	工业产值（万亿元）	资产总额（万亿元）	所有者权益（万亿元）	利润总额（万亿元）	从业人员（万人）
私营工业企业						
1998 年	1.07	0.21	0.15	0.06	0.007	160.8
2009 年	25.60	16.20	9.12	4.04	0.97	2973.84
增长倍数	23.92	77.14	60.80	67.33	138.57	18.49
"三资"（外商及港澳台）工业企业						
1998 年	2.64	1.68	2.13	0.88	0.04	775.19
2009 年	7.54	15.27	12.45	5.43	1.01	2450.43
增长倍数	2.86	9.09	5.85	6.17	25.25	3.16

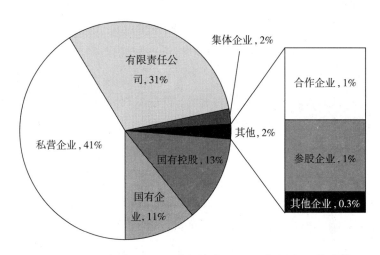

图 5-1:2009 年中国工业总产值中不同所有制企业构成①

中共十五大报告指出:"只要坚持公有制为主体,国家控制国民经济命脉,国有经济的控制力和竞争力得到增强,在这个前提下,国有经济比重减少一些,不会影响我国的社会主义性质"。中共十六大报告在明确非公有经济地位的同时,也提出"必须毫不动摇地巩

_____

① 图 5-1、5-2 和 5-3 的数据引自美国国会成立的美中经济安全委员会于 2011 年 10 月 26 日发表的《中国国有企业与国家资本主义分析》。

固和发展公有制经济"。2003 年 10 月《中共中央关于完善社会主义市场经济若干问题的决定》进一步提出："进一步推动国有资本更多地投向关系国家安全和国民经济命脉的重要行业和关键领域,增强国有经济的控制力"。

经过多年改革和制度创新,中国国有企业不但走出了困境,站稳了脚跟,并且成为具有较高劳动生产率、较强盈利能力和竞争力的市场主体;国有经济也不断向能够发挥自己的优势的重要行业和关键领域集中,向大企业集中,成为社会主义市场经济的一支骨干力量。※

国有企业的改革是中国经济体制改革和建立社会主义市场经济体制最重要的领域,也是中国最困难的改革。中国的国有企业,从过去作为上级行政部门的附属物和算盘珠,转变成为政企分开、政资分开独立的法人实体,成为同社会主义市场经济相适应的市场竞争主体,自主经营、自负盈亏,继续在国民经济中发挥主导作用,经历了一个极其艰难困苦和脱胎换骨的过程,其间,经历过中小国企连续6年的大面积亏损、关闭破产和职工下岗分流,进行过"改、转、租、包、卖、并",股份制改造和建立现代企业制度等改革,以及"抓大放小"、"退出竞争性领域""兼并重组"的战略调整和优化布局。今天的事实是,经过多年改革和制度创新,中国国有企业不但走出了困境,站稳了脚跟,并且成为具有较高劳动生产率、较强盈利能力和竞争力的市场主体;国有经济也不断向能够发挥自己的优势的重要行业和关键领域集中,向大企业集中,成为社会主义市场经济的一支骨干力量。

表5-4:改革开放以来中国国有工商企业主要经济指标情况①

	企业数（万户）	总资产（万亿元）	利润（亿元）	利税总额（亿元）	总产值（现价）（亿元）	增加值（现价）（亿元）	央企利润（亿元）
1978 年	8.37		508.8	790.7	3289.2		

① 1. 表中统计范围说明:1978—1989 年,为全部全民所有制工业;1990—1997 年,为国有独立核算工业企业;1998 年之后为国有及控股规模以上工业企业;2. 1978—1992 年未公布总资产数据,仅有固定资产和流动资金数据;3. 1978—1991 年未公布增加值数据,仅有净产值数据;4. 2008 年开始,再次不公布增加值数据,试图以收入法进行计算时,虽然公布了利润、折旧和税收数据,但是未公布劳动者报酬,在《中国经济统计年鉴》中,虽然公布城镇国有单位职工工资数据,但范围不仅限于规模以上工业,所以也无法通过收入法计算;5. 1998 年以后的总资产、利润总额和央企利润引自张卓元、郑海航主编《中国国有企业改革30 年回顾与展望》。

续表

	企业数（万户）	总资产（万亿元）	利润（亿元）	利税总额（亿元）	总产值（现价）（亿元）	增加值（现价）（亿元）	央企利润（亿元）
1979 年	8.38		562.8	864.4	3673.6		
1980 年	8.34		585.4	907.1	3915.6		
1981 年	8.42		579.7	923.3	4037.1		
1982 年	8.6		597.7	972.3	4326		
1983 年	8.71		640.9	1032.8	4739.4		
1984 年	8.41		706.2	1152.8	5262.7		
1985 年	9.37		738.2	1334.1	6302.1		
1986 年	9.68		689.9	1341.4	6971.1		
1987 年	9.76		787	1514.1	8250.1		
1988 年	9.91		891	1774.9	10351.3		
1989 年	10.23		743	1773.1	12342.9		
1990 年	7.48		388.1	1503.1	12570.4	—	
1991 年	7.52		402.2	1661.2	14371.7	—	
1992 年	7.41		535.1	1944.1	17091.1	5192.8	
1993 年	8.06	3.26	817.3	2454.7	22087.9	7280.9	
1994 年	7.97	3.85	829	2876.3	25301.2	7902.95	
1995 年	8.79	4.75	665.6	2874.2	25889.9	8307.19	
1996 年	8.7	5.27	412.6	2737.1	27289.4	8742.42	
1997 年	7.44	5.91	427.8	2907.2	27858.6	9192.93	
1998 年	6.47	13.4	525.1	3371	33621	11076.9	
1999 年	5.07		997.9	4079	35571	12132.41	
2000 年	5.35		2833.8	5879	40554.4	13777.68	
2001 年	4.68			6047.7	42408.5	14652.05	
2002 年	4.11	18.02	3786	6615.3	45179	15935.03	2914.8
2003 年	3.43	19.7	4852	8451.7	53407.9	18837.6	3563
2004 年	3.56		7364	8438.9	70229	23213	4655.2
2005 年	2.75		9190	12739.9	83749.9	27176.67	5779.9
2006 年	2.5	29.01	12242	16028.4	98910.5	32588.81	6822.5
2007 年	2.07	35.48	17625.2	19988.8	119685.7	39970.46	8303.2
2008 年	2.13	42.55	13307.4	19715	143786.7	未公布	
2009 年	2.05	53.3	14611.5	21994.9	146630	未公布	
2010 年			19870.6				

据有关方面统计,全国国有企业拥有的资产总额,从1978年6649亿元人民币增加到2009年的53.5万亿,31年间翻了118番。中央企业是国有企业中资产质量较高、盈利能力较强的企业,也是国家着力抓的企业,全国特大型工商企业全部是中央企业,在国民经济中具有举足轻重的地位,2003年以来,中央企业的利润总额一直占全国工商企业利润总额的60%以上,在2002年到2010年期间,中央企业的资产总额从7.13万亿增长到24.3万亿,8年中增长2.4倍,平均每年增长16.7%。截至2007年6月30日,中央企业控股的境内上市公司201户,占全部境内上市公司比重的14%,到2010年底,中央企业资产总额超过1000亿元的从17户增加到44户。在中央企业中,四大国有银行的资产量和营业额皆高于美国银行集团、英国汇丰、法国巴黎和瑞士瑞银集团。全国国有企业劳动生产率由1998年的2.9万元增长到2007年的16.2万元,提高了4.6倍,年平均增长20%,绝对额分别比集体企业和私营企业高33.9%和39.6%。每个国有企业平均拥有的资产从1998年的1.2亿元提高到2007年的5.6亿元,提高了3.6倍,平均每年增长19.2%。消耗下降,节能减排显著。2010年中央企业万元产值综合能耗比2005年下降20%,二氧化硫排放量下降36%,化学需氧量下降33%。

新中国成立60年来,国家税收主要取之于国有经济,在改革开放后的较长时期内,其上缴的利税一直占国家财政收入的80%以上,目前仍占50%以上[1]。在2002年至2009年期间,不计算上缴利润,仅中央企业上缴的税金总额就由2914.8亿元增加到11474.8亿元,8年间,上缴的税金每年分别占当年国家财政收入比重的15.42%、16.41%、17.64%、18.62%、17.60%、17.13%、17.00%和16.75%。

在关系国家安全和国民经济命脉的重要行业和关键领域,以国有企业为主导的公有制经济的功能和地位是无可争议的。中国经济

---

① 引自《准确认识社会主义初级阶段基本经济制度》,《光明日报》2011年9月28日。

最重要的生产资料、关键技术和重要消费品,如石油、电力、通信、钢铁、煤炭、大型专用机械设备等,80%以上都是由国有企业及国有控股企业提供的,它们在这些行业和领域具有"绝对的控制力"或"较优强的控制力"。化肥、农药、大型农业机械等,也主要由国有企业提供。在第三产业中,国有企业承担了80%的民航运输周转量,90%以上的铁路运输和水运货物周转量①。

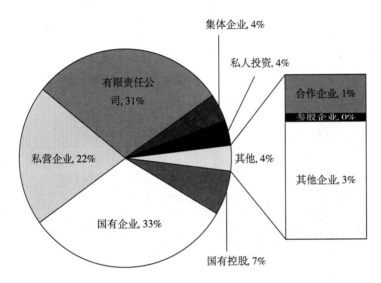

图 5-2:2009 年中国形成的固定资产中
不同所有制经济的投资构成

中国参与国际高端竞争的主要力量是国有企业。2011 年,在美国《财富》杂志排出的"世界 500 强企业排行榜"中,中国内地有 58 家企业入围,绝大多数是国有企业,中央国有企业由 2003 年的 6 家增加到 30 家。

①　参见《经济参考报》2008 年 8 月 26 日。

表 5-5：世界 500 强企业排行榜中的中国企业（2011 年）①

排名	公司名称	排名	公司名称
005	中国石油化工集团公司	289	中国人民保险公司
006	中国石油天然气集团公司	293	神华集团
007	国家电网公司	297	中国冶金科工集团公司
077	中国工商银行	311	中国航空工业集团公司
087	中国移动通信集团公司	326	首钢集团
095	中国中铁股份有限公司	328	平安保险
105	中国铁建股份有限公司	331	中国铝业公司
108	中国建设银行	341	武汉钢铁（集团）公司
113	中国人寿保险（集团）公司	343	中国邮政集团公司
127	中国农业银行	354	中国中钢集团公司
132	中国银行	366	中粮集团有限公司
145	东风汽车公司	367	江苏沙钢集团
147	中国建筑工程总公司	371	中国联合网络通信集团有限公司
149	中国南方电网有限责任公司	375	中国大唐集团公司
151	上海汽车工业（集团）总公司	398	交通银行
162	中国海洋石油总公司	399	中国远洋运输集团
168	中国中化集团公司	405	中国国电集团公司
197	中国第一汽车集团公司	408	中国电子信息产业集团有限公司
211	中国交通建设股份有限公司	430	中国铁路物资股份公司
212	宝钢集团有限公司	431	中国航空油料集团公司
221	中国中信集团公司	435	中国机械工业集团有限公司
222	中国电信集团公司	446	河南煤业化工集团有限责任公司
227	中国南方工业集团公司	450	联想集团
229	中国五矿集团公司	458	冀中能源集团
247	广达电脑公司	463	中国船舶重工集团公司
250	中国兵器工业集团公司	467	中国太平洋保险（集团）股份有限公司
259	国泰人寿保险股份有限公司	475	中国化工集团公司
276	中国华能集团公司	484	浙江物产集团
279	河北钢铁集团	485	中国建筑材料集团有限公司

① 资料来源：财富中文网（http://www.fortunechina.com/）。

国有经济还是推动科技创新的主力军。有关数据表明,进入 21
世纪以来,国有企业每年要投入几百亿至上千亿用于科技创新。
2006 年至 2010 年,中央国有企业的科研投入年均增长 35% 左右,且
全部建立了国家级科研机构。在不同所有制企业中,国有企业的科
研人数、发明专利申请量和拥有的发明专利数是最多的,历年来国家
科技进步特等奖和大部分国家技术发明一等奖,均由中央企业包揽。

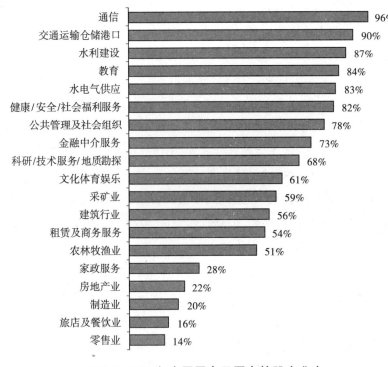

图 5-3:2009 年中国国有及国有控股企业在
所有产业行业中所占份额①

以国有经济为主导的
公有制经济是国家进
行宏观调控的主要产
权基础,正是依靠这个
基础,中国在调整产业
结构,治理通货膨胀,
启动投资与消费的有
效需求,保持经济平稳
增长,应对国内国外经
济危机等方面,较之西
方以私有制垄断企业
为基础的自由市场国
家更具有掌控能力和
高效率。※

以国有经济为主导的公有制经济是国家进行宏观调控的主要产

----

① 根据美国国会美中经济安全审议委员会(The US-China Economic and
Security Review Commission)2011 年 11 月 26 日发表的《中国国有企业与国家资本主
义分析》(An Analysis of State-owned Enterprises and State Catitalism in China)研究报告
中的数据整理。

权基础,正是依靠这个基础,中国在调整产业结构,治理通货膨胀,启动投资与消费的有效需求,保持经济平稳增长,应对国内国外经济危机等方面,较之西方以私有制垄断企业为基础的自由市场国家更具有掌控力和效率。例如自 2008 年美国次贷危机引发的全球金融危机以来,欧美国家在金融调控上尽其所能,却一直没有消除"有毒资产",走出危机阴影,反而导致经济进一步衰退,失业人口增加,并衍生出灾难更大的债务危机,中国之所以能够迅速克服西方金融和经济危机的冲击和负面影响,确保宏观和微观经济的稳定运行,主要是运用了国有经济的力量,他们积极执行国家投资计划,高效率提供大量公共产品,致力于改善国计民生。对此,外界有这样的评论,"中国经济刺激计划是社会主义体制下政府政策的功能,不是资本主义体系的功能。""美国和西方政府只有金融杠杆,而无经济杠杆,但中国政府两者都有,除了金融杠杆之外,中国的经济杠杆可以通过巨大的国有部门得到发挥。"①因此,"和其他国家一样,中国政府在应对金融危机过程中使用了一系列的手段和方法。尽管表面上看,和其他国家没有实质性的区别,但到目前为止,中国政府所使用的方法和手段要比西方政府来得有效。"②

今天,中国公有制经济已不是纯之又纯的国有形式。中国实施允许国内民间资本和外资参与国有企业以公司制改组为核心的企业制度改革的政策,使国有资本和各类非国有资本相互渗透和融合,合作经济、股份制和股份合作制等各种混合所有制经济迅速发展起来,并逐步成为主导形式。※

发展到今天,中国公有制经济已不是纯之又纯的国有形式。中共十五大报告指出:"公有制经济不仅包括国有经济和集体经济,还包括混合所有制经济中的国有成分和集体成分。"十六大报告在谈到国有企业改革时指出:"除极少数必须由国家独资经营的企业外,积极推行股份制,发展混合所有制经济。"2003 年中共十六届三中全会通过的《决定》进一步指出:"大力发展国有资本、集体资本和非公有资本等参股的混合所有制经济,实现投资主体多元化。"2007 年中共十七大提出建立健全现代产权制度,推行公有制的多种有效实现

---

① 郑永年:《中国模式——经验与困局》,浙江人民出版社 2010 年 1 月第 1 版,第 99 页。

② 郑永年:《中国模式——经验与困局》,浙江人民出版社 2010 年 1 月第 1 版,第 98 页。

形式。中国实施允许国内民间资本和外资参与国有企业以公司制改组为核心的企业制度改革的政策,使国有资本和各类非国有资本相互渗透和融合,合作经济、股份制和股份合作制等各种混合所有制经济迅速发展起来,并逐步成为主导形式。混合所有制的发展,表明中国的公有制经济特别是国有经济找到了一个与市场经济结合的较好形式。

在中国社会主义基本经济制度中,居于主体地位的公有制经济不仅是国家的社会主义性质决定的和《宪法》规定的,也是国民经济发展的现实要求。新中国经济翻身历史和改革开放的实践证明,在一个人口众多、人均资源匮乏、生产力总体水平低下的大国,只有让与社会化大生产相适应的公有资产在社会总资产中占据优势,由公有制经济控制国民经济的命脉,对经济发展起主导作用,才能迅速实现工业化、城市化和现代化,全面参与国际竞争,有效进行宏观调控,促进共同富裕。而非公有制经济的发展则为中国经济营造了勃勃生机,为千百万民众的创业发展提供了无限机遇,为民间资本的自主投资打开了自由空间,形成了多元化的企业生态,激活了市场竞争机制。公有制经济与非公有制经济之间是社会主义市场经济体制中相互促进、相互融合、功能互补和平等竞争的关系,在功能上,公有制经济主要发挥实力,非公有制经济则重点体现活力,它们将长期共存并强有力地推动中国经济发展,这种以公有制经济为基础,公有制经济与非公有制经济争高竞长、并驾齐驱的新型经济乃是真正意义的中国特色的社会主义市场经济。

三、中国的对外开放战略

对外开放对一国经济发展的作用,在发展经济学里有很多成熟的理论分别从资金、市场、技术、就业等角度讨论了这个问题,论证了其充分必要性和重要性。特别在经济全球化加快发展的当今世界,厉行对外开放,加强国际经济技术交流与合作,对各国经济的发展越来越重要。中国作为一个从计划经济走向市场经济的转型国家,作为一个人口众多、资源相对贫乏、发展起点较低的大国,用邓小平的

把对外开放作为与改革两相并举的重大战略,作为一项坚定不移加以实施的基本国策,成为了中国模式的重要支点,没有对外开放,中国国民经济发展和建设事业不可能取得今天这样的成就。※

话说,关起门来搞建设是不会成功的,所以将对外开放作为与改革两相并举的重大战略,作为一项坚定不移加以实施的基本国策,是非常正确的选择。实践证明,这项战略的成功实施,成为中国模式的重要支点,没有对外开放,中国国民经济发展和建设事业不可能取得今天这样的成就。

在改革开放之初,中国就开始对外贸体制进行一系列重大改革,通过增设对外贸易口岸和下放外贸经营权,改变高度集中的外贸经营体制,通过实行外汇分成制度政策促进出口,通过实行承包经营制激发外贸企业的活力,通过运用价格、汇率、利率、退税、出口信贷调控对外贸易,改变单一的计划管理体制。这些改革举措启动了中国对外贸易在新时期的发展。

进入20世纪80年代,中国抓住国际上劳动密集型产业向发展中国家转移的历史机遇,兴办深圳、珠海、汕头、厦门等经济特区,大力发展以加工贸易为主的外向型经济,带动了珠江三角洲等区域经济的快速发展。1984年,开放大连、天津、青岛、上海、宁波、福州、广州等14个沿海城市。1985年,又将珠江三角洲、长江三角洲、闽南厦漳泉三角地区的51个市县辟为沿海经济开放区,随后又扩展到辽东半岛、山东半岛等沿海地区。1988年建立海南经济特区。1990年开发开放上海浦东新区。1992年对外开放的地域又向内地纵深推进,相继开放了重庆、武汉、九江等6个沿海沿江城市,以及满洲里等13个陆地边境城市和所有的内地省会城市,随后几年,又陆续开放了一大批内陆市县。在世纪之交,中国全方位、多层次的对外开放格局已基本形成。

在对外开放的内容方面,早在1979年,中国政府就颁布了《中外合资经营企业法》,并于次年批准了第一批3家外商投资企业。此后,又先后对经济特区、沿海开放城市和经济开放区实行了一些吸收外资的特殊政策。1986年,颁布《关于鼓励外商投资的规定》,对外商投资设立产品出口企业和先进技术企业给予更为优惠的待遇。1992年邓小平南巡时,明确了"大胆利用外资"是一项全新的事业。此后,又出台了一系列引导外资投向基础设施、工业、农业和其他服务业的政策。与此同时,中国通过深化外贸体制改革推进外贸发展,包括建立有管理的单一浮动汇率制度、取消进出口指令性计划和外汇留成,改善口岸体制,提高通关效率,运用出口信贷、出口信用保险等国际通行的手段支撑出口,以及实施"市场多元化"战略、"大经贸"战略和"大通关"战略等。

2001 年 12 月 11 日,中国成为世贸组织成员,对外开放由有限范围、领域、地域内的开放,转变为全方位、多层次、宽领域的开放;由以试点为特征的政策性开放,转变为在法律框架下的制度性开放;由单方面为主的自我开放市场,转变为中国与世贸组织成员之间的双向开放市场;由被动接受国际经贸规则的开放,转变为主动参与制定国际经贸规则的开放;由只能依靠双边磋商机制协调的经贸关系的开放,转变为多边机制与双边机制相互结合起来和相互促进的开放。总之,中国的对外开放从此进入了一个新的阶段。

我们在本书第四章第三节中用数据证明,中国加入世贸组织后,随着参与国际经济的深度和广度不断加深和扩大,在对外贸易、引进外资、实施"走出去"战略,加强多边及双边经贸关系,推进区域合作等方面,取得了突飞猛进的发展,在经济全球化和现存的国际体系中获益良多。中国的开放领域由生产领域扩展到商业、金融业、旅游业、信息产业等,开始全面利用国际通行的各种贸易形式和投资形式走向国际市场。并且,除了经济上开放外,在政治上、军事上和思想文化上都在实行开放。

中国实施对外开放战略的成就是巨大的。首先是增强了中国经济的国际竞争力,提升了中国在国际贸易体系中的地位。中国正是实施了这一战略,对外贸易实现了迅猛发展,规模在迅速扩大,特别是加入世界贸易组织以来的十年间,中国的贸易规模相继超越英国、法国、日本和德国,成为仅次于美国的世界第二大贸易国,出口居世界第一,2010 年占全球出口比重的 9.6% ,进口居世界第二,占全球出口的十分之一,成为日本、澳大利亚、巴西、南非等国的第一大出口市场,说明中国国内市场已经走向了国际化,成为庞大的和具有强劲成长性的世界市场。除货物贸易外,中国的服务贸易出口居世界第

中国加入 WTO 后,对外开放由有限范围、领域、地域内的开放,转变为全方位、多层次、宽领域的开放;由以试点为特征的政策性开放,转变为在法律框架下的制度性开放;由单方面为主的自我开放市场,转变为中国与世贸组织成员之间的双向开放市场;由被动接受国际经贸规则的开放,转变为主动参与制定国际经贸规则的开放;由只能依靠双边磋商机制协调的经贸关系的开放,转变为多边机制与双边机制相互结合起来和相互促进的开放。※

四位,进口居第三位。

通过对外开放,能够引进资金、技术、管理经验和短缺的资源,加快推进中国的工业化进程。截至 2010 年底,中国境内设立的外商投资企业共有 67.2 万家,加入世贸组织 10 年来,累计利用外资超过 1 万亿美元,成为世界资本的首席投资目的地和全球吸引外商直接投资最多的国家之一,世界 500 强已有超过 480 家在中国有直接投资。一组数据可以说明外资对于中国工业化发展的作用,2008 年,占全国工业企业数 3% 的外商投资企业,创造了全国 29.5% 的工业产值、21% 的税收和 55.3% 的出口,直接吸纳就业人员 4500 万①。

表 5-6:1978—2010 年中国吸收外商直接投资情况②

年份	投资金额(亿美元)	比上年增长(%)
2010 年	1057.4	17.4
2009 年	900.3	-2.6
2008 年	924	23.6
2007 年	747.7	13.6
2006 年	694.7	-4.1
2005 年	603.2	-0.5
2004 年	606	13.3
2003 年	535	1.4
2002 年	527	8.7
2001 年	468	14.9
2000 年	407	1
1999 年	403.19	11.4
1998 年	456	0.7
1997 年	452.57	8.5
1996 年	423.5	12.2
1995 年	377	11.7

---

① 引自王希、朱立毅、雷敏《新中国对外开放 60 年成就综述》,新华网 2009 年 8 月 28 日。

② 根据国家统计局年度统计公报汇总。

续表

年份	投资金额(亿美元)	比上年增长(%)
1994 年	337.67	22.8
1993 年	257.6	130
1992 年	111.6	160
1991 年	43.66	13.8
1990 年	34.87	0.02
1989 年	33.92	4.1
1988 年	26.2	13.1
1987 年	22.4	0
1986 年	22.4	31.7
1985 年	18.74	39.8
1984 年	13.4	47.3
1983 年	9.1	
1979—1982 年	60.1	

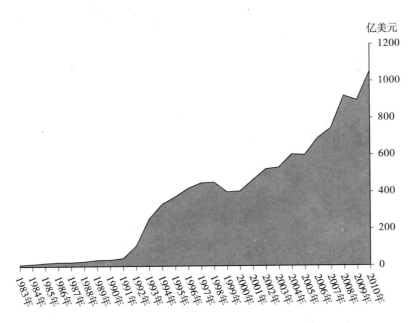

图 5-4:中国吸收国外直接投资(FDI)趋势图

美国彼德国际经济研究所中国问题专家尼古拉斯·拉迪认为,

中国开始现代化建设的举措之一就是对外资开放,这并不仅是因为中国缺乏资金,而是中国可以得到外资企业所带来的科技管理技术和市场营销策略等其他方面的收益,这让中国的国内市场更具有竞争力。而佐证此语正确性的事实是:中国家电产业与外商合资、合作,引进消化先进技术,使彩电、洗衣机、电冰箱、DVD 等已跃居世界生产大国的行列;上海汽车集团与美国通用重组,"一汽"与丰田合资,"东风"与日产全面合作等,加快了中国汽车工业的发展。全球金融危机以来,中国的一个特殊表现是,正在由 20 世纪的资金、技术和人才的引进国转变成为资本输出和产业输出的国家。

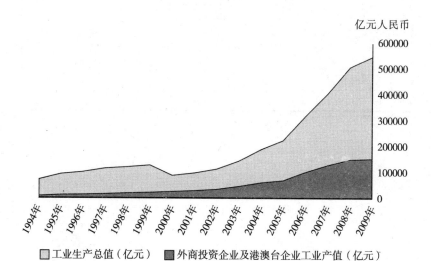

图 5-5:外商投资企业及港澳台企业工业产值增长情况

表 5-7:1994 年以来外商投资企业及港澳台企业工业产值增长情况①

年份	工业生产总值 (亿元)	外商投资及港澳台 企业工业产值(亿元)	比重 (%)
2009 年	548311	152687	26.8
2008 年	507448	149794	29.5

① 资料来源:中国统计年鉴。

续表

年份	工业生产总值 （亿元）	外商投资及港澳台 企业工业产值（亿元）	比重 （%）
2007 年	405177	127629	31.5
2006 年	316589	100076.5	31.6
2005 年	222315.9	67137.76	30.2
2004 年	187220.7	58847.1	31.4
2003 年	142271.2	44357.8	31.2
2002 年	110776.5	32459.3	29.3
2001 年	95449	27220.9	28.5
2000 年	85673.7	23464.6	27.3
1999 年	126111	20078	15.9
1998 年	119048	17750	14.9
1997 年	113733	14399	12.7
1996 年	99595	12117	12.2
1995 年	91894	10722	11.7
1994 年	70176	6645	9.5

中国利用作为一个大国的优势和强大的公有制经济，敢于彻底开放，把外国企业大规模放进来，直接利用中国的资源、劳动力和市场，把利益同中国绑在一起，形成了你中有我，我中有你的格局。世界上没有任何一个国家能像中国这样吸收如此之多的跨国公司。※

中国实施对外开放战略以来，已逐渐成为世界经济体系中不可或缺的重要组成部分，世界各国不仅需要中国价廉物美的产品，需要中国经济的稳定增长带动和平衡全球经济的发展，而当世界经济出现波动和危机，还需要中国出手相助。中国凭借开放形象和经济实力，在世界上的话语权越来越具有分量。此外，对外开放有利于充分利用国内和国际"两种资源、两个市场"促进国内经济社会的发展和现代化进程，有利于促进社会主义市场经济的完善。

中国的对外开放战略之所以能够取得成功，一是坚定不移地实施这项基本国策，二是审时度势，认清国际潮流，把握经济全球化的机遇，三是循序渐进，不断探索对外开放的有效形式，四是将开放的顺序、步骤、节奏与国情和风险管理能力结合起来，趋利避害，有效控制风险。更重要的是，中国利用作为一个大国的优势，敢于彻底开放，把外国企业大规模放进来，直接利用中国的资源、劳动力和市场，把利益同中国绑在一起,形成了你中有我,我中有你的格局。在这方面,中国比包括欧美发达国家在内的任何国家都放得开做得好。这些国家吸引外资,要么主要是吸取其资本,借钱,开放一定的市场,但主要由自己来干,不太允许别人来干,要么有限地引进外国企业,以避免跨国公司控制自己的经济,而中国则是一个任何跨国公司都难以搞定的庞大经济体,且有强大的公有制经济,在关乎国家命脉的领域和制度方面牢牢掌握着控制权,并且秉持让多家外资企业展开竞争以推动国内产业经济发展的理念,能够坚定不移实行开放,其结果,世界上没有任何一个国家能够像中国这样吸收如此之多的跨国公司,能够迅速有效地融入世界。

四、三个支点的相互关系

社会主义市场经济体制、社会主义基本经济制度和对外开放战略是中国模式的关键构件,像物理学杠杆原理一样,是支撑中国经济高速发展并克服阻力和保持活力的固定点或支点,它们之间相互支撑,相互补充、相互匹配和密不可分的关系,融合集成为一个整体并构成中国模式的基本内核,在中国经济发展道路上发挥着基础性、根本的机制作用。

这三个支点,每一个都含有丰富的内涵并兼具不同经济体制和国内国际的有利因素,其本身就是一个辩证统一体。例如社会主义市场经济体制把看"得见的手"与看不见的手结合起来;社会主义基本经济制度将公有制经济与私有经济及其他所有制经济结合起来;对外开放战略则是兼而利用国内和国际"两种资源、两个市场"。三个支点吸收不同体制之所长以及国内国际资源的支点,集成融合起来便构成一个对中国经济发展无所不能威力巨大的推进机制。

在基本构架和特征方面,三个支点之间是相互包含和互为条件的,例如,社会主义市场经济体制运行的条件是:要求微观主体具有独立性、平等性和市场化,并按市场规则平等竞争,共同发展;在资源配置上,既充分发挥市场的作用,又让政府宏观调控之手强有力地存在,即同时发挥计划与市场两种手段的作用;在经济运行上,既体现

三个支点是中国模式的关键构件,像物理学杠杆原理一样,是支撑中国经济高速发展并克服阻力和保持活力的固定点或支点,它们之间相互支撑,相互补充、相互匹配和密不可分的关系,融合集成为一个整体并构成基本内核,在中国经济发展道路上发挥着基础性、根本的机制作用。※

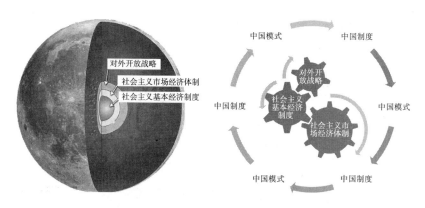

图 5-6：三个支点构成了中国模式的内核

社会主义制度的本质要求，又具有市场经济的共性；在国际交往方面则遵循国际通行的惯例和准则。而社会主义基本经济制度运作的前提是，经济活动市场化，企业经营自主化，政府调节间接化，经济运行法制化，发展机会公平化。对外开放则是利用国内和国际"两种资源、两个市场"，推动不同的所有制经济主体走出去，引进来，开展市场竞争，加强经济合作。

在改革与发展目标方面，三个支点是高度一致的，并且相互支撑。建立社会主义市场经济，需要通过政府强有力的宏观调控，通过经济社会政策、经济法规、计划指导和必要的行政干预，为市场经济营造一个稳定、安全、有序、公正的发展环境；社会主义基本经济制度则是立足于社会主义制度与市场经济基础相结合，建立新型的生产关系；实行对外开放，放宽市场准入，引入范围更广内涵更深的市场竞争，目的是要使各种经济主体做强做大。正如邓小平所说的：我们吸收外资，允许个体经济发展，不会影响以公有制为主体这一基本点。相反的，吸收外资也好，允许个体经济存在与发展也好，归根到底是要更有利地发展生产力，加强公有制经济。三者皆基于国情，都是为了推进中国经济社会的进步和现代化进程，促进生产力的发展。

在发展进程和路径依赖上，三者是先后继起，然后相互推进，汇聚成洪流，形成驱动中国经济发展的乘数效应。※

在发展进程和路径依赖上，三者是先后继起，然后相互推进，汇聚成洪流，形成驱动中国经济发展的乘数效应。我们来看历史，在中

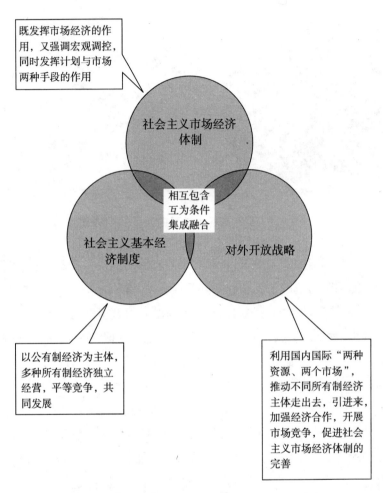

既发挥市场经济的作用，又强调宏观调控，同时发挥计划与市场两种手段的作用

社会主义市场经济体制

相互包含
互为条件
集成融合

社会主义基本经济制度

对外开放战略

以公有制经济为主体，多种所有制经济独立经营，平等竞争，共同发展

利用国内国际"两种资源、两个市场"，推动不同所有制经济主体走出去，引进来，加强经济合作，开展市场竞争，促进社会主义市场经济体制的完善

图5-7：三个支点之间相互包含和互为条件的关系

国的改革之初，如何摆脱传统体制的束缚，从计划经济转向市场经济，并无先例可援。当时学习过匈牙利和南斯拉夫的改革经验，却并不成功。是农村改革的破题，推动了城市改革缓慢展开。而城市改革中的国有企业改革主要在借鉴农村改革的"放权让利"和承包制的经验进行探索，但由于不允许私有企业竞争，在公有制经济一统天下的体制下很难形成市场机制，其探索成效是很有限的。在这个关键时期，中国实行对外开放政策，引进了外资企业，它们不仅带来了

资金、技术和管理经验，更重要的是带来了对于中国来说全新的市场竞争机制。这对中国企业产生了示范效应，并冲击了公有制经济及其体制。其后的发酵，使中国私有企业呼之欲出，以一种倒逼机制推动社会主义基本经济制度的确立。此后，以开放为基本特征的经济特区和沿海开放城市的经济成就，特别是民营企业的蓬勃发展，使市场机制在商品交易和资源配置等方面开始发挥广泛的调节作用。1992年，中共十四大正式把建立社会主义市场经济体制确立为中国经济体制改革的目标模式。2001年，中国加入世贸组织，把开放提高到一个新的水平，在接下来的岁月里，像三架前进不止的巨轮，既产生内生原动力，又迎来外部压力并将之转化为前进动力，为中国的改革定位，为制度创新指引方向，推动着中国经济高速发展，融入世界。

三个支点相互匹配化合而成为中国模式和中国制度独有的特征。在当今世界，资本主义国家实行的市场经济，都是以生产资料私有制为基础的，一些由计划经济向市场经济过渡的原来社会主义国家，也多是和私有化同时进行的，中国则是在坚持公有制为主体的条件下进行的，既坚持以公有制为主体，又要实行市场经济，这是一个前无古人的伟大创举，其中，以公有制为基础的混合所有制结构，充分体现了这种制度的特征。中国是依靠改革实现包括社会主义市场经济体制和社会主义基本经济制度在内的制度变迁的，而对外开放是与改革相辅相成的，没有开放进行不了改革，没有改革也没有真正意义上的开放。

我们在第四章第四节用"混合包容"来概括中国模式和中国制度的特征，这一特征及其形态使"中国"成为西方世界之外的一个概念，成为不是一个简单的可以用某种标准来加以归类的问题，其原因就在于这三个支点本身的辩证性以及它们集成融合起来的复杂结构。

西方国家承认中国在市场准入方面做得比世界上谁都好，也看到中国的市场调节正在发挥广泛的效能，大多数行业和领域已对民营企业和外资企业放开，国有经济在GDP和产权结构中的份额在进一步减少，但为什么迟迟不承认中国的市场经济地位，是因为他们模模糊糊地看到中国的政府之手无所不在，"对经济的控制、参与比预

三个支点相互匹配化合而成为中国模式和中国制度独有的特征。中国是依靠改革实现包括社会主义市场经济体制和社会主义基本经济制度在内的制度变迁的，对外开放是与改革相辅相成的，没有开放进行不了改革，没有改革也没有真正意义上的开放。※

为什么中国模式成为西方世界之外的概念，成为不是一个简单的可以用某种标准来加以归类的问题，其原因就在于这三个支点本身的辩证性以及它们集成融合起来的复杂结构。※

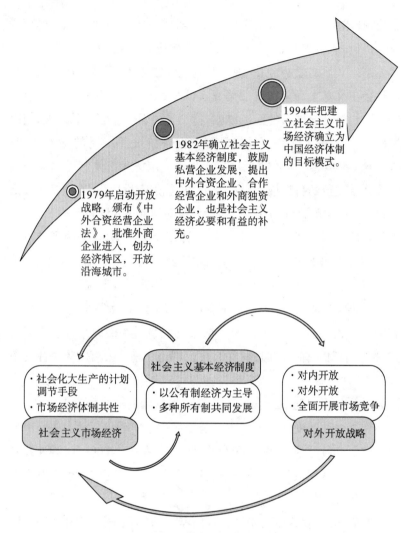

1994年把建立社会主义市场经济确立为中国经济体制的目标模式。

1982年确立社会主义基本经济制度，鼓励私营企业发展，提出中外合资企业、合作经营企业和外商独资企业，也是社会主义经济必要和有益的补充。

1979年启动开放战略，颁布《中外合资经营企业法》，批准外商企业进入，创办经济特区，开放沿海城市。

· 社会化大生产的计划调节手段
· 市场经济体制共性

社会主义市场经济

社会主义基本经济制度

· 以公有制经济为主导
· 多种所有制共同发展

· 对内开放
· 对外开放
· 全面开展市场竞争

对外开放战略

图 5-8：三个支点先后继起，相互推进，
汇聚成推动经济发展动力洪流

想的要大得多"①，"为了国家利益正在最大限度地发挥国家资源的作用"，"中国追求的某些产业政策依靠政府干预，试图扶持国内产业，特别是那些国有企业居主导地位的产业"，"国有部门仍在中国

---

① 引自美中经济安全审议委员会委员麦克·维瑟尔（Michael Wessel）2011 年10 月 28 日接受美国之音的谈话。以下未注明者皆同。

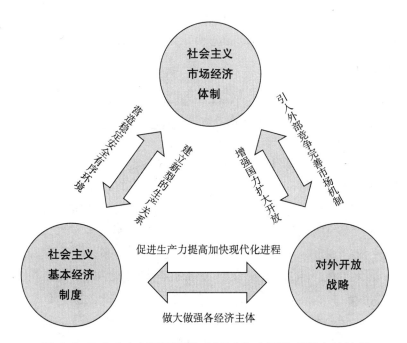

图 5-9：三个支点相互匹配化合而成为中国模式独有的特征

承担重要角色"，"中国国有企业是非常强大的竞争者"，"在今天这个时代，美国或者其他市场经济下的企业根本无法同这些不用担心资金来源和资金利率的企业（中国国有企业）竞争"，认为中国"实行了一种国家资本主义政策"①，"中国的做法所覆盖的范围和影响是我们从来没有遇见过的"，"不容易用经济学家运用了多年的经济学理论来加以定义"，"中国离完全市场经济地位的定义和欧美一些市场经济相差甚远"②。他们并不知道，中国有不屈从于外部规则的自己的发展原则，有自己的体制制度的"利器"及其运作机理，一句话，他们压根就没有看明白中国的社会主义市场经济体制、社会主义基本经济制度和对外开放战略这三个支点的深刻内涵和复杂运作。

---

① 美国驻世界贸易组织大使庞克就中国加入世贸组织十周年发表的评论。

② 国际信用评级机构穆迪欧元区资深经济学家艾哈迈德（Enam Ahmed）2011年11月20日发表的评论文章。

但西方国家也有人从中国的经验中认识到,应该让"看不见的手"同看得见的手结合起来,改进自由市场经济,让"政府必须发挥战略性作用"。

[专栏5-4] 中国有计划经济,美国也应该有

去年,英特尔(Intel)创始人、董事长格鲁夫(Andy Grove)曾在《商业周刊》(Businessweek)上挑衅地写道:我们的基本经济信条,是在观察一个确凿公理的基础上形成信念然后升华而来的,即自由市场是所有经济制度中最好的,越自由越好。我们这一代人曾目睹自由市场原则对计划经济取得决定性胜利。所以我们坚持这种信条,而且对一些不断出现的新证据视而不见。这些证据表明,自由市场虽然战胜了计划经济,但它本身还存在改进的余地。

一些美国人正在从中汲取经验。上个月《中国日报》(China Daily)发表的一篇文章援引亚洲协会(Asia Society)美中关系中心(Center on U. S. -China Relations)主任夏伟(Orville Schell)的话说,我想我们已经认识到,规划能力正是美国所缺少的。文章还提到,2003年诺贝尔经济学奖得主恩格尔(Robert Engle)曾说,在中国为下一代制定五年规划的时候,美国人却只在规划下一次选举。

中国、新加坡、德国、巴西和印度的经济表现已经证明,就业创造规划必须是国家经济政策的首要目标,在设定主次、为实现这一目标安排必要组织力量的过程中,政府必须发挥战略性作用。

偏向保守主义、奉行自由市场原教旨主义、股东至上的模式在20世纪取得了极大成功。而到了21世纪,这一模式却逐渐被扔进历史的垃圾堆。在每一个国家都需要成为"经济运动队"的年代里,美国队的成绩惨不忍睹:10年间失业高企;30年间中位数工资停滞不前;贸易逆差;中产阶级萎缩;只有最顶层的那1%的人的财富大量增加。

这应该触动领导人进行反思,而不是在经验上已经失败的自由市场极端主义上增加赌注。尽管痛苦且羞耻,美国还是需要像昔日占据霸主地位的企业和运动队在形势逆转时所做的那样,研

究竞争对手取得成功的原因。

在我们争执不休的时候,中国队却继续前进。

我们当中热爱祖国的人相信,美国要维持世界头号经济引擎地位,所需要的资产样样不缺。但这些人忧心的是我们没有一个规划,有的只是对政府的妖魔化,对自由市场的膜拜,而当前恰好又是一个要求反思这两种信条的历史时刻。

美国需要推出一个增长与创新规划,政府要精简,成为私人部门的合作伙伴。经济革命需要制度发生变革,可能还要创造历史,因为如果固守现状的话,这些制度本身就会很快变成历史。我们这个伟大的国度引发了这场全球革命,也希望引领这场革命,它需要有一个有前瞻性的、长远的经济规划。

改革的紧迫性一说即明。正如格鲁夫所指出的那样,如果我们想保持经济领头羊的地位,我们就要自主寻求改变,不然就会继续被改变。

——摘自 2011 年 12 月 2 日《华盛顿日报》,作者:Andy Stern

第二节　支撑中国模式发展的政治制度

从以上的分析中,我们可以得到这样的结论:社会主义市场经济体制、社会主义基本经济制度和对外开放战略构成了中国经济发展的支点和杠杆,30 多年来,中国正是依靠这个三位一体的动力系统和运行机制,创造了辉煌,使中国模式得以生机勃勃,而在政治、社会等各个领域所形成一整套相互衔接、相互联系的制度体系和制度安排,则是三个支点有效运作的系统构架和保障,特别是中国政治制度的不断变革,促进了中国社会经济的发展,而中国模式的发展反过来又对这些制度提出更新更高的变革要求,二者就是这样相互支撑、相互作用、相互推动和相辅相成地发展。

一、中国人民代表大会制度是中国发展进步和中国模式的根本保障

人民代表大会制度是中华人民共和国的根本政治制度和政权组

织形式,体现了社会主义制度的本质要求,统领和制约着其他制度。它是中国共产党领导中国人民进行新民主主义革命斗争中,根据巴黎公社和苏维埃制度的原则,结合中国实际,总结民主革命时期各革命根据地政权建设的经验建立和发展起来的。

人民代表大会制度体现了社会主义制度的本质要求,统领和制约着中国的其他制度,是支撑中国发展的根本政治制度。※

人民代表大会的本质是一切权力属于人民,由人民当家作主,这一本质表现在它具有广泛的人民代表性,体现了"人民主权"这一民主政治的原则。

中国宪法规定,年满 18 周岁的公民,不分民族、种族、性别、职业、家庭出身、宗教信仰、教育程度、财产状况、居住期限,除依法被剥夺政治权利的人以外,都有选举权和被选举权。据 1999 年全国县、乡直接选举统计,中国享有选举权和被选举权的人数占 18 岁以上公民人数的 99.97% 以上,各省、自治区、直辖市的参选率在 90% 左右。所选举的代表来自不同地区、不同民族、不同阶层、不同职业,他们代表着不同的利益和诉求。据统计,在十一届全国人大的 2987 名代表中,少数民族代表 411 人,归国华侨代表 35 人,香港特别行政区代表 36 人,澳门特别行政区代表 12 人,台湾地区代表 13 人。

人民代表大会制度在"人民主权"的运作机理上主要体现在四个方面[1]:

【在人民与国家政权的关系上】人民代表大会制度保障了人民作为国家主人翁的地位和权利。人民通过民主选举,产生符合自己意愿的代表,选出来的各级人大代表要对人民负责,受人民监督,必须努力为人民服务。首先,他们必须反映社情民意,通过调查和收集全国各族人民的意见和要求,然后由人民代表大会集中起来,按照少数服从多数等民主集中制原则,通过表决上升为法律、法令和法规,再由经人民代表大会选举产生的各级人民政府贯彻执行。因此,民主选举是人民代表大会制度的组织基础,也是各级人大和政府的权力源泉。

【在与国家政权机关之间的关系上】中国的宪法规定,国家和地

---

[1] 参见田居俭主编《当代中国发展进步的政治前提和制度基础》,当代中国出版社 2011 年版。

方各级行政机关、审判机关和检察机关,都由同级人民代表大会产生,对它负责,受它监督,而"一府两院"即人民政府、人民法院和人民检察院行使国家的行政权、审判权和检察权,通过执行人民代表大会的决策、决定和立法来实现人民意志。宪法赋予人民代表大会享有最重要、最广泛的国家权力,全国人大和地方各级人大通过行使人民赋予的这些权力,保障和实现最广大人民的根本利益。

【在中央与地方的关系方面】在人民代表大会制度的条件下,全国实行单一制而非联邦制,由全国人大和地方各级人大构成一元化的权力中心,形成全国只有一个国家主权、一部宪法和一个中央政府的格局。各省、自治区、直辖市和市、自治州、县、市辖区、乡、镇根据管理需要行使地方权力,他们的权力来源是通过作为最高国家权力机关和在国家政权中处于首要地位的全国人大逐级赋予的,中央对全国的任一地方享有完全的主权。

【在人民代表大会制度与其他基本政治制度的关系方面】在国家的政治制度体系中,人民代表大会制度处于核心地位,是根本的政治制度,因为这一制度从根本上体现了一切权力属于人民的原则,是人民行使国家权力的根本途径和最高形式;并且这一制度是其他各项政治制度建立的基础。

古今中外的历史证明,一个国家实行什么样的政治制度,归根结底是由这个国家的国情和性质决定的。在当代中国,除了人民代表大会制度,没有其他什么民主制度模式能够更好地实现中国人民当家作主。

当年马克思在分析巴黎公社时曾经尖锐地指出,西方国家的政党政治已经成为各个政党之间相互钩心斗角的政治游戏,那些远离人民的国会议员成为各种利益集团的代言人,成为高高在上的官老爷。正因为如此,马克思主张实行代表制度,让人民直接选举人民代表,选举产生的人民代表接受人民的监督。中国共产党通过自己的长期实践探索出来的人民代表大会制度,不仅符合马克思主义的基本原理,体现社会主义国家性质,并且符合中国国情。

为什么说人民代表大会制度符合中国国情,就在于它能够把13亿人民的意志和力量凝聚起来,能够保证中国人民当家作主。

为什么说人民代表大会制度符合中国国情,就在于它能够把13亿人民的意志和力量凝聚起来,能够保证中国人民当家作主。※

首先，按照人民代表大会制度，人民直接选举人大代表，而人大代表组成的人民代表大会选举产生政府机关和司法机关的组成人员，这样的政治体制既可以确保人民当家作主，随时监督政府和司法机关及其工作人员；又可以保证人大代表不会脱离群众，不会成为凌驾于人民群众之上特殊的国家权力机关工作人员。

其次，在中国的人民代表大会中，没有议会党团，也没有政治界别，人大代表的选举不是由政治党派或者社会派别推举候选人。这样的制度安排，可以防止某些政党通过选举操作，把政党利益凌驾于人民的利益之上。

第三，人大代表在会议期间，其言论不受法律追究。这就从根本上保证了人大代表能畅所欲言，真正反映现实生活中存在的问题，能够为国家的建设建言献策。

第四，人民代表大会实行少数服从多数的民主集中制原则，但也尊重并且保护少数人的政治利益。人民代表大会制度，实行集体协商，每一个人大代表都享有平等的发言权和表决权，这就使得人民代表大会不会成为多数人压迫少数人的会议。

中国为什么要实行人民代表大会这种"一院制"体制，而不走西方资产阶级"三权分立"、"两院制"议会民主制道路。一是从本书第二章、第三章中，可以得出结论：近代以来，西方资产阶级议会民主制在中国屡试屡败，证明是一条走不通的道路；二是由于"三权分立"、"两院制"议会民主制本身的阶级局限性及其弊端，并不能代表人民，表达民意和体现真正意义上的民主。

"三权分立"是西方资本主义国家的政体原则。但是，西方国家实行的"三权分立"是以财产私人所有制为经济基础，以两党制、多党制为制度支柱，其最终目的是保证和维护资产阶级的政治统治。从本质上来说，"三权分立"是资产阶级内部的权力分工和利益分配，资产阶级是绝不会把自己的统治权分给工人阶级和广大劳动人民的。所谓"两院制"就是把议会分为上院和下院两个部分，两院代表不同的利益，依据宪法和法律行使大致相同或不尽相同的职权、两院分权制约的一种议会制度。近代资产阶级创立两院制议会以来，

中国为什么要实行人民代表大会这种"一院制"体制，而不走西方资产阶级"三权分立"、"两院制"议会民主制道路，一是近代以来，西方资产阶级议会民主制在中国屡试屡败，证明是一条走不通的道路；二是由于"三权分立"、"两院制"议会民主制本身的阶级局限性及其弊端，并不能代表人民，表达民意和体现真正意义上的民主。※

不断受到批评。法国大革命时期著名政治哲学家西哀士表达了反对两院制最经典的观点,他认为:在两院制议会下,如果两院的意见是一致的,那么其中一院就是多余的;如果两院的意见是相左的,那么两院制就是罪恶的渊源。

另外,西方议会民主制的全民选举也是弊端丛生。无论是当选议员、州长、总统,都需要组织相应团队,造势,讲演,打广告,拉票,宴请都得花钱,钱怎么来,靠谁赞助,获胜后如何回报,都是期望当选者和支持者必须面对的事情,没有钱则"门神门神扛大刀,大鬼小鬼莫进来",没有谁会做亏本生意。据统计,在美国大选年的2004年,用于竞选的资金高达21亿美元,超过了华盛顿当局每年发给低收入家庭的燃料补助费。在同一年,总统候选人和议员候选人的竞选资金更是超过了30亿美元。美国学者斯特曼在《美国的腐败》一书中指出,只要私有制存在,金钱永远是政治的母亲。

其实,中国为什么采用"一院制"的人民代表大会,而不实行"两院制"?邓小平早就深刻地回答了这个问题。他指出,中国大陆不搞"三权分立"、两院制,我们实行的就是全国人民代表大会一院制,这最符合中国实际。如果政策正确,方向正确,这种体制益处很大,很有助于国家的兴旺发达,避免很多牵扯。当然,如果政策搞错了,不管你什么院制也没有用。

人民代表大会制条件下的"一院制"及其"一府两院",能够保证统一行使国家权力,避免议行脱节、分而不立、互相掣肘等现代政府的弊端,是有效率的民主政治制度。中国的发展也证明,人民代表大会制度对于发扬社会主义民主,健全社会主义法制,动员全体人民以国家主人翁的身份和地位投身于改革开放和现代化建设事业,保证国家机关协调高效运转,维护国家统一和民族团结,体现出了强大的制度保障作用。

邓小平说:我们实行的就是全国人民代表大会一院制,这最符合中国实际。如果政策正确,方向正确,这种体制益处很大,很有助于国家的兴旺发达,避免很多牵扯。当然,如果政策搞错了,不管你什么院制也没有用。※

二、中国共产党领导的多党合作和政治协商制度是中国的适情民主

中国共产党领导的多党合作和政治协商制度是中国的基本政治

制度之一,它既不同于西方国家两党或多党竞争制那种"你上我下"的政党关系,也有别于一党制那种权力垄断型的政党关系[1],中国共产党与各民主党派长期共存、互相监督、肝胆相照、荣辱与共,共同致力于建设中国特色的社会主义,形成了"中国共产党领导,多党派合作,中国共产党执政,多党派参政"中国特色的政党制度特征。

政党关系是政党制度中一个最基本的关系,在国家的政治和社会生活中的一系列重大关系中处于核心地位。政党关系是指政党之间在影响和控制国家政权的过程中形成的互动关系[2]。目前,同中国共产党合作的有中国国民党革命委员会、中国民主同盟、中国民主建国会、中国民主促进会、中国农工民主党、中国致公党、九三学社、台湾民主自治同盟八个民主党派。共产党是执政党,各民主党派是参政党,即一个执政主体,多个参政同盟,它们之间既不是执政党和在野党的关系,也不是执政党和反对党的关系,而是一种通力合作的亲密友党关系。

在这种关系中,执政的共产党处于领导地位。领导权问题是多党合作的核心问题,直接关系到多党合作的方向和前途,坚持中国共产党领导是多党合作健康发展的首要前提和保证,也是总结多党合作正反两方面经验得出的基本结论[3]。中国共产党的领导主要是政治领导、组织领导和思想领导。政治领导就是在政治方向、政治原则、重大决策以及在路线、方针、政策方面发挥领导作用;思想领导就是对理论观点、思想方法以及精神状态方面的领导;组织领导就是通过中共的各级组织、干部和广大党员,组织和带领人民群众为实现党的主张和任务而奋斗,组织领导主要是对干部的选拔和任用。这三者是有机的、不可分割的整体。

各民主党派的政治作用是通过各种形式参加国家政权。它们参

民主是人类的基本价值,是现代社会任何国家都必须尊重的精神。但人类社会的民主实现形式不是固定不变的,更不是单一模式和西方国家的专利,它必须植根于自己的国情,必须是内生性的,并且必须要通过一系列的制度和机制来加以保障,一国之民主必须是一种适情民主。※

---

① 贾庆林:《在中国特色社会主义道路上不断完善和发展中国共产党领导的多党合作和政治协商制度》,人民日报 2009 年 1 月 1 日。

② 刘学军主编:《当代中国政治制度概要》,中共中央党校出版社 2011 年版。

③ 《加强中国共产党领导的多党合作和政治协商制度建设学习读本》,人民出版社 2005 年版。

政的特点可以用"一个参加,三个参与"来加以概括,即:参加国家政权,参与国家大政方针和国家领导人选的协商,参与国家事务的管理,参与国家方针政策、法律法规的制定和执行。参政党的地位和参政权利是受到中国宪法和法律保护的。

民主倡导人的全面发展和自由,保证人们的基本人权,给人们提供平等的发展机会,它本身就是人类的基本价值,是现代社会任何国家都必须尊重的精神。但人类社会的民主实现形式不是固定不变的,更不是单一模式和西方国家的专利,它必须植根于自己的国情,必须是自生的,并且必须要通过一系列的制度和机制来加以保障,一句话,一国之民主必须是一种适情民主,其政党制度和民主政治必须是切合国情的政党制度和民主政治。

中国民主政治发展的政治环境,是一个由半殖民地半封建社会脱胎而来,经济文化都比较落后的古老的东方国家,人口基数大,总体素质不高,生产力水平低,经济发展不平衡,法制不健全,人民群众日益增长的物质文化需要同落后的社会生产之间的矛盾十分突出,人们受封建传统文化和思想观念的影响较深,整个社会缺乏民主传统和民主习惯,民主发展滞后。在这样的环境和条件下,形成了中国共产党领导的多党合作和政治协商的政党制度和民主政治,它不是凭空产生的,而是在长期革命、建设、改革实践中形成和发展起来的,它既是历史的必然,人民的选择,也是中国社会各种政治力量在长期相互联合和斗争中形成的一种政治格局。

中国共产党领导的多党合作和政治协商制度充分体现了基于中国现实的适情民主。2007年国务院新闻办公室发布的《中国政党制度》白皮书,将中国多党合作和政治协商制度的价值和功能归结为:政治参与、利益表达、社会整合、民主监督、维护稳定。应该说这种政治制度以其独特的结构功能和运行机制,提供了一种合理有序的民主政治参与渠道,能够相对有效地反映社会各方面的利益、愿望和诉求,能够拓宽社会利益表达渠道,能够形成强大的社会整合力,促进政治资源的优化配置,调动各方面建设社会主义的积极性,特别是能够提供中国共产党自身监督之外更多方面的监督,能够避免政党间

中国共产党领导的多党合作和政治协商制度以其独特的结构功能和运行机制,提供了合理有序的民主政治参与渠道,能够相对有效反映社会各方面的利益、愿望和诉求,拓宽社会利益表达渠道,形成强大的社会整合力,促进政治资源的优化配置,调动各方面建设社会主义的积极性,特别是能够提供一种中国共产党自身监督之外更多方面的监督,能够避免政党间互相倾轧造成的政局不稳和政权频繁更迭,最大限度地减少社会内耗,因而是中国模式最重要的制度保障之一。※

互相倾轧造成的政局不稳和政权频繁更迭,最大限度地减少社会内耗,维护安定团结的政治局面。

[专栏5-5]
中国不搞多党轮流执政的理由很简单

中国为什么不能搞多党轮流执政,其实对这个问题的认识和理解,还不用高深的理论去阐述,稍微对比一下,孰优孰劣,心里就一目了然了。

西方政体的核心是多党轮流执政,分为执政党、在野党,各自把握着议会中一定的席位。因为各自党派代表着不同的社会利益团体,政权不稳固,政策缺乏连续性就成了固有的弊端。纵观西方社会,政府更换频繁,社会矛盾层出不穷,经济发展时好时坏,就是因为政出多党而造成的。不少不发达国家,照搬西方政治制度,借鉴西方所谓民主,造成国内长期动荡不安,可见一斑。

神仙打架,百姓遭殃。多党轮流执政,受到影响的是国家经济社会的发展,吃苦受累的是普通百姓。有的国家战火连绵,有的国家朝令夕改,有的国家诸侯割据,有的国家民不聊生。就拿爱标榜自己所谓民主政治的美国来说,种族歧视,治安混乱长期得不到解决不说,去年又成为全球金融危机的祸首,在解决金融危机中,也是纷争不断,公说公有理,婆说婆有理,至今没有一个彻底解决的方案,祸害全世界。

而中国的政治体制,政党制度,却显示出独领风骚的优越。中国共产党是代表全中国人民根本利益的党,其他民主党派,参政议政,主体明确,分工合作,相得益彰。坚持党的领导,政出统一,各方辅助,实有锦上添花之效。而我国的人民代表大会制度,人民当家作主,在中国共产党领导下,人大代表、常委会组成人员、专门委员会组成人员,无论是共产党员,还是民主党派成员或者无党派人士,肩负的都是人民的重托,根本利益是一致的。

党是人民的党,政权是人民的政权,党和国家决定的大事小事,都体现了人民的意志和意愿,因而能政通人和,上下一心,强大的是国家,受益的是人民。同样是去年,中国先后经历了冰雪灾害,特大地震灾难,党和国家想人民所想,急人民所急,全国人民是一方有难,八方支援。优越的政治制度,人民当家作主的社会,不但民心稳定,衣食无忧,还成功举办了奥运会,实现了太空旅游,圆了中国人千年之梦。

——网友:傅尹

我们说中国共产党领导的多党合作和政治协商制度是适情民主,并不是说它已经完美无缺,而是认为这种制度还需要与时俱进,结合党情、政情、世情现实和未来的发展进一步改进和完善。在这方面,主要有五个方面的问题需要加以重视和研究。

第一,中国共产党能不能始终成为中国人民和中华民族的先锋队,始终代表中国先进生产力的发展要求,代表中国先进文化的前进方向,代表中国最广大人民的根本利益,能不能始终走在时代前列,经受住各种风险的考验,成为领导中国人民建设中国特色社会主义的马克思主义政党,这是中国共产党作为执政党面对未来发展不可忽视的党情。

第二,中国共产党执政是执社会主义国家政权之政,其执政地位是否巩固,是与社会主义事业在中国的兴衰成败紧密联系在一起的,中共执政,在国内没有反对党,但在国际上却存在着数量众多、力量强大的"反对党",在全球化条件下,中国共产党的执政地位是否巩固,与中国能否在共产党的领导下不断增强综合国力,在国际竞争中立于不败之地有着密不可分关系,这是中国共产党在执政环境中不可回避的世情。

第三,中国共产党传统的执政方式是在党组织高度权力化了的政治体制下执政,改革开放以来,通过党政分开,依法执政等改革,这一格局有了较大的改进和变化,但包括立法权、行政权、司法权在内的国家政权,包括中央政权、地方政权、基层政权在内的各级政权,以及包括重大事项决策和重要干部的任免等许多问题的决定权仍掌握在党组织的手中,即代表国家机关行使了许多国家权力,在未来,中

我们说中国共产党领导的多党合作和政治协商制度是适情民主,是说它并非完美无缺,这种制度还需要与时俱进,结合党情、政情、世情和未来的发展要求进一步改进和完善。※

国共产党在解决怎样执政问题上,如何更科学合理地处理党与法、党与政的关系,采取什么样的执政方式而不是掌握一切权力才能体现党与国家政权之间的内在的、本质的必然联系,这是共产党在执政党自身建设上必须面对的政情。

第四,多党合作和政治协商制度作为国家的一项基本政治制度,在今后,如何使这种制度朝着制度化、规范化和程序化方向发展,如何通过政党制度的建设明确各政党在国家和社会两个层面的角色与功能,如何进一步明确民主党派在中国民主政治建设中的地位、作用、政治目标与政治责任,如何弥补现有的关于多党合作与政治协商的一系列制度中明显缺乏监督与制约的缺陷,如何设计和调整民主党派和人民政协的具体动态运行机制,这是中国多党合作和政治协商制度建设本身面临的迫切任务。

第五,如何进一步加强民主党派自身的建设,吸收新鲜人才,提高政治素质,在中国的民主政治中发挥更大的作用,也是中国政治现实中面临的重大课题。

三、民族区域自治制度是凝聚各民族共同推动中国发展与进步的重要制度

中国自古以来就是一个统一的多民族国家。迄今为止,通过识别并由中央政府确认的民族有 56 个,其中,汉族人口最多,其他 55 个民族人口较少,习惯上称为少数民族①。经过几千年漫长的历史发展,各民族的社会经济已经紧密地联系成一个整体,有很强的依存性,经济中心已经形成,并且有着长期的中央集权制度的历史。在历史发展中,各民族多次团结战斗、共同抵抗外来侵略。中国共产党根据马克思主义的民族理论和国家学说,结合中国是统一的多民族国家的历史与现状,在长期的革命和建设中不断探索,走出一条尊重历

---

① 根据 2010 年第六次人口普查,大陆 31 个省、自治区、直辖市和现役军人的人口中,汉族人口为 1225932641 人,占总人口的 91.51%,少数民族人口为 113792211 人,占总人口的 8.49%。

史与现状,合乎国情的解决民族问题的道路,确立了民族区域自治的政治制度,并不断加以发展和完善。

中国共产党在创建之初,就非常重视民族问题,当时是主张"民族自决"和联邦制的。1922年,中共二大提出以建立联邦制作为解决中国民族问题的纲领,在蒙古、西藏、新疆实行自治。后来,随着对中国国情和民族问题认识的不断深入,中共对"民族自决权"的认识也有了更多限定性的内容,尤其强调实行民族自决的特定条件,并逐步明确形成了民族区域自治的思想。

1938年,毛泽东在中共六届六中全会上所作的《新阶段》报告中指出"各民族与汉族有平等的权利,在共同对日的原则之下,有自己管理自己事务之权","各少数民族与汉族杂居的地方,当地政府须设置由当地少数民族的人员组成的委员会,作为县政府的一个部门,管理他们的有关事务,调节各族间的关系,在省县政府委员中应有他们的位置","尊重少数民族的文化、宗教、习惯,不但不应强迫他们学习汉文汉语,并且应赞助他们发展用各族自己的语言文字的文化教育",提出应当"允许蒙、回、藏、苗、瑶、彝、番各民族与汉族联合成立统一的国家",这些内容成为中国共产党关于民族区域自治政策的认识雏形。

抗日战争胜利前夕,毛泽东在中共七大政治报告中,明确提出"允许少数民族有民族自治的权利"。1942年,陕甘宁边区政府先后划了定边县的若干区域和城关镇的自然村、曲子县的三岔镇为回民自治区。1947年,内蒙古自治区人民政府宣告成立,为中共最终确定民族区域自治政策提供了成功的范例。

1949年9月,具有临时宪法性质的《中国人民政治协商会议共同纲领》宣布:"各民族一律平等,实行团结互助","各少数民族聚居的地区,应实行民族的区域自治",即以法律的形式,将民族区域自治规定为新生的人民共和国的一项基本政治制度。

从1950年开始,中国政府开始在少数民族聚居的地区全面推行民族区域自治。1952年8月,中央人民政府颁布《中华人民共和国民族区域自治实施纲要》,作为新中国第一部关于民族问题的

中国根据马克思主义的民族理论和国家学说,结合中国是统一的多民族国家的历史与现状,在长期的革命和建设中不断探索,走出一条尊重历史与现状,合乎国情的解决民族问题的道路,确立了民族区域自治的政治制度,并不断加以发展和完善。※

中国民族区域自治制度的核心是自治权,是一种不以地方分权为前提的自治权,是在保证国家统一,受到宪法规范和接受中央政府领导的前提下享有的民族区域自治权,它拥有一般地方政府机关所不具备的权力,在政府和民众的所有权益方面皆大过后者。※

法规,使民族区域自治成为中国的一项基本国策。毛泽东在《论十大关系》中,把"汉族与少数民族的关系"列为一大关系。1955 年 10 月,新疆维吾尔自治区成立;1958 年 3 月广西壮族自治区成立;1958 年 10 月,宁夏回族自治区成立;1965 年 9 月,西藏自治区成立。

在"文革"期间,民族区域自治政策曾遭受破坏。中共十一届三中全会后,中国政府为恢复和健全民族区域自治政策做了巨大的努力。1984 年第六届全国人大第二次全体会议通过了中国第一部"民族区域自治法"(即《中华人民共和国民族区域自治法》),将民族区域自治制度规定为国家基本政治制度。2001 年,第九届全国人大常委会第二十次会议审议通过了《关于修改"中华人民共和国民族区域自治法"的决定》。修改后的民族区域自治法,根据建立社会主义市场经济的新形势,进一步确立了这项制度在国家政治制度中的地位。

截至 2007 年底,中国共建立了 155 个民族自治的地方,包括 5 个自治区,30 个自治州,120 个自治县(旗),民族自治地方占全国总面积的 64%。在 55 个少数民族中,有 44 个民族建立了自治地方,实行区域自治的少数民族人口占少数民族总人口的 70% 以上。中国还在相当于乡的少数民族聚居地建立了 1173 个民族乡,作为民族自治地方的补充形式。在其他 11 个因人口较少且聚居区域较小而没有实行区域自治的少数民族中,有 9 个建有民族乡。①

中国民族区域自治制度的核心是自治权,它不同于国际社会的"地方自治权"②,而是一种不以地方分权为前提的自治权,是在保证国家统一,受到宪法规范和接受中央政府领导的前提下享有的民族区域自治权,但它拥有一般地方政府国家机关所不具备的权力,或者

---

①　数据来源和文字参考:中共中央组织部党建研究所编《中国共产党 90 年主要成就与经验》,党建读物出版社 2011 年版。

②　国际社会的"地方自治权"是指当地居民通过民主选举的方式产生的地方自治当局,在宪法或法律规定的自治权限范围内,管理本地方事务,这是一种以地方分权为前提的自治权。

说大于一般地方政府的权力。

新中国成立,特别是改革开放以来,国家把加快民族自治地方经济社会的发展摆到突出位置,努力缩小民族地区与发达地区、民族地区内部的发展差距,着力帮助特困少数民族、人口较少民族、边疆少数民族加快发展。而民族自治地方在国家扶持、发达地区支援下,更主要是通过自力更生,走出了一条具有中国特色和民族自治地方特点的发展道路,经济社会明显进步。据统计,民族地区的 GDP 从 1952 年的 57.89 亿元人民币增长到 2008 年的 306262 亿元,按可比价格计算,增长了92.5 倍,年均增速8.4%,与改革开放初期的 324 亿元相比,按可比价格增长了 17.4 倍,年均增速 10.1%①。民族地区城镇居民人均可支配收入由 1978 年的 307 元人民币增加到 2008 年的 13170 元,按可比价格计算增加了 41.89 倍,同全国其他地方一样,经济进行了跨越式的发展,生活水平也有了较大的改善。

中国的实践证明,民族区域自治制度是经过实践检验、适合中国国情的政治制度,是解决民族问题的正确道路,它把国家的集中、统一与民族的自主、平等结合起来,把中国共产党和国家的大政方针同少数民族的具体特点结合起来,体现了中国各族人民追求平等、谋求发展的根本要求,并集中体现了中国政治制度的优越性,它使全国各族人民紧密地团结在一起,共同推进国家的发展与进步,是中国模式的底蕴所在。

中国的实践证明,民族区域自治制度是经过实践检验、适合中国国情的政治制度,是解决民族问题的正确道路,它把国家的集中、统一与民族的自主、平等结合起来,使全国各族人民紧密团结在一起,共同推进国家的发展与进步,是中国模式的深厚底蕴之所在。※

---

① 按成立自治区的时间同 2010 年数据比较:内蒙古自治区 GDP 由 1947 年的 5.37 亿元提高到 2010 年的 11700 亿元,新疆维吾尔自治区 GDP 由 1955 年的 12.31 亿元提高到 2010 年的 5419 亿元,广西壮族自治区 GDP 由 1950 年的 9.4 亿元提高到 2010 年的 9502 亿元,宁夏回族自治区 GDP 由 1958 年的 3.29 亿元增加到 2010 年的 1643 亿元,西藏自治区 GDP 由 1959 年的 1.74 亿元增加到 2010 年的 508 亿元。

第三节　其他符合中国国情民意的
基本制度和体制

当代中国发展进步的制度基础还包括基层群众自治制度、中国特色的法律制度体系、宗教信仰自由制度、新闻媒体制度和社会管理制度等,它们是支撑和推动中国模式行之以成的不可或缺的制度体系的重要组成部分。

一、基层群众自治制度

基层群众自治制度是当代中国基层民主的重要组成部分,是中国特色社会主义民主最广泛的实践活动。※

当代中国自治制度的实现形式是多样的,除了上一节谈到的民族区域自治外,还有香港、澳门特别行政区的自治,以及基层群众自治制度①。作为当代中国基层民主的重要组成部分,基层群众自治是中国特色社会主义民主最广泛的实践活动。

在长期的革命斗争中,中国共产党先后提出了"工农民主"、"人民民主"、"新民主主义"等民主概念,创造了工人代表大会、农民协会、工农兵代表苏维埃、参议会、各界人民代表会议等基层民主的实践和组织形式。中共在延安时期创建的基层民主政权②,曾受到全国各界追求民主的人们的普遍赞誉,当时延安被称为中国民主的摇篮。新中国成立伊始,建立有效的基层政权组织成为迫切的要求,在

---

①　根据《布莱克维尔政治学百科全书》的解释,"自治"有两种说法,一种说法是 Autonomy,是指实行自我管理的国家,或国家内部有很大面积独立和主动性机构,或者在政治思想领域的个人自由;另一种说法是 Self-Government,指某个人或集体管理其自身事务,并且单独对其行为或命运负责的一种状态。与"自治"一词密切相关的是"地方自治"(Local autonomy)。《中国大百科全书—政治学卷》的解释是:在一定领土单位之内,全体居民组成法人团体,在宪法和法律规定的范围内,并在国家监督之下,按照自己的意志组织地方自治机关,利用本地财力,处理本区域内公共事务的一种地方政治制度。中国基层群众自治是社会自治,而不是国家制度层面的政治活动。

②　1937 年底,陕甘宁边区实行民主选举人民政府的领导,产生了第一届民选政府。这次民主选举在中共政权建设史上占有重要地位。

这种情况下,城市居民委员会应运而生,从 1949 年底到 1950 年初,一些城市出现了由群众自己组织起来的防护队、防盗队和居民组等名称不一的群众自治组织。1950 年 3 月,天津市成立了居民委员会,武汉市部分街道也建立了居民委员会和居民小组。当时彭真在给中央领导写的《关于城市街道办事处、居民委员会组织和经费问题的报告》中,提出城市街道居民委员会的性质应当是群众性自治组织而不是基层政权组织。此后,各城市都陆续建立了居民委员会自治组织。1954 年 12 月,第一届全国人大常委会第四次会议制定并颁布了《城市居民委员会组织条例》,第一次以法律的形式明确了居民委员会的性质、地位和作用,规定"居民委员会是群众自治性的居民组织"。

中共十一届三中全会后,在实行联产承包责任制的过程中,广西壮族自治区欧罗城县和宜山县的一些村,农民自发组织起来,创立了村民委员会的组织形式。当时有的叫"村治安领导小组",有的叫"村管会"。从 1981 年春天起,普遍将之改称为村民委员会。1981 年下半年,中共中央派出调查组到基层深入了解情况,经调查后,对这一做法予以肯定。1982 年,全国人大常委会在起草宪法修改草案时,总结和吸收了广大农民群众创造的新鲜经验,把村民委员会和居民委员会一起写进了宪法,并对村民委员会的性质、任务和组织原则作了具体规定。1987 年 11 月,第六届全国人大常委会第二十三次会议通过了《中华人民共和国村民委员会组织法(试行)》。1998 年 11 月,九届全国人大常委会第五次会议正式通过了《中华人民共和国村民委员会组织法》。此后,农村基层群众组织在全国普及发展。截至 2010 年底,全国共有 59.9 万个村民委员会,95% 以上的农村建立了实施民主决策的村民会议或村民代表会议制度,80% 以上的村庄制定了村民自治章程或村规民约,91% 的农村建立了民主理财、财务审计、村务管理等制度,全国农村居民的平均参选率在 80% 以上,有的地方达到了 90% 以上。在城市,截至 2010 年底,已有 84689 个社区居民委员会,有 50% 以上的公有制企业和 30% 以上的非公有制企业成立了职工代表大会。

基层群众自治制度对于提高人民群众的政治参与意识和水平,巩固人民当家作主的政治地位,形成基层诉求和社情民意的表达机制、利益协调机制、权益保障机制,促进社会和谐,实现国家的长治久安,具有十分重要的作用。※

基层群众自治制度是城乡基层群众在中国共产党的领导下,依据国家法律,按照平等、公开、多数人决定等原则,按照一定的程序,民主选举基层群众性自治组织的领导人,对基层公共事务和公益事业进行民主管理、民主决策和民主监督的制度,其性质是基层群众的自我管理、自我服务、自我教育、自律以及对干部进行民主监督,目的是把城乡社区建设成为管理有序、服务完善、文明祥和的社会生活共同体。应该说,基层群众自治是迄今为止中国基层群众参加人数最多、开展社会主义民主最广泛的实践活动,作为一项政治制度,它对于提高人民群众的政治参与意识和水平,巩固人民当家作主的政治地位,形成基层诉求和社情民意的表达机制、利益协调机制、权益保障机制,促进社会和谐,实现国家的长治久安,具有十分重要的作用,因而是当代中国发展进步最重要的制度基础之一。

二、中国特色的法律制度体系

新中国成立后,特别是改革开放30多年来,不断加强法治建设,逐步形成了中国特色的社会主义法律体系。

1949年中国人民政治协商会议第一届全体会议通过的《共同纲领》,首次提出"人民司法"的概念,其中第十七条规定:"废除国民党反动政府一切压迫人民的法律、法令和司法制度,制定保护人民的法律、法令,建立人民司法制度。"1954年第一届全国人民代表大会第一次会议制定的《中华人民共和国宪法》以及随后制定的有关法律,初步奠定了中国法治建设的基础。

中共十一届三中全会后,中国共产党总结历史经验,特别是吸取"文革"破坏法律秩序的教训,提出了中共必须在宪法和法律范围内活动的原则,并确定了"有法可依、有法必依、执法必严、违法必究"的十六字方针,全国人大的重点转到立法工作上来。当时立法工作的重点主要在弥补法律空白点上,仅1979年一年,全国人大就通过了7部法律,包括律师制度在内的各类法律机构也于同年恢复。随着刑法、刑事诉讼法、民事诉讼法、民法通则、行政诉讼法等一批基本法律出台,中国法治建设进入了全新的发展阶段。

建国初期制定的《宪法》初步奠定了中国法治建设的基础,改革开放后,全国人大的重点开始转到立法工作上,中共十五大提出要形成中国特色社会主义法律体系的总目标,2010年底实现了这一目标。※

从 20 世纪 90 年代开始,中国开始全面推进社会主义市场经济建设,对法治建设提出了更高的要求。中共十四大提出要加强立法工作,特别是要抓紧制定和完善保障改革开放,加强宏观经济管理,规范微观经济行为的法规。按照这一要求,全国人大立法机构围绕社会主义市场经济的主要环节,开始构建相关的法律体系。中共十五大提出要"把坚持党的领导、发扬人民民主和严格依法办事统一起来",并对立法工作提出到 2010 年形成中国特色社会主义法律体系的总目标。1999 年,把"中华人民共和国实行依法治国,建设社会主义法治国家"载入宪法。2004 年中共十六届四中全会提出"科学执政、民主执政、依法执政"的理念。中共十七大对加强社会主义法治建设做出全面部署,提出要坚持科学立法、民主立法,完善中国特色社会主义法律体系。2011 年 3 月 10 日,吴邦国委员长在向十一届全国人大四次会议作报告时宣布:中共十五大提出的到 2010 年形成中国特色社会主义法律体系的立法工作目标已经如期完成。

到 2010 年底,中国特色社会主义法律体系分为三个层次,即宪法、有效法律和行政法规、地方性法规等规范性文件,涵盖七大部门。其中,于 1982 年通过了现行宪法,此后又根据中国发展形势的需要,先后通过了四个宪法修正案,有效法律 236 件,行政法规 690 多件,地方性法规 8600 多件,这些内容构成了中国现行法律体系的核心内容。

中国特色的法律体系是一个立足中国国情和实际,适应改革开放和社会主义现代化建设需要的法律体系,它是体现社会主义制度本质,支撑中国模式动态、开放、与时俱进发展要求的法制根基。※

表 5-8:中国特色社会主义法律体系①

法律体系层次	基本部门	法律数量	意义	主要法律
宪法		1	宪法是国家的根本大法,规定的是国家的根本政治制度、经济制度、公民的基本权利和义务,具有最高的法律效力,是中国法律体系的核心和统帅	现行宪法在 1982 年由第五届全国人大通过,并经过 1988 年、1993 年、1999 年和 2004 年四次修正

① 根据有关资料综合整理。

续表

法律体系层次	基本部门	法律数量	意义	主要法律
有效法律	宪法相关法	36	宪法相关法是同宪法关系最直接、最紧密、涉及国家主权、政治制度和公民政治权利方面的法律	立法法、选举法、监督法、民族区域自治法、地方组织法等相关组织法、港澳基本法、反分裂国家法等
	民商法	33	民法商法是规范民事和商事活动的基础性法律,民法是市场经济的基本法律,是调整平等主体的自然人之间、法人之间、自然人和法人之间的财产关系和人身关系的法律规范的总和,包括自然人制度、法人制度、代理制度、时效制度、物权制度、债权制度、知识产权制度、人身权制度、亲属和继承制度等;商法是调整自然人、法人之间的商事关系的基础性法律	民法主要有公司法、破产法、证券法、期货法、保险法、票据法等商法主要有民法通则、物权法、合同法、婚姻法、未成年人保护法、继承法、收养法、破产法、海商法等
	行政法	78	调整国家行政管理活动的法律规范的总和,包括有关行政管理主体、行政行为、行政程序、行政监察与监督以及国家公务员制度等方面的法律规范,涉及行政管理的方方面面	档案法、行政处罚法、国家赔偿法等
	经济法	60	调整因国家从社会整体利益出发对经济活动实行管理或调控所产生的社会经济关系的法律规范的总和,经济法大体包括两个部分:一是指创造平等竞争环境,维护市场秩序方面的法律,二是指国家宏观调控和经济管理方面的法律,包括有关财政、税收、金融、审计、统计、物价、技术监督、工商管理、对外贸易等方面的法律	反垄断法、反不正当竞争法、反倾销法、反补贴法、统计法、票据法、担保法等
	社会法	18	调整有关劳动关系、社会保障和社会福利关系的法律规范的总和,它包括劳动用工、工资福利、职业安全卫生、社会保险、社会救济、特殊保障等方面的法律	劳动法、劳动合同法、安全生产法等
	刑法	1	规定犯罪、刑事责任和刑事处罚的法律规范的总和,所调整的是因犯罪而产生的社会关系,刑法执行着保护社会和保护人民的功能,承担惩治各种刑事犯罪,维护社会正常秩序,保护国家利益、集体利益以及公民各项合法权利的重要任务	2006年刑法修正案把《残疾人保障法》和《治安管理处罚法》有关规定衔接起来,进一步加大对胁迫残疾人、孩子乞讨行为的打击力度;2009年修正案新增利用影响力犯罪这个罪名;2011年修正案取消13种死罪,醉驾首次入罪
	程序法	10	调整因诉讼活动和非诉讼活动而产生的社会关系的法律规范的总和,其目的在于通过程序公正保证实体法的公正实施	民事诉讼法、刑事诉讼法、行政诉讼法、仲裁法等

续表

法律体系层次	基本部门	法律数量	意义	主要法律
行政法规、地方性法规等规范性文件	行政法规	690	国务院为领导和管理国家各项行政工作，根据宪法和法律，并按照《行政法规制定程序暂行条例》的规定而制定的政治、经济、教育、科技、文化、外事等各类法规	
	地方性法规	8600	即地方立法机关规定或认可的，其效力不能及于全国，而只能在地方区域内发生法律效力的规范性法律文件	

上述中国特色法律体系的形成，加之以依法治国为核心内容，以执法为民为本质要求，以公平正义为价值追求的社会主义法治理念逐步确立，使中国的经济建设、政治建设、文化建设、社会建设各方面能够有法可依而健康发展。近年来，随着改革开放的深入，中国法律体系主要按照"依法治国"和"以人为本"治国理念，围绕"民生问题"和"民意"进行制度完善。

[专栏5-6]　　中国拆迁补偿制度变迁

中国的房屋拆迁制度始于1991年6月1日《城市房屋拆迁管理条例》实施，该条例规定城市建设主体为国有单位，拆迁以政府为主导，对"拆迁安置"给予了原则性规定，拆迁人应当与被拆迁人就补偿、安置等问题签订书面协议，内容包括补偿形式和补偿金额、安置用房面积和安置地点等条款。1994年《城市房地产管理法》出台，关于拆迁的部分延续了《条例》的基本理念和模式，也没有区分公益和商业拆迁，且拆迁补偿一直以实物补偿或产权置换等保障被拆迁人居住的方式为主。

2001年，修订后的《房屋拆迁管理条例》第三章改为"拆迁补偿与安置"，首次提出"拆迁补偿的方式可以实行货币补偿，也可以实行房屋产权调换"，由此建立起以货币补偿为主的补偿制度。然而在实际操作过程中，货币补偿大多是"只补房不补地"，同时，大多拆迁补偿为法定补偿,没有采取市场化的措施,相比近年来高涨的房价,补偿标准偏低。

2007 年出台的《物权法》,首次区分了涉及公共利益和非公共利益的拆迁,使得《城市房屋拆迁管理条例》及其代表的传统拆迁模式走到终点。根据《物权法》规定,在用地征收时应对"用益物权"给予"合理补偿",这被普遍认为在今后的拆迁中应对土地使用权给予适当补偿,补偿标准应充分参考市场价格。

2011 年 1 月 21 日,国务院公布实施《国有土地上房屋征收与补偿条例》(以下简称条例),新条例秉持规范公权和保障私权的基本法治理念,统筹兼顾了工业化、城镇化建设与强化被征收人合法权益的保护,使公共利益和私人利益得到协调与平衡。条例遵循充分保护被征收人合法权益的精神,集中体现在强化被拆迁人的补偿方面,其核心是提高补偿标准,最大的亮点也体现在强化补偿方面。条例还通过完善程序保障征收和拆迁的有序进行,切实保护了被拆迁人的合法权益。

概言之,中国特色的法律体系是一个立足中国国情和实际,适应改革开放和社会主义现代化建设需要的法律体系,它是体现社会主义制度本质,支撑中国模式动态、开放、与时俱进的发展要求之法制根基。

三、宗教信仰自由制度

宗教作为一种价值体系,历来为"海纳百川"、"有容乃大"的中国文化所包容,世界上主要宗教和中国本土的宗教不断在这个国度进行交汇和融合,各宗教文化已经成为中国传统思想的重要组成部分。※

中国人重视精神生活,宗教作为一种价值体系,历来为"海纳百川"、"有容乃大"的中国文化所包容,世界上主要宗教和中国本土的宗教不断在这个国度进行交汇和融合,各宗教文化已经成为中国传统思想的一部分。中国的宗教徒有爱国爱教的传统,都倡导服务社会,造福人群,例如佛教的"庄严国土,利乐有情",天主教、基督教的"荣神益人",道教的"慈爱和同、济世度人",伊斯兰教的"两世吉庆"等。在中国历史上,各种宗教地位平等,和谐共处,未发生过宗教纷争;信教的与不信教的公民之间也彼此尊重,团结和睦。

新中国成立以来,中国政府依法保护公民的宗教自由,各族人民能够充分享受这种自由,特别在改革开放后,中国政府坚定不移地奉行宗教自由政策,更加正面和积极地对待宗教,宗教发展的社会环境越来越宽松,越来越多的人选择信仰宗教。事实也证明,中国各宗教在指导个人和家庭生活,构建社会道德和价值方面,促进社会和谐与进步方面,正在发挥积极的作用。

中国宗教信徒信奉的主要有佛教、道教、伊斯兰教、天主教和基督教。据不完全统计,到 2009 年中国有各种宗教信徒 1 亿多人,宗教活动场所共约 13 万处,宗教教职人员约 36 万人,宗教团体 5500 多个,宗教院校 110 余所。其中:

* 佛教在汉代传入中国,已有两千年历史,佛教寺院 2 万余座,出家僧尼约 20 万人。

* 道教发源于中国,已有一千七百多年历史,道教宫观近 3000 座,乾道、坤道 5 万余人。

* 伊斯兰教于公元 7 世纪传入中国,穆斯林 2100 万人,清真寺3.5 万座。

* 天主教自公元 7 世纪起传入中国,教徒人数 530 万,教堂、会所 6000 余座。

* 基督教(新教)1807 年传入中国,教徒人数约 1600 万人。基督教教牧人员 3.7 万余人。

中国公民的宗教信仰自由权利受到宪法和法律的保护。在《中华人民共和国宪法》第三十六条规定:"中华人民共和国公民有宗教信仰自由","任何国家机关、社会团体和个人不得强制公民信仰宗教或者不信仰宗教,不得歧视信仰宗教的公民和不信仰宗教的公民","国家保护正常的宗教活动"。中国的《民族区域自治法》、《民法通则》、《教育法》、《劳动法》、《义务教育法》、《人民代表大会选举法》、《村民委员会组织法》、《广告法》等法律还规定:公民不分宗教信仰都享有选举权和被选举权;宗教团体的合法财产受法律保护;教育与宗教相分离,公民不分宗教信仰依法享有平等的受教育机会;公民在就业上不因宗教信仰不同而受歧视;广告、商标不得含有对民族、宗教歧视性内容。2004 年,国务院颁布了《宗教事务条例》,宗教信仰自由作为公民的一项基本权利得到了更明确的法律保障。中国还尊重和保护少数民族宗教信仰自由的权利和风俗习惯,《中华人民共和国民族区域自治法》规定:"民族自治地方的自治机关保障各民族公民有宗教信仰自由"。

中国公民的宗教信仰自由权利是受到《宪法》和法律保护的,其制度安排和制度保障的内容与有关国际文书和公约在这方面的主要要求是基本一致的。※

中国政府颁布了《宗教活动场所管理条例》,以维护宗教活动场所的合法权益。条例规定:宗教活动场所由该场所的管理组织自主管理,其合法权益和该场所内正常的宗教活动受法律保护,任何组织和个人不得侵犯和干预。侵犯宗教活动场所的合法权益将承担法律责任。中国政府还尊重在中国境内的外国人的宗教信仰自由,保护外国人在宗教方面同中国宗教界进行的友好往来和文化学术交流活动。外国人可以在中国境内的宗教活动场所参加宗教活动,可以应省级以上宗教团体的邀请讲经、讲道,可以在县级以上人民政府认可的场所举行外国人参加的宗教活动,可以邀请中国宗教教职人员为其举行洗礼、婚礼、葬礼和道场法会等宗教仪式,可以携带自用的宗教印刷品、宗教音像制品和其他宗教用品进入中国国境。

中国对公民宗教信仰自由权利的法律保障,与有关国际文书和公约在这方面的主要内容是基本一致的。《联合国宪章》、《世界人权宣言》、《经济、社会、文化权利国际公约》、《公民权利和政治权利国际公约》、联合国《消除基于宗教或信仰原因的一切形式的不容忍和歧视宣言》以及《维也纳宣言和行动纲领》中关于宗教或信仰自由是一项基本人权,公民有宗教或信仰的选择自由,不得以宗教或信仰为由对任何人加以歧视,有宗教礼拜和信仰集会及设立和保持一些场所之自由,有编写、发行宗教或信仰刊物的自由,有按宗教或信仰戒律过宗教节日及举行宗教仪式的自由,促进和保护民族、种族、宗教和语言上属于少数人的权利等,这些内容在中国的法律、法规中都有明确规定,并得到实施。

中国的宗教信仰自由制度和政策,使各宗教在指导个人和家庭生活,构建社会道德和价值方面,促进社会和谐与进步方面,正在发挥积极的作用,也向世界展示了中国模式的软实力。※

此外,中国政府还不断加大对宗教团体、宗教院校和宗教活动场所建设的支持力度。从 20 世纪 80 年代开始,中国政府向宗教界提供寺观教堂维修款每年 300 万—500 万元,从 1997 年开始提高到每年约 1000 万元,从 2006 年开始,提高到每年 1500 万。自 2003 年起,政府对佛教、道教、伊斯兰教、天主教、基督教五大教的 7 个全国性宗教团体办公会所和 6 所宗教院校校舍建设给予支持并提供优惠政策,在 11 个建设项目中,国家资助经费超过 7 亿元人民币,全国性宗教团体的办公条件和宗教院校的办学条件得到了明显改善。

中国宗教的政治地位在不断提高,在各级人民代表大会和政协组织中,都有宗教界人士作为代表和委员参与国事、参政议政。第十一届全国政协就有宗教界委员 65 人。

[专栏 5-7]

中国宗教团体推动和谐社会建设的主要事件

中国伊斯兰教协会从 1955 年开始组织穆斯林赴沙特朝觐。1985 年以后,中国伊斯兰教协会统一组织的朝觐穆斯林人数逐年增加。截至 2008 年底,中国已经有约 10 万人参加了朝觐活动。2008 年当年,有 11996 人参加了朝觐活动。

改革开放以来,各宗教相继对本教教义做出符合社会进步要求的阐释,构建与社会主义社会相适应的理论基础,例如基督教开展神学思想建设、天主教推动民主办教、推动人间佛教思想建设、藏传佛教进行寺庙爱国主义教育和法制宣传教育、伊斯兰教"解经"、道教界积极倡导道风建设。

1994 年以来,先后组织佛牙舍利、佛指舍利赴泰国、韩国和中国香港、台湾等地区供奉。

从 1995 年开始,中日韩定期召开三国佛教友好交流大会,巩固三国佛教界的"黄金纽带"关系。

2004 年以来,"海峡两岸佛教音乐展演团"赴台湾、香港、澳门和美国、加拿大演出,所到之处皆受到当地观众的热烈欢迎。

2005 年印度洋海啸后,佛教界举行"海峡两岸百寺千僧、捐款千万救苦救难"消灾祈福万人大法会,迅速募集 1200 多万元善款援助灾区,在海内外产生了广泛影响;2008 年,汶川大地震后,宗教界发扬慈悲济世的优良传统,在很短时间内就募集了 2 亿多资金和物资,支援抗震救灾。

2006 年,以"和谐世界,从心开始"为主题的首届世界佛教论坛在浙江杭州和舟山举办,这是新中国成立以来举办的第一次世界性宗教大会,受到了国内外的广泛关注和好评。

2006 年和 2007 年,"中国教会圣经事工展"先后赴美国、德国举办,美、德社会对中国的基督教有了全新的客观认识。

2007 年,陕西西安和香港共同举办了首届国际道德经论坛。论坛以道德经为题材,以"和谐"理念为核心,以"和谐世界,以道相通"为主题,弘扬了中华传统文化。

2007 年至 2008 年,历史上首部佛教交响乐《神州和乐》先后赴新加坡、马来西亚、印度尼西亚、我国香港地区及韩国进行访问演出,赢得各届高度赞誉,感动了无数到场观众。

2007 年,五大宗教团体负责人还联名发出了建设和谐宗教、和谐寺观教堂的倡议,以宗教和谐促进社会和谐。

2009 年 3 月,以"和谐世界众缘和合"为主题的第二届世界佛教论坛在无锡和台湾成功举办,实现了跨海峡举办世界会议的伟大创举,也为世界佛教界吹来一股和风,带来一团和气。

——摘自《中国宗教报告(2009)》

新中国成立 60 年来,宗教信仰自由政策深入人心,尊重公民信仰自由成为广泛的社会共识,广大宗教界人士和信教群众心情舒畅,充分享受着信仰自由的权利。他们以积极的态度与社会主义制度相适应,服务社会,团结和带领广大信教群众投身于现代化建设与和谐社会建设,对于中国发展经济、改善人民生活、维护社会稳定发挥了重要作用;各宗教积极发扬爱国爱教、团结进步、服务社会的优良传统,积极参与赈灾扶贫、环境保护、捐资助学、养老抚孤等社会公益慈善事业;同时,中国宗教还按照宪法所规定的"独立自主自办"的原则开展对外交流活动,向世界展示了中国宗教的形象,也体现了中国模式的软实力。

四、与中国发展进步相适应的新闻制度

新闻制度是关于一个国家、社会、政党、新闻传播事业根本性质的规定,新闻自由是宪法规定的言论、出版自由权利借助新闻媒介获得的实现。新闻自由是指公民通过媒介发表和获得新闻、享受和行使言论、出版自由的权利。新闻体制在新闻制度中规定的新闻自由的实现方式与行为规范,需要建立起与新闻体制相适应的管理体制和管理模式,它是体现一个国家新闻体制的主要特征。一般情况下,新闻媒介的管理体制主要由国家的法律、法规来构建。

现代社会是一个信息社会、公众社会,而中国又是一个社会公共体系极为庞大、公共事务极其复杂的社会,人民尚未实现对执掌公共权力者的全面自由选举,在民众与政府的关系中,公共权力特有的垄断性和信息不对称性,决定了民众很难对公共权力实施直接而有效的监督,因此,通过新闻媒体对于公共权力的监督和施压,以保证公共领域的正常运行对于社会稳定和发展,特别是对于推进社会主义民主政治建设和社会主义政治文明建设,是一种非常必要的制度选择和安排。中国的新闻媒体有舆论监督的传统,中国制度要求新闻媒体重事实、重使命、重责任。新中国成立60年,改革开放30年来,特别是进入21世纪以来,中国的各级党组织和政府非常重视发挥新闻监督的作用,把新闻媒体纳入权力运作体系,使之成为公共资源,把批评报道变成民主化进程的内容,从而提高了新闻媒体的社会地位和社会功能,使新闻媒体在加大舆论监督力度,促进政府提高工作效率,揭露社会弊端,纯洁中国共产党的干部队伍等方面发挥着越来越重要的作用。

【中国具有新闻开放与自由的传统】中国是报纸的故乡,是新闻传播事业的权舆之地。正如18世纪法国哲学家伏尔泰曾经说过:"报纸诞生于中国,产生于上古不可记忆之时代。"我们中华民族曾经引以为自豪的古代社会四大发明中,其中两项发明,即造纸和印刷术,都与古代社会的新闻传播事业的发展息息相关。在17世纪中叶之前,明代的新闻传播事业在世界范围内是处于领先地位的,无论是

> **现**代社会是一个信息社会、公众社会,而中国又是一个社会公共体系极为庞大、公共事务极其复杂的社会,在人民尚未实现对执掌公共权力者的全面自由选举,在民众与政府的关系中,公共权力特有的垄断性和信息不对称性的条件下,决定了民众很难对公共权力实施直接而有效的监督,因此,通过新闻媒体对于公共权力的监督和施压,是一种非常必要和重要的制度选择和制度安排。※

传播条件,还是传播环境,中国都优于西方。但由于种种原因一直在原地踏步而停滞不前。

清末新政,实行言论自由、新闻自由,1902 年梁启超说"学生日多,书局日多,报馆日多"成为影响中国前途至关重要的三件大事。民国初期,出现私人办报的高潮,报纸以"社会良心"自勉自励;1912年 3 月 4 日临时政府内务部曾颁布《民国暂行报律》,规定对"流言煽惑,关于共和国体有破坏弊害者"将停止其出版发行,结果引起舆论大哗。认为是"袭满清专制之故智,钳制舆论",众多报纸亦发表社论,表示"所定报律,绝不承认"。临时大总统孙中山采纳了这些批评意见,发表《令内务部取消暂行报律文》,公开宣布"言论自由,各国宪法所重,从善改恶,古人以为常师"。再"民国一切法律,皆当由参议院议决宣布,乃为有效"。

进入近现代,世界各国普遍实行的是媒体民有、新闻自由、监督官员、保护公民的新闻制度。国民党时期也认可民间报刊的存在,对于官营新闻机构也承认其运营的独立性。1932 年萧同兹对于接受中央通讯社社长任职提出了三个条件:第一,独立经营,使中央社有机会与报界及社会接触;第二,以新闻为本,发稿不受干预;第三,用人行政,社长有自由决定权。蒋介石同意了,萧同兹才接任此位。不少人称道的"民国风气",指的是这种新闻自由条件下的文化活跃之风。

【中国新闻体制及其特点】中国现行的新闻体制,来源于革命根据地时期品种单一而又分级别的党的机关报的体制。全国解放后,曾在短时期内(约两年多)出现过党报、非党报并存,国营、公私合营、私营报纸并存的局面,但不久便用根据地时期形成的党报政策,作为整个国家的新闻制度。民营报纸和民主党派报纸渐告消失,新闻事业(即便是工会、青年团报纸及各类专业报纸),一概称为党的新闻事业。此后,在共产党作为执政党的条件下,由党组织统管了全国各类新闻事业。概而言之,中国的新闻制度主要是由政党和政府制定的新闻政策及行政手段构建而成,新闻调控和新闻管理是一种刚性管理。这种体制之下,中国的新闻管理模式有以下特点:

20 世纪 50 年代初期,特别是 1956 年,一些新闻工作者和社会有识之士,曾希望中国新闻事业既要继承根据地革命报纸的传统,又应继承国统区革命报纸和进步报纸的传统,不要照搬苏联的做法。结果中国还是走了苏联的道路,形成"舆论一律"、"千报一面"新闻格局。※

* 基本模式、垂直式、限权式、指令式、直接管理方式。

* 党和政府具有绝对主体地位，是针对事业单位的管理体制。

* 它不同于企业的管理，它是采用"非经济化"的资源配置方式，更多靠的是行政手段。

* 这种管理体制对传媒的活动范围经营空间，甚至于报道内容具有较多的严格的规定。

20 世纪 50 年代初期，包括 1956 年，有一些新闻工作者和有识之士，曾希望中国新闻事业既要继承根据地革命报纸的传统，又应继承国统区革命报纸和进步报纸的传统，不要照搬苏联的做法。但从 1950 年到 1954 年，中国向苏联学习，提出"苏联的今天就是我们的明天"口号，在很大程度上丢掉了自己的传统和特色。当然，这种新闻制度的优越性是无可置疑的，它在宣传党和国家的方针、政策、促进和推动各项工作，在向人民群众宣传先进阶级的思想等方面，有其独有的长处。但是，在这种新闻制度下，新闻工具只有正反馈机能，它接受正确信号加以增强，接受错误信号也只能增强，而不能加以减弱。这种机能上的特点，最终导致报纸的政治调门一样，发表的言论一样，只有新闻因各自报道的领域不同而有所不同。"舆论一律"、"千报一面"也就自然形成。中共提出的"双百"方针，难以在这种体制下真正得到实行①，《宪法》中关于"言论出版自由"的规定也不能落到实处。

【改革开放以来中国新闻媒体的发展与变化】 改革开放后，中国的新闻事业面临着重建家业、再塑新闻形象、恢复昔日传统的紧迫任务。根据党中央的统一部署，新闻界首先以极大的政治热情展开揭批林彪、"四人帮"，清除其在新闻界流毒的斗争。新闻界又以一系列为冤假错案平反的报道，努力把过去颠倒的历史再颠倒过来，其中以揭批"渤海 2 号"翻船事件真相为起始，在全国掀起了轰轰烈烈的

---

① 在人们心目中，新闻媒介等同于造谣机关，新闻与谣言几无二致。我们党在新中国成立以来的某些时期所犯的本来并不严重的错误，经过这种新闻体制的作用而被扩大了，社会主义民主的形象被这种新闻模式所损害了。

以拨乱反正为主旨的新闻批评热潮。此后,由新闻界组织的大讨论关于"三个凡是",真理标准问题和社会主义生产目的的三次全国性大讨论,重新塑造了党领导下的新闻媒介的形象,提高了新闻宣传在人民群众心目中的威望。在这一形势鼓舞下,新闻界自身开始进行一些新闻改革的尝试。1978年7月22日,《人民日报》发表邓小平3月18日在全国科学大会开幕式上的讲话,引用毛泽东的话第一次不排黑体字,以后其他各报争相仿效,遂成惯例。

随着改革开放的深入推进,新闻传媒的指导思想有所调整,有所改变,新闻观念得以更新,一些符合时代要求的新闻新观念得以确立。对传媒和新闻的多种功能、多元作用也进行了积极有效的探索和实践,即由单一的宣传功能,转变为新闻、宣传、信息、舆论、表达等多种功能。

1992年邓小平南方讲话发表之后,特别是21世纪以来,新闻媒体在加强舆论监督,为社会主义民主建设服务,新闻部门的体制改革逐步深入开展起来。

党政机关是媒体舆论监督的主要对象之一,中国共产党和政府支持和善于利用舆论监督来改进和推动工作是舆论监督取得实际效果的关键。除了国家《宪法》中对公民的人身自由、言论自由等基本权利有明文规定之外,各级党委和政府以及相关管理部门还制定出台了一系列法律法规来推动和保障媒体进行舆论监督。

[专栏5-8]
21世纪以来中国出台的有关舆论监督的法律法规

2005年4月,中共中央印发了《关于进一步加强和改进舆论监督工作的意见》,明确提出舆论监督是社会发展的要求、新闻工作的职责、人民群众的愿望、党和政府改进工作的手段。这是党中央为加强舆论监督所制定的一个专门性指导文件,具有重要的现实意义。

2008年5月1日正式实施的《政府信息公开条例》"行政机关

应当及时、准确地公开政府信息。行政机关发现影响或者可能影响社会稳定、扰乱社会管理秩序的虚假或者不完整信息的,应当在其职责范围内发布准确的政府信息予以澄清"。这一规定是政府职能转变的一大进步,促进了媒体对政府工作的监督。

2007年10月31日,新闻出版总署印发的《关于保障新闻采编人员合法采访权利的通知》中指出:"新闻采访活动是保证公众知情权,实现社会舆论监督的重要途径,有关党政机关及其工作人员要为新闻机构合法的新闻采访活动提供便利和必要保障。""新闻采编人员合法的新闻采访活动受法律保护,任何组织和个人不得干扰、阻碍新闻采编人员合法的新闻采访活动"。

2008年11月7日,新闻出版总署在发布的《关于进一步做好新闻采访活动保障工作的通知》中再次强调,要依法保护新闻机构和新闻记者的合法权益。新闻机构对涉及国家利益、公共利益的事件依法享有知情权、采访权、发表权、批评权、监督权,新闻机构及其派出的采编人员依法从事新闻采访活动受法律保护,任何组织或个人不得干扰、阻挠新闻机构及其采编人员合法的采访活动。

2009年10月,新闻出版总署颁布实施的新修订的《新闻记者证管理办法》中规定:"各级人民政府及其职能部门、工作人员应为合法的新闻采访活动提供必要的便利和保障。任何组织或者个人不得干扰、阻挠新闻机构及其新闻记者合法的采访活动"。

2009年12月8日,最高人民法院颁布的《关于人民法院接受新闻媒体舆论监督的若干规定》中指出"人民法院应当主动接受新闻媒体的舆论监督"。"对于公开审判的案件,新闻媒体记者和公众可以旁听。审判场所坐席不足的,应当优先保证媒体和当事人近亲属的需要。有条件的审判法庭根据需要可以在旁听席中设立媒体席"。

改革开放30多年来,中国的新闻媒体经历了一个不断贴近实际、贴近生活、贴近群众,回归传统的过程。中国制度要求新闻媒体重事实、重使命、重责任。※

一些地方政府部门也相继制定出台了各种法规文件支持舆论监督,如云南省将新闻媒体的舆论监督纳入对行政首长进行"问责"的依据之一,深圳新闻发布引入问责制,广东佛山提出对记者宽容三分,不拒绝市外媒体,主动接受新闻媒体的舆论监督等。

2008 年,胡锦涛在人民日报社发表关于新闻工作专门讲话时,提出媒体应当"通达社情民意、引导社会热点、疏导公众情绪、搞好舆论监督","要把体现党的主张和反映人民心声统一起来,把坚持正确导向和通达社情民意统一起来"。2009 年,胡锦涛在世界媒体峰会开幕式致辞时又表示,中国政府高度重视媒体发展,鼓励和支持媒体贴近实际、贴近生活、贴近群众,创新观念、创新内容、创新形式、创新方法、创新手段,在通达社情民意、引导社会热点、疏导公众情绪、搞好舆论监督和保障人民知情权、参与权、表达权、监督权等方面发挥重要作用。2010 年两会上,温家宝在政府工作报告中明确提出:进一步扩大"新闻舆论对政府及其部门的监督",新闻舆论监督一时成为两会内外的焦点话题。同年 8 月,在全国依法行政工作电视电话会议上,温家宝再次强调,要更加重视人民群众和社会舆论监督,依法保障人民群众直接监督政府的权利,支持新闻媒体对违法或者不当行政行为进行曝光。中国共产党和政府的支持推动了舆论监督涉及的各种问题的解决。

近年来,中国进入高风险期,社会矛盾突出,随着互联网的发展和各类新媒体的涌现,传统的新闻媒体面临前所未有的挑战和激励,在这样的现实中,中国的新闻工作者和社会有识之士正在展开一场自下而上的新闻媒体变革。※

在新闻媒体为社会主义民主建设服务方面,2004 年中共中央提出了增强执政能力建设的伟大决策。在《关于加强党的执政能力建设的决定》中规定,各级党组织必须正确和有效地使用大众传媒,必须正确和有效地开发和利用新闻信息资源。从这个高度上,中央要求新闻传媒实行"贴近实际,贴近生活,贴近群众"三贴近新闻报道方针。三贴近方针的确定,实际上是从报道内容和报道形式上推进新闻改革所提出的新的要求。中共十七大把"扩大人民民主,保证人民当家作主"作为坚定不移发展社会主义民主政治的首要任务。胡锦涛指出:"人民当家作主是社会主义民主政治的本质和核心。要健全民主制度,丰富民主形式,拓宽民主渠道,依法实行民主选举、民主决策、民主管理、民主监督,保障人民的知情权、参与权、表达权、监督权"。

对于知情权和参与权,中共十三大之后新闻界有许多讨论,在新闻报道上也有一定的改进。中共十六大之后,由于党内民主监督的加强和全国人大监督条例的出台,人民的表达权和监督权的实现及其保障,受到许多媒体的关注,一些地方党委也公布了保护表达权和监督权的政策或规定。中共十七大提出要保障人民的知情权、参与权、表达权、监督权,不但是民主制度要实现的东西,也体现了现代新闻制度的核心价值,在这样的目标下,进一步解放思想,深化新闻改革,正在成为新闻界和全国民众的共识。

概括起来,中国的新闻传播业经过改革开放30年有了长足发展和进步,实力大大增强,有力地保证了整个中国文化生产力的壮大,为中国经济社会发展和中国模式的形成提供了有力的舆论支持。

特别需要指出的是,近年来,中国进入高风险期,社会矛盾突出,随着互联网的发展和各类新媒体的涌现,传统的新闻媒体面临前所未有的挑战和激励,在这样的现实环境中,中国的新闻工作者和社会有识之士展开了一场自下而上的新闻媒体变革。中国共产党和中国政府也以"以人为本"和"与时俱进"的政治取向,不断因势利导,深入进行新闻制度的改革。新闻媒体正在成为建设中国特色社会主义和构建和谐社会最活跃和最有生命力的参与者、建设者,成为引领先进文化,发挥政府和人民群众的桥梁纽带作用的公众舆论平台,成为推动社会变革的主导力量。

五、社会政策和社会管理制度

社会政策和社会管理制度主要包括收入分配、就业、社会保障、教育、医疗卫生、反贫困等方面的政策和制度①。

【收入分配制度】收入分配制度的改革是中国改革开放以后社会政策调整的主要方面,改革一开始就是从破除平均主义着手,要求打破大锅饭、拉开收入差距、引进竞争机制和提高资源配置效率。

在改革初期,收入分配的改革要排除的主要障碍就是"平均主义"的倾向。1984年《中共中央关于经济体制改革的决定》强调指

中国的收入分配制度经历了一个为了追求效率而"鼓励一部分人先富起来"到"兼顾公平"再到"注重公平"和"更加注重公平"的曲折过程,这个过程伴随着中国的发展与进步,但也产生了城乡之间、地区之间、行业之间、单位之间以及社会成员个人之间的收入差距快速扩大和在一些领域出现严重的分配不公等问题。中国政府将之作为政策和制度调整的重中之重,并有信心在不长的时间内处理好效率和公平的关系。※

---

① 本部分主要参考了李培林《改革开放以来中国社会政策的变化和调整》一文。

出,"历史的经验告诉我们:平均主义思想是贯彻执行按劳分配原则的一个严重障碍,平均主义的泛滥必然破坏社会生产力"。并且提出,"鼓励一部分人先富起来的政策,是符合社会主义发展规律的,是整个社会走向富裕的必由之路"。

1987 年中共十三大报告,提出"在促进效率提高的前提下体现社会公平"的分配政策。这一政策后来在 1992 年中共十四大报告中被概括为"兼顾效率和公平",在 1997 年中共十五大报告被概括为"效率优先、兼顾公平"。2002 年中共十六大报告在重申"效率优先、兼顾公平"原则的同时,进一步提出,初次分配注重效率,再分配注重公平。

分配政策的调整带来利益格局的深刻调整,各种相对独立的利益主体的产生形成复杂的利益格局:向地方政府"放权"和实现"分灶吃饭"的财政制度,造成以地区为单位的相对独立的利益主体;多种经济成分并存的情况下,个体私营企业、三资企业、乡镇企业等也成为不同的利益主体;国有企业通过"承包制"、"利改税"、"拨改贷"、"股份制改造"等一系列改革,也成为市场导向的相对独立的利益主体;事业单位等非营利组织在通过"创收"弥补经费不足的驱动下也有了独立利益;资本、技术、管理等要素的参与分配也使整个分配格局产生深刻变化。与此同时,从 20 世纪 80 年代后期开始,中国在城乡之间、地区之间、行业之间、单位之间以及社会成员个人之间的收入差距快速扩大,并在一些领域产生了严重的分配不公问题。在全球化竞争背景下,中国不同产业的比较收益差距扩大,非实体经济的飞速发展使财富积累速度加快,产业集群化的现象使投资向特定区域更加集中,体力劳动的充分供给和竞争过度造成低位劳动工资水平停滞不前,加之腐败和非法收益的存在,这些都成为导致收入差距进一步扩大的影响因素。

随着社会主义市场经济的深入发展,收入差距的扩大趋势引起社会的强烈不满和国家的高度重视。2003 年中共十六届三中全会的决定,提出"整顿和规范分配秩序,加大收入分配调节力度,重视解决部分社会成员收入差距过分扩大问题"。2004 年中共十六届四中全会的决定,提出"切实采取有力措施解决地区之间和部分成员之间收入差距过大问题"。2005 年中共的十六届五中全会的建议进一步提出,"更加注重社会公平,使全体人民共享改革发展成果"。2006 年中共十六届六中全会的决定,把"促进社会公平正义"作为构建社会主义和谐社会的一个着力点,写入构建社会主义和谐社会的指导思想,提出"必须加紧建设对保障公平正义具有重大作用的制度",并第一次系统提出要对收入分配进行"宏观调节",要求"在经济发展的基础上,更加注重社会公平,着力提高低收入者的收入水平、逐步扩大中等收入者比重、有效调节过高收入、坚决取缔非法收入,促进共同富裕"。2007 年中共十七大报告,提出"要坚持和完善按劳分配为主体、多种分配方式并存的分配制度,健全劳动、资本、技术、管理等生产要素按贡献参与分配的制度,初次分配和再分配都要处理好效率和公平的关系,再分配更加注重公平"。

[专栏 5-9]

调整个人所得税[①],完善收入分配制度

个税一审草案征得创纪录的 23 万多条社会意见,其中 83% 希望调整或反对 3000 元作为个税起征点。二审草案仅仅是将最低税率从 5% 下调到了 3% ,对于起征点却未作任何改动。但是最终通过的全国人大常委会关于修改个人所得税法的决定却出乎预料:个税起征点提高至 3500 元。起征点提高,使得国家全年税收减少 1600 亿左右,意味着中国个税纳税人口最终减少了 6000 万,中低收入群体的生活负担将得到减轻,这是发展成果惠及全民的务实措施。它的社会意义在于进一步减轻中低收入者税负

---

①　2011 年 4 月,国务院提请十一届全国人大常委会第二十次会议初次审议的个人所得税法修正案草案,拟将工薪所得减除费用标准,即起征点从现行的 2000 元提高至 3000 元。6 月 30 日,十一届全国人大常委会第二十一次会议表决通过了全国人大常委会关于修改个人所得税法的决定。根据决定,从 9 月 1 日起,个税起征点将从现行的 2000 元提高到 3500 元。

的民意得到了充分的回应,成为税收民主①的一次精彩演练。而134 票赞成,6 票反对,11 票弃权,充分反映了全国人大常委们对于来自民间的民意(并非来自专家或官方的民意)的真正态度,以足够的耐心倾听它,谦恭的姿态面对它,积极的行动回应它。因此,此次个税调整已超越了经济上的一般意义,实际上成为民众参与国家大事管理,权力机构与民意积极互动一次成功实践。

【人口政策】新中国成立 60 多年来,发生了人口增长方式的历史性转变,由高出生率、高死亡率、低增长率,过渡到高出生率、低死亡率、高增长率,再转变到目前的低出生率、低死亡率和低增长率。促使这种人口转型的主要因素是经济发展、社会转型和人口控制政策,特别是人口控制政策,在这种人口转型中发挥了重要作用。

中国在 20 世纪 70 年代初期开始实行计划生育政策,人口数量控制措施由宣传教育和节育转变为国家计划,成为历次"五年计划"进行指标限制的重要内容。1978 年 10 月,在中共中央批转的《关于国务院计划生育领导小组第一次会议的报告》中,提出"提倡一对夫妇生育子女数最好一个、最多两个"。同年,第一次将"国家提倡和推行计划生育"写入《宪法》。

从 20 世纪 80 年代初期开始,在城市户籍人口中开始严格实施"一对夫妇一个孩子"的生育政策,这些政策所追求的目标,就是力争在 20 世纪末将总人口控制在 12 亿之内。但是,在 2000 年将总人口控制在 12 亿之内的目标,还是被一再突破,1987 年就改为"控制在 12.5 亿之内","七五"和"八五"计划进而改为"在 2000 年将总人口控制在 13 亿内,在 2010 年将总人口控制在 14 亿内"。

到 2010 年,中国总人口达到 13.7 亿人,比 2000 年增长 5.84%,

新中国成立 60 多年来,发生了人口增长方式的历史性转变,由高出生率、高死亡率、低增长率,过渡到高出生率、低死亡率、高增长率,再转变到目前的低出生率、低死亡率和低增长率,人口控制政策,在这种人口转型中发挥了重要作用。中国目前的人口政策是,优先投资于人的全面发展,提高人口素质,促进人口大国向人力资源大国转变。※

---

① 所谓税收民主,是指政府一切征税活动,需要最严格的民主控制和畅通的利益表达机制,以使民众的意愿能够真正地约束征税权,使税收不至于违背民众的意愿,而变成政府追求自身利益的工具。吴睿鸫:《个税起征点提高是一次税收民主演练》,《山西晚报》2011 年 7 月 1 日。

10 年来的平均增长率仅为 0.57%。但是,与此同时,人口老龄化、出生性别比偏高的问题凸显①。未来几十年,中国将先后迎来劳动年龄人口、总人口、老年人口三个高峰,据测算,2016 年 15—64 岁的劳动年龄人口将达到 10.1 亿人左右的峰值;21 世纪 30 年代总人口达到 15 亿人左右峰值;40 年代 65 岁以上老年人口将达到 3.2 亿人的峰值。

中国目前的人口政策是,优先投资于人的全面发展,稳定低生育水平,提高人口素质,改善人口结构,引导人口合理布局,保障人口安全,促进人口大国向人力资源大国转变,促进人口与经济社会资源环境的协调和可持续发展。

【就业和劳动关系制度】改革开放前,经济增长、平均分配和充分就业,是中国发展的三大首要目标。充分就业被视为体现社会主义经济制度优越性的一项重要社会政策。改革开放以来,特别是社会主义市场经济被确定为中国经济体制改革目标以后,牺牲效率实现充分就业的做法被逐步放弃,就业状况更多地靠劳动力市场供求关系的调整。20 世纪 90 年代以后,就业形势发生了很大变化,出现了就业形势紧张甚至严峻的局面,实行扩大就业积极政策重新成为社会政策重点。

改革开放以后,在国有企业的改革中,逐步放松了对解雇的限制,各种非公有制经济发展,则实行了市场化的就业制度。1986 年,为了配合国有企业改革和劳动制度改革国务院颁布了《国营企业职工待业保险暂行规定》,明确规定对国营企业职工实行职工待业保险制度,这个暂行规定的出台,标志着中国失业保险制度的建立。尽管如此,直到 20 世纪 90 年代中期,中国的城镇登记失业率虽然在缓慢增长,但一般都没有超过 3%。

20 世纪 90 年代后期,为了深化国有企业改革,解决很多国有企业普遍存在的人浮于事、效率低下、债务沉重、亏损严重等问题,实行

充分就业被视为体现社会主义经济制度优越性的一项重要社会政策。改革开放以来,传统上那种牺牲效率实现充分就业的做法被逐步放弃,就业状况更多地靠劳动力市场供求关系的调整,为了促进就业,改善和保障广大劳动者的劳动条件、劳动收入、劳动保障、生活质量,政府制订和出台了一系列针对性的政策法规,中国开始进入致力于建立社会主义市场经济条件下和谐劳动关系的新阶段。※

---

① 据 2010 年第六次全国人口普查,60 岁以上人口的比重比 10 年前上升 2.93 个百分点,男性对女性的比例从 10 年前的 106.74 下降为 105.20。

了"减员增效"的重要措施。"减员增效"措施的正式提法,在正式文件中较早见于1997年《国务院批转国家经贸委关于国有企业改革与发展工作意见的通知》,这个通知提出了对国有企业实行"鼓励兼并、规范破产、下岗分流、减员增效、实施再就业工程"的改革方针。随后,这一政策作为改革的重要手段在国有企业中全面铺开和执行。从1998年到2003年,中国国有企业累计下岗2818万人。从2000年开始,中国加速了就业体制市场化改革,实行下岗与失业的体制并轨,到2005年底,下岗和失业的体制并轨工作结束,"下岗"从此成为一个历史性概念。

劳动力市场就业机制的形成使劳动关系发生明显变化,由此产生了大量新的劳动关系矛盾和纠纷,主要表现在一些企业不签订劳动合同或随意解除和更改劳动合同,拖欠工资现象严重,克扣工资,加班加点得不到合理报酬,企业劳动条件恶劣,劳动保护不到位,劳动者的权益维护不到位,等等。2001年,中国颁布了新修改的《工会法》,首次明确提出"维权是工会的基本职责"。各地开始探索建立政府、企业、工会三方的新型劳动关系调整机制,按照"双方自主协商、政府依法调整"原则,解决劳动争议。

2006年中共十六届六中全会的决定,提出"发展和谐劳动关系"的要求和目标。2008年1月7日,在国际劳工组织"经济全球化与工会"国际论坛的开幕式上,中国国家主席胡锦涛在致辞中说:"让各国广大劳动者实现体面劳动,是以人为本的要求,是时代精神的体现,也是尊重和保障人权的重要内容。维护劳动者权益是工会的神圣职责。工会要积极为广大劳动者说话办事,特别是要致力于改善广大劳动者的劳动条件、劳动收入、劳动保障、生活质量,让广大劳动者特别是发展中国家广大劳动者更多分享经济社会发展成果。"中国开始进入致力于建立社会主义市场经济条件下的和谐劳动关系的新阶段。

【社会保障制度】中国在计划经济条件下形成的社会保障制度,部分照搬苏联的模式,部分带有供给制的性质。其主要的体制缺陷:一是覆盖面小,实施范围窄;二是社会化程度低,保障功能差;三是社

新中国在计划经济条件下形成的社会保障制度,部分照搬苏联的模式,部分带有供给制的性质。改革开放以后,针对所存在问题进行了改革探索,从1984年开始,社会保障体系逐步走上正规化、法制化轨道,为社会主义市场经济条件下的责任共担、社会统筹的制度安排打下了基础。※

会保障受地区财政能力的影响,抚恤救济标准长期不变;四是管理体制分散、政出多门。改革开放以后,针对当时社会保障制度存在的一些突出不合理的问题,从1984年开始,进行了一些初步的改革探索:一是扩大了社会保障的范围;二是提高了保障的标准;三是增加了保险项目。上述改革措施,突破了"企业保险"的格局,社会保障体系开始走上正规化、法制化轨道,这为社会保障制度由计划经济条件下的国家负责、单位包办、封闭运行的制度安排,转向社会主义市场经济条件下的责任共担、社会统筹的制度安排奠立了基础。

20世纪90年代以后,人口老化过程加速,离、退休人员不断增加,企业改革中下岗人员增加,又受到20世纪60年代以来生育高峰期的影响,每年新增劳动力待业人数也在增加,这三个增加对社会保障形成了巨大压力。1993年,中国正式提出建立社会主义市场经济体制,明确了中国社会保障体系的基本内容,提出了建立社会统筹与个人账户相结合的多层次养老保险和医疗保险制度,以及政事分开、统一管理的社会保障管理体制。

2006年中共十六届六中全会和2007年中共十七大,提出以基本养老、基本医疗、最低生活保障制度为重点,加快建立覆盖城乡居民的社会保障体系。一是促进企业、机关、事业单位基本养老保险制度改革,探索建立农村养老保险制度。到2010年底,全国城镇享有养老保险的人数超过2.5亿,有6500万农民工参加了工伤保险,说明基本养老保险制度覆盖范围还相当窄,要大力推进基本养老保险制度改革,扩大覆盖面。二是全面推进城镇职工基本医疗保险、城镇居民基本医疗保险、新型农村合作医疗制度建设。中国从1998年开始建立城镇职工基本医疗保险制度,从2003年开始建立新型农村合作医疗制度,从2007年开始启动城镇居民基本医疗保险,这三项制度建设在2010年之前可以实现城乡居民的全覆盖。三是完善城乡居民最低生活保障制度,逐步提高保障水平。目前,中国城镇普遍建立了城市居民最低生活保障制度,农村最低生活保障制度也于2007年上半年初步建立。

提出的建立"覆盖城乡居民"社会保障体系,这是一个重大的社会政策抉择。取消农业税结束了农民 2600 多年来种粮纳税的制度，而建立覆盖城乡居民的社会保障体系，则将结束中国数千年来农民没有社会保障的状况。

【**教育制度**】改革开放以来，中国教育政策的变化，集中体现在四件大事上：一是恢复高考制度；二是实行九年义务教育制度；三是实行大学扩招；四是大力促进教育公平。

1977 年 8 月，刚刚复出工作的邓小平主持召开了国务院科学与教育工作座谈会，决定恢复自 1966 年起被废止了 11 年的统一高考制度。于是，"文革"十年积累的未能上大学的学生同时报名考试，1977 年冬天有 570 万考生走进了期盼多年的考场，实际录取不到 30 万人，1978 年夏季又有 590 万考生参加考试，两季考生共有 1160 万人，是迄今为止世界上规模最大、竞争最为激烈的一次考试。这两次考试产生了中国教育史上有名的"七七级"、"七八级"大学生，他们日后成为中国改革开放的中坚力量。恢复高考是中国教育乃至中国历史上的一件大事。现在 30 多年过去了，邓小平当年做出的决策，其意义早已超出高考本身。恢复高考以及随后的历史发展表明，它不仅改变了一代人的命运，也改变了一个国家和一个民族的命运。30 多年来，中国共有近 6000 多万高中毕业生参加了高考，1000 多万人被高校录取，其中培养出 3 万多名博士生和 30 多万名硕士生。

中国从 1986 年起实行九年义务教育制度。1985 年 5 月，中共中央《关于教育体制改革的决定》提出，我们完全有必要也有可能把实行九年制义务教育当做关系民族素质提高和国家兴旺的大事，突出地提出来，动员全党、全社会和全国各族人民，用最大的努力，积极地、有步骤地予以实施。1986 年 4 月 12 日第六届全国人民代表大会第四次会议通过并颁布《中华人民共和国义务教育法》（以下简称《义务教育法》），同年 7 月 1 日施行。这是新中国成立以来最重要的一次教育立法，标志中国已确立了义务教育制度。2006 年 6 月 29 日，全国人大常委会审议通过了新义务教育法，新修订的《义务教育法》于 2006 年 9 月 1 日实施。新修订的《义务教育法》进一步明确了中国义务教育的公益性、统一性和义务性，并明确规定所谓公益性

改革开放以来，中国的教育制度进行了较大力度的改革，使中国 15 岁以上人口平均受教育年限超过 8.7 年，比世界平均水平高 1 年；新增劳动力平均受教育年限达到 11 年，大学生人数位居全球第二。教育水平的提高是中国模式赖以形成的重要基础之一。※

就是"不收学费、杂费"。

1999 年的"大学扩招",堪称中国教育史上一件大事。1999—2001 年的三年之内,中国的高考升学率由 36% 增加到 57%。而 1999—2011 年的 12 年中,大学新生从扩招前的 108 万人,激升至 2011 年的 657 万人。大学扩招最明显的效果是快速提高了大学毛入学率,2000 年中国的大学毛入学率达到 15%,2006 年达到 21%,2007 年达到 23%,2010 年达到 25%,中国大学已进入大众教育阶段。与此同时,中国的高等教育也获得前所未有的大发展,1998—2006 年,全国普通高等学校从 1022 所发展到 2311 所。

构建社会主义和谐社会目标的提出,使教育公平问题成为人们讨论的热点问题。中共十七大报告提出,教育公平是社会公平的重要基础。促进教育公平的一个举措是促进教育均衡发展,大力发展农村教育。随着政府把义务教育经费全面纳入公共财政保障范围,长期困扰农村的义务教育要向农民收费的问题得到解决。

2010 年 5 月,教育部公布了《2003 年至 2009 年教育系统人才工作综述》,根据综述,2008 年,中国 15 岁以上人口平均受教育年限超过 8.7 年,比世界平均水平高一年;新增劳动力平均受教育年限达到 11 年。中国每万人中高校学生在校生数由 2000 年的 72.3 人增加到 2009 年的 212.8 人,总人口中大学以上文化程度的超过 7000 万人,位居世界第二。

【医疗卫生制度】新中国成立后,在医疗卫生领域建立了一系列新的制度,在医疗服务、预防保健等方面都取得了较大的成就,农村和城镇的医疗服务也在全面展开,特别是中国政府坚持了预防为主、以农村为重点、中西医结合等一系列正确方针路线,建立了完善的农村和城市医疗卫生服务网络,医疗服务的可及性较之旧中国大大增强。由于社会经济发展和综合国力的影响以及"政事一体化"的管理,中国在医疗技术、服务水平和基础设施建设方面都不同程度地存在一定问题。改革开放后开始不断探索新的发展途径。

1978—1984 年期间,主要针对十年浩劫对卫生系统的严重损害进行调整、建设;同时,也包括培养相关人员业务技术,加强卫生机构

新中国成立后,在医疗卫生领域建立了一系列新的制度,特别是中国政府实施了预防为主、以农村为重点、中西医结合等一系列方针路线,建立了完善的农村和城市医疗卫生服务网络,医疗服务的可及性较之旧中国大为增强。改革开放后,在卫生医疗体制、公共卫生服务体系、医疗服务体系、医疗保障体系、药品供应保障体系等领域不断探索新的发展途径。这里面有成功,也有失败,但在总体上为今后深化改革打下了基础,构建了框架。※

经济管理等内容。1985 年中国正式启动医改,核心思想是放宽政策,简政放权,扩大医院自主权,允许多方集资,开阔发展卫生事业的路子。1991 年,全国人大第七次会议提出了新时期卫生工作的方针:"预防为主,依靠科技进步,动员全社会参与,中西医并重,为人民健康服务,同时把医疗卫生工作重点放到农村。"1992 年 9 月,国务院下发《关于深化卫生医疗体制改革的几点意见》,卫生部贯彻文件提出的"建设靠国家,吃饭靠自己"的精神,卫生部门工作会议中要求医院要在"以工助医、以副补主"等方面取得新成绩。这项卫生政策刺激了医院创收,弥补收入不足,同时,也影响了医疗机构公益性的发挥,酿成"看病问题"突出,群众反映强烈的后患。1997 年 1 月,中共中央、国务院出台《关于卫生改革与发展的决定》,明确提出了卫生工作的奋斗目标和指导思想。提出了推进卫生改革的总要求,在医疗领域主要有改革城镇职工医疗保险制度、改革卫生管理体制、积极发展社区卫生服务、改革卫生机构运行机制等。1998 年开始推行"三项改革",即医疗保险制度改革、医疗卫生体制改革、药品生产流通体制改革,2000 年国务院专门召开会议就"三改并举"进行部署。在这期间,有关部门对中国医改的构成以及具体内容进行探讨,以期界定具有中国特色的医改范畴。2007 年 1 月全国卫生工作会议提出四大基本制度,即基本卫生保健制度、医疗保障体系、国家基本药物制度和公立医院管理制度。2007 年 10 月,中共十七大报告中首次明确提出卫生医疗领域的"四大体系",即"覆盖城乡居民的公共卫生服务体系、医疗服务体系、医疗保障体系、药品供应保障体系"为今后的改革构建了崭新的框架。

医疗保障制度也是在新中国成立后逐步建立和发展起来的。但在计划经济时代,中国的医疗保障制度是城乡分离的,各自有不同的特点和发展过程。改革开放以来,在城镇,先后经历了公费、劳保医疗制度,城镇医疗保险改革和试点阶段,全国范围内城镇职工基本医疗保险制度的确立,以及多层次医疗保障体系的探索等阶段;在农村,伴随着合作医疗制度的兴衰,努力开展新型农村合作医疗制度的建设工作,进而对农村医疗保障制度多样化进行探索与完善。

【社会管理制度】新中国成立后，为了建立计划经济体制，在社会管理方面，中国逐步建立起一套以"工作单位"为基础的社会管理方式，企业、机关、事业部门、农村生产大队，都是"单位体制"。这种"单位组织"在世界上是比较独特的，"单位"不仅仅是一个工作场所，也是一个共同生活组织和社会管理的基本单元。"单位人"对"单位"有很强的依赖性，"单位"对"单位人"的生老病死，什么都要管。"单位组织"的产生有其历史的理由，就是在生产上要实行赶超发展，就是说在社会发育程度不够、社会服务难以满足工业化赶超发展的情况下，通过"单位办社会"来满足生产的需要。所以说，"单位组织"是在特定的历史背景、为实现特定的目标而建立的。但依靠"单位"组织管理的缺点是，它使社会服务分散化、重复化、福利化，降低了社会服务的效率，更重要的是，"单位"内部缺乏人员进入退出的竞争机制和单位之间人员流动的限制，极大地压抑了社会的活力。

在社会管理方面，中国的社会政策的一个巨大变化，可以概括为从"单位人"到"社会人"的变化，或者说社会管理方式从以"单位"为基础到以"社区"为基础的变化。※

改革开放以后，随着经济体制从计划经济向社会主义市场经济体制的转变，社会组织方式也发生了极其深刻的变化。社会组织方式的变化主要包括两个方面：一方面，随着在工作单位中实行"住房自有化、就业市场化、社会保障社会化、后勤服务市场化"等改革，原有的单位组织解决社会事务的能力在弱化（如对困难人员的救助和人际纠纷的调节），有些单位组织则彻底解体（如机构精简撤销、企业破产倒闭、职工下岗失业）；另一方面，就业方式的多样化使社会流动加快，改革开放后大量新产生的就业组织都采取了"非单位"的管理体制，它们仅仅是工作场所，不再是什么都管的"单位"，越来越多的社会成员由"单位人"变成"社会人"。在城市就业总人口中，过去"单位人"占95%以上，而现在这个比例大概下降到30%左右。

这个变化在社会管理上带来很多问题，就是在政府和分散的"社会人"之间，原有的"单位"管理网络在弱化，而新的"社区"管理网络还没有完全建立，所以出现了"社会整合"的缺失。在这种情况下，造成政府往往要直接面对分散的个人，治理的摩擦成本大量增加，自上而下社会事务的贯彻落实和自下而上社会问题的解决，都受到阻碍。比如税收、治安、民政、就业、卫生，包括征兵、献血这样的社会事务，现在仅靠单位已很难贯彻落实；另外基层的一些社会纠纷和社会矛盾，现在无法"解决在基层"，所以上访案件近年来大量增加，有些问题由于不能及时解决或者处理不当，造成群体性事件的频发。

从"单位"到"社区"的转变，既是社会管理的基础单元从"工作场所"向"居住场所"的转移，也是社会日常生活的支持网络从"工作场所"向"居住场所"的转移。这种转变和转移，是为了适应社会流动加快的社会变迁趋势，是为了在一个市场经济的陌生人世界里，构筑人际关系和谐的、互助合作的新社区。

社会管理政策的另一个大变化，是对社会组织的管理从限制发展到规范发展的变化。一个社会大体可以分为三种组织类型：一是以政府组织为主体的政治组织，二是以企业组织为主体的经济组织，三是公益性民间组织为主体的社会组织。在中国，社会组织通常指政府和企业之外的民间组织，其特点是不以营利为目的，具有民间性、公益性、互助性、自治性等特征。根据民政部发布的《民政事业发展统计公报》，截至 2009 年底，全国登记注册的社会组织总量接近 42.5 万个，其中社团 23.5 万个，民办非企业单位 18.8 万个，基金会 1780 个，比上年同期增长 20.3%。各类社会组织的业务范围，涉及教育、科技、文化、卫生、环保、公益、慈善等社会生活的方方面面。

近几年，为了加强和谐社会建设，中国从中央到地方都在积极培育各类社会组织，充分发挥社团、行业组织和中介组织等社会组织在提供服务、反映诉求、规范行为等方面的作用，形成社会组织自我发展、自我管理、自我教育、自我约束的运行机制，同时，也加强了对社会组织的依法监管，打击邪教组织、黑社会、非法传销组织和社会敌对组织，保证社会组织的健康发展。

【反贫困政策】改革开放以来，随着经济的增长和反贫困政策的实施，中国数亿人摆脱了贫困，为全球反贫困事业做出了重要贡献。

在计划经济时代，中国政府的反贫困政策，主要表现为社会救济项目。这种反贫困的方式，被后来的一些研究者们称为"输血机制"，但是这种"输血"并没有在贫困地区产生有效的自我"造血"能力。自 20 世纪 80 年代以来,政府改变了扶贫政策,开始实行了以经济增长为目标的扶贫开发战略。

为了加快反贫困的步伐,中央和国务院在 1984 年发布《关于帮助贫困地区尽快改变面貌的通知》。中央政府在全国筛选出几百个贫困县,把中央的扶贫资金重点投向其中的国家级贫困县,余下的分别由省、县、乡级政府分级负责。到 1986 年,全国贫困县为 664 个,其中 430 个贫困县分布在 18 个集中连片贫困地区。从 1986 年到 1993 年,中国政府开始了全国范围内有计划、有组织、大规模的扶贫开发工作。全国农村贫困人口由 1985 年的 1.25 亿减少到 8000 万人,平均每年减少 640 万人,贫困发生率从 1985 年的 14.8% 下降到 1993 年的 8.22%。

到 20 世纪 90 年代中期,为了进一步解决农村贫困问题,缩小东西部地区的差距,实现共同富裕的目标,国务院制定了《国家八七扶贫攻坚计划》,决定从 1994 年到 2000 年,力争用 7 年时间,基本解决全国农村 8000 万贫困人口的温饱问题。经过 7 年的扶贫攻坚,全国农村没有解决温饱的贫困人口由原先的 8000 万人减少到 3000 万人,占农村人口的比重下降到 3% 左右。

进入 21 世纪后,中国的农村扶贫开发工作进入了一个新的阶段,中央政府制定了《中国农村扶贫开发纲要(2001—2010 年)》。从 2001 年以来,中国继续开展大规模的农村扶贫行动,使农村贫困人口进一步减少,农村低收入人口从改革开放前的 2 亿多人下降到 2010 年的 2688 万人,并在 2010 年使绝对贫困人口[①]脱贫。但按照联合国一天 1 美元的贫困标准线,中国尚有 1.5 亿贫困人口,在国际上仍排名第二,仅次于印度。

中国在《"十二五"规划纲要》中提出,将积极稳妥推进城镇化,加强农村基础设施建设,加强城乡低保与最低工资、失业保险和扶贫

中国模式的成就之一,是使数亿人摆脱了贫困,其直接的制度因素乃在于中国实施了卓有成效的反贫困政策。※

---

① 中国计划在 2010 年基本解决全国绝对贫困人口。按照中国对贫困的定义,"绝对贫困人口"是指年收入在 683 元以下的公民,"低收入人口"是指年收入在 958 元以下的公民。

开发等政策的衔接。并决定在 2011 年颁布实施《2011—2020 年中国农村扶贫纲要》，启动集中连片特殊困难地区扶贫开发攻坚工程，提高对农村基础设施和基本社会服务等公共物品的供给能力，在继续致力于减少绝对贫困人口的同时，缩小城乡差距，缩小地区间差距，缩小低收入群体与全社会的差距，从而实现全社会的平衡增长。

也必须看到，中国制度还存在一些自身的弊端和发展中的问题，需要进一步通过探索实践，加以改革、调整和完善。在未来，中国人民要以汤之《盘铭》所言的"苟日新，日日新，又日新"之精神，勇于进取，打破僵化和故步自封，不断追求理论上、制度上和实践上的进步，创造中国制度之于中国模式新的发展的更高境界。

第六章

人民群众是中国模式的创新源泉

中国模式是中国共产党领导人民群众创造的。中国共产党作为人民的政党,作为人民的先锋队和领导人民的核心力量,在中华民族的百年沧桑里,特别是在人类历史上空前动荡剧变又是空前发展进步的 20 世纪后半叶以来,正是善于集中人民群众的智慧形成制度,依靠人民群众的力量推行制度,走出了自己的道路,创建了自己的发展模式,大踏步走向繁荣富强和民族复兴之途,可以说,人民群众是中国模式的创新源泉,是中国制度的力量基础。

世界银行行长在 2011 年 8 月 31 日接受《参考消息》专访时说:中国增长是实用的,中国人勇于试验,中国的经验可以用于其他国家,中国首要的资源在于人民。※

第一节　中国共产党同人民群众的关系

马克思主义认为,人民群众是创造历史的主体,是社会物质财富和精神财富的创造者,是推动社会向前发展的决定力量,只有充分尊重人民的主体地位,充分尊重人民群众的愿望和创造,尊重社会发展规律,才能推动社会向前发展。中国共产党是无产阶级政党,她把马克思主义"群众观"和对待人民的基本观点作为精神支柱、基本纲领和根本立场,从建立时起,就忠实地把为绝大多数人谋利益作为自己的唯一宗旨,在实践中,一切从人民利益出发,全心全意为人民服务,从群众中来,到群众中去,制定出正确的路线、方针和政策,使革命与建设从胜利走向胜利。作为在中国这个具有悠久历史国度建立起来的政党,中国共产党秉承了传统政治文化中的民本思想,并将之与马克思主义结合起来,建立了中国特色的民本观,同人民建立了血肉相融、生死与共的关系。

一、马克思主义的人民群众观

马克思主义关于国家制度的基本原理是:不是国家制度创造了人民,而是人民创造了国家制度。※

在马克思主义产生之前,各种各样的唯心主义历史观认为,"意志决定"、"精神"、"神灵"、"英雄"等由某种神奇的力量或"少数人"决定了历史发展进程,马克思主义则以辩证唯物主义和历史唯物主义洞察了自然和人类发展的客观规律,向人们揭示了一个最简单也是最不可否认的事实,那就是:社会发展史同时也是物质资料生产者本身的历史,是人民群众创造了历史。马克思的基本观点和论证方式是:物质资料生产方式的变革决定了历史的发展,而决定物质资料生产方式变革的力量是由社会绝大多数人组成的社会大众。恩格斯也指出:"在 17 世纪的英国和 18 世纪的法国,甚至资产阶级最光辉灿烂的成就都不是它争得的,而是平民大众,即工人和农民为它争得的。"①马克思和恩格斯在第一次合写的论述历史唯物主义的著作《神圣家族》中强调:"工人创造了一切……工人甚至创造了人。"马克思去世以后,恩格斯在他的墓前曾经做了一篇经典的讲话,在讲话中,恩格斯指出:"正像达尔文发现有机界的发展规律一样,马克思发现了人类历史的发展规律,即历来为繁芜丛杂的意识形态所掩盖着的一个简单事实:人们首先必须吃、喝、住、穿,然后才能从事政治、科学、艺术、宗教等等;所以,直接的物质的生活资料的生产,从而一个民族或一个时代的一定的经济发展阶段,便构成基础,人们的国家设施、法的观点、艺术以至宗教观念,就是从这个基础上发展起来的,因而,也必须由这个基础来解释,而不是像过去那样做得相反。"②关于共产党同人民群众的关系,马克思和恩格斯在《共产党宣言》中向世人宣告:"过去的一切运动都是少数人或者为少数人谋利益的运动,无产阶级的运动是绝大多数人的、为绝大多数人谋利益的独立的

---

① 《马克思恩格斯全集》第 18 卷,人民出版社 1965 年版,第 325 页。
② 《马克思恩格斯全集》第 3 卷,人民出版社 1965 年版,第 776 页。

运动",在回答"共产党人同全体无产阶级的关系是怎样的呢?"这个根本问题时特别指出:"他们没有任何同整个无产阶级利益不同的利益……共产党人强调和坚持整个无产阶级共同的不分民族的利益。"①关于国家与人民的关系,马克思在《黑格尔法哲学批判导言》中指出:"不是国家制度创造了人民,而是人民创造了国家制度。"

创立和领导苏联布尔什维克党的列宁继承和发扬了马克思主义的人民群众观,他富于激情地讲道:"千百万创造者的智慧却会创造出一种比最伟大的天才预见还要高明得多的东西。"②在论述人民群众的作用时他指出,"人民群众在任何时候都不能像在革命时期这样以新社会制度的积极创造者的身份出现。在这样的时期,人民能够做出从市侩的渐进主义的狭小尺度看来是不可思议的奇迹。"③"俄国的整个新纪元正是靠人民的热情赢得并且支持下来的","生机勃勃的创造性的社会主义是由人民群众自己创立的。"④

马克思主义关于人民群众的理念和观点可以浓缩为一个令人信服的事实:决定历史发展的最终力量是每个历史时期的普通民众,他们既创造了那个时代的物质财富,也同时创造了精神财富,并且是时代变革的决定力量。

马克思主义向人们揭示了一个最简单也是最不可否认的事实,那就是:社会发展史同时也是物质资料生产者本身的历史,是人民群众创造了历史。※

二、中国传统政治文化中的民本思想

民本思想是中国古代历史上将民众视为治国安邦根本的政治学说。它是中国优秀传统文化宝库中重要的思想资源,曾对中国历史的发展起到了连绵接续的推动作用。

民本思想发端于《古文尚书·五子之歌》的记载:"民惟邦本、本固邦宁。"说的是人民是国家的根本,人民安定了,国家才能保持稳定。在《诗》、《书》、《礼》、《易》等上古文献中,也处处体现了古代先

民本思想是中国传统文化宝库中重要的思想资源,曾对中国历史的发展起到了连绵接续的推动作用。※

---

① 《马克思恩格斯全集》第18卷,人民出版社1965年版,第104页。
② 《列宁全集》第33卷,人民出版社1985年版,第281页。
③ 《列宁全集》第11卷,人民出版社1987年版,第96页。
④ 《列宁全集》第13卷,人民出版社1987年版,第81页。

在思想最为活跃的先秦时期，诸子百家在关于国家制度同人民的关系问题上，观点几乎是一致的，那就是顺应民心，政令才能施行；违反民意则必然废败。※

哲对民本观的关注和思考。例如《尚书·盘庚》提出"重我民"，"古我先后，罔不惟民之承保"，盘庚作为商代第20位国王，认识到商之先王都是把民众的需求放在第一位，重视并体贴民众的意愿，他在施政过程中，身体力行地实践了民本思想，很有作为，并改变了当时社会不安定的局面。周公制礼作乐，有一个基本的指导思想，即"敬德保民"，"保民"是因为"民之所欲，天必从之"，意思是有德才能得到上天的保佑，才能保社稷，保国家，这一民本思想成为周王朝政治路线的理论概括。

春秋战国时期，经过管子、孔子、孟子、荀子等诸子百家的提倡和发展，民本思想进一步成熟。例如，《管子·牧民》载："政之所兴，在顺民心；政之所废，在逆民心"，意思是顺应民心，政令才能施行；违反民意则必然废败。孔子提出"为政以德"，"足食、足兵、民信"，是以德治为核心的民本观，在此基础上构建了王道仁政的思想学说。孟子继承孔子的思想，提出"民为贵，社稷次之，君为轻"①的命题，由此得出"得其民，斯得天下"②的结论。荀子将儒家的民本思想发扬光大，他最精彩的言论是："君者舟也，庶人者水也；水则载舟，水则覆舟"③，"天之生民，非为君也；天之立民，以为民也"④，不仅用"舟"与"水"比喻君民关系，并且将这种关系提升至立君为民的高度⑤。

至西汉时期，贾谊提出"民无不为本、民无不为命、民无不为功、民无不为力"⑥的思想，促成了文景之治的盛世局面。汉武帝吸取秦亡的教训，独尊儒术，用仁德代替严刑酷法，"去奴婢，除专杀之威，薄赋敛，省徭役，以宽民力"⑦，在治国中实践了民本思想，建立了西汉王朝最辉煌的功业，亦使中国封建社会发展到首座高峰。

---

① 《孟子集注·尽心（下）》，上海古籍出版社1986年版。
② 《孟子集注·离娄（上）》，上海古籍出版社1986年版。
③ 《荀子·王制》，齐鲁书社1985年版。
④ 《荀子·大略》，齐鲁书社1985年版。
⑤ 参见《中国传统民本思想的历史缺陷与现代超越》，王子坤、杨兴昌：《理论导刊》2011年第5期。
⑥ 《贾谊集·大政（上）》，中州古籍出版社1991年版。
⑦ 《汉书·食货志》，中州古籍出版社1991年版。

在唐代,鉴于暴政亡隋的历史教训,唐太宗提出了"君臣(民)相遇,有同鱼水,则海内可安"①,"国以人为本"②,"为君之道,必须先存百姓"③等思想,在对国、君、民之间关系的认识上达到了一个新的高度,使"贞观之治"在中国历史上成为光彩夺目的一页,对后世产生了深远的影响。唐代著名文学家柳宗元在《送薛存义序》中提出了一个重要观点:"官为民役","盖民之役非以役民而已也",用现在的话说,为官者是人民的公仆。

北宋的思想家、教育家和改革家李觏大力提倡民本主义,主张实行仁政,他在《治安策》中提出"民之所归,天之所右也;民之所去,天之所左也,天命不易哉! 民心可畏哉",对民众的重视程度在古代社会可谓是无以复加。南宋理学推进了民本思想的哲理化,在中国封建社会后期具有重要的地位和作用,理学集大成者朱熹提出的"国以民为本","王道以得民心为本",主张"取信于民","富民为本"④,成为传统民本思想的经典理念。

元明时期的专制是最厉害的,但对民本思想的传承仍不绝如缕。元代名臣兼散曲家张养浩告诫当局:"民陷水火,如己陷水火。"⑤明代政治家、改革家,中国历史上最优秀的首辅之一张居正主张"固本安民","安民之道,在察其疾苦而已"⑥的思想,在他的种种作为中,贯穿了"以民为本",以"安民"为宗旨的理念。明代著名清官海瑞说:"人心者,国之命脉也。"⑦

在明末清初,由于资本主义的萌芽,出现了传统民本思想与近现代民主思想结合起来的局面,民本论者开始以民本思想作为评判君主专制的工具,产生了所谓"新民本"思想,王夫之、黄宗羲、顾炎武

唐太宗提出"国以人为本",正是有了这种认识,使"贞观之治"在中国历史上成为光彩夺目的一页。※

朱熹提出的"取信于民","富民为本"是"国以人为本",正是传统民本思想的经典理念。※

---

①　《贞观政要·求谏第四》,上海古籍出版社 2007 年版。

②　《贞观政要·务农第三十》,上海古籍出版社 2007 年版。

③　《贞观政要·君道第一》,上海古籍出版社 2007 年版。

④　《朱子全集·仁说》,上海古籍出版社和安徽古籍出版社联合出版 2002 年版。

⑤　《张养浩作品选·牧民忠告》,人民文学出版社 1987 年版。

⑥　《张太岳集》,上海古籍出版社 1984 年版。

⑦　《明史·海瑞列传》,中华书局 1974 年版。

是其代表。毛泽东颇为推崇的中国朴素唯物主义思想的集大成者王夫之认为，"无德于民，不足以兴"①，主张"循天下之公。"②"新民本"思想倡导者黄宗羲在对传统的"君权神授"和"君本位"观念进行批判的基础上，提出了"天下为主，君为客"③的新观念，对君民关系进行了新的定位，实质是主张民众是政治的主体，还提出了"天下之治乱，不在一姓之兴亡，而在万民之忧乐"④的治乱观，开了近代思想启蒙之风。顾炎武激烈地反对"私天下"、"独治"的君主专制，主张限制君权，提出亡国与亡天下的区别，认为保卫一家一姓的国家是君主及其大臣的事情，而保卫天下则是所有人的事，即"以天下之权，寄天下之人"⑤，这段话被后人提炼为"天下兴亡，匹夫有责"。

中国历代思想家、政治家对"以民为根、以民为本、关爱苍生"的政治理念经过实践和理论研究，成为了儒家学说的核心价值观，通过人民在和平与战争年代的奋斗牺牲所创造的巨大功绩，通过知识分子特别是他们当中从事政治、教育和文化的精英身体力行和不绝传承，通过贤明君主的倡行，民本思想成为中华民族历经五千年历史狂澜而巍然屹立的强大精神支柱，成为中国政治文化的根基。

三、中国共产党的人民群众观

中国共产党作为一个马克思主义政党，一开始就把人民群众作为自己的根基，一代代共产党人，不仅坚持人民群众是推动社会历史进步的根本动力这一基本观点，并且在长期的新民主主义和社会主义实践中，从马克思主义基本原理出发，通过对中国传统的民本思想进行理论创新，发展、丰富了马克思主义人民群众观。这些观念和理论集中体现在中国共产党历次党的章程、纲领和几代领导人的重要论述中。

---

① 《读通鉴论》卷三十，中华书局 1975 年版。
② 《读通鉴论·叙论》，中华书局 1975 年版。
③ 《明夷待访录·原君》，中华书局 2011 年版。
④ 《明夷待访录·原臣》，中华书局 2011 年版。
⑤ 顾炎武《日知录集释·守令》，岳麓书社 1994 年版。

作为中国农民的儿子，毛泽东对人民群众有非常深刻的理解，作为亲手创建新中国的共产党的第一代领导人，他深知人民群众的深厚伟力。他指出："人民，只有人民，才是创造世界历史的动力。"①关于共产党与人民群众的关系，他认为共产党"为什么人的问题，是一个根本问题，原则的问题"②，他强调："共产党的路线，就是人民的路线"③，"共产党基本的一条，就是直接依靠广大革命群众"④，"党群关系好比鱼水关系，如果党群关系搞不好，社会主义制度就不可能建成，社会主义制度建成了，也不可能巩固"⑤。他告诫全党"全心全意为人民服务，一刻也不脱离群众；一切从人民利益出发，而不是从个人或小集团的利益出发；向人民负责和向党的领导机关负责的一致性，这些就是我们的出发点"⑥，毛泽东特别重视和推崇人民群众的创造性，他认为"群众是真正的英雄，而我们自己则往往是幼稚可笑的，不了解这一点，就不能得到起码的知识"⑦，"'三个臭皮匠，合成一个诸葛亮'，这就是说，群众有伟大的创造力，中国人民中间，实在有成千上万的'诸葛亮'，每个乡村，每个市镇，都有那里的'诸葛亮'"⑧，在这些认识的基础上，他提出了著名的"从群众中来，到群众中去"的群众路线。

中国改革开放的总设计师邓小平的人民群众观充分体现在"我是中国人民的儿子，我深情地爱着我的祖国和人民"这一经典名言上，纵观他波澜壮阔的一生，他是这样说，也是这样做的。关于党和

① 《毛泽东选集》第3卷《论联合政府》，人民出版社1991年版。
② 《毛泽东选集》第3卷《在延安文艺座谈会上的讲话》，人民出版社1991年版。
③ 《毛泽东文集》第3卷《在解放日报改版座谈会上的讲话》，人民出版社1996年版。
④ 《建国以来毛泽东文稿》第12册，中央文献出版社，1998年版。
⑤ 《建国以来毛泽东文稿》第6册《一九五七年夏季的形势》，中央文献出版社1998年版。
⑥ 《毛泽东选集》第3卷《论联合政府》，人民出版社1991年版。
⑦ 《毛泽东选集》第3卷《〈农村调查〉的序言和跋》，人民出版社1991年版。
⑧ 《毛泽东选集》第3卷《组织起来》，人民出版社1991年版。

中国改革开放的总设计师邓小平的人民群众观从"我是中国人民的儿子,我深情地爱着我的祖国和人民"这句朴实的话语中真切流露出来。※

人民群众的关系,他的观点是:"共产党——这是工人阶级和劳动人民中先进分子的集合体,它对于人民群众的伟大的领导作用,是不容怀疑的。但是,它之所以成为先进部队,它之所以能够领导人民群众,正因为,而且仅仅因为,它是人民群众的全心全意的服务者,它反映人民群众的利益和意志,并且努力帮助人民群众组织起来,为自己的利益和意志而斗争。"①他认为:"我们党同广大群众的关系,对中国社会主义事业的领导,是六十年的斗争历史形成的,党离不开人民,人民也离不开党,这不是任何力量所能够改变的。"②在改革开放以来如何依靠人民群众建设社会主义现代化问题上,他的思路非常清晰:"我们党现在已经是一个拥有三千九百万党员、领导着全国政权的大党。但在全国人民中,共产党员始终只占少数。我们党提出的各项重大任务,没有一项不是依靠广大人民的艰苦努力来完成的。"③他认为:我们搞四个现代化,因为经验不足,会面临多方面的困难,"这些问题,归根到底,只有相信群众,依靠群众,充分走群众路线,才能够得到解决"。④

中共第三代领导集体关于执政党和国家政权制度与人民群众的关系集中在"立党为公,执政为民"这一政治理念上。※

第三代领导集体坚持和发展了马克思主义的群众观点、群众路线。在对人民群众新的认识上,江泽民说:"人民是我们国家的主人,是决定我国前途命运的根本力量。"⑤关于中国共产党同人民群众的关系,他说:"全心全意为人民服务,立党为公,执政为民,是我们党同一切剥削阶级政党的根本区别。"⑥他将党的工作的衡量尺度

---

① 《邓小平文选》第1卷《关于修改党的章程的报告》,人民出版社1994年版。

② 《邓小平文选》第2卷《目前的形势和任务》,人民出版社1994年版。

③ 《邓小平文选》第3卷《中国共产党第十二次全国代表大会开幕词》,人民出版社1993年版。

④ 《邓小平文选》第2卷《高级干部要带头发扬党的优良传统》,人民出版社1994年版。

⑤ 《江泽民文选》第3卷《二十年来我们党的主要历史经验》,人民出版社2006年版。

⑥ 《江泽民文选》第3卷《在庆祝中国共产党成立八十周年大会上的讲话》,人民出版社2006年版。

归结为:"人民拥不拥护,人民赞成不赞成,人民高兴不高兴,人民答应不答应。"①至于如何依靠人民群众建设中国特色社会主义,江泽民说,"人民群众是社会主义现代化建设的最终力量"②,"群众路线是党的根本工作路线,是我们党根据党的性质和马克思主义认识论创造的一种科学领导方法和工作方法"③,"我们党正是一切为了群众,相信群众,依靠群众,集中群众的智慧,把群众的力量组织起来,才战胜种种困难,创造出种种奇迹。"④第三代领导集体还结合建设中国特色社会主义的实践,提出"三个代表"思想,强调代表最广大人民的根本利益,扩展了中国共产党的人民群众观的内涵⑤。

中国共产党第四代领导集体的人民群众观可以用树立"以人为本,执政为民"理念来加以概括。胡锦涛担任党的总书记伊始,就带领书记处成员到河北平山县西柏坡学习考察,提出要牢记全心全意为人民服务的宗旨,做到"权为民所用,情为民所系,利为民所谋"。他曾引用孟子之语来论述共产党同人民群众的关系:"'乐民之乐者,民亦乐其乐;忧民之忧者,民亦忧其忧',人心向背,是决定一个政党、一个政权盛衰的根本因素。马克思主义政党的理论路线和方针政策以及全部工作,只有顺民意、谋民利、得民心,才能得到人民群众的支持和拥护,才能永远立于不败之地。"⑥在中共十六届三中全会上,第一次提出"以人为本"的科学发展观,胡锦涛对此诠释道,"以人为本,就是要以实现人的全面发展为目标,从人民群众的根本利益出发谋发展、促发展,不断满足人民群众日益增长的物质文化需

胡锦涛把马克思主义政党的治国理念用中国古人提出的"以人为本"加以概括,但赋予了更深刻更宽广的时代内涵。※

---

① 《论党的建设·深入进行群众观点和群众路线的教育》,中央文献出版社2001年版。

② 《江泽民思想年编(1989—2008)》,中央文献出版社2010年版。

③ 《江泽民文选》第1卷《为把党建设成为更加坚强的工人阶级先锋队而斗争》,人民出版社2006年版。

④ 《江泽民文选》第1卷《在毛泽东同志诞辰一百周年纪念大会上的讲话》,人民出版社2006年版。

⑤ 即代表最广大人民群众的根本利益,代表先进社会生产力,代表中国先进文化的前进方向。

⑥ 《十六大以来重要文献选编》(中),中央文献出版社2005年版。

要,切实保障人民群众的经济、政治和文化权益,让发展的成果惠及全体人民"①,"以人为本,体现了马克思主义历史唯物论的基本原理,体现了我们党全心全意为人民服务的根本宗旨和我们推动经济社会发展的根本目的"②,"科学发展观的核心是以人为本"。③ 第四代领导对人民群众的重视程度集中体现在胡锦涛在纪念中国共产党成立九十周年的讲话中,在这篇讲话中,"人民"一词共出现了136次,全文一万四千字中平均每104个字就有一个"人民"。胡锦涛指出,中国共产党之所以能始终保持和发展马克思主义政党先进性的根本点之一,就是一贯"坚持为了人民、依靠人民,诚心诚意为人民谋利益,从人民群众中汲取智慧和力量,始终保持党同人民群众的血肉联系",他强调"来自人民、植根人民、服务人民,是我们党永远立于不败之地的根本";他提出:"以人为本、执政为民是我们党的性质和全心全意为人民服务根本宗旨的集中体现,是指引、评价、检验我们党一切执政活动的最高标准。"他要求"每个共产党员都要把人民放在心中最高位置,尊重人民主体地位,尊重人民首创精神,拜人民为师,把政治智慧的增长、执政本领的增强深深扎根于人民的创造性实践之中",要"问政于民、问需于民、问计于民。"

四、中国共产党始终代表着人民群众的根本利益

依靠人民的力量,为人民的利益而奋斗,像一根红线贯穿于中国共产党各个时期的中心目标和中心任务,是始终如一的宗旨。※

中国社会自1840年鸦片战争沦为半殖民地半封建社会起,社会的经济、政治、文化等各个方面的情况都发生了不同于封建社会的变化,中国社会任何一个政党或政治团体,要想有所作为,必须正确地分析和把握中国社会的国情,必须代表中国人民的根本利益。依靠人民的力量,为人民的利益而奋斗,像一根红线贯穿于中国共产党各个时期的中心目标和中心任务,是其始终如一的宗旨。而人民群众的根本利益是什么? 那就是改革阻碍生产力发展的生产关系和上层

---

① 《十六大以来重要文献选编》(上),中央文献出版社2005年版。
② 《十七大以来重要文献选编》(上),中央文献出版社2009年版。
③ 《十七大以来重要文献选编》(上),中央文献出版社2009年版。

建筑,解放和发展生产力,不断提高人民的物质生活和精神生活水平。历史已经证明,中国共产党是中国人民群众根本利益的代表,其领导是中国人民群众根本利益得以实现的必要条件。

【中国共产党的性质、代表性、价值取向、先锋体制以及所建立的政体、国体和基本制度等方面体现着人民群众的利益】中国共产党与人民群众的关系,其核心问题是其性质是什么,代表谁以及按照什么样的价值标准建立和运作这种关系。中国共产党党章明确回答了这些问题。

"党章"开宗明义以"一个领导核心"、"两个先锋队"和"三个代表"界定了党的性质、代表性和价值标准,即"中国共产党是中国特色社会主义事业的领导核心,是中国工人阶级的先锋队,同时是中国人民和中华民族的先锋队,代表中国先进生产力的发展要求,代表中国先进文化的前进方向,代表中国最广大人民的利益";向世界宣告:"党除了工人阶级和最广大人民群众的利益,没有自己特殊的利益,党在任何时候都把群众利益放在第一位。"在实际工作中,中国共产党形成并始终坚持了"一切为了群众,一切依靠群众,从群众中来,到群众中去"的群众路线,并通过实践证明,什么时候群众路线执行得好,党群关系密切,党的事业就顺利发展,什么时候群众路线执行得不好,党群关系受到损害,事业就遭受挫折。

中国共产党向世界宣告:"党除了工人阶级和最广大人民群众的利益,没有自己特殊的利益,党在任何时候都把群众利益放在第一位。"※

[专栏6-1]　中国共产党没有自身的特殊利益

中共中央党校副校长陈宝生认为,中国共产党90年的历史,可以分三段:一段是新中国成立前28年浴血奋战到1949年建立新中国;一段是文化大革命结束前30年时间,既取得了伟大成就,又犯下了重大错误;还有一段是改革开放以来30多年,中国特色社会主义胜利前进。陈宝生说,这三个30年,波澜壮阔,曲曲折折,在当今世界上没有一个党是像中国共产党这样走过来的。新中国成立后的两个阶段,统一起来看,一方面取得了伟大的成就,另一方面也确实犯过一些错误,特别是前30年。但是这些错误无一例外的都是由中共自己纠正的,改革开放就是对前30年某些错误、某些选择的纠正。

最近这30多年,中国特色社会主义的经济、政治、文化、社会各方面建设都取得了举世瞩目的成就,有一些方面是开创性的,正因为这样,国际上经常有所谓"中国威胁论"这样的论调,"中国模式"这样的赞叹。当然,我们也面临着这样那样的困难和客观问题。但是总体上说,今天的中国已经是一个独立的、开放的、强大的中国;今天的中国共产党已经是一个更加开放、更加自信的党。可能有些人对党和政府的某些政策、某些措施会有这样那样的看法,对遇到的问题可能会有这样那样的不满,但是总体上,中国人民是拥护中国特色社会主义的,是支持中国共产党执政的。

——摘自陈宝生在 2011 年 6 月 21 日中共中央外宣办召开新闻发布会上的讲话

中国共产党的广泛代表性表现为她建成了一个全国范围、广大群众性的、思想上政治上完全统一的马克思主义政党,按照中共成立90 周年前夕中组部发布的数字,中国共产党党员总数为 8026.9 万名,占当时全国总人口①的 5.8%,其中,工人有 698.9 万名,农牧渔民 2442.7 万名,党政机关工作人员 681.2 万名,企事业单位管理人员和专业技术人员 1841.3 万名,学生 253.9 万名,退休人员 1485.2 万名,其他职业人员 623.6 万名。这种规模和构成足以证明在人民群众中的代表性。

中国共产党的先进性表现在先锋队的作用上,它正是凭其先锋队的作用,在革命战争时期取得了革命成功,建立了新中国。在和平建设时期走过了曲折的道路,最终形成中国特色社会主义,建设繁荣强盛的社会主义国家,其成功实践足以证明,是中国人民选择了中国共产党。

---

① 第六次全国人口普查登记的全国总人口为 13705366875 人(截至 2010 年底,包括港、澳、台人口数据)。

在政体上实行人民民主专政,国体上是人民共和国,军队是人民子弟兵,司法机构是人民法院、人民公安、人民检察院,这些绝不仅仅是一种名称表述,而是人民当家作主的真实体现。

中国共产党扎根于人民群众是通过一系列制度体现出来的。在当年成立中华苏维埃共和国临时中央政府的时候,就确立了工农兵代表大会制度,规定工农兵是国家权力的主人。新中国成立后,人民代表大会制度是中国的根本政治制度,其本质是人民当家作主。中国的基本政治制度之一是实行共产党领导下的多党合作和政治协商制度,这种政党制度既不同于西方国家的两党制和多党制,也不同于其他社会主义国家的一党制,而是具有中国特色的社会主义政党制度,中国形成这样的政党制度,既是历史的必然,人民的选择,也是中国社会各种政治力量在长期相互联合和斗争中形成的一种政治格局。此外,还有民族区域自治制度的族际民主制度,以城乡基层群众性自治组织和职工代表大会为基本形式的基层民主制度,"一国两制"下的特别行政区的"高度自治型"民主制度,中国特色社会主义法律体系,以及公有制为主体、多种所有制经济共同发展的基本经济制度和文化、社会等方面各项具体制度,这些制度都是在不同层面上、多方位地代表着广大人民群众的根本利益,有利于发挥他们的积极性、主动性、创造性,解放和发展社会生产力。

【中国共产党通过对国情的科学认识,在不同历史时期找准并代表了人民群众的根本利益】在不同的历史时期,中国共产党对人民群众根本利益代表取向是不同的,这主要是基于对当时中国国情和国内国际形势的深刻认识。

在中共二大时,中国共产党就认识到中国"实际上仍在封建式的军阀势力统治之下,对外则为国际资本帝国主义势力所支配的半独立国家"。经过艰苦的探索,甚至付出了血的教训之后,到了延安时期,中国共产党对于中国社会自近代以来是半殖民地半封建社会的认识,就更加全面和成熟了。并在此基础上指出:"帝国主义和中华民族的矛盾,封建主义和人民大众的矛盾,这些就是近代中国社会的主要矛盾"。在半殖民地、半封建社会中,人民群众的根本利益就

中国在政体上实行人民民主专政,国体上是人民共和国,军队是人民子弟兵,司法机构是人民法院、人民公安、人民检察院,这些绝不仅仅是一种名称表述,而是根基于一系列的政治经济社会法律制度,因而是人民当家作主的真实体现。※

是推翻帝国主义、封建主义和官僚资本主义的统治和压迫,解放和发展生产力,实现中华民族的独立、统一、民主、富强。这也是中国共产党制定新民主主义政治纲领,领导人民为夺取全国政权而奋斗的主要任务。

在不同的历史时期,中国共产党对人民群众根本利益代表取向是不同的,这主要是基于对当时中国国情和国内国际形势的认识,找准根本利益之所在,在实践中加以代表。※

中华人民共和国成立后,中国共产党成为一个领导人民掌握全国政权并长期执政的党,她认识到,帝国主义和中华民族的矛盾已经不是主要矛盾,中国社会进入了新民主主义社会。中国社会所要解决的问题是继续解放和发展生产力,建立社会主义制度。1956年社会主义改造基本完成后,中国社会进入了社会主义社会,在新的条件下,人民群众的根本利益是在社会主义制度的基础上解放和发展生产力,提高人民群众的物质生活水平和文化生活水平。关于这一点中国共产党是有明确认识的①。但是在此后相当长的一段时间内,由于党内的一部分人,尤其是毛泽东对中国国情的误判,对中国社会的主要矛盾作了错误的分析和认识,犯了阶级斗争扩大化和绝对化的错误。十一届三中全会之后,中国共产党通过总结历史经验和教训,研究新情况,对中国的国情有了新的科学的认识,认为中国社会正处于并将长期处于社会主义初级阶段,在此基础上提出了建设中国特色社会主义的目标和任务。这都说明,中国共产党找准了不同时期人民群众的根本利益,并在实践中以此为代表。

【中国共产党对人民群众利益的代表性是通过它的路线、纲领、方针、政策以及领导人民实现建国大业和民族复兴目标的成就体现的】胡锦涛在纪念中国共产党成立九十周年的讲话中谈到90年来中国共产党团结和带领人民完成和推进了三件大事一段话是对这方面的高度概括。

----

① 中国共产党第八次全国代表大会关于政治报告的决议指出:"我们国内的主要矛盾,已经是人民对于建立先进的工业国的要求同落后的农业国的现实之间的矛盾,已经是人民对于经济文化迅速发展的需要同当前经济文化不能满足人民需要的状况之间的矛盾"。《建国以来重要文献选编》第9册,中央文献出版社1994年版。

［专栏 6-2］

中国共产党成立 90 年来完成和推进了三件大事

　　90 年来,我们党团结带领人民在中国这片古老的土地上,书写了人类发展史上惊天地、泣鬼神的壮丽史诗,集中体现为完成和推进了三件大事。

　　第一件大事,我们党紧紧依靠人民完成了新民主主义革命,实现了民族独立、人民解放。经过北伐战争、土地革命战争、抗日战争、解放战争,党和人民进行 28 年浴血奋战,打败日本帝国主义侵略,推翻国民党反动统治,建立了中华人民共和国。新中国的成立,使人民成为国家、社会和自己命运的主人,实现了中国从几千年封建专制制度向人民民主制度的伟大跨越,实现了中国高度统一和各民族空前团结,彻底结束了旧中国半殖民地半封建社会的历史,彻底结束了旧中国一盘散沙的局面,彻底废除了列强强加给中国的不平等条约和帝国主义在中国的一切特权。中国人从此站立起来了,中华民族发展进步从此开启了新的历史纪元。

　　第二件大事,我们党紧紧依靠人民完成了社会主义革命,确立了社会主义基本制度。我们创造性地实现由新民主主义到社会主义的转变,使占世界人口四分之一的东方大国进入社会主义社会,实现了中国历史上最广泛最深刻的社会变革。我们建立起独立的比较完整的工业体系和国民经济体系,积累了在中国这样一个社会生产力水平十分落后的东方大国进行社会主义建设的重要经验。

　　第三件大事,我们党紧紧依靠人民进行了改革开放新的伟大革命,开创、坚持、发展了中国特色社会主义。党的十一届三中全会以来,我们总结我国社会主义建设经验,同时借鉴国际经验,以巨大的政治勇气、理论勇气、实践勇气实行改革开放,经过艰辛探索,形成了党在社会主义初级阶段的基本理论、基本路线、基本纲领、基本经验,建立和完善社会主义市场经济体制,坚持全方位对外开放,推动社会主义现代化建设取得举世瞩目的伟大成就。

　　——胡锦涛《在纪念中国共产党成立九十周年大会上的讲话》

第二节　人民群众是中国模式的
创新源泉

在中国模式形成过程中,人民群众的作用得到充分发挥,生活不断得到改善,他们看到了实实在在的利益,因此坚定不移地拥护改革开放和社会主义事业,推进中国模式的形成。※

在一个拥有十几亿人口,生产力落后的大国,推进现代化事业,其难度和艰辛非比寻常,但中国共产党的改革开放政策和人民群众的深厚伟力出色地回答了这个问题。特别是从十一届三中全会以来,从农村到城市,从经济领域到其他各个领域,从沿海到沿江,从东部到西部,这场历史上从未有过的大改革大开放,正是有了中国共产党的正确决策,调动了亿万人民的积极性,才使中国成功实现了从高度集中的计划经济体制到充满活力的社会主义市场经济,从封闭半封闭到全方位开放的伟大历史转折,建立了具有中国特色的现代国家发展模式。在这种模式的形成过程中,人民群众的作用得到充分发挥,生活不断得到改善,他们看到了实实在在的利益,因此坚定不移地拥护改革开放和社会主义事业,推进中国模式的形成。胡锦涛在纪念中共十一届三中全会召开 30 周年大会上的讲话中指出:"改革开放是人民的要求和党的主张的内在统一,是亿万人民自己的事业。"这句话适用于中国模式的形成和发展,中国模式是人民的要求和中国共产党主张的内在统一,是人民群众自己的事业,是人民群众的历史选择和正确选择,而人民群众的认同与否则是检验中国模式的重要标准。

[专栏 6-3] 中国走社会主义道路是历史的选择

中国为什么要走社会主义道路而不是走其他道路? 答案很简单,这是近代中国历史发展的结果,是历史的选择。

第一,从近代历史演变来看。鸦片战争后,中国逐步沦为半殖民地半封建社会。这种社会性质,决定了中国必须进行反帝反封建的民主主义革命,才能获得民族独立和人民解放。在中国,哪一种政治势力能够领导人民赢得民主主义革命的胜利,它就能够取得引导中国走何种道路的主导权。晚清时康有为、梁启超等发动的戊戌变法运动有可能引导中国走向资本主义社会,但是戊戌维新未能成功。孙中山领导的中国同盟会以及民国初年由同盟会改组的中国国民党,是近代中国的资产阶级革命政党,它有可能通过推翻清政府把中国引导到资本主义社会,但是由于中国资产阶级及其政党的软弱,辛亥革命后建立的南京临时政府被袁世凯窃夺了。民国初年,军阀混战,国家分裂,人民涂炭。五四运动后,国家情势发生很大变化,俄国十月革命的影响在中国迅速传播开来。1921 年,中国的无产阶级政党——中国共产党成立后,逐渐主导了中国革命的方向。以毛泽东同志为主要代表的中国共产党人对中国的前进方向有着清楚阐述:中国反帝反封建的资产阶级民主主义革命必须由无产阶级领导,中国革命的前途是社会主义和共产主义。为了走向社会主义,第一步是实行新民主主义,第二步才是社会主义。从土地革命战争时期的革命根据地到抗日战争时期的敌后根据地和解放区,中国共产党领导的革命斗争,一向以社会主义、共产主义相号召,鼓舞着广大人民。抗战胜利后,国民党政府悍然发动以消灭中国共产党为目的的内战,结果在内战中彻底失败。这个结局,决定了中国共产党真正成为推动中国社会前进的主导力量,决定了中国由新民主主义转向社会主义的必然性。

第二,从近代中国政治思想史发展来看。中国传统儒家思想中就有大同思想。"大道之行,天下为公"的大同理想,不仅是儒家的追求,也是普通百姓的追求。大同理想较易与社会主义思想相结合。在这方面,孙中山的思想是一个典型。在三民主义中,被孙中山最看重的是民生主义。所谓民生主义,孙中山用的英文词就是 socialism。这个英文词通常被翻译成社会主义,孙中山认为翻译成民生主义更好。有时候,孙中山直接用社会主义来说明他的民生主义主张。1912 年,孙中山曾提出把中国建设成为理想的社会主义国家,希望做到"我民幼有所教,老有所养,分业操作,各得其所"。实际上,孙中山所要建立的不是没有资本家的社会,而是不要大资本家的资本主义社会。但孙中山又强调,他的民生主义与社会主义、共产主义是好朋友。1924 年孙中山在广州演讲时强调指出:"共产主义是民生的理想,民生主义是共产的实行;所以两种主义没有什么分别,要分别的还是在方法。""三民主义之中的民生主义,大目的就是要众人能够共产。"孙中山的民生主义——社会主义思想,在中国人民中是有影响的。这也在一定意义上形成了历史选择社会主义的思想基础。

第三,从近代国际环境和民族危机的影响来看。1929—1933年,由美国引起的经济危机使资本主义世界深陷经济、政治、信仰灾难的恐慌之中,资本主义的吸引力在危机中不断下降。与此同时,社会主义国家苏联的第一个五年计划取得辉煌成绩,社会主义的影响力迅速彰显。在经济危机打击下,资本主义国家加强了对华经济掠夺,日本则悍然发动侵华战争。民族危机促使人们寻找新的出路。在这样的历史背景下,中国知识分子大多对苏联社会主义表达了好感,他们把苏联的成功归因于苏联的社会主义制度和马克思主义。知识界在对未来中国发展道路进行思索时,不少人表达了对社会主义的热切追求,社会主义思想由此达到高潮。

第四,从广大人民群众的态度来看。1944年国民党军队在豫湘桂战役中大溃败,引起大后方知识界、工业界人士对国民党政府执政能力的怀疑。抗战胜利后蒋介石悍然撕毁"双十协定",拒绝组织联合政府,发动内战,使期望和平的人民和知识界更加坚定地站在了中国共产党一边。民主党派纷纷明确表态支持中共的政治、经济主张。那时,就连主张第三条道路的知识分子也不反对在中国实施社会主义的经济制度。中国走上社会主义道路,得到了工农大众的支持,得到了知识分子的理解,得到了民主党派的拥护。

——中国社会科学院学部委员、研究员张海鹏,
《人民日报》2009年1月12日

一、人民群众是中国模式的实践主体

在中国发展道路上，人民群众是推动实践发展的主要力量，在中国模式形成过程中，人民群众始终起着决定性作用，他们是最广大、最基础的个体性主体，正是他们的主动性、创造性和参与度，探索、实践和创新了中国模式。

按照马克思主义的观点，生产力包括三要素，即劳动力、劳动工具和劳动对象，其中劳动力是生产力的主体，也是最活跃最革命的因素。中国的革命事业和社会主义建设事业是通过革除旧的生产关系，建立新型的生产关系，本质上是促进生产力的发展，而改革开放则是通过解放思想，调整生产关系，从而解放生产力，这里面，首先并归根结底是解放人。对比十一届三中全会前后两个历史时期，同样是这些中国人，所发挥的能量，所干的事业，所创造的财富，差距竟有如此之大。这正是因为中国共产党倡导改革开放，并把解放思想聚集到发展生产力上来，革新了陈旧落后的思想观念，调整和改革了束缚劳动者的体制和机制，使劳动者和管理者的积极性和智慧得以发挥，激发了巨大的能量，极大地解放了物质生产力和精神生产力。

改革开放30年，中国繁荣发展和平崛起的局面，可谓是中国人民创造历史的壮丽画卷，新生事物层出不穷，时代的"弄潮儿"和"风流人物"不断涌现。他们对中国共产党的思想政治路线全心拥护、全力实践，他们当中，有敢冒风险，冲破人民公社旧体制，创造"大包干"的农民；有顶着"弃农经商"、走资本主义道路的大帽子，勇敢创办乡镇企业的农村干部；有敢于否定计划经济体制，有坚决抵制"姓资姓社"争论，敢于"突宪"，勇闯禁区，勤于实践和试验创新的特区人；有克服重重困难，创办民营企业的企业家；有大胆探索市场经济道路的各级干部和国企领导；有勇于进行理论创新和发表真知灼见的理论家；有敢于说真话、表达社情民意的新闻工作者；有英勇奉献维护社会稳定的广大基层政法人员，还有秉笔直书写改革开放信史的历史学家，等等。他们是人民群众创造历史的生动体现者，是中国模式的实践者、中国制度的捍卫者。

对比十一届三中全会前后两个历史时期，同样是这些中国人，所发挥的能量，所干的事业，所创造的财富，差距竟有如此之大，这是改革开放之功，解放思想之力，调整和改革体制机制之效，且制度创新激发了人民的无穷创造力。※

在中国社会,每个人、每个家庭都有改变既有生存状态和发展致富的强烈愿望,亿万个人和家庭的发展汇集成合力,成为巨大的时代潮流,推动着整个国家发展。※

改革开放以来,中国的社会发生了深刻的变化,其中一个重要的变化就是出现了新的社会阶层和群体(即人们所说的中产阶级①)。这些新的社会阶层和群体,都是在改革开放的实践中形成的,他们是富有闯劲和创造性的人群,在改革开放的实践中脱颖而出,他们越来越自觉地为创造新生活而奋斗。在中国社会,每个人、每个家庭都有改变既有生存状态和发展致富的强烈愿望,亿万个人和家庭的发展汇集成合力,成为巨大的时代潮流,推动着整个国家的发展。

[专栏6-4] 改革开放以来中国社会阶层的变化

著名社会学家、中国社会科学院荣誉学部委员陆学艺一直在从事中国社会阶层问题的研究,于2002年发表了《当代中国社会阶层研究报告》,在国内外引起很大的反响。在新中国成立60周年之际,即2009年,他将对此问题的跟踪性研究成果公之于世。

新中国成立60年来最大的变化一是物的变化,二是人的变化。这60年来人的变化,特别是改革开放30年来变化非常大。简单勾画一个轮廓就是:1925年毛泽东的《中国社会各阶级分析》把社会结构分为地主和买办阶级、民族资产阶级、小资产阶级、半无产阶级、无产阶级、游民无产者,直到新中国成立时中国的社会结构基本如此;新中国成立后,先是没收了资本家的财产,消灭了官僚资产阶级,然后通过土改消灭了地主阶级,1951年土改以后,社会结构变成了工人阶级、农民阶级、小资产阶级、民族资产阶级四大阶级;1956年到1957年,经过社会主义改造以后变成工人阶级、农民阶级、知识分子阶层;改革开放以后,分化成国

---

① 《福布斯》中文专栏作家为中国中产阶级下的定义是:年龄在25岁至45岁之间,拥有大学学位,生活在城里,是各行各业的专业人士和企业家,年收入在1万到6万美元,以此为标准,2010年中国中产阶级超过3亿,大于美国的总人口数。按照麦肯锡全球研究所下的定义,中国中产阶级是那些年收入(按购买力算)在1.35万到5.39万美元(约合9万到36万元人民币)之间的人。而中国国家统计局则将中产阶级定义为年收入在7250—62500美元(约合5万—42万元人民币)。

家与社会管理者、经理人员、私营企业主、专业技术人员、办事人员、个体工商户、商业服务业从业人员、产业工人、农业劳动者、无业失业半失业十个阶层。

从 2001 年和 2006 年的抽样数据看,这十个阶层基本格局没变,只是数据上有些变化:2001 年国家与社会管理者所占比例额是 2.1%,2006 年变成 2.3%;私营企业主阶层当时是 1%,上升到 1.3%;经理人员也从 1.6% 增加到 2.6%;专业技术人员从 4.6% 增加到 6.3%;办事人员从 7.2% 变成了 7.0%;个体工商户从 7.1% 变成了 9.5%;农民大量减少,原来是 42.9%,2006 年是 40.3%。

1999 年中产阶级大致占 15%,2008 年是 22%—23%,大致是每年增加 1%。首先是私营企业主在扩大,他们中绝大部分人是中产;其次是知识分子扩大了,白领扩大了。另外,现在社会结构还有一个特点就是整个社会逐渐趋于高级化,因为大学生越来越多、科研单位越来越多、白领越来越多、机械劳动力越来越多、手工劳动力越来越少,工人本身也在趋于高级化。虽然农民工还戴着农民的帽子,但他们盼着户籍制度改革,等着户口一转就变成城里人。而由于整个社会趋于高级化,下层的人都有向上走的可能性,所以国家充满了活力,让人觉得有盼头。

二、中国模式凝聚了人民群众的创造力量

回顾新中国的发展历史,特别是改革开放 30 年的历程,不难发现,每一次探索,每一个突破无不打上了人民群众的印记,从探索的出发点到具体政策的实施,从人民群众意愿的表达到重大突破的实现,都凝聚着人民群众的创造力量。

中共十四大前夕,邓小平在回顾改革开放历史时有一段意味深长的话。他说:"改革开放中许许多多的东西,都是群众在实践中提出来的。"他回忆说:"乡镇企业是谁发明的,谁都没有提出过,我也没有提出过,突然一下子冒出来了,发展得很快,见效也快。家庭联

邓小平说:"改革开放中许许多多的东西,都是群众在实践中提出来的。""乡镇企业是谁发明的,谁都没有提出过,我也没有提出过,突然一下子冒出来了,发展得很快,见效也快。家庭联产承包责任制也是由农民首先提出来的。这是群众的智慧,集体的智慧。""我们的功劳就是将这些新事物概括起来,加以提倡。"※

产承包责任制也是由农民首先提出来的。这是群众的智慧,集体的智慧。"①他说,我们的功劳就是将这些新事物概括起来,加以提倡。他强调,一个人、几个人,干不出这么大的事情。邓小平在1992年1月"南巡"时指出:"农村搞家庭联产承包,这个发明权是农民的。农村改革中的许多好东西,都是基层创造出来的,我们把它拿来加工提高作为全国的指导。"邓小平的话真实地反映了改革开放中人民群众创造历史的现实。

纵观中国改革开放30年的历程,许多改革探索是由基层和群众率先创造和做起来的,然后由政府总结,形成政策制度,迅速推广到全国。

中国改革发端于农村。1978年11月24日,安徽凤阳县小岗村18户农民在队长严俊昌的带领下,商量"分田单干,包产到户",这在当时是冒极大风险的事情。他们签订了一个契约式文书,文书写明,如果谁因此坐牢,大家负责将他的孩子扶养到18岁。每个人都在这份文书上摁下了手印。后来人们将这份文书称为"大包干合同"。结果小岗村的"大包干"当年就见成效,粮食总产量由上年的1.8万公斤猛增到6.6万公斤,人均收入由22元跃升到400元,不仅结束了多年吃国家救济粮的历史,并且破天荒地向国家上缴粮食3200公斤。小岗村的事迹惊动了四邻,各地农民和农村干部纷纷仿效。中央政府确认了这种经济形式并正式命名为"家庭联产承包责任制",在全国推广后,从而拉开了中国农村改革的序幕,促进了城市改革。

乡镇企业的兴起也同样是农民的创举。江苏华西村农民吴仁宝在"以粮为纲"的年代率领村民暗地里搞起了一家小五金厂,他们在工厂四周垒起高高的围墙,挂上厚厚的窗帘,"隐姓埋名"干了10年,到1978年底,在中央改革开放政策的感召下,他们推倒了围墙,拉开了窗帘,正式干起了乡镇企业。以华西村为榜样的企业很快在苏南等地如雨后春笋,破土而出,并迅速发展到全国。乡镇企业异军

中国国企改革也是"自下而上"在扩大企业自主权上找到突破口的,其意义在于,企业是国民经济的细胞,搞活国有经济首先要把细胞搞活,企业一旦扩大了自主权,必然引起体制上连锁反应,逼得各个管理部门非改革不可。这种倒逼机制后来成为中国城市改革的基本路径。※

---

① 《邓小平年谱》(下),中央文献出版社2009年版。

突起,是中国的一大奇迹,据农业部统计,2010年全国乡镇企业累计完成工业总产值超过31万亿元人民币,年末从业总人数达到1.58亿人,在很多地方的经济总量中是三分天下有其一,有的甚至占了半壁江山。乡镇企业的发展,不仅从根本上解决了农民剩余劳动力的转移就业问题,并且优化了农村产业结构,增加了农民的收入,成为推进农业现代化的一个重要元素,成为国民经济的重要组成部分和农村经济增长的主要贡献力量。

农民进城务工也是农民的首创,它借助于市场的劳动力流动,不仅打破了城乡隔阂,实现了资源优化配置,而且有效发挥了中国劳动力充沛的优势,降低劳动成本,大大提高了中国产品在国际贸易中的竞争力。

中国国有企业的改革也是"自下而上"找到突破口的。在改革开放之初,一些国有企业希望打破僵化体制,将企业责、权、利以及国家、集体、个人三者利益结合起来,以解放生产力,向上级部门要求扩大企业自主权,即拥有利润提留权、扩大再生产权、联合经营权、外汇分成权和灵活使用奖金权,等等。1978年底,中共四川省委决定选择一些有代表性的国企进行扩大企业自主权的改革试点。四川省委主要领导给大家鼓劲:"干好了,闯出条路子,干不好,我做检查"。扩权试验是成功的,84个试点工厂的利润同期增长比全省水平高出50%以上。时任四川省财政厅长田纪云说:"水涨船高,发大财的还是国家嘛。"一位中央领导称赞说:"你们把经济工作搞活了,成了一个'孙悟空'。"这个改革突破口的重大意义在于,企业是国民经济的细胞,搞活国有经济首先要把细胞搞活,企业一旦扩大了自主权,必然引起体制上连锁反应,逼得各个管理部门非改革不可。

中国的股份制改革也是地方的一些企业率先搞起来的。1984年4月,国家体改委在常州召开城市经济体制改革工作座谈会,肯定了沈阳等一些企业"允许职工投资入股、年终分红"的做法,广州、上海等地的少数企业进行了本厂职工发行内部股票的试点。上海飞乐电声总厂因企业外部投资者的需要,决定拿出10%的股份向社会发

中国股份制改革也是地方的一些企业率先搞起来的。经济特区的建立要追根溯源到基层民众。※

393

行。正是这 10% 的股份,诞生了新中国第一家股份制企业,造就了第一只真正意义上的股票①。邓小平会见纽约证券交易所首席执行官时赠送的礼物就是上海飞乐电声总厂的一只股票。

经济特区的建立也凝结着人民群众的智慧。中央决定创办经济特区,其中一个重要原因是毗邻港澳地区已蓬勃开展了以"三来一补"为代表的出口加工业务,而这些业务的展开则来自于民间。1977 年底,在香港电业有限公司任职的冯志根受命来深圳地区考察,当时香港加工工业面临人工贵且稀缺的困境,希望能够利用内地的优势寻找解决途径。他乘着一辆面包车过了罗湖关,经布吉,再翻过大山,沿着坑坑洼洼的泥路来到石岩,在当地群众的热情接待下,经考察,公司决定在此地设立工厂。1978 年 12 月,香港公司同宝安县石岩公社上屋大队以及本地一家有进出口权的公司正式签订办厂协议,诞生了中国首家"三来一补"企业,也正是这一纸协议,深圳改革开放的大门敞开了。1979 年初,时任广东省委书记的吴南生,为了改变家乡汕头的落后面貌,征求各界人士的意见,同从海外、香港、澳门回来的朋友交谈,有一位朋友对他说:你敢不敢办像台湾那样的出口加工区? 新加坡、香港那样的自由港? 如果敢办,你们的经济肯定会很快上去。朋友们的这些意见,使吴南生有恍然大悟的感觉。他又同当地政府领导和乡亲们商谈,他们都举双手赞成。吴南生向广东省委汇报了他们的想法,得到省委领导的支持。广东省委向中央报告提出,在广东划出一块地方,实行特殊政策,定名为"贸易合作区"。中央开会讨论了广东的报告,一致同意他们的设想。邓小平不但支持,而且提出名称就叫"特区"(以后正式定名为经济特区)。特区的创意就来自基层群众。

在中国,地方和基层是许多改革举措的先行者和试验田,他们不仅对中央提出的一些改革设想和方案进行实验甚至试错,还在实践中做了大量开拓性工作,进行了创造性的发展。2007 年 12 月中旬

---

① 1984 年 11 月,上海飞乐音响股份有限公司正式成立,并向社会公开发行了每股面值为 50 元人民币的股票 1 万股,被誉为"中国第一股"。

到 2008 年 3 月中旬,中央政策研究室、中央财经领导小组办公室组成调研组,就改革开放以来在中国特色社会主义旗帜指引下开拓成功发展之路问题到全国有关地区进行专题调研,总结出 18 个典型,很有说服力。

中国的学术界和理论界也是推动改革开放的一支重要力量。广大理论工作者不断解放思想,把马克思主义同中国实践结合起来,既注意引进国外先进管理理论、方法和手段,吸收现代经济学的有益成果,又重视中国自己的成功实践,深入总结历史的经验教训,及时梳理和概括改革开放中基层和人民群众创造的新经验新做法,研究新情况新问题,对深化改革开放进行理论阐述,特别是对改革计划经济体制,创新中国特色社会主义市场经济的理论探索和实践创新,做了大量卓有成效的理论贡献,提出了许多有价值的建议,发挥了思想库和智囊团作用。

三、人民群众为创新中国模式提供了世界上最广泛的力量源泉

中国模式的一个重要特点,是巨大人口产生的规模效应。中国人口占世界的五分之一,而整个西方国家的人口占世界人口的 14%,一个欧洲中等国家的人口大约为 1400 万,中国人口约等于 100 个欧洲中等国家之和。这么巨大的人口生活在一个经过充分整合的大国中,是中国发展最重要的资源,一旦经过现代教育和职业培训并从事现代化建设事业,所释放的能量是无与伦比的。

人口经济学上有一个概念,叫"人口红利",是指一国的劳动年龄人口占总人口的比重较大,非劳动人口相对少,抚养率比较低,易于形成高储蓄、高投资和高增长局面,这为经济发展创造了有利的人口条件。在探讨中国经济为什么能够保持几十年的快速增长,创造发展奇迹的时候,很多人认为"人口红利"是一个至关重要的因素。据有关方面研究,中国早在 1965—1970 年间"人口红利"就开始出现,随着计划生育政策的推行,在改革开放期间,集聚了大量的"人

中国学术界和理论界同样是推动改革开放的一支重要力量,他们对改革计划经济体制,创新中国特色社会主义市场经济的理论探索和实践创新,做了大量卓有成效的理论贡献。※

占世界五分之一的巨大人口生活在一个经过充分整合的大国中,是中国发展最重要的资源,一旦经过现代教育和职业培训并从事现代化建设事业,所释放的能量是无与伦比的。※

口红利"资源①,不仅劳动力存量巨大②,并且每年供应的劳动力总量在 1000 万人以上,随着农村剩余劳力转移出农村,对中国工业化和城市化提供了几乎"无限供应"的劳动力资源,加之中国劳动人民勤劳刻苦和节俭成性,预防性储蓄动机强烈,形成了于经济发展十分有利的"黄金时期",特别是自 20 世纪 80 年代开始,中国经济步入快车道,丰富的劳动力资源和成本优势因转化成为现实劳动生产力而成为经济增长的推进器,有力地支撑中国经济持续、快速发展。这种"人口红利"对中国经济发展的丰厚回报,无疑是广大人民群众提供的。

有人认为,中国的"人口红利"已达极致,今后将呈衰减趋势,从而风光不再,然而中国提高劳动生产率显然尚有巨大的空间。人民群众将继续为中国的发展提供最强大的人力资源。※

但值得认真思考的是,中国庞大的劳动人口通过直接增加从业人口对于经济增长固然是重要的,但通过培养有"质量"的劳动力从而提高劳动生产率在经济发展中扮演着越来越重要的角色。在这方面,我们看到,从 1990 年到 1993 年,中国的 GDP 从 5.7% 骤升到 14%,但就业增长率则从 2.1% 下降到 1%,从 2000 年到 2008 年,GDP 增幅从 8.1% 增长到 11%,但就业增长率则从 1.1% 下降到 0.7%。就业率在下降,GDP 在提高,说明劳动生产率发挥了重要作用。劳动生产率大幅度提升的重要原因,除了中国政府进行了更深入的体制改革,推行科学发展和进行经济发展方式的转变外,人民群众受教育水平和劳动技能的提高应当是重要的因素。有人认为,中国的"人口红利"已达极致,今后将呈衰减趋势,从而风光不再,但我们认为,中国提高劳动生产率尚有巨大的空间,人民群众将继续为中国的发展提供最强大的人力资源。

---

① 世界银行《2007 年世界发展报告》说,中国青年人口在 1978 年左右达到顶峰,其赡养率下降的优势大约可以保持 40 年,取决于生育率下降的速度,然后重新关闭。

② 在党的十一届三中全会召开的时候,中国人口是 10 亿多人,其中劳动人口占 60% 以上,相当于当时发达国家人口的总和。

第三节　中国农民对中国模式
形成作出的特殊贡献

在现阶段，构成中国社会基础的人民群众大体上分为农民、工人、国家管理者、企业经营管理人员、城市市民和一些新生的阶层，其中农民仍然是人民群众的大多数。今日中国有 9 亿农民，占中国人口的五分之四，世界人口的六分之一，中国发展道路的成功，很大程度归功于发挥了这一庞大群体的重要作用，特别是 30 年来，没有农村的改革，没有从农村走出来的一支新型的劳动大军，就没有中国的快速发展，就没有中国模式的成功。

中国的问题，从来就是农民问题。中国历史上的每一次革命几乎都是因农民问题并以农民为主力完成的。中国共产党领导的新民主主义革命和社会主义建设也不例外。在半殖民地半封建的旧中国，无产阶级政党所面对的主要群众是农民，依靠的主要力量也是农民，以毛泽东为代表的中国共产党，把农业、农村和农民问题看做是处理中国革命一切问题的出发点，以此解决中国民主革命中一系列重大问题，中国工农红军从井冈山走到瑞金，从瑞金走到延安，从延安到西柏坡，最后将红旗插遍全中国，走的正是一条"农村包围城市"的道路。新中国成立后，特别是改革开放和实现现代化过程中，解决"三农"问题，最大限度地发挥农民群众在社会主义建设中的积极作用，一直是中国共产党面临的首要任务，从国家建设资金的原始积累，工业化的起步，到"文革"折腾期间坚持种地、交粮，从事各项副业生产，保证城镇居民没饿肚子，到"农村联产责任制"为改革开放"破冰"，乡镇企业的异军突起，再到"农民工"成为中国工业化、城市化、现代化和国际化的一支重要力量，中国农民所做的巨大贡献，是中国竞争优势的最为雄厚的基础。

一、中国农民在中国发展道路中的重要地位和作用

毛泽东说过这样一句话："中国的主要人口是农民，革命靠了农

今日中国有 9 亿农民，占中国人口的五分之四，世界人口的六分之一，中国发展道路的成功，要归功于发挥了这一庞大群体的重要作用。※

民的援助才取得了胜利,国家工业化又要靠农民工援助才能成功。"①这句话高度概括了中国农民在中国革命时期和社会主义建设时期的重要地位和巨大作用。

中国共产党带领中国人民经历了土地革命战争、抗日战争、解放战争,用28年时间建立了新中国,这之间,主要依靠的对象是中国农民。首先是农民起来了,跟着共产党闹革命,用毛泽东的话说:"有几万万农民从中国中部、南部和北部各省起来,其势如暴风骤雨,迅猛异常,无论什么大的力量都压抑不住,他们将冲决一切束缚他们的罗网,朝着解放的路上迅跑。"②农民为什么会跟着共产党,美国记者安娜·路易斯·斯特朗在《中国人征服中国》一书中有一段话很能说明问题:"当我(在延安)问毛泽东对最后胜利是否有任何怀疑时,他的回答连军队都没有提,只是说'那要看我们的土地改革工作完成得好不好,蒋介石肯定要失败,因为他反对农民的要求,如果我们能够解决土地问题,我们就一定会胜利'。"土地革命和土地改革是中国共产党最重要的革命纲领和战略路线之一,正是这条路线使中国农民认定共产党是为穷人谋利益的党,只有跟着共产党闹革命,才能翻身得解放。特别是1947年10月《中国土地法大纲(草案)》颁布实施后,各解放区的1亿多农民有了自己的土地,使农民的革命热情像火山爆发一样释放出来。从红军,到八路军、新四军,再到解放军,主体都是由农民组成。在土地革命时期,江西兴国这个仅有20来万人的小县城,就有8万子弟当红军。据统计,在解放战争时期,中国农民为解放军动员了1000多万兵源,数百万民兵直接参战,1000多万民工支援前线,仅淮海战役就有110万民工推着架车,挑着担子,抬着伤员,背着弹药支前,农业生产为部队提供粮食、衣物等军需物质,广大农村地区则成为根据地、后方和军队进行战略隐蔽、战略转移、战略集结和战略进攻的平台。我们说,新中国是用千百万革命前辈和先烈的鲜血和生命换来的,据有关资料显示,新中国成立

---

① 毛泽东:《做一个完全的革命派》,1950年6月23日。
② 毛泽东:《湖南农民运动考察报告》,1927年3月。

后全国各级单位和部门登记的有名有姓的革命烈士共有 176 万人,其中至少有 90% 以上是农民①。如果没有亿万农民的积极参加和拥护,没有他们的牺牲和贡献,建立新中国这一历史任务不可能顺利完成。

中国模式最重要的特色之一,也是最具有普世意义的是,没有依靠对外扩张和掠夺而是依靠国内的自我积累完成了经济高速发展所需要的原始积累。在此过程中,中国农民的贡献最大。正如国务院发展研究中心韩俊所说的:"只要对中国建国以来的历史稍稍有一些了解的人,都会认同这样一个判断:中国农民对中国的工业化,对城市发展的贡献之大,时间之长,是世界上任何一个国家没有过的。"

新中国成立时,现代工业仅占 GDP 的 10% 左右,城市化率不足 10%,支撑经济的是农业②,绝大部分人生活在农村地区。中国从 1952 年开始推进社会主义工业化建设,在当时条件下,工业化需要原始积累,需要技术装备,需要城市的发展,但在这些方面,中国可谓是"一穷二白"。在这种情况下,经过土地革命洗礼的中国农民,承担起了推进工业化的主力军角色,他们在工农业产品不等价交换形成的价格"剪刀差"中为国家工业化、城镇化提供了绝大部分的原始积累,在统购统销体制下为城市提供粮食和副食品,用大量的农副产品偿还了苏联援助的技术装备贷款,以很低的工资从事工业劳动和工业基地建设,而他们自己却过着俭朴的生活。计划经济 30 年,中国保持了 30% 的积累率,工农业产值比重调整到了 5∶5,工业在国民收入中所占的份额达到 46%,到 20 世纪 70 年代末,中国建成了相对独立完整的工业体系和国防体系,新建了 61 个工矿城市,修建了大量铁路、公路,有了"两弹一星",这期间,中国农民通过"剪刀差"共提供了 6000 亿—8000 亿元工业化资金。有人认为,中国工业化原始积累在速度上超过了西方殖民主义时期靠对外侵略扩张和掠夺的积累,如果从中国是在这一基础上起步后来创造了举世瞩目的发展成就的事实看,中国农民不仅为中国的工业化、城市化作出了贡

中国模式最重要的特色之一,也是最具有普世意义的是,没有依靠对外扩张和掠夺而是依靠国内的自我积累完成了经济高速发展所需要的原始积累,在此过程中,中国农民的贡献最大。※

中国在"一穷二白"的条件下,农民承担起了推进工业化的主力军角色,他们在工农业产品不等价交换形成的价格"剪刀差"中为国家工业化、城镇化提供了绝大部分的原始积累,在统购统销体制下为城市提供粮食和副食品,用大量的农副产品偿还了苏联援助的技术装备贷款,以很低的工资从事工业劳动和工业基地建设,而他们自己却过着俭朴的生活。※

---

① 蔡建武:《农民对新中国的十大贡献》,网络文摘。
② 新中国成立最初几年,农业收入一度占国家财政收入的 40%。

献,也是对全人类的贡献①。

[专栏6-5]
中国农村的"剪刀差"之于工业化、城市化发展

浙江大学工商管理学院教授贾生华认为:新中国成立后的工业化和城市化发展是"前30年靠农产品剪刀差,后30年靠土地剪刀差"。改革开放以来,特别是20世纪90年代之后,我国在推动城市发展中实行了"土地剪刀差"的做法,农村土地虽然是"集体所有",但实际上村集体并不能买卖,只能由政府"征地",而且由政府定价。政府征用、征购土地之后,再将使用权出让给企业,政府从中获得了巨额"剪刀差",投入到城市建设等方面。企业再在以后的出让、转租、开发等经营行为中赚取巨额利益,产生大量的富豪。城市居民通过购买房地产,改善自己的生活、工作条件,有的还随着土地的升值,获得了财富的增长。实际上,地方政府和企业,乃至购买房地产的城市居民,正是利用这一"剪刀差"制度,分享了农民土地的商业价值。这一套路,被一些地方政府称之为"经营城市"。在很多土地创富效应巨大的沿海发达城市,城市化已经相当成熟,地方政府的"土地财政"创造了惊人的财富。

---

① 后来的研究者总结这一时期的中国工业化、城市化的模式和经验教训时用了三个概念:一个是把工业化称为"狭义国家工业化",意思是说,"一方面是工业在国民收入中所占份额达到46%以上,另一方面却有80%的农业劳动者从事农业生产"。其实质是借助工农产品价格剪刀差,依靠众多低收入的农民建立起了一个相对独立完整的工业体系。另一个是把城市化称为"逆城市化",意思是说,政府用户籍制度、粮票制度等行政手段,限制农民进城,同时用行政手段动员城市居民,特别是干部和知识分子下放、知识青年上山下乡,违背了客观规律,阻碍了城市化进程。到1978年,城市化率仅达到17.92%。再一个是把二者造成的严重后果称为"低收入水平工业化陷阱"。意思是说,国民经济具有工业化之名,却缺乏工业化之实,广大人民群众从所谓工业化中所得实惠甚少。这三方面的概括说明,改革开放前30年,中国的工业化和城市化绝大多数农民虽然没有直接参与,但正是他们,为这一时期的中国的工业化和城市化做出了最大的牺牲和最大的贡献。

二、农村家庭联产承包责任制的创造和推行为解决"温饱"问题提供了物质基础

回顾中国 60 年发展成就时,人们最通常的一个说法是:"中国对世界最大的贡献是用不足世界 10% 的耕地解决了占世界 22% 的 13 亿人的温饱问题。"从历史看,这个功劳应该归功于农村家庭联产承包责任制的推行。

中国是一个典型的人多地少的国家,人均农业资源占有量低①,农村和全国人民的温饱问题是中国发展的根本问题,其中,合理处理农民与生产资料的关系,实行合乎国情的土地制度是解决这个问题的关键。中国始终高度重视、认真对待、着力解决这个关乎中国命运和前途的重大问题。

在新中国成立初期,中国共产党通过土地改革,废除封建剥削阶级土地所有制,实行了一种"农民所有"的土地制度。在当时,这一制度在政治上是十分必要的,并且在经济意义上对于打破旧中国农村土地兼并,农民遭受沉重地租和高利贷盘剥的怪圈,释放农民生产劳动积极性也具有历史性意义。我们看到,当全国基本完成"土改"后,从 1950 年到 1952 年中国农业发展进入了一个连续增产的"黄金时期"。据统计,1952 年全国粮食产量比 1949 年增加 40% 左右,超过历史最高产量,其他农作物生产以及农民的货币收入也有大幅度提高。

随之而来的农业合作化和农业社会主义改造运动,由于实行过急过左的政策而造成了消极的效果,特别是实行"队为基础,三级所有"的土地制度,把原来的土地所有权从农民手中转移到集体组织,挫伤了农民的预期,影响了他们的劳动积极性。从 1953 年开始,农业生产出现了不正常的波动。从 1957 年到 1961 年农业生产量和生

---

① 　根据联合国教科文组织 2009 年数据,世界人均国土面积为 44.5 亩,中国只有 12.4 亩,为平均水平的 27.8%;世界人均耕地 4.8 亩,中国只有 1.3 亩,为平均水平的 27%;世界人均草地面积为 10.4 亩,中国只有 5.2 亩,为平均水平的 50%;世界人均林地面积为 13.6 亩,中国只有 1.6 亩,为平均水平的 11.7%。

产总值出现了连续五年的大幅度滑坡,其中,1959 年、1960 年两年的粮食增长率分别比 1956 年下降了 19.78 和 20.3 个百分点,农业总产值在 1959 年下降了 14%,1960 年又下降 12%,1961 年再度下降 2.5%。1959 年到 1961 年是中国近现代史上著名的"三年经济困难时期",不少农民因粮食匮乏而出现了超常死亡。后来,刘少奇、周恩来、邓小平等人提出了较为符合实际的经济管理思想,并采取调整措施,推出"三自一包"①农村经济政策,农业生产再度出现连续五年增产的局面。"文革"十年,农业生产又回复到 50 年代后期的波动局面,除了 1973 年到 1975 年因邓小平复出大抓整顿治理农业出现连续三年增产外,其余大部分时间,农业生产皆处于停滞发展或波动起伏的状况,并且由于"文革"造成国内社会动荡,农村生产力始终没有得到恢复。从这一曲折历史得出这样的教训:如果土地制度不能使农民与生产资料进行直接结合,其制度安排不能给中国农民以获得土地收益的合理预期,就不能激励他们努力工作,而稀缺的土地资源也不会得到优化配置,农民生活的改善就会失去基础。

我们在上一节曾提及,"大包干"即农村联产承包责任制是中国农民在改革之初的伟大创举。这种制度突破了左的政策束缚和平均主义分配制度的藩篱,采取"集体所有,分户经营"的方式,把土地的所有权和经营使用权分开来,使农民享有土地使用权和剩余产品控制权和处置权,它取消了人民公社,又没有走土地私有化的道路,既以家庭联产承包为主,又实行集体统一经营,既体现了农民与生产资料直接结合的关系,又适合中国农业需要走社会主义合作化道路的特点。它一开始就显示出特有的优越性,激发了农民从事农业生产和农业投资的高度热情,"交够国家的,留够集体的,剩下都是自己

---

① 20 世纪 60 年代初,刘少奇、邓小平等人在主持中央经济工作期间,为了克服"大跃进"给中国经济造成的困难,提出了较为符合实际的经济管理思想,主要体现在适度放宽国家对经济工作的统制,在具体政策上,主张在农村扩大自留地、发展集市贸易自由市场、主张工商企业自负盈亏,以及农业包产到户等政策。所谓的"三自一包",是指自留地、自由市场、自负盈亏和包产到户。这实际上是邓小平理论的最原始思想。

的"的口号,使中国农民看到了发展的希望。这一新生事物出现后,在短短几年就从局部地区扩展到全国所有省份,到 1981 年,全国农村已有90%的生产队实行了不同形式的农业生产责任制,到 1983 年底,全国农村基本上实行了以家庭承包经营为基础、统分结合的双层经营体制,到 1984 年,中央政府提出土地承包期一般在 15 年以上,1993 年又决定在土地承包期 15 年到期后,继续延长 30 年,并采取立法手段将这种责任制确定为中国农村的一项基本制度。

随着农村联产承包责任制的推行,中国农村生产力得到了解放。30 多年来,中国的农业生产一年上一个台阶。在改革的最初几年,农业产出每年保持 7.7% 的增长速度,农业总产值以不变价格计算 1984 年比 1978 年增加了 42.23%,其中,据测算经济体制改革对农业增长的贡献为 42.2%。1978 年全国粮食产量仅 30475 万吨,2010 年全国粮食产量已达到 54641 万吨,增长了 79%,肉类生产 2010 年是 1978 年的 16 倍。在全球粮食长期短缺的情况下,中国粮食自给率保持了 95% 以上的水平。农业总产值由 1978 年的 1397 亿元增加到 2009 年的 60361 亿元,31 年增长了 40 多倍。此外,农村经济得到了发展,农民生活水平得到了提高,1978 年全国农民年人均收入为 134 元,2010 年全国农民人均收入达到了 5919 元,是 30 多年前的 43 倍。随着收入水平的提高,农村居民恩格尔系数从 1978 年的 67.7% 下降为 2010 年的 43.1%,农民生活方式发生了质的飞跃,基本解决了温饱问题,整个农村的社会风貌发生了较大的改善。正如邓小平所说:"我们首先解决农村政策问题,搞联产承包责任制,搞多种经营,提倡科学种田,农民有经营管理的自主权。这些政策很见效,三年农村就发生了显著变革";"农村见了成效,我们才有勇气进行城市改革。"中国农业发展和对解决温饱问题的贡献一直受到联合国粮农组织的高度赞扬并向全世界大力推荐。

20 世纪 90 年代以后,随着市场经济的发展,新技术革命的广泛兴起,特别是工业化和城市化的加速,农村家庭联产承包责任制的边际效用开始递减,并逐渐呈现出制度上的一些问题和弊端,再加上其他的一些综合性因素,"三农"问题日趋严峻。在此期间,中国政府

农村联产承包责任制的创造和推行,中国农村生产力得到了解放,30 多年来,中国的农业生产一年上一个台阶,农民生活方式发生了质的飞跃,基本解决了温饱问题,整个农村的社会风貌发生了较大的改善。※

正是农村、农业和农民的相对稳定,正是以此为物质基础解决了中国的温饱问题,社会稳定有了保障,中国经济发展开始加速,并有条件深化各个领域的改革。※

在不断稳定和完善家庭联产责任制的基础上,鼓励农民发展多种经营,调整产业结构和产品结构,改革以粮食为主的农产品流通体制,用市场机制全面取代计划手段,出台一系列农村改革的重大措施,减轻农民负担,取消农业税,进行"以工促农,以城带乡"的城乡统筹改革,特别是从 2004 年到 2010 年连续 7 年出台一号文件,持续解决"三农"问题,推动农村全面发展,加快农村社会事业的建设。无论从哪个角度看,农村家庭联产承包责任制作为一种先行制度,对于启动农村改革,对于农村经济的持续发展,对于农业现代化,都是功不可没的。正是因为农村、农业和农民的稳定,正是以此为物质基础解决了中国的温饱问题,社会稳定有了保障,中国经济发展开始加速,并有条件深化各个领域的改革,可以说,整个局面同这一新型的农村土地制度有着极大的关联。

[专栏6-6]

农村家庭联产承包责任制存在的问题

从发展的情况看,农村家庭联产承包责任制主要存在四个方面问题:

土地产权不明晰,现行的农村土地所有制结构是在 1962 年实行的"三级所有,队为基础"的制度上确定的。"三级"即"组,村,乡"。从法律上看界限十分清楚,但具体到实践中,却无法操作。首先,乡农民集体经济组织事实上不存在。政社合一的体制废除后,无论是在法律规定中还是事实上都不存在所谓的乡农民合作社。因而也就找不到一个代表乡农民集体的组织或机构作为农村土地所有权的代表。这样,法律规定的乡农民集体所有,实际上是无人所有。乡政府作为一级国家行政机关,在法律上不可能成为集体土地的所有者。但由于存在着上述无人所有的缺陷,使乡政府对土地的管理职能与所有权合二为一,集体土地事实上成了国有土地。其次,村民委员会也不能作为农村土地所有权的代表。根据《村民委员会组织法(试行)》第二条规定:村民委员会是村民自我管理、自我教育、自我服务的基层群众性自治组织。村民委员会不是农村集体经济组织，而是农村群众性自治组织，因而，它不能成为农村集体土地的所有者。最后，村民小组也不能作为农村土地所有权的代表。因为在家庭承包责任制后，村小组的组织基本上解除了，通常只有一个村民小组长充当类似行政村联络员的工作，况且村民小组仅仅是集体经济组织的成员，不是一级集体组织，因而它也不能作为集体土地所有权的代表。

权力寻租。2003 年 3 月施行的《中华人民共和国农村土地承包法》虽然以法律的形式肯定了农民对土地的使用权、流转权和继承权，以此来保护农村土地承包关系的稳定，但当国家为了"公共利益"的需要必须征用农民的土地时，土地承包合同就成了一纸空文。土地权属不清，管理体制不健全，征地制度不规范。另外，土地实行"集体所有，分户经营"之后，国家对农村土地经营的大部分控制权下放给了农村各级基层政权，基层干部掌握着土地发包、调整地价、决定费用收取和宅基地分配等权力，由于缺乏有效的监督机制和能力，就使得乡村干部容易滥用权力，以权谋私；同时，作为土地转让价值的土地补偿费，无法由集体成员的农民直接支配，而被各级基层政权截留，导致了类似其他集体财产的所谓"人人所有，人人无权"的现象，极大地损害了农民的利益。

农户土地经营规模小，自实行家庭联产承包责任制以来，我国农村土地基本上按现有人口平均分配，把整块土地分割成许多小块分户经营，田埂、沟壑占了不少耕地。由于耕地面积狭小，农民还在沿用传统手工劳动工具，机械化大生产既不合算，也不可能，生产效益低下。这既不利于农业生产规模的扩大，也不利于分工的发展，更不利于农业技术的进步。超小规模的家庭经营使中国农村经济带有浓厚的小农经济色彩，使我国农业生产长期滞留在半自给自足的自然经济阶段，导致农产品成本过高，缺乏市场竞争力，经济效率低下。

影响土地资源市场配置及土地合理流转，家庭联产承包责任制对土地使用权的划分，使农民对所承包的土地产生了恋土情结，农民不仅把集体所有的土地作为解决生活资料的来源，而且当做应付从事不稳定的非农产业带来的风险的一种手段。加上土地对农民的就业保障、生活福利保障和伤病养老保障等功能，许多农民即使已经从事了非农产业也不愿放弃土地占有权，宁愿粗放经营或抛荒。目前，我国大多数农户经营的土地面积在0.5公顷以下，而世界上中等收入以上的国家平均每个生产单位的面积是76.5公顷。我国人均农用地资源高度缺乏，而一些种田能手也为取得规模效益而希望得到更多的土地。换句话说，承包制使许多农民不能真正离开土地，安心从事非农产业；另一方面，又使得安心从事农业生产的农户不能通过扩大生产面积取得规模效益。因此，承包制既阻碍了广大农民真正从土地上解脱出来，又阻碍了农业的规模化、集约化经营。

——国务院综合改革办公室调研报告，2008年4月

三、乡镇企业"异军突起"，解决了中国农业现代化起步阶段的积累问题

乡镇企业在解决中国农业现代化起步阶段的积累问题，探索中国工农结合、城乡结合、不同所有制结合等方面开辟了一条创新之路。※

中国农村实行家庭联产责任制之后，释放了大量原来被锁在农田里的劳动力，这些劳动力到哪里去？这无论在中国改革的宏观层面，还是现实中的农业微观经济活动微观层面都是一个重大难题。中国农民又一个伟大的创造——乡镇企业，解决了这个堪称世界性的难题，它的迅猛发展，不仅有效吸纳了农村富余劳动力的转移就业，为广大农民的增收，农村经济的繁荣和县域经济的发展起到了重要支撑作用，更重要还在于，它在解决中国农业现代化起步阶段的积累问题，探索中国工农结合、城乡结合、不同所有制结合等方面开辟了一条创新之路。

乡镇企业是指由农村乡镇、行政村、村民小组等集体经济组织或农民自主办起来的各类企业。其前身是人民公社和生产大队两级集体经济兴办的社队企业，萌芽于农村副业，在"大跃进"和"农业学大寨"期间曾掀起过"大炼钢铁"和"农村办工业"的热潮，但不是因浮夸而流于形式，就是盲目一哄而上或一曝十寒，加之体制上的束缚，到改革开放前，始终未成气候，没有改变中国农村比较单一的农副业

生产结构。

　　改革开放后,特别是 20 世纪 80 年代以来,乡镇企业为什么能够"异军突起"并"一飞冲天",主要是因为具备了其发展所必需的历史基础和体制条件,包括农业生产的长足发展和农产品供给的相对充足,农村社会分工的发展,农村经济市场化程度的提高等,而最重要的两个条件还在于:一是农村剩余劳动力的大量出现,使乡镇企业这条路非走不可,一批有胆识有才智的"经营型"人才的涌现,使这条路越走越宽广;二是中国政府积极推进的农村改革和整个国民经济体制改革为乡镇企业发展提供了很好的政策环境,随着改革的深化,政策导向越来越成为乡镇企业发展的主要推动力①。

---

　　①　从 1979 年起,中央根据农村改革和国民经济体制改革的进程不断出台鼓励乡镇企业发展的政策文件,例如 1979 年 7 月国务院颁发了《关于发展社队企业若干问题的规定(试行草案)》,指出发展社队企业的重大意义,并制定了一系列的扶持政策,如将国家支援人民公社的投资一般不少于一半用于扶持穷社穷队办企业;农业银行发放一定数量的低息贷款;国家对社队企业分别不同情况,实行低税或免税政策;各行各业要积极扶持社队企业等。1981 年国务院下发的《关于社队企业贯彻国民经济调整方针的若干规定》,指出社队企业已成为农村经济的重要组成部分,符合农村经济综合发展的方向,并提出了具体的调整方针和政策措施的。1983 年中央一号文件明确指出,社队企业也是合作经济,必须努力办好,继续充实发展。1984 年中共中央 1 号文件提出,在兴办社队企业的同时,鼓励农民个人兴办或联合兴办各类企业,当年 3 月,出台著名的 4 号文件。这个文件在将社队企业正式改名为乡镇企业,提出由原来的二个轮子(社办、队办)改变为四个轮子(乡办、村办、联户办、户办)同时发展,由主要是农副产品加工产业改变为六大产业(农、工、商、建、运、服)"多轮驱动,多轨运行","多业并举",还突破了"三就地"(就地取材、就地生产和就地销售),鼓励乡镇企业进行外引内联。此后,1985 年、1986 年中央关于农村问题的两个 1 号文件和 1987 年 5 号文件,都结合乡镇企业发展中出现的新情况、新问题,提出了若干要求或制定了一系列新政策,包括乡镇企业组织制度建设、城乡关系的协调、农业和农村非农产业协调发展等问题都有不同程度的涉及。从 1984 年六届二次全国人大提议制定,到 1996 年八届人大正式通过,历时 12 年颁布的《乡镇企业法》,是乡镇企业历史上重要的里程碑,在该法中首次对乡镇企业这一概念作了界定:"乡镇企业是指农村集体经济或者农民投资超过 50%,或者不足 50%,但能起到控股或者实际支配作用,在乡镇(包括所辖村)举办的承担支农义务的各类企业";该法还明确规定乡镇企业的主要任务是"根据市场需要发展商品生产,提供社会服务,增加社会有效供给,吸收农村剩余劳动力,提高农民收入,支援农业,推进农业和农村现代化,促进国民经济和社会事业的发展"。

在这样的条件下,乡镇企业凭借其灵活的经营方式,自主快速的决策机制,能进能出的用工机制,能上能下的干部机制,酬效挂钩的分配机制,奖惩分明的激励机制,自负盈亏的约束机制,自我积累的发展机制和较低的运行成本,生产要素从市场中来,产品到市场中去,率先开辟了一条市场化道路。这些覆盖全国广大农村数以千万计的经济体充满生机和活力,它们以市场为导向组织生产经营活动,以惊人的速度发展。

表 6-1:1978—2010 年全国乡镇企业发展情况①

年份	全国乡镇企业生产总产值(亿元)	全国乡镇企业增加值(亿元)	全国乡镇企业企业数(万个)	全国乡镇企业从业人员(万人)	全国乡镇企业利润总额(亿元)	全国GDP②(亿元)	全国乡镇企业增加值占全国GDP比重
1978	495.13	—	152.42	2826.56	88.9(纯利润)	3645.2	—
1979	552.25	—				4062.6	—
1980	665.10	—	142.46	2999.67	118.38(纯利润)	4545.6	—
1981	736.65	—	133.75	2969.58	—	4891.6	
1982	846.26	—	136.17	3112.91	—	5323.4	
1983	1007.87	—	134.64	3234.64	—	5962.7	
1984	1697.78	—	606.52	5208.11	—	7208.1	
1985	2755.04	—	1222.45	6979.03	287.39(纯利润)	9016.0	
1986	3583.28	—	1515.31	7937.14	320.11(纯利润)	10275.2	
1987	4947.72	—	1750.25	8805.18	405.27(纯利润)	12058.6	
1988	7017.76	—	1888.16	9545.46	550.02(纯利润)	15042.8	—

① 数据来源:中国乡镇企业及农产品加工业年鉴。1995 年以后才有乡镇企业增加值的统计,2001 年之前统计的是净利润或者不作统计,2002 年后的为利润总额。
② 数据来源:中国统计年鉴数据。

续表

年份	全国乡镇企业生产总产值（亿元）	全国乡镇企业增加值（亿元）	全国乡镇企业企业数（万个）	全国乡镇企业从业人员（万人）	全国乡镇企业利润总额（亿元）	全国GDP②（亿元）	全国乡镇企业增加值占全国GDP比重
1989	8401.82	—	1868.63	9366.78	569.78（纯利润）	16992.3	—
1990	9581.11	—	1850.4	9264.8	588.0（纯利润）	18667.8	—
1991	11621.7	—	1907.9	9609.1	—	21781.5	—
1992	17659.7	—	2091.6	10624.6	—	26923.5	—
1993	31540.7	—	2452.9	12345.3	718.0 可分配利润	35333.9	—
1994	42588.6	—	1866.7	11329.7	—	48197.9	—
1995	—	14595	2203	12861	—	60793.7	24.01%
1996	—	17659	2336.33	13508.3	4350.8	71176.6	24.81%
1997	89900.6	20740	2014.9	13050.4	—	78973.0	26.26%
1998	96693.7	22186	2003.9	12536.5	—	84402.3	26.29%
1999	108426.1	24883	2070.9	12704.1	—	89677.1	27.75%
2000	116150.3	27156	2084.7	12819.6	5882.6（净利润）	99214.6	27.37%
2001	126046.9	29356	2115.5	13085.6	6001.5（净利润）	109655.2	26.77%
2002	140434.5	32386	2132.7	13287.7	7557.8	120332.7	26.91%
2003	152360.7	36686	2185.1	13572.9	8571.2	135822.8	27.01%
2004	172516.7	41815	2213.2	13866.2	9932	159878.3	26.15%
2005	217181.6	50534	2249.6	14272.4	12518.6	184937.4	27.32%
2006	249808.0	57955	2314.5	14690.1	14735.1	216314.4	26.79%
2007	290084.2	69620	2390.9	15089.8	17643.5	265810.3	26.19%
2008	353475.7	84127	2599.2	15450.6	20706.6	314045.4	26.79%
2009	398027.4	93532	2678.9	15588.2	22879.0	340506.9	27.47%
2010	454600.0	106250	2710.0	15843.0	26200.0	397983.0	26.67%

在第一个 10 年，即从 1979 年至 1988 年，全国乡镇企业数量由

1000 多万个跃升到 2000 多万个,从业人员从 5000 多万人增加到 9495 万人,企业总产值从 1978 年的 493 亿元提高到 7018 亿元,其中工业产值以每年近千亿的速度发展。

在第二个 10 年,虽然经历了 1989 年至 1990 年期间的"治理整顿"和经济紧缩,乡镇企业投资减少,增长速度放慢,几百万从业人员离开企业回到农田,但仍以顽强的生命力抓住发展外向型经济的机遇,很快恢复了强劲增长。从 1991 年到 1997 年,企业总产值年均增长率达到 40.5%,企业数由 1992 年的 2092 万个增至 1997 年的 2099 万个,从业人员增加了 2000 万人,总产值递增到 6 万多亿元。1997 年乡镇企业数占全国企业总数的 90% 以上,职工人数比国有企业还多 5000 万人,占农村总劳动力的 28.3%。

到第三个 10 年,即 2008 年时,全国乡镇企业实现增加值 84127 亿元,占国内生产总值的 27.98%;出口商品交货值 35092 亿元;实缴国家税金 8765 亿元,占当年财政收入的 14.29%,企业数达到 17 万个,从业人员达 15451 万人,占农村劳动力总数的 29.34%,乡镇企业支付劳动者报酬达 15830 亿元,农民从乡镇企业获得的人均收入 1666 元,占农民人均纯收入的 34.99%。到 2010 年,全国乡镇企业实现增加值 106250 亿元人民币,占国内生产总值的 26.69%;企业总产值 454600 亿元,实现利润 26200 亿元,全年累计完成工业总产值 312500 亿元,实现工业销售产值 300500 亿元,相当于全国规模以上企业工业总产值的 46%,从业人员达到 1.58 亿,占农村劳动力总数的 30% 以上。

从以上数据可以看出,乡镇企业已经成为中国农业和农村经济发展的主体力量,它以其总产值、工业产值、上交税金、出口创汇的迅速增长,不仅推动了农村经济和整个国民经济的发展,更重要的是推进了中国农业现代化的进程。

实现农业现代化是当今世界各国农业发展的总体趋势,也是中国现代化的重要组成部分。在幅员辽阔,人多地少,而且资源禀赋、要素结构、生产力发展水平和基础条件皆逊于世界大多数国家的中国,实现发达国家经过近百年才达到的现代化,是一个十分艰难而复

在幅员辽阔,人多地少,而且资源禀赋、要素结构、生产力发展水平和基础条件皆逊于世界许多国家的中国,实现发达国家经过近百年才达到的现代化,是一个十分艰难而复杂的过程。但中国找到了自己特有的路径,这就是乡镇企业的异军突起。※

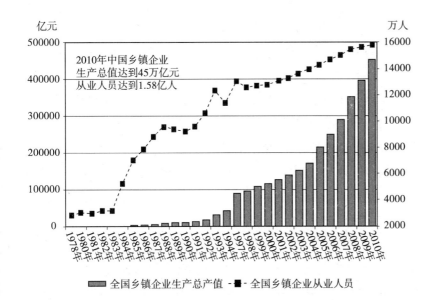

图 6-1:1978—2010 年中国乡镇企业生产总值和从业人员增长情况

杂的过程。但中国找到了自己特有的路径,这就是乡镇企业的异军突起。它的迅速发展为农业资源的开发利用①提供了资金支持,为农业机械化打下了物质装备基础②,对于改善农业生产手段,促进农业生产方式的转变,推动劳动力结构和产业结构的重大变革,加快传

---

①　中国虽然是一个资源总量大,人均资源占有量少,优质资源较小,劣质资源比重较大的国家,但尚有很多资源可资开发利用,包括气候生产资源(即光温利用、复种指数、太阳能和风能利用等),水资源、耕地资源(中国只有不足 500 万公顷的后备耕地资源可供开发,并且中低产田增产潜力巨大)、森林资源、草地资源、水产资源等。

②　农业机械化是实现传统农业向现代农业转变的根本手段,是改善农业生产条件,提高农业劳动生产率和生产力水平,推动农业生产标准化、规模化、产业化的根本路径,农业新技术推广应用的主要载体,对于进一步提高农产品单位产量、提升农产品品质、改善生态环境以及促进粮食增产、农业增效和增强农业的可持续发展能力等方面具有不可替代的作用,要实现农业的现代化,必须率先发展农业机械化,用现代物质条件装备农业,提高农业生产的机械化和集约化水平。新中国成立后,中国的农业机械化一直处于初级阶段,改革开放以来,农业机械化水平在飞速提高,到 2007年时,全国耕种综合机械化水平达到了 42%,农业劳动力占全社会从业人员比重38%,已降至 40%以下,标志着中国农业机械化发展跨入了中级阶段。这很大程度归功于乡镇企业的发展。

统农业向现代农业的转变过程,发挥了非常重要的作用。在今天看来,中国农业现代化已不是一句空洞的口号,而是迈出了实实在在的步伐,全面发展的基础已经建立。

乡镇企业通过自己的实践在探索工农结合、城乡结合和不同所有制结合等方面开辟了一条创新之路。工农结合、城乡结合是人类社会发展的历史趋势,毛泽东很早就主张缩小城乡差别,实现城乡互助和城乡统筹,通过农村工业化带动农村城镇化,倡导创建"工农结合、城乡结合"新型社会组织。他的这一理想在乡镇企业身上得到了实现。乡镇企业本身就是工农结合、城乡结合的产物。乡镇企业的主体是工业,中国农村发展乡镇企业的过程实际是农业与工业交集,农民从一产走向二产、三产的实现过程。在农村办工业,1亿多农村剩余劳动人洗脚离田,进入工厂、车间,进而走向全国和世界市场;所从事的行业,从农副产品加工扩展到几乎所有的工业领域,再扩展到贸易、建筑、交通运输、住宿及餐饮和批发零售等行业,进入21世纪以来,又扩展到社会服务业。与此同时,城市工业企业也把资金设备技术投向农村,接下来,农民和工人在乡村城镇开始共同建设城市基础设施,营造城市生活环境。可见,乡镇企业推进了农村工业化,也加速了农村城市化,或者说走了一条新型城市化道路。在当今中国,发展乡镇企业已成为城乡经济发展的共同需要。

乡镇企业也是多种形式、多种内容、多种所有制经纬交织的联合体与综合体。在发展初期,农村个体经济是带动乡镇企业快速发展的主要力量,而集体投资是企业资本金的主要来源,到后来,逐步形成了多种所有制共同发展①,企业组织形式多样化②的格局,投资构

在当今中国,发展乡镇企业已成为城乡经济发展的共同需要。※

乡镇企业所显示的人民力量和作用,成为中国模式中光彩夺目的一翼。※

---

① 在所有制构成方面,包括集体与个人、城市企业同乡镇企业(即由城市工业企业负责提供,负责产供销,乡镇企业提供土地、厂房和劳动力)、科研机构同乡镇企业(科研机构以技术入股,在国家科研体制改革后,技术拍卖的买主基本是乡镇企业,使原来的形式发生了改变)、外商企业同乡镇企业的联营形式(其典型形式是"三来一补")。

② 包括集体所有制、股份合作制企业、有限责任公司、股份有限公司、个人独资等。

成也发生了变化,乡村集体资本金退出步伐加快,个人、外商、法人资本金比重在不断上升①。

　　乡镇企业显示的人民力量和作用,在整个中国模式中已经成为光彩夺目的一翼,成为整个国民经济和社会发展的重要支柱,成为改革开放和现代化建设的客观必然要求,是一条具有中国特色实现中国经济现代化的必由之路。

[专栏6-7]　　中国乡镇企业在发展中存在的问题

　　　　中国乡镇企业在改革进程中异军突起,在中国社会经济发展中发挥了巨大作用。但这并不说明它不存在矛盾和困难。事实上,乡镇企业在改革和发展过程中就伴生着政企不分、布局分散、产业结构趋同、区域发展失衡及生态环境恶化等问题。这些问题有的是政策或体制造成,有的是乡镇企业本身问题所致。

　　　　"政企不分"导致企业产权模糊,使企业经营管理难以规范化,不利于实现所有权与经营权的分离,影响了企业发展的活力和后劲。

　　　　"离土不离乡、进厂不进城"导致乡镇企业布局的分散格局。这种格局是由于历史的原因,受城乡分割的二元经济结构以及土地、户籍制度等因素影响所致。这是当时中国农民在所能允许的范围内发展乡镇企业的选择。但是从长远来看,乡镇企业布局的高度分散化,不符合一般的经济规律,难以形成规模经济和聚集效益,对乡镇企业的巩固提高十分不利。这种分散布局已经带来许多问题,如过多占用耕地,污染环境,不利于生产要素的流动等。

　　　　城乡工业之间以及地区之间结构趋同,盲目发展,低水平重复,造成了经济效益低下和资源的浪费。

　　　　乡镇企业发展的不平衡十分严重,东部沿海地区发展十分迅

---

　　①　外商对乡镇企业的投资,从 1992 年开始迅速增加,到 1996 年达到最高峰,1996 年,乡镇企业合同利用外资达到了 8 亿多美元,占到全国合同利用外资的 12%,同期乡镇企业实际利用外资占到了全国实际利用外资的 9%。

速,中西部则相对落后。两者不仅在经济总量,而且在技术水平、素质、效益等方面的差距逐渐拉大。

由于乡镇企业起步晚,布局分散,设备简陋,能耗高加上环保意识和治理污染的经济、技术力量薄弱,农村的环境污染十分严重。

——摘自姜春海《中国乡镇企业发展面临的问题和对策》

四、农民工成为中国工业化、城市化、现代化和国际化的庞大后备军

在中国现代化、工业化、城市化加速的同时,一支世界历史上前所未有的新型劳动大军从中国农村浩浩荡荡走出来,加入到中国现代化建设的队伍。2 亿以上的农村青壮年劳动力,涉及 6 亿人口以上的农村家庭,遍及全国 31 个省、自治区、直辖市的各行各业,这就是中国的农民工。

"农民工"是中国经济社会转型时期的特殊概念,是指户籍身份还是农民,有所承包的土地,但主要从事非农生产,以工资为主要收入来源的人员。狭义的农民工一般指跨地区外出进城务工人员,广义的农民工还包括了在本地区乡镇企业从业的人员。农民工是中国农民继农村家庭联产承包制和乡镇企业异军突起之后又一伟大创举,是中国模式最具特色的一支重要力量。

在改革开放前,由于中国采取了严格控制农村人口向城市迁移的政策,形成了城乡分割的二元体制,中国农民基本被封锁在农村。在改革开放初期,农村因实行新的土地制度解放和发展了农业生产力,农产品和农业劳动力出现剩余,大量农民离开土地进入乡镇企业就业,开创了"离土不离乡"的农村劳动力转移模式。到了 20 世纪 80 年代后期,随着中国对外开放和城市改革的深入,特别是东南沿海地区经济的快速发展,对劳动力提出了旺盛的要求,大量跨地区流动的农民工涌向这些地区,形成了蔚为壮观的"民工潮"。据调查,在 1989 年,全国农村外出务工的人员由改革开放初期的不足 200 万

"农民工"是中国经济社会转型时期的特殊概念,是中国农民继农村家庭联产承包制和乡镇企业异军突起之后又一伟大创举,是中国模式最具特色的一支重要力量。※

人增加到 3000 万人。1992 年邓小平南巡后,中国经济发展进入新一轮增长期,农民工参与国家现代化建设也形成了新的高潮,到1993 年底,全国外出务工的农民达到 6200 万人。90 年代中后期,城市就业由于面临"三峰叠加"①严峻局面,一些城市对用人单位招用农民工采取了限制性措施,全国农民工数量增长放缓,一些地方出现农民工回流。进入 21 世纪,国家为了统筹城乡发展,进一步解决"三农"问题,对农民工采取了积极引导的政策②,农民工进入新的发展时期,最近 10 年来,每年增加 500 万—800 万人。据国家人力资源和社会保障部提供的数据:到"十一五"末,全国农民工总数达到24223 万人,其中外出农民工数量为 15335 万人。

根据国务院研究室在 2005 年撰写的《中国农民工调查报告》,中国农民工主要有六大特点:一是以青壮年为主,平均年龄在 28.6岁,其中初中文化程度的占 66%,他们思想活跃,向往城市生活,容易适应现代工业生产要求;二是有强烈的外出就业冲动,采取自发性外出方式的占 80%;三是主要来自中西部,其中四川、河南、安徽、湖北、湖南、广西、重庆、贵州等省市占全国跨省流动农民工总量的81%;四是所从事的行业以制造业、建筑业为主;五是就业分布以东南沿海地区和大中城市为主;六是以城乡间双向流动为主,即进行"亦工亦农,亦城亦乡"候鸟式流动。

农民工一头连着中国广袤的农村地区,一头连着发达地区和大中城市,把中国的"三农"问题同工业化、城市化、现代化联在一起,

> "**农**民工"一头连着中国广袤的农村地区,一头连着发达地区和大中城市,把中国的"三农"问题同工业化、城市化、现代化联在一起,闯出了一条城乡融合的新路子。※

---

①　指农民进城务工就业高峰、城镇新增劳动力就业高峰、下岗失业人员再就业高峰。

②　例如,2003 年和 2004 年,国务院连续发出通知,要求各级政府切实改善农民进城就业环境,做好管理工作和服务工作,2006 年,国务院印发《关于解决农民工问题的若干意见》,2007 年,全国人大常委会通过《劳动合同法》《就业促进法》《劳动争议调解仲裁法》,加大对农民工劳动权益的法制保障力度,2008 年,国务院办公厅印发《关于切实做好当前农民工工作的通知》,2009 年,国务院办公厅印发《国家职业病防治规划(2009—2015)》,2010 年,国务院办公厅印发《关于进一步做好农民工培训工作的指导意见》和《关于发展家庭服务业的指导意见》,此外,全国人大常委会还通过了《社会保险法》,明确规定进城务工的农村居民依照本法规定参加社会保险。

闯出了一条城乡融合的新路子,不仅成为农村劳动力转移就业,增加农民收入的主渠道,并且成为中国工业化、城市化、现代化和国际化的后备军,成为中国竞争优势的力量源泉。

农民工浪潮通过自发外出的方式,大面积解决了农村剩余劳动力转移就业问题。在改革开放初期,中国农业就业人口占到整个就业人口的80%,到2003年,这个比例降到了43%[①],2010年又降到35.9%[②],农业就业人口比例的减少是农业现代化的重要标志,中国这种减少是通过经济发展自然合理地引导农村剩余劳动力向城镇转移实现的,它比西方发达国家引起的社会动荡要小得多,付出的社会成本要少,历程要短。经合组织农业问题专家安德列·克维钦斯基认为,20—30年后,中国农业就业人口比例可望下降到就业总人口的15%—10%,"如果顺利,可以下降到5%",按照中国农民工的发展趋势,这种可能性是存在的,它对于城乡之间劳动力资源和生产力布局优化配置意义特别重大。

农民外出务工是近年来农村脱贫致富的主要途径,已经成为中国农民增加收入的重要来源。中国农村一直盛行这样一个理念:"输出一个(农民工),脱贫一户,输出百个,脱贫一村。"2010年中国农民的纯收入达到5919元人民币,其中工资性收入约占40%[③],据清华大学人文与社会科学学院院长李强教授研究的结果,这个比例是世界上最高的,而其他国家只有6.5%。2009年,中国的贫困人口从1978年的2.5亿下降到3597万人,取得这一举世瞩目的成就,农民工起到了不可低估的作用。

另一个不争的事实是,农民工的进城直接加速了中国的城市化。第六次全国人口普查结果显示,截至2010年,全国有流动人口26139万人,同2000年人口普查的情况相比,10年间流动人口增加了81%,其中农业人口是主要组成部分,结果是居住在农村的人口

经合组织农业问题专家安德列·克维钦斯基认为,20—30年后,中国农业就业人口比例可望下降到就业总人口的15%—10%,"如果顺利,可以降到5%"。※

---

① 法国国家亚洲事务研究所中国农业问题专家克洛德·奥贝尔的研究结论。

② 根据第六次全国人口普查数据计算.

③ 清华大学李强教授计算出的结论。

是 674149546 人, 占 总人口的 50.32%, 居住在城镇的人口 665575306 人, 占 49.68%。这个比例说明, 中国的城市化率已达到了近 50%, 而在 60 年前, 它只有 10%, 在 30 年前只有 17.92%。几亿农民流向东南沿海和大中城市, 不是流窜, 不是单纯"觅食"、"淘金", 而是资源的合理流动, 本质上是中国城市化、现代化建设的客观需要。深圳由一个仅有 20 多万人口的边陲小镇, 在短短 30 年的时间里就变成一座拥有 1400 万人口的现代化大都市, 深圳主要靠移民建设起来并由移民来运转的, 其中农民工占 50% 以上;上海浦东、滨海新区等综合配套改革新区也由农民工大军在一张白纸上绘制新图;中国东南沿海数十万个外向型工厂、大批产业园区是由"打工仔"、"打工妹"建设起来并从事生产劳动的;纵贯全国的水、陆、空交通设施和网络, 是由农民工修造的……在广大城镇, 一座座高楼拔地而起, 一条条马路不断延伸, 一个个市场不断扩大, 无不凝结着农民工辛勤劳动的汗水, 无一不是他们创造的财富。城市中脏、累、苦、险的工作都是农民工在干, 他们为改善城市居民的生活和工作环境默默无闻地做着奉献。据调查, 城市环卫工人、家政从业人员、餐饮服务人员绝大多数是农民工, 有些城市离开农民工甚至会陷入瘫痪[1]。可以说中国城市已离不开农民工, 他们不仅是大中小城市重要的造城者, 也是城市化要吸纳的主要群体。

农民工最撼动世界的还在于他是中国竞争优势的力量源泉。首先他在传统体制之外开辟了一条工农之间、城乡之间生产要素流动的通道, 为中国整体产业的发展提供了源源不断的低成本劳动力, 壮大并更新了中国的产业大军, 满足了中国经济发展和工业化进程对劳动力的需求。据第六次全国人口普查结果显示, 农民工在第二产业从业人员中占 63%, 在第三产业中占 58%, 在加工制造业中占 72%, 在建筑业中占 87%, 已成为中国产业工人中的主体。2.5 亿农民工是个什么概念, 它相当于世界发达国家和新兴工业国家从业人

"**农**民工"最撼动世界的还在于他是中国竞争优势的源泉, 源源不断为中国整体产业的发展提供了成本相对低的劳动力, 壮大并更新了中国的产业大军, 满足了中国经济发展和工业化进程对劳动力的需求。※

---

[1]　在北京等大城市, 每逢春节农民工返乡, 就会出现家政服务人员严重短缺的现象, 城市运行功能和居民生活都会受到影响。

几亿农民流向东南沿海和大中城市,不是流窜,不是单纯"觅食"、"淘金",而是资源的合理流动,本质上是中国城市化、现代化建设的客观需要。※

员的总和,他们虽然在文化水平和生产技能上不如发达国家,但因处于青壮年,具有奋斗精神,思想活跃,向往新的生活,能够适应现代工业生产要求,吃苦耐劳,工资低廉①,劳动竞争力则远胜之。中国生产的民生产品占全球的40%,廉价商品横扫全世界,甚至成为发达国家抵御通胀、维持生活质量不可或缺的必需品。中国的迅速崛起同世界性产业转移有很大的关系,许多发达国家和地区为什么将成熟产业向中国转移,目的之一就是要利用中国的廉价劳动力,获取巨额的成本差价,而没有这批农民工大军,对外资也就失去了吸引力。所以,农民工加入产业大军,不仅提高了中国产业整体竞争力,还为吸引外资和发展出口贸易创造了条件,为中国把握世界性产业转移的重大机遇,迅速发展成为"世界工厂"提供了雄厚的基础。

---

① 据国家人力资源和社会保障部提供的数据,2010年农民工月收入为1690元,而2005年是875元,收入水平相当于发达国家的1/13和1/22。

第七章

中国模式现代化与和谐世界建设

中国模式不是固态的、一成不变的,而是一个动态的过程①,是一个综合、整体、系统的发展过程,它同时也是一个开放的过程,是中国不断融入世界体系、发挥越来越重要作用的过程。就实质而言,中国模式是一个发展中国家在全球化背景下实现社会现代化的一种战略选择,它是中国在改革开放过程中逐渐发展起来的一整套应对全球化挑战的发展战略和治理模式②。从人类社会经济发展进程的视野观察,中国模式及其所依存的中国制度,将是一个依靠自身改革而不断完善、不断演进的长期过程,也将是向世界学习、相互交融的长期过程。

本章将讨论,发展模式的多样化是由世界文明的多样性决定的,中国模式只是世界上多样化发展模式中的一种。在全球化背景下,文明的多样性与发展模式的多样化既是世界充满矛盾冲突的根源,也是建设和谐世界的基础。中国在社会主义现代化建设和改革开放

中国模式是一个动态发展的过程,它同时也是一个开放的过程,是中国不断融入世界体系、向世界各国先进发展经验学习、同人类各种先进要素相互交融的过程。※

---

① 西方对于中国模式的认识也是不断变化的。改革开放以前认为中国仿照苏联模式。改革开放以后,从20世纪80年代的文献资料来看,很多西方观察家认为中国不会有自己的模式,因为当时有"政治民主化"和"经济市场化"两个口号,很多人认为中国所进行的改革开放最终会使得中国变成另外一个西方式国家,即使不是西方模式,也会成为东亚模式的一部分。1997年亚洲金融危机发生,保罗·克鲁格曼发表文章,他认为靠投资启动的东亚模式失败了。中国成功应付亚洲金融危机之后,西方有一部分人对中国发展经验的讨论和思考开始严肃起来。

② 俞可平:《"中国模式":经验与鉴戒》,《光明日报》2005年9月4日。

的进程中,及时把握世界发展的大趋势及其时代主题,并据此调整对外交往的理念和实践,从和平共处到和平发展,再到建设和谐世界,充分体现了热爱和平的中国在抓住机遇实现发展的同时,始终致力于人类的和平发展和各国的相互合作。中国提出的和平与发展是当代的主题、建设和谐世界、对话、合作、互利、共赢等理念,已经深刻影响了世界各国特别是发展中国家,成为当今世界的主流思想。中国积极推动世界和平发展的执著信念和不懈追求,已经得到越来越多的理解、支持和信任。以谋求多样化发展模式以及不同文明之间的和平相处、求同存异、加强合作、互利共赢、共同发展为己任的中国,正在以实际行动推进和谐世界建设。

第一节 世界多样性与发展模式多样化

我们所处经济全球化时代,充满矛盾、冲突、强权和欺凌,而和平共处、合作互利、和谐发展则是这个时代追求的目标。

经济全球化是一个始于 16 世纪的历史发展过程,是充满了世界性与民族性的矛盾的辩证发展过程,是各种性质和形态的文明不断冲突又不断融合的过程。这个过程以文明的多样性为基础,不断催生着新的文明形态,从而推动着人类文明的总体进步,它既是人类文明和社会进步的结果,也是社会化大生产的必然趋势。从生产力运动和发展的角度看,经济全球化是指在世界范围内,各国、各地区的经济相互交织、相互影响、相互融合成统一整体,即形成"全球统一市场";同时它也是一种新的国际关系体制,表示在世界范围内建立规范经济行为的全球规则,并以此为基础建立经济运行的全球机制。20 世纪 80 年代,在以信息技术为代表的新技术革命的推动下,兴起了新一轮全球化浪潮,包括生产、金融、科技以及为之提供服务四个方面的全球化,使得世界各国经济日益相互开放和依存,各国经济的发展与整个世界经济的变动日益相互影响和制约①。

---

① 参见陈锦华等著《开放与国家盛衰》,人民出版社 2010 年版。

最近的案例,就是2008年下半年发生的美国次贷危机,引发了全球金融危机,由虚拟经济引起实体经济的衰退;全世界还未走出这场史无前例危机的阴影,欧洲主权债务危机①又扑面而来,特别是2011年8月美国主权信用评级下调,使一再出现的主权债务危机席卷全球,它不仅延缓了世界经济复苏进程,还可能触发新一轮全球性经济政治风险。

[专栏7-1]　　　　欧美主权债务危机

2008年10月,冰岛主权债务问题浮出水面,其后是中东欧国家,由于救助及时未酿成较大的国际金融动荡。

2009年12月,全球三大评级公司标普、穆迪和惠誉分别下调希腊的主权债务评级,此后欧洲多个国家也开始陷入危机,"欧猪五国PIIGS"(葡萄牙、意大利、爱尔兰、希腊、西班牙)的信用评级被调低,经济下滑,债台高筑,整个欧洲面临严峻考验。

2010年5月10日,欧盟27国财长被迫决定设立总额为7500亿欧元的救助机制,帮助可能陷入债务危机的欧元区成员国,防止危机继续蔓延。

欧元区16个成员中,无一个国家的政府赤字在GDP的3%以内;它们的平均赤字在GDP的7%以上。除希腊以外,爱尔兰、意大利、西班牙、葡萄牙的赤字和债务问题都很突出。

2011年8月,国际评级机构标准普尔宣布将美国AAA级长期主权信用评级下调至AA+,使美国国债有史以来首次失去了全球最高的信用评级,使投资者对美国经济前景的不确定性的担忧加剧,恐慌情绪蔓延,全球股市普遍下挫。

世界多样性和各个国家发展模式多样化,是由不同国家(地区)的历史、文化、地理、资源、人口、政治等条件决定的。以美国为代表

① 主权债务(sovereign debt)是指一国以自己的主权为担保,向国际货币基金组织、世界银行或其他国家借来的债务。

世界多样性和各个国家发展模式多样化,是由不同国家(地区)的历史、文化、地理、资源、人口、政治等条件决定的。各国发展途径及模式无不基于自己的国情,从全球视野看,皆各有所长。正是这种多样性,构成了我们今天丰富多彩的世界。※

421

的发达国家及跨国公司主导推进的经济全球化,并没有妨碍发展模式的多样化呈现。各国发展水平不同,所处的发展阶段不同,选择的发展模式不同,再掺杂强权推行意识形态,使得全球化背景下的世界发展充满矛盾、冲突等种种不和谐因素。

一、世界多样性是人类文明进步的动力

当今世界,近 70 亿人口,数以千计的民族和种族,信奉不同的宗教、生活在 230 多个政治实体(国家及地区)之中,展现了绚丽多彩的文化生活及其千差万别的政治经济活动和制度形式。这些以国家和地区为单元的实体之间,在地理区位、领土面积、人口等方面各不相同,他们的历史、民族、文化、语言、宗教存在着差异,经济和科技发展水平、社会政治制度和意识形态更是差别显著。正是这种多样性,构成了我们今天丰富多彩的世界。

在马克思主义的视野里,文明作为一个与野蛮、愚昧和无知相对应的概念,作为标志着人类社会进步的程度和开发的状态,是社会经济和人类理性发展到一定程度的产物,文明产生以后又推动着社会经济形态的进步。文明的多样性,不仅是指作为一定有机整体的文明有着多种多样的形式,而且是指由不同文明传统形成的或民族、或国家、或地区的独立文明单元的多种多样。从哲学上分析,物质世界是多样性的统一,人类世界也必然是多样性文明的统一的世界;从文化人类学的角度分析,整个世界是朝着多样性方向发展的;从政治学角度分析,民族、国家也是多样性的存在。

多样性文明的共存是人类社会发展的基本存在形式和客观状态。人类文明多样性的思想,是唯物史观理论体系中熠熠生辉的瑰宝①。

中国具有这样的认识和理念:各国文明多样性,是人类社会的基本特征,也是人类文明进步的动力,每一个国家都应该尊重别国的历史文化、社会制度和发展模式,在世界多样性现实中,长期共存,在竞争比较中取长补短,在求同存异中共同发展。※

---

① 马克思晚年极其重视对东方社会的文明历史以及未来发展道路的研究。通过对东方社会文明的特殊性和多样性的研究,阐明了人类文明的多样性与统一性的辩证关系,揭示出民族发展道路的多样性和人类发展最一般规律之间的辩证关系。马克思认为,人类文明从横向的共时性角度看,具有相互影响、相互交流、相互融合、相互构建的功能,文明的多样性和包容性是并行不悖的。多样文明之间的交融和震荡是人类文明发展的重要推动力。

承认并尊重世界的多样性,是各国和睦相处、相互尊重的保证。维护世界文明多样性,提倡各种文明的相互交流和借鉴,有利于建立国际政治经济新秩序,推动国际关系民主化,促进世界和平与共同发展。正是基于这一理念,中国明确提出:"各国文明的多样性,是人类社会的基本特征,也是人类文明进步的动力。应尊重各国的历史文化、社会制度和发展模式,承认世界多样性的现实。世界各种文明和社会制度,应长期共存,在竞争比较中取长补短,在求同存异中共同发展。"①

[专栏7-2]　　　　　　　文明的多样性

　　文明作为一种人类文化单元的"地域文化",可以是一个国家、一个民族的文化,也可以是多国多民族形成的较大地区文化。德国历史学家斯宾格勒和英国历史学家汤因比把世界文明分成了若干种甚至几十种不同的地域文化,如"西方文化"、"东方文化"、"阿拉伯文化"、"非洲文化"等乃至更细致的地域划分,如"伊斯兰文化"、"基督教文化"、"儒家文化"、"佛教文化"等。世界文化的地域性是在漫长的历史演进中逐步形成的,因而也是普遍的,成为世界文化的一大特征。各种不同文明有其内在的自成一体的诸多因素,在语言、信仰、道德、价值观、习俗上形成了巨大的区别。但人类文明是共性与个性的统一,从而形成了各种不同文明之间的共存、交往、互补、融合关系。

　　文明的多样性作为人类文明进步的动力,其实现形式一般有这样几个方面②:

　　首先,物质文明是人类文明进步的基本动力。物质文明、政治文

---

①　江泽民:《论党的建设》,中央文献出版社2001年版,第527—528页。

②　参见梁树发《多样性是人类文明进步的动力》,《人民日报》2003年1月24日。

明、精神文明是按照一定具体文明形态的构成所做的文明划分,它们以各种各样的特殊文明形式或文明构成表现文明的多样性。其中,物质文明是整个社会文明的基础。物质文明通过推动其他文明形式的进步,在总体上推动整个人类文明的进步。

其次,各个民族、国家和地区的形成及其交往是世界文明的形成及进步的动力。一定的民族、国家和地区的形成本身就是一种文明。普遍交往使这些文明单位获得了进一步的发展,从而使它们的文明具有了世界文明的意义,并不断推动它们的进步。

第三,经济全球化进程中各个文明单位通过保持和发展其特性而实现世界总体文明的进步。经济全球化过程是充满了世界性与民族性的矛盾的辩证发展过程,是各种性质和形态的文明不断冲突又不断融合的过程。这个过程以文明的多样性为基础,不断催生着新的文明形态,从而推动着人类文明的总体进步。特定的历史环境决定实现文明进步的特定的形式或途径。现时代人类文明的进步是以和平与发展为主题的。时代主题的转换是文明进步的标志。现时代人类对和平与发展这一主题的认同和共同打造,正是对人类文明进步的推动。

第四,世界是丰富多彩的,不可能只有一种文明、一种社会制度、一种发展模式、一种价值观。各个国家、各个民族都为人类文明和发展做出了贡献。应充分尊重不同民族、不同宗教和不同文明的多样性。人类社会的共同进步追求只能通过不同的文明来表达,各国人民的美好生活理想可以通过不同的发展道路来实现。应尊重各国的历史文化、社会制度和发展模式,承认世界多样性的现实。世界各种文明和社会制度应长期共存,在竞争比较中取长补短,在求同存异中共同发展、共同进步。

从中共十四大提出"世界是多样性的",到十五大明确提出"尊重世界的多样性",十六大把"维护世界多样性"作为中国处理国际问题的基本方针。这一认识过程,它既反映了中国人民对人类文明发展客观规律的高度尊重,也反映了中国共产党求真务实的作风,把实事求是的思想路线应用到国际关系领域,为中国的现代化建设争

中国对世界多样性经历了一个逐步加深的认识过程:中共十四大提出"世界是多样性的",十五大提出"尊重世界的多样性",从十六大开始,把"维护世界多样性"作为中国对待国际事务和处理国际问题的基本方针。※

取和营造了良好稳定的国际环境。

[专栏7-3]　文化多样性是人类的共同遗产

　　文化在不同的时代和不同的地方具有各种不同的表现形式。这种多样性的具体表现是构成人类的各群体和各社会的特性所具有的独特性和多样化。文化多样性是交流、革新和创作的源泉,对人类来讲就像生物多样性对维持生物平衡那样必不可少,从这个意义上讲,文化多样性是人类的共同遗产,应当从当代人和子孙后代的利益考虑予以承认和肯定。

　　　　——摘自2001年11月联合国教科文组织大会第三十一届
　　　　　会议通过的《世界文化多样性宣言》

　　当代世界历史发展的多样性,主要表现在以下几个方面[①]:一是各国社会政治和经济制度发展的多样性,二是发达资本主义国家政治经济发展的不平衡和多元性,三是发达国家与发展中国家之间经济不平衡发展的加剧,四是发展中国家之间政治和经济不平衡发展的扩大,五是各国思想文化、宗教信仰和价值观念的多元化。

　　在全球经济和社会生活现代化、政治民主化的总体走向中,多样性和不平衡性发展是普遍现象,反映了当代世界历史发展的总趋势。因此,"世界多样性"超越了政治、经济、军事等国家具体事务,超越了不同的意识形态,也超越了国家大小、实力强弱,具有极强的包容性和抽象性。它使得不同社会制度、不同经济发展阶段的国家可以就"世界多样性"这一客观存在达成共识,可以以此为基点进行对话,进行更加深入有效的沟通。

---

①　参见黄安年《世界近代现代历史专题30讲》,西北大学出版社1996年版。

[专栏 7-4]
文明的冲突是开始,文明的渗透、整合、提高是结局

哈佛大学已故政治学教授塞缪尔·亨廷顿在《文明的冲突与世界秩序的重建》中认为,世界经历了民族国家间的冲突和意识形态间的冲突之后,在后冷战时代,暴力冲突不再因为不同国家之间意识形态的摩擦,而是世界主要文明之间的文化和宗教差异,已形成了以诸文明间的冲突为主要矛盾的世界格局。

实际上,不同文明之间的差异本身并不会自动导致文明的冲突,各种民族战争冲突的背后隐藏着深层的经济和政治原因,文明的差异并不起主导作用。海湾战争的主要动因,既非一个单纯的道义问题,也非抽象的宗教问题,其实质是争夺海湾地区石油资源的控制权。人类历史发展及文明的演进进程告诉我们,文明的冲突是表现,文明的交流、融合与促进是本质;文明的冲突是开始,文明的渗透、整合、提高是结局。从世界文明发展的历史趋势看,不同的地域文明、民族文明之间的差距在缩小,发展将趋于平衡,不平等也终将走向消失,地域文明民族文明的区别不再具有时代的差别而只是文化特色的区别。消除各国文明之间的时代差别,是不同民族、国家、地域走向平等的前提。不同文明间的互动,永远具有进步意义,这是人类文明生命力的表现。

"世界多样性"的理念是全球化时代正确处理国际关系的重要原则,也是各国相互借鉴,加强交流合作与协调,实现共赢的基本依据。经济全球化发展的过程,在一定意义上说,也是伴随主权国家在某些方面特别是经济方面做出适当的主权让渡的过程。正是在这种情况下,国家主权这一国际关系基本原则受到了极大的挑战。世界多样性的理念和价值观念,是以尊重国家主权为前提条件的,在这一前提下,才会形成丰富多彩的现实世界。因此承认世界的多样性,就是承认各国拥有独立的主权,也就是坚持各国不分大小强弱一律平等的地位,它符合当今国际社会发展的主流。坚持世界多样性原则,

在全球化时代维护国家主权独立,倡导和平共处、平等的国家关系具有特别重要的指导意义。

当今世界,各国相互依存日益加深,而各国的相互依存性,特别是经济上的相互依存源于彼此的互补性,而互补性则源于世界的多样性。依存性存在于多样性之中并通过多样性表现出来。没有多样性,就没有依存性,所以坚持世界的依存性必须承认和尊重世界的多样性。

江泽民曾经说过:"不顾当代世界丰富多彩的客观实际,企图把自己的社会制度、发展模式和价值观念强加于人,动辄以孤立、制裁相威胁,这种霸道行为只能以损人开始,以害己告终。""不承认、不尊重世界的多样性,企图建立清一色的一统天下,是必定要碰壁的。"胡锦涛也曾指出:"在人类历史上,各种文明都以自己的方式为人类文明进步做出了积极贡献。存在差异,各种文明才能相互借鉴、共同提高;强求一律,只会导致人类文明失去动力、僵化衰落。各种文明有历史长短之分,无高低优劣之别。历史文化、社会制度和发展模式的差异不应成为各个国家交流的障碍,更不应成为相互对抗的理由。"这些观点表明了中国共产党人对待世界多样化文明与文化正确的态度。

中国认为,各种文明有历史长短之分,却无高低优劣之别。历史文化、社会制度和发展模式的差异不应成为各国交流的障碍,更不应成为相互对抗的理由。※

二、全球化时代发展模式的多样化

发展模式的多样化是由人类文明的多样性决定的。各国经济的发展都有一个模式的自发探索过程,只有把它放在特定的历史文化的背景中分析,才能够透视该模式的本质特点和深层结构①。第二次世界大战以后,面对战争带来的巨大损失、殖民体系的崩溃瓦解,以及社会主义阵营的兴起,资本主义开始了新一轮发展竞赛。现代学者将发达资本主义国家的发展模式概括为"美国模式"、"德国模式"和"日本模式"三种典型的发展模式,它们之间具有一些共同特

---

① 邱询:《美国、德国、日本经济模式比较研究与择优借鉴》,《财经问题研究》2003 年第 3 期。

征,但在经济理论基础、社会历史背景、经济运行机制、企业组织和经营管理形式,以及财政、金融、社会保障等体制方面存在一定差异。其共同特征和协调合作增强了资本主义世界体系的统一性,其差异和竞争加深了这些国家之间的利益矛盾和政治分歧。此外,还有以亚洲四小龙为代表的"东亚模式",以巴西、墨西哥为代表的"拉美模式",以南非、尼日利亚等为代表的"非洲模式"。它们以各自不同的特点同样构成多样化世界中的发展模式。

【美国模式】美国模式是民主政治制度+自由市场经济制度,又被称为"盎格鲁—萨克逊"资本主义或"自由资本主义"模式,起源于英国,在美国达到顶峰。美国模式十分注重商品经济的内在要求,具有弹性很强的劳动力和产品市场,低税,激烈的竞争要求使他们追求利润最大化,有利于投资、高效和生产力与经济的发展。但存在收入差距悬殊,低福利救济,"公共物品"质量差,公共服务与其社会财富不成比例,低投资率和很低的储蓄率等问题。美国是西方民主政治的代表,三权分立和公民参与政治的体制,形成了包括主持正义、强化公理、保障权利、规定法则等内容的社会控制系统,成功地维系着国内稳定的政治局面①。

美国模式具有典型的个人本位主义的文化特色。美国人把处理一切事物的基本准则都纳入个人的范畴,强调个性解放和个人意识的不可侵犯和强加,亦即个人对自己天赋人权的决定性。个人的责任感、义务感、罪过感、悔过感、自新感、爱国感、民族感等,都可以看成为一种个人主义②。美国人在文化上追求个性的特点引致多元文化,包括宗教信仰多元化、人种族群多元化和传统习俗多元化,从而

美国模式是典型的西方民主政治"三权分立"体制,形成了包括强化公理、保障权利、规定法则等内容的社会控制系统,而美国民族主义所蕴涵的"优越论"及宗教观念中的"使命感",又使它具有对外扩张主义的强烈倾向。※

① 清华大学哲学系美籍教授丹尼尔·贝尔认为,马克斯·韦伯在《新教伦理与资本主义精神》中把加尔文教义和清教伦理所追求的严谨的工作习惯和对财富的合法追求说成为西方文明兴起的基本原则,即所谓"禁欲苦行主义"原则,仅仅揭示了资本主义的一面,而资本主义还有被韦尔纳·桑姆巴特在《资产阶级论》中所揭示的另一面,"贪婪攫取性"。丹尼尔·贝尔:《资本主义文化矛盾》,三联书店1992年版。

② 参见董小川《美国文化特点综论》,CSSCI 学术论文网 http://www.csscipaper.com/。

使美国文化具有开放性、实验性、疏离性等特点①。而美国民族主义所蕴涵的世俗观念中的"优越论"及宗教观念中的"使命感"②，使得扩张主义成为美国外交政策的核心，从美洲大陆扩张到全球扩张，甚至"星球大战"，展现了美国外交的基本精神。

【日本模式】日本模式也被称为政府导向资本主义和"亚洲资本主义"。它基本是在 20 世纪六七十年代形成的，创造了震撼欧美的"世界奇迹"，曾经是"追赶型现代化"取得成功的经济模式。其主要特点是加强政府干预，引进技术，出口主导、贸易立国，实行统制金融，获得明显的"后发效益"，成为追赶欧美的先进工业国。日本模式侧重企业的利益，它的主要目标是最大限度地占有市场份额和获得尽量多的利润；国家计划和指导发挥开发性作用，特别是对企业决策进行强有力的干预和诱导，依靠财政、金融、税收等经济杠杆对经济活动进行宏观间接有效的调控；日本企业强调集体作用，由领导层集体做出决策，不强调个人的作用；提倡大家庭情感，劳资协调矛盾，工会不起作用；日本企业的终身雇佣制促进了忠诚和高熟练度；十分注重公共服务（尤其是教育）质量；银行与其他工商业企业关系密切；公司交叉持股使管理者受到保护，使中小投资者对投资持长期观点，但没有完全暴露在市场力量之下的公司，容易缺乏高效率地利用资本的冲动。

日本模式是比较典型的政府导向资本主义，政府干预强，实行统制金融，企业与国家及其政府的关系，不单是纳税与收税的关系，而且存在着政治、思想和社会诸方面的直接联系。日本文化的基质是"家"，社会是"家"的放大体。等级制在日本文化中根深蒂固，社会职业亦呈"富士山式"结构。政企过密的关系和金融统制对日本在 20 世纪 90 年代之后的发展形成了制约和影响。※

日本是个重视并善于吸收和输入他国文化的民族，从 7 世纪的"大化革新"大规模地输入大唐文化，到 19 世纪的"明治维新"大规模地吸收与输入西方文化，都对日本的发展进步起到了巨大的推动作用。但日本文化保持了相对独立性，具有在文化发展过程中善于输入和输出，保持民间文化的强大生命力，以及文雅与粗犷并存等文

① 朱世达：《当代美国文化》，社会科学文献出版社 2001 年版。

② 东北师范大学历史系教授董小川把美国民族主义称为"宗教民族主义"，其主要表现在四个方面：美国民族形成过程中宗教皈依与排外行为；领土扩张过程中的宗教理念所发挥的作用；在国际难民解救问题上的宗教关怀；美国外交中反共十字军作用。《美国宗教民族主义的历史省察》，《史学集刊》2002 年第 1 期。

化特点①。我们可以清晰地看到,日本经过"二战"后的恢复重建,为了赶超西方国家,创造出学习—模仿—创新—领先的超越型发展模式,其中所蕴涵的文化分量,从深层分析看,现代化帷幕背后的日本仍是一个传统的国家。比如,现代日本企业不单是独立自主的经济实体,而且是日本统一社会组织的有机构成。企业与国家及其政府的关系,不单是纳税与收税的关系,而且存在着政治、思想和社会诸方面的直接联系。其所以如此,是因为日本文化的基质是"家",社会只不过是"家"的放大体。20世纪50年代以后,日本社会结构发生很大变化,经济日趋繁荣,原有的社会等级变得模糊,家庭制度没有那么严格,尽管如此,等级制的观点和习惯,在日本文化中仍然根深蒂固。目前日本社会的职业亦呈"富士山式"的等级结构。高居塔尖的是政治家、高级官僚、文体明星与大企业家,中间的是医生、高级技术人员与大企业职工,下层一般是个体收入者及中小企业职工②。

【德国模式】德国模式即"莱茵模式",又被称为谈判或协商资本主义、福利资本主义。其主要特征是银行和公司间关系密切,银行以股东和放款人的双重身份对公司实行监督。德国模式主要追求三个目标:创造高利润、利益分配平衡和较高的收入水平。在这种模式下,"国家对资本的积累的直接干预程度可能比较小,但政治体制严格地确立了一整套劳工权利和福利措施,使得有组织的劳工拥有了一个颇有影响的市场和直接参与劳资谈判的能力;主流文化是社会民主和基督教民主"(戴维·柯茨)。德国模式的优点是:出色的教育和培训;慷慨的福利,差距较小的工资,社会和谐;公司和银行的密切关系助长了高投资。但由于劳务市场和产品市场的限制较多,工会权力过大、高税率、过分慷慨的失业救济和对劳动力市场及产品市场的广泛限制等导致了失业率居高不下。德国是所有发达国家中公

德国模式又称为谈判或协商资本主义或福利资本主义。追求创造高利润、利益分配平衡和较高的收入水平,政府对企业干预少,但在政治体制严格地确立了一整套劳工权利和福利措施,银行同公司间关系密切。※

① 刘达临:《浮世与春梦》,中国友谊出版公司2005年版。
② 杨海峰:《日本文化的传统特征的研究》,2001年8月6日,http://www.donews.com。

开宣称实行"社会市场经济"模式的国家①。

第二次世界大战后特别是 20 世纪 80 年代以前，德国和日本模式比美国模式更有效率，即这两个国家的经济发展更快。但 20 世纪 90 年代以后，日本经济陷入衰退进入失落的 10 年，德国经济受两德统一之累增长乏力，而美国经济却因得益于计算机信息为代表的新技术革命而一枝独秀。可见由于社会文化情况不同，各国和地区的市场经济机制及其观念、意识各有特点，所以产生了不同的模式，有成效，也有失误，但没有十全十美的模式却是不争的事实。

后发国家由于历史渊源、国家与市场的关系、区位优势、资源禀赋及制度不同，也形成了不同的发展模式，较有代表性的是东亚模式、拉美模式和非洲模式。这三种模式具有许多共同的经济、社会、政治特征，都面临着发展经济、实现现代化、摆脱依附获得独立等任务，但是它们在起步时人口因素、加入世界体系的方式、政府的作用、选择的发展路径、收入分配的效果以及对待农业的态度等方面也存在着一定的差异。

【东亚模式】自 20 世纪 60 年代末期开始，东亚一些国家和地区的经济持续而迅猛地发展，年平均增长率达到 8%，被誉为东亚经济奇迹，并被视为全球最具活力和发展潜力的地区之一。

东亚经济模式倡导"经济立国"或"经济优先主义"，外向型经济发展战略，又称出口工业化战略，被看做是"东亚模式的本质特征"，国家对经济的适度干预，市场经济与政府干预有机结合或称"政府主导下的市场经济"，分配收入相对均等，高经济增长率。

东亚政治模式实行威权主义（authoritarianism）政治体制，又具现代性国家特征：代议制形式、专家治国、健全法制、反腐倡廉；对政权采取强制型稳定，由一党（或军事）集权政体向民主政体转型，施行

第二次世界大战后，日本模式和德国模式在经济发展上比美国模式更有效率，但美国依靠其有利于激励创新的制度优势，在经济上得益于计算机信息为代表的新技术革命而一枝独秀。※

---

① 邱询：《美国、德国、日本经济模式比较研究与择优借鉴》，《财经问题研究》 2003 年第 3 期。

渐进民主化进程,以保证政治稳定、经济持续发展。①

东亚模式具有鲜明的东方文化即情感型文化的特点,比如倡导忠君爱国、国家至上、社会为先、以和为贵、宽容协调、求同存异、同舟共济等,保持勤俭持家、刻苦耐劳、强调教育,重视智力投资的传统美德,这些对东亚经济政治发展与社会稳定起到重要的促进作用。东亚在吸取西方文化中的传统优秀文化、先进科学技术与管理、商品竞争意识、高效率等精华的同时,也在创造东亚新文化。美国学者约翰·奈斯比特认为"亚洲的现代化绝非等同于'西化',它呈现出的是特有的'亚洲模式'。现在,亚洲踏上了富强发展之路,经济复苏使东方人有机会重新审视传统文明的价值。随着技术和科学的引进,亚洲向世界展现了现代化的新型模式,这是一种将东、西方价值观完善结合的模式,一种包容自由、有序、社会关注和个人主义等信念的模式,东方崛起的最大意义是孕育了世界现代化的新模式"。②

【拉美模式】拉美发展模式演化大致经历了三个阶段。19 世纪末和 20 世纪初,独立后的拉美国家利用地大物博、资源富有,普遍采用了初级产品出口型发展模式,这种典型的资源驱动型增长方式,依靠外国直接投资建设港口、铁路和公路等基础设施,推动和促进经济和社会发展,使拉美国家融入了世界经济体系。由于在 20 世纪 30 年代的大萧条中难以用充足的硬通货进口工业制成品,拉美国家认识到采纳进口替代工业化模式的必要性,逐步改变以初级产品出口为主的经济发展模式,转而实行以强化国家对经济的干预、保护民族工业为特点的"进口替代"工业化发展模式。墨西哥、巴西、阿根廷和智利等主要拉美国家以外资为依托,开始由普通工业消费品"进口替代"发展到耐用消费品和中间产品的"进口替代",最终实现机

东亚模式在经济上实行政府主导下的市场经济体制,在政治上实行威权主义、代议制、专家治国、健全法制、反腐倡廉,以及施行渐进民主化进程,强调东方型情感文化,是一种兼容西方体制但更有区域特点的发展模式。所实现的现代化,用美国学者约翰·奈斯比特的话说"绝非等同于'西化'"。※

---

① 20 世纪六七十年代,亚洲一批新兴工业化国家和地区普遍实行集权政治。韩国的朴正熙、卢泰愚,新加坡的李光耀,印尼的苏哈托,菲律宾的马科斯等,都被称做"政治强人",实施集权统治,使这些国家和地区在 20 年左右的时间内经济迅速增长,年均增长速度 8%—10%,出现了经济奇迹,快速实现了工业化。但是另一方面,集权统治的弊端也逐步显现出来。

② [美]约翰·奈斯比特:《亚洲大趋势》,外文出版社 1996 年版,第 275 页。

器、设备等生产资料的"进口替代",逐步形成了较为完整的工业体系。这是一种民族主义和保护主义的内向发展模式,在强调民族主义的基础上,采取加强政府干预,实行企业国有化和增加基础设施建设等手段,取得了经济高速增长。但是这种依赖自然资源出口积累资本与"举外债促发展"的战略,使拉美的外债总额从1970年的270亿美元增加到1980年的2310亿美元,巴西、墨西哥和阿根廷等拉美大国陷入借新债还旧债的恶性循环。1982年8月,墨西哥宣布无力偿还外债,拉美债务危机由此爆发。随后又诱发了经济危机,致使20世纪80年代的拉美经济一直处在"双重危机"的阴影下①。20世纪90年代,新自由主义思潮在拉美广泛传播,东亚选择市场经济之路并成功起飞的示范效应使拉美开始实施"后进口替代"发展模式,其实质就是自由化市场经济。这一发展模式的主要内容有:贸易自由化,放松对外资的限制,私有化,税制改革,金融改革,劳工制度改革及社会保障制度改革。拉美经济改革顺应了世界经济全球化的趋势,提高了该地区的发展水平,在世界低等收入地区中,拉美的人均国民收入最高,达3580美元。但同时也产生了一系列问题,新自由主义经济政策全盘否定了拉美国家以往实行的发展模式与经济政策,片面强调市场机制的功能和作用,轻视国家干预在经济和社会发展进程中的重要性,拉美国家出现了经济增长缓慢、收入不均、贫富差距加大等问题,跨国公司对拉美经济的控制不断加强,导致社会矛盾日益尖锐。

　　经过10多年的经济改革,拉美国家走出了20世纪80年代由债务危机造成的"失去的10年"的困境。但是,在跨入21世纪之后,拉美国家却又不得不面对经济低增长和高失业率带来的严峻挑战,并为经济改革的巨大社会成本付出沉重的代价。2001年阿根廷陷入严重的政治、经济和社会危机,紧随其后乌拉圭也危机缠身,其他一些拉美国家也都在不同程度上出现了经济衰退和社会形势的动荡。2010年11月4日,联合国发布2010年人类发展报告。报告的

拉美模式的特点是强调民族主义,加强政府干预,实行企业国有化,增加基础设施建设,追求经济高速增长,不太重视自主创新能力,对西方形成了技术依赖。在20世纪90年代后实行自由化政策后,经济命脉逐渐被跨国公司所掌握。※

---

①　宋心德:《拉美经济模式的成败功过》,新华网2005年11月7日。

主要作者克鲁格曼在发布会上指出,拉美和加勒比地区仍然是世界上收入差距最大的地区,其中阿根廷的情况最为严重,委内瑞拉和海地紧随其后,不过巴西和智利的不平等现象正在得到改善。①

【非洲模式】非洲曾是欧洲列强的殖民地,残酷的剥削和掠夺,使非洲社会经济十分落后。半个多世纪前,独立后的非洲国家试图走入现代文明,却步履维艰。独立之初,新生的非洲国家政治体制上大多"拷贝"前宗主国的体制,但沦为殖民地500年、中断了独立自主发展进程的非洲国家,并不存在文官制度及其赖以建立的经济制度和民主制度,频繁出现的政变浪潮证明这种实践行不通。1960年代中期以后,非洲国家探寻发展社会经济的路径,一部分国家仿效西方国家,实行市场经济;另一部分国家则学习苏联模式,实行计划经济。20世纪70年代末非洲大陆出现的经济危机,宣告这两种模式都不适合非洲国家。20世纪80年代,非洲国家为了摆脱经济危机,被迫接受世界银行和国际货币基金组织的统一改革方案——"结构调整"。这个方案以西方经济运作为样本,推行结果在非洲出现了严重的"水土不服",整个80年代非洲经济止步不前,被非洲经济学家称为"失去的10年"。非洲国家的国情与世界其他地区国家的国情都有所不同,因此,欧美和其他发展中国家的发展模式都不可能对非洲"对症下药",非洲国家的历史已经反复证实了这一点②。在经过了痛苦的反思,总结了历史的经验和教训后,非洲国家决定走自己的路。进入21世纪,南非、尼日利亚、阿尔及利亚、塞内加尔和埃及等五个非洲国家共同起草了一个非洲复兴发展计划,取名为"新非洲倡议"。2001年,非洲国家首脑会议通过该计划,并将其改名为"非洲发展新伙伴计划"。2002年它又被正式定为非洲联盟经济社会发展纲领。"非洲发展新伙伴计划"是非洲国家立足于非洲国家国情,自主制定的第一个全面规划非洲政治、经济和社会发展目标的蓝图。这个计划对外决心改变不平等的国际关系,一再重申"要求非洲

非洲国家曾照搬照抄外部发展模式,结果"水土不服",后来以南非、尼日利亚、津巴布韦等为代表的国家强调走自己的发展道路,动员广大人民群众参与,进行包括土地改革在内的一系列的经济改革和政府体制改革,加强基础设施建设,促进出口,鼓励中小企业发展等措施,实现了经济快速发展。※

---

① 卞晨光文,《科技日报》2010年11月6日。

② 舒运国:《只有非洲模式才适合非洲》,《东方早报》2009年12月3日。

和国际社会建立新的伙伴关系,尤其是与高度工业化国家建立新的伙伴关系";对内则强调自力更生,动员广大人民群众的积极参与,"只有人民成为自己的主人,我们的事业才能获得成功"。几年来的实践,尤其是近几年非洲国家经济发展状况,证明这个计划在逐步取得效果。

这些基于不同国情区情的社会经济发展方式体现了在经济全球化背景下发展取向和模式的多样化特征。

三、中国模式的转型与现代化

中国模式是在中国融入经济全球化时代进程中逐步成型的。在全球化的浪潮中,中国由被动转变为主动,顶风而上,在各种内外压力面前不仅没有退缩,反而迸发出惊人的创造力,产生一个又一个奇迹,使中国模式成为继"日本模式"、"东亚模式"之后,引起世界关注和重视的经济发展模式。

不难发现,中国模式兼具世界各种发展模式之所长,或者说,在世界各种发展模式中,都可以找到中国模式的"偏旁部首",而又能避其所短。这是中国以开放的胸怀和正确的态度对待多样化世界,积极应对全球化,不断融入世界体系,向世界各国先进发展经验学习,同人类各种先进要素相互交融的结果。但中国更具有自己的独特性。

在一个人口比美国、日本、俄罗斯、整个欧洲之和还要多的国家,进行了这样一场翻天覆地的工业革命、技术革命、社会革命,没有走西方殖民主义和帝国主义侵略和扩张的老路,而是在致力于现代化建设的进程中,自己内部消化所有伴随而来的各种错综复杂的问题,整个社会保持了基本稳定,并使中国成为带动世界经济增长的重要力量。人们都想知道,中国究竟怎么做到这一切的。① 在一个个发展谜题面前,世人对中国制度开始刮目相看。

中国模式给世界带来的应该是一种全新的思维、一种深刻的发展范式和样式的变化,一种西方现存理论和话语还无法解释的新认知,对于解决中国自己面临的各种发展问题和内外挑战、对于发展中

---

① 参见《学习时报》2008 年 1 月 28 日。

中国模式兼具世界各种发展模式之所长,或者说,在世界各种发展模式中,都可以找到中国模式的"偏旁部首",而又能避其所短。这是中国以开放的胸怀和正确的态度对待多样化世界,积极应对全球化,不断融入世界体系,向世界各国先进发展经验学习,同人类各种先进要素相互交融的结果。但中国更具有自己的独特性。※

国家走向现代化、对许多全球问题的治理、对国际政治和经济秩序的未来走向，都将产生广泛而深远的影响①。

作 为一个发展中国家，有没有能力消除贫困、实现现代化？有没有能力从自己的传统与现代的互动中衍生出适合自己国情的制度安排？有没有能力根据国情有序实现各项人权？有没有能力提出一种普世的核心价值观，并影响迄今为止西方思想占主导地位的主流价值体系？中国模式对此给予了肯定的回答。※

作为有国际意义的发展模式，其关键就是能否令人满意地回应这个世界面临的严峻挑战。当今世界面临着两大难题，一个是贫困与发展问题，一个是和平与战争问题，包括恐怖主义问题。西方价值观并没有能够提供有效的解决思路，多年来形成的由西方主导的世界经济秩序，加剧了多数发展中国家的贫困。美国主导的"民主输出"模式更是导致了世界动荡不安，而恐怖主义对美国、对世界的威胁也有增无减。而在处理世界面临的诸多问题方面，中国之所以展现了其独特的魅力，正是因为它回应了当今世界面临的一些根本性的挑战：发展中国家有没有能力消除贫困、实现现代化？有没有能力从自己的传统与现代的互动中衍生出适合自己国情的制度安排？有没有能力根据国情有序实现各项人权？有没有能力提出一种普世的核心价值观，并影响迄今为止西方思想占主导地位的主流价值体系？中国的经验对此给予了肯定的回答。

中国模式的成功，为中国赢得了话语权。在冷战时期，世界上谈论的要么是苏联模式，要么是西方模式。冷战结束后，苏联模式随着苏联解体而退出历史舞台，西方主流学者认为这是历史的终结，剩下的将是一条走向西方体制的不归路，世界各国都将拥抱西方的政治制度。但中国的发展让人们改变了看法。美国知名政治学家弗朗西斯·福山便是一个例子。他于 1989 年在美国杂志《国家利益》上发表了一篇题为《历史的终结》的文章，认为西方民主可能形成"人类社会形态进步的终点"与"人类统治最后形态"。但中国的高速发展，让他不得不重新审视这个当年辉煌一时的"宏论"。2009 年 9 月，他在接受日本著名杂志《中央公论》采访时表示，近年来中国这一"负责任的权威体制"的发展表明，西方民主可能并非人类历史进化的终点。2010 年 12 月 9 日他在复旦大学发表演讲时说，中国模式有其显著特点，这些年来中国作为大国所进行的外交努力和承担

---

① 李双伍：《软实力之争——没有硝烟的战场》，《时事报告》2005 年 6 月 30 日。

的国际责任,让任何人都不能忽视中国。

当然,中国模式成功的光环并没有使中国政府和国人陶醉其中,反而是清醒地开始了模式的转型与现代化进程。中国正在经历重大社会转型,中国模式也将随之进一步向现代化迈进。30多年改革开放及社会经济发展的经验及教训,使我们对中国模式的认识更加深刻,更加清醒,更加切合实际。诚如前述,中国模式并非固化、一成不变的,恰恰因为中国作为发展中国家,仍处在社会主义初级阶段,中国社会经济发展及其发展模式,也在随着国人实践的深入及认知的提升而转型升级。从追求经济发展的总量到讲究发展的结构、质量与均衡,改变对出口和城镇固定资产投资的过度依赖的经济增长方式,把经济结构战略性调整作为加快转变经济发展方式的主攻方向,有效推动国内需求的增长;从追求"国富"转变为强调"共享式增长",致力于实现"民富",把保障和改善民生作为社会经济发展的落脚点;从GDP领衔挂帅、一俊遮百丑,到更加重视经济发展与社会发展的协调同步,更加强调生态环境保护、重视资源的节约利用,等等,无不充分表明中国模式已经在发生转型。

经过30多年经济高速发展的中国,已经在积极探寻政治文明与社会文明、物质文明与精神文明、生态文明与经济文明的兼顾协调、均衡发展之道。她所追求的或许就是中国模式的现代化。中国模式现代化的目标至少应该包含:制度昌明进步,社会公平正义,人民文明富裕,科技创新活跃,经济结构合理,对外交往紧密,资源节约环境友好,社会经济生态环境协调可持续发展。

实现中国模式现代化的唯一路径仍然是改革与开放。不断深化各个领域的改革,包括经济体制改革、社会文化体制改革和政治体制改革,是完善社会主义政治制度及经济社会管理体制机制的必由之路,是进一步解决目前面临各种矛盾、问题的根本途径。中国在开放中创造了经济发展的奇迹,在全球化时代逐步形成中国模式,中国模式现代化也必须继续坚持对外开放。

但中国对外开放强调的是和平发展,互利共赢。崇尚以德服人,而不是以力服人,是中国传统政治文化的重要取向。坚持走中国特

中国模式的出现,丰富和发展了世界发展模式,为全球的发展注入了强劲、健康、鲜活的因素,但中国模式是一个开放系统,过去在开放中学习,在开放中形成,在开放中发展,未来更要在开放中完善。※

色社会主义道路的中国，历来奉行和平共处、合作交流、互利共赢的对外战略。中国模式坚持社会主义、强调民族特色、同时又倡导不同社会制度和意识形态"共处竞争、对话合作"。落后的中国走向繁荣富强，时代条件已经不允许再走发达资本主义国家的老路，走向强盛的中国尽管是"大块头"，但不当头、不争霸的根本立场决定中国带给世界的不是挑战，而是机遇。

这一点我们可以从下一节讨论的中国对外交往模式及其演变的轨迹中清晰地看到。

中国模式的出现，丰富和发展了世界发展模式，为全球的发展注入了强劲、健康、鲜活的因素，必将为人类文明不断走向繁荣与发展做出自己的贡献。

第二节　从和平共处到和谐世界建设

中国模式是在全球化和经济一体化背景下，根据国情，通过对外开放、改革体制和制度，调整发展政策，实现经济社会全面快速成长而形成的。中国模式包括了对外交往、与世界各国和平相处以及实施中国特色全球战略的外交模式。从新中国面对政治孤立、经济封锁而提出的"和平共处五项原则"，到中国和平崛起过程中，适时地提出和平发展、建设和谐世界的理念，体现了中国人的政治智慧，也贯穿了中国传统文化中"和"与"合"的精髓。

一、新中国成立时的国际局势与时代背景

社会主义新中国是在以美国为首的资本主义国家实施政治孤立、经济封锁、军事包围的困境中诞生成长的，因而新中国的外交从一开始就面临着艰难的境况①。

---

① 1949 年 10 月 1 日毛泽东向全世界宣布中华人民共和国成立，到这一年年底，国际社会只有 24 个国家承认新中国，其中 17 个国家与新中国建立了外交关系，大多是社会主义国家。

中国模式包括了独立自主，与世界各国和平相处以及实施中国特色全球战略的外交模式，从新中国面对政治孤立、经济封锁而提出的"和平共处五项原则"，到中国和平崛起过程中，提出和平发展、建设和谐世界的理念，体现了中国人民爱好和平的愿望和全球视野及政治智慧。※

　　第二次世界大战后的国际局势十分复杂,在战争与革命的时代主题之下,新兴的民族在与老牌殖民者的斗争中蓬勃兴起,新生的社会主义阵营在与资本主义阵营的对峙中成长,世界格局已然发生变化。

　　首先,民族解放运动蓬勃兴起,独立国家不断涌现。第二次世界大战后,建立在民族要解放、国家要独立的殖民地民族主义基础上的亚非拉民族解放运动空前高涨。第二次世界大战刚一结束,英法荷等殖民主义者便纷纷卷土重来,妄图恢复昔日的殖民统治。经过第二次世界大战考验的殖民地人民自然不能答应各宗主国的倒行逆施,于是争取民族解放的烈火首先在亚洲熊熊燃烧起来,继而蔓延到非洲,最后扩展到拉美和西南太平洋诸岛,从而在世界范围内出现了一个民族要解放、国家要独立的不可抗拒的历史潮流。而第二次世界大战后形成的社会主义阵营为亚非拉殖民地半殖民地的民族解放运动提供了坚强后盾。① 中国这个世界上最大的半殖民地国家摆脱帝国主义压迫,获得了民族独立,对其他殖民地半殖民地国家的影响具有特别重要的意义。经过长期的复杂斗争,包括激烈的武装斗争,各殖民地附属国人民终于迫使那些貌似强大的殖民主义者败下阵来,交出了政权。1955 年 4 月 18 日,第一届亚非会议②在万隆举行。20 世纪国际关系的主要特征之一就是民族国家急速扩散和不断聚合。亚非拉殖民地半殖民地民族解放任务的最终完成,对人类历史和国际社会的发展具有划时代意义。其一,它直接导致了野蛮的殖民主义制度的最终瓦解,搬掉了阻碍人类社会前进的绊脚石,是个伟大的历史性进步。其二,亚非拉民族解放运动牵制了帝国主义的力

――――――――――

　　① 经过第二次世界大战考验,不仅苏联变得更加强大,成为一支影响世界局势的决定性力量,而且一大批欧亚国家相继走上了社会主义道路。不论是从向殖民地半殖民人民提供的实际援助来看,还是从对殖民帝国主义的牵制与威慑作用来看,社会主义巨大的发展都是促成民族解放运动空前高涨的重要因素。

　　② 这是第一次没有任何西方殖民主义国家代表参加的国际性会议。29 个亚非国家领导人在化解了以美国为首的西方殖民主义国家重重阻挠后参加会议,代表了世界将近三分之二的人口。

量,支援了社会主义国家的壮大与发展。其三,亚非拉新独立国家普遍奉行反对帝国主义的侵略与霸权政策,是维护战后世界和平的重要力量。其四,亚非拉新独立国家相继走上世界政治舞台,为第三世界的兴起打下了基础,并成为改变战后世界战略格局的重要因素。

[专栏7-5]　　　　　殖民体系的彻底覆灭

亚非拉美争取民族独立的斗争发端于19世纪初叶的拉美独立战争,历经19世纪中期的"亚洲革命风暴",19世纪末20世纪初的"亚洲觉醒",十月革命后现代民族解放运动的兴起和亚洲民族解放运动的高涨,到20世纪90年代初曼德拉当选为南非历史上第一位黑人总统,帝国主义存在五百余年的殖民体系彻底崩溃,被永远地埋进了历史坟墓,先后用了一百多年时间。

二战后,印度尼西亚独立,印度和巴基斯坦分治和独立,苏丹、突尼斯、摩洛哥和利比亚独立;埃及开展收回苏伊士运河主权的斗争,阿尔及利亚开始民族解放战争。

50年代中期到60年代末:非洲大陆诞生了32个国家。其中1960年就有17个国家取得了独立,因此这一年被称为"非洲年"。

70年代为葡属非洲殖民地独立时期,1975年莫桑比克、安哥拉等国人民赢得独立,结束了葡萄牙在非洲长达500年的殖民统治。

80年代到90年代初:津巴布韦和纳米比亚的独立标志着帝国主义在非洲殖民体系崩溃时期,90年代初,南非摆脱种族隔离制度。

古巴革命使美国对古巴半个多世纪的殖民统治结束;1977年,巴美签订关于巴拿马运河的新约,据此到1999年底,运河区的主权和管辖权全部交还巴拿马。

但是,新兴民族独立国家依旧面临着帝国主义和新老殖民主义的侵略和战争的威胁,在参与国际经济活动时,面对的是有利于西方

国家的旧经济秩序。因此,新兴民族独立国家都希望有一个和平的国际环境,在平等的基础上开展对外关系,维护民族独立,发展民族经济。因此民族解放运动风起云涌,帝国主义殖民体系彻底瓦解,对战后国际法的发展有着重要的影响。

其次,以苏联为中心的社会主义阵营成为第二次世界大战后崛起的一支与美国抗衡的力量,改变了原有的国际格局。苏联作为第一个社会主义国家,在第二次世界大战期间,支持、援助和指导一批欧亚国家的无产阶级政党领导本国人民群众开展推翻反动统治的顽强斗争,加之"雅尔塔"体系实质上也为社会主义拓展了一定的发展空间,战后欧亚陆续出现了一批社会主义国家。1949年底,以苏联为中心,西连东欧七国①(阿尔巴尼亚、罗马尼亚、保加利亚、波兰、捷克斯洛伐克、匈牙利、东德)、东连亚洲四国(蒙古人民共和国、朝鲜民主主义人民共和国、越南民主共和国、中华人民共和国)的社会主义阵营最终形成。社会主义阵营的形成,对内有利于加强各国间的援助合作,巩固社会主义成果和进行社会主义建设,对外有利于对抗以美国为首的帝国主义扩张势力,支持民族解放斗争和维护世界和平。

第三,第二次世界大战后的国际社会,依然是一个奉行大国霸权和强权政治的社会。将大国霸权和强权政治作为国际关系的准则,是1648年《威斯特伐利亚条约》体系确定的②,自那时开始,实力争

---

①　1948年南斯拉夫被开除出共产党和工人党情报局后,中断了同苏联和其他社会主义国家的一切联系。因此南斯拉夫已不在其列。

②　1648年10月,欧洲"三十年战争"结束后,各交战方在威斯特伐利亚签订了《奥斯哪布吕克和约》和《明斯特和约》,两个和约后来统称《威斯特伐利亚条约》。该条约第一次提出了国家主权的概念,在尊重民族国家主权的框架下,在欧洲确立了新的秩序。这是世界上第一次以条约的形式确定维护领土完整、国家独立和主权平等的国际法原则。但是该条约却明文规定,主权原则不适用于欧洲以外的国家。对于欧洲以外的国家,分两种情况:在有国家和政府的地方,用"条约原则",保证欧洲国家在那里的利益;在尚未形成国家,或者国家形式还处于萌芽状态的地方,条约清楚地规定,就是征服、占领和殖民。所以,自1648年以来,欧洲列强用大炮说话,强迫文明古国签订一系列不平等条约,残酷地屠杀了美洲印第安人、非洲黑人和澳大利亚的土著。只是到了第二次世界大战之后,在世界各被压迫民族发动了轰轰烈烈的解放运动以后,这些国家才赢得了相对的主权。

霸、弱肉强食成为铁律,战争成为争夺霸权和豪取利益的通用工具。打破旧的国际关系体系,建立新的国际格局靠的是战争;一个民族为了自己的发展和强盛而去拓展更大的空间,对外殖民靠的也是战争,一个新的大国强国的勃兴,靠的还是战争。英国打败西班牙,普鲁士打败法国,美国打败西班牙,日本打败俄国,莫不如此。一些大国凭借其强大的国力,掌握了对全世界的主导权和控制权,并根据自己的意愿,确定了大国霸权和强权政治的国际关系准则,构建起了于己有利的国际政治、经济关系体系,制度性地对其他弱小国家和民族进行压迫和掠夺。两次世界大战更是将此推向了极致。世界反法西斯战争即将取得胜利前夕,美英苏三国首脑签订"雅尔塔"协定,所确立的第二次世界大战后的国际关系体系即"雅尔塔"体系,就是建立在美国和苏联实力均势基础之上,为它们拓展了极大的国际发展空间。美国和苏联这两个在第二次世界大战中成长起来的世界超级大国,凭借其强大的武力对世界政治版图和势力范围重新划分,建立起新的国际关系格局,从此以欧洲为中心的国际关系格局被以美苏两极的新的世界格局所取代。

[专栏7-6]　　帝国主义战争的巨大破坏力

　　帝国主义国家为了争夺财富和资源而发动的世界战争,给许多国家经济社会造成极其巨大的破坏,给人类带来了太多的不幸和灾难。据统计,第一次世界大战,把整个欧洲及西亚、非洲和远东抛进了硝烟和死亡的阴影,15亿人卷入战争旋涡,3000多万人伤亡,无数的财产受损。第二次世界大战,61个国家和地区参战,17亿人卷入战争,9000多万军人和平民在战争中伤亡,经济损失高达4万亿美元。

　　第四,对当时时代主题的基本判断,是帝国主义战争与无产阶级革命的时代。在第二次世界大战后逐渐形成了世界资本主义和社会

主义相互对抗的两极格局,其间,还有发达资本主义国家之间的斗争及其内部矛盾,社会主义国家争取生存与发展的斗争,亚非拉国家反对殖民主义和霸权主义,争取建立国际政治经济新秩序的斗争,以及主要超级大国的争霸斗争等等,国际形势错综复杂,各种矛盾斗争相互交织。

二、和平共处:新中国对外交往的基本原则

新中国成立后,基于国内百废待兴,开展经济建设迫切需要一个和平的周边环境,以及美国为首的资本主义阵营对社会主义中国实施政治孤立、经济封锁、军事包围和多方遏制的现实,中国政府决定奉行独立自主的和平外交政策,一方面坚定地站在社会主义阵营一边,另一方面也注意团结世界各国人民,包括半殖民地半封建国家、资本主义国家人民。

1953年12月底,周恩来在接见印度代表团时提出了"互相尊重领土主权、互不侵犯、互不干涉内政、平等互惠及和平共处"五项原则。这五项原则的核心是尊重主权和相互平等,它不仅反映了世界各国人民要求独立自主和平等的愿望,也反映了当代国际社会发展中的时代潮流。和平共处五项原则的提出和实践表明了新中国外交爱好和平、反对帝国主义和殖民主义、支持被压迫民族争取独立解放的立场,也标志新中国以崭新的外交姿态登上了国际舞台。

[专栏7-7]
和平共处五项原则成为国际规则的过程

在1954年4月29日签订的《中印关于中国西藏地方和印度之间的通商及交通协定》中,周恩来提出的和平共处五项原则写进了该协定的前言,成为指导两国关系的准则。这是和平共处五项原则第一次写进国家与国家之间签署的正式文件。

同年6月28日和29日,在中印和中缅两国总理联合声明中都确认了五项原则(把"平等互惠"改为"平等互利")作为处理两

国关系的准则。中印、中缅共同倡导的和平共处五项原则,立即受到国际舆论的重视和赞扬,得到许多国家的支持和赞同。

1955年4月在印尼召开的万隆会议(把"互相尊重领土主权"改为"互相尊重主权和领土完整"),通过的和平相处十项原则是和平共处五项原则的引申和发展。

20世纪60年代中期,世界形势发生了很大的变化。中苏分歧导致社会主义阵营分裂,社会主义阵营不复存在;西方世界也发生分化,以法国为代表的西欧国家反对美国控制;与此同时,亚非拉的民族解放运动蓬勃发展,世界形势呈现出"大动荡、大分化、大改组"的乱象。毛泽东洞察到世界形势发展的三种基本态势:首先是长期以来被压迫、被奴役的亚非拉地区人民正在觉醒,国家要独立,民族要解放,人民要革命已经成为不可抗拒的历史潮流。其次是苏联在许多国际事务中,特别同一些社会主义国家的关系中,日益采取霸权主义,甚至是社会帝国主义的政策。再次是美国盟友的离心倾向不断发展,力图摆脱美国的控制。在这一背景下,毛泽东不再使用"两个阵营"的概念,而是突破按照社会制度和意识形态来划分国际政治力量的框框,提出了两个中间地带的战略思想,把亚非拉称做第一中间地带,而把西欧和日本称做第二中间地带。这两部分都不愿意打仗,都反对美国控制,在东欧各国则发生反对苏联控制的问题。对于究竟是战争引起革命,还是革命制止战争,一时难以判断。1970年,毛泽东在"5·20声明"中对国际形势做出了新的判断,指出:"新的世界大战的危险依然存在,各国人民必须有所准备。但是,当前世界的主要倾向是革命"。中国也被宣传成为"世界革命的中心。"当时,西方曾出现世界政治力量"三大角"①的议论。但是毛泽东说:"我不赞成'大三角',我喜欢亚非拉,中国属于第三世界。"1971年11月

---

① 20世纪70年代后期,国际舆论界出现中、美、苏三国鼎立的国际战略格局的提法,认为中国在美苏关系中有巨大的制约作用。还认为许多重大的国际问题,尤其是亚太地区的重大问题,如果无中国的参加,就难以得到解决。

15 日,中国重返联合国时,向世界公开阐明了毛泽东的这一观点①。1974 年 4 月 10 日,邓小平在联合国第六届特别会议上发言,第一次向世界全面阐述了毛泽东划分"三个世界"的战略思想。他还宣布:"中国现在不是,将来也不做超级大国"。

面对世界形势"大动荡、大分化、大改组"的乱象,中国的外交方针从"一边倒"转向独立自主,在坚决顶住苏美两国压力的同时,加强与亚非拉"第三世界"的团结合作。※

[专栏 7-8]　　　　毛泽东划分"三个世界"

1970 年,毛泽东在会见非洲客人时指出,亚非拉是第三世界,第一次明确表示中国属于第三世界。其后,毛泽东在同外宾分析国际政治新格局时,不断地深化了自己的这一观点。1973 年 6 月 22 日,会见马里国家元首特拉奥雷时强调,"我们都是叫做第三世界,就是叫做发展中国家。"1974 年 2 月 22 日,他同赞比亚总统卡翁达更加系统地讨论了这一问题,他说:"我看美国、苏联是第一世界。中间派,日本、欧洲、澳大利亚、加拿大,是第二世界。咱们是第三世界。""亚洲除了日本,都是第三世界,整个非洲都是第三世界,拉丁美洲也是第三世界。"从而明确地提出了划分三个世界的战略思想。

——《毛主席关于三个世界的理论是对马克思列宁主义的
重大贡献》,1977 年 11 月 1 日《人民日报》

划分三个世界的正确战略也是中国当时制定对外政策的重要依据,为中国外交开拓了广阔的国际空间②。20 世纪 70 年代,中国联合世界上大多数国家,结成反对超级大国霸权主义的统一战线,国际影响和国际地位得到很大提高。

---

① 中国代表团团长乔冠华在联合国大会发言时指出:"中国仍然是一个经济上落后的国家,也是一个正在发展中的国家。中国与绝大多数亚、非、拉国家一样,是属于第三世界的。"《历史潮流不可抗拒(我国在联合国的一切合法权利胜利恢复)》,人民出版社 1971 年 12 月版,第 8 页。
② 参见《三个世界理论——破解目前国际困局的金钥匙》,2008 年 12 月 18 日,http://www.wyzxsx.com。

20世纪70年代上半期,随着中美关系正常化进程的启动和中国在联合国合法席位的恢复,出现了西欧国家同中国建交的高潮。1975年,中国同欧洲经济共同体建立了正式关系,后来又同西欧20个国家建立了外交关系。到改革开放时,中国与世界各国建立普遍正常的外交关系的任务基本完成。

三、和平发展:新时期中国的外交模式

如何判断世界范围的战争与和平问题,历来是观察和估量国际形势、制定和执行内外政策所必须关注和解决的首要问题。由于在和平共处外交政策架构下无法实现解放台湾的目标,加之前苏联的霸权行径日益明显,与美国之间的冷战愈演愈烈,毛泽东大多数时间持"新的世界大战既有可能发生也有可能防止"的"两点论",以战争边缘替代了和平共处,并在此基础上提出了"两个中间地带"和"三个世界"划分的战略思想。也正是基于世界大战不可避免、要准备打仗,"当前世界的主要倾向是革命"等认识和判断,使得中国在很长时期内没有把工作重点放到经济建设上来。"文革"结束后经过拨乱反正,恢复实事求是的思想路线,中国开始了建设现代化的新长征。中国特色社会主义建设既需要稳定的国内环境,也需要和平的国际环境。

不同的时代具有不同的时代主题①。20世纪后期,世界形势开始发生重大变化,形成了有利于维护和平、促进发展的总趋势。首先,第三次科技革命②正在使人类由工业社会进入信息社会,推动着国际经济格局的调整。科学技术的竞争在国际经济竞争中的地位日

---

① 每个历史时代,都有自己的主要矛盾,都有需要解决的根本任务。这个主要矛盾和根本任务就是那个时代的主题。

② 第三次科技革命是人类文明史上继蒸汽技术革命和电力技术革命之后科技领域里的又一次重大飞跃,以原子能、电子计算机、空间技术和生物工程的发明和应用为主要标志,涉及信息技术、新能源技术、新材料技术、生物技术、空间技术和海洋技术等诸多领域的一场信息控制技术革命。这次科技革命不仅极大地推动了人类社会经济、政治、文化领域的变革,而且也影响了人类生活方式和思维方式,使人类社会生活和人的现代化向更高境界发展。

益重要,发展科学技术、增强综合国力和提高民族竞争力已成为各国的主要政策取向。科学技术水平的差距,进一步扩大了发达国家与发展中国家间的经济差距,以科技和经济发展为中心的综合国力竞争日益突出,和平与发展也就成为国际形势发展的主流和基本趋势。其次,在经济全球化背景下,世界各国的利益相互关联和相互依赖日益加深,共同利益明显增多。维护经济安全,促进经济发展和繁荣已成为许多国家特别是发展中国家的紧迫课题,发展成为包括发达国家在内的世界各国政府和人民的共同愿望。再次,冷战结束后,虽然世界上地区性冲突和局部战争不断,但是战争与和平的力量对比方面,和平力量超过战争的力量,发生世界大战的因素基本不复存在,世界形势总体趋缓。只是国际力量对比严重失衡的状况没有根本改变,霸权主义、强权政治在国际政治、经济和安全领域依然存在并有新的发展,要维护世界和平,促进共同发展必须反对霸权主义。

邓小平根据世界经济与政治发生的重大变化,敏锐地把握到时代的主题已开始由战争与革命转变为和平与发展,他从政治、经济两个角度考察了这个问题,及时提出和平与发展已经成为当今世界的两大主题的科学论断。邓小平指出,现在世界上真正大的问题,带全球性的战略问题,一个是和平问题,一个是发展问题。和平问题是东西问题,经济问题是南北问题。概括起来,就是东西南北四个字。南北问题是核心问题①。邓小平说:"我可以明确地肯定地讲一个观点,中国现在是维护世界和平和稳定的力量,不是破坏力量。""我们的对外政策是反对霸权主义、维护世界和平。""中国是一支和平力量,这一点很重要。中国最不希望发生战争。中国太穷,要发展自己,只有在和平的环境里才有可能。要争取和平的环境,就必须同世界上一切和平力量合作。"②"中国的对外政策是独立自主的,是真正的不结盟。中国对外政策的目标是争取世界和平。在争取和平的前提下,一心一意搞现代化建设,发展自己的国家,建设有中国特色的

邓小平指出,现在世界上真正大的问题,带全球性的战略问题,一个是和平问题,一个是发展问题。和平问题是东西问题,经济问题是南北问题,后一个问题是核心问题。这是中国人对世界形势具有远见的判断,也是奉行和平发展外交路线的依据。※

① 《邓小平文选》第3卷,人民出版社1993年版。
② 《邓小平文选》第3卷,人民出版社1993年版。

社会主义,总之,我们诚心诚意地希望不发生战争,争取长时间的和平,集中精力搞好国内的四化建设。"1988 年,邓小平再次指出,"应当把发展问题提到全人类的高度来认识,要从这个高度去观察问题和解决问题。只有这样,才会明了发展问题既是发展中国家自己的责任,也是发达国家的责任。"①此后,中共十三大把邓小平关于"和平与发展"两大问题的论断概括为"时代主题"。这一论断为执政党制定正确的战略方针提供了可靠的依据,为中国社会主义现代化建设创造有利的国际环境和制定正确的外交战略提供了基本依据。1986 年,中国政府对外宣布:"中国从本国人民和世界人民的长远利益和根本利益出发,把维护世界和平、发展各国友好合作和促进共同经济繁荣,作为自己对外政策的总目标。"

邓小平的"和平与发展"外交思想,较之以往的外交路线有两大重要突破。第一个突破是以"一国两制、和平统一"取代"解放台湾",随着国际形势出现的新变化和解放思想、实事求是思想路线的重新确立,在考虑和平解放台湾问题进而扩展到解决香港问题的过程中,邓小平集中了全党的智慧,逐步形成了"一国两制"的战略构想②。"一国两制"使原则的坚定性与策略的灵活性相统一,创造性地把和平共处的原则用于处理一个国家的内部问题,为解决国际争端和世界遗留问题提供了新思路、新途径和新范例。香港、澳门先后顺利回归使这一构想成为现实,受到举世瞩目和赞赏。第二个突破是以"一个世界,共同繁荣"取代"两大阵营"、"三个世界",在过去"两个阵营"或"三个世界"的框架下,只能谈论"阶级利益"、"被压迫民族和被压迫人民的利益",不能提"全人类的利益"。只有在"一个世界"的框架下,把国家利益放在意识形态利益之上,才有可能认定全球化"是一股不可抗拒的历史趋势",中国必须积极参与其间。而"共同繁荣"理念的提出,表明中国领导人已经突破"亡我之心不

邓小平的"和平与发展"外交思想有两大重要突破,一是以"一国两制、和平统一"取代"解放台湾",二是以"一个世界,共同繁荣"取代"两大阵营"、"三个世界"。※

---

① 《邓小平文选》第 3 卷,人民出版社 1993 年版。

② 毛泽东在 1975 年 10 月 21 日与基辛格第三次会谈时曾说过"小问题是台湾,大问题是全世界",表示台湾问题的解决可以等待一百年。

死"等种种传统观念的束缚,开始把外交工作的总体目标定为促进和平发展,争取"双赢"、"互利",创造良好国际环境,服务于国家现代化发展目标。

从 1989 年开始,东欧剧变,柏林墙倒塌,一个个东欧国家政权易手,中国发生了政治风波,苏联也在动乱中解体,一时间世界发生巨变。在这关键时期,中国的执政党贯彻了邓小平的冷静观察,稳住阵脚,沉着应付,埋头实干,做好我们自己的事的方针,对内,毫不动摇地坚持以建设有中国特色社会主义理论为指导的中国共产党的基本路线,坚持以经济建设为中心,坚持改革开放,使得中国的社会主义现代化建设事业经受住了重大的考验,对中国后来的发展具有重大意义。对外,中国挫败了西方国家对中国"以压促变"的方针,不以社会制度、意识形态和价值观念的异同作为决定国与国亲疏的标准,坚持不干涉别国内政,尊重各国人民自主选择的原则,保持和发展了和东欧国家及新成立的独联体国家的外交关系。根据国际形势发展的新变化,为了创造更加有利于中国聚精会神抓建设的国际环境,邓小平还先后提出"韬光养晦,有所作为","不结盟外交战略",以及"搁置争议,共同开发"等一系列外交思想。

很多国际事件证明,中国什么时候违背"韬光养晦,有所作为"原则,强行出头,什么时候就会招致国际风波,自陷困境。※

[专栏 7-9]　　　　　**韬光养晦,有所作为**

"韬光养晦,有所作为"是基于对中国力量、中国影响的实事求是估计做出的决断,是邓小平外交思想的重要组成部分。从中国的外交实践看,这里的"韬光养晦"是要多做实事,不事张扬,认真地把中国自己的经济搞上去;是谦虚谨慎,不随便指责别人,过头的话不要讲,过头的事不做;是指不说空话,不当头,不称霸。邓小平讲过:"第三世界有一些国家希望中国当头。但是我们千万不要当头,这是一个根本国策。这个头我们当不起,自己力量也不够。当了绝无好处,许多主动都失掉了。中国永远站在第三世界一边,中国永远不称霸。中国也永远不当头。"但是"在国际问题上无所作为不可能,还是要有所作为。作什么,我看要积极推动建立国际政治经济新秩序。我们谁也不怕,但谁也不得罪,按和平共处五项原则办事,在原则立场上把握住。"

——摘自杨成绪《韬光养晦　有所作为——邓小平外交

思想浅议》,《光明日报》2004 年 8 月 9 日

"不结盟外交战略",就是强调不结盟、不孤立、不对抗、不针对第三国、进行全方位的外交活动,以此充分体现中国独立自主的外交政策等等,指导着中国的外交实践,从而为一心一意搞建设的中国赢得了宝贵的和平发展的国际环境。1997 年,中共十五大进一步明确中国对外交往的方针,提出要超越社会制度与意识形态的差异,寻求共同利益的汇合点,扩大互利合作,共同对付人类生存和发展所面临的挑战。对彼此之间的分歧,要坚持对话,不搞对抗,从双方长远利益以及世界和平与发展的大局出发,妥善加以解决。

"搁置争议,共同开发"是中国政府为解决与有关国家的领土主权争议而提出的政策主张。1984 年 10 月 22 日,邓小平在中共中央顾问委员会第三次全体会议上指出,钓鱼岛、南沙群岛等主权属于中国,同时又说:"把主权问题搁置起来,共同开发,这就可以消除多年积累下来的问题。这个问题迟早要解决。世界上这类的国际争端还不少,我们中国人是主张和平的,希望用和平的方式解决争端。"中国政府尊重历史与现实,考虑到中国和有关国家的利益,通过双边谈判和合作,共同解决钓鱼岛、南沙群岛等涉及主权争议问题,并已与一些国家达成某些共识和谅解。2002 年 11 月,中国政府根据这一政策主张,与东盟十国签署了《南海各方行为宣言》。

新中国自成立之日起,就始终不渝地奉行独立自主的和平外交政策。特别是改革开放以来,中国以维护世界和平和促进共同发展为对外政策的首要目标,以独立自主为对外政策的根本立足点,以和平共处五项原则为处理国与国关系的基本遵循,以加强和第三世界国家的团结与合作、发展与周边国家睦邻友好合作关系为对外工作的重点,全面对外开放,同西方国家发展平等互利关系,积极倡导建

立一个和平稳定、公正合理的国际政治经济新秩序。主张各国有权根据本国国情,独立自主地选择自己的发展道路,别国无权干涉;主张各国不分大小、强弱、贫富都是国际社会的平等成员,任何国家都不应该谋求霸权;主张既反对恐怖主义,又反对霸权主义,不能因为反恐而放弃反霸,也不能因为反霸就放弃反恐;主张以和平方式解决国家之间的一切分歧或争端,而不应诉诸武力或以武力相威胁,通过对话协商增进相互了解和信任,通过双边、多边协调合作,逐步解决彼此间的矛盾和问题;主张在平等互利基础上同各国加强和扩大经济、科技、文化的交流与合作,促进共同发展与繁荣,反对经济贸易交往中的不平等现象和各种歧视性政策与做法。这一系列正确的外交政策,使中国赢得了世界上越来越多国家的尊重与赞誉。

和平发展道路的精髓是和平的发展、开放的发展、合作的发展。中国既通过争取和平的国际环境来发展自己,又以自身的发展来促进世界和平;中国主要依靠自身力量和改革创新实现发展,同时坚持对外开放;中国在平等互利的基础上同世界各国开展交流与合作,实现互利共赢、共同发展。这条道路体现在国内发展上,就是以邓小平理论和“三个代表”重要思想为指导,深入贯彻落实科学发展观,科学分析我国全面参与经济全球化的新机遇新挑战,全面认识工业化、信息化、城镇化、市场化、国际化深入发展的新形势新任务,深刻把握我国发展面临的新课题新矛盾,更加自觉地走科学发展道路,奋力开拓中国特色社会主义更为广阔的发展前景。这条道路体现在对外政策上,就是一如既往地坚持独立自主的和平外交政策。奉行防御性的国防政策,不搞军备竞赛,不称霸,不搞扩张,不对任何国家构成军事威胁,并反对各种形式的霸权主义和强权政治。坚持国家不分大小、强弱、贫富,一律平等,尊重各国人民自主选择发展道路的权力,不干涉别国内部事务,不把自己的意志强加于人。这条道路体现在国家关系上,就是坚持在和平共处五项原则的基础上同所有国家发展友好合作。加强同发达国家的战略对话,增进互信,深化合作,妥善处理分歧,推动相互关系长期稳定健康发展。加强同周边国家的睦邻友好和务实合作,积极开展区域合作,共同营造和平稳定、平等互信、合作共赢的地区环境。加强同广大发展中国家的团结合作,深化传统友谊,扩大务实合作,提供力所能及的援助,维护发展中国家的正当要求和共同利益。并积极参与多边事务,承担相应国际义务,发挥建设性作用,推动国际秩序朝着更加公正合理的方向发展。这条道路体现在对外经济关系上,就是顺应经济全球化的发展趋势,坚持实行互利共赢的对外开放战略,与世界各国共同分享人类文明成果;以自己的发展促进地区和世界共同发展,在实现本国发展的同时兼顾对方特别是发展中国家的正当关切。坚持在平等、互利、互惠的基础上同世界各国发展经贸关系,不断为全球贸易持续增长做出贡献。

四、建设和谐世界:中国特色的全球战略理念

进入 21 世纪以来,中国根据新世纪新阶段国际形势的深刻演变,抓住战略机遇期,高举和平发展和合作共赢的旗帜,奉行独立自主的和平外交政策,维护国家主权、安全和发展利益,恪守维护世界和平、促进共同发展的外交政策宗旨,坚定不移地走和平发展道路,妥善应对纷繁复杂的国际形势,稳定和发展同主要大国的关系,进一步改善同周边国家的关系,加强同广大发展中国家的团结合作,同世界各国广泛开展友好交往和互利合作,积极参与国际事务,努力承担国际责任和义务,使中国的国际地位不断提升。在这期间,中国外交方针和政策最大的成果是提出推动建设持久和平、共同繁荣和谐世界的主张。

"和谐世界"主张是"和平共处五项原则"在新时期的发展,这一理念体现了一个爱好和平、讲求正义、尊重秩序的大国责任意识,它对于推动中国同世界各国实现互利共赢和共同发展具有现实意义和历史意义。※

随着参与多边机制的增多,中国对多边机制及其运行规则逐步有了全面的认识,对国际秩序的认识也逐渐发生变化,已经从现有秩序的批判者向有保留的认同者,继而向建设性的融入者转变。中国希望通过积极参与制定、修改国际规则,参与国际制度建设,逐步改正其中不合理、不公正的地方,建立起公正合理的国际政治经济新秩序,使之能够反映大多数国家和人民的共同利益。与此同时,中国已经越来越重视国家行为规范的塑造,近年来,在联合国改革、朝核六方会谈、东亚区域合作、上海合作组织建设、反恐、防核扩散等领域发

挥着举足轻重的作用。中国已成为世界体系的建设性参与者、国际矛盾的积极协调者、周边秩序的务实塑造者。正是在这一背景下,中国提出建设和谐世界外交新理念。

2005 年 4 月,胡锦涛参加雅加达亚非峰会,在讲话中提出,亚非国家应"推动不同文明友好相处、平等对话、发展繁荣,共同构建一个和谐世界"。同年 7 月,胡锦涛出访俄罗斯,"和谐世界"被写入《中俄关于 21 世纪国际秩序的联合声明》。"和谐世界"第一次被确认为国与国之间的共识,标志着这一全新理念逐渐进入国际社会的视野。9 月,胡锦涛出席联合国成立 60 周年首脑会议第二次全体会议,并发表了题为《努力建设持久和平、共同繁荣的和谐世界》的重要讲话,全面阐述了"和谐世界"的深刻内涵。2006 年 6 月,上海合作组织峰会期间提出建立"持久和平、共同繁荣的和谐地区",2007年初访问非洲八国时倡导"加强中非团结合作,推动建设和谐世界",2011 年 4 月,在博鳌亚洲论坛 2011 年年会开幕式上发表题为《推动共同发展　共建和谐亚洲》的演讲,就共建和谐亚洲提出 5 点建议。可以说,自 2005 年胡锦涛在雅加达亚非峰会上第一次提出建设和谐世界理念以来,中国领导人不断地将构建和谐世界的理念传递给越来越多的国家和人民,让国际社会深切感受到了中国践行建设和谐世界理念所做出的不懈努力。

"和谐世界"新理念是对中国外交政策宗旨的继承和升华,它将中国近年来在国际上所倡导的新秩序观、新安全观、新发展观、新文明观等有机联系在一起。建设和谐世界的理念,包含有丰富的内涵。在国际秩序和国际制度建设方面,主张各国无论大小强弱,都应互相尊重主权和领土完整、互不侵犯、互不干涉内政,尊重各国自主选择的社会制度和适合本国国情的发展道路,各国可以不受歧视、平等地参与国际事务;以联合国宪章精神为基础,改革和创新国际法律体系、国际和地区机制,使平等、公正获得强有力的法理保障和制度保障。在国家行为规范塑造方面,反对霸权主义、强权政治,提倡通过对话、协商和谈判的方式解决争端和冲突,不使用武力或以武力相威胁;倡导互利、互信,促进共赢和实现共同安全;倡导开放包容,呼吁

2005 年 4 月,胡锦涛首提"共同构建和谐世界",此后,中国一直在为践行这一全新理念做出不懈努力。

对话合作,努力消除不同文明之间的猜疑与隔阂;不同社会制度和发展模式相互借鉴,取长补短,实现共同发展。

建设和谐世界的理念基于对千百年来人类冲突史、世界战争史的深刻反思,根植于中国五千年的文化基础之上,体现了中华民族在对外交往中爱好和平、讲信修睦、协和万邦的文化传统,是中国传统"和"、"合"思想在当代的延伸。"和合"思想强调不同文化之间的相互交往、吸收、融合,对推进人类文明的发展起了至关重要的作用。在全球化加速发展的今天,在不同民族和地域的文化特点与差异依然存在的情况下,减少摩擦、增加共识,发扬"和为贵"、"和而不同"的思想显得更为重要。综观中国领导人在不同场合对"和谐世界"、"和谐地区"、"和谐周边"、"和谐亚洲"等理念的阐述,其核心正在于倡导"和为贵",不同文化和平相处,共生共长;用"和而不同"的观点观察、处理问题,善待他国,异而不斗;世界多元文化相互补充,相互借鉴,相辅相成。这一切,既是对中国文化与外来文化千年交往史的经验总结,也是以一个负责任的大国身份将中华文化中的价值精髓向世界做郑重推荐。它向世界表明,不断发展的中国,将继承和发扬优秀传统文化的共存、共生、共赢的"和合"思想,坚持走和平发展的道路。

第三节 中国和平发展模式促进和谐世界建设

当今世界,和平与发展仍然是时代主题,要和平、促发展、谋合作是时代的主旋律。一方面,世界多极化和经济全球化的趋势深入发展,科技进步日新月异,世界生产力显著提高,全球经济保持总体增长,各类全球性和区域性合作生机勃勃,国际关系民主化不断推进。人类正以前所未有的速度发展进步,充分表明维护世界和平、促进共同发展是世界人民共同的心愿。另一方面,世界和平与发展这两大问题还没有得到根本解决,其实现进程将是坎坷曲折的。和平发展的中国模式在致力于国内和谐社会建设的同时,始终坚持独立自主的和平发展路线,践行建设和谐世界的新理念,促进和谐世界的发展。

一、世界政治经济格局调整与不和谐因素

2008年,由美国次贷危机引发的金融危机,在带来全球性经济衰退的同时,也使世界郁积多年的各种问题爆发性地涌现、外溢,如同潘多拉盒子被打开,国际政治经济格局发生巨大变化,现行经济秩序被打乱,国际规制遭遇挑战。当前,国际形势在风云变幻和风起云涌中保持着一种动态的平衡,单边主义、霸权主义、恐怖主义和地区热点错综复杂,国际形势高烈度演变,国际关系剧烈分化组合。威胁世界和平与发展的不和谐因素依然存在。[1]

【霸权主义与强权政治妨碍国际关系民主化】冷战结束后,美国成了世界上唯一的超级大国,在军事、科技、经济和政治方面实力超强。美国为了实现在全世界发挥"领导作用",建立以美国为主导的"世界新秩序"和确保在21世纪保持自己的霸权地位的战略目标,其霸权主义和强权政治有了新的表现。一是大肆鼓吹"新干涉主义",加紧在世界范围内推行所谓"民主计划",妄图建立由西方价值观主导的世界,从塞尔维亚、格鲁吉亚、乌克兰和吉尔吉斯斯坦等国家的颜色革命[2],到突尼斯、埃及、也门、利比亚的政权更迭,引发中亚、西亚和北非一些国家政局动荡。二是竭力推行单边主义,四处插手,干涉别国内政,导致了一些国家和地区矛盾激化,局势紧张。据统计,从1990年至1999年,美国对外军事干预达56次,年用兵频率比冷战时期高出约1倍。最近7年先后发生的科索沃战争、阿富汗战争、伊拉克战争等大规模战争,都由美国发起或主导。美国在先发制人战略指导下的单边主义行为,冲击着集体安全机制,构成了对多边主义的严重挑战。美国的单边主义政策,经常将联合国置于尴尬、

从21世纪初塞尔维亚、格鲁吉亚、乌克兰和吉尔吉斯斯坦等国家的颜色革命,到2010年以来突尼斯、埃及、也门、利比亚的政权更迭,再到当前中亚、西亚和北非一些国家政局动荡,皆是霸权主义的"新干涉主义"和"民主计划"之所为。

---

① 刘韦玮:《妨碍世界和谐的五大因素》,《半月谈》2006年第16期。
② 颜色革命(Colour Revolution),又称花朵革命,是指21世纪初期一系列发生在独联体国家和中亚地区的以颜色命名、以和平和非暴力方式进行的政权变更运动,这些有着明确政治诉求的活动,背后一般都有外部势力插手的因素,经过社会动员,往往导致持久的社会对立和动荡,给执政者造成强大压力。

难堪的境地,比如,拒绝在关于控制全球气候变暖的《京都议定书》上签字,发动对伊拉克的战争等等。

【传统与非传统安全问题对世界和平构成严重威胁】首先,传统安全的威胁依然存在,民族、宗教矛盾和边界领土争端导致的冲突时起时伏。近几十年来,虽然世界范围的大战没有打起来,但小规模的地区性冲突乃至局部战争时起时伏。据统计,第二次世界大战以后,世界上发生过120多次较大的战争,死亡人数约1200万。近年来,海湾战争、科索沃战争、阿富汗战争、伊拉克战争等局部战争,使成千上万的无辜平民颠沛流离,无家可归。其次,恐怖主义、环境污染、非法移民、毒品走私、跨国犯罪等非传统安全问题突出。国际恐怖主义活动继续猖獗,恐怖袭击范围扩大、方式多样化,恐怖组织扩大化、高科技化、组织严密化,成为最突出的非传统安全问题。据统计,2000年共发生国际恐怖主义活动423起,死亡1196人;2005年则共发生国际恐怖主义活动11000起,为2000年的26倍;死亡8300人,约为2000年的7倍。此外,一些国家和组织存在重对抗轻协商,坚持以暴对暴,通过极端手段解决问题等各种极端思维,美国反恐是如此,以色列打击哈马斯和真主党是如此,遍布全球、诉求各异的各种极端组织也是如此。这种思维也给世界和平与安全埋下隐患。

【贫富差距扩大导致全球发展不平衡】国际社会不和谐的最根本原因是发展不平衡问题。在不合理的国际经济秩序没有根本改变的情况下,广大发展中国家严重缺少资金、债务负担沉重、技术水平落后,面对日益恶化的贸易条件和不断增加的金融风险,总体上处于十分不利的境地。广大发展中国家与发达国家之间的差距不但没有缩小,反而在扩大。据联合国2001年统计,在过去30年间,最不发达国家的数量从25个增加到49个;世界绝对贫困人口从5年前的10亿增加到12亿;工业化国家与30个最穷国家的人均收入相差至少70倍;世界上3个最富有的人的财富,超过了60个穷国国民生产总值之和。这些极端悬殊的差别,既暴露了极不合理的世界经济秩序,又成为各国共同发展的障碍,同时也构成危害世界和平的潜在因素。2010年11月4日,联合国开发计划署在纽约发布了题为《国家

在现有的乏善可陈的国际经济秩序没有根本改变的情况下,广大发展中国家严重缺少资金、债务负担沉重、技术水平落后,面对日益恶化的贸易条件和不断增加的金融风险,总体上处于十分不利的境地。

的真实财富：人类发展进程》的 2010 年人类发展报告，这份报告比较分析了全球 169 个经济体在人均收入、健康和教育等方面的状况，对 1970 年至 2010 年间的人类发展趋势进行了系统评价。报告显示，人类发展综合指数与 40 年前相比大幅提高了 40% 还多，进步最快的 10 个国家除韩国外全是发展中国家。尽管大多数发展中国家在健康、教育以及基本生活标准方面都取得了巨大的进步，但排名后 10 位的全部是非洲国家。由于发展的基础太差，南北差距依然很大。目前，发展中国家总体债务高达 2 万多亿美元，沉重的债务长期困扰着发展中国家尤其是最不发达国家。贫富差距的扩大使许多发展中国家的人们产生失望情绪，对不合理国际经济秩序的不满激发了他们的对抗意识，这对国际关系的和谐发展将产生不容忽视的负面影响。

【全球化使世界进入矛盾高发期】全球化的深入发展使世界进入贸易摩擦高发期，原来位于全球化高端并受益匪浅的欧美发达国家开始出现抵制全球化的迹象。金融危机后，欧美发达国家成为全球对"世界工厂"——中国实施贸易保护主义的主体。根据世界贸易组织 2009 年的一份报告，2008 年，全球 35% 的反倾销、71% 的反补贴涉及中国。中国连续 14 年成为遭遇反倾销调查最多的成员，连续 3 年成为遭遇反补贴调查最多的成员。另据中国商务部统计，2009 年中国遭遇了 115 起贸易救济调查，总案值 127 亿美元，比 2008 年增长了 104.8%，案件数量和金额均创历史最高。2009 年美国约 50 起贸易救济措施中有一半针对中国产品，2009 年 11 月 2 日至 12 日短短 10 天内，美国商务部竟然发起 20 起针对中国产品的反倾销或反补贴调查案，这种频率是世界贸易史上绝无仅有的。金融危机以来在全球盛行的贸易保护主义，不仅对以自由贸易为基础的世界贸易组织的体制机制造成重大冲击，而且导致国际贸易多个领域生产国和消费国之间的矛盾愈演愈烈；美国实行量化宽松的货币政策，美元贬值，再加上游资炒作，造成了能源、粮食等大宗生活必需品价格的非理性涨跌，已经屡屡引起一些国家的恐慌。而世界主要国家的不确定性也在增加。美国经济复苏缓慢，债务压力巨大，陷入多年未遇的迷惘之中。2011 年 5 月 16 日,美国触及 14.29 万亿美元的借款上限,但众议院否决了将联邦债务上限提高至 16.7 万亿美元的议案。尽管政府与国会在 8 月 2 日就提高债务上限达成妥协,但美国信用级别已被评级机构下调。长期处于经济低迷、增长缓慢的日本,在 2011 年 3 月遭遇地震、海啸和核辐射灾难后,更是陷入重重困境,面临政权更迭和灾后重建等难题;欧洲主权债务危机有可能蔓延且已经引起欧盟内部分歧重重。

全球化的深入发展使世界进入贸易摩擦高发期,原来位于全球化高端并受益匪浅的欧美发达国家竟然开始出现抵制全球化的迹象。※

全球范围内的劳动力迁移引发发达国家的移民问题。虽然移民解决了发达国家劳动力不足的问题,但由于文化背景不同、受教育程度不同以及发达国家政府采取的限制甚至歧视政策,使移民很难融入本土社会,一个偶然事件或政府政策不当都可能引发大范围族群冲突和社会骚乱。2010 年法国两名少年触电身亡后引发全国性骚乱,以及美国爆发大规模游行抗议美国出台新移民法案就是如此。

全球化在加强不同文明之间接触和交流的同时,也不可避免地带来文明之间的摩擦甚至冲突。究其原因,既有不同文明之间的误解,更重要的是西方文明对其他文明的傲慢与轻侮以及霸权主义和强权政治在不同文明间造成隔阂。

二、致力于建设和谐世界的外交实践

近年来,中国高举和平、发展、合作的旗帜,积极倡导世界多极化、国际关系民主化和发展模式多样化,引导经济全球化向有利于发展中国家的方向发展。坚定走和平发展道路的中国,在国际上的软、硬实力不断上升,国际地位日益提高。中国努力推动建立公正合理的国际政治经济新秩序,倡导各国不论大小、贫富、强弱,政治上应相互尊重,共同协商;经济上应相互促进,共同发展;文化上应相互借鉴,共同繁荣;安全上应相互信任,共同维护;反对各种形式的霸权主义和强权政治。积极参与处理国际和地区热点问题,倡导创立新安全观,重视多边外交舞台,承担国际义务,发挥建设性作用,彰显负责任的大国形象。

【注重大国之间良性互动关系】和谐的大国关系是建设和谐世

界的关键,中国与大国之间良性互动不断加深。

中美关系总体保持稳定和发展。中美双方不仅是利益攸关方,更是建设性合作者,共同肩负全球责任已成为共识。中美高层会晤频繁,战略对话、战略经济对话定期举行,增进了相互理解与信任。两国在经济、科技、反恐、防核扩散、地区安全等领域的对话与合作不断加强。这符合双方根本利益,也有利于世界和平与稳定。据观察家分析,中国在美国对外战略中的地位大大提高,美国把中美关系说成是"最重要的双边关系",有时候说成是"最重要的双边关系之一"。两国经济交流合作日趋紧密,共同利益不断增多。从经济层面讲,中美两国已形成"一荣俱荣、一损俱损"的局面。这将推动美在对华关系上采取审慎务实的态度。在安全上,中美分别作为最大的发展中国家和最大的发达国家,在维护和促进国际与地区和平稳定,应对反恐、防核扩散,处理全球性挑战以及一些地区热点问题上,都需要相互间的合作与支持。

中俄关系进入最好时期。中俄战略协作伙伴关系继续深化,两国领导人交往密切,相互信任,相互尊重。两国在政治、经济、军事、能源等领域的互利合作不断加强,在国际和地区问题上密切配合、协作,共同推动多边主义和国际关系民主化。前驻俄罗斯大使李凤林认为,中俄之间目前的战略协作伙伴关系,是符合历史潮流的、新型的外交关系。现在也是中俄关系建交61年来处于最正常、最成熟、最有质量的时期。从国际大背景下来观察中俄关系新的定性和具体发展趋势,不仅符合两个国家的战略利益,而且对世界和平稳定也有积极的作用①。中俄两国长达4300公里边界线走向已全部确定。两国签署关于21世纪国际秩序的联合声明,举行联合军事演习,互办"国家年"。目前,两国已在制定关于《中俄睦邻友好合作条约》2009年至2012年的实施纲要。中俄"战略协作伙伴关系"不断深化。

中日之间是一衣带水的邻邦,两国经济合作密切,人员往来频

---

① 新华网2009年9月23日。

繁。面对近年来中日政治关系中出现的复杂局面,中国主张双方特别是两国领导人应从战略高度和长远角度出发,严格遵循中日间三个政治文件确立的原则,坚持"以史为鉴、面向未来",加强交流与合作,消除障碍,为两国关系稳定健康地发展创造条件。2007 年 4 月和 2008 年 5 月,温家宝、胡锦涛分别应邀对日本进行正式访问,被称为"融冰之旅"与"暖春之旅"。两次访问取得了丰硕的成果,中日两国政府达成了多项共识,签署了《全面推进战略互惠关系的联合声明》,发展了中日战略互惠关系。特别是胡锦涛的访问是继江泽民1998 年访问日本 10 年后,中国国家元首对日本进行的国事访问,对于两国关系的发展具有非常重要的战略意义。

中欧关系全面深入。自 2003 年双方确定发展全面战略伙伴关系以来,中欧全面战略伙伴关系的内涵不断充实。双方领导人互访密集,双方部长级会议、副部长级会议已经机制化,在经贸、科技、能源、文化、教育、防扩散、环保等各领域的合作卓有成效。2004 年,中国和欧盟分别成为对方的第一和第二大贸易伙伴。中欧在环保等领域的交流与合作保持蓬勃发展的势头。2006 年 9 月,双方一致同意启动中欧伙伴合作协定谈判。

中印关系,即"中国龙"和"印度象"是亚洲经济的火车头,在竞争中共同发展。双方在能源、民航、生物技术、信息技术、制药和金融服务等方面存在着广阔的合作前景。中印在结束边界争端、促进经贸合作上取得了不少成果。

【积极构建和谐周边】中国奉行"睦邻、安邻、富邻"的周边和平发展政策,亚太战略的出发点和落脚点就是为自身发展营造稳定、良好的周边环境,与有关各国实现互利共赢,永做东盟和亚洲各国的好朋友、好邻居、好伙伴。中国主张开放的地区主义,利用上海合作组织、亚太经合组织、东盟地区论坛、南亚区域合作联盟等桥梁,积极推进周边利益共同体。中国是世界上陆地边界线最长和邻国最多的国家,是全球边界情况最复杂的国家之一。在平等协商和互谅互让的原则下,中国已经与其 14 个邻邦中的 12 个签订了边界协定或条约,22000 公里的陆地边界已有 90% 得到划界。目前,与尚余的印度和

中国奉行"睦邻、安邻、富邻"的周边和平发展政策,主张开放的地区主义,在海洋能源等问题争端中,秉持"搁置争议、共同开发"原则。※

不丹的边界问题也在朝积极方向发展。在海洋能源问题争端中,中国本着"搁置争议、共同开发"的原则,同包括越南和菲律宾在内的一些邻邦在共同开发矿产能源问题上达成共识。

中国积极推动在打击跨国犯罪、防治禽流感传播等非传统安全领域的地区合作,几乎参加了亚洲所有的地区安全机制。在中国倡导下成立的上海合作组织,10年来以一种新的合作方式和新型国家关系,为地区安全和繁荣做出了贡献。

【推进地区经济协调发展】中国—东盟自由贸易区2010年已经进入了实质性的全面运作。建立中国—东盟自由贸易区,是中国和东盟合作历程中历史性的一步。它充分反映了双方加强睦邻友好关系的良好愿望,也体现了中国和东盟之间不断加强的经济联系,是中国与东盟关系发展中新的里程碑。从2006年1月起,中国单方面向柬埔寨、老挝和缅甸三国扩大特惠关税产品范围,"大湄公河次区域经济合作"已成为亚洲发展中国家携手自立自强的典范。中越菲联合开发南海机制的建立,使南海由争议之海变为合作之海,为妥善解决类似海上争议问题树立了新的模式。一年一度的东盟中日韩"10+3"会议已形成机制,东亚合作成为亚洲区域合作总进程中最有活力、前景最被看好的组成部分。

[专栏7-10]　　　中国—东盟自由贸易区

中国—东盟自由贸易区,缩写CAFTA,是中国与东盟十国组建的自由贸易区。2010年1月1日贸易区正式全面启动。自贸区建成后,东盟和中国的贸易占到世界贸易的13%,成为一个涵盖11个国家、19亿人口的巨大经济体,从经济规模上看,将是仅次于欧盟和北美自由贸易区的全球第三大自由贸易区,是目前世界人口最多,也是发展中国家间最大的自贸区。

中国是发展中国家中重要一员,发展中国家始终是中国和平发展战略的立足点,21世纪以来,中国全方位加强了同他们的合作关系。一个有趣的现象是,凡是与中国经贸合作发展迅速的发展中国家,他们在经济上的日子相对就比较好过一些。※

【全方位推进与发展中国家关系】中国是发展中国家中重要一

员,发展中国家始终是中国和平发展战略的立足点。近年来,中国领导人出访拉美、非洲、中东等地区,足迹踏遍几十个发展中国家。中国与阿拉伯国家、非洲、太平洋岛国和加勒比地区国家建立合作论坛,与安第斯共同体建立了磋商与合作机制。发展的中国始终关切、帮助广大发展中国家的发展。自 2002 年以来,仅中国援建发展中国家超过亿元人民币的会议中心、办公楼、剧院等标志性工程,就有 29 个。在联合国成立 60 周年之际,中国国家主席胡锦涛郑重向世界宣布,将通过增加援助、减免发展中国家债务等方式积极支持其他发展中国家加快发展步伐。中非合作论坛成立 10 年来,中国向非洲提供的无偿援助、无息贷款和优惠贷款大幅增加,合作成果惠及中非双方。双方贸易额由 2000 年的 106 亿美元增长至 2008 年的 1068 亿美元,年增长率保持在 30% 以上。2009 年中国对非直接投资 14.4 亿美元,比 2000 年增长近 6 倍。截至 2009 年底,中国免除 35 个非洲重债穷国和最不发达国家无息贷款债务 300 多笔。双方还在基础设施建设、能源、农业、金融、医疗卫生等领域开展了务实高效合作,对中非互利双赢、共同发展起到积极有效的推动作用。北欧非洲研究所专家认为,非洲国家已经认识到落后的基础设施就是非洲发展和融合的瓶颈,对于非洲国家而言,要学习中国的经验,需要对自身的初始条件进行分析并对其发展绩效与中国进行比较。中国的基础设施投资已经覆盖撒哈拉以南的 35 个非洲国家,中国根据自己以往的经验,将精力集中在具备促进经济发展潜力的领域。近期中国对非洲国家基础设施的援助将逐步转向能源、交通和电信领域。①

中国重视同发展中国家发展经贸关系。中国是非洲第三大贸易伙伴,2005 年,中非贸易额是 50 年前的 800 多倍。2005 年,中国与拉美的贸易总额比 2004 年增加 26%。当时有媒体指出,拉美地区过去 4 年获得经济增长的一个关键因素是中拉贸易。1990 年至 2009 年,中国在拉美的投资累计只有 73 亿美元。2010 年中国企业在拉美的投资有 152 亿美元。中国在拉美的投资集中在自然资源领

---

① 新华网 2010 年 9 月 20 日。

域,如秘鲁的铜、巴西和阿根廷的石油等。拉美经委会预测,2011 年中国在拉美的投资将有 227 亿美元,其中 98 亿美元在巴西,86 亿美元在秘鲁。中国对拉美投资的迅速增长出乎人们的意料。为了促进发展中国家的发展与相互合作,先后建立的"中国非洲合作论坛"、"中国拉丁美洲合作论坛"、"中国阿拉伯合作论坛",成为促进中国与上述地区合作深入发展的重要平台。在 21 世纪第一个 10 年中,中国同亚洲、非洲、拉丁美洲的合作呈现迅猛的上升之势。一个有趣的现象是,凡是与中国经贸合作发展迅速的国家,他们在经济上的日子相对就比较好过一些①。

[专栏 7-11]　　　　中国的对外援助

　　　　早在 1964 年 1 月,周恩来访问亚非 14 国时就提出了"中国对外援助八项原则"。其基本精神是:平等互利,不干涉内政;切实帮助受援国自力更生;力求使受援国真正受益;尽量减轻受援国的负担;严格履行承担的义务。援外八项原则阐明了中国对外援助的性质、宗旨,也是中国对外政策在援外工作中的具体体现。援外八项原则不仅在过去成功地指导了中国的对外援助工作,而且在今天仍具有现实指导意义。60 余年来,中国的对外援助方式已从初期单一的无偿援助发展为当前的无偿援助、无息贷款、优惠贷款、混合贷款、合资合作等多种方式。援助内容从物资援助扩展到成套项目、投资合作项目、一般物资、现汇援助、技术合作、人员培训和派遣志愿者等多个领域。

　　　　　　　　——摘自李荣民《中国的对外援助促进世界和谐》,
　　　　　　　　《学习时报》2006 年 8 月第 347 期

历史上任何一个大国崛起的重要标志是其外部影响力,而外部影响力的主要标志是该大国能否履行国际责任,中国是否崛起,"中国模式"是否成立,主要看中国能否履行国际责任。※

【履行国际责任,推动建立国际新秩序】迄今为止,中国已参加了近 300 个国际条约,加入了 130 多个国际组织。中国遵守《联合国

---

　　① 《人民日报》2011 年 2 月 16 日。

宪章》的宗旨和原则,积极参与联合国事务,维护联合国及其安理会的权威和作用,广泛开展在反恐、军控、维和、发展、人权、司法和环境等领域的国际合作。积极参加联合国的维和行动,是目前派出维和人员最多的国家之一。中国一贯主张以和平方式解决争端,在科索沃、伊拉克、黎以冲突、利比亚等重大地区问题上所采取的立场,反映了中国在使用武力问题上的严肃、审慎态度。与各方共同努力,寻求妥协方案。面对地区冲突,中国坚持和平谈判、外交磋商。中国倡导和积极推动朝核问题六方会谈,派出维和部队深入苏丹达尔富尔、利比里亚等热点地区,主张政治解决伊朗核问题;面对受灾国,中国尽己所能提供援助。2004年印度洋海啸发生后,中国政府进行了新中国成立以来最大规模的对外救援行动;作为世界贸易组织新成员,中国认真履行各项承诺,为世界经济增长,尤其是亚洲经济的增长提供了动力。中国还在全球气候变暖、公共卫生等领域承担着自己的责任。2008年美国金融危机引发的经济危机,造成全球性经济衰退。中国不仅率先从经济衰退的阴影中走出来,对世界经济发展的贡献率有所提高,而且多次积极参与G8及G8+G5国际峰会,提出自己的有关走出国际金融危机、调整国际经济秩序及其治理结构重建的主张和建议,受到发达国家及新型经济体的高度重视。

在联合国改革问题上,中国主张循序渐进,充分协商,努力寻求最广泛一致,最大限度地满足所有成员国尤其是广大发展中国家的要求和关切。中国一向认为,尊重世界文化的多样性和发展模式的多样性,对国际关系的和谐发展至关重要。

[专栏7-12]　　　　　中国外交新主张

　　进入21世纪,中国坚持维护世界和平、促进共同发展的外交宗旨,在外交实践中相继提出一系列新的思路和主张,丰富和发展了中国独立自主的和平外交政策。

　　积极倡导公正、合理的新秩序观。中国主张,应推进多边主义,促进国际关系民主化和法制化,推动建立公正合理的国际秩序。

认真实践以平等互利为核心的新发展观。中国主张,各国在追求发展的进程中应努力实现互利共赢,鼓励彼此开放而不是相互封闭,公平竞争而不是损人利己,优势互补而不是以邻为壑。

推动树立以互信、互利、平等和协作为主要内容的新安全观。中国主张,各国在安全上应相互信任,通过互利合作维护地区和国际安全。坚持以协商化解矛盾,以合作谋求稳定。

主张形成以尊重多样性为特点的新文明观。中国认为,世界文明的多样性是人类社会的共同遗产和走向昌盛的宝贵源泉,应努力加以维护。

中国政府的上述主张有浓厚的中国特色,又有鲜明的时代特征,反映了世界发展和人类进步的普遍要求,将对当代国际关系的健康发展产生积极影响。

——摘自李肇星《和平、发展、合作——新时期中国外交的旗帜》,

新华网北京 2005 年 8 月 22 日电

三、坚持和平发展的中国模式

在近现代世界的经济政治舞台上,各个国家你追我赶,一些大国相继崛起,是一个普遍的现象,20 世纪 80 年代,美国国际政治学家乔治·莫德尔斯基提出近现代世界政治大循环理论①,论证了这一规律。

[专栏 7-13]　　近现代世界经济政治大循环

乔治·莫德尔斯基指出:公元 1500 年以来,世界政治中先后出现过四个领导者,即占有压倒性的洲际"权势投射能力"并多少

---

① 乔治·莫德尔斯基创立的国际政治长周期理论,为我们提供了一个以各个领导国的兴衰和全球战争为关注重点的周期模式,同时也揭示了一个以领导国的革新因素和国际体系的结构性变革为中心的进化模式,此两者并行不悖、相互作用。

主持规定世界政治基本规范的国家,它们是 16 世纪的葡萄牙、17
世纪的荷兰、18 和 19 世纪的英国、20 世纪的美国。另一方面,在
这 5 个世纪里与世界领导者对应,先后出现过若干力图夺取世界
头号权势地位并且改变国际体制基本规范的挑战者,它们是 16
世纪的西班牙、17 世纪的路易十四法国、18 和 19 世纪之交的拿破
仑法国、20 世纪的威廉二世德国、纳粹德国以及苏联。然而,近
500 年来的挑战者国家统统失败了;新的世界领导者统统是先前
世界领导者的主要伙伴,而领导地位的交替无不是正在衰落的领
导者最终将此地位"禅让"给它的主要合作者;挑战者的合作者将
随着挑战者同遭厄运,世界领导者的伙伴尽管会由于自己的从属
地位而受损,但同时可能在更大的程度上得到领导者的支持、保
护或其他实惠,甚至有机会后来居上,成为新的领导者,而且按照
自己的价值观念改革国际体制。世界第一位置在不同文明的国
家之间和平交替,历史上也是有过的。在整个 19 世纪,英国及其
自治领的人均 GDP 一直处于世界领先地位,但从经济总量来说,
英国始终没有赶上过中国。中国在近代史上失去 GDP 水平世界
第一的位置,是在邻近上一个世纪之交时被资本主义的后起之秀
美国超过。

2001 年以来,中国经济总量先后超越意大利、法国、英国、德国,
2010 年第二季度,中国 GDP 超过日本,成为世界第二大经济体。随
着中国综合国力的增强,国际社会高度关注中国的发展,普遍看好中
国经济发展前景。美国家情报委员会在《2025 年全球趋势》报告中
称,未来 20 年中国将拥有最大影响力。日本内阁 2010 年 5 月发布
《世界经济趋势》报告预计,2030 年中国经济总量将占全球 23.9%,
是日本的 4 倍。如果说这些预测是否能够成为现实还有待时日验证
的话,那么,全球经济危机后,中国参与国际经济事务的能力不断增
强,话语权有了进一步提升却是事实。2010 年 4 月,世界银行春季
会议通过改革方案,中国的投票权由 2.77% 提高至 4.42%,成为仅
次于美、日的世行第三大股东国;同年 11 月,国际货币基金组织批准

改革方案,中国持有份额将从 3.72% 升至 6.39%,投票权将从
3.65% 升至 6.07%,成为居美、日之后拥有第三大表决权的国家。

[专栏7-14]　　中国经济总量将超过美国?

　　根据国际货币基金组织的数据,中国经济总量占世界经济的
份额从 1978 年的 1.8%(全球第 10 位)上升到 2007 年的 6% 和
2010 年的约 9%(第 2 位)。中国经济总量相当于美国经济的比
重,从 1978 年的 6.5%、2001 年的 11.5% 提高到 2007 年的 23.7%
和 2010 年的约 40%。如果按照中国年均 7%~8% 的经济增速和
人民币年均升值 5% 的速度,美国则按照过去 10 年的平均增速
(即 1.7%),再考虑到美元在未来将出现的长期贬值趋势,根据这
些假设条件测算,中国名义 GDP 可在 2015 年内达到美国经济
80% 左右的规模,人均 GDP 将接近 1 万美元的水平,中国将替换
美国成为世界第一大贸易国,而到 2020 年则可能超越美国,成为
全球最大经济体。

　　2011 年 5 月,国际货币基金组织(IMF)的官方预测显示,中
国经济预计将在 2016 年超过美国。这也是 IMF 首次发布"美国
时代"终结的预期时间。这是 IMF 根据购买力平价测算的。IMF
根据购买力平价测算,2016 年中国 GDP 将由今年的 11.2 万亿美
元升至 19 万亿美元,而 2016 年美国 GDP 将由今年的 15.2 万亿
美元增至 18.8 万亿美元;届时美国经济占全球生产总值的比重
将降至 17.7%,而中国所占的比重将升至 18%。根据 IMF 的预
测,无论是奥巴马、米特—罗姆尼(Mitt Romney),还是特朗普
(Donald Trump)谁在下一届美国总统大选中获胜,都将成为最后
一任领导全球最大经济体总统。

　　也有学者认为中国经济难以超过美国。2010 年 8 月 24 日,
学者乔尔·科特金在《福布斯》发表文章指出,一国经济飞速发展
不会持续很久,最终,成本上升,国内压力加大,固有的局限将制
约经济增长,甚至引起经济逆转。他列举了中国经济难以超过美
国的五大原因。第一,如果说水是"新的石油",那么中国将面临

一个缺水的未来;第二,中国的能源需求急剧上升,可是国内却没有足够的资源;第三,食品是中国迫切需要解决的问题;第四,中国迅速老龄化的人口和不断萎缩的劳动力或将显著放慢经济增长步伐;第五,中国式的增长起飞阶段迅速发展,但是后期的增长却通常比不过更为开放的社会。

不可否认的是,美国及西方的影响力在下降,非西方力量的影响力在上升,目前在国际舞台上崛起的不只是中国一家,其他新兴大国也在崛起,众多中小国家总体实力也在增强。※

不可否认的是,美国及西方的影响力在下降,非西方力量的影响力在上升,已成国际格局总的变化趋势。目前在国际舞台上崛起的不只是中国一家,其他新兴大国也在崛起,众多中小国家的总体实力也在增强。按照国际货币基金组织的测算,发达国家对全球经济的贡献率从 1990 年的 88.6% 下降到 2000 年的 76.6%、2008 年的 20.8% 和 2010 年的约 30%。而金砖国家对世界经济增长的贡献率从 1990 年的 -0.6% 上升到 2010 年的 60% 多,其中,中国一国对世界经济增长的贡献率即超过 30%,居世界第一。2003 年 10 月 1 日,美国高盛投资银行一份重绘未来 50 年全球经济地图、编号为 99 的报告出台。该报告预测中国将在 2040 年超过美国,而印度将在 2033 年超过日本。届时,中、印、巴、俄 4 国将与美国、日本一起组成新的 6 大经济强国。

有国际关系学者认为,21 世纪国际关系研究中最重要、最热门的话题除了"美国研究"之外,恐怕要数"中国研究"了。全球国际关系学术界的"中国热",不仅聚焦在中国的国际行为以及影响中国的国际行为的各种变量分析,同时也聚焦在世界与中国的互动进程和应该具有的互动模式本身究竟将如何维持或改变世界秩序与人类的未来。毫无疑问,全球化时代环境和单极性的世界权力结构之中的"中国崛起",必将为 21 世纪国际关系研究中的"中国经验"和"中国视角"替代。[1]

2010 年 11 月下旬,美国《华尔街日报》采访了美国国家经济委

---

① 朱锋:《"普林斯顿争议"与当代国际关系理论研究》,中国选举与治理网 2011 年 4 月 24 日。

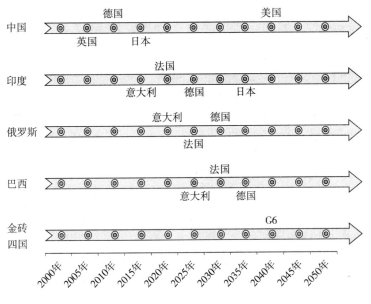

图7-1:美国高盛投资银行预测"金砖四国"发展趋势

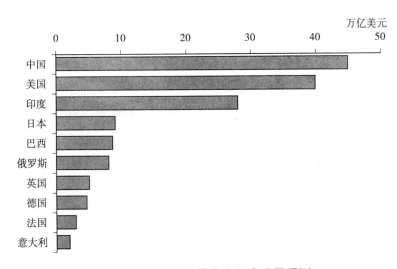

图7-2:2050年世界最大经济强国预测

员会主席萨默斯,萨默斯说,50年或100年之后,当人们写我们历史的时候,不太可能谈及2008年经济衰退,也不太可能讲到2010年美国的财政问题,而是世界如何适应历史舞台向中国转移的变化。几乎在同一时间,英国《金融时报》的首席评论家马丁·沃尔夫撰文推测,随着中国的崛起,世界格局会有三种结果:一是正和的结果,世界经济相互依赖,共同繁荣;二是负合的结果,全球经济混乱,各国争夺稀缺资源;三是全球在一定程度上发展,形成均势格局。

随着中国综合国力的增强,国际地位和国际影响在不断提升,特别是在全球陷于金融和经济危机的时刻,中国的作用被国际社会进一步看重。有人往往把中国和美国相比,认为 20 世纪是美国时代,21 世纪会是中国时代。这里既包含着要中国承担更大责任的意图,另一方面,还反映出西方国家对中国快速发展的忧虑,也不排除有人借此说法挑拨中国与其他亚洲国家关系的目的。关键在于,中国将继续走一条什么样的发展道路? 中国将对国际社会承担什么样的责任? 能否成为世界和平与繁荣的稳定力量? 这些都是国际社会关注的问题。

中国方面则一直在对外宣示,自己正在走的和将来也会走的是一条和平发展道路。

2006 年 4 月,中国总理温家宝在澳大利亚访问时曾明确:中国的发展是和平的发展、开放的发展、合作的发展。其精髓是,既通过争取和平的国际环境来发展自己,又以自身的发展来促进世界和平;中国主要依靠自身力量和改革创新实现发展,同时坚持对外开放;中国在平等互利的基础上同世界各国开展交流与合作,实现互利共赢、共同发展。

2007 年 10 月,胡锦涛总书记在中共十七大向世界全面阐释了中国和平发展道路的新理念,向世人宣告:中国正在走的是一条人类文明进步的全新道路,并将始终不渝地坚持走下去。

2010 年 9 月,中共十七届五中全会通过的《中共中央关于制定国民经济和社会发展第十二个五年规划的建议》,在对外工作部分再次提出,高举和平、发展、合作旗帜,奉行独立自主的和平外交政策,坚持走和平发展道路,坚持互利共赢的开放战略,维护国家主权、安全、发展利益,同世界各国一道推动建设持久和平、共同繁荣的和谐世界。

　　坚持走和平发展道路,是中国政府在把握时代特征和中国国情,统筹国内国际两个大局,研究借鉴其他大国发展经验教训的基础上提出的崭新发展道路,既是中国发展战略的重大抉择,也是中国全球战略的宣示①。

　　首先,这是基于世界发展潮流的必然选择。当今世界处于大变革、大调整之中,和平与发展仍然是时代主题,求和平、谋发展、促合作已经成为不可阻挡的时代潮流。世界多极化不可逆转,经济全球化深入发展,科技革命加速推进,全球和区域合作方兴未艾,国与国相互依存日益紧密,国际力量对比朝着有利于维护世界和平方向发展,国际形势总体稳定。中国选择和平发展这条发展道路,一是主要依靠以和平的手段挖掘自身资源、发挥自身潜力,同时在平等和互利共赢的基础上开展广泛的国际交流与合作,实现自身发展和建设富强国家的目标,而不是通过侵略、扩张或殖民化来维护和拓展国家利益;二是不谋霸权,不寻求势力范围,不挑战别国领土和主权,而是致力于维护世界和地区的和平稳定;三是中国在致力于自身发展的同时,努力争取实现与世界各国的共同繁荣与进步,不以损害和牺牲其他国家乃至国际社会的利益来实现自身发展。

　　其次,这也是基于中国的历史传统和现实国情的战略抉择。中华民族是热爱和平的民族,渴望和平、追求和谐,自古以来就是中国人的精神特征。中华文化是一种和平的文化,中国传统政治文化思想以"仁"、"和"为核心,产生了"仁者爱人"、"和为贵"、"和而不同"、"亲仁善邻"、"薄来厚往"、"厚德载物"等思想和理念。中国人民曾饱受屈辱和欺凌,深知国家主权与和平稳定之可贵。和平发展道路是中国实现国家繁荣富强、人民幸福安康的必由之路。发展是第一要务,加快经济社会发展,建设现代化国家,是中国人民正在为

---

　　① 国务委员戴秉国把这条道路的特点概括为"五合一",即强调发展的和平性、自主性、科学性、合作性及共同性。参见戴秉国《坚持走和平发展道路》,中国新闻网。

之奋斗的历史性任务。我们只有坚持走和平发展的道路,与各国相互信任、和睦相处,才能有一个和平稳定的外部条件,才能聚精会神搞建设,一心一意谋发展。

和平发展道路的崇高目标是建设一个持久和平、共同繁荣的和谐世界。走和平发展道路,就是要把中国国内发展与对外开放统一起来,把中国的发展与世界的发展联系起来,把中国人民的根本利益与世界人民的共同利益结合起来。中国对内坚持和谐发展,对外坚持和平发展,这两个方面是密切联系、有机统一的整体,都有利于建设一个持久和平、共同繁荣的和谐世界。中国的发展离不开世界,世界繁荣稳定也离不开中国,中国人民愿意并将继续同各国人民一道,为实现人类的美好理想而不懈努力。

尽管中国在国际上不断宣示和平发展的主张,而且一再以实际行动推行和平发展、互惠互利、合作共赢,但是国际上依然对中国的崛起疑虑重重,产生种种担心。这些疑虑和担心集中在几个方面:以美国为主的西方发达国家担心中国强大会冲击目前的国际经济及政治秩序,削弱其主导世界经济贸易与国际事务的权力与利益,动摇其霸主地位;中国周边地区及亚洲国家则担心中国的强大会影响自己的发展与国家安全;有一种担心是,拥有十几亿人口的巨大中国的高速发展会消耗有限的自然资源、能源和粮食,高消耗、高排放威胁着人类社会的可持续发展;还有就是从意识形态的固有理念出发,认定中国的社会主义集权体制带来的非民主、不讲人权和两极分化,具有极大的不确定性,等等。归根结底一句话,是担心中国的发展与崛起会威胁世界的和平与发展,影响其他国家的繁荣进步。

尽管中国在国际上不断宣示和平发展的主张,而且一再以实际行动推行和平发展、互惠互利、合作共赢,但是国际上依然对中国的崛起疑虑重重。※

[专栏 7-15]

崛起的中国为何很少赢得世界掌声

近几十年来中国发生了翻天覆地的变化,这是人们的普遍共识。然而,中国取得的经济奇迹并没有为这个世界第二大经济强国在世界上赢得多少好感。一些人把问题归咎于近几年来世界大部分媒体上传播的都是中国的负面消息。此外,西方世界对中国的无知,以及东西方文化之间的差异也是原因。总的来说,目前的中国尽管取得了整体的进步,但在世界上赢得的掌声的确很少。

对于多数人来说,对中国的态度有所保留是出于两个动机。第一,认为中国是通过作弊实现了发展。这种作弊行为既包括盗版和在发达国家销售大量劣质产品,也包括存在于根源上的社会"倾销"。当然,对这个问题的感受也并不一致:跨国企业习惯了用不同于普通公民的观点看待问题。第二,是对中国的政治和社会体制心存芥蒂,认为这样的体制目的是保护所谓的有学识、道德高尚的阶层的权利而牺牲了公民的自由和权利。

西方对中国有可能超过美国成为世界第一强国后的表现也心存疑虑。这种不信任感源于西方对中国的发展方向和其表达出的不与西方为伍的愿望的疑惑。而不信任感更加刺激了西方的怀疑,促使它们用明暗双重战略来阻止中国的崛起,至少要阻止中国在政治和军事上的崛起。从很大程度上说,这才是问题的真正根源。

这样一个在未来几年将被要求发挥世界第一强国作用的国家,落得惹人讨厌的境地是不正确的。这就是为什么中国要推广软实力的利益所在。通过传播自己的文化认同达到推广软实力的目的,因为文化是中国行为方式的基础。事实上,凡是真正近距离接触中国社会的人都会从它的宽容、隐忍和尊重中获益。在孔子学院和其他类似计划的推广中,中国的这种利益和许多西方国家的利益找到了汇合点,除了文化好感外,西方国家还在这种接触中看到了就业机会。于是,相互采取务实主义态度便成为了都希望获得对方理解的中西双方之间最主要、也是最重要的黏合剂。

中国属于另一个世界。尽管可能建立在相同或非常接近的价值观基础上,但如此独特的气质却赋予了中国更加复杂的特性。我们也的确应该超越近几个世纪来用以塑造世界的意识形态以走近这种文明。但是,对其好感的增加,要取决于中国在东方重新创造西方正在失去的好东西的能力。

——摘自《参考消息》2011 年 9 月 7 日,作者胡利奥·里奥斯(西班牙)

中国要达到较高的发展水平，或同发达国家等量齐观，还需要一两代人甚至更长时间的不懈努力，这还必须排除内部动乱、世界大战等因素。※

实际上，只要从客观立场出发，跳出西方的意识形态，特别是16—20世纪历史进程和欧美经验中一再重提的"权力更替"或者"均势重建"等理论窠臼，以不同于西方社会自由民主人权天然优越的习惯性思维看问题，就会得出不同的结论，中国是世界和平稳定发展的主要力量，而不是威胁因素。

第一，中国人口多、底子薄，城乡和地区发展不平衡，产业结构处于中低端，是名副其实的发展中国家。虽然2010年中国的经济总量已排名世界第二，但当年人均国内生产总值只有4394美元，在世界位次中排在第95位，甚至低于不少非洲国家（在第八章中将对此进行具体分析）。按联合国人均一天一美元的生活标准，中国今天还有1.5亿人生活在贫困线以下。即使按人均收入1200元的贫困标准，中国还有4000多万人未脱贫。目前还有1000万人没有用上电，每年还要解决2400万人的就业问题。中国人口多、底子薄，城乡和地区发展不平衡，产业结构处于中低端，生产力不发达状况没有根本改变。2010年8月19日，美国《新闻周刊》刊登了一篇有关"经济增长和幸福指数世界排名"的报道，讨论的是在哪个国家能够更健康、安全、富裕地生活。结果，日本在综合排名中名列第9位，美国排在第11位，而中国名列第59位。同年7月，知名调查机构盖洛普的一项研究显示，以丹麦为首的4个北欧国家均跻身全球前五大"最幸福国家和地区"，而人均GDP最高的美国则排在第14位，GDP世界第二的中国，仅名列第125位。正因为如此，中国要达到较高的发展水平，或同发达国家等量齐观，还需要一两代人甚至更长时间的不懈努力，这还排除了内部动乱、世界大战等因素。并且作为一个十几亿人口的发展中大国，所遇到的经济、社会问题可以说是世界上最大、最难解的课题，面对如此难题，中国必须全力以赴，聚精会神搞建设，一心一意谋发展。

第二，中国之于世界更多是贡献。中国解决占全球五分之一人口的生存发展问题取得良好成效。中国政府一直以来致力于解决13亿中国人吃饭的粮食问题，解决贫困人口的解困脱贫问题，缓解地区经济发展不平衡问题，致力于提高全民教育、卫生、社会保障水平,减少环境污染、有害气体排放,减少沙漠侵害等等。中国发展是世界发展的重要组成部分,中国越发展,越能惠及世界。近些年来,中国经济对世界经济增长的贡献率超过 10%,对国际贸易增长的贡献率超过 12%,为相关国家和地区创造了数以千万计的就业机会。这实际上就是对世界和谐、可持续发展的重大贡献,也是对人类社会发展承担的义务和责任。

[专栏 7-16]

中国对世界 GDP 增量贡献超过美国

2011 年 12 月 6 日,中国国务院新闻办公室发布中国首个《中国的对外贸易》白皮书。报告指出:截至 2010 年,中国加入世界贸易组织的所有承诺全部履行完毕。报告还强调,"中国并不刻意追求对外贸易的顺差"。

商务部国际贸易谈判副代表崇泉表示,中国已成为世界经济稳定增长的重要力量。他援引世界银行的数据说,中国对世界 GDP 增量的贡献率 2003 年是 4.6%,2009 年增长到 14.5%,成为全球第二大经济体和第一大贡献国。崇泉还援引高盛公司数据说,2000—2009 年中国对世界经济的累计贡献率已经超过 20%,高于美国。

崇泉介绍,2009 年中国进口量增长 2.8%,是主要经济体中唯一进口呈现增长的国家。在全球贸易下降 12.9% 的情况下,中国进口值仍超 1 万亿美元,成为世界第二大进口国,为全球经济复苏做出了重要贡献。崇泉说,"实事求是地讲,与世界其他国家相比,外贸对中国经济的贡献率并没有人们想象的那么高。德国是 60%,日本是 33%,中国 20% 左右。"

——摘自《新京报》2011 年 12 月 8 日

中美之间、新兴国家与现有大国之间在和平条件下的战略博弈与合作,可能是今后相当长时期国际关系发展变化的一条主线。※

第三,中国实际将自己定位为国际事务的重要参与者与推动者,绝不是所谓世界霸主地位的挑战者。前面我们详细论述过,中国将

自己定位为国际体系负责任的参与者、建设者和贡献者,也是全球发展事业的重要推动者,将更多地参与全球事务和参与制定全球规则,成为各种思想创新和体制创新的倡导者,目的是和世界各国共同推动世界的繁荣与进步。中国主张尊重文明多样化和多极化发展,反对霸权主义和强权政治,但不存在要挑战美国超级大国和世界领导者地位的战略意图。从能力上看,中国的经济实力及其背后的教育、科技、创新、人才的实力与美国相去甚远,完全不是一个量级;从表现上看,中国并不对外输出意识形态,这被视为中国与前苏联最根本的不同;从效果上看,中国自身的发展对周边乃至全球经济都有明显的带动作用;从预期上看,美国面临的难题越来越多需要中国积极配合才更容易解决。基于此,美国对华政策的定位也显得愈发务实,从敌人、竞争对手、非敌非友、合作伙伴到负责任的利益攸关者。

美国《新闻周刊》国际版主编法里德·扎卡利亚 2008 年在《后美国世界:大国崛起的经济新秩序时代》一书中指出,随着经济全球化的深入发展,"世界不再分属不同的阵营,而是比以往有了更深的相互联系和相互依赖。制衡一个崛起中的大国,可能是一种危险的、引起动荡并可能自食其果的政策。如果美国选择制衡中国,会发现自己处于孤立无援的境地,自己反而成为破坏性力量,并为此在经济和政治上付出高昂代价"。中美之间、新兴国家与现有大国之间在和平条件下的战略博弈与合作,可能是今后相当长时期国际关系发展变化的一条主线。

[专栏 7-17]

要当美国的敌人不难,要当美国的首要敌人却不易

要当美国的首要敌人得具备一系列的"资格"或"条件",它们约略地可分析成三大类:第一类,政治制度如何? ——你是"民主的"还是"专制的"? 是"威权的"还是"极权的"? 在极权制中,是右派的还是左派的? 第二类,种族和文化如何? ——你是白色人种还是非白人? 是基督教文化还是非基督教文化? 第三类,国

力如何？——在衡量一国实力的时候,美国当然会计算它的领土、人口及自然资源这类静态因素,但更注重的是其经济实力的增长速度这种动态因素,增长愈快的国家,愈易于摇撼现有的国际力量对比,挑战现存国际秩序中的主要得益者。若在以上三方面具备任何一项,都有可能成为美国的敌人。但是,只有同时具备三项,才有资格成为美国的首要敌人。当今世界上,只有中国才是"三合一":它既是左派的极权制,也是黄色种族和儒教文化的大本营,又是规模巨大和经济力量速增的潜在强国,故不幸地被美国选为首要敌人。

——摘自丁学良《美中对抗中的四种主义》,爱思想网,
http://www.aisixiang.com

第四,不当头、不争霸、不称霸,是中国的基本国策和战略选择。一个国家是否威胁世界,关键要看它奉行什么样的政策。中国始终坚持和平共处五项原则,尊重各国人民自主选择发展道路的权力,绝不做称王称霸的事,也不寻求主导世界。

然而,真正能够让更多外部世界消除疑虑的,是中国模式的进一步完善和提升以及加快形成文化价值的感召力、国民形象亲和力等软实力。中华文化内涵丰富,对外国人极具吸引力,"和为贵"的优良传统思想,尤其受到普遍的重视。中国顺应世界潮流,适时提出走和平发展道路、建设和谐社会与和谐世界的理念,这不仅有助于消解中国持续快速发展引发的某些疑虑,而且有利于营造和平、稳定、安全、发展的周边环境。有利于增强中国的"政治影响力"、"经济竞争力"、"形象亲和力"与"道义感召力"。

真正能够让更多外部世界消除疑虑的,是中国模式的进一步完善和提升以及加快形成文化价值的感召力、国民形象亲和力等软实力。※

477

第八章

发展模式与社会制度相融
是全人类的课题

在本章中,我们将在全书研究分析的基础上对模式与制度的选择和发展的一般规律进行总结。中国模式是客观存在的,它同中国制度之间是一种复杂而深刻的辩证关系,模式与制度要因时而立,要在发展中解决问题,在解决问题中发展,形成历史前进中的良性互动;模式与制度的融合和相互选择,必须从本国国情出发,从实际出发。作为全书的终篇,我们将回归到中国的现实,对中国模式和中国制度存在的各种问题,面临的内外挑战进行分析,这是成长中的不足,是历史进程本身的局限,它既是中国必须继续探索的目标,也是全人类需要加以重视的课题。

中国模式是客观存在的,它同中国制度之间是一种复杂而深刻的辩证关系,共同形成了代表中国发展与进步的独特内涵与特点,但它们存在的各种问题,面临的内外挑战,这既是中国必须继续探索的目标,也是全人类需要加以重视的课题。※

第一节　模式与制度融合须顺应
历史要求因时而立

从辩证唯物史观的角度看,国家间特殊的历史文化背景和自然条件的差异决定了利益追求的千差万别,呈现出天然的多样性。考察世界各国的发展史,可以发现,在不同的历史时期,在不同的国情下,出现形式有别、作用不同的经济发展模式和对应的制度,它成为一国盛衰的道路选择。

一、发展模式与制度融合的内在因素

我们说一个国家的发展模式与依存其上的制度相融合要顺势而为,因时而立,只是强调人的主观因素在其中所起的不可或缺的作用,丝毫没有忽视或漠视客观的历史的因素所起决定性作用的意思。恰恰相反,不同国家从本国实际出发选择发展道路的时候,起决定作用的正是因为在发展模式与社会制度之间有着相互发生作用的内在因素,也就是因为这些内在因素,才使得发展模式与社会制度之间的融合成为可能。我们可以从以下两个方面来分析发展模式与制度融合的内在因素。

【经济发展模式与发展速度都是制度发展演变的结果】经济发展就是由贫穷向富裕的发展过程,具体到这个发展过程的不同层面,因思想过程的差异而有着不同的概念规定。

从产业结构的变化出发,是从农业为主导到工业化、服务产业化占统治地位的发展过程;从社会发展层面出发,是一个农业社会到工业社会,即城乡结构不断调整变化的过程;从资源配置主体或者说交易制度的角度看,是由政府主观调控资源配置向着市场宏观调控资源配置的变化过程;从制度社会形态观念(意识形态)出发,是自给自足的小农经济社会形态向市场制度主导的商品经济社会形态的演变过程。这个发展过程,在经济学范式中称为发展模式。经济发展史就是一个制度社会发展史,所谓经济发展模式就是一定制度形态下的经济运行状态。经济运行由投入产出、需求供给、消费积累、进出口构成,规范并指引经济运行的,包括生产制度、交易制度、分配制度、社会财富所有权界定制度。随着制度的变革演进,会出现与之相适应的发展模式。①

【市场经济具有与不同社会制度融合的公共属性】市场经济是以市场机制的作用为基础来实现社会经济资源优化配置的经济运行方式。这种资源配置方式建立在利益主体多元化基础上,其实质是

不同国家从本国实际出发选择发展道路的时候,起决定作用的恰恰是那些使发展模式与社会制度之间有着相互联系和作用的内在因素,也正是这些内在因素,使发展模式与社会制度之间的融合成为可能。※

市场经济作为人类社会共同创造的文明成果,不属于社会基本制度的范畴,本身不具有任何社会制度的特殊属性,它是迄今人类历史上最有效的一种经济方式,应该为不同社会制度的国家所运用。※

---

① 参见王海钰《经济发展模式与宪政制度演变》,《经济学家》2010 年 5 月 16 日,http://www.jjxj.com.cn。

以市场运行为中心环节来构架经济流程,通过市场机制作用来完成资源的配置与生产力的布局,用价格信号来诱导和调节社会生产和消费,协调供求关系,按照优胜劣汰的竞争机制进行国民收入分配。这一西方关于市场经济的主流概念,强调的是市场的机制和功能,没有强调其内在本质属性。这是因为西方市场经济的发展是在资本主义制度背景下,是一个从商品交换到市场交换规则形成,再到市场经济的自发过程,与之相适应的市场制度也同步形成。

马克思主义经济理论重点从商品关系分析入手研究价值规律,揭示人类社会发展规律,尽管没有使用"市场经济"的概念来表述他们称为"商品经济"或"货币经济"的经济形态,但却给出了分析任何一种经济形式的方法论工具。马克思指出:商品使"生产者的关系,取得了劳动产品的社会关系形式","资本不是一种物,而是一种以物为媒介的人与人之间的社会关系"①,列宁曾经指出:"凡是资产阶级经济学家看到物与物之间的关系的地方(商品交换商品),马克思都揭示了人与人之间的关系。"在马克思的理论里"人与人之间的关系"是经济形式的本质。市场经济是"以维护产权,促进平等和保护自由的市场制度为基础,以自由选择、自愿交换、自愿合作为前提,以分散决策、自发形成、自由竞争为特点,以市场机制导向社会资源配置的经济形态"。② 市场经济的本质并不在于"市场"和它的"机制"与"功能",而是与"私有"、"契约"、"独立"相对应的"产权"、"平等"、"自由"等具有鲜明价值判断特性的行为规范性质的制度,是建立一种通向文明的人与人之间的关系的主张和追求。

市场经济作为人类社会共同创造的文明成果,不属于社会基本制度的范畴,本身不具有任何社会制度的特殊属性,它是迄今人类历史上最有效的一种经济方式,应该为不同社会制度的国家所运用。市场经济的这种公共属性不会因社会制度不同而改变。尽管市场经

市场与计划都是推动经济发展的方法,但由于它们总是依附于不同的社会制度并为其服务,因此必然存在社会主义市场经济与资本主义市场经济的区分。※

---

① 《资本论》第 1 卷,人民出版社 1975 年版,第 88、834 页。
② 熊德平:《社会主义市场经济与所有制关系探索》,《扬州大学学报(人文社科)》2002 年第 1 期。

济从其形成的过程看,同资本主义的商品经济确立与发展是同一过程,资本主义商品经济就是市场经济,但其逆定理不能成立,不能认为市场经济就是资本主义经济。虽然市场经济与特定的社会制度相结合而具有一定的特殊性,但市场经济不具有特定的社会属性,不是划分资本主义和社会主义的标识物。各个国家对市场经济的选择,是因为市场经济较其他的经济运行方式有更高的效率。

邓小平对社会主义市场经济理论有深刻阐述。他认为:计划经济与市场经济都是手段、方法,不是区分资本主义与社会主义制度的标志,近代社会大生产的实践证明,计划经济与市场经济是配置社会资源的两种方式;市场经济不是社会主义的异己物,而是社会主义商品经济的内在要求和必然的实现形式;只搞计划经济会束缚生产力发展,社会主义市场经济是"市场+计划"的国家调控经济的现代化市场经济。"市场"与"计划"都是推动经济发展的方法,但由于它们总是依附于不同的社会制度并为其服务,因此必然存在社会主义市场经济与资本主义市场经济的区别。

二、模式与制度融合的相对性与差异的绝对性

模式与制度融合的相对性体现在,不同国家即使实行相同的社会经济制度,其社会经济发展模式可能各有差异;同样实行市场经济体制和运行机制的国家,他们的社会政治制度也会不尽相同。从辩证唯物史观的角度看,这些情况体现了个性与共性的统一,差异性和一致性的并存。一方面,国家间特殊的历史文化背景和自然条件的差异决定了利益追求的千差万别,呈现出天然的多样性。另一方面,人类在基本特性和需求上又有着一致性,在面临的基本生存问题上有着天然的共通性。文化差异背后的共性就建立在基本的人类共性上,这是人类不同群体以及文化间实现沟通的基础。可见社会经济制度与社会经济发展模式之间具有内在的关联性,社会经济制度决定社会经济发展模式。

制度的多样性或者说制度的差异,导致了不同的社会经济发展模式。这种关联又具有多样性或者说是差异性,表现为以下几种情况:

模式与制度融合的相对性体现在,不同国家即使实行相同的社会经济制度,其社会经济发展模式可能各有差异;同样实行市场经济体制和运行机制的国家,他们的社会政治制度也会不尽相同。※

模式与制度融合的差异性体现在:制度的多样性或者说制度的不同,会导致产生相异的社会经济发展模式,但经济发展水平,发展理念和价值取向又反过来会影响制度的选择和安排。※

第一种情况,同一社会制度的不同国家实行市场经济体制,由于发展程度不一,市场机制与政府所起的作用有别,其社会经济发展模式会有一定的差异性。比如,经济和政治发展的不平衡是资本主义的绝对规律,在战后呈现出了一系列新的特点,并对当代世界经济政治格局的演变产生了重要影响。资本主义分化为发达国家和发展中国家两大类型,两大类型各自又包含许多不同的发展模式,即便同属于一种模式,各国在发展道路和方式上亦存在一些差别,从而使资本主义发展呈现出多样性的特点。拿发达的美国同发展中的印度,甚至同贫困的阿富汗相比较,就很能说明这个问题。

第二种情况,不同社会制度的国家实行市场经济体制,会因为价值取向、发展理念不同,特别是所处社会经济发展阶段的差异,必然会使它们的社会经济发展模式具有差异性。例如同处在东亚的日本、中国、韩国、朝鲜,经济发展模式差异巨大。

第三种情况,实行不同社会制度的国家,由于发展水平的原因,可能会实施相同的、甚至用传统理论看是反向的经济政策与发展模式。如北欧资本主义国家的高福利,即使是实行社会主义制度的国家也不能与之相比。

资本主义从古典发展到现代的演进历史,社会主义制度国家诞生以来演进的历史,都向我们表明了这样一个趋势:无论是否承认,人类在选择实现目标的进程中,随着科学技术进步和社会文明发展,制度与模式融合的可能性在不断增加,尽管差异性依然客观存在。比如社会主义国家学习资本主义创造的市场经济体制与运行机制,创新实践了社会主义市场经济,但是实践中并不能避免产生市场经济发展初期必然产生的种种弊端,在当代中国的发展进程中,社会上也出现了某些类似西方现代化进程中曾经出现过的丑恶现象,所以需要以不断改革的方式来消除弊端。而资本主义虽然有不可克服的矛盾,但也具有自我调节、自我更新、自我发展的能力,也在通过调整发展模式来调整资本主义生产关系。比如在当代资本主义内部就出现了合作经济、社会保障、职工参与企业管理、三大差别的逐渐消失、社会主义思想道德的孕育等新的社会因素。

模式与制度融合的绝对性体现在:随着科学技术进步和社会文明发展,制度与模式融合的可能性在不断增加。
※

三、模式与制度的融合应顺势而为、因时而立

纵观近现代发展史，不难发现一个带规律性的现象，凡是经济稳定发展、社会文明进步的国家，一定是顺应时代要求，把握历史机遇，从本国实际出发主动选择并促进社会政治经济制度和发展模式的融合，顺势而为，因时而立。※

人类进入工业文明进程以来，科技进步与思想解放带来的制度变迁，解放了社会生产力，各国根据自己的历史文化、民族性格和生存环境，在走向现代化的进程中，探索选择本国基本政治经济制度及其与之相融合的社会经济发展模式。纵观近现代发展史，不难发现一个带规律性的现象，凡是经济稳定发展、社会文明进步的国家，一定是顺应时代要求，把握历史机遇，从本国实际出发主动选择并促进社会政治经济制度和发展模式的融合，顺势而为，因时而立。从历史的角度看，一个国家或地区的制度与运作其上的发展模式的有机融合，其客观标准，就是有利于社会生产力的发展与社会文明进步，有利于国家经济繁荣、社会发展、人民富裕，有利于国家的政局稳定和可持续发展，有利于推进世界文明多样化和人类文明进步。

现代化是人类文明的一次全方位的变革，是文明要素的创新、选择、传播和退出交替进行的过程，是追赶、达到和保持世界先进水平的国际竞争，体现在物质基础、制度规范、价值取向、文化心理等各个领域①。现代化是一个世界性的历史现象，像人类文明史上任何一次重大的整体变迁一样，现代化的过程并非全世界同步，而是首先在某个国家或地区发生，然后不断扩展，最终在全世界完成的一个漫长过程。

[专栏 8-1]　　　　　　现代化的结构

人们常常把现代化分解为经济、政治、社会、文化等几个方

---

① 现代化常被用来描述现代发生的社会和文化变迁的现象。根据马格纳雷拉的定义，现代化是发展中的社会为了获得发达的工业社会所具有的一些特点，而经历的文化与社会变迁的，包容一切的全球性过程。由于在历史上现代化与西欧及北美地区等地国家近现代以来形成的价值理念以及寻求发展出路的方法过程相近，因此一般而言，现代化包括了学术知识上的科学化，政治上的民主化，经济上的工业化，社会生活上的城市化，思想领域的自由化和民主化，文化上的人性化等。其核心是"人性的解放"和"生产力（效率）的解放"。资料来源：百度百科 http://baike.baidu.com。

面。布莱克分理智、政治、经济、社会和心理方面论述。亨廷顿从心理、智力、人口、社会、经济、政治等方面来论述。美国社会学家阿力克斯·英格尔斯在《迈向现代：六个发展中国家个人的变化》一书中认为，如果没有从心理、思想和行为方式上实现由传统人到现代人的转变，使之具备现代人的人格与品质，就不能成功地使后发展国家迈向现代化。

　　现代化大致可以分为以下几个层面：一是物质供给层面，科学技术的发达和工业化，居住条件的改变，衣食住行等器物层面上的进步；二是制度层面，国家性质和功能的改变，社会组织形式、政治、经济制度方面的改变，以及这些制度所依据的理念的变化；三是文化层面，知识学、文学、艺术、哲学、道德和宗教方面的变化。现代化就是这各个层面向着现代转化。

——摘自李新宇《关于现代性的几点常识》，
《扬子江评论》2009 年第 3 期

　　18 世纪以来的世界现代化大体可以分为两个阶段，第一阶段的现代化以工业文明为标志，是从农业社会向工业社会、农业经济向工业经济、农业文明向工业文明的转变；第二阶段的现代化以知识文明为标志，是从工业社会向知识社会、工业经济向知识经济、工业文明向知识文明、物质文明向生态文明的转变。目前发达国家已经走完现代化的第一阶段，即已经实现工业化和城市化，正在或已经步入知识社会。而发展中国家目前还处在第一阶段现代化进程即工业化、城市化过程之中。有学者根据不同国家在不同的历史阶段，实现现代化的内在驱动力和外在表现形式，将现代化分为两种类型，一类是先发内源型，另一类是后发外生型①。

　　"先发内源型"现代化是一个自发的、自下而上的、渐进变革的

"先发内源型"现代化是一个自发的、自下而上的、渐进变革的过程，发展动力来自社会内部，主要由民间基层的内在需求推动经济增长和社会发展，并产生相应的制度。英美等资本主义国家是其典型代表。※

---

　　① 列维（2002）区分了两个概念："内源发展者"（indigenous developers）和"后来者"（late-comers），童星（2005）则把各个国家现代化的发展模式分为"先发内源型"和"后发外生型"。

过程,发展动力来自社会内部,主要由民间基层的内在需求推动经济增长和社会发展。在"先发内源型"国家中,以英美为代表,它们凭借其特殊的历史条件,在传统社会向现代社会的转变过程中,随着商品交换的逐步发展,农业产业化与城市工业化大体同步,民族工业体系与国际市场体系互为表里,市场经济的形成与国家政治体制的变革得到了协调发展。在宽松的经济政治环境中,国家很少干预社会,现代化基本上是一个从个人权利出发,在契约和交换基础上构建社会关系的发展过程。只是由于市场失灵,才逐步发展出国家对市场经济的干预,出现了政府的协调与控制。因此,"先发内源型"国家遵循的是"先发展、后转型"的逻辑①。发达国家即欧洲老牌资本主义国家英国、德国、法国等的现代化是先发内源型的,没有可资借鉴的样板,没有外来压力,是自然演化的过程和结果。它们资本主义的发展,建立在殖民掠夺和侵略扩张基础之上。在海外"直接靠掠夺、奴役和杀人越货而夺得的财宝源源流入宗主国,在这里化为资本"(马克思)。欧洲19世纪工业革命时期经济高速发展时,社会矛盾复杂尖锐,政治动荡,战乱频仍,经历了大约100场大小战争,很多是在海外打的。当时欧洲的矛盾与问题很多,但它可以把矛盾输出。例如当时英国才1000多万人,却把因工业革命带来的大量失业者输送到非洲,犯人发配到澳洲,持不同政见者送到美洲,加上几乎全球殖民掠夺带回的充足财富,血腥而不人道且贫富差距巨大。他们的现代化就是这样完成的。

二次大战后,世界原有政治格局发生两大新的变化,一是殖民体系分崩离析,争取独立自由的斗争风起云涌,一批国家摆脱殖民宗主国的统治走向独立;二是一批追随苏联的东欧及亚洲国家,推翻传统统治,建立了社会主义新政权,一批社会主义国家诞生。这些新诞生国家走什么样的工业化道路、采用什么发展战略和政治经济体制,是必须解决的首要问题,取得独立的国家也面临经济发展的道路、体制

---

① 参见张炎兴《"准先发内源型"发展模式》,2006年11月3日 www. zjol. com. cn。

及战略问题,是走原西方国家现代化道路,还是走苏联现代化道路,或走自己独特的道路,发展模式选择这一重大课题便应运而生①。应该说无论是新建立的社会主义国家,还是刚获得独立的民族国家,它们所走的现代化之路,都属于"后发外生型"。

"后发外生型"是由先发国家的"诱导",或由于外来力量的冲击中断了它们自身原有的生存与发展逻辑,被动性地走上现代化道路的过程。与"先发内源型"现代化的变革顺序不同,"后发外生型"现代化一般是社会和思想层面的变革及政治革命发生在先,工业化发生于后。后发国家现代化进程中的动力主要不是来自民间和个人,而是来自国家和政府的组织与推动,政治强势介入到经济和社会事务的发展之中。与"先发内源型"国家"先发展、后转型"的逻辑比较,"后发外生型"国家遵循的是"先转型、后发展"的逻辑。由于工业化资本很大程度上需要借用外国资本,市场发育不成熟,在制定超越战略、调整政策体制、培育市场体系过程中,中央政府作为一种超经济的组织力量,在现代化过程中发挥了巨大的控制与管理作用。世界上后发外生型现代化国家和地区的发展经验证明:一个强有力的具有现代化导向的高效率政府是实现现代化起飞的先决条件。比较典型的成功案例,就是 20 世纪 70 年代至 80 年代亚洲"四小龙"的崛起和持续高速发展。

"二战"后,美国一直致力于构建资本主义的全球经济和政治体系,冷战的结束和社会主义国家的体制转轨加速了这一全球体系的发展进程。因此可以说,后发外生型国家的现代化进程是在美国和西方发达国家跨国公司和全球公司为主导的全球化的强力推进下进行的。一方面,以美国为首的西方发达国家基于国际资本对资源整合配置以求资源有效利用和利润最大化的追求,加快了国际产业分工和经济全球化的进程,资本和技术溢出向发展中国家转移。他们看中的是发展中国家巨大的市场、充足的廉价劳动力,以及丰富的资源储备,获取的是资金、技术、管理等先发优势带来的高市场占有率和丰厚利润。另一方面,对于贫穷落后的发展中国家来说,所面临的

> "**后**发外生型"是由先发国家的"诱导",或由于外来力量的冲击中断了它们自身原有的生存与发展逻辑,被动性地走上现代化道路的过程。与"先发内源型"现代化的推进和制度变革在次序上是不同的。※

---

① 陈峰君:《东亚模式的争议与我见》,中国日报网 2003 年 8 月 8 日。

抉择,要么对外开放,参与全球化,步入现代化进程,要么继续封闭、贫穷落后,被进一步边缘化。现实世界中,除非与世隔绝的孤岛,几乎每一个国家和地区都难以躲避经济全球化浪潮的裹挟或主动或被动地加入其中。既然经济全球化是无论如何也都躲避不开的一把双刃剑,那么,即使都选择对外开放,是积极主动应对,还是消极被动应付,就成为后发外生型国家在外来冲击面前能否站稳脚跟,因势利导,化被动为主动,逐步形成后发优势的关键性因素。而能否借用经济全球化这一外来冲击之势,立足本国实际,探索一条适合本国经济社会发展的现代化之路,进而实现发展模式与制度的相互融合,就成为后发外生型国家或盛或衰的道路选择。

20 世纪 90 年代以来受惠于经济全球化而实现经济快速增长的金砖国家,就是在外来政治经济冲击中实现发展模式与制度相融合,获得相对成功的国家①。一般说来,发展中国家对外开放,参与国际分工和国际竞争,具有一定的后发优势,即以其资源禀赋、充裕而低廉的要素供给,在承接国际产业转移的同时带来较高的经济增长率,在接受国际产业资本进入的同时带来较快的产业升级速度,在与国际贸易自由化接轨的同时带来国际市场的扩大和国内消费水平的提升等。随着资本和技术从发达国家向金砖国家的流入,直接推动了金砖国家经济的发展和崛起,国家的快速增长和不断推出的吸引外资的优惠政策,使它们成为全球投资中心、加工制造中心、贸易出口大户、潜在消费市场,成为全球经济引擎和最有活力的区域和世界经济发展中心②。从而改变了以往以国家为主体的全球产业分工和贸易模型,以及全球经济运行机制的调整和全球经济中心的转移。

20 世纪 90 年代以来受惠于经济全球化而实现经济快速增长的金砖国家,就是在外来政治经济冲击中实现发展模式与制度相融合,获得相对成功的国家。※

---

① 目前从规模看,金砖国家人口占世界 43%,GDP 占全球产出 17.5%,外汇储备达到 3.9 万亿美元。从优势看,各方自然资源丰富,消费市场庞大,劳动力资源充足。预计到 2015 年,金砖国家中的核心金砖四国经济总量占世界份额将达到 22%,四国 GDP 占世界总量的三分之一。参见鲍盛刚《金砖国家结盟的发展前景》,《联合早报》2011 年 4 月 28 日。

② 1978 年以来中国获得了 5000 亿美元的外来投资,成为仅次于美国的第二大世界投资中心。

[专栏8-2]　经济全球化已打破经济运行周期

　　经济全球化正在改变全球的分工模式、贸易模式以及全球的经济地理面貌。之前人类的经济活动基本上是以国家为单位,它运行的轨迹基本上是纵向垂直型的,表现为繁荣、衰退、萧条、复苏经济周期的不断循环。经济全球化彻底打破了这一经济发展模型,它使人类经济活动在以世界为一体的开放体系里进行,其运行轨迹趋于横向平面型发展,由此导致资本和技术不断从发展已经饱和的第一世界美国等发达国家向第二、第三世界国家转移,导致金砖国家的崛起,同时也导致原有世界中心地带美国和西方国家的衰退,以及经济危机后经济复苏的乏力和遥遥无期,因为经济全球化已经彻底改变了原有的经济周期运行轨迹。

——摘自鲍盛刚《对三个世界理论的重新解析》,
选举与治理网,2011年4月19日

　　实行开放政策,积极参与经济全球化,使以金砖国家为代表的发展中国家找到了一条快速现代化崛起的模式,但发展中国家在采取"后发外生型"方式实现现代化进程中,既享受经济高速增长带来的发展与喜悦,也同时承受着内外压力、矛盾问题的重负与挑战。因其发展和崛起主要是通过外生而不是内源因素推动和决定的,所带来的问题也非常明显。首先,由于国家现代化不是通过自身内在资本积累和科技创新发展的结果,没有自己的核心技术,在全球经济体系中,主要是作为发达国家及其跨国公司资金与技术的承接者,服务于它们,受制于它们,成为它们在全球资源配置结构中的一个廉价生产基地,处于国际产业分工链中低附加值的下端,在世界贸易格局中缺少发言权;其次,由于国家以廉价劳动力优势为基础,以消耗能源和污染环境为代价,以加工出口依赖外需为导向,这种外向型发展模式缺乏可持续性,且经济发展的资源环境成本过于高昂,面临节能减排的严峻压力;再次,无论在社会政治制度和结构方面,还是在国民素质方面都存在不成熟和不完善的问题,比如,经济与社会发展不平

发展中国家在采取"后发外生型"方式实现现代化进程中,既享受经济高速增长带来的发展与喜悦,也同时,承受着内外压力、矛盾问题的重负与挑战。模式与制度的融合问题再度成为发展道路选择的重大命题。※

衡,人民收入增长幅度低于 GDP 的增长速度,国内消费需求不足;经济发展不均衡与社会财富分配不平等,两极分化严重;政府官员为民服务的意识淡漠,贪污腐败严重,以及如何让更多人参与国家治理,使政治更民主、透明和公正等,还缺乏切实可行的路径与保障。

上述问题与矛盾是后发外生型现代化国家因"后发"而必然带来的问题与矛盾,是发展中国家参与经济全球化与生俱来的问题与矛盾。即使是在经济全球化中比较好地实现发展模式与社会政治制度融合的金砖国家也照样不能置身事外。模式与制度在新的条件下的融合如何顺势而为、因时而立,再度成为时代的重大命题。

四、水土不服:错位选择的必然结果

不顾历史文化差异性,强加给他国的政治制度安排及社会经济发展模式,必然会带来"水土不服"。※

进入全球化时代,一些国家自认为是人权、自由、民主等普世价值的发明者、垄断者和输出者,凭借其经济、军事、技术及管理优势,一方面把非西方的各种文明和各种价值当做其对立面,一方面用经济制裁、外交封锁、政治颠覆、武力打击等手段来推进他们自认为是普世价值的东西。这种不顾历史文化差异性,强加给他国的政治制度安排及社会经济发展模式,必然会带来"水土不服",造成被动接受所谓先进制度与模式的国家政治动荡、经济萎缩、民生凋敝。

[专栏 8-3]"普世价值"的理论误区和实践危害

把资本主义文明看做是不可超越的终极存在,是"普世价值"热播者的意识形态前提;把当代中国的改革开放纳入资本主义世界文明的轨道,是他们热衷传播"普世价值"的根本目的。通过"普世价值"干预中国的民主政治建设,以期终结共产党领导的国家权力结构,是这一讨论的核心,因而其在本质上是当代西方话语霸权及其价值渗透方式的表达。

——摘自侯惠勤同名文章,《中国社会科学院报》2008 年 10 期美国一直在致力于构建以它为中心的资本主义全球政治经济体系，以服务于其对外战略扩张的需要。美国早在建国初期就大力推行基督教式的自由民主价值观。随着国力的上升，美国又先后提出了具有煽动性和迷惑性的门罗主义、门户开放、威尔逊主义，在国际上树立了与老牌殖民帝国不同的新殖民主义形象，使美国的国际吸引力大为增强，一度被美化为"异教徒的逃难所"、"世界的乐土"、"民主的灯塔"，各国人才纷纷涌入美国。冷战结束初期，美国的新自由主义模式、三权分立、多党制度成为许多发展中国家纷纷仿效的典范。但是，在美国十分有效的政治制度与经济发展模式一旦移植到其他国家，往往产生南橘北枳的结果。以"美式民主"为例，这一制度是结合美国国情而逐步形成的。美国独立战争和南北战争推进了民主化进程，这种"美式民主"得到了美国人民的认可。但这种民主模式并非适用于所有国家。脱离了具体国情，违背了不同国家的文化传统和民族性格，再好的民主美景在实践上都会成为空中楼阁。而且，从输出民主的案例来看，由于理论与国情不符，不但给输入国人民带来混乱甚至灾难，而且使民主精神失去了原有的价值。在一些输入"美式民主"的国家，民主非但不能成功解决政权与民众间的矛盾，反而使各种社会矛盾尖锐化。西方20世纪八九十年代曾在非洲推行了所谓"结构调整方案"，其特点是削减公共开支、减少政府的作用，结果使非洲本已非常脆弱的国家能力变得更加脆弱。一般认为这是导致非洲国家经济更加衰败、社会危机恶化、艾滋病严重失控的主要原因之一。美国在俄罗斯推行了"休克疗法"，今天被很多俄国人称为俄罗斯历史上出现的第三次"浩劫"（前两次是13世纪蒙古铁骑的入侵和第二次世界大战中德国纳粹的入侵）。①

阿根廷就是一个错位选择的典型案例。阿根廷曾经在最近一个世纪左右的历史时期里几度给世人带来惊喜。19世纪末20世纪初，阿根廷是"世界的粮仓和肉库"，布宜诺斯艾利斯被誉为南美的巴黎。那时的阿根廷已经跻身于世界10大富国行列，人均GDP甚

脱离了本国国情，背离历史文化传统和民族性格，导入再好的制度与发展模式也可能是一种错位选择。阿根廷就是错位选择的典型案例。※

---

① 参见张维为《关于中国发展模式的思考》，《学习时报》2008年1月28日。

至高于当时的德国和法国。1958 年到 1970 年,阿根廷的经济发展
又经历一次飞跃,GDP 翻了近一番,年均增长率近 6%。20 世纪 90
年代,阿根廷的经济出现了又一次繁荣景象。从 1991 年到 1998 年
(除 1995 年外),阿根廷的 GDP 都是正增长,直到 2001 年底危机爆
发前,阿根廷的人均年收入已达到 8000 美元。于是,阿根廷是拉美
新自由主义"成功样板"的言论,长期充斥于西方报端。但从 1999
年开始,阿根廷经济就不断暴露出种种败绩。虽经此后几届政府的
努力,但仍然难挽狂澜于既倒,全方位的国家危机终于爆发,多年的
经济成就毁于一旦。随着比索大幅贬值,阿根廷人均年收入跌到
2000 美元左右,生活水平大幅下降。拉美新自由主义成功样板的坍
塌,不仅使阿根廷人震惊,同样也让整个拉美和西方世界为之反思。
阿根廷危机的根源就在于新自由主义模式。这种放任自流的经济发
展模式,使阿根廷民族工业丧失了国际竞争力,政府也丧失了对国民
经济的宏观调控能力,从而不断加剧了贫富差距,激化了社会矛盾。①

在 阿根廷"错位选择"的教训中,放任自流的新自由主义经济发展模式固然是个根源,没有及时发现问题并适当调整政策,没有认真借鉴相关的经验将错位扭转过来,也是值得人们重视和深思的。※

那么,问题出在哪儿呢? 一是没有结合本国国情。适用于发达
国家,并在发达国家取得了成就的一些方案,不见得就适用于发展中
国家。政策理念可以借鉴,但不能盲目照搬照抄。二是没有及时发
现问题并适当调整政策。在梅内姆执政的中后期,阿根廷推行新自
由主义政策所带来的一些负面效应已经有所显露,但没有引起足够
重视。尤其是执政者被经济成就冲昏头脑。其实,如果及时调整政
策,阿根廷或许可以避免一场生死劫难。三是没有及时借鉴相关的
教训。早在 1994 年墨西哥金融危机期间,关于拉美新自由主义的负
面评价就已经不少,墨西哥虽然此后渐渐从金融危机中恢复起来,但

---

① 有一派观点认为,阿根廷危机根本与新自由主义模式无关,甚至认为危机的
根源在于没有认真和彻底地执行新自由主义模式。他们指出,作为新自由主义代表
性思路的"华盛顿共识"十条规范,其中第一条就强调财经纪律,而阿根廷恰恰在这
方面盲目放松管制,导致金融风波出现后一发不可收拾。20 世纪 90 年代拉美许多
国家推行新自由主义政策后取得的经济成就,也是抹杀不掉的事实。不仅在阿根廷,
智利、墨西哥等国家,也都尝到过新自由主义的甜头。参见韦弦《拉美模式的深刻教
训》,《联合早报》2003 年 11 月 1 日。

这个教训没有引起足够的重视。四是对政治模式也照搬。民主是人类共同的向往与愿景,但为什么经常会出现"民主是美丽的,但民主化是痛苦的"(克林顿)现象呢? 问题大抵就出在民主化的进程与方式上。新自由主义政策主要集中在经济和社会领域,根源还在政治领域。许多发展中国家对西方的政治模式也予以照搬,结果往往是画虎不成反类犬。拉美特色的民主或许是个例子,而非洲的多党制同样也是个例子。20 世纪 90 年代初苏东剧变之后,许多非洲国家纷纷效仿西方的政治体制,多党制开始大行其道。但不顾国情的照搬不但没有给非洲带来稳定与繁荣,反而激发了更多的混乱与民族仇杀,动荡与战乱成为梦魇。①

第二节　中国模式与中国制度 面临的挑战与问题

中国模式是中国社会主义现代化道路的创新成果,对其进行研究探索,需要置于中国成就与中国问题这两个因素共同构成的语境之中②。检视中国制度的弊端,正视中国模式发展中的问题,看到它们在相互融合上存在的缺失和不足,深入分析产生这些问题和教训的制度性因素,努力探寻解决之道,是完善中国模式和中国制度的题中之意。

一、中国模式面临的外部挑战

我们在研究中发现,西方学者在讨论"中国崛起"和"中国模式"时,不仅结合自己的国情寻找与中国发展进步的差距,探讨中国对当今和未来世界的影响,但也更多从外部世界的角度,谈到了中国发展中存在的问题和所面临的挑战,其中不乏客观性,且颇有思考价值。在这方面,美国学者吉迪恩·拉赫曼的观点是一个典型例子。

---

① 引自韦弦《拉美模式的深刻教训》,《联合早报》2003 年 11 月 1 日
② 参见吴波《中国模式与中国问题》,《光明日报》2010 年 12 月 23 日。

[专栏 8-4]　　　　当中国成为世界第一

　　当中国变成世界最大经济体时,会是什么感觉? 我们可能很快就会知道。几周前,国际货币基金组织(IMF)发布了一份报告,表明中国将在 5 年内成为世界第一大经济体。

　　到 2016 年中国经济总量将超过美国的预测,计入了根据两国货币国内购买力进行的调整。一些人认为对 IMF 数据的这种解读存在问题,人为放大了中国经济的规模。但即便使用实际汇率计算,也不会将美国失去老大地位的日子推迟多久。《经济学人》(The Economist)在去年圣诞节前夕做出的一项预测认为中国将在 2019 年成为世界最大经济体。

　　中国地位的上升将改变人们对超级大国的定义。在美国世纪的进程中,世界已经习惯了一种观点,即全球最大经济体显而易见也会是最富裕国家,全球最大经济体一定住着全球最富裕的人。

　　随着中国崛起成为经济超级大国,国家富裕与个人富裕间的联系正被打破。中国既比西方国家富,也比它们穷。它坐拥价值 3 万亿美元的外汇储备。尽管如此,以当前汇率计算,美国人均财富约是中国的 10 倍。

　　美国社会的相对富裕是中国在成为最大经济体那天,不会成为世界上最强大国家的原因之一。世界视美国为“唯一超级大国”的习惯,也可能使美国的政治主导地位比经济霸权延续更久。美国在各大国际机构中拥有根深蒂固的地位。联合国(UN)、IMF与世界银行(World Bank)总部均坐落于美国——而北约(Nato)也以美国为核心而构建,这些都很重要。

　　美国军队拥有中国军队望尘莫及的全球性网络与尖端技术。在软实力上美国也遥遥领先。迄今为止,中国尚未创造出可与好莱坞(Hollywood)、硅谷(Silicon Valley)或“美国梦”相提并论的事物。

　　然而,尽管经济与政治实力并不是一件事,但两者仍密切相关。随着中国变得更加富有,其影响力也会与日俱增。在最近的

美国社会的相对富裕是中国在成为最大经济体那天,不会成为世界上最强大国家的原因之一。世界视美国为“唯一超级大国”的习惯,也可能使美国的政治主导地位比经济霸权延续更久。※

一次圣保罗之行中,我听到一位巴西高级外交官员坦率地说道,较之美国,巴西最大的贸易伙伴——遥远的中国现在对巴西更加重要。巴西新任总统迪尔玛·罗塞夫(Dilma Rousseff)首次对外访问去的是北京,而非华盛顿。中国的贸易与投资还大大提高了其在非洲与中东地区的影响力。

对于中国的经济实力所引起的政治问题,其近邻的感受将最为强烈。日本、韩国与澳大利亚如今发现,它们与中国在经济与战略利益上出现了分歧。这三个国家都与中国有着最重要的经济关系,与美国有着最重要的军事关系。如果中国过于仗势欺人(过去一年它已经展现出这么做的迹象),华盛顿的亚洲盟友们可能暂时会更紧地拥抱山姆大叔(Uncle Sam)。但随着时间的推移,中国不断增长的经济实力将会施加越来越大的压力。

有关如何适应正在崛起的"汉字文化圈(Sinosphere)"的讨论正在亚洲热烈进行。前新加坡外交部长马凯硕(Kishore Mahbubani)表示,亚洲人"知道1000年后中国仍然会在亚洲,但我们不知道,100年后美国是否还在这儿"。

中国的实力,加之人们对美国、欧盟(EU)及日本越积越高的骇人公共债务的担忧,将会挑战西方有关民主与经济成功之关联的思想。自从19世纪末左右美国成为世界最大经济体以来,世界上实力最强大的经济体一直是一个民主国家。但如果中国在未来10年里仍维持一党长期执政,那这一点将会发生改变。随着威权主义再次流行,西方自信的"自由行得通(freedom works)"的口号将面临挑战。

不过,在某个阶段,中国自身也可能遭遇危机。它的经济与政治制度未来都会经历可怕的变革。中国经济不可能无限期地以每年8%到10%的速度增长下去。中国还面临令人生畏的人口与环境问题。中国的威权主义在现代世界也显得越来越格格不入。

万一中国发生经济与政治危机,西方有关中国的描述就会突然改变。一些人会指出,过去30年的"中国奇迹"是海市蜃楼。但那也将是错误的。

有关中国未来的论战有日益两极分化的危险,这毫无意义。

中国经济不可能无限期地以每年8%到10%的速度增长下去。中国还面临令人生畏的人口与环境问题。中国的威权主义在现代世界也显得越来越格格不入。在某个阶段,中国自身也可能遭遇危机。它的经济与政治制度未来都可能经历一种变革。※

一个阵营认为,中国是正在崛起的世界超级大国。另一个则坚称,中国本质上是一个不稳定的国家,有可能发生经济与政治危机。事实上,两种想法都是对的。中国将成为一个奇怪的超级大国。

——摘自美国学者吉迪恩·拉赫曼2011年6月9日发表在《纽约时报》的同名文章

2010年中国经济总量超越日本,人们对中国模式的研究自然而然聚焦在中国同日本的比较方面。有人认为,中国今天创造的"奇迹"同日本当年的"奇迹"不仅有相似之处,并且在发展质量上还存在着差距。

[专栏8-5]
"中国奇迹"与日本当年"奇迹"的比较

从1956年起,日本以赶超先进工业国家为目标,开始了实现国民经济现代化的时期。1956—1973年,日本实际国民生产总值每年平均增长10%以上。这种长期、持续的高速增长在世界资本主义经济发展史上是罕见的,况且,日本的经济增长是以技术为基础的可持续增长。

大致说来1956年以后的日本经济发展分为两个阶段,第一阶段是1956—1964年。这一阶段日本围绕重、化工业,进行了大规模的设备投资和设备更新,为国民经济全面现代化奠定了物质及技术基础。第二阶段是1965—1973年。这一时期是日本从经济上、技术上全面赶上世界先进水平的决定性阶段,实际国民总产值年平均增长率为10.5%。1967年的国民生产总值超过了英国和法国,1968年又赶上联邦德国,成为仅次于美国、苏联的世界第三经济大国。这一阶段日本经济发展的特点是:工业生产规模向大型化发展。更为让人惊奇的是,日本在这期间内产业结构也逐步实现了现代化,在生产技术上达到了世界一流水平。

在1956—1973年期间,日本实际国民生产总值每年平均增长10%以上。这种长期、持续的高速增长在世界资本主义经济发展史上是罕见的,这难道不如中国的"经济奇迹"？※

70 年代中期,日本经济进入了一个新的转折时期。国内外经济形势的变化,使日本的经济危机、生态危机和能源危机接连不断,不得不在经济政策和产业结构上进行适当调整。虽然日本经济增长率下降到 5% 左右,但仍高出欧美各国的一倍以上。

当然,要了解一个国家的真正经济实力,除了 GDP 总量而外,更重要的指标是人均 GDP。这方面,"中国奇迹"就更显得相形见绌了。

"二战"后日本已经被炸成一片焦土,当时日本的人均 GDP 与刚解放时的中国大致相等,但半个多世纪后的今天,中国的人均 GDP 只是日本的三十几分之一。即便用日本 1955—1973 年近 20 年的发展与中国 1978 年改革开放后的 20 余年比较,也会看到,1955 年人均 GDP 与 1978 年中国相当的日本,在经过不到 20 年后人均 GDP 就达到 4000 多美元,而中国经历 1978—2001 年长达 23 年的经济快速发展,2001 年人均 GDP 还不到 1000 美元。

——摘自多维网 http://opinion.dwnews.com/news/2011-08-13/58008937.html

"二战"后日本已经被炸成一片焦土,当时日本的人均 GDP 与刚解放时的中国大致相等,但半个多世纪后的今天,中国的人均 GDP 只是日本的三十几分之一。※

进行这样的比较是有意义的,它不仅使我们能够冷静地看待自己的成就,也能看到真正的差距所在。中国在 GDP 上虽然超过了日本,但 GDP 并不能够全面反映一个国家的经济和社会发展的总体水平。2010 年中国人均 GDP 仅排在世界第 95 位,不仅低于美国、日本、德国这些 GDP 排名靠前的国家,还低于中国香港和台湾地区,甚至低于金砖国家中的俄罗斯、巴西,仅高于印度。

中国成为世界第二,也引起理论界对日本近一二十年经济发展缓慢甚至出现负增长的原因进行研究,包括体制上的、政府的以及美国施压造成的原因。有一项研究发现十分值得重视:中国 GDP 超越日本一定程度是日本减少本土投资向中国转移造成的。

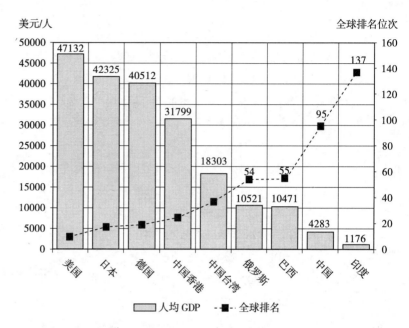

美元/人

全球排名位次

图 8-1:2010 年中国人均 GDP 同世界主要国家和地区对比

[专栏 8-6]

中国 GDP 的"超越"来自日本的产业转移

日本有几万亿美元的海外资产,在中国的日本企业就超过一万家以上,所以有人说有两个日本,包括本土的日本和海外的日本。这些分布在世界各地的日本企业,正在给世界各地包括中国创造 GDP。※

我们知道,日本有几万亿美元的海外资产,在中国的日本企业就超过一万家以上,所以有人说有两个日本,包括本土的日本和海外的日本。这些分布在世界各地的日本企业,正在给世界各地包括中国创造 GDP。对于日本来说,资本流向海外与在国内投资具有此长彼消的关系,日本资本家在中国投资,增加中国 GDP,就意味着减少了本土投资,也就减少了日本的 GDP,起码没有增加日本的 GDP。设想有多少外资企业在中国,给中国创造了多少GDP,同时又潜在地减少他们本国的 GDP,一增加一减少,中国的GDP 不超过日本都很难。

这并非日本资本家不爱国,不把资本投向本国增加 GDP 为国增光,实在是日本的自然资源有限,已经无法支撑那巨额资本可能形成的巨大生产能力。对于日本资本家而不是日本政府来说,向海外投资,是谋求更大发展和追求低成本高利润的最佳选择。日本资本家在中国投资,增加中国的 GDP,是有目的的,他要取得利润。日本企业究竟在中国获取了多少利润,不得而知。但想来不会很多。所以,GDP 给了中国,财富却流向日本。日本 GDP 不增长或负增长,财富却不会不增长或负增长,日本的财富增长高于 GDP 增长。中国 GDP 高速增长,能够归自己的财富却不一定高速增长,中国的财富增长低于 GDP 的增长。如果从这个角度看,日本经济与中国相比,在走下坡路吗?

——摘自中国选举网,2011 年 8 月 20 日

不仅日本如此,美国、德国在中国的企业数和投资额也有相当数量,据不完全统计,2010 年,在中国的外商投资企业占全国企业总数 3%左右,创造的工业产值却占到了全国的 30%以上,实现出口额占全国的 55%左右,进口额占 54%左右,缴纳税收占全国的 22.3%,直接吸纳就业 4500 万人。在全国高技术产业研发经费、新产品开发经费和产值中,外商投资企业所占比重分别从 2002 年的 32.6%、33.1%和 61.3%,提高到 2006 年的 44.2%、45.4%和 72.1%。目前,在中国所设立的各种形式外商投资研发中心超过 1200 家。可见中国的对外贸易、工业产值及其 GDP 的构成以及在技术进步方面依赖外部世界的程度是比较高的。

对外贸易是中国发展的重要支柱之一,据有关研究表明,中国 GDP 每增长 10%,对外贸易的贡献度为 2.5%。中国对外贸易依存度自从 2002 年突破 50%以来,几乎每年都在 60%以上,最高年份接近 65%,不仅大大高于世界性大国,特别是西方发达国家 10%—30%外贸依存度水平,也高于全球平均水平①。外贸依存度过高,说明中国 GDP 的创造更多倚重于对外贸易,并"危乎高哉"! 它导致了一系列甚至是深层次的问题,世界经济一旦出现变化,就会对中国产

中国 GDP 的创造更多倚重于对外贸易,并"危乎高哉"! 它导致了一系列甚至是深层次的问题,世界经济一旦出现变化,就会对中国产生严重冲击。※

---

① 据 WTO 和 IMF 的数据测算,1960 年全球外贸依存度为 25.4%,1970 年为 27.9%,1990 年为 38.7%,2000 年为 41.7%,2010 年为 46%左右。

生严重冲击。从 1997 年的亚洲金融危机,到 2008 年的全球金融危机,再到今天的主权债务危机对中国产业产生的影响以及输入性的通货膨胀,都证明了这个问题。

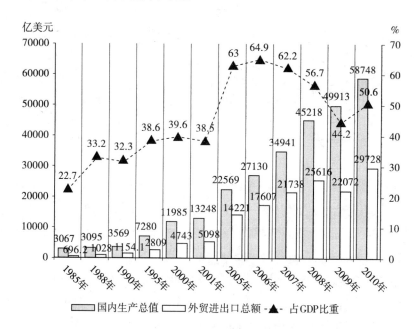

图 8-2:1985 年以来中国对外贸易依存度的变化情况

在中国的经济社会发展质量同世界各国的比较方面,2010 年中国的人类发展指数(HDI)①在全球 169 个国家和地区中名列第 89位,自 2005 年以来,虽然超德越日,成为世界第二大经济体,但在这项颇能真实反映发展质量的指标排位中仅上升了 8 位。中国的综合现代化水平在世界 108 个国家排名中仅居第 78 位,其中以高收入国家平均值 100 对照,中国的经济质量只有 25,低于世界平均水平的 45。

---

① 由联合国 UNDP 发布的记录各国在教育、健康和收入方面取得的成就。

表 8-1:10 个发达国家及中国的综合现代化指数①

国家	综合现代指数	2007 年排名
美国	97	1
日本	95	2
丹麦	95	3
瑞典	94	4
德国	94	5
芬兰	92	6
瑞士	91	7
奥地利	90	8
英国	90	9
荷兰	90	10
中国	38	78

中国能否保持长足发展态势,关键在于能不能进行有效的科技进步和创新,加快产业升级的步伐,但中国在这方面似乎乏善可陈。※

　　人们最关注的还是中国的创新能力。在"全球化、知识化、信息化、网络化的新时代逐步到来,有别于以往工业革命的新型人类文明形态正在形成过程中","各国正在进行抢占科制高点的竞赛,全球将进入空前的创新密集和产业振兴时代"②,中国能否保持长足发展态势,关键在于能不能进行有效的科技进步和创新,加快产业升级的步伐。2011 年 5 月,美国华盛顿一家智囊机构近日举行了一场关于中国创新能力的辩论,一些世界顶级专家对美中两国的创新能力和创新环境孰优孰劣展开了唇枪舌剑。从其中一些截然不同的观点中,我们可以看到中国在创新能力上存在的问题和所面临的严峻形势。

---

　　① 参见中国社科院中国现代化研究中心于 2010 年 3 月发布的《中国现代化报告》。
　　② 温家宝:《让科技引领中国可持续发展》,在首都科技界大会上的讲话,2009 年 11 月 3 日。

[专栏8-7]　　　　中美两国的创新能力比较

　　华盛顿的信息技术与创新基金会主席罗伯特·阿特金森（Robert Atkinson）说,美国在过去10年来已经丧失了其创新和竞争优势,最明显的表现就是制造业的流失。该基金会最近发布的基于创新的国家竞争力排名中,美国从10年前的世界第一下滑到了第六名。在排名涵盖的40个国家和地区中,虽然中国仅名列第33位,但过去10年来的进步却是最大的,而美国是进步最少的国家。2000年,美国的专利申请是中国的六倍,但到2009年,中国已经超过美国。

　　阿特金森说:"在90年代克林顿时期,我们说失去了纺织业的优势没关系,失去了服装业优势没关系,失去了低端产品的优势没关系,因为我们要转移到高端产品的生产上,然后我们在高端产品生产上的优势也没了,但这也没关系,因为现在我们要转移到无形产品上,我们要转移到知识、研发方面的优势上,我想最终我们会意识到这是一个链条,你不能把制造业和创新分开来看。"阿特金森认为,美国创新优势的丧失有两方面的原因,一是缺乏刺激制造业和创新的国家政策和战略支持,如有竞争力的企业税收体系和教育培训政策等,二是其他国家正在奋起直追。

　　而参加辩论的美国对外关系委员会研究院亚当·西格尔（Adam Segal）则认为,亚洲对美国在科技方面领先地位的威胁被夸大了。西格尔在最近出版的《优势:美国如何应对来自亚洲的创新挑战》一书中将创新分为硬件和软件两方面。他认为,虽然中国在科研人员数量、专利等可以用数字衡量的创新硬件方面进步显著,但在政治、社会和文化等可以帮助把设想转化为生产的创新软件方面,美国仍有明显的优势。

　　西格尔说:"现在有种观点认为,美国正在丧失优势,但我在过去15年里从中国的决策者、企业家和分析人士那里听到的却不是这样,他们不断告诉我的是,中国有非常多的不可思议的阻碍创新、阻碍建立真正的创新体系的障碍,而美国在这方面却有很多优势。"西格尔认为,硬件可以靠投资很快提高,但软件的提

中国有非常多的不可思议的阻碍创新、阻碍建立真正的创新体系的障碍,而美国在这方面却有很多优势。中国对美国在科技方面领先地位的威胁被夸大了。※

高要难得多,也需要时间,而美国的优势在于软件。他说:"注重硬件对美国来说将是一场必输的比赛。我们现在的科研经费是中国的 2.5 倍,而这个差距将会缩小,中国经济最终将会超过美国,中国科研人员和工程师的数量和质量最终会赶上美国。因此,展开一场硬件竞赛,只注重我们有多少科研人员和工程师,我们的科研经费有多少,是错误的讨论,我们当然必须增加科研经费,但这不是主要的解决之道。"西格尔认为,美国的解决之道是软件,第一是鼓励创业文化,第二是跨机构合作的能力,第三就是对来自不同国家的人和观点的开放态度。

自从 2008 年全球金融危机以来,国际环境中不稳定不确定因素增多,特别是欧洲和美国的主权债务危机的一再恶化,世界经济的发展现状和前景不容乐观,在这样的国际大环境中,中国能不能继续保持持续稳定的增长,不少人是持怀疑态度的。

[专栏 8-8]　中国经济存在"硬着陆"的可能性

　　美国经济学家、"末日博士"努里尔·鲁比尼(Nouriel Roubini)在上海表示,如果中国不进行经济结构调整,未来的不良贷款和公共债务将导致经济放缓,在 2013 年后"硬着陆"的可能性将增加至 40% 。

　　鲁比尼说:"没有一个经济体能有中国这样的生产率,每年把一半的 GDP 用于再投资,投资新的资本性投资。"中国经济增长依靠出口、巨大的固定资产投资、高储蓄率和低消费,但这种模式不具有可持续性,到最后会出现三大问题——包括不断增加的银行不良贷款、巨大的公共债务以及多个行业的产能过剩,这些将会使得中国经济出现"硬着陆"。对于中国来说,经济增长率低于8% 就属于"硬着陆","持续一年以上维持在 5% 到 6% ,就是硬着陆,不过中国未来两年这个概率很低。""我觉得必须要通过一系列的经济政策,才能把从固定资产的投资转向消费,如果这个转

没有一个经济体能有中国这样的生产率,每年把一半的 GDP 用于再投资,如果中国不进行经济结构调整,未来的不良贷款和公共债务将导致经济放缓,在2013 年后"硬着陆"的可能性将增加至40% 。※

移不发生,我担心有一天没有项目可以去投资。"

鲁比尼称,根据他和他同事以及其他学者的研究认为,中国公共领域债务,像省级的债务可能达到 20% 至 27% 的 GDP,中央政府债务只有 GDP 的 17%,"还有很多债务是隐性的,把所谓公共领域债务加起来,可能会接近 80%。"中国虽然有财政资源,但目前所有资源实际上都深刻隐含了一些经济结构的问题,最终将导致经济衰退。

——摘自《东方早报》,2011 年 7 月 26 日

对于中国经济的各种争论给出判断,须以实际数据做支撑。2011 年 5 月 23 日英国《金融时报》发表题为《中国经济的三本账》的文章,从财务方面对中国经济的现状与前景进行了分析,方法专业,视角独特,有一定启发性。

[专栏 8-9]　　　　　中国经济的三本账

第一本账——资产负债表:隐藏大量"隐形债务"

一再出现的主权债务危机,是一个国家资产负债表失衡的表现。一个国家资产负债表严重失衡,就会陷入显性或隐性破产泥潭。欧债危机是显性危机,而中国的地方债务则是一种隐性负债。

中央和地方政府债务超 15 万亿元。这些"隐形"的债务大约有多少? 从 2011 年 3 月 1 日起,国家审计署对 31 个省(区、市)和 5 个计划单列市政府性债务进行全面审查。据测算,若仅仅将中央代地方发行的 4000 亿元地方政府债券、7.66 万亿元的地方政府融资平台信贷,以及中央政府 2010 年的债务限额这三大项加总,2010 年中央和地方政府的债务总额就超过了 15 万亿元,占 2010 年 8.3 万亿元全国财政一般预算收入的 183%。即便考虑政府基金收入等,中央和地方政府整体债务率也将超过 100%。按审计署摸底审计地方债确定的标准,已达到"债务风险较高"的程

一个国家资产负债表严重失衡,就会陷入显性或隐性破产泥潭。欧债危机是显性危机,而中国的地方债务则是一种隐性负债。※

度,远远超过了负债警戒线。相比各级地方政府的高负债,2010
年全年的地方本级财政收入仅为 4.1 万亿元,加上中央对地方税
收返还和转移支付收入 3.2 万亿元,地方财政收入总量只有 7.3
万亿元,处于入不敷出的情况。地方资金当期偿还债务的压力很
大,赤字不断增加。这些隐形负债继续变身,或者通过地方投融
资平台借新还旧,或者通过变卖资产兑现,让地方政府深套其中。

第二本账——损益表:非主营业务收入占"大头"

把中国比做一家大公司,打开损益表,近年来每年营收都在
增加,2010 年,中国甚至"击败"日本,成为了世界第二大经济体,
中央财政收入也保持较高增长。但情况真的如此乐观吗?仔细
分辨其营收构成就会发现,中国这家公司营收存在结构失衡问
题。具体表现在主营业务和非主营业务增长不匹配,主营业务
(税与非税收入)增加,但非主营业务(土地出让金)增长得更快。
其大部分收入并非来自主营业务收入涵盖的三大产业中,而是非
主营业务收入——土地出让金。统计数据显示,2010 年中国国有
土地使用权出让收入 2.9 万亿元,占地方财政收入的 65.9%。

地方财政严重依赖土地出让金。这已经让营收变得畸形而
且不可持续,或者靠继续推高房地产泡沫直至崩溃,或者调整结
构,营收在短期内急剧下跌。这相当于一家靠旅游为主业的上市
公司,其主营收入不是旅游,而是靠卖景区的木材支撑,这家公司
的财务陷入恶性循环。如果把中国作为一家公司考量,其财务状
况不容乐观,财务失衡严重,非主营业务存在泡沫风险,不是适合
投资的公司。

附加值高的业务不多。损益表中存在的问题还有附加值高
的业务不多。比如中国的传统制造业,有很多业务是平进平出
的,从会计学来说,其仅仅只能覆盖变动成本,不能覆盖固定成
本。这个在经济学上来说是有意义的,但是对国家收益来说意义
不大。

激进危机的确认方式。最令人不可理解的是部分收入的确
认方式。比如土地出让金收入,按照会计准则的收入确认原则,
属于本会计期的收入才应该予以确认,如果土地是 30 年使用权
出让,每年应当确认的收入就是土地出让收入的 1/30,70 年土地

把中国比做一家大公司,打开损益表,就会发现中国这家公司营收存在结构失衡问题。具体表现在主营业务和非主营业务增长不匹配,主营业务增加,但非主营业务增长得更快。其大部分收入并非来自主营业务收入涵盖的三大产业中,而是非主营业务收入——土地出让金。统计数据显示,2010 年中国国有土地使用权出让收入 2.9 万亿元,占地方财政收入的 65.9%。※

使用权的则只能每年确认 1/70。但现在的地方政府却是一次性确认所有土地收入，违反了收入确认的稳健原则。这是一种最激进而危机的确认方式，把未来的收入全部当期确认掉，这意味着，如果未来没有足够的土地可供出售，或者土地价格下挫，将出现没有收入的断粮困境。任何一个审慎的财政体制和预算管理制度，都不会认可如此激进的收入确认。

支出结构不合理。收入确认过于激进，支出结构同样不合理。支出大规模投入到了基础设施等回报较低的项目中去，导致资金链紧绷。应该承认，中国要实现跳跃式发展，在基础建设领域需要补课，但补课不等于无视回报，不等于允许低效投资。

投资回报率过低。投资回报率过低，从财务角度看，面临资金链断裂风险。合理的做法是将高回报与低回报的项目相互匹配建设。另一方面，把有限的资金使用在最需要的地方，以提高社会整体效率，通过企业税收实现回报。高铁是一个典型例子，中国铁路企业负债约为 1.8 万亿元。目前，债务融资基本是铁道部最主要的资金来源。2011 年以来铁道部共发债 700 亿元，200 亿短期融资券，300 亿超短期融资券，200 亿元中期票据。由于收入无法覆盖建设成本，随着债务的继续累积，利息成本高企，债务失控风险同时潜存。

管理成本的重要支出。"中国"这家公司还有另一项重要支出就是管理成本，即政府支出。文章仅能根据两会期间公开的"中央公共财政支出预算表"一窥其容貌。这份报表大体上可以看到"中国"这家公司整个的支出状况，但不能像上市公司一样将几级以外的科目都能详细公开。没有公共财政，就没有细算收支。其中出国（境）费、车辆购置及运行费、公务接待费称为"三公"经费。当然成本显然不止三公消费那么简单。从成本费用角度看，中国的运营成本被大大低估，如自身资源价格被低估，比如极低的工人工资，被污染的环境，不完善的卫生、社保、医疗、教育体系，这些成本其实更大。

第三本账——现金流量表：靠筹资累积的现金流

55% 上市公司现金流量负数。从经营活动产生的现金流方面分析，"中国"这家公司的现金流量主要是依赖中国众多企业的

在外汇方面，中国境外资本在国内产生利润留存并没有被结算出去，一旦结算，目前 3 万亿的外汇储备也就所剩无几。※

表现,有源源不断的税收。但根据马贤明对中国上市公司的统计,大概有55%的上市公司经营活动产生的现金流量是负数。

实体经济有较大运作障碍。从投资活动产生的现金流来分析,中国的企业投资力度大,追求规模效益,可是实际产出回收的现金流却不及时,说明实体经济出现了较大的运作障碍。缺乏自主品牌,缺乏对创新的实质性鼓励,缺乏健康的市场秩序,都是出现这些问题的重要原因。

三大筹资通道存在很大风险。"中国"这家公司筹资活动能产生大量的现金流:一是银行借贷,二是境外投资者从各种渠道源源不断涌入中国,三是对国内外的债务融资与股权融资。但三大筹资通道存在很大风险,任何一个预期落空都将是致命的。在储蓄方面,由于负利率已经让存款流出银行体系,出现了存款荒,另根据第六次人口普查的结果,人口总数达到13.7亿人,预计到2040年前后,老年人口将达到4亿人的峰值,占届时总人口的31%左右,届时存款使用将到达高峰;在外汇方面,境外资本在国内产生利润留存并没有被结算出去,一旦结算,目前3万亿的外汇储备也就所剩无几。特别是一旦人民币升值预期终结,境外资本撤离可能会引发较为严重的现金流问题。采购经理人指数等各种数据显示,中国经济增速已开始回落。财务分析数据显示,中国经济存在结构不合理、低估了发展成本、低估债务等一系列错谬。

二、直面中国问题和中国教训

中国改革开放30多年,创造了经济发展的奇迹,但增长方式和社会发展方面也带来一系列问题和教训,比较突出的主要有如下一些①:

---

① 参见赵慧珠《中国教训同样应当引起重视》,《学习时报》2010年10月19日。

＊ GDP 至上,导致"含血量"过高,环境破坏触目惊心,资源浪费严重。

＊ 发展不平衡,社会发展落后于经济发展,中西部发展落后于东部发展。

＊ 社会分配不公,"城乡差距差不多是世界第一",劳动者收入在 GDP 中所占比例逐年降低,社会歧视现象加剧。

＊ 民生问题严峻,社会保障严重滞后,公共卫生步履维艰,住房保障几乎空白,义务教育和职业教育发展缓慢,居民储蓄只好用于自保。

＊ 公共财政投资方向问题很多,真正用于民生改善方面的较低,在世界各国中排在后面,导致民生难以好转,消费需求严重不足,民众与政府的距离拉大。

＊ 贪腐成风,屡禁不止、"前腐后继",道德体系弱化,社会风气日下,民众普遍缺乏安全感。

以上种种问题,较长时间以来就已经存在。为什么它们会持续存在? 为什么中国政府有心治理并加大了改进措施却有的不仅屡禁不止甚至还大行其道? 应该说,其首要原因之一是对它们的深层次问题还没有分析透。

探讨分析中国问题形成的原因,应该与中国所处的发展阶段联系起来考察。中国是从半殖民地半封建社会直接进入社会主义社会的,处于社会主义初级阶段的中国,在相当长一个历史时期内呈现出较强的不完善性是必然的,特殊的历史阶段和特殊的历史任务使得中国问题的出现和发展具有了一定的客观性。但是,改革开放以来中国问题的形成,主要应在现行经济发展模式及其依存的制度本身上找原因,特别要考虑地方、部门由于权力与利益的纠葛、博弈,造成主观性失误等因素。

邓小平曾对中国现代化进程中存在的制度与思想上的障碍进行过深刻分析,早在 30 多年前他就尖锐指出:"党和国家现行的一些具体制度中,还存在不少的弊端,妨碍甚至严重妨碍社会主义优越性的发挥。如不认真改革,就很难适应现代化建设的迫切需要,我们就

为什么"GDP 至上"、"社会分配不公"、"贪污屡禁不绝"等问题会持续存在? 为什么中国政府有心治理并加大了改进措施却收效甚微? 其首要原因之一是对它们的深层次问题还没有分析透。
※

要严重地脱离广大群众。"①

　　下面,我们着重从干部制度、民主法治制度和思想文化建设这三个方面来分析造成以上问题或教训的成因。

　　【"吏治"——干部制度问题】总的来说,中国共产党和中国政府领导干部的选拔任用、考核监督及退出等制度,与社会主义市场经济公正、民主、制衡的内在要求还存在一定差距。政治路线决定之后,干部就是决定的因素,而干部特别是领导干部的选拔任用制度则是决定干部素质的关键。邓小平曾强调指出:"领导制度、组织制度问题更带有根本性、全局性、稳定性和长期性。这种制度问题,关系到党和国家是否改变颜色,必须引起全党的高度重视。"如果领导干部不是循着民主推荐、逐级选拔、竞争上岗的路径产生,而只是由组织部门考察提名、上级领导选拔任用,可能会产生较大的问题。由于权力过于集中于个别部门和少数人,特别是一把手的身上,其结果,在一些地方逐步形成"老板"、"老大"②式的非正常决策机制。在这一机制下,"积极要求进步"的官员产生了"在基层苦干不如围着领导转","会干的不如会跑的"的思想意识,对组织部门和直接上级领导产生较为明显的依附关系,进而逐步形成对上不对下、为官不为民的从政准则,导致跑官买官、带病提拔的现象屡禁不绝。权力过分集中于个人或少数人手里,多数办事的人无权决定,少数有权的人负担过重,必然造成官僚主义,必然要犯各种错误,必然要损害各级党和政府的民主生活、集体领导、民主集中制、个人分工负责制等等。

　　而以外贸出口和基建投资为主拉动经济增长的发展模式,与组织部门、上级领导考核官员主要以 GDP 等硬指标业绩为导向相叠加,使得有的地方政府越来越变得像一个经济组织,纷纷争当市场经济的"运动员"而不是"裁判员"。在很多领导干部尤其是"一把手"

邓小平曾非常严重地指出:"领导制度、组织制度问题更带有根本性、全局性、稳定性和长期性。这种制度问题,关系到党和国家是否改变颜色,必须引起全党的高度重视。"※

---

①　引自邓小平《党和国家领导制度的改革》,《人民日报》1980 年 8 月 18 日。

②　不知从何时开始,公务员称自己单位或地区的主要领导为"老板",又不知何时,称谓改为"老大"。原本在商场、在黑道流行的统称竟然出现在官场而且是那么自然,这里有着它产生的土壤和基础,也是现实官场生态的真实体现。

的心中,忘记了自己的本职是为社会提供公平正义的公共服务,而是把自己当做是 CEO,要当资本运作和市场经营的高手,招商引资、征地建房、上大项目,开展工作都是用"老板"的思维,动辄就是算"投资、回报、产出"的账,追求 GDP 高速增长,政绩工程、面子工程处处可见,四处开花。即使由此带来环境污染、资源浪费也在所不惜,至于是否重复建设、未来有无发展前景那都不在考虑范围之内,更不用说人民群众的收入和生活质量能否与经济发展同步增长了。由此带来的一轮轮 GDP 攀比和经济超速增长,以及与此极不相称的社会文化建设的严重滞后,也就可想而知了,更何况这里面可能还会有相关利益呢?

很多地方领导干部尤其是"一把手",忘记了自己本职的工作是为社会提供公平正义的公共服务,而是把自己当做是从事资源和资本运作经营的 CEO,招商引资、征地建房、上大项目,用企业"老板"的思维从事工作,动辄就算"投资、回报、产出"的账,追求 GDP 高速增长、政绩工程和面子工程。※

[专栏 8-10] 邓小平关于改革干部制度的论述

官僚主义现象是我们党和国家政治生活中广泛存在的一个大问题。它的主要表现和危害是:高高在上,滥用权力,脱离实际,脱离群众,好摆门面,好说空话,思想僵化,墨守成规,机构臃肿,人浮于事,办事拖拉,不讲效率,不负责任,不守信用,公文旅行,互相推诿,以致官气十足,动辄训人,打击报复,压制民主,欺上瞒下,专横跋扈,徇私行贿,贪赃枉法,等等。这无论在我们的内部事务中,或是在国际交往中,都已达到令人无法容忍的地步。

当前,也还有一些干部,不把自己看做是人民的公仆,而把自己看做是人民的主人,搞特权,特殊化,引起群众的强烈不满,损害党的威信,如不坚决改正,势必使我们的干部队伍发生腐化。我们今天所反对的特权,就是政治上经济上在法律和制度之外的权利。搞特权,这是封建主义残余影响尚未肃清的表现。

如果不坚决改革现行制度中的弊端,过去出现过的一些严重问题今后就有可能重新出现。只有对这些弊端进行有计划、有步骤而又坚决彻底的改革,人民才会信任我们的领导,才会信任党和社会主义,我们的事业才有无限的希望。

社会主义现代化建设的极其艰巨复杂的任务摆在我们的面前。很多旧问题需要继续解决,新问题更是层出不穷。党只有紧紧地依靠群众,密切地联系群众,随时听取群众的呼声,了解群众的情绪,代表群众的利益,才能形成强大的力量,顺利地完成自己的各项任务。

——引自邓小平《党和国家领导制度的改革》

为了加强对权力的监督制约,我们党设有较为健全的监察部门和纪律检查机构,也查处了许多身居高位的官员。但为什么吏治腐败、"前腐后继"的问题难以解决甚至愈演愈烈呢?其中一个重要原因在于多数情况下监督制约的着力方向基本上与干部选拔任用呈反向运行,即对下易对上难,对小官易对大官难,关键在于缺乏制衡"一把手"权力和对官员进行弹劾、降职任用、免职退出的制度安排和运作机制。现实情况是,对一个地区、一个部门的"一把手"违规违纪违法的处置,要么是其肆无忌惮地违法乱纪引起公愤,上级领导有明确批示,要么举报有真凭实据已坐成铁案,否则还真难办理。这也是目前官场贪腐成风、"前腐后继"的一个重要原因。由于官场这种不足为外人道的封闭式内循环,世人戏称,中国的官场已经形成一个"好人进去、贪官出来"的机制,公务员特别是权力部门官员俨然已经成为高风险职业。吏治不堪已经严重影响执政党和政府的公信力和执政能力,所产生的离心倾向已经严重威胁到政权的稳固。这也充分印证了目前我们的组织制度、干部制度存在着十分重大的缺陷。

为什么吏治腐败、"前腐后继"的问题难以解决甚至愈演愈烈呢?其中一个重要原因在于多数情况下监督制约的着力方向基本上与干部选拔任用呈反向运行。※

[专栏8-11]　　　　堪忧的"前腐后继"

2011年7月19日,最高人民法院召开新闻发布会,据介绍,2008年至2010年三年间,全国法院共审结国家工作人员职务犯罪案件近8万件,生效判决人数8万余人,其中近7万人因受贿贪污获罪。国家工作人员犯罪涉及领域广泛,权力集中的部门和岗位职务犯罪多发,资金密集领域和行业职务犯罪严重。2010年与2008年相比,职务犯罪案件数量上升7.2%。另据不完全统计,

1997 年以来,先后有 13 个省、自治区的 20 位省交通厅长、副厅长因受贿入罪,其中河南省有 4 位,"前腐后继"可见一斑。

执政党内部不同程度地存在麻木懈怠、能力不足、脱离群众、消极腐败等问题,严重影响国家职能①的良性运行,对执政党的公信力和政权的稳固带来严重伤害。面对社会上出现的各种问题,人们在惊讶、愤懑的同时会诘问,为什么有些"人民公仆"忘记了为人民服务的宗旨,心中少有人民,对人民群众的疾苦困难,对贫富两极分化等社会不公现象熟视无睹,见物不见人,见官不见民? 为什么治理社会上的弄虚作假、坑蒙拐骗、道德沦丧、丧尽天良的假恶丑无序乱象无能为力,被动应付? 为什么为官服务的"三公"经费始终居高不下,为民服务的社会公共服务水平却很难提升? 为什么社会主义国家难以建立社会诚信系统? 为什么作为无产阶级政党的执政党不敢公布官员的私人财产? 为什么权钱交易、以权谋私的贪腐之风屡禁不绝? 为什么中央三令五申的东西到了下面对策多多、改头换面,令不行禁不止? 等等,不一而足。究其深层次原因,从宏观方面说,是中国的现代化出现短板,没有全面推进现代化。

中国"吏治"方面的很多问题,究其深层次原因,盖因现代化存在着短板,没有在干部体制、思想教育和法制建设上全面推进现代化,特别是人的现代化。※

[专栏 8-12]　　　　　"三公"经费

"三公"经费,即因公出国(境)经费、公务用车购置及运行费、公务接待费。据报道,经国家财政部汇总,2010 年中央本级,包括中央行政单位(含参照公务员法管理的事业单位)、事业单位和其他单位用财政拨款开支的"三公"经费决算支出 94.7 亿元。其

---

① 国家职能在不同的领域应有不同的要求。在政治领域,国家体现的基本职能应是保证社会公正的实现。在经济领域,国家应体现的基本职能是促进竞争,坚持效率原则。在文化领域,国家应体现的基本职能是为公众提供价值体系。在社会领域,国家应体现的基本职能是提供秩序,保证社会的正常运转。在军事领域,国家应体现的基本职能是提供国家安全,对内惩治犯罪分子,对外防止入侵者。

中,因公出国(境)经费 17.73 亿元,公务用车购置及运行费 61.69
亿元,公务接待费 15.28 亿元。

　　国家行政学院教授竹立家曾综合各方面数据,包括公开的和
一些人大代表的议案,推算 2006 年的政府"三公消费"规模在
9000 亿元左右,其中公车消费 4000 亿元左右,公费出国是 3000
亿元左右,公款吃喝 2000 亿元左右。

　　中国现代化进程是由外在因素即经济全球化推动的,在经济持
续快速发展、实现物质层面现代化的同时,不会自然走向制度层面与
精神层面的现代化,不会必然带来人的现代化。也就是说,尽管市场
经济体制已在社会主义中国初步建立,经济有了长足发展,但尚缺乏
市场经济内涵中所具有的平等意识、民主意识和法治精神,缺乏以人
为本的人道精神和民本思想。社会主义内在要求的公平正义、平等
自由、民主法治,没有得到伸张落实,政治文明、精神文明、生态文明
建设严重滞后,没有与物质文明同步协调发展。从微观层面说,在执
政党内部,在一些地区、一些部门及其公务人员存在的严重脱离群
众、懈怠无能、消极腐败,则是直接原因。中国共产党已经走过 90 年
历程,一个基本经验和法宝是密切联系群众、时刻依靠群众、充分尊
重群众的首创精神,这是共产党成长壮大、夺取政权、掌握政权的根
本。但是有些人忘记了共产党能够执政中国,依靠的是人民群众,忘
记了水能载舟亦能覆舟的道理,以为坐上某个官位,靠的是领导提
拔,凭的是自己的本事,时间长了职务高了,就以为共产党执政是天
然的,丝毫没有危机感和忧患意识;就脱离群众,对群众的呼声、群众
的困难和群众的要求麻木不仁,漠然置之。有些地方和单位的领导,
不思进取,缺乏干事创业的责任心和激情,对群众要求办的实事敷衍
塞责,推诿扯皮不作为,对于有利于自己或小团体的事则乱作为,对
中央或上级提出的各种规定要求,采取形式主义、文山会海的方式,
以文件落实文件精神,用会议贯彻会议精神,表面上热热闹闹,实际
上官话套话了无新意;对社会经济发展中出现的各种矛盾问题特别
是涉及老百姓权益的事情,往往睁只眼闭只眼,能躲则躲,能避则避,

中国经济虽然有了长
足发展,但在干部队伍
中普遍缺乏社会主义
市场经济内涵中所具
有的平等意识、民主意
识和法治精神,缺乏以
人为本的人道精神和
民本思想。社会主义
内在要求的公平正义、
平等自由、民主法治,
没有得到伸张落实,政
治文明、精神文明、生
态文明建设严重滞后,
没有与物质文明同步
协调发展。※

但如果触动地方或部门利益,则积极寻找对策对付政策,该怎么干还是怎么干;有些党员干部把对上级负责与对人民群众负责二者割裂开来,对上邀功请赏,对下与民争利。执政党本来没有自己的特殊利益,人民群众的利益就是党的利益,然而这种党群利益的一致性却在一些党员干部的消极腐败中发生了根本性的冲突和脱节。他们利用手中掌握的公权力和各种公共资源,内外勾结追逐私利,特别是在城市化进程中的拆迁、土地开发中,从管理者变成利益的"共享者"、捞取者。因此说最大的危险莫过于党与群众的脱离以及消极腐败的滋长。

[专栏8-13] 当前党员、干部存在的主要问题

一些党员、干部忽视理论学习、学用脱节,理想信念动摇,对马克思主义信仰不坚定,对中国特色社会主义缺乏信心;一些党组织贯彻民主集中制不力,有的对中央决策部署执行不认真,有的对党员民主权利保障落实不到位,一些党员干部法治意识、纪律观念淡薄;一些领导班子整体作用发挥不够,推动科学发展、处理复杂问题能力不够,一些地方和部门选人用人公信度不高,跑官要官、买官卖官等问题屡禁不止;一些基层党组织战斗堡垒作用不强,有的软弱涣散,有的领域党组织覆盖面不广,部分党员意识淡化、先锋模范作用不明显;有些领导干部宗旨意识淡薄,脱离群众、脱离实际,不讲原则、不负责任,言行不一、弄虚作假,铺张浪费、奢靡享乐,个人主义突出,形式主义、官僚主义严重;一些领导干部特别是高级干部中发生的腐败案件影响恶劣,一些领域腐败现象易发多发。这些问题严重削弱党的创造力、凝聚力、战斗力,严重损害党同人民群众的血肉联系,严重影响党的执政地位巩固和执政使命实现,必须引起全党警醒,抓紧加以解决。

——引自《中共中央关于加强和改进新形势下党的建设若干重大问题的决定》(2009年9月18日中共十七届四中全会通过)

在写作本节的时候，温州发生了震惊世界的 7.23 动车追尾致 40 人死亡、190 余人受伤的特大责任事故，实在令人痛心不已。这起事故及京沪高铁正式运行 20 天即 6 日 5 次故障的情况，反映出内在的许多问题，折射出中国高速铁路片面追求大跃进式发展的危害。

可见"吏治"——干部制度问题是中国模式与中国制度面临的一个根本性问题。

【民主法治建设问题】社会主义民主法治建设与社会经济发展的现实需要差距较大。改革开放以来，我们党总结正反两方面经验，明确提出没有民主就没有社会主义，就没有社会主义现代化，人民当家做主是社会主义民主政治的本质和核心。但在现代化进程中，却畸轻畸重，重视经济发展这个硬指标，忽视、松懈了社会主义民主法治建设这个软指标，导致社会主义民主法制建设与扩大人民民主和促进经济社会发展的要求相差甚远。在社会主义民主政治的具体制度建设方面，尽管已经有了巨大进步，但依然存在较多需要改善加强的制度建设内容。比如人民当家做主，主要是通过人民代表大会制度来落实和体现的，但在人大代表选举制度、代表的结构即代表性的法律规定、代表的参政能力以及对行政机构实行长效监督的代表常任制度等方面，存在许多人民并不满意的地方。又比如，在保障人民民主权利、发挥人民创造精神方面，还存在不足，特别是缺乏相关的制度规定，来保证人民依法实行民主选举、民主决策、民主管理、民主监督。在有的地方和单位，党政官员忘记了国家一切权力属于人民，往往以官意代替民意，对有权有名有利的事情越俎代庖，大包大揽，对有责而无名无利的事情则推脱延迟，能推就推，能拖则拖。法律制度建设特别是立法工作经常处于被动状态，往往被现实要求推着动，有时候即使有非常迫切的现实需求和非常清晰的民意基础，也会因为各种原因而使立法进程受到阻滞、延缓，基本上不能适应或滞后于社会经济发展的客观要求。最为明显的就是，城市化进程中进城就业的农村户籍人口的社会保障及享受城市公共服务问题；城市更新改造开发中的拆迁户权益保障问题；公共财政经费开支立法、开征利得税、资源税等等，本来都是保障民众权益、调节国民收入分配、缓解

在中国，人民当家做主主要是通过人民代表大会制度来落实和体现的，但在人大代表选举制度、代表的结构即代表性的法律规定、代表的参政能力以及对行政机构实行长效监督的代表常任制度等方面，尚存有人民并不满意的地方。※

法律制度建设特别是立法工作经常处于被动状态，往往被现实要求推着动，有时候即使有非常迫切的现实需求和非常清晰的民意基础，也会因为各种原因而使立法进程受到阻滞、延缓。※

社会矛盾、利国利民的好事，也是人民群众呼声最高、社会要求最迫切的，但立法工作却严重滞后。这类情况的经常性发生，不仅让人民群众深感自己的意愿得不到应有尊重、公平正义被长期扭曲，而且立法滞后的现实让人们对依法治国的基本国策产生怀疑和动摇。

社会主义法治精神的树立、弘扬与落实严重不到位，人治现象依然存在。在全面落实依法治国基本方略，实现国家各项工作法治化方面，缺乏像抓经济建设那样的认识和力度，而不依法行政、执法不严、司法不公现象的大量存在，不仅造成社会不公和民愤难平，而且由于违法违规违纪的成本过于低廉，公平正义难以伸张，会使社会民众信任坍塌、信仰动摇，理性被压抑，长期隔阂产生积怨进而转化为戾气。① 一些地方突发群体性事件，从一个侧面反映出问题的严重性和发展态势。需要指出的是，现在社会非常需要的是以加强社会主义法制建设和树立法治精神为着力点，在合理合法解决问题基础上，因势利导加强沟通与教育，学会谅解和理解，以此疏导、化解矛盾，这是治本的办法。而以维稳为借口，以公权力对维权的民众强行采取措施进行围堵，只能是暂时性的治标办法，它可能会引导进入不依法办事——激起民怨闹事——维稳处置——不依法办事的怪圈，其结果往往只会火上浇油，激起民变。西亚、北非的埃及、突尼斯近来发生的骚乱变局就是典型案例。它从另外一个侧面也反映出，树立和加强人民群众的公民意识、法律意识和守法意识，是多么的重要和紧迫。

【思想文化建设问题】社会主义文化和道德建设严重缺位，致使人的思想文化素质、道德水平和社会文明程度严重下滑，呈现与经济增长反向运行的曲线，制约了社会主义市场经济的良性运行。改革开放初期，为排除干扰，发展经济，摆脱贫困，中央提出以经济建设为

在全面落实依法治国基本方略，实现国家各项工作法治化方面，缺乏像抓经济建设那样的认识和力度，加之违法违规违纪的成本过于低廉，令不依法行政、执法不严、司法不公现象的大量存在。※

中央提出以经济建设为中心、发展是硬道理的指导方针，这无疑是符合中国实际的正确决策，问题在于执行过程中，主要把发展是硬道理局限在经济建设领域，而相对忽略社会文化教育事业也应该是发展不可或缺的重要内涵。※

---

① "现在社会上戾气很重，有点事，动辄喊打喊杀；在网上，一言不合就张口问候人家父母；官员出事，无论是否无辜，肯定叫好声一片；出了事故，原因还未查清，当事人必定被拍得要死；还有一个现象就是，听风就是雨，但凡有不利于官员和官府的说法，也不管是真是假，就跟着起哄。"引自张鸣《不改善教育，何以谈理性》，《南方都市报》2011 年 7 月 20 日。

中心、发展是硬道理的指导方针,这无疑是符合当时实际情况的正确决策,否则也不会取得巨大的经济成就。问题在于后来,把发展是硬道理仅局限于经济领域,忘记了社会文化教育事业也应该是发展不可或缺的重要内涵。各级党委、政府专注于经济发展和基本建设,着眼于 GDP 增长和政绩,连教育、文化、社会事业也以市场经济的办法来管理,忽视了文化与社会事业有它自身的发展规律,忽略了政治思想观念、社会文化事业发展如果与经济发展不相适应,将会影响经济发展的效果和质量。改革开放 30 多年后的今天,再回过头来,我们可以清楚地看到,在实行改革开放,探索建立社会主义市场经济体制,实现经济现代化的进程中,忽视了同步提升全民教育水平和文化素养的必要性,忽视了同步开展社会主义先进的思想观念、价值体系、行为准则、道德规范等宣传教育、践行发展的重要性,致使中国全面实现现代化的进程放慢,呈现出畸轻畸重、片面发展状态。这也从一个侧面反映出忽视现代化的系统性,片面追求物质发展而忽视与之相适应的制度建设和精神建设,社会就会畸形,就可能出大问题。[①]

早在 30 多年前,邓小平就曾对此作过深刻分析[②],如今读来依然有很强的现实针对性。"我国经历百余年的半封建半殖民地社会,封建主义思想有时也同资本主义思想、殖民地奴化思想互相渗透结合在一起。由于近年国际交往增多,受到外国资产阶级腐朽思想作风、生活方式影响而产生的崇洋媚外的现象,现在已经出现,今后还会增多。"很明显,社会主义先进的思想观念、价值体系、行为准则、道德规范不去占领思想文化和教育领域,腐朽没落的东西就会乘虚而入,大行其道。

思想观念上的封建主义残余影响和资产阶级腐朽思想的影响在多个领域都有具体表现:比如自私自利、损人利己的极端个人主义;唯利是图、金钱至上的拜金主义;滥用商品交换原则,搞权钱交易、权

---

① 参见李新宇《关于现代性的几点常识》,《扬子江评论》2009 年第 3 期。
② 参见邓小平《党和国家领导制度的改革》,《人民日报》1980 年 8 月 18 日。

色交易,为了钱什么都可以出卖;轻视精神追求与修养,贪图物质享受,甚至穷奢极欲、腐化堕落。上述影响尽管只是发生在少数人身上,但后果却十分严重,所带来的负面影响极其恶劣。

教育宣传文化事业的市场化倾向严重,急功近利向钱看,没有理直气壮地传播社会主义思想文化,宣传社会主义的价值观、人生观和文明理念。现实生活中,文件宣扬的与现实看到的不一致,官员说的与做的不一样,导致社会缺乏明确方向,特别是青少年思想迷茫无措,前进方向不清,价值观念错位,道德水平下降,底线不断突破。缺乏人文理念、缺少精神追求,想的是如何赚钱,追求的是一夜暴富、一夜成名,物欲横流也就在所难免。以至于社会上出现是非真假混淆,坑蒙拐骗肆虐的种种乱象:学历、文凭、论文、证书、发明、履历、种子、农药、化肥、药品,荒山涂绿漆、水泥地种庄稼等等,什么假都敢造!在牛奶、饼干、糖果、馒头、食油、瓜果蔬菜、调料饮品等等,以及药品、化妆品里,什么毒都敢下!贪污受贿动辄过亿,为谋官位买凶杀人,权黑交易一手遮天,包养二奶情人出手阔绰,腐败乱象堪忧;开车撞人后逃之夭夭的有之、动刀加害的有之、抛尸野外的有之,为学费手刃亲妈,为游玩掐死祖母,拐卖儿童、逼良为娼等等,道德沦丧令人发指;入园上学、住院手术、入殓安葬、招考录用、晋升评审、选秀晋角等等,潜规则下乌七八糟。如此等等,可谓什么事都敢干!凡此种种,给社会带来的危害影响深远:社会缺乏信仰,缺乏诚信,缺乏安全感,人与人之间少了信任与互助友爱。现时代的生活似乎缺少了方向感:不知道吃什么,不知道学什么,也不知道干什么。人们生活在惶恐与忐忑之中,长时间处于迷茫、焦虑状态之下,一些人性情烦躁、思想偏激也就可以理解了。

第三节 推进完善全球化观照下的中国模式

现代化在增加社会财富、提升人们物质文明水平的同时,也改变着人与人、人与群体、人与社会的关系,必将带来经济生活、政治生活和意识形态领域的深刻变革,这一变革是长期的、艰巨的,有时还会是曲折的。中国实现全面现代化必须遵循生产关系适应生产力发展要求、上层建筑适应经济基础的基本规律。上述分析的中国问题、产生问题的原因及其带来的各种危害，就是没有遵循人类社会发展的基本规律带来的后果，它已经影响到我们正在进行的现代化事业。因此完善中国模式及其依存的中国制度，必须全面推进现代化建设包括制度层面和精神层面的现代化。

一、坚定改革完善中国模式的信念

美国学者亨廷顿曾就现代化与现代性问题提出了一个悖论，他说"现代化是近代以来世界历史发展的潮流和趋势，是一个世界性的历史进程"，但"现代性孕育着稳定，而现代化过程却滋生着动乱。产生秩序混乱的原因，不在于缺乏现代性，而在于为实现现代性所进行的努力。""如果一个国家出现动乱，那并非因为他们贫穷，而是因为他们想致富。"中国要走出并挑战"亨廷顿悖论"，必须通过深化改革，去解决中国社会经济发展中不平衡、不协调、不可持续的突出问题和那些躲不开、绕不过的制约科学发展的体制机制障碍。

现代性孕育着稳定，而现代化过程却滋生着动乱。产生秩序混乱的原因，不在于缺乏现代性，而在于为实现现代性所进行的努力。如果一个国家出现动乱，那并非因为他们贫穷，而是因为他们想致富。——"亨廷顿悖论"※

[专栏8-14] 现代性与现代化

　　现代性是一个无穷无尽的、加速的创造性破坏过程，传统、制度、建筑、社团，以至于民族，只有被证明具有合理性，才能得以留存，陈腐的、失效的事物被抛弃了，更合适、更现代的则取而代之。现代化永不终结。现代化的唯一恒量就是变化。
　　——引自李新宇《关于现代性的几点常识》，
《扬子江评论》2009年第3期

目前，中国的改革正进入攻坚阶段，社会结构日趋多样，价值取向日益多元，利益诉求日趋复杂，社会领域呈现新的阶段性特征：在经济快速发展、社会财富大幅增长的同时，人们对政治、文化和社会参与的诉求更加突出,对财富的形成、分配与使用更加关注;在改革逐步深化、市场机制充分发挥作用的同时,社会利益调整与整合的难度加大,社会价值的追求和道德水准的差异更加突出;在社会活力不断增强、反映群众需求的渠道日益增加的同时,社会组织化程度不高的问题更加突出,提高行政效率的要求更加迫切。总之,由利益关系调整和民生建设滞后引发的各种社会矛盾和社会问题日益尖锐凸显、易发多发。可以说,改革开放 30 多年以来,经济建设取得了巨大的成就,但我们面临的社会挑战甚至比 30 年前更多。当今时代的社会建设任务比以往任何一个时候都要艰巨复杂。

中国目前存在的各类问题引起人们思索,也给中国模式和中国制度的改进与完善以启示:

第一,中国的社会主义制度还需要不断完善,不能因为还存在种种与社会主义生产关系与生产力发展不相适应的体制机制障碍,而否定社会主义基本制度,丧失走中国特色社会主义道路的坚定信念。

第二,对于社会经济发展规律的认识还需要在实践中不断加深,一方面不应因为曾经有过种种认识偏差和政策失误,存在种种问题而否定事实上充满生机活力的中国模式和中国制度,另一方面必须要正视它的问题、矛盾和不足。

不应因认识偏差、政策失误和存在种种问题而否定事实上充满生机活力的中国模式和中国制度,但必须要正视它们的问题、矛盾和不足。※

第三,中国是从生产力、生产关系和观念意识非常落后的半殖民地半封建社会直接进入社会主义社会的,社会主义建设是在学习中发展、在发展中补课,在补课中前行的,即学习先进的思想文化、科学技术、管理经验和一切先进的文明成果,补发展生产力脱贫穷落后帽子的课,补完善生产关系建立新型社会关系的课,补发展商品经济、发展市场经济,树立平等、民主、自由、法治观念的课。60 余年的奋斗走过一些弯路,30 余年的奋起创造了新的奇迹,不能因为发展崛起而沾沾自喜、妄自尊大,更不能因为发展中存在种种问题而自惭形秽、妄自菲薄。必须坚持一个信念:继续在不断学习中走中国特色的社会主义道路,社会主义优越性一定会充分展现。

第四,中国模式体现了中国人民的智慧勇气和创造精神,既然在中国共产党的领导下,全国人民在中国制度下能够用 30 年时间创造出世界经济发展奇迹的中国模式,就一定有能力通过加强执政党的建设,完善和改进中国制度和中国模式,促进中国制度与中国模式的相互融合。

第五,推进中国制度与中国模式的改革和完善,必须从中国国情出发,而不能照搬照抄西方的方法和路径;必须以渐进的方式有序展开,而不能以大轰大鸣或休克疗法的方式进行;必须坚持在发展中改革、以改革促发展的原则,既不能为改革而改革,为改革而耽误和影响发展,也不能以稳定发展为由拒绝或推延改革;必须充分尊重人民群众的首创精神和多数人的意愿,要有利于改善民生、体现民意、维护民权、实行民主,最终实现民富国强、文明进步的目标。

应该看到,面对中国经济高速发展引发的各种经济、社会、政治、生态等问题,执政党一直在探寻解决问题的方式与路径。中共十七大提出科学发展观,把社会的全面协调发展和可持续发展结合起来,以经济社会全面协调可持续发展为基本要求,指出要促进人与自然的和谐,实现经济发展和人口、资源、环境相协调,坚持走生产发展、生活富裕、生态良好的文明发展道路,保证一代接一代地永续发展。科学发展观的提出,表明中国执政党认识到了这些问题产生的主要原因,找到了解决的根本方法,使我们在探索市场经济条件下中国特色社会主义的道路上向前迈了一大步。

二、改革完善的主要内容与目标

在科学发展观指导下,中国模式与中国制度主要致力于以下几方面的改革完善。

【树立正确的发展观】应该看到,发展与经济增长有着根本区别,发展是集社会、科技、文化、环境等多项因素于一体的完整现象,是人类共同的和普遍的权利,是一个综合性的社会目标,而全球化背景下的现代化则是一个社会全面发展和可持续发展的过程。经济发展必须与环境保护、生态平衡、人口增长、国民素质、社会安定、文化教育等相协调,最终促进人、社会和自然之间的和谐发展。只有强调关注人与社会、人与自然的和谐发展,才能避免陷入只见物、不见人,

发展与经济增长有着根本区别,发展是集社会、科技、文化、环境等多项因素于一体的完整现象,是人类共同的和普遍的权利,应是一个综合性的全面的社会目标。※

只有经济增长、没有经济发展的怪圈。追求社会和自然的协调发展和可持续发展。必须保持经济平稳较快发展，唯此才能增强国家的综合国力，提高人民的生活水平。

[专栏 8-15]　　对可持续发展的文化思考

如果对可持续发展进行文化思考，那么可以说，它不仅是一种新的发展观，而且是一种新的文明观。可持续发展，是对传统工业文明发展模式的一种反思，是对传统工业文明局限性的一种批评，是超越传统工业文明的一种新的文明观。它具有新的世界文明的普遍意义。但可持续发展要具体落实到各个国家和民族，又必然要和各自国情和文化传统结合起来，形成具有各个国家和民族特色的新的发展观和文明观。中国在现有的人口、资源和条件下，如何寻求可持续发展的现代化道路？如何实现由非持续性发展社会向可持续发展社会转型？重要的文明保证或文化支撑，就是要在全社会树立超越传统工业文明的符合中国国情的新的文明观。

——摘自赵甲明《对中国可持续发展的文化思考》

当前全球性资源、生态、环境问题，说到底是由传统工业文明的生产方式和消费方式造成的，它本质上是一种不可持续的生产方式和消费方式。※

【转变发展方式】传统工业文明的发展方式是建立在"人是自然的主人"、"人要征服自然"的观念上的，强调只有不断扩大和加强对自然资源和环境的开发利用，人类生活才能更加富裕和幸福，因而逐渐形成了以无限度、无休止攫取自然为前提，单纯追求经济效益为核心的经济行为。但是人类社会经济发展不能超越资源和环境的承载能力。当前全球性资源、生态、环境问题，说到底是由传统工业文明的生产方式和消费方式造成的，或者说，传统的工业文明本质上是一种不可持续的生产方式和消费方式。从忽略环境保护受到自然界惩罚，到最终选择可持续发展，是人类文明进化的一次历史性重大转折。中国要实现可持续性发展，就必须树立新的道德观念和价值标准，学会尊重自然、师法自然、保护自然，与之和谐相处，在全社会树立一种超越传统工业文明的新的文明观,树立保护环境意识,人均资源意识,整体发展意识和共同富裕意识。

[专栏8-16]　让科技引领中国可持续发展

　　世界200多年的工业化历程,仅使不到10亿人口的发达国家实现了现代化,但资源和生态却付出了沉重的代价。包括中国在内的发展中国家实现现代化,再也不能延续传统的经济增长方式和发展模式。可持续发展是现代化的永恒主题,人类文明进步呼唤着可持续发展和新科技革命,中国面临重大机遇和严峻挑战。我们要依靠科学技术实现中国可持续发展,依靠科学技术形成少投入、多产出的生产方式和少排放、多利用的消费模式,走出一条生产发展、生活富裕、生态良好的新型工业化和城镇化道路。让中国这块美丽古老的土地,成为炎黄子孙世代繁衍生息的绿洲和乐园!

　　　　　　　　　　　　——摘自温家宝《让科技引领中国可持续发展》

国民社会福利水平的提高最终应该反映为个人收入的增加、社会财富的增加和自然环境、生活环境、社会环境的根本改善。※

　　【调整经济发展目标】应该从单纯地追求GDP增长转向提高国民社会福利水平。一国GDP的增长是提高国民社会福利水平的主要途径,但国民社会福利水平的提高最终应该反映为个人收入的增加和社会财富的增加,国民社会福利水平的高低取决于良好的自然环境、生活环境、社会环境等等。在经济相对落后、人口众多、资源短缺的国情下,中国发展的最基本目标,应该是不断满足绝大多数人的基本需求,因此贫困地区和贫困人口的生存需求应当优先于富有者的奢侈需求,先富起来的地区要支持贫困地区的发展。

　　【追求人与人、地区与地区、城乡之间的平衡发展】发展所要追求的价值是效率和公平,二者不可偏废。从"时间就是金钱,效率就是生命"到奉行"效率优先兼顾公平",再到将效率与公平放在同等地位,表明中国已汲取教训,对追求的发展目标和价值判断进行校正,天平正在向公平方面倾斜。要对困难群体和落后地区实行必要

从"时间就是金钱,效率就是生命"到奉行"效率优先兼顾公平",再到将效率与公平放在同等地位,表明中国已汲取教训,对追求的发展目标和价值判断进行校正,天平正在向公平方面倾斜。※

的政策性倾斜,避免财富和权利在人与人之间造成分化,避免地区之间、城乡之间社会经济发展出现新的不平衡。从整个国家来说,东部沿海地区经济发展要快一些,按照梯级发展思路,是东部带动中部,中部带动西部。但现在看,东西部差距依然比较大,今后若干年逐步缩小这个差距是确定无疑的。中国两条母亲河中,长江流域的规划开发比较好,长江一线和长江流域总体发展比较快。黄河流域的规划开发相对差一些。中国要达到小康社会或富裕社会,平衡点在西部,不在东部。只有黄河流域地区和西部发展起来,才能说中国真正发展起来,只有农民富裕起来,才能说中国真正富起来。① 要处理好效率和公平关系,切实增加人民收入,更加注重再分配公平,加快形成更加合理的分配格局。在人与人关系的公平性方面,要从法律制约、政策引导和舆论宣传上,强调任何利益主体的发展都不能损害其他利益主体的发展。

【加快社会改革步伐,让社会建设与经济建设共同协调发展】社会建设是科学发展的本质要求、基础保障和重要路径,直接关系到改革开放成败、社会和谐稳定和党的执政基础稳固。加强社会建设,既是为人民谋幸福的重要途径,也是巩固党的执政地位的重要举措。社会建设要求少做承诺多干实事,以更积极的态度和方式切实推进社会改革,加快保障和改善民生,实现基本公共服务均等化,提高人民幸福感;加快社会管理创新,维护群众合法权益,促进社会平安和谐;加快培育发展和规范社会组织,扩大市民有序参与和共享,形成和谐社会人人有责、人人共享的生动局面。

【完善社会保障体系,解决好人民群众的切身利益问题】实施更加积极的就业政策,鼓励自主创业,促进充分就业;加快医疗卫生体制改革,坚持公共医疗卫生的公益性质,推进医疗卫生资源均衡化和医疗服务标准化,让人民群众看病方便、治病便宜;坚持优先发展教育,合理均衡配置公共教育资源,促进教育公平,满足人民群众对教

社会建设要求少做承诺多干实事,以更积极的态度和方式切实推进社会改革,加快改善民生,实现基本公共服务均等化,提高人民群众的幸福感。※

医疗卫生体制改革问题,教育公平问题,保障性住房建设问题,必须利用社会主义制度的优势尽快加以解决,让世界看到中国制度的力量。※

---

① 引自项怀诚《在综合开发研究院(中国·深圳)第八届理事会上的讲话》,2011年5月19日。

育服务、教育消费的需求;加大经济适用住房、公共租赁住房(含廉租房)、安居房等保障性住房建设力度,进一步扩大住房保障覆盖面,全面建立和实施住房公积金制度。健全基本养老、医疗、工伤、失业、生育等保险制度,进一步提高保险覆盖率和保障水平,保障人民群众生命财产安全,构建社会管理防控网,不断增强人民群众衣食住行的安全感,这是解决和保障民生问题的关键环节之一。

[专栏8-17] 中国不稳定的根源在于民生问题

如果不能解决民生问题,中国就会出现面临社会稳定乃至政治稳定问题。围绕民生问题,中国已经出现了两种不稳定的根源。一是源于收入分配不公,社会分化和公平正义的缺失的普遍性社会不满。二是源于"期待革命"的年轻群体的不满。多年来的教育大扩张,有效地提升着民众所接受的教育水平,但因为教育体制改革本身的弊端,很多人学无所用,找不到工作或者就业不足。大学生和农民工工资水平的拉平是很好的例子。而这个群体的期望很高,一旦不能满足,对社会和政府的不满就成为必然。

如果这两个根源具有普世性,即任何社会都会面临,那么中国还需加上另外一个特殊的根源,那就是由独生政策而加速到来的人口老化。"未富先老"几乎已经成定局,而照顾老人的"公共服务"似乎路途仍然遥远。在"公共服务"缺失的情况下,独生子女一代会不堪负担,届时这一代人对社会和政府的不满会变得更加现实。

——摘自郑永年《中国未来十年改革的"战略机遇期"》

中国政府不仅担负着领导经济发展的责任,也担负着领导旨在深化民主的政治发展重任。政府既要推动以法治、参与、人权、透明、稳定为目标的全社会的民主治理,也要推动以分权、效率、责任和服务为目标的自身民主治理。※

【建立社会主义核心价值体系】加强理想信念教育和思想道德建设,构建传承中华传统美德、符合社会主义精神文明要求、适应社会主义市场经济的道德和行为规范;完善公共文化多元供给机制,广泛开展群众性文体活动,提高公共文化群众参与度,培育学习型社会、学习型社区,形成健康科学的生活方式;通过加强普法教育,倡导文明诚信守法理念,加快个人信用管理等社会基础制度建设。

【在全面推行经济改革和社会改革的同时,适时进行以民主治理和善政为目标的政府自身改革和治理改革】全球化背景下的现代化过程,也是一个民主化过程,以人的自由、平等、尊严为核心的民主政治本身就是一种基本价值。

作为一个全心全意为人民服务的"执政为民"的政府,中国政府不仅担负着领导经济发展的责任,也担负着领导旨在深化民主的政治发展重任。政府既要推动以法治、参与、人权、透明、稳定为目标的全社会的民主治理,也要推动以分权、效率、责任和服务为目标的自身民主治理。① 发展社会主义民主政治,要以保证人民当家做主为根本,以增强党和国家活力、调动人民积极性为目标,探索人民群众参与政治的机制和途径,健全权利公平、机会公平、规则公平的制度,完善人民群众参与重大公共政策制定、实施、评估、监督机制,充分保障人民群众的知情权、参与权、表达权和监督权,推进决策的科学化、民主化。要完善社情民意反映机制,充分利用传媒、通信、网络等多种手段,进一步畅通利益诉求表达渠道。对目前存在的制度性吏治腐败问题,要通过加强法律制度建设,实施对权力的有效制约、监督和制衡。

邓小平说:我们改革的目的是为了消除现行政治制度中那些历史形成的诸多弊端,以加强和改善党的领导,而不是削弱党的领导;是为了完善社会主义制度,而不能改变社会主义的性质。改的是具体制度、运行机制和工作方式,而不是基本政治制度。※

[专栏8-18] 邓小平关于政治体制改革的论述

邓小平指出,中国是人民民主专政的社会主义国家,基本政治制度是好的。我们改革的目的是为了消除现行政治制度中那些历史形成的诸多弊端,以加强和改善党的领导,而不是削弱党的领导;是为了完善社会主义制度,而不能改变社会主义的性质。改的是具体制度、运行机制和工作方式,而不是基本政治制度。

"我们必须进行政治体制改革,而这种改革又不能搬用西方

① 参见俞可平《"中国模式":经验与鉴戒》,《光明日报》2005年9月4日。

那一套所谓的民主,不能搬用他们的三权鼎立,不能搬用他们的资本主义制度,而要搞社会主义民主。我们要根据社会主义国家自己的实践、自己的情况来决定改革的内容和步骤。"

1987年,他在《怎样评价一个国家的政治体制》一文中进一步指出:"我们评价一个国家的政治体制、政治结构和政策是否正确,关键看三条:第一是看国家的政局是否稳定;第二是看能否增进人民的团结,改善人民的生活;第三是看生产力能否得到持续发展。"

政府在全球化时代要对公民承担更大的责任。政府的能力不仅体现在促进经济发展方面,还日益体现在维护和增进公民的社会政治权利方面。在保持经济增长的同时,政府必须有更强的能力保护并且增进公民在安全、人权、福利、参与、就业等方面的权益。

政府促进公民社会建设,是善治的实质所在。市场经济必然导致公民社会的产生,全球化和民主化则要求一个健全的公民社会。政府对公民社会应当采取鼓励和合作的态度,积极培育和扶持公民社会组织,为民间组织的成长创造良好的政治和法律环境,让民间组织在社会管理中发挥更大作用,使民间组织也成为治理和自治的主体。要推动民间组织管理创新,探索人民群众依托民间组织有序参与社会公共事务的新机制。增强民间组织反映群众诉求、化解社会矛盾、提供社会服务、参与社会管理的能力,发挥其在构建社会主义和谐社会中的积极作用。

【关键在于完善制度加强执政党的建设,从根本上改善"吏治"】中国共产党拥有8000余万党员,聚集了中国社会广大的政治、经济和文化精英,是中国的政治权力核心,几乎掌握着全部立法、行政和司法权力,执掌着管人管物管事的权力。如果说中国特色社会主义发展道路取得的成就归功于党和人民,那么中国模式与中国制度存在的种种问题和教训,当然也应该由执政党来承担责任。正因为如此,胡锦涛在纪念中国共产党成立90周年大会上,对长期执政的党面临的挑战与危险做了深刻而清晰的论断:"在世情、国情、党情发

如果说中国特色社会主义发展道路取得的成就归功于党和人民,那么中国模式与中国制度存在的种种问题和教训,当然也应该由执政党来承担责任。※

生深刻变化的新形势下,提高党的领导水平和执政水平、提高拒腐防变和抵御风险能力,加强党的执政能力建设和先进性建设,面临许多前所未有的新情况新问题新挑战,执政考验、改革开放考验、市场经济考验、外部环境考验是长期的、复杂的、严峻的。精神懈怠的危险,能力不足的危险,脱离群众的危险,消极腐败的危险,更加尖锐地摆在全党面前,落实党要管党、从严治党的任务比以往任何时候都更为繁重、更为紧迫。"如何落实从严治党呢?胡锦涛指出,建设好、管理好一个有几千万党员的大党,制度更带有根本性、全局性、稳定性、长期性,必须"始终把制度建设贯穿党的思想建设、组织建设、作风建设和反腐倡廉之中,坚持重点突出、整体推进,继承传统、大胆创新,构建内容协调、程序严密、配套完整、有效管用的制度体系。"①我们可以从制度设计、制度立法、制度执行三个方面来讨论完善和加强党的建设。

首先,要确保制度建设的系统性、完整性。我们不能片面理解制度建设,以为制定具体工作规定和约束个人行为的纪律条文就是制度建设。制度建设包含多个层次:最高层次是党内的权力结构安排,中层设计是党内的运行机制,微观层面是权力运行各个环节上的操作性程序性设计,最后则是约束个人行为的纪律要求。一个科学合理的党内权力体制机制可以最大限度地聚集党内力量,而带有缺陷的体制机制则会误导党员干部行为,甚至成为制度"陷阱"②。只有强调完善加强党的建设的制度的科学性、系统性和完整性,才能确保不会出现"以其矛攻其盾"、"牛栏关猫"的怪象,才有可能健全民主集中制,将用制度管权管事管人落到实处。

---

① 引自胡锦涛《在纪念中国共产党成立 90 周年大会上的讲话》,新华社 2011 年 7 月 1 日。
② 参阅《人民日报》2011 年 8 月 9 日 17 版《党建周刊》。

[专栏8-19]　　　　　加强与完善党的领导

　　在中国这样的大国,要把几亿人口的思想和力量统一起来建设社会主义,没有一个由具有高度觉悟性、纪律性和自我牺牲精神的党员组成的能够真正代表和团结人民群众的党,没有这样一个党的统一领导,是不可能设想的,那就只会四分五裂,一事无成。这是全国各族人民在长期的奋斗实践中深刻认识到的真理。我们人民的团结,社会的安定,民主的发展,国家的统一,都要靠党的领导。坚持四项基本原则的核心,就是坚持党的领导。问题是党要善于领导;要不断地改善领导,才能加强领导。

　　　　　　　　　　　　——摘自邓小平《党和国家领导制度的改革》,

《人民日报》1980 年 8 月 18 日

　　其次,突出重点,对一些关键性制度予以立法。人民群众对执政党的最大要求就是执政为民,权为民所用,最深恶痛绝的是利用权力搞腐败。因此,对于权力进行制约监督和反腐败,应该是从严治党的关键所在,相关制度应以法律形式问世。法律位于制度的最高层次,不仅体现国家的意志和人民的意愿,具有最强大的约束力,而且还具有社会公开性、普遍适用性和稳定性,便于广大人民群众掌握并行使监督权。比如为加强对用人权、用财权的制约监督,应该修订预算法,尽快制定编制法、国民收入分配法。又比如,中国目前制定的反腐败制度规定,大多数以党内法规形式出台,而且各种制度规章出得非常之多。据统计,中国目前仅省部级以上部门制定的与反腐败有关的制度性规范已有 2000 多件,但与此同时,官员落马、“前腐后继”的怪象仍在不断出现,可见实际效果并不太好。为预防和惩治腐败,应该尽快制定反腐败法、官员财产申报公开法等法律。以法律形式来消除腐败的土壤,让公开透明来挽救官员,依靠民主与法制的力量,一定能够逐步扭转吏治腐败、“前腐后继”的颓势,最终彻底打破中国历史上历朝历代吏治腐败不治的铁律,让广大人民群众看到执政的中国共产党是廉洁奉公、阳光为民的。

明代的《大明律》,90% 的内容是管理约束各级官员的,其中大部分又是惩治贪官污吏的,充分反映了“治国重在治吏”这一中国古代治理思想的重要理念。但知易行难,王亚南先生曾指出,中国的二十四史,实是一部贪污史。官僚的贪污和受贿,已形成了普遍的、经常化的现象,任何严刑峻法都难以禁止。※

[专栏8-20] 温家宝两年三提"官员财产"申报

2010年3月5日,温家宝在作政府工作报告时表示,要把反腐倡廉建设摆在重要位置,各级领导干部特别是高级干部要坚决执行中央关于报告个人经济和财产,包括收入、住房、投资,以及配偶子女从业等重大事项的规定。

2011年2月28日,温家宝与网友在线交流时就曾经提出,"许多网友在网上提出为什么还不建立官员的财产申报制度,这个建议是正确的,应该是反对腐败的一项重大举措。我们说要实行政务公开,也要对官员的财产收入实行公开。这件事情要做得真实而不走过场,就必须建立制度和制定法律,并且长期地保持下去,使它收到真正的效果。我们正在积极准备这项工作。"

2011年9月15日,温家宝在"第五届夏季达沃斯论坛"谈到反腐问题时指出,我们已经制定了一些制度,包括领导干部财产和家属子女在国外定居和经商情况,我们还要进一步加以完善,逐步从申报到公开,这是对干部手中权力的一个最重要的监督。反对职务侵占。严禁领导干部利用手中的权力插手招投标活动,牟取私利,这要成为经济上反腐败的一项重要任务。

目前在一些地区一些部门,在执行完善、加强党的建设有关制度时,存在一个误区,就是重制定、轻执行,满足于以制度执行制度。※

第三,要着力解决执行制度的力度问题。十一届三中全会以来,党中央为拨乱反正,从制度方面解决问题,不断推进制度建设和制度创新,从而为提高党的执政能力、巩固党的执政地位奠定了坚实的基础。但目前在一些地区一些部门,在执行完善、加强党的建设有关制度时,存在一个误区,就是重制定、轻执行,满足于以制度执行制度。比如为表明执行上级制定的制度规章有创新有力度,一些基层党组织将制度订得过于烦琐,条规过于细碎,这样的结果是对上有了交代,但执行起来成本很高,往往流于形式,致使制度成为"说在嘴上、印在纸上、贴在墙上"的摆设,就是落实不到行动上。解决执行制度效率问题还得靠制度,即对执行制度的情况要有配套的约束性规定,要实行有效的监督,要有实实在在的调查核实而不能满足于书面汇报。对于违反制度、不执行制度的种种行为要有必要的惩戒措施,以此加强执行制度的刚性要求,提高整个制度体系的权威性和公信力。

三、积极应对挑战,提升综合国力

目前中国面对着错综复杂的国际国内环境。国际金融危机影响深远,不稳定不确定因素较多,世界经济格局正在发生深刻复杂变化;国内社会经济进入转型关键时期,各种问题矛盾凸显。如何尽快走出金融危机阴影的短期困难和经济、社会、生态发展严重不协调的长期矛盾交织在一起。转变发展方式、调整经济结构的任务越来越艰巨,资源环境的制约越来越突出,国际经济和科技竞争的压力越来越大。

克服困难、解决矛盾的根本出路在于改革,在于发展,在于稳定。正确处理改革、发展与稳定三者之间的关系非常必要。社会稳定是发展的前提,没有稳定就无从发展;但只有社会经济的协调发展才能带来人民安居乐业和社会稳定;要做到社会经济协调发展,唯有进行改革、调整、转型。以改革促发展,以发展促稳定,才能实现改革、发展与稳定之间的协调和平衡。而只有有序推进政治体制和经济体制改革,实现社会平稳转型,避免出现国家经济失控和政局震荡,我们才能稳定发展,不断提升中国的综合国力。

综合国力竞争,是全球化时代国家间竞争的根本所在。综合国力有多方面内涵,简单说,可以分成两个方面,即所谓硬实力和软实力。提高硬实力,就是促进经济发展,增强国家科技创新能力,增加国家经济总量,提高人民的生活水平,巩固国防力量,这是增强综合国力的基本途径。但是,在全球化时代,国家软实力也变得日益重要,软实力的主要来源是文化、价值观念和政策。例如,国民的文化、教育、心理和身体素质,国家的科学技术水平,民族文化的优越性和先进性,国家的人才资源和战略人才储备情况,政府的廉洁度、凝聚力,社会的团结和稳定程度,经济和社会发展的可持续性等等。因此,在全球化时代,要有效维护国家主权,增强国家实力,仅有经济、科技和军事力量远远不够,还必须有政治、文化和道义力量。中华文化内涵丰富,对外国人极具吸引力,"和为贵"的优良传统思想,尤其受到普遍的重视。中国顺应世界潮流,适时提出走和平发展道路、建设和谐社会与和谐世界的理念,具有相当强的感召力。这不仅有助于消解中国持续快速发展引发的某些疑虑,而且赢得了国际社会的广泛赞同。

经历了全球金融危机的世界当前处于大调整大变革之中。一方面,经济增速明显放缓,国际市场需求受到抑制,过度依赖虚拟经济发展模式的发达国家和过度依赖低成本外向型发展模式的发展中国家,都遇到原有经济增长模式难以为继的新问题,发展格局面临深度调整。另一方面,世界科技创新孕育新突破,产业升级步伐加快。国际金融危机刺激了科技进步和创新步伐的加快,推动着世界产业变革与结构调整。尽管中国是全球最大新兴经济体和世界工业与制造业大国,但仍处于国际产业链的低端,且低成本竞争优势正在逐步减弱。我们要认真分析和准确把握世界经济发展中长期趋势,准确把握世界经济结构进入调整期的特点,努力培育我国发展新优势;准确把握世界经济治理机制进入变革期的特点,努力增强我国参与能力;准确把握创新和产业转型处于孕育期的特点,努力抢占未来发展战略制高点;准确把握新兴市场国家力量步入上升期的特点,努力发展壮大自己。

[专栏 8-21] 当今世界正处在新科技革命的前夜

历史经验表明,经济危机往往孕育着新的科技革命。正是科技上的重大突破和创新,推动经济结构的重大调整,提供新的增长引擎,使经济重新恢复平衡并提升到更高的水平。谁能在科技创新方面占据优势,谁就能够掌握发展的主动权,率先复苏并走向繁荣。1857 年的世界经济危机,是第一次波及全球的生产过剩危机。这次危机引发了电气革命,推动人类社会从蒸汽时代进入电气时代。内燃机和电动机逐步取代蒸汽机,创造了电力与电器、汽车、石油化工等一大批新兴产业,同时大幅提升了机械、冶金等产业的发展水平,工业文明成为世界发展的主流。1929年的世界经济危机,是20世纪最为严重的全球经济危机。这场危机引发了电子革命,推动人类社会从电气时代进入电子时代。电子产业迅猛发展带动了一批高技术产业崛起,推进了传统产业的升级换代,世界产业结构发生了重大变化,全球化、知识化、信息化、网络化的新时代逐步到来,有别于以往工业革命的新型人类文明形态正在形成过程中。面对当前这场国际金融危机,各国正在进行抢占科技制高点的竞赛,全球将进入空前的创新密集和产业振兴时代。

——引自温家宝在首都科技界大会上的讲话《让科技引领中国可持续发展》,新华社2009年11月3日

首先,必须把握发展趋势,加快经济结构战略性调整,增强经济发展协调性和竞争力,保持经济平稳较快发展,夯实提升综合国力的基础。要调整需求结构。从解决国民收入分配结构不合理的问题入手,提高居民收入在国民收入分配中的比重,降低投资率,提高居民消费能力,通过扩大内需,刺激消费,形成经济增长的新动力,解决我国经济增长在较大程度上依赖国际市场、依赖投资的问题。要调整城乡和区域结构。主要是解决城镇化发展滞后、中西部地区发展滞后、城乡和区域之间生活条件和基本公共服务差距较大的问题。要调整产业结构。着力解决我国三次产业发展不协调的问题。要加大对农业基本建设主要是农田水利、农资农药、种子化肥的投资,改善农业基础薄弱的状况,加快构建粮食安全保障体系和现代农业产业体系,加快推进农业科技创新和农业经营体制机制创新,全面提高农业现代化水平;要提高自主创新能力,依靠技术进步提高企业竞争力,同时放松对各类资源和要素价格的管制,使其能够反映市场供求关系、资源稀缺程度和环境损害成本,改变依赖低成本恶性竞争、部分行业产能过剩使工业增加值过大但大而不强的状况;要通过调整政策和税收,鼓励加大对第三产业的投资,改变服务业发展滞后的状况,加快发展服务业。要通过调整产业结构,适应需求结构变化趋

势,完善现代产业体系,加快推进传统产业技术改造,加快发展战略性新兴产业,促进三次产业在更高水平上协同发展,全面提升产业技术水平和国际竞争力。

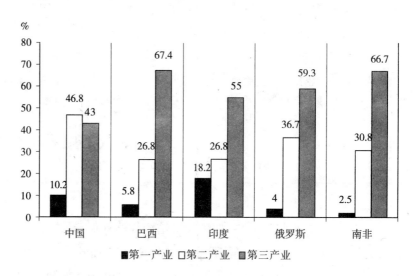

图 8-3:2010 年"金砖国家"三次产业情况

其次,要加快推进自主创新,紧紧抓住新一轮世界科技革命带来的战略机遇,加快提高自主创新能力,形成长期竞争优势,为提升综合国力提供强有力的科技支撑。增强自主创新能力是塑造新竞争优势的根本途径,也是提高综合国力的关键。在当今时代,通过开拓殖民地解决本土资源的不足和人口转移来推进工业化已行不通。只有通过提升自主创新能力,形成自己的核心技术,以此引领经济发展,才能改进自己在国际分工中的位置,形成本国产业在技术上的世界领先地位。中国在迅速发展和崛起进程中,由于实行市场经济出现的策略性偏差,产品市场放开而要素市场包括劳动力市场、资本市场、土地市场和资源市场扭曲,人为地压低生产成本,刺激了生产、投资与出口,其结果变相地补贴了生产者和投资者,人为地提高生产利润、增加投资回报,导致资源利用效率低下、经济结构失衡、外贸顺差大增。这种高速低质不可持续的发展状况必须彻底改变。需要清醒认识到,在国际经济交往中,经济技术实力的差距往往构成有关各方

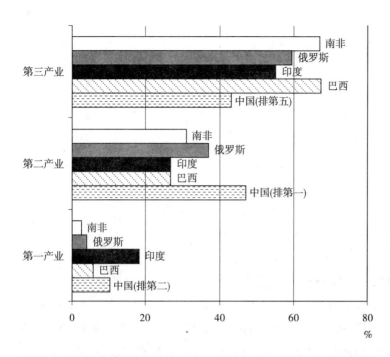

图 8-4:2010 年"金砖国家"三次产业增加值占 GDP 的比重排位

利益分配上的差异,由此进一步拉大国家综合实力和国际地位上的差距,造成国家间谈判地位的不对称,使谈判结果更可能有利于实力强大的一方。因此作为后发外生型发展中国家,中国在参与经济全球化进程中,必须通过自主创新和技术自立才能实现本国产业的自主振兴。提高自主创新能力,必须突出主体、整合资源、跨越发展。

突出主体,就是强化企业在自主创新中的主体地位。进一步创造条件、优化环境、深化改革,切实增强企业开展自主创新活动的紧迫感和集聚创新要素、吸纳创新成果的主动意识。发挥经济、科技政策的导向作用,引导企业调整优化结构,转变增长方式,把提高自主创新能力作为提升企业核心竞争力的战略措施,使企业真正成为自主创新的决策和投资主体、产品研发和科技成果转化主体、承担风险和获得利益的主体。

整合资源,就是极大地释放科教、人才、产业基础的优势和活力,实现各类创新资源的有效融合。大力提高自主创新的组织程度,建立功能完备、运作高效的科技信息交流、成果转化和要素共享平台,促进高校、科研院所与企业的交流对接、互动双赢。加快构筑创新人才集聚高地,充分调动各类人才的创新创业积极性,有效推动高校、科研院所面向市场、面向企业的技术创新,真正把存量资源转化为增长优势,把拥有的实力转化为发展的后劲。

跨越发展,就是不断突破和解决制约发展的重大科技问题,全面提高经济社会发展的速度和质量。把握科技发展的战略重点,着力推进支撑和引领我国加快发展、和谐发展关键领域的科技创新,实现经济社会全面协调可持续发展。

第三,营造和平发展环境,继续探索创新中国模式和中国制度。和平稳定的国际环境是民族国家经济社会发展的必要条件。国内经济的成功在很大程度上取决于该国经济在世界市场中的竞争力,取决于国与国经济社会的交往与合作程度。从这个意义上说,和平发展是全球化时代民族国家经济社会振兴的必由之路,对中国而言,也是实现中华民族复兴的唯一选择。目前中国的和平发展道路面临着诸多挑战。

中国成为世界第二大经济体以后,日益处于世界事务的风口浪尖,外界对中国发展的担心,已不仅是和平的问题,而是中国发展对他们意味着什么的问题。实际上,中国崛起后与世界关系已经发生了一些微妙的新变化,面临的发展阻力有提升之势。第一,与发达国家关系,从"互利共赢"迈向"权力转移"。中国成为国际体系的利益攸关方之后,西方对中国的担心从"体制外的挑战者",向"体制内的不负责任者"演变,特别是中国发展速度超越西方预期,与日欧在经济总量和国际影响力的权力转移已到来,与美国的战略冲撞加速逼近。第二,与新兴国家关系,从"协作性为主"到"竞争性一面"突出。中国的快速崛起使得发达经济体与新兴国家间的矛盾日益集中于中国,破坏了中国与新兴国家战略合作的基础。在改革国际体系、担负全球责任等方面,中国与新兴国家间的竞争性一面开始突出。第三,与周边国家关系,从"分享发展机遇"到"对冲发展风险"演变。中国模式在给周边国家带来发展机遇同时,也带来压力。美国利用中国周边国家对中国模式的担忧,借助领土争端和国际事件,制造中国与周边国家隔阂。周边国家借助域外大国制衡中国亚太影响力趋势明显。第四,与发展中国家关系,从"战略基础"到成为"战略薄弱环节"。发展中国家普遍对中国模式充满期待,从中国发展中得益分化严重,加上西方的挑唆和新兴国家的竞争,发展中国家对中国抱怨性一面可能增大,中国在对外援助、履行千年发展目标、应对全球性挑战等国际责任方面,面临越来越大压力。①

四、按照"包容性发展"理念完善中国模式和中国制度

面对新世纪的挑战,中国提出了包容性发展②的理念。包容性发展就是要使全球化、地区经济一体化带来的利益和好处,惠及所有国家,特别是欠发达国家,使经济增长所产生的效益和财富,惠及所有人群,特别是要惠及弱势群体。包容性发展理念是建设和谐世界理念的进一步深化和具体化。胡锦涛在 2010 年 9 月出席第五届亚太经合组织人力资源开发部长级会议时,发表题为《深化交流合作,实现包容性增长》的致辞;2010 年 11 月,在亚太经合组织第十八次领导人非正式会议上再次提出,要"倡导包容性增长,增强内生动力"。2011 年 4 月,博鳌亚洲论坛年会以"包容性发展:共同议程与全新挑战"为主题。以"包容性发展"替代"包容性增长",表明执政党对增长与发展的认识更进了一步:发展不仅指经济增长,还包括社会、教育、医疗等各个方面的共同发展;发展比经济增长问题更为突出,如何实现"包容性发展"也更为紧迫和重要。

中国经历过 30 多年高速发展后,面临着结构调整、社会转型的艰巨任务,在经济全球化时代,也就是要根据世界新变局和国内新形

包容性发展就是要使全球化、地区经济一体化带来的利益和好处,惠及所有国家,特别是欠发达国家,使经济增长所产生的效益和财富,惠及所有人群,特别是要惠及弱势群体。※

---

① 参阅王义桅《包容性崛起:中国的战略选择》,《环球日报》2011 年 6 月 10日。

② 2007 年,亚洲开发银行率先提出了"包容性增长"的概念,而"包容性"本身也是联合国千年发展目标中提出的观念之一。

势、新变化,完善、创新中国模式和中国制度。

包容性发展和中国近年来提出的"全面建设小康社会"、"和谐社会"、"科学发展"和"和平发展"等思想,从根本上说是一脉相承的,都代表着世界文明发展的最新成果。① 创新中国模式和中国制度,主要在对内对外两个方面实现包容性发展。

在对内方面,包容性发展是科学发展观的必然要求,无论是以人为本、建设和谐社会,还是保障民生,转变经济发展方式,全面实现可持续发展,都要求必须是包容的,而不是排他的。包容性发展是经济增长、人的发展和制度公平三者之间的有机协同,具有显著的民本主义发展取向,更关注民权民生,更能满足民众权利发展的制度公平诉求。我们应该坚持发展经济,着力转变经济发展方式,提高经济发展质量,增加社会财富,不断为全体人民逐步过上富裕生活创造物质基础;坚持社会公平正义,着力促进人人平等获得发展机会,不断消除人民参与经济发展,分享经济发展成果方面的障碍;坚持以人为本,着力保障和改善民生,努力做到发展为了人民,发展依靠人民,发展成果由人民共享。只有制度公平,才有可能将各种发展力量加以包容整合,因而实现效率改进;只有包容性的制度公平,才有可能激活各种发展潜力,并造就经济增长和持续繁荣。公平是效率的动力源泉和发展引擎。同样的道理,如果没有宏观经济的长期有效增长,人民大众则只能处于共同贫穷的发展陷阱,而无法实现共同富裕的真正公平,只有持久性的效率增长才能为制度公平提供可检验性的雄辩证明。包容性发展理念实质上高度概括了公平与效率之间可以互相解释的因果机制,从而充分肯定了两者可以彼此证明的内在一致性。② 创新的中国制度和必然与之相适应的创新的中国模式,这二者之间的有机融合,必然为中华民族的伟大复兴,为中国最广大人民群众的福祉,为世界文明的发展做出新的贡献。

包容性发展是经济增长、人的发展和制度公平三者之间的有机协同,具有显著的民本主义发展取向,更关注民权民生,更能满足民众权利发展的制度公平诉求。※

按照"包容性发展"理念,创新的中国制度和与之相适应的创新的中国模式,将进一步融成一体,为中华民族的伟大复兴,为中国最广大人民群众的福祉,为世界文明的发展做出新的贡献。※

---

① 唐钧:《参与和共享的发展才有意义》,《人民日报》2010年10月14日。
② 俞宪忠:《"包容"是民众发展的制度诉求》,《人民日报》2010年10月14日。

[专栏 8-22]　　　　　追求制度公平

　　长期经济增长的前提条件和基本平台是制度公平,也就是公众普遍具有同质均等的发展权利,只有权利同质、机会均等和公平竞争,才能实现包容性发展。制度公平是"望远镜",能够为每个公民提供和谐稳定与公平合理的发展预期;制度公平也是"过滤器",能够使那些遵纪守法和德才兼备的勤奋努力者获得成功;制度公平还是"润滑剂",能够保障每个公民自主化地实现职业选择和自由流动;制度公平更是"助推器",能够为每个公民的创新行为提供制度激励。制度框架本身要能够实现社会各阶层之间的相互兼容和彼此包容,这是经济长期繁荣与社会持续和谐的规则基础。包容性的权利安排和制度公平能够节省制度费用,从而实现经济增长、人口发展和社会进步的低成本推进。

　　　　　　　——摘自俞宪忠《"包容"是民众发展的制度诉求》,
　　　　　　　《人民日报》2010 年 10 月 14 日

　　在对外方面,包容性发展是要实现各国互利共赢、共同进步的发展,实现各国文明互相激荡、兼容并蓄的发展。我们可以将经济全球化理解为不同经济体之间相互依赖、理解和认同程度的日益加深,以至于谁也离不开谁,由此便凸显了包容性发展的重要价值。包容性发展需要各种文明之间减少傲慢和偏见,各国应该少对抗、多对话、多理解、多沟通,逐步实现利益共赢、权利共生、责任共担、价值共享,努力做到发展为了世界、发展依靠世界、发展成果由世界共享。当前全球经济治理结构中的一个缺陷,是全球化过度强调贸易投资自由化和便利化,忽视了"经济发展"这个重要主题,从而造成全球公共产品供给不足、贫富差距扩大和穷国消费力严重萎缩等社会问题。对于全球发展援助、减少贫困、用于促进发展的技术转让(尤其是低碳节能环保领域)等,也缺少有效制度机制加以解决。中国提出包容性发展,主要是倡导在一个平等基础上的经济增长和发展,强调既要开放发展机会,坚持贸易投资自由化,反对贸易保护主义,又要实现全球的社会和经济协调发展,并保证人人能公平地参与全球发展过程并从中受惠。

作为世界上最大的新兴经济体和发展中国家,中国为了从体制机制和发展战略上避免陷入"有增长而无发展"的陷阱和"中等收入陷阱",已经开始以科学发展观为指导,进行社会与经济的转型,以此应对推进包容性发展面临的主要挑战。在全球化时代,中国作为后发外生型国家,坚持社会主义制度,经过 30 余年的改革、开放,走出了一条不同于任何其他国家的发展道路,别开生面地向世界展示了中国模式的魅力。中国模式与中国制度的世界意义,主要体现在它拓宽了民族国家走向现代化的途径,丰富了人类对社会发展规律和道路的认识,促进了全球化时代人类文明的多样性发展。而国别之间发展路径的选择既具有竞争性和多样性,也具有合作性和趋同性。中国迫切需要与不同的经济体,包括发达国家、新兴经济体和发展中国家,积极广泛地展开对话、沟通和交流,以和平、合作与和谐的发展方式,实现差异化基础上的增长包容、市场兼容和文化共容,在经济均衡、市场优化和制度改进的国际平台上,创构国际社会的经济共荣、和谐共生和成果共享。

发展模式与社会制度的高度融合是中国追求的目标,也是全人类共同的课题!

在未来,中国需要与不同的经济体,包括发达国家、新兴经济体和发展中国家,以和平、合作与和谐的发展方式,实现差异化基础上的增长包容、市场兼容和文化共容。※

主要参考文献

一、重要文献与党和国家领导人著作、讲话

1.《马克思恩格斯选集》,人民出版社 1995 年版。

2. 马克思:《资本论》第一卷,人民出版社 1975 年版。

3.《列宁选集》第二卷,人民出版社 1972 年版。

4.《列宁全集》第 11 卷,人民出版社 1985 年版。

5.《列宁全集》第 13、33 卷,人民出版社 1987 年版。

6.《毛泽东选集》(1—4 卷)、《毛泽东文集》(1—8 卷),人民出版社 1991 年版。

7.《建国以来毛泽东文稿》第 6、12 册,中央文献出版社 1998 年版。

8.《邓小平文选》(1—3 卷),人民出版社 1994 年版。

9.《陈云文选》(1—3 卷),人民出版社 1995 年版。

10.《江泽民文选》(1—3 卷),人民出版社 2006 年版。

11. 胡锦涛:《在纪念毛泽东同志诞辰 110 周年座谈会上的讲话》,2003 年 12 月 26 日。

12. 胡锦涛:《在中国共产党第十七次全国代表大会上的报告》,2007 年 10 月 25 日。

13. 胡锦涛:《在纪念党的十一届三中全会召开 30 周年大会上的讲话》,2008 年 12 月 18 日。

14. 胡锦涛:《在庆祝深圳经济特区成立 30 周年大会上的讲话》,2010 年 9 月 6 日。

15. 胡锦涛:《博鳌亚洲论坛 2011 年年会开幕式上的演讲》,2011 年 4 月 15 日。

16. 胡锦涛:《在纪念中国共产党成立 90 周年大会上的讲话》,2011 年 7 月 1 日。

17. 温家宝:《让科技引领中国可持续发展》,新华社 2009 年 11 月 3 日。

18.《关于建国以来党的若干历史问题的决议》。

19.《中华人民共和国宪法》(1954 年、1982 年、1988 年、1993 年、1999 年、2004 年修订版)。

20.《中国人民政治协商会议共同纲领》。

21.《中国人民政治协商会议章程》。

22.《中共中央关于加强和改进新形势下党的建设若干重大问题的决定》。

23.《十六大以来重要文献选编》(上)(中),中央文献出版社 2005 年版。

24.《十七大以来重要文献选编》(上),中央文献出版社 2009 年版。

二、专著和历史文献

1.《孟子集注》,上海古籍出版社 1986 年版。

2.《荀子》,齐鲁书社 1985 年版。

3.《贾谊集》,中州古籍出版社 1991 年版。

4.《汉书》,中州古籍出版社 1991 年版。

5.《贞观政要》,上海古籍出版社 2007 年版。

6.《朱子全书》,上海古籍出版社、安徽古籍出版社 2002 年版。

7.《张养浩作品选》,人民文学出版社 1987 年版。

8.《张太岳集》,上海古籍出版社 1984 年版。

9.《明史·海瑞列传》,中华书局 1974 年版。

10. 王夫之:《读通鉴论》,中华书局 1975 年版。

11. 黄宗羲:《明夷待访录》,中华书局 2011 年版。

12. 顾炎武:《日知录集释》,岳麓书社 1994 年版。

13. 中共中央党史研究室:《中国共产党历史》(第二卷),中共党史出版社 2011 年版。

14. 胡绳主编,中共中央党史研究室:《中国共产党的七十年》,中共党史出版社 1991 年版。

15. 胡绳:《从鸦片战争到五四运动》,人民出版社 1981 年版。

16. 中共中央党史研究室:《论党的建设》,中央文献出版社 2001 年版。

17. 陈锦华:《国事忆述》,中共党史出版社 2005 年版。

18. 陈锦华、江春泽等:《论社会主义与市场经济兼容》,人民出版社 2005 年版。

19. 陈锦华等:《开放与国家盛衰》,人民出版社 2010 年版。

20. 冯友兰:《中国哲学史新编》(第六册),人民出版社 1989 年版。

21. 冯友兰:《中国现代哲学史》,广东人民出版社 1999 年版。

22. 钱穆:《中国历代政治得失》,生活·读书·新知三联书店 2001 年版。

23. 汤志钧:《近代经学与政治》,中华书局 1989 年版。

24. 胡如雷:《中国封建社会形态研究》,生活·读书·新知三联书店 1979 年版。

25. 钟叔河:《走向世界:近代知识分子考察西方的历史》,中华书局 1985 年版。

26. 金观涛、刘青峰:《兴盛与危机:论中国社会超稳定结构》,法律出版社 2011 年版。

27. 金观涛、刘青峰:《开放中的变迁:再论中国社会超稳定结构》,法律出版社 2011 年版。

28. 杨念群:《"五四"九十周年祭——一个"问题史"的回溯与反思》,世界图书出版公司北京公司 2009 年版。

29. 黄安年:《世界近代现代历史专题 30 讲》,西北大学出版社 1996 年版。

30. 金冲及:《二十世纪中国史纲》,社会科学文献出版社 2009 年版。

31. 许涤新、吴承明主编:《中国资本主义发展史》(第三卷),人民出版社 2003 年版。

32. 董辅礽主编:《中华人民共和国经济史》,三联书店(香港)有限公司 2001 年版。

33. 郑克卿、常志等著:《中国特色社会主义理论体系发展史》,中国社会科学出版社 2010 年版。

34. 阿诺德·汤因比:《历史研究》,上海人民出版社 2005 年版。

35.《展望二十一世纪——汤因比与池田大作对话录》,国际文化出版公司 1985 年版。

36. 斯塔夫里阿诺斯:《全球通史——从史前史到 21 世纪》,北京大学出版社 2008 年版。

37. 布罗代尔:《15 至 18 世纪的物质文明、经济和资本主义》,生活·读书·新知三联书店 1993 年版。

38. 罗兹·墨菲:《亚洲史》,海南出版社、三环出版社 2004 年版。

39. 丹尼尔·贝尔:《资本主义文化矛盾》,生活·读书·新知三联书店 1992 版。

40. 阿兰·佩雷菲特:《停滞的帝国:两个世界的撞击》,生活·读书·新知三联书店 1993 年版。

41. 徐中约:《中国近代史:1600—2000,中国的奋斗》,世界图书出版公司北京公司 2008 年版。

42. 黄仁宇:《资本主义与二十一世纪》,生活·读书·新知三联书店 1997 年版。

43. 林毓生:《中国传统的创造性转化》,生活·读书·新知三联书店 1988 年版。

44. 安格斯·麦迪森:《世界经济千年史》,北京大学出版社 2003 年版。

45. 安格斯·麦迪森:《中国经济的长期表现》,上海人民出版社 2008 年版。

46. 约翰·奈斯比特等:《中国大趋势》,吉林出版集团 2009 年版。

47. 约翰·奈斯比特:《亚洲大趋势》,外文出版社 1996 年版。

48. 黄平、崔之元主编:《中国与全球化:华盛顿共识还是北京共识》,社会科学文献出版社 2005 年版。

49. 赵建英、吴波主编:《论中国模式》,中国社会科学出版社 2010 年 9 月第 1 版。

50. 潘维、玛雅主编:《人民共和国六十年与中国模式》,生活·读书·新知三联书店 2010 年版。

51. 潘维主编:《中国模式:解读人民共和国 60 年》,中央编译出版社 2009 年版。

52. 俞可平等主编:《中国模式与"北京共识"》,社会科学文献出版社 2006 年版。

53. 江金权:《"中国模式"研究——中国经济发展道路解析》,人民出版社 2007 年版。

54. 韩保江:《中国奇迹与中国发展模式》,四川出版集团 2008 年版。

55. 徐贵相:《大国策:通向大国之路的中国模式》,人民出版社 2009 年版。

56. 邹东涛主编:《中国道路与中国模式(1949—2009)》,社会科学文献出版社 2009 年版。

57. 张维为:《中国震撼——一个"文明型国家"国家的崛起》,上海人民出版社 2011 年版。

58. 马丁·雅克:《当中国统治世界——中国的崛起和西方世界的衰落》,中信出版社 2010 年版。

59. 郑永年:《中国模式——经验与困局》,浙江人民出版社 2010 年版。

60. 丁学良:《辩论"中国模式"》,社会科学文献出版社 2011 年版。

61. 陈志武:《陈志武说中国经济》,山西经济出版社 2010 年版。

62. 赵启正、奈斯比特:《对话中国模式》,新世界出版社 2010 年版。

63. 郭宇立:《美国的大国成长道路》,北京大学出版社 2011 年版。

64. 张培刚主编:《新发展经济学》,河南人民出版社 1999 年版。

65. 朱世达:《当代美国文化》,社会科学文献出版社 2001 年版。

66. 刘达临:《浮世与春梦》,中国友谊出版公司 2005 年版。

67. 郭益耀:《不可忘记毛泽东———一位香港经济学家的另类看法》,香港牛津大学出版社 2010 年版。

68. 吉尔伯特·罗兹曼主编:《中国的现代化》,江苏人民出版社 1998 年版。

69. 田居俭主编:《当代中国发展进步的政治前提和制度基础》,当代中国出版社 2011 年版。

70. 安东尼·吉登斯等著,沈晓雷译:《欧洲模式:全球欧洲,社会欧洲》,社会科学文献出版社 2010 年版。

三、专题报告及统计年鉴

1. 世界银行 2000—2009 年《世界发展报告》。

2. 联合国教科文组织 1992 年以来有关报告。

3. 法国国家亚洲事务研究所 2004 年、2007 年有关中国问题研究报告。

4. 第六次全国人口普查报告。

5. 北京师范大学经济与资源管理研究院 2004 年、2008 年《中国市场经济发展报告》。

6. 1979 年以来历年《中国统计年鉴》、《中国工业经济统计年鉴》。

7. 国家统计局 1978—2010 年年度统计公报。

四、报纸和刊物文章

1. 陈锦华:《中国模式与中国制度》,《人民日报》2011 年 7 月 5 日。

2. 张晓林:《中国震撼是一种什么样的震撼》,《人民日报》2011 年 4 月 11 日。

3. 梁树发:《多样性是人类文明进步的动力》,《人民日报》2003 年 1 月 24 日。

4. 唐钧:《参与和共享的发展才有意义》,《人民日报》2010 年 10 月 14 日。

5. 俞宪忠:《"包容"是民众发展的制度诉求》,《人民日报》2010 年 10 月 14 日。

6. 轩传树:《如何看待西方学者关于中国模式的争论》,《人民日报内部参阅》2010 年

12 月。

7. 新华社:《中国道路、中国奇迹和中国影响——国际社会盛赞中国共产党成立 90 年取得巨大成功》,2011 年 6 月 3 日。

8. 俞可平:《"中国模式":经验与鉴戒》,《光明日报》2005 年 9 月 4 日。

9. 吴波:《中国模式与中国问题》,《光明日报》2010 年 12 月 23 日。

10. 金一南:《中国积极推进和谐世界建设》,《解放军报》2007 年 11 月 30 日。

11. 刘韦玮:《妨碍世界和谐的五大因素》,《半月谈》2006 年第 16 期。

12. 马晓天:《把握战略机遇期的时代内涵,明确我们的历史使命和担当》,《学习时报》2011 年 1 月 17 日。

13. 张维为:《关于中国发展模式的思考》,《学习时报》2008 年 1 月 28 日。

14. 李君如:《慎提"中国模式"》;施雪华:《提"中国模式"为时尚早》;赵启正:《中国无意输出"模式"》;邱耕田:《当务之急是注重科学发展》,《学习时报》2009 年 12 月 7 日。

15. 赵慧珠:《中国教训同样应当引起重视》,《学习时报》2010 年 10 月 19 日。

16. 马立诚:《有关"中国模式"的 21 本书》,《中国经济时报》2011 年 3 月 14 日。

17. 王子坤、杨兴昌:《中国传统民本思想的历史缺陷与现代超越》,《理论导刊》2011 年第 5 期。

18. 程恩富、侯为民:《准确认识社会主义初级阶段基本经济制度》,《光明日报》2011 年 9 月 28 日。

19. 王南:《在更广阔的背景中看"中国奇迹"》,《中国经济时报》2011 年 1 月 4 日。

20. 宗寒:《国有企业如何进一步发展壮大》,《求实》2011 年第 4 期。

21. 丁学良:《美中对抗中的四种主义》,《联合报》2000 年 1 月 12 日。

22. 冯昭奎:《中国不是威胁的八个理由》,《同舟共进》2011 年第 4 期。

23. 李新宇:《关于现代性的几点常识》,《扬子江评论》2009 年第 3 期。

24. 鲍盛刚:《金砖国家结盟的发展前景》,《联合早报》2011 年 4 月 28 日。

25. 丁力:《"非洲模式"浮出水面》,《经济观察报》2011 年 1 月 21 日。

26. 郑永年:《中国未来十年改革的"战略机遇期"》,《联合早报》2011 年 3 月 8 日。

27. 王义桅:《包容性崛起:中国的战略选择》,《环球日报》2011 年 6 月 10 日。

28. 吴睿鸫:《个税起征点提高是一次税收民主演练》,《山西晚报》2011 年 7 月 1 日。

29. 张鸣:《不改善教育,何以谈理性》,《南方都市报》2011 年 7 月 20 日。

30. 亨利·基辛格:《经济发展和政治稳定》,《中国改革》1992 年第 5 期。

31. 庄俊举、张西立:《近期有关"中国模式"研究观点综述》,《红旗文稿》2009 年第 1 期。

32. 支振锋、臧勃:"中国模式"与"中国学派"——《"人民共和国 60 年与中国模式"学术研讨会综述》,《开放时代》2009 年第 4 期。

33. 程恩富等:《关于中国模式研究的若干难点问题探析》,《河北经贸大学学报》2011 年第 1 期。

34. 杨金海、吕增奎:《国外学者眼中的中国改革开放》,《上海党史与党建》2009 年 1 月。

35. 胡键:《争论中的中国模式:内涵、特点和意义》,《社会科学》2011 年 3 月。

36. 秦晖:《中国要崛起,中国模式不应崛起》,《财经》2010 年 9 月 26 日。

37. 秦晓、李泽厚:《中国模式论大大膨胀令人担忧》,《财经》2010 年 11 月 24 日。

38. 莫世祥:《党国政制的肇基——民初革命运动的历史抉择》,《广东社会科学》2003 年第 5 期。

39. 何爱国:《"全盘西化"Vs"中国本位"——试论 1930 年代中国关于文化建设路向的论战》,《二十一世纪》2005 年 1 月号。

40. 郑丽平:《"全盘西化"思潮:一种现代化视角的解析》,《中国特色社会主义研究》2008 年第 1 期。

41. 王海钰:《经济发展模式与宪政制度演变》,《经济学家》2010 年 5 月。

42. 董晓钟:《世界需要"多样性"理念》,《前线》2003 年第 10 期。

43. 邱询:《美国、德国、日本经济模式比较研究与择优借鉴》,《财经问题研究》2003 年第 3 期。

44. 李双伍:《软实力之争——没有硝烟的战场》,《时事报告》2005 年 6 月 30 日。

45. 侯惠勤:《"普世价值"的理论误区和实践危害》,《中国社会科学院报》2008 年第 10 期。

46. 赵甲明:《对中国可持续发展的文化思考》,《清华大学学报(哲社版)》1998 年第 3 期。

47. 熊德平:《社会主义市场经济与所有制关系探索》,《扬州大学学报(人文社科)》2002 年第 1 期。

48. 李昌庚:《浅议孙中山的民主宪政思想对当代中国民主政治与国家现代化的启示》,《兰州学刊》2007 年第 8 期。

49. 叶剑锋:《论封建主义残余在当代中国的诸种面相》,《中共济南市委党校学报》2010 年 4 期。

50.《准确认识社会主义初级阶段基本经济制度》,《光明日报》2011 年 9 月 28 日。

五、网站文章

1. 李肇星:《和平、发展、合作——新时期中国外交的旗帜》,新华网 2005 年 8 月 22 日。

2. 俞可平:《和谐世界理念下的中国外交》,新华网 2007 年 4 月 24 日。

3. 宋心德:《拉美经济模式的成败功过》,新华网 2005 年 11 月 7 日。

4. 程恩富、何干强:《如何认识中国的基本经济制度》,新华网 http://news. xinhuanet. com/theory/2009-04/30/content_11284951_1. htm。

5.《科学发展观核心是以人为本》,新华网 2008 年 10 月 10 日。

6. 徐崇温:《国际社会关于中国改革和中国模式的讨论述要》,http://news. xinhuanet. com/theory/2009-11/16/content_12468793. htm。

7. 宋鲁郑:《制度成功创造中国奇迹》,http://www. zaobao. com/forum/pages1/forum_ us091005a. shtml。

8. 陈俊侠:《"中国奇迹"有把"金钥匙"》,http://book. ifeng. com/gundong/detail_ 2011_06/09/6901440_0. shtml。

9. 郑永年:《为什么要提中国模式?》,http://www. chinareviewn-ews. com。

10. 余轩子:《中国模式的正名与中国模式学派的建立》,http://www. wyzxsx. com。

11. 袁绪程:《中国传统社会制度研究》,http://economy. guoxue. com/article. php/1903。

12. 刘梦溪:《百年中国文化传统的流失与重建》,http://www. neworiental. org/ publish/portal0/tab1124/info128745_page1. htm。

13. 杨德山:《孙中山"党国"理论分析》,http://www. aisixiang. com/data/25028. html。

14. 潘惠祥:《晚年孙中山》,http://www. cuhk. edu. hk/ics/21c/supplem/essay/ 0210025g. htm。

15. 周小琦:《近年来马克思主义中国化研究综述》,http://www. studa. net/Marx-ism/100316/14522434. htm。

16. 石仲泉:《马克思主义中国化的基本历程》,http://theory. people. com. cn/GB/ 40557/66449/66451/4484301. html。

17. 中央党校中国特色社会主义理论体系研究中心(赵振华执笔):《结合新的实践 深化对基本经济制度的认识》,http://theory. people. com. cn/GB/11271372. html。

18. 董小川:《美国文化特点综论》,CSSCI 学术论文网:http://www. csscipaper. com。

19. 杨海峰:《日本文化的传统特征的研究》,http://www. donews. com。

20.《三个世界理论——破解目前国际困局的金钥匙》,http://www. wyzxsx. com。

21. 朱锋:《"普林斯顿争议"与当代国际关系理论研究》,中国选举与治理网 2011 年 4 月 24 日。

22. 鲍盛刚:《对三个世界理论的重新解析》,中国选举与治理网 2011 年 4 月 19 日。

23. 钱颖一:《未来十年中国经济总量超过美国》,财经网 2010 年 11 月 29 日。

24. 戴秉国:《坚持走和平发展道路》,中国新闻网 2010 年 12 月 7 日。

25. 张炎兴:《"准先发内源型"发展模式》,www. zjol. com. cn。

26. 陈峰君:《东亚模式的争议与我见》,中国日报网 2003 年 8 月 8 日。

27. 李智勇:《陕甘宁边区政权形态与社会发展(1937—1945)》,华东师范大学历史 研究所博士学位论文(2001 年 4 月),期刊网。

28. 黎阳:《如何看毛泽东年代》,乌有之乡网站。

29. 王希、朱立毅、雷敏:《新中国对外开放 60 年成就综述》,新华网 2009 年 8 月 28 日。

30. 美国驻世界贸易组织大使庞克就中国加入世贸组织十周年发表的评论,美国之 音网站。

31. 国际信用评级机构穆迪欧元区资深经济学家艾哈迈德(Enam Ahmed)2011 年 11 月 20 日发表的评论文章,多维新闻网。

32. 李培林:《改革开放以来中国社会政策的变化和调整》,财富中文网 http://www. fortunechina. com/。

后　记

本书是对中国模式与中国制度进行专题研究的学术著作,提出这个课题并指导研究的是综合开发研究院(中国·深圳)名誉理事长陈锦华同志。

2004年,美国《时代周刊》前编辑乔舒亚·库珀·雷默(Joshua Cooper Ramo)提出"北京共识"以来(即中国通过艰苦努力、主动创新和大胆实践,摸索出了一种适合本国国情而有别于西方的发展模式),特别是2008年中国成功应对全球金融危机后,"中国模式"逐渐成为国内外媒体和学术界的热门话题,赞成者有之,反对者亦有之,见仁见智,莫衷一是。

锦华同志经过长期观察思考,看到了这个问题的重要性,研究了它的内涵及其背后的制度因素。他在给我们的信中说:"模式存在不存在,模式与制度的对应关系,模式和制度的科学内涵及其表现形式,模式与制度对应的前因后果,都是值得探讨的课题。简单地说有还是没有,或是轻易地肯定或否定,都不利于理论和实践的探索。提出中国模式,不等于说中国发展的路径已经完全成型、成熟,甚至固化;相反地,说没有中国模式也不等于客观上没有模式的成功实践,不研究中国制度与中国模式,只讲中国的'和平崛起'是空洞化的。中国软科学应当研究这样的问题。"在他看来,"模式是客观存在的",而"中国制度是中国模式的核心"。2011年7月5日,他在《人民日报》上发表文章,鲜明地亮出自己的观点:"国家发展的模式必定是拥有经济、政治、文化等制度内涵的社会经济结构;检验模式成功与否的客观标准,是能否促进生产力的发展、人民物质文化生活改善和社会进步;模式是呈现在公众面前的真实形象,不需要刻意打扮,也不应任意涂抹";"其实国家发展道路的模式必然含有制度的内在动力,没有中国特色的社会主义制度,根本不可能有中国成功的发展模式"。

锦华同志的观点帮助我们感知到这一命题对于当今中国的重大性和现实贴近性,深感能够在他的主持下研究这项课题,不仅富有意义,并且饶有学术趣味,研究路径清晰。

锦华同志正式提出这项课题是在 2010 年 8 月 27 日,当时他语重心长、郑重嘱咐,我们激动欣喜的场面,令人终生难忘。在此后一年多的时间里,他同我们之间的关系,像手术台上的主刀医生之于助手。他首先要求我们展开真正意义上的学术研究,把中国模式与中国制度作为一个整体的两个方面,以历史的和世界的视野,从历史与现实,国内与国外,理论与实践,现在与未来的多维角度,去论证它们产生的必然性、合理性及相互适应性,同时也不掩盖矛盾,不讳言存在的问题。他经过深思熟虑,亲手写出一份长达 5 页、分为 8 章的研究框架和纲领,并 3 次在广东、1 次在上海同我们共同讨论,多次书信往返,并逐字修改,最后敲定写作提纲。在初稿写成后,他还对有的章节进行了逐字逐句的审阅修改,阐述他的重要观点。在研究的肯綮之处,他深刻思考,以提问题的方式,将研究引向深入,例如关于中国模式与中国制度的对应关系,他提出了五个问题要求大家深入探讨:为什么说中国制度是中国模式的核心? 制度对模式产生的培育作用是什么? 制度对模式的发展促进作用是什么? 制度对模式的保障作用是什么? 模式对制度推进、改革、完善的反推作用是什么? 深入后我们才认识到,这些问题都是研究这个课题绕不开的关键性问题。此外,对于本书的宗旨、关键环节、论述的角度、分析的视野以及需要注意的问题等等,他都悉心指导。为了给全书立意、定调、提纲挈领和画龙点睛,他率先写出序言,五易其稿,并通过发表形式,求证于世人。总之,本书成书的全过程,凝结着这位 83 岁老人的大量心血,而我们,无论对这个问题的认识,还是研究本身,也都被带向了一个新的境界。

从 2010 年 12 月到 2011 年 8 月,课题组按照锦华同志拟定的写作大纲撰写初稿,具体分工是:谭刚撰写 1、2 章,张玉阁撰写 3、4 章,冯苏宝撰写 5、6 章,唐惠建撰写 7、8 章。从 2011 年 8 月下旬开始,课题组成员统稿修改,在讨论中不断完善充实,直至 12 月才最终完成书稿的全部内容。

对于我们而言,中国模式和中国制度是一个崭新的课题,对它的研究目前还处于开始阶段,有许多理论问题需要在实践中继续去思考、去探寻、去创新。尽管本书仍会有分析浅显、论述不到位的地方,但我们深信本书所做的探索是有意义的,也希望有更多同仁加入对中国模式和中国制度的研究中来,为中国的和平崛起,为中华民族对世界文明做出新贡献而共同努力!

本课题研究得到深圳市综研软科学发展基金会的大力支持和经费资助,得到中共惠州市委、佛山市委、顺德市委、中山市委、广东省委接待办公室、全国政协办公厅、中国石化燕山石化公司和综合开发研究院(中国·深圳)的多方协助和支持,人民出版社继续给予支持,在此一并致谢!

谨以此书奉献给所有为中国模式和中国制度的产生、发展和不断完善做出贡献的中国人民!

《中国模式与中国制度》课题组

2011 年 12 月 25 日

责任编辑:虞　晖　陈鹏鸣

封面设计:肖　辉

图书在版编目(CIP)数据

中国模式与中国制度/陈锦华 等著. -北京:人民出版社,2012.4
ISBN 978－7－01－010735－6

Ⅰ.①中…　Ⅱ.①陈…　Ⅲ.①社会主义建设模式-中国
　Ⅳ.①D616

1 中国版本图书馆 CIP 数据核字(2012)第 037292 号

中国模式与中国制度
ZHONGGUO MOSHI YU ZHONGGUO ZHIDU

陈锦华　等著

人民出版社 出版发行
(100706　北京朝阳门内大街 166 号)

环球印刷(北京)有限公司印刷　新华书店经销

2012 年 4 月第 1 版　2012 年 4 月北京第 1 次印刷
开本:700 毫米×1000 毫米 1/16　印张:35.75
字数:680 千字

ISBN 978－7－01－010735－6　定价:89.00 元

邮购地址 100706　北京朝阳门内大街 166 号
人民东方图书销售中心　电话 (010)65250042　65289539

版权所有·侵权必究
凡购买本社图书,如有印制质量问题,我社负责调换。
服务电话:(010)65250042